成都市档案馆藏
抗日阵亡将士档案汇编

2

成都市档案馆　编

清华大学出版社

本册目录

十一、邹玉清

眉山县政府关于故员邹玉清请恤书表已转成都县政府办理致成都市政府的公函（一九四〇年四月三日）……〇〇三

成都市政府所属关于故员邹玉清请恤书表已由眉山县政府转成都县政府办理的签呈（一九四〇年四月五日）……〇〇四

成都市政府关于颁发故员邹玉清恤令（金）致邹世和的批（一九四〇年五月二十四日）……〇〇五

邹世和关于呈请核发邹玉清恤金致成都市政府的报告（一九四一年八月十八日收）……〇〇七

成都市政府关于迳向成都县政府催发故员邹玉清恤令致邹世和的批示（一九四一年八月二十九日）……〇〇九

四川省政府关于检发故员邹玉清等恤令并遗族住址单致成都市政府的训令（一九四一年十二月一日收）……〇一一

附：四川省政府关于颁发故员邹玉清恤亡给予令通知的存根、故员邹玉清遗族住址（一九四一年十二月六日）……〇一二

邹世和关于成都市政府颁发故员邹玉清抚恤令的收据（一九四一年十二月二十三日）……〇一四

曾国良关于邹玉清遗族抚恤金领取属实的保结（一九四一年十二月）……〇一五

成都市政府关于核发故员邹玉清一次及第一年年恤金致四川省政府的呈、致邹世和的批示（一九四二年一月九日）……〇一六

附：邹世和关于请予核发故员邹玉清一次恤金及第一年抚恤金致成都市政府的领恤申请书、抚恤金领据、具领恤金保证书（一九四一年十二月）……〇二〇

四川省政府关于准予核发故员邹玉清一次恤金及第一年年抚金致成都市政府的指令（一九四二年三月十日收）……〇二三

成都市政府关于核发故员邹玉清第二年恤金致四川省政府的呈、致邹世和的批示（一九四二年三月三十一日）……〇二四

附：邹世和关于请予核发故员邹玉清第二年恤金致成都市政府的领恤申请书、抚恤金领据、具领恤金保证书（一九四二年三月）……〇二八

四川省政府关于准予核发故员邹玉清第二年年恤金致成都市政府的指令（一九四二年五月）……〇三一
成都市政府关于核发故员邹玉清民国三十一年加倍恤金及第三年加倍恤金致四川省政府的呈、致邹世和的批示（一九四三年一月十八日）……〇三二
附：邹世和关于请予补发故员邹玉清民国三十一年加倍恤金及第三年加倍恤金致成都市政府的领恤申请书、抚恤金领据、具领恤金保证书（一九四三年一月七日收）……〇三六

十二、张子云

四川省政府关于检发故兵张子云恤令等致成都市政府的训令（一九四〇年七月）……〇四五
附：故兵张子云住址单……〇四六
成都市政府关于调查故兵张子云遗族住址致第三区字库镇公所训令的存根（一九四〇年八月十三日）……〇四七
第三区字库镇公所关于调查故兵张子云遗族住址致成都市政府的呈复单（一九四〇年八月十九日）……〇四八
成都市政府关于通知故兵张子云遗族承领恤金的存根（一九四〇年八月二十二日）……〇四九
成都市政府关于通知故兵张子云遗族领取第一次恤金的存根（一九四〇年十二月七日）……〇五〇
张全兴关于承领成都市政府发下的故兵张子云抚恤令的收据（一九四〇年十二月十三日）……〇五一
附：抚恤金领据、具领恤金保证书……〇五二
张全兴等关于申领故兵张子云第一年年恤金致成都市政府的报告（一九四一年三月）……〇五四
成都市政府关于核发故兵张子云第一年年恤金致张全兴的批示（一九四一年三月二十七日）……〇五五
成都市政府关于通知故兵张子云遗族承领第一年年恤金的存根（一九四一年六月十六日）……〇五七
张全兴关于承领成都市政府发下的故兵张子云抚恤令的收据（一九四一年六月二十六日）……〇五八
附：抚恤金领据、具领恤金保证书……〇五九
张全兴关于申领故兵张子云第二年年恤金致成都市政府的领恤申请书（一九四二年二月）……〇六一
附：抚恤金领据、具领恤金保证书……〇六二

成都市政府关于核发故兵张子云第二年年恤金致张全兴的批示、致四川省政府的呈（一九四二年三月十二日）……………〇六四
张全兴关于申领故兵张子云第二年加倍恤金、第三年年恤金及加倍恤金致成都市政府的领恤申请书
（一九四三年三月）……………〇六八
附：抚恤金领据、具领恤金保证书……………〇六九
成都市政府关于核发故兵张子云第二年加倍恤金、第三年年恤金及加倍恤金致张全兴的批示
及致四川省政府的呈文（一九四三年四月）……………〇七三
四川省政府关于核发故兵张子云第二年加倍恤金、第三年年恤金及加倍恤金致成都市政府的指令
（一九四三年六月十七日）……………〇七六

十三、张达和、陈允坤（陈永坤）

成都县政府关于转送阵亡官兵张达和、陈允坤等请恤书表致成都市政府的公函（一九三九年九月二十六日）……………〇七九
故兵陈永坤的陆军战时死亡士兵乙种调查表（一九三九年十月）……………〇八一
故兵陈永坤的陆军战时死亡士兵乙种证明书（一九三九年十月）……………〇八二
陈永贵等关于故兵陈永坤遗族情况的保结（一九三九年十月六日）……………〇八三
成都市政府关于转送故兵张达和遗族请恤书表致成都县政府的公函（一九三九年十一月十七日）……………〇八四
附：故兵张达和的抗敌战役死亡官佐调查表……………〇八八
国民政府军委会委员长成都行辕关于故兵张达和遗族请恤一案致成都市政府的代电（一九三九年十二月二日）……………〇八九
附：张正寅呈文抄件及故员张达和陆军战时死亡官佐乙种调查表……………〇九〇
成都市政府关于故兵张达和遗族请恤经过致国民政府军委会委员长成都行辕的代电（一九三九年十二月九日）……………〇九三
四川省政府关于调查故员兵张达和等人遗族住址致成都市政府的训令（一九四〇年五月二十一日）……………〇九七
附：遗族住址单……………〇九八
成都市政府关于调查故兵陈允坤遗族住址致第四区皮房镇公所训令的存根（一九四〇年五月二十四日）……………〇九九

成都市政府关于调查故员张达和遗族住址致第二区南大镇公所训令的存根（一九四〇年五月二十四日）……一〇〇
第四区皮房镇镇公所关于转知故兵陈允坤家属到府办理领恤手续致兴茂荣的函（一九四〇年六月十日）……一〇一
第四区皮房镇公所关于调查故兵陈允坤遗族住址致成都市政府的呈复单（一九四〇年六月十一日）……一〇二
成都市政府关于通知故兵陈允坤遗族承领恤令的存根（一九四〇年六月十三日）……一〇三
成都市政府关于通知故兵陈允坤遗族承领恤令的存根（一九四〇年六月十七日）……一〇四
成都市第四区皮房镇公所关于转呈故兵陈允坤家属陈福泰移住地址致成都市政府的呈（一九四〇年六月二十三日）……一〇五
成都市政府关于故兵陈允坤家属陈福泰移住地址致第四区皮房镇公所的指令及致四川省政府的呈文
（一九四〇年七月十一日）……一〇九
四川省政府关于故兵陈允坤遗族陈福泰移住绵阳其领恤事宜移送绵阳县政府致成都市政府的指令
（一九四〇年七月二十三日）……一一三
成都市政府关于检送故兵陈允坤恤令、请领恤金须知及遗族住址单等并请查照办理致绵阳县政府的公函
（一九四〇年八月十四日）……一一四
绵阳县政府关于收到故兵陈允坤恤令、遗族住址单等致成都市政府的公函（一九四〇年八月二十一日）……一一八
四川省政府关于办理故员张达和第一次恤金手续致成都市政府的训令（一九四〇年十月三日）……一二〇
成都市政府关于通知故员张达和遗族承领第一次恤金的存根（一九四〇年十月十一日）……一二一
张瑞关于申领故员张达和第一年年恤金致成都市政府的报告（一九四一年三月三十一日）……一二二
成都市政府关于申领故员张达和第一年年恤金致张瑞的批（一九四一年四月十六日）……一二三
成都市政府关于通知故员张达和遗族承领第一年年恤金的存根（一九四一年六月十四日）……一二五
附：抚恤金领据、具领恤金保证书……一二六
张瑞关于承领成都市政府发下的故员张达和抚恤令的收据（一九四一年七月十八日）……一二八
张瑞关于申领故员张达和第三年年恤金的领恤申请书（一九四二年六月）……一二九
附：抚恤金领据、具领恤金保证书……一三〇

成都市政府关于给发故员张达和第二年年恤金致张瑞的批示及致四川省政府的呈文（一九四二年八月二十一日）……一三二
四川省政府关于故员张达和遗族受恤人不符须查明更正致成都市政府的指令（一九四二年九月五日）……一三六
成都市政府关于故员张达和遗族受恤人不符令其另办致张瑞的通知（一九四二年九月十六日）……一三八
张正寅关于申领故员张达和第二年年恤金及加倍恤金、第三年年恤金及加倍恤金的领恤申请书（一九四三年三月）……一四二
附：抚恤金领据、具领恤金保证书……一四三
成都市政府关于更正故员张达和受恤人并核发第二年年恤金及加倍恤金、第三年年恤金及加倍恤金致
四川省政府的呈（一九四三年三月十八日）……一四七
四川省政府关于核发故员张达和第二年年恤金及加倍恤金、第三年年恤金及加倍恤金致
成都市政府的指令（一九四三年五月七日）……一五〇

十四、张志远

故员张志远的陆军战时死亡官佐乙种调查表（一九三九年五月）……一五三
故员张志远的陆军战时死亡官佐士兵乙种证明书（一九三九年五月）……一五四
李家钰军长关于函送李忠卿等六员故兵请恤书表致成都市政府的代电（一九三九年十一月十一日）……一五五
成都市第二区第三五保保长、第三五甲甲长关于故员张志远遗族情况的保结（一九三九年十一月十九日）……一五六
成都市政府关于查照李忠卿等六员故兵情况致四川省政府的呈文（一九三九年十二月五日）……一五七
附：成都市政府照填的故员张志远的陆军战时死亡官佐士兵乙种证明书（一九三九年十一月）……一六一
附：成都市政府照填的故员张志远的陆军战时死亡官佐乙种调查表（一九三九年十二月一日）……一六二
华阳县政府关于函送故员张志远等请恤书表致成都市政府的公函（一九三九年十二月六日）……一六三
四川省政府关于转送故员张志远等请恤书表致成都市政府的指令（一九四〇年一月十一日）……一六五
故员张志远遗族张雷氏关于申请从优核恤致成都市政府的呈（一九四〇年四月八日）……一六六
成都市政府关于从优核恤致张雷氏的批（一九四〇年四月十二日）……一六七

四川省政府关于检发故员兵张志远等恤令致成都市政府的训令（一九四〇年九月二十六日）……一六九
附：遗族住址单……一七〇
成都市政府关于调查故员张志远遗族住址致第二区陕西镇公所训令的存根（一九四〇年九月）……一七一
张黄氏、张雷氏关于申领故员张志远恤金致成都市余市长的呈（一九四〇年十月二十三日）……一七二
成都市政府关于核发故员张志远恤金致张黄氏等的批（一九四〇年十一月二日）……一七三
张雷氏关于承领故员张志远一次抚恤令的收据（一九四一年一月十八日）……一七五
附：抚恤金领据、具领恤金保证书……一七六
四川省政府关于检发故员张志远等遗族名称校正表致成都市政府的训令（一九四一年四月十八日）……一七八
成都市政府关于检发故员张志远等遗族名称校正表致张雷氏等的通知（一九四一年四月二十六日）……一七九
张雷氏关于承领成都市政府发下的故员张志远抚恤令的收据（一九四一年五月五日）……一八一
张黄氏关于申领故员张志远第一年年恤金致成都市政府的领恤申请书（一九四一年十一月十三日）……一八二
附：抚恤金领据、具领恤金保证书……一八三
成都市政府关于核发故员张志远第一年年恤金致张黄氏的批（一九四一年十一月二十二日）……一八五
成都市政府关于核发故员张志远第一年年恤金致四川省政府的呈文（一九四一年十一月二十五日）……一八七
四川省政府关于核发故员张志远第一年年恤金致成都市政府的指令（一九四二年一月六日）……一九一
张黄氏关于申领故员张志远第二年年恤金致成都市政府的领恤申请书（一九四二年五月二十八日）……一九二
附：抚恤金领据、具领恤金保证书……一九三
成都市政府关于核发故员张志远第二年年恤金致张黄氏的批示及致四川省政府的呈文（一九四二年六月十二日）……一九五
四川省政府关于核发故员张志远第二年年恤金致成都市政府的指令（一九四二年七月十四日）……一九九
张黄氏关于补发故员张志远第二年加倍恤金致成都市政府的领恤申请书（一九四二年十一月）……二〇〇
附：抚恤金领据、具领恤金保证书……二〇一
成都市政府关于补发故员张志远第二年加倍恤金致张黄氏的批示及致四川省政府的呈文（一九四二年十二月十九日）……二〇三

张黄氏关于申领故员张志远第三年年恤金及加倍恤金致成都市政府的领恤申请书（一九四三年三月）……二〇七
附：抚恤金领据、具领恤金保证书……二〇八
成都市政府关于核发故员张志远第三年年恤金致张黄氏的批示及致四川省政府的呈文（一九四三年四月二十三日）……二一〇
四川省政府关于核发故员张志远第三年年恤金致成都市政府的指令（一九四三年七月二十一日）……二一三
王集成等关于张黄氏所执恤令遗失情况的保结（一九四六年一月）……二一四
故员张志远的现役军人户籍调查表（一九四六年一月）……二一五
故员张志远的死亡官兵现役军人户籍调查表清册（一九四六年一月）……二一六
成都市政府关于补发故员张志远恤令致张黄氏的批及致国民政府军委会抚恤委员会驻川抚恤处的呈（一九四六年二月十三日）……二一七
国民政府军委会抚恤委员会驻川抚恤处关于补发故员张志远恤令致成都市政府的代电（一九四六年二月二十六日）……二二〇
成都市政府关于转知补发故员张志远恤令致张黄氏的通知（一九四六年三月二十五日）……二二一
国民政府军委会抚恤委员会驻川抚恤处关于故员张志远恤令补办手续致成都市政府的代电（一九四六年七月六日）……二二三
成都市政府关于故员张志远恤令补办手续致张黄氏的通知（一九四六年七月二十三日）……二二四

十五、张海泉

陆军第四十一军军司令部关于函送抗战阵亡上尉连长张海泉乙种书表并请依例查报请恤致成都市政府的公函（一九四〇年六月十七日）……二二九
附：故员张海泉陆军战时死亡官佐士兵乙种证明书、乙种调查表（一九四〇年五月）……二三一
成都市第四区保长、甲长关于张海泉遗族情况的保结（一九四〇年六月）……二三三
成都市政府关于查照办理故员张海泉请恤事宜致陆军第四十一军军司令部的公函（一九四〇年七月十一日）……二三四
四川省政府关于颁发故员张海泉恤令及遗族住址单等致成都市政府的训令（一九四〇年十一月十六日收）……二三八
成都市政府关于调查故员张海泉遗族住址致第四区外北镇公所训令的存根（一九四〇年十一月二十八日）……二三九

第四区外北镇公所关于调查故员张海泉遗族住址致成都市政府的呈复单（一九四〇年十二月五日）……二四〇
四川省政府关于颁发张海泉给恤令的存根（一九四〇年十二月二十八日）……二四一
张杨素华关于张海泉恤令的领结（一九四〇年十二月）……二四二
李国安关于张海泉遗族恤令领取属实的保结（一九四〇年十二月）……二四四
张杨素华关于成都市政府颁发故员张海泉恤令的收据（一九四一年一月十七日）……二四六
张杨素华为请垫发张海泉一次恤金致成都市政府的申请书（一九四一年一月二十二日收）……二四七
成都市政府关于垫发故员张海泉一次恤金的签条（一九四一年一月二十三日）……二五〇
成都市政府关于奉发故员张海泉等三员恤金事致四川省政府的呈（一九四一年一月二十九日）……二五一
附：成都市故伤员兵（张海泉、白煜、黄志翔）恤金清单……二五五
成都市政府关于准予垫发故员张海泉一次恤金八百元致张杨素华的批（一九四一年二月十一日）……二五六
附：张杨素华关于故员张海泉的抚恤金领据、具领恤金保证书……二六〇
张杨素华关于成都市政府发放故员张海泉一次恤金的收据（一九四一年二月二十四日）……二六二
成都市政府关于垫发故员张海泉一次恤金八百元致国民政府军事委员会抚恤委员会的呈（一九四一年三月七日）……二六三
国民政府军事委员会抚恤委员会关于汇还垫发故员张海泉一次恤金致成都市政府的代电（一九四一年三月二十九日）……二六七
成都市政府关于办理垫发故员张海泉一次恤金有关手续致国民政府军事委员会抚恤委员会的呈、
致张杨素华的通知（一九四一年四月十四日）……二六八
张杨素华关于请发故员张海泉二次年恤金致成都市政府的报告（一九四一年四月二十九日收）……二七二
成都市政府关于核发故员张海泉第一年恤金致张杨素华的批（一九四一年五月七日）……二七四
成都市政府关于核发故员张海泉第一年恤金致张夏氏的批（一九四一年六月二日）……二七六
附：张夏氏关于请予核发故员张海泉第一年恤金致成都市政府的领恤申请书、抚恤金领据、
具领恤金保证书（一九四一年五月二十日收）……二七八
成都市政府关于故员张海泉遗族承领恤金致张夏氏的通知（一九四一年九月六日）……二八一

张夏氏关于成都市政府颁发故员张海泉抚恤令的收据（一九四一年九月八日）……二八三
成都市政府关于核发故员张海泉第二年恤金致四川省政府的呈、致张杨素华的批示（一九四二年三月九日）……二八四
附：张杨素华关于请予核发故员张海泉第二年恤金致成都市政府的领恤申请书、抚恤金领据、
具领恤金保证书（一九四二年一月）……二八八
四川省政府关于准予核发故员张海泉第二年恤金致成都市政府的指令（一九四二年四月二十日收）……二九一
成都市政府关于补发故员张海泉民国三十一年加倍年恤金致四川省政府的呈、致张杨素华的批示
（一九四二年十二月十九日）……二九二
附：张杨素华关于请予补发故员张海泉民国三十一年加倍年恤金致成都市政府的领恤申请书、
抚恤金领据、具领恤金保证书（一九四二年十一月十九日收）……二九六
成都市政府关于核发故员张海泉第三年恤金致四川省政府的呈、致张杨素华的批示（一九四三年六月二十一日）……二九九
附：张杨素华关于请予核发故员张海泉第三年恤金致成都市政府的领恤申请书、抚恤金领据、
具领恤金保证书（一九四三年六月八日收）……三〇二
四川省政府关于准予核发故员张海泉第三年恤金致成都市政府的指令（一九四三年九月一日收）……三〇五
附：故员张海泉的住址单……三〇六

十六、罗俊明

故员罗俊明遗族罗万氏关于恳请从优抚恤致成都市政府的呈（一九三八年一月）……三〇九
罗万慧琼关于上报故员罗俊明乙种调查表并转请核恤致成都市政府的呈（一九四〇年六月）……三一三
罗俊明陆军战时死亡官佐调查表三份……三一七
成都市政府关于查核故员罗俊明乙种调查表致罗万慧琼的批（一九四〇年七月五日）……三二〇
故员罗俊明陆军战时死亡官佐乙种调查表（一九四〇年七月）……三二二
成都市第三区第三保保长、第四四甲甲长及族长关于故员罗俊明遗族情况的保结（一九四〇年七月）……三二三

故员罗俊明的陆军战时死亡官佐士兵乙种证明书（一九四〇年八月）……三二四
成都市政府关于通知故员罗俊明遗族承领恤令的存根（一九四一年九月三日）……三二五
罗万慧琼关于申领故员罗俊明一次恤金、第一年年恤金的领恤申请书（一九四一年九月十日）……三二六
附：抚恤金领据、具领恤金保证书……三二七
成都市政府关于核发故员罗俊明一次恤金、第一年年恤金致四川省政府的呈文（一九四一年九月二十日）……三二九
成都市政府关于核发故员罗俊明一次恤金、第一年年恤金致罗万慧琼的批（一九四一年九月二十三日）……三三三
四川省政府关于核发故员罗俊明一次恤金、第一年年恤金致成都市政府的指令（一九四一年十二月十九日）……三三五
罗万慧琼关于申领故员罗俊明第二年年恤金的领恤申请书（一九四二年三月二十七日）……三三六
附：抚恤金领据、具领恤金保证书……三三七
成都市政府关于核发故员罗俊明第二年年恤金致罗万慧琼的批示及致四川省政府的呈文（一九四二年四月十七日）……三三九
四川省政府关于核发故员罗俊明第二年年恤金致成都市政府的指令（一九四二年六月十日）……三四三
罗万慧琼关于申领故员罗俊明第二年加倍恤金的领恤申请书（一九四二年十月二十七日）……三四四
附：抚恤金领据、具领恤金保证书……三四五
成都市政府关于核发故员罗俊明第二年加倍恤金致罗万慧琼的批示及致四川省政府的呈文（一九四二年十二月二日）……三四七
四川省政府关于核发故员罗俊明第二年加倍恤金致成都市政府的指令（一九四三年二月四日）……三五一
罗万慧琼关于申领故员罗俊明第三年年恤金及加倍恤金的领恤申请书（一九四三年一月二十二日）……三五二
附：抚恤金领据、具领恤金保证书……三五三
成都市政府关于核发故员罗俊明第三年年恤金及加倍恤金致罗万慧琼的批示及致四川省政府的呈文
（一九四三年三月十三日）……三五五
四川省政府关于核发故员罗俊明第三年年恤金及加倍恤金致成都市政府的指令（一九四三年四月）……三五八

十七、郑楷

成都县县政府关于转送故兵郑楷、张占奎请恤书表致成都市政府的公函（一九三九年八月十八日）……三六一

成都市第三区第一保保长、甲长、族长关于郑楷遗族确系属实的保结（一九三九年八月二十二日）……三六五

成都市政府关于呈请核录办理故兵郑楷、张占奎乙种书表致四川省政府的呈（一九三九年九月十二日）……三六六

附：故兵郑楷陆军战时死亡官佐士兵乙种证明书、乙种调查表……三七〇

成都市政府关于调查故兵郑楷遗族住址致第三区少城镇镇公所训令的存根（一九四〇年五月十四日）……三七二

国民政府军事委员会抚恤委员会关于准还归垫故兵郑楷一次恤金致成都市政府的公函（一九四一年一月二十五日收）……三七三

成都市政府关于故兵郑楷遗族应在军事委员会抚恤委员会汇票上盖用私章致郑国元的通知（一九四一年十月二十日）……三七五

成都市政府关于核发故兵郑楷第二年、第三年恤金致四川省政府的呈文、致郑邓氏的批示（一九四三年四月二十三日）……三七九

附：郑邓氏关于请予核发故兵郑楷第二年、第三年恤金及加倍年恤金致成都市政府的领恤申请书、抚恤金领据、具领恤金保证书（一九四三年四月二日收）……三八二

四川省政府关于准予核发故兵郑楷第二年、第三年恤金致成都市政府的指令（一九四三年七月十七日收）……三八七

十八、赵双全

赵王氏关于赵双全阵亡呈请抚恤致成都市政府的报告（一九四二年二月二十五日）……三九一

成都市政府关于办理赵双全遗族抚恤手续致赵王氏的批示（一九四二年三月十七日）……三九三

成都市政府关于请予鉴核存转故兵赵双全乙种请恤调查表致四川省政府的呈（一九四二年三月二十日）……三九五

附：故兵赵双全陆军死亡官佐士兵乙种请恤调查表……三九七

成都市第一四区第二保保长、甲长关于赵双全遗族确系属实的保结（一九四二年三月）……三九八

成都市政府关于奉令核办故兵赵双全乙种调查表致赵王氏的通知（一九四二年五月二十日）……三九九

成都市政府所属吴珍木关于故兵赵双全乙种请恤表所载队号不详调查情形的签呈（一九四二年八月十八日）……四〇一

成都市政府关于呈送故兵赵双全乙种调查表等致四川省政府的呈（一九四二年八月二十九日）……四〇三

附：赵王氏关于赵双全一次恤金、第一年恤金及加倍恤金的抚恤金领据、具领恤金保证书（一九四三年七月）……四〇七
四川省政府关于准予核发故兵赵双全恤金致成都市政府的指令（一九四三年九月八日收）……四一一
赵王氏关于收到成都市政府派送恤令的回执（一九四三年十月九日）……四一二

十九、赵兴诚

成都市政府关于请予鉴核存转故士赵兴诚乙种请恤调查表致四川省政府的呈（一九四二年五月二十七日）……四一五
附：故士赵兴诚陆军死亡官佐士兵乙种请恤调查表……四一七
成都市第四区第一保保长、甲长关于赵兴诚遗族确系属实的保结（一九四二年五月）……四一八
成都市政府关于奉令核办故士赵兴诚乙种请恤表致赵信根的通知（一九四二年六月二十三日）……四一九
成都县政府关于检送故士赵兴诚恤令致成都市政府的公函（一九四三年七月十五日）……四二一
成都市政府关于核领故士赵兴诚恤令致成都县政府的公函、致赵王氏的通知（一九四三年七月二十六日）……四二三

二十、赵德荣

成都县政府关于函送故员兵赵德荣等请恤调查表致成都市政府的公函（一九四二年三月七日）……四二九
成都市政府关于调查故员赵德荣遗族住址致第四区莹华镇公所训令的存根（一九四二年三月十七日办）……四三一
成都市政府关于转请核办故员赵德荣乙种请恤调查表致四川省政府的呈（一九四二年五月二十六日）……四三二
附：成都县县长签署的赵德荣陆军死亡官佐士兵乙种请恤调查表……四三四
附：成都市市长签署的赵德荣陆军死亡官佐士兵乙种请恤调查表（一九四二年五月）……四三五
成都市第四区第一保保长、甲长关于赵德荣遗族确系属实的保结（一九四二年五月）……四三六
成都市政府关于核办故员赵德荣乙种调查表致赵梁氏的通知（一九四二年六月二十三日）……四三七
四川省政府关于转送核办故员赵德荣、故士赵兴诚乙种请恤调查表致成都市政府的指令（一九四二年六月）……四三九
国民政府军事委员会抚恤委员会关于核鉴故员赵德荣遗族校正表致成都市政府的代电（一九四二年九月十八日）……四四〇

成都市政府关于故员赵德荣遗族承领恤令致赵梁氏的通知（一九四二年九月二十一日）……四四一
赵梁氏关于成都市颁发故员赵德荣抚恤令的收据（一九四二年九月三十日）……四四三
成都市政府关于核发故员赵德荣一次恤金及第一年恤金致赵梁氏的批示、致四川省政府的呈文
（一九四二年十月三十一日）……四四四
附一：赵梁氏关于请予核发故员赵德荣一次恤金致成都市政府的领恤申请书、抚恤金领据、
具领恤金保证书（一九四二年十月三日收）……四四八
附二：赵梁氏关于请予核发故员赵德荣第一年恤金致成都市政府的领恤申请书、
抚恤金领据、具领恤金保证书（一九四二年十月三日收）……四五一
成都市政府所属吴珍木关于访查故员赵德荣户籍的签呈（一九四二年十月三日）……四五四
成都市政府关于转请核办故员赵德荣户籍表册等致四川省政府的呈（一九四二年十二月四日）……四五六
附一：赵梁氏关于赵德荣一次恤金的领结（一九四二年九月）……四六〇
附二：常永生关于赵德荣遗族一次恤金领取属实的保结（一九四二年九月）……四六一
附三：赵德荣的补送死亡官兵现役军人户籍调查表清册、现役军人户籍调查表（一九四二年十月三日）……四六二
四川省政府关于准予核发故员赵德荣一次恤金及第一年抚金致成都市政府的指令（一九四三年一月十二日）……四六四
成都市政府关于核发故员赵德荣第二年恤金致四川省政府的呈文、致赵梁氏的批示（一九四三年四月五日）……四六五
附：赵梁氏关于请予核发故员赵德荣第二年恤金及加倍恤金致成都市政府的领恤申请书、抚恤金领据、
具领恤金保证书（一九四三年三月三日收）……四六八
四川省政府关于准予核发故员赵德荣第二年恤金致成都市政府的指令（一九四三年五月二十九日）……四七一

十一、邹玉清

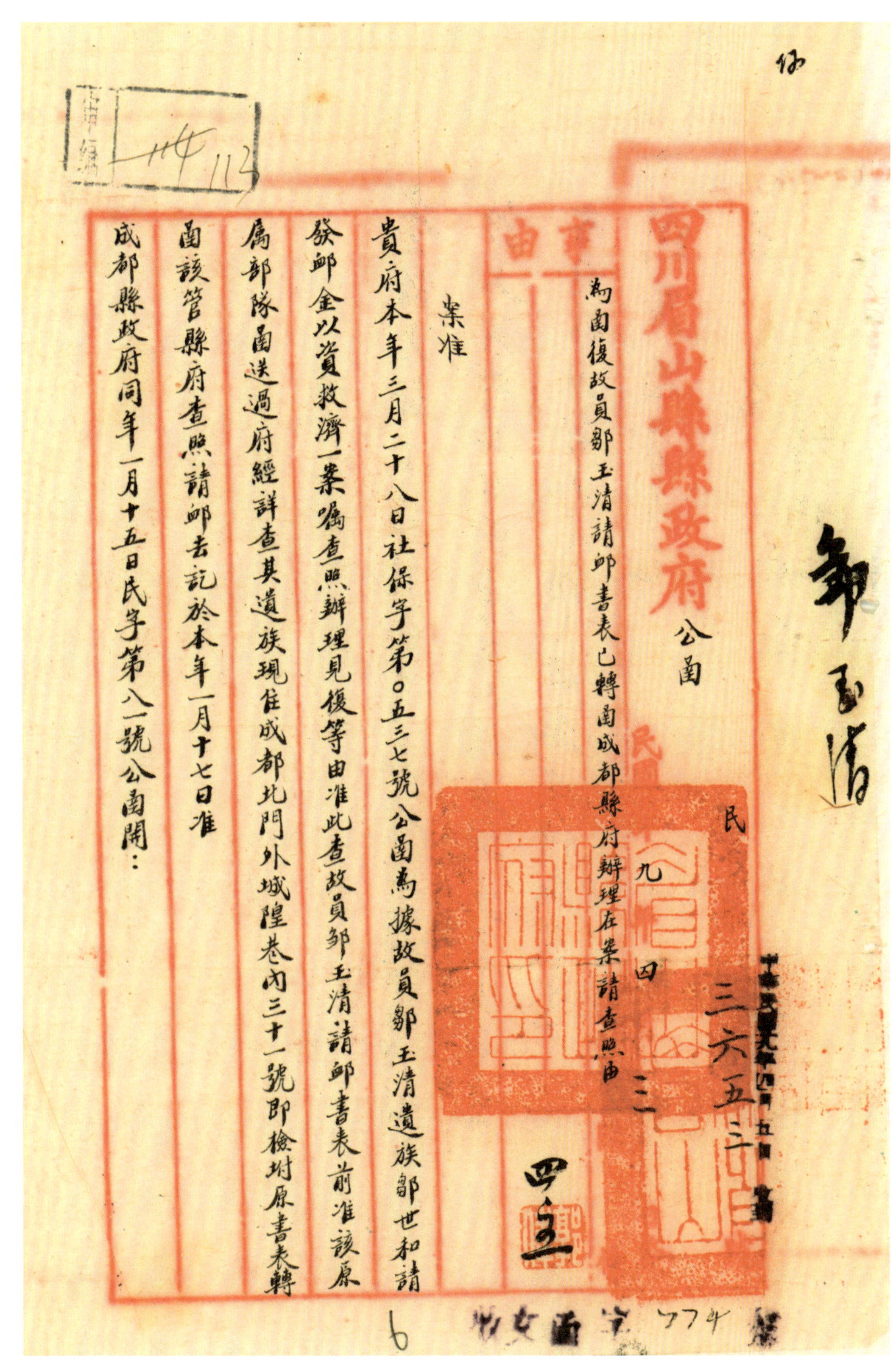

四川眉山縣縣政府公函

事由：為函復故員鄒玉清請卹書表已轉函成都縣府辦理在案請查照由

民 廿九 四 三

案准

貴府本年三月二十八日社保字第〇五三七號公函為據故員鄒玉清遺族鄒世和請發卹金以資救濟一案囑查照辦理見復等由准此查故員鄒玉清請卹書表前准該原屬部隊函送過府經詳查其遺族現住成都北門外城隍巷內三十一號即檢附原書表轉函該管縣府查照請卹去訖於本年一月十七日准成都縣政府同年一月十五日民字第八一號公函開：

三六五三

鄒玉清

眉山县政府关于故员邹玉清请恤书表已转成都县政府办理致成都市政府的公函（一九四〇年四月三日）

成都市政府所属关于故员邹玉清请恤书表已由眉山县政府转成都县政府办理的签呈

（一九四〇年四月五日）

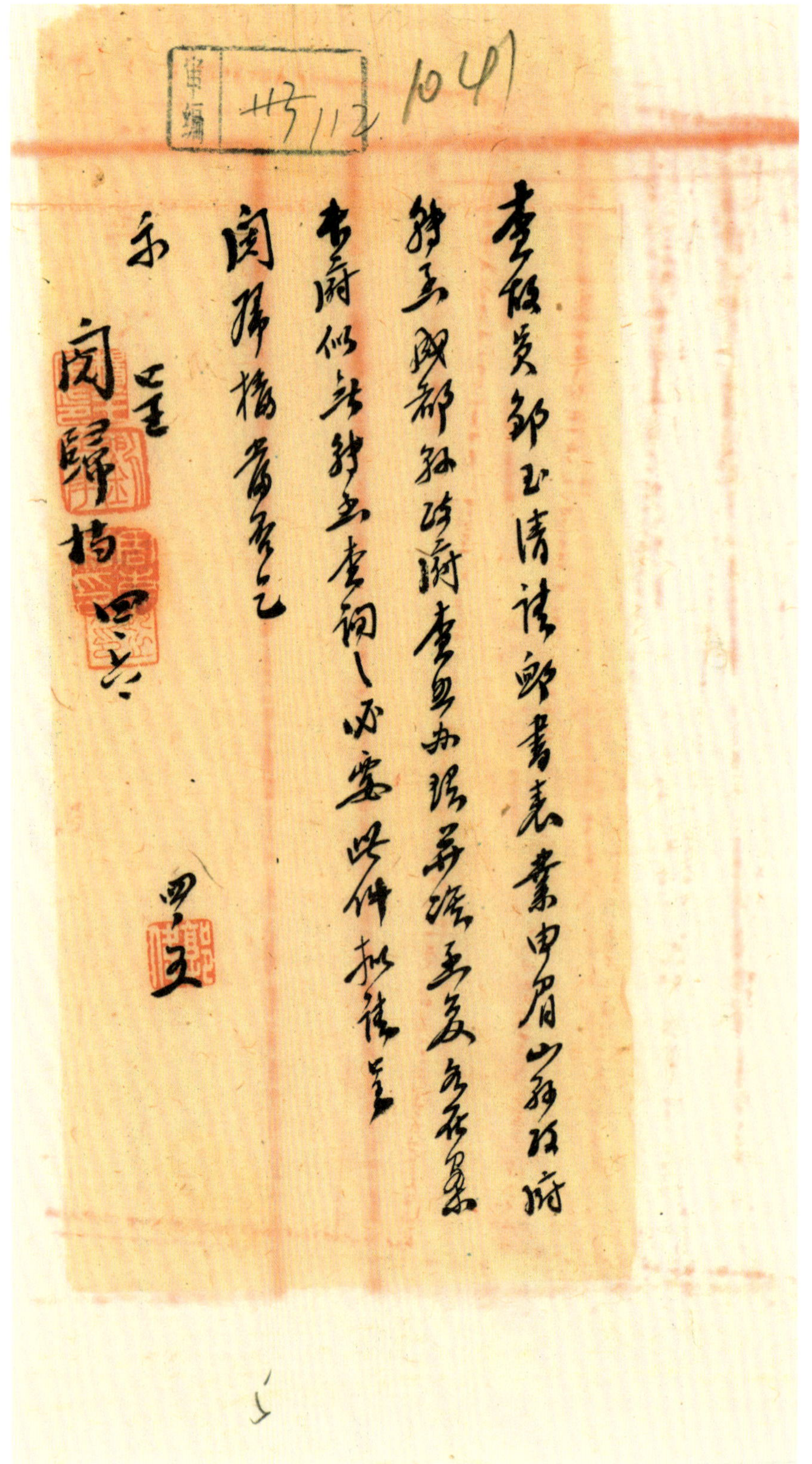

查故员邹玉清请恤书表业由眉山县政府转至成都县政府查照办理并答复在案

本府似无转查询之必要拟候呈

阅归楷备查已

示

谨呈

阅归楷 四、六

四、五

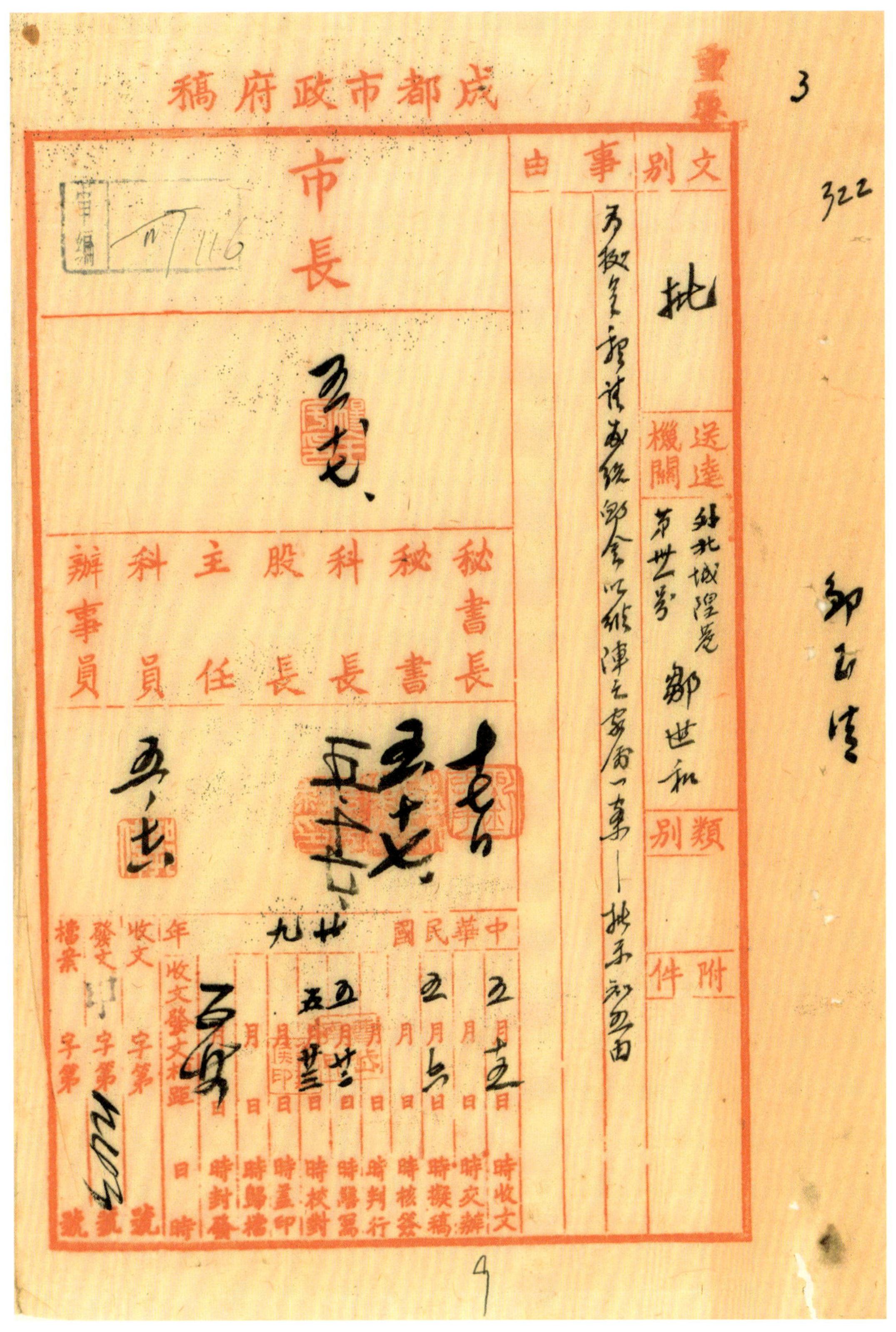

成都市政府稿

文别：批

事由：

送達機關：邹世和

類別：

附件：

市長

秘書長　秘書　科長　股長　主任　科員　辦事員

中華民國　年　月　日　時收文

成都市政府关于颁发故员邹玉清恤令（金）致邹世和的批（一九四〇年五月二十四日）

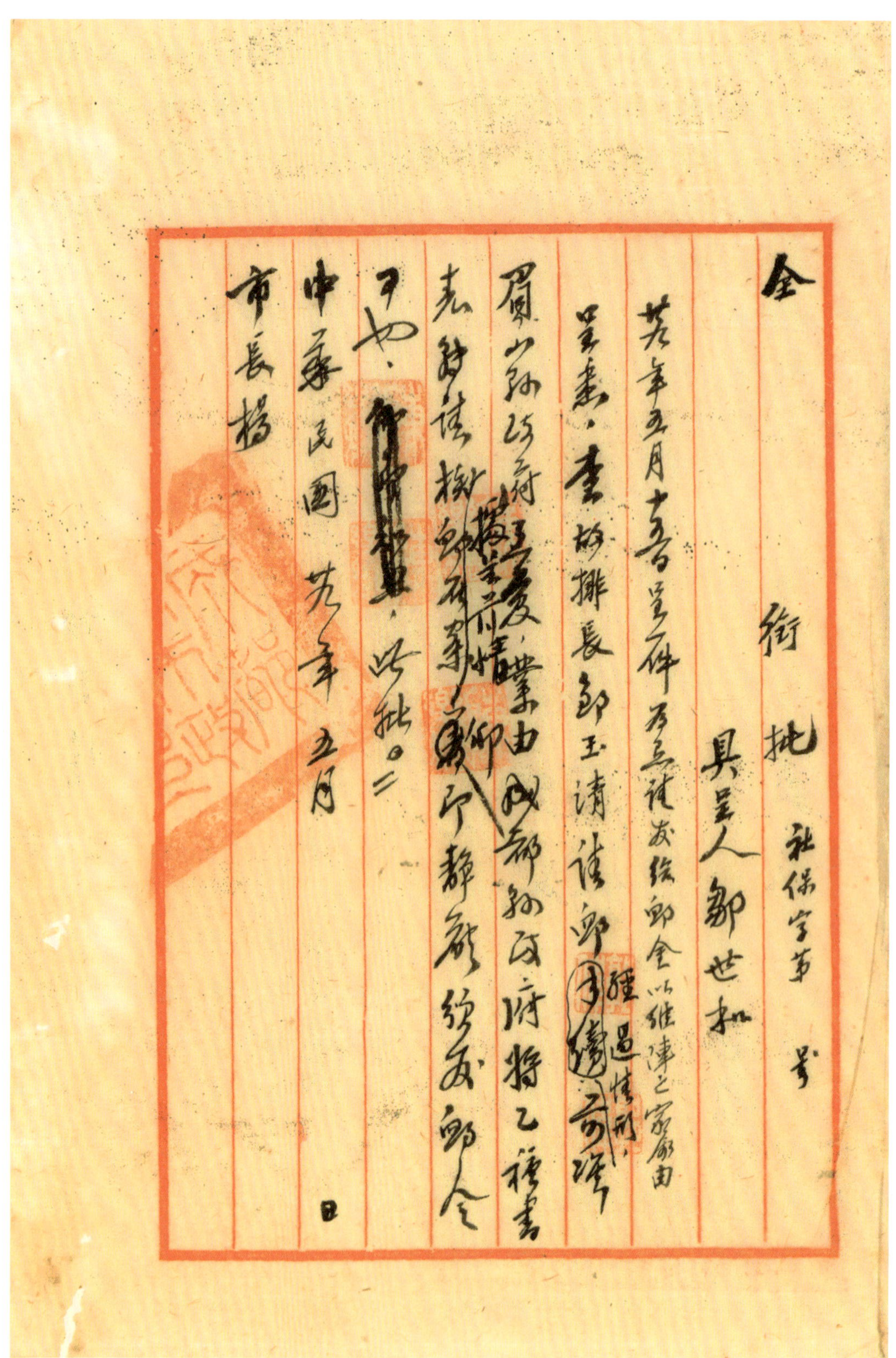

令

衔 批　具呈人邹世和　社保字第　号

卅年五月十三日呈件为呈请发给卹金以维生之家属由

呈悉。查故排长邹玉清该邹[illegible]遇情形，前经[illegible]

转呈四川省政府[illegible]，业由成都市政府将已获书

表并该[illegible]转呈[illegible]静候核发卹金

可也。[illegible]此批。○二

中华民国卅年五月　日

市长杨

邹世和关于呈请核发邹玉清恤金致成都市政府的报告（一九四一年八月十八日收）

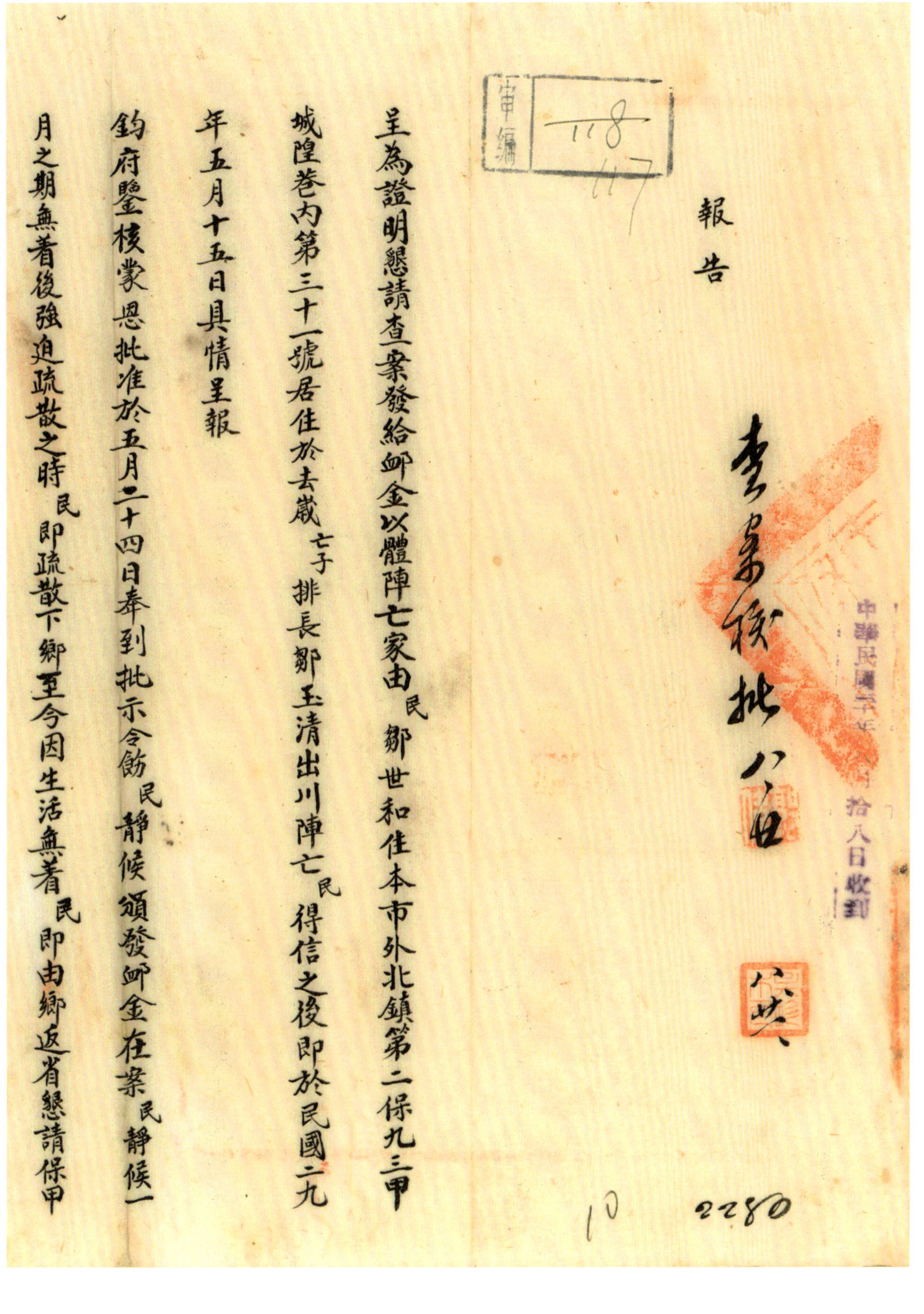

報告

查案核批 八/廿

中華民國三十年八月拾八日收到

呈為證明懇請查案發給卹金以體陣亡家由民
鄒世和住本市外北鎮第二保九三甲
城隍巷内第三十一號居住於去歲亡子
排長鄒玉清出川陣亡民得信之後即於民國二九
年五月十五日具情呈報
鈞府鑒核蒙恩批准於五月二十四日奉到批示令飭民
靜候頒發卹金在案民靜候一
月之期無着後強迫疏散之時民
即疏散下鄉至今因生活無着民
即由鄉返省懇請保甲

證明具情再懇

鈞座查核俯賜垂憐濟給民困難之苦以免前途生路斷絕民子玉清前由安徽省青陽沙溪村陣亡該排長前在二十三集團軍二十一軍一四五師四三五旅八七零團三營八連充當排長一職

懇請查核社保字一二四三號舊案批示體恤陣亡補發卹金如蒙恩准實沾德便謹此上呈

成都市市政府市長余 鈞鑒

具報告人民 鄒世和 呈

保長

證明人 甲長 廖宗藩

中華民國三十年八月 日 呈

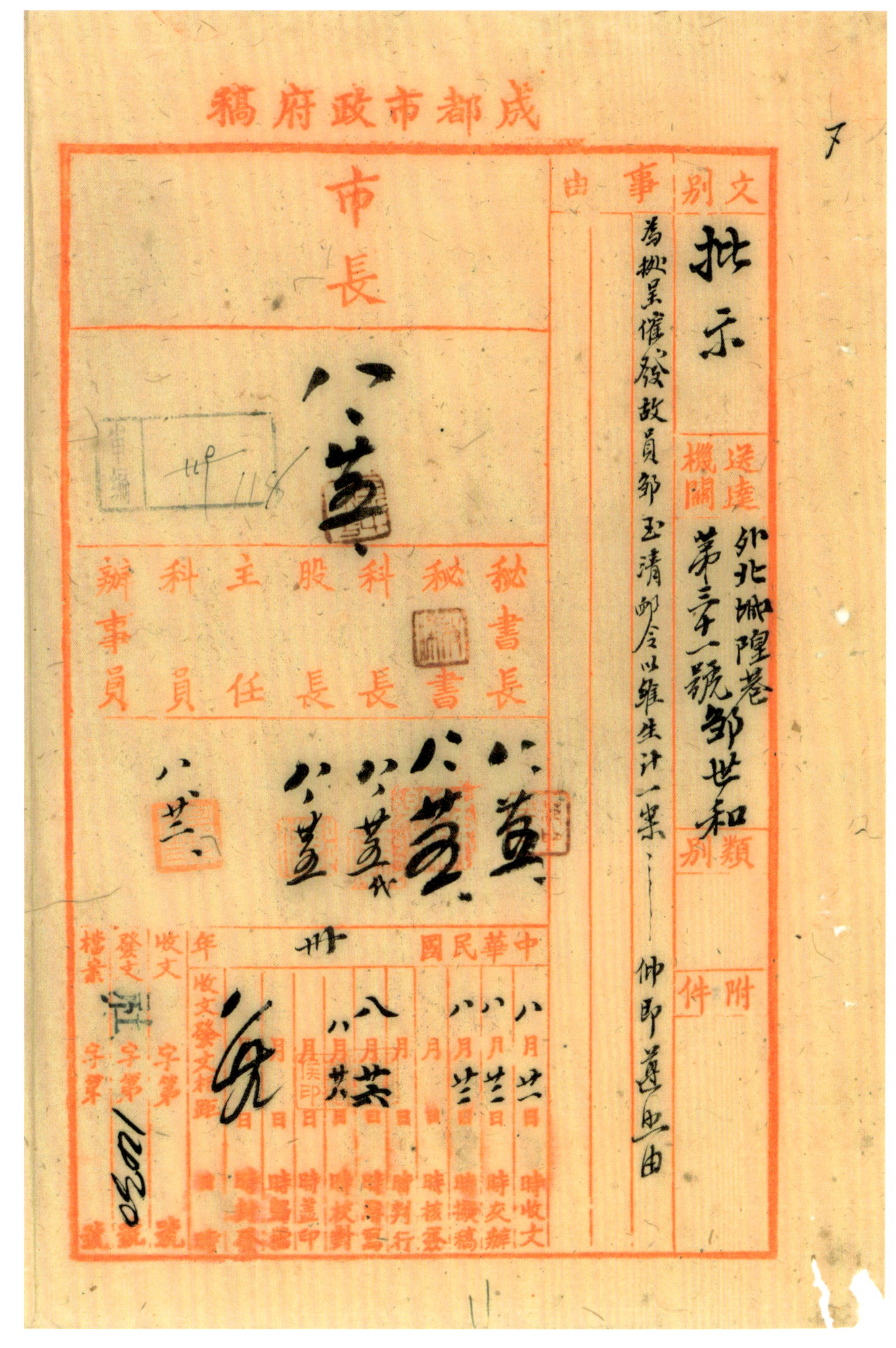

成都市政府稿

文別：批示

事由：為擬呈催發故員鄒玉清卹令以維生計一案……仰即遵照由

送達機關：外北城隍巷第三十一號鄒世和

類別

附件

市長

秘書長　秘書　科長　股長　主任　科員　辦事員

中華民國卅年

八月廿一日收文　八月廿二日交辦　八月廿二日擬稿　八月　日核委　八月　日判行　八月廿六日繕寫　八月廿六日校對

成都市政府关于迳向成都县政府催发故员邹玉清恤令致邹世和的批示（一九四一年八月二十九日）

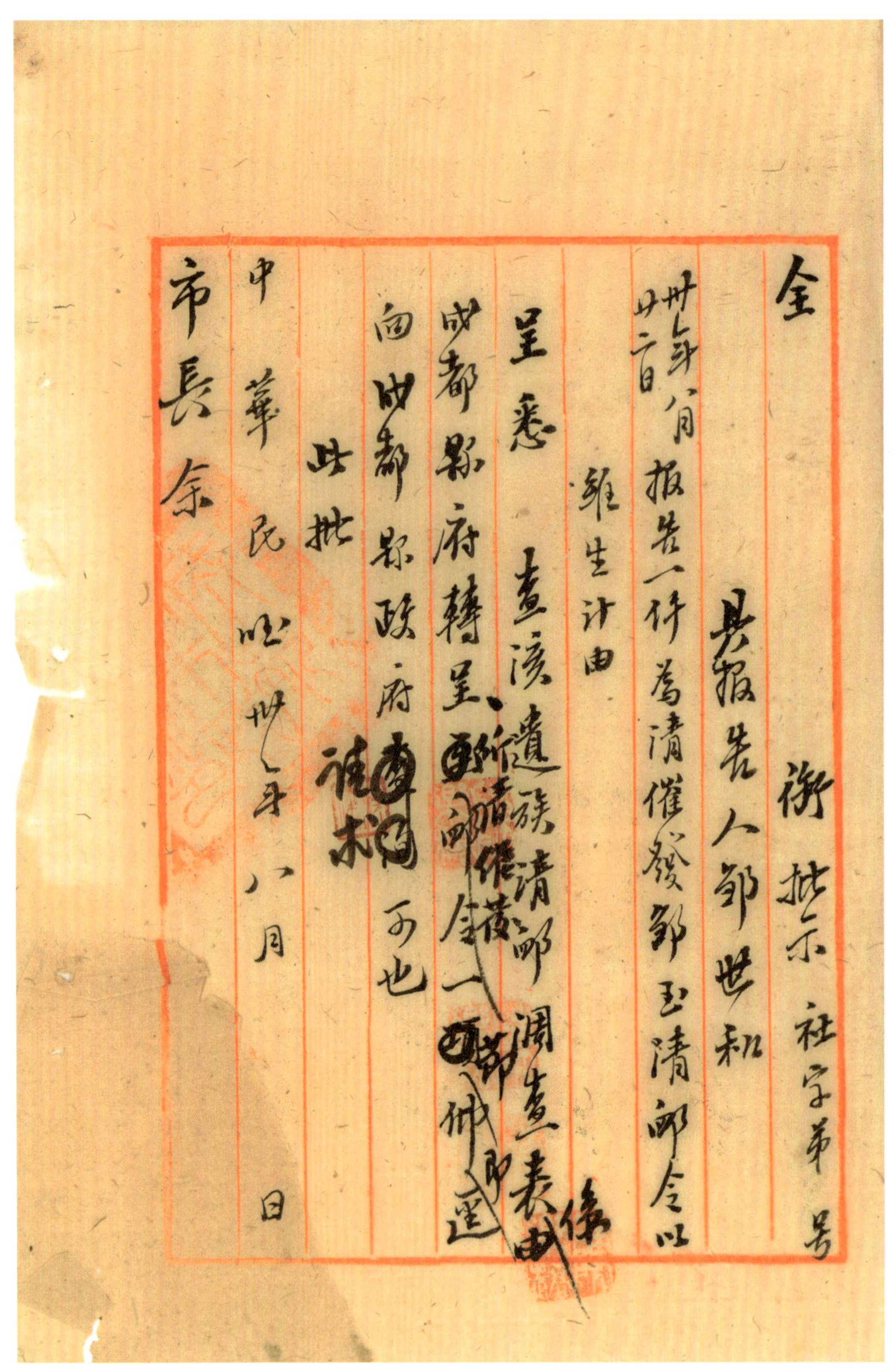
全衔批示　社字第　号

具报告人邹世和

卅年八月廿二日报告一件为请催发邹玉清卹令以

维生计由

呈悉。查该遗族请卹调查表係由

成都县府转呈，所请俟发卹金一节仰即迳

向成都县政府查询可也。

此批。

中华民国卅年八月　日

市长余

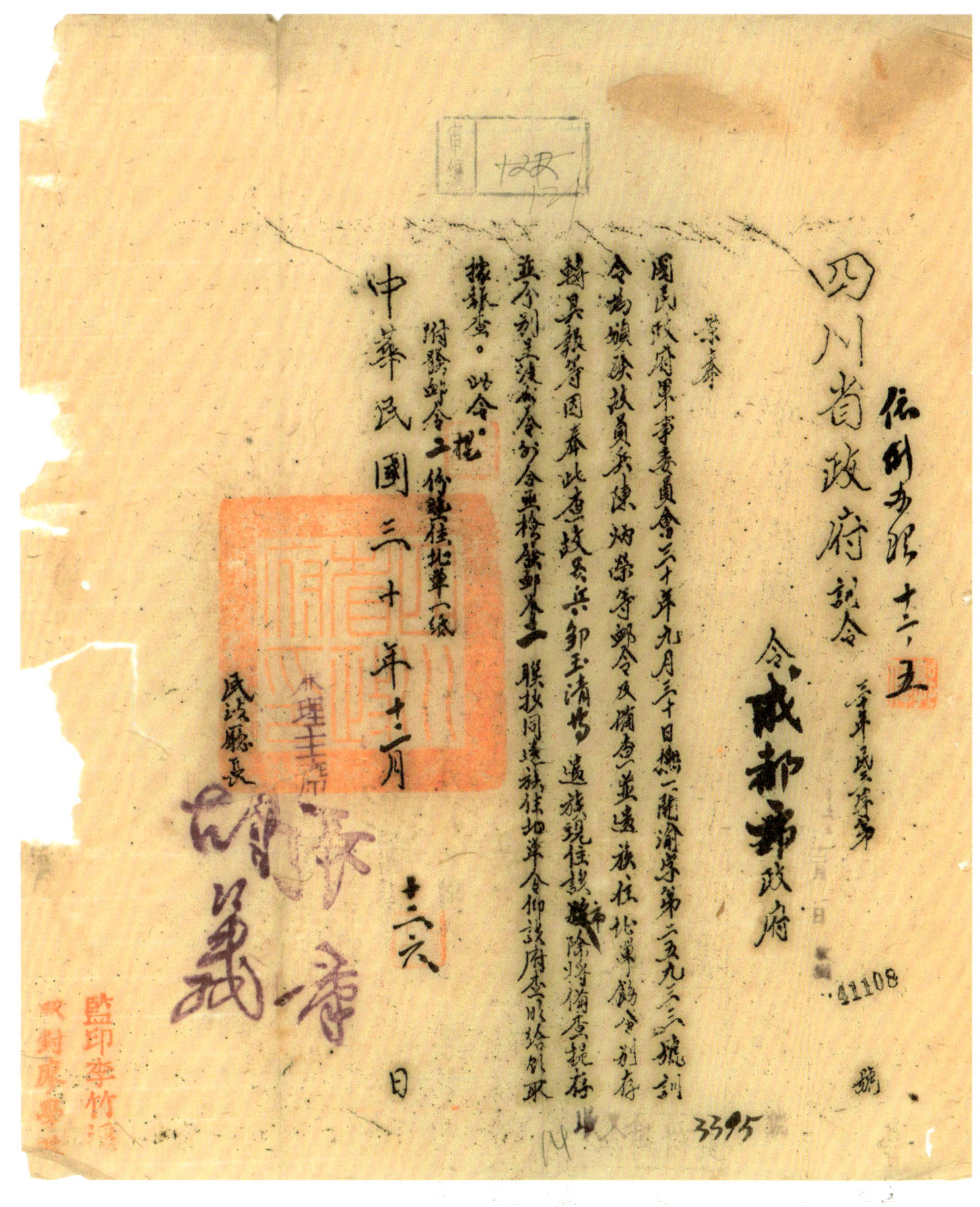

四川省政府训令

令成都市政府

案奉

国民政府军事委员会三十年九月三十日抚一龙渝字第二五九三八号训令为颁发故员兵陈炳荣等恤令及遗族住址单饬令转存

转具报等因奉此查故员兵邹玉清等遗族现住该市除将备查提存外

兹分别呈复并分令外合并检发恤令暨遗族住址单令仰该府查照给领具报备查。此令。

附发恤令二份 遗族住址单一纸

中华民国三十年十一月 日

民政厅长

四川省政府关于检发故员邹玉清等恤令并遗族住址单致成都市政府的训令（一九四一年十二月一日收）

附：四川省政府关于颁发故员邹玉清恤亡给予令通知的存根、故员邹玉清遗族住址（一九四一年十二月六日）

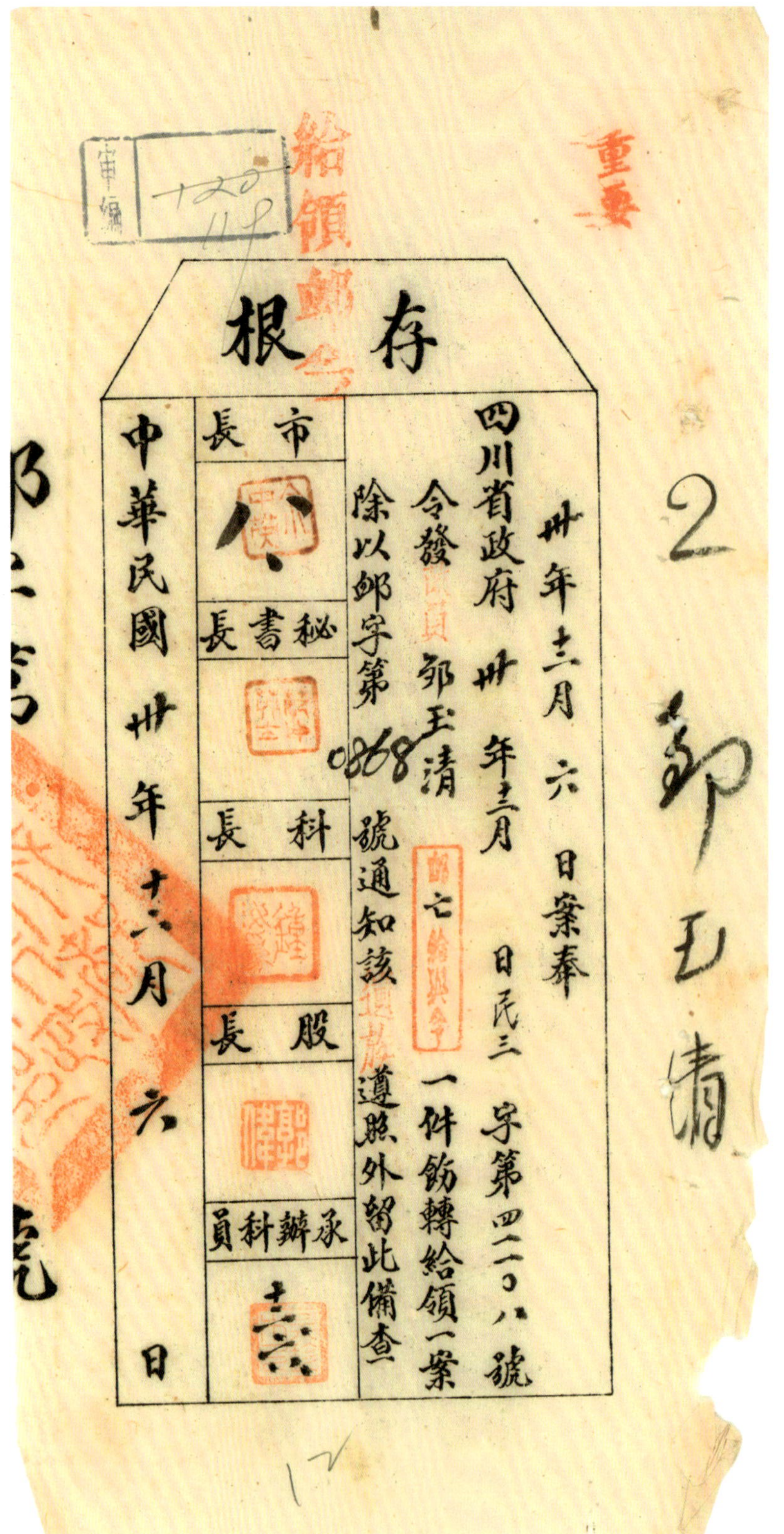
重要

2 鄒玉清

存根

卅年十二月六日案奉

四川省政府卅年十二月　日民三字第四二一〇八號

令發故員鄒玉清卹亡給與令一件飭轉給領一案

除以鄒字第0868號通知該遺族遵照外留此備查

市長　秘書長　科長　股長　承辦科員

中華民國卅年十二月六日

給領卹令

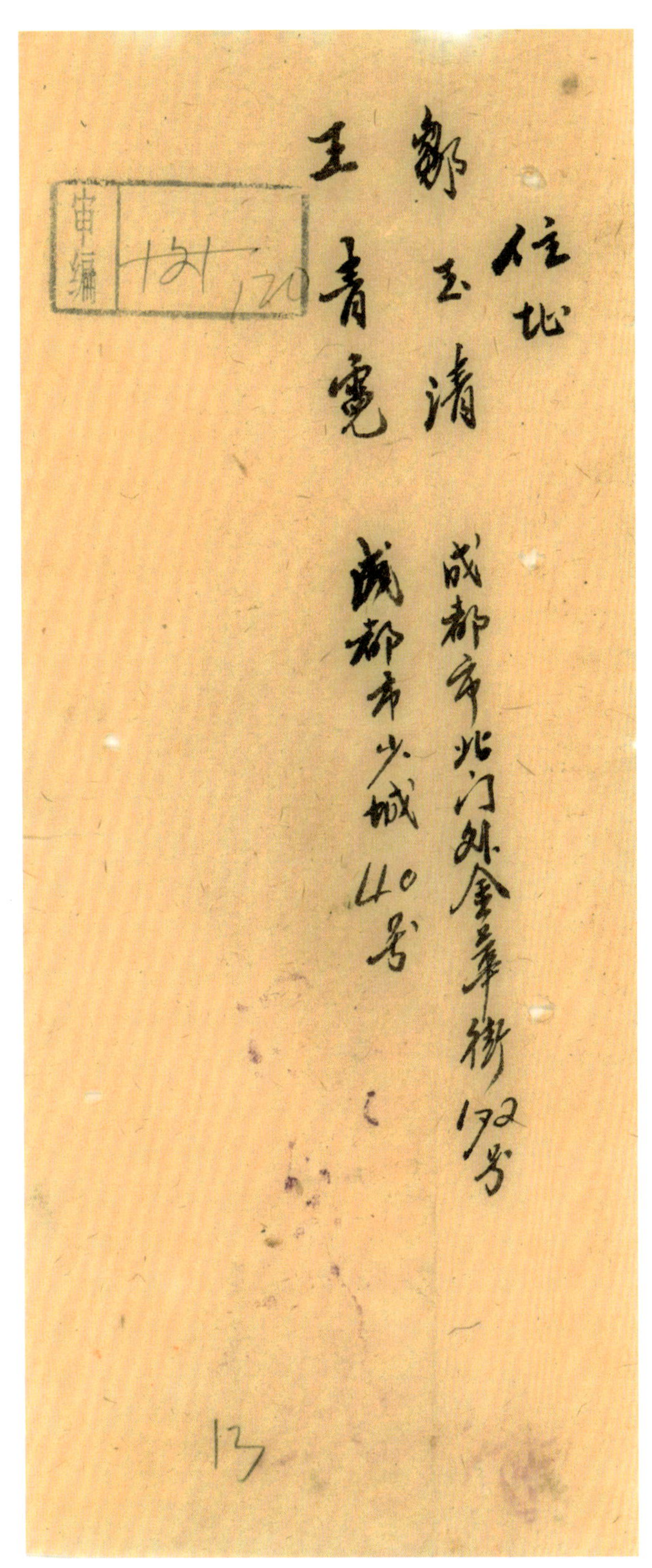

住址
郭玉清
王青霓
成都市北门外金华街132号
成都市少城40号

审编 120

13

邹世和关于成都市政府颁发故员邹玉清抚恤令的收据（一九四一年十二月二十三日）

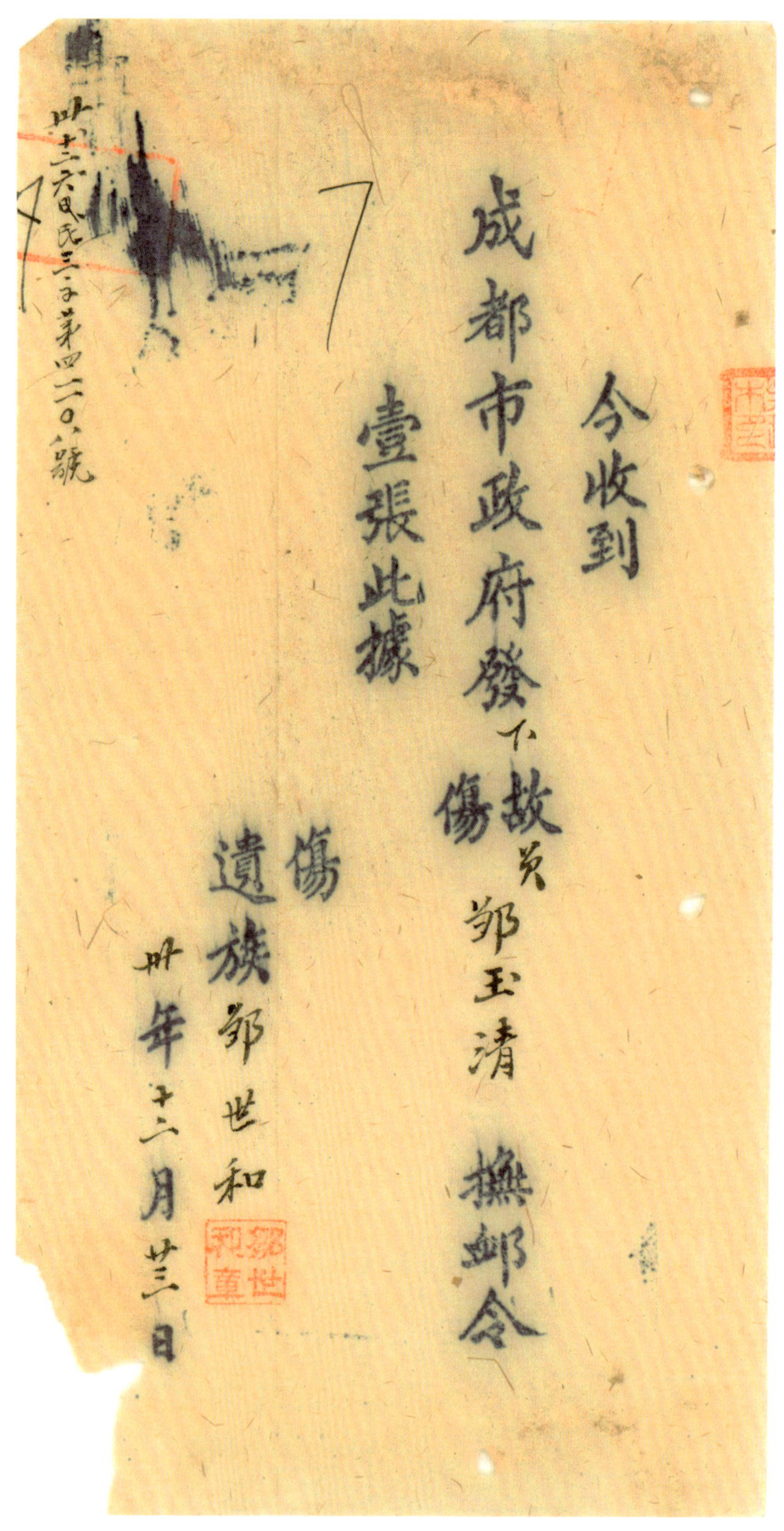
今收到
成都市政府發下故員鄒玉清撫卹令
壹張此據
傷
遺族鄒世和
卅年十二月廿三日

曾国良关于邹玉清遗族抚恤金领取属实的保结（一九四一年十二月）

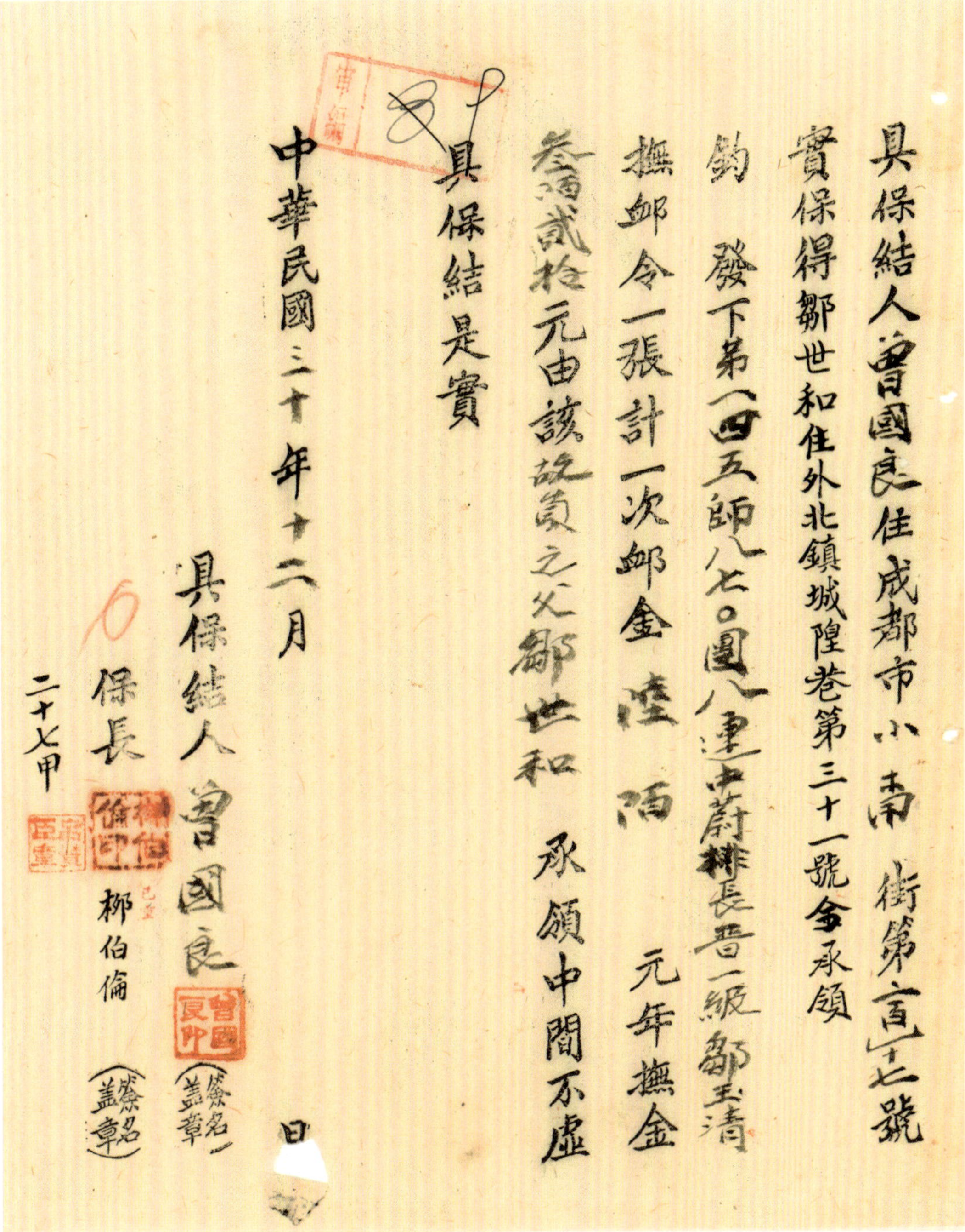

具保結人曾國良住成都市小南街第百十七號
實保得鄒世和住外北鎮城隍巷第三十一號今承領
鈞
發下第（四五師八七〇團八連中尉排長晉一級鄒玉清
撫卹令一張計一次卹金陸佰元年撫金
叁佰貳拾元由該故員之父鄒世和承領中間不虛
具保結是實

中華民國三十年十二月 日

具保結人 曾國良（簽名蓋章）

保長 柳伯倫（簽名蓋章）

二十七甲

成都市政府关于核发故员邹玉清一次及第一年年恤金致四川省政府的呈、致邹世和的批示（一九四二年一月九日）

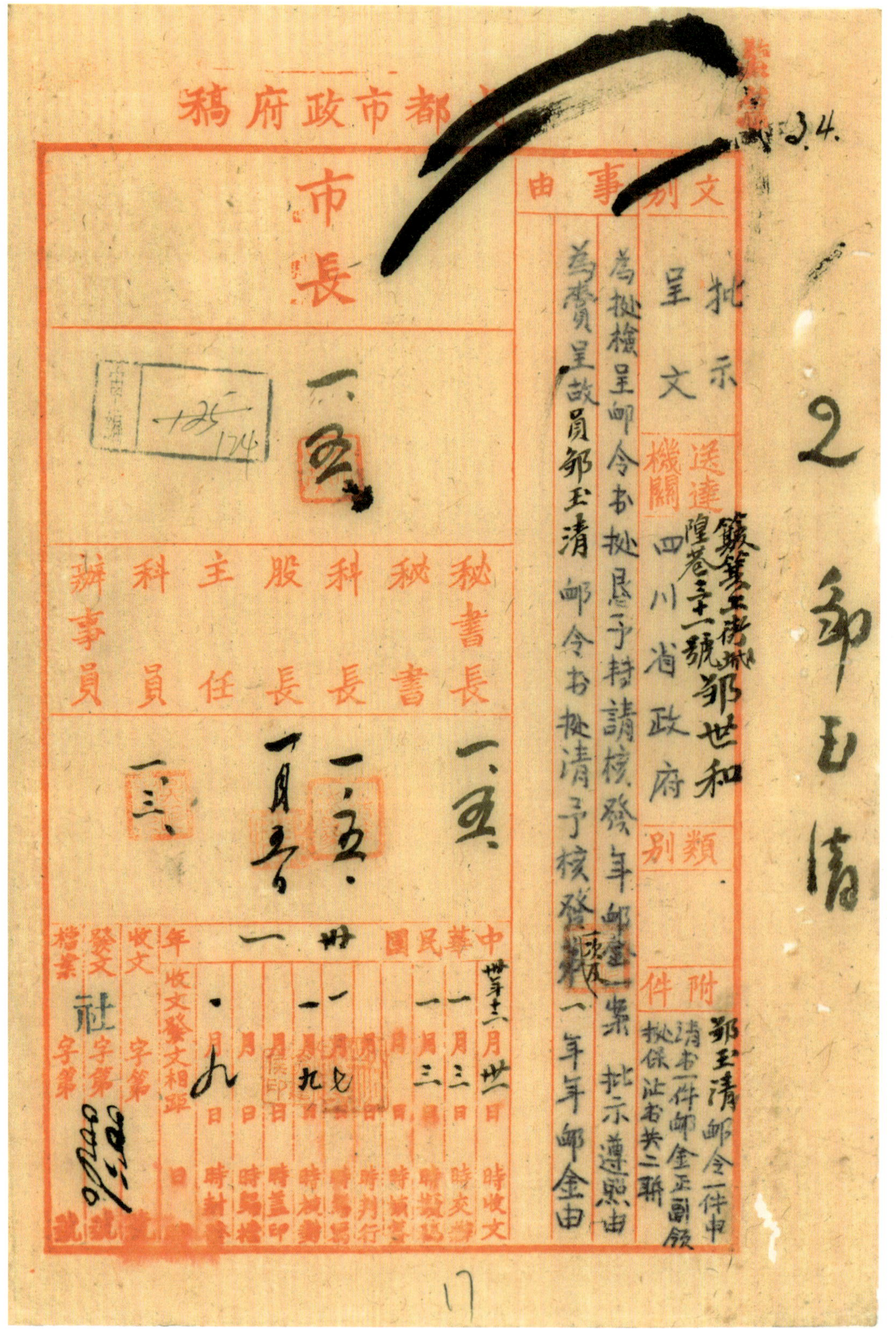
成都市政府稿

文别：批示 呈文

事由：為擬檢呈卹令书擬恳予转請核發年卹金一案 批示遵照由
為賫呈故員邹玉清卹令书擬請予核發一年年卹金由

送達機關：四川省政府
隍巷三十一號 邹世和

附件：邹玉清卹令一件申请书一件卹金正副領据保证书共三联

市長
秘書長 秘書 科長 股長 主任 科員 辦事員

中華民國卅一年

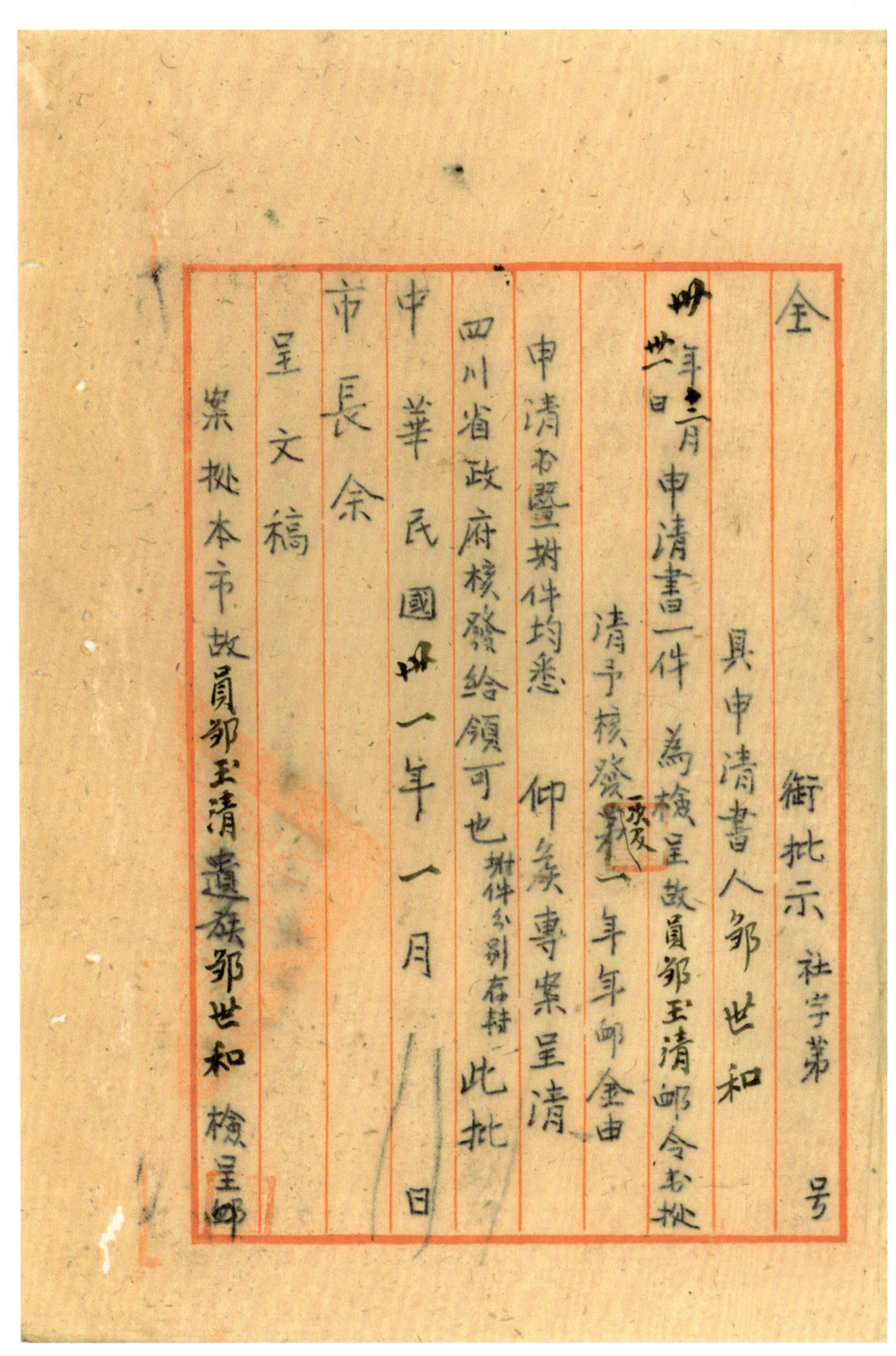
令
銜批示　社字第　号
具申請書人鄧世和
卅一年十二月廿一日申請書一件　為檢呈故員鄧玉清卹令書批
請予核發一次及一年年卹金由
申請書暨附件均悉　仰候專案呈請
四川省政府核發給領可也附件分別存轉此批
中華民國卅一年一月　日
市長余
呈文稿
案據本市故員鄧玉清遺族鄧世和檢呈卹

卹令及申請書正副領據保証書等懇予轉請核發
一年年卹金等情前來查核尚無不合除批示外
理合遵照
鈞府奉頒請卹各項办法之規定檢同故員鄒
玉清卹令一件領卹申請書一件卹金正副領據保証
書共二聯一併隨文賫呈
鈞府俯賜核發給領指令祇遵
謹呈
四川省政府

計呈故員鄒玉清卹令及申請書各一件卹金正副領據

領批保証書共二聯

銜名

中華民國三十一年一月　日

附：邹世和关于请予核发故员邹玉清一次恤金及第一年抚恤金致成都市政府的领恤申请书、抚恤金领据、具领恤金保证书（一九四一年十二月）

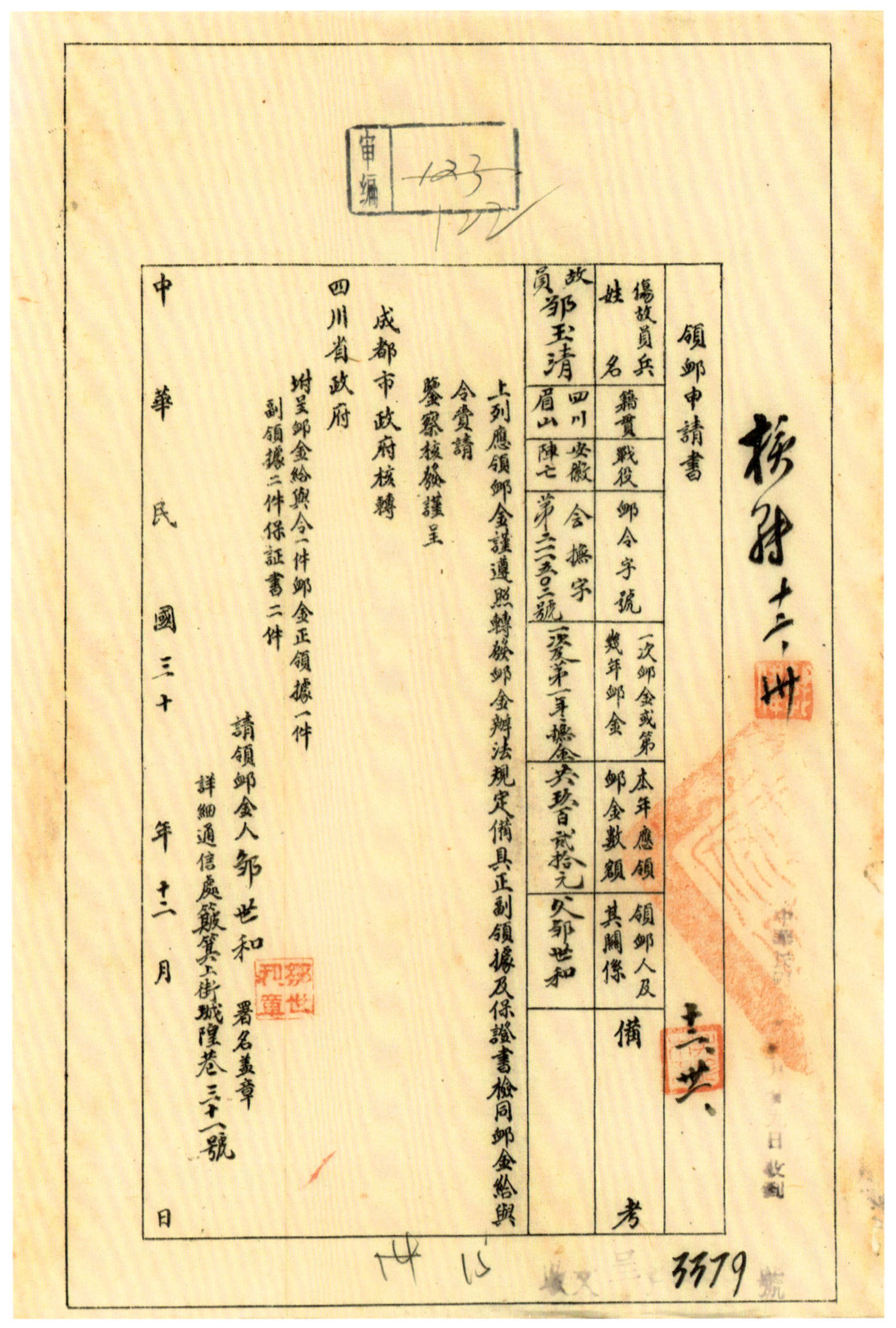

领卹申請書

傷故員兵姓名	籍貫	戰役	卹令字號	一次卹金或第幾年卹金	本年應領卹金數額	領卹人及其關係	備考
故員邹玉清	四川眉山	安徽陣亡	会撫字第二一八五〇三號	一次及第一年卹金	共玖百貳拾元	父邹世和	

上列應領卹金謹遵照轉發卹金辦法規定備具正副領據及保證書檢同卹金給與令賫請

鑒察核發謹呈

成都市政府核轉

四川省政府

附呈卹金給與令一件卹金正領據一件副領據二件保証書二件

請領卹金人邹世和 署名蓋章

詳細通信處簸箕上街城隍巷三十一號

中華民國三十年十二月 日

此聯撫卹委員會第三處存查

撫卹金副領據

茲領到

部隊機關番號 第四五師六〇〇團一連　階級 中尉　職務 排長　姓名 鄒玉清　卹金種類 一次及第一年卹金

國幣 共玖百貳拾 元

右欵業已照數領訖此據

軍事委員會撫卹委員會第三處查照

領卹人 鄒世和（印：鄒世和章）

中華民國 三十 年 十二 月 日

字第　　號

撫卹金正領據

茲領到

部隊機關番號 第一四五師六〇〇團一連　階級 中尉　職務 排長　姓名 鄒玉清　卹金種類 一次及卹金一年

國幣 共玖百貳 元

右欵業已照數領訖此據

軍事委員會撫卹委員會第三處查照

領卹人 鄒世和（印：鄒世和章）

中華民國 三十 年 十二 月 日

此聯轉報軍政部核轉

具領卹金保證書

保證人曾國民　今保證領卹人鄒世和　確係已故

部隊機關番號 第四五師七〇團六連　階級 中尉　職務 排長　姓名 鄒玉清

之遺族遵照

國民政府軍事委員會會撫字第二三五〇二號卹金給與令核准給與該

故員一次恤金國幣共計壹百貳拾元整今由該遺族向

鈞會第三處如數領訖具領後如有發生爭議保証人願照

鈞會請領卹金須知第六條之規定負法律上一切責任此證

謹呈

國民政府軍事委員會撫卹委員會

保証人（店鋪書東）姓名 曾國民 蓋章　籍貫 成都　住址 小南街　職務或職業 藥舖　店鋪營業資本金額 叁仟元

保生堂

領卹人姓名 鄒世和 蓋章　籍貫 成都外北　住址 城隍巷第卅號　與故員之關係 父子

其他遺族姓名及關係 母鄒伍氏

中華民國三十年十二月　日

成都市市長余中英

四川省政府关于准予核发故员邹玉清一次恤金及第一年年抚金致成都市政府的指令（一九四二年三月十日收）

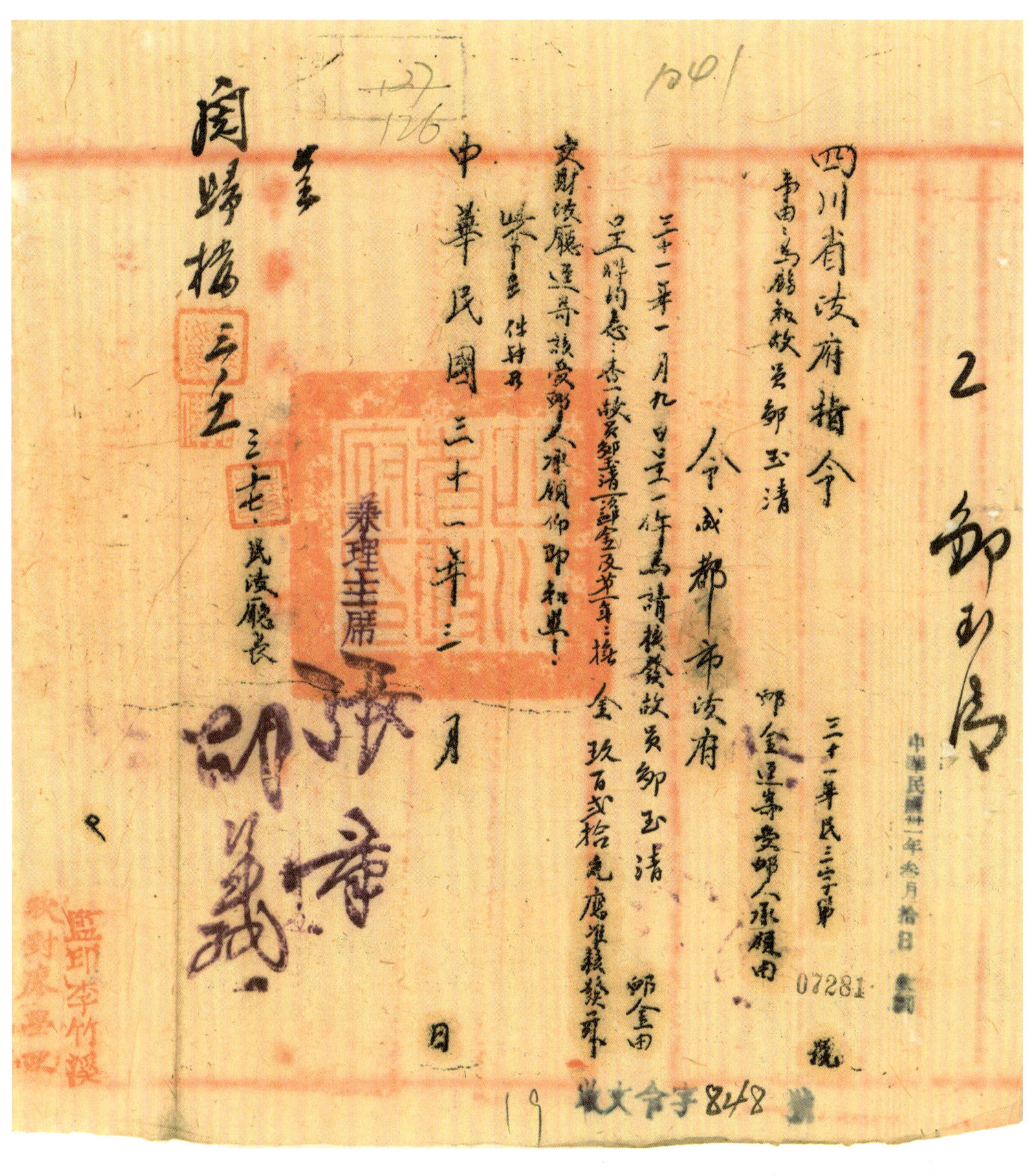

四川省政府指令

事由：為請核發故員邹玉清

令成都市政府

三十一年民三字第　號

邹金廷等受卹人承領由

三十一年一月九日呈一件為請核發故員邹玉清

邹金田

呈件均悉。查故員邹玉清一次卹金及第一年年撫金玖百貳拾元應准核發，並交財政廳逕寄該受卹人承領，仰即知照。此令。

件存

中華民國三十一年三月　日

兼理主席

成都市政府关于核发故员邹玉清第二年恤金致四川省政府的呈、致邹世和的批示（一九四二年三月三十一日）

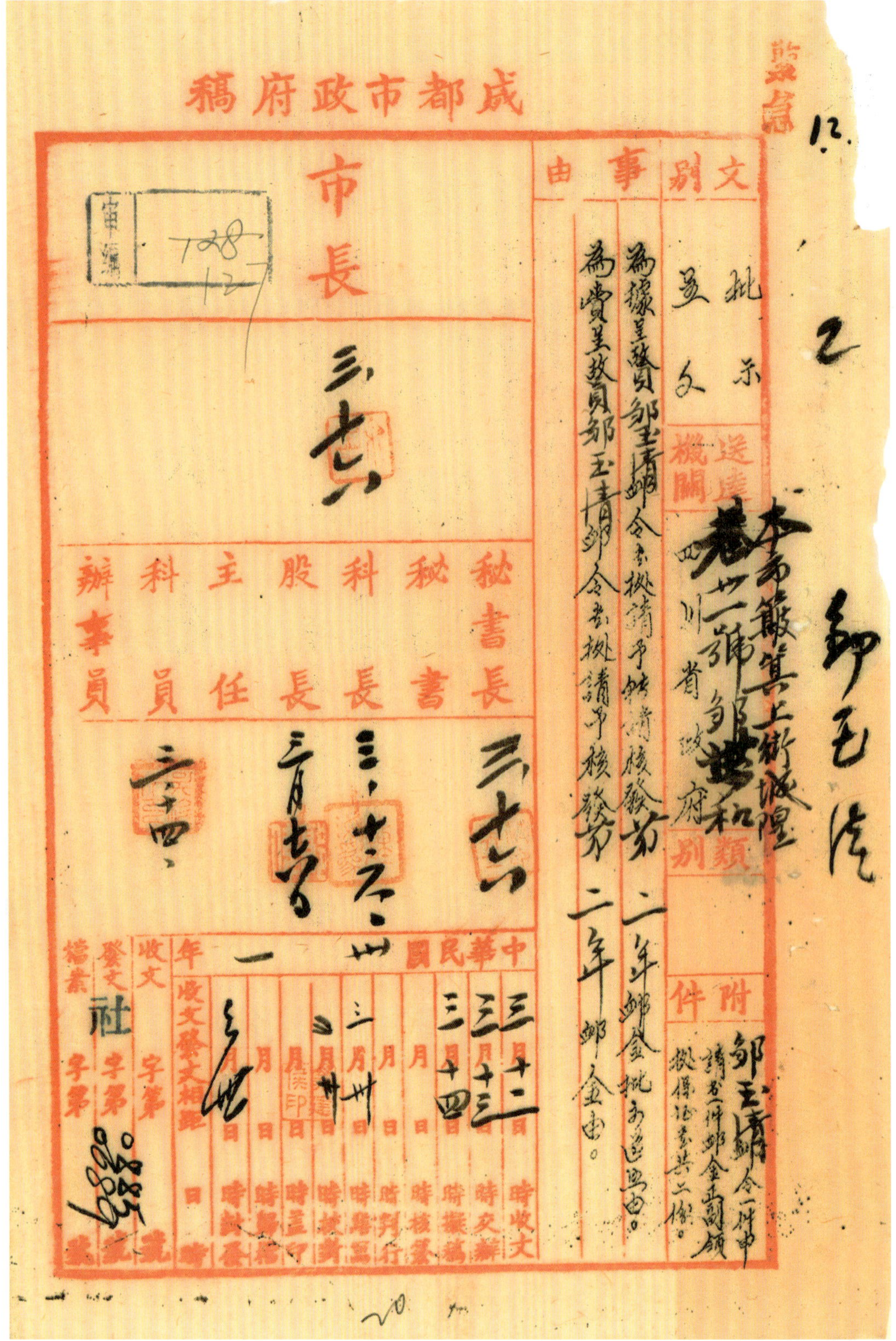

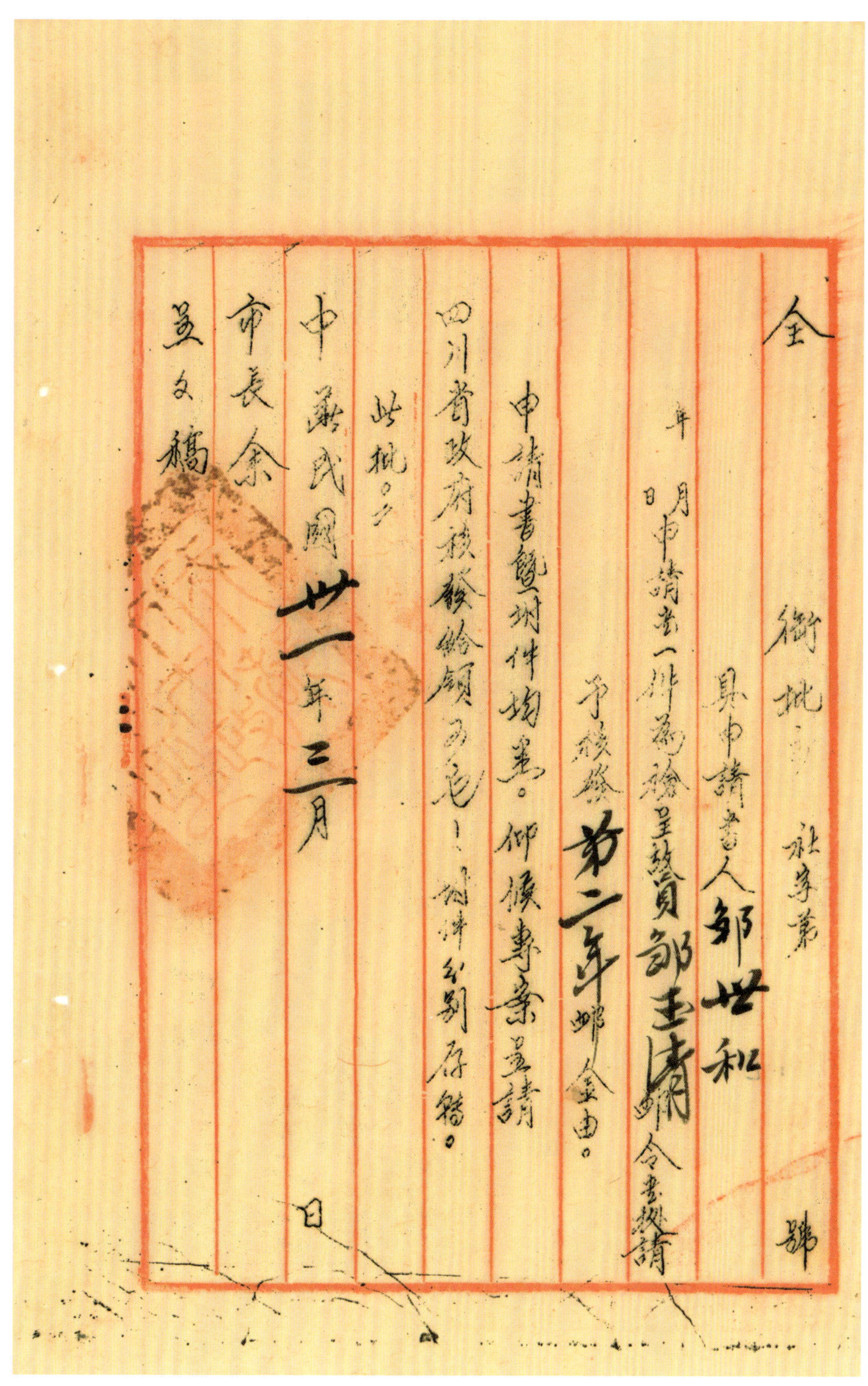

令　衛批　社字第　號

具申請書人鄒世和

年　月　日申請書一件為檢呈故員鄒玉清卹令書懇請

予核發第二年卹金由。

申請書暨附件均悉。仰候專案呈請

四川省政府核發給領可也。附件分別存轉。

此批。

中華民國卅一年三月　日

市長余

並文稿

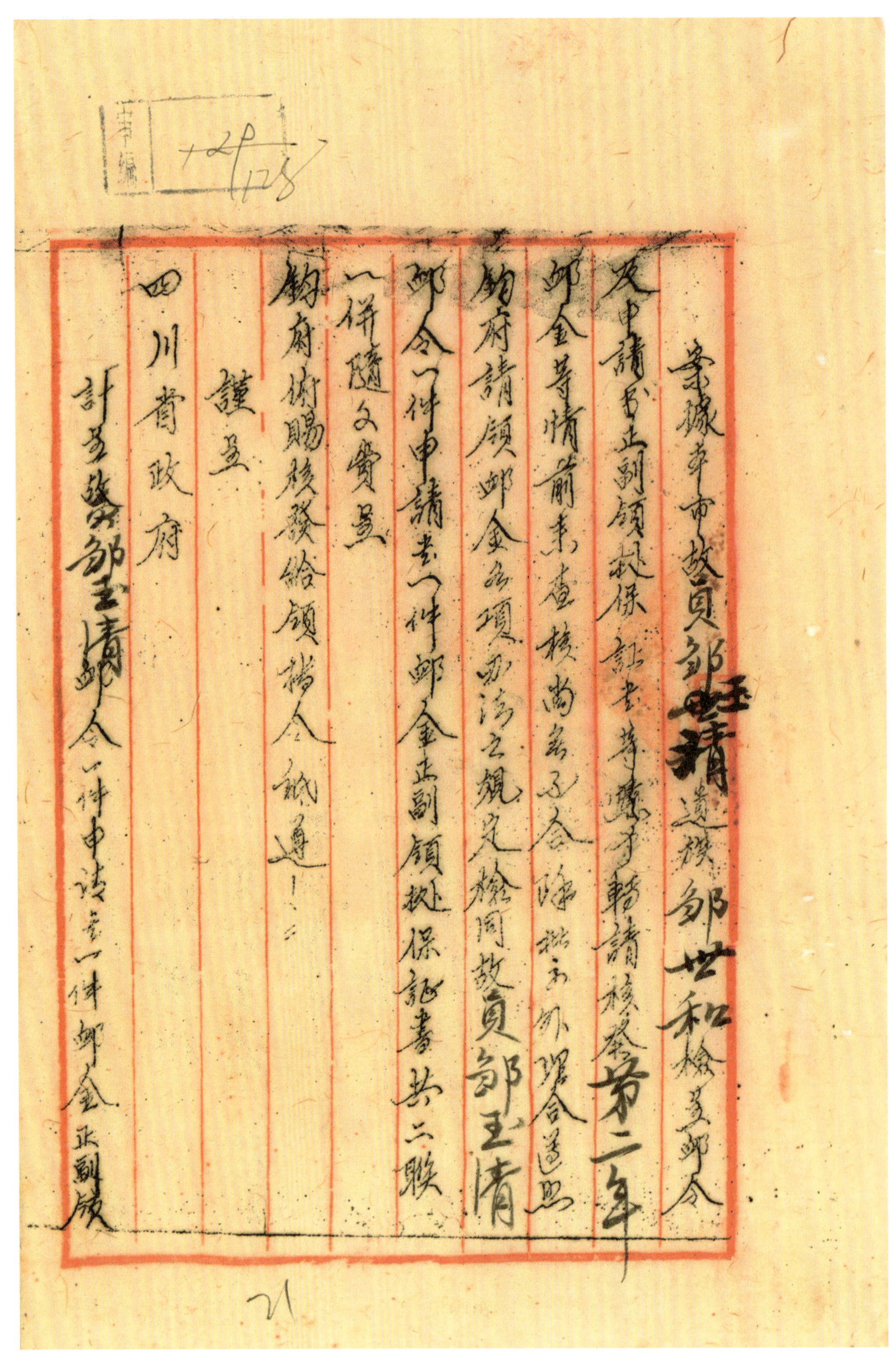

案據本市故員鄧玉清遺族鄧世和檢呈卹令
及申請書正副領據保証書等件懇予轉請核發第二年
卹金等情前來查核尚無不合除批示外理合遵照
鈞府請領卹金各項辦法之規定檢同故員鄧玉清
卹令一件申請書一件卹金正副領據保証書共二聯
一併隨文賫呈
鈞府俯賜核發給領轉令祇遵！！
謹呈
四川省政府
計呈繳鄧玉清卹令一件申請書一件卹金正副領據

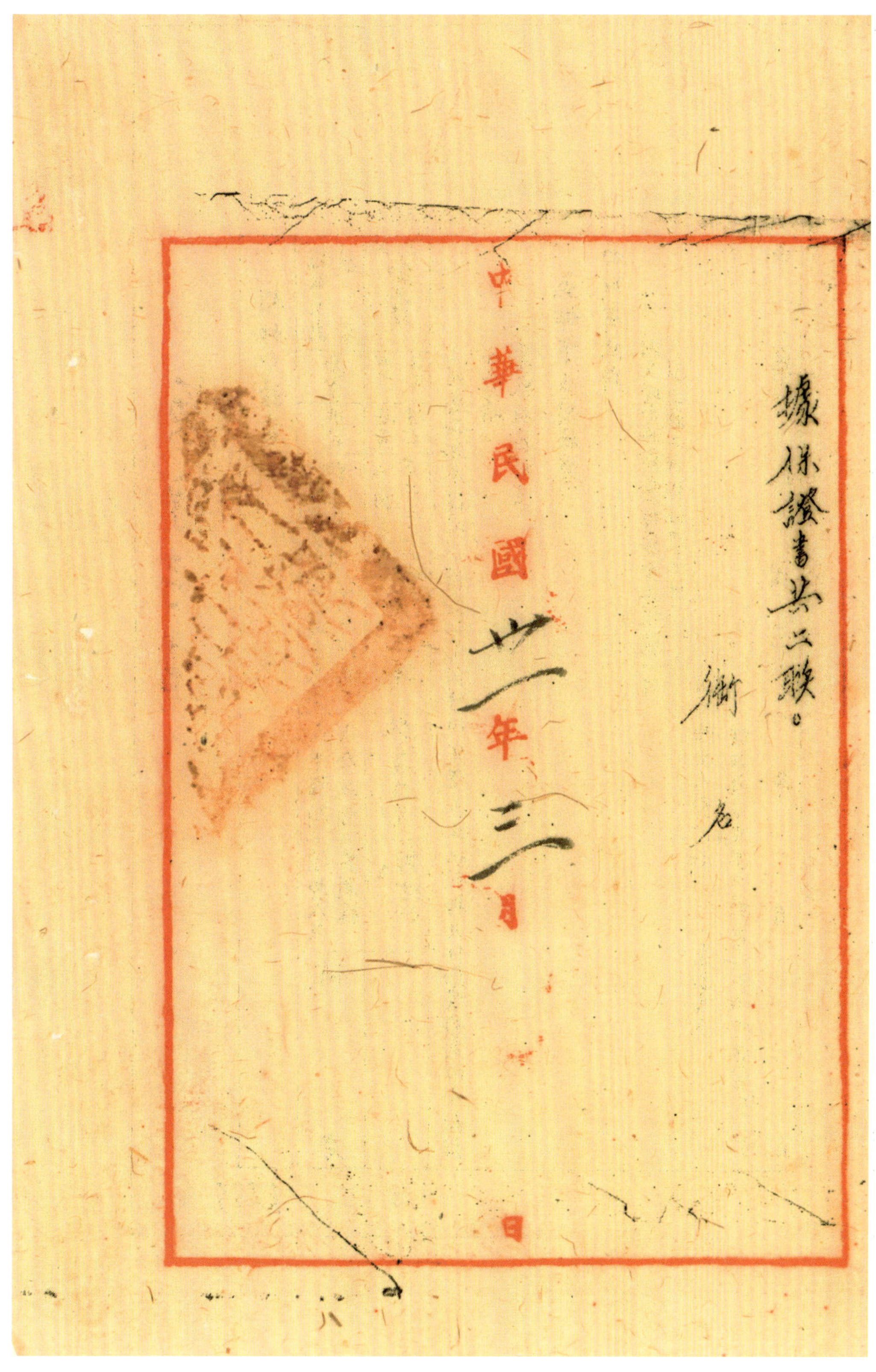

據保證書共二聯。

銜名

中華民國廿一年三月　日

附：邹世和关于请予核发故员邹玉清第二年恤金致成都市政府的领恤申请书、抚恤金领据、具领恤金保证书（一九四二年三月）

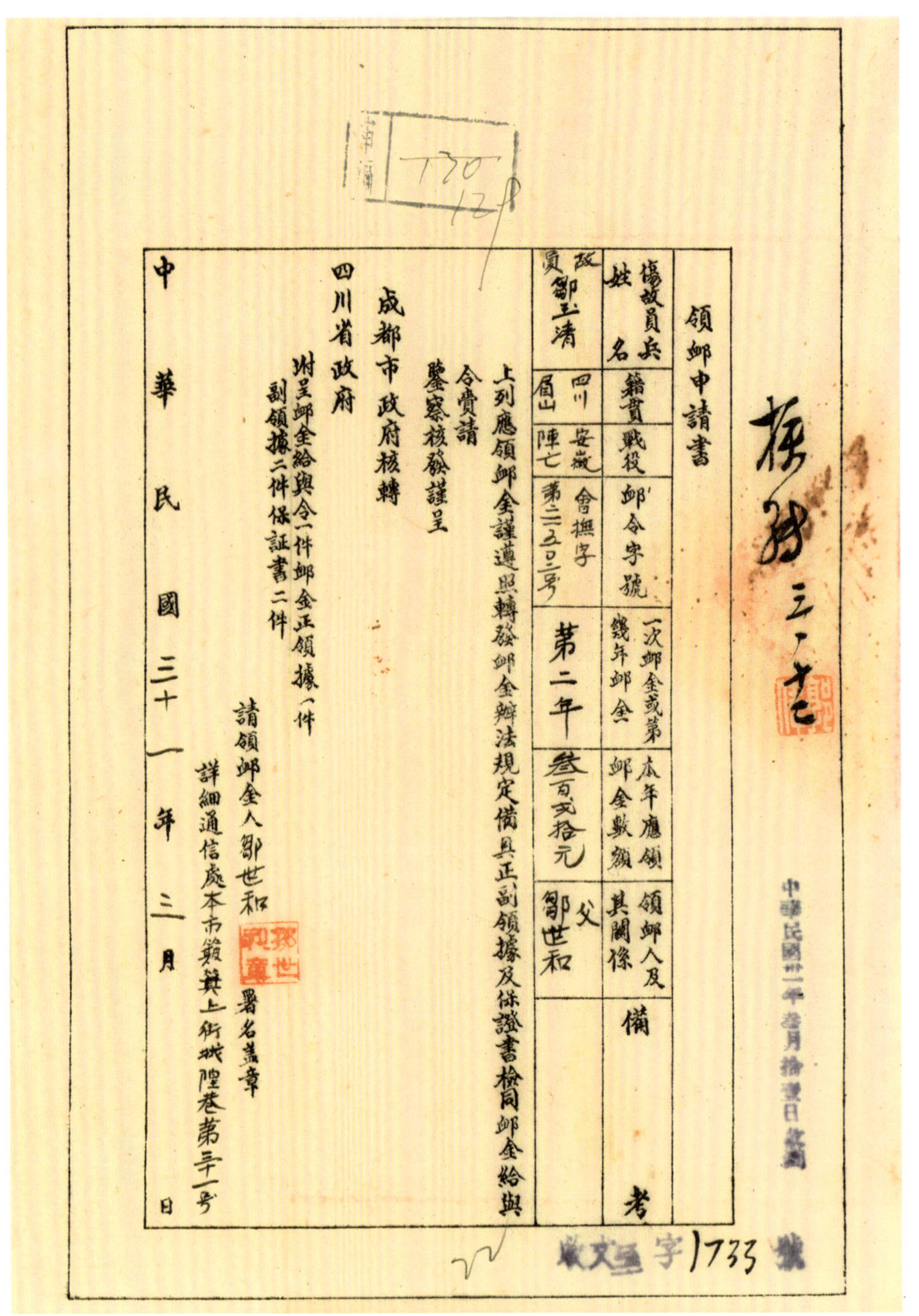

核轉 三.十七

領卹申請書

傷故員兵姓名	籍貫	戰役	卹令字號	一次卹金或第幾年卹金	本年應領卹金數額	領卹人及其關係	備考
故員鄒玉清	四川眉山	安徽陣亡	會撫字第二二五三二號	第二年	叁百貳拾元	父 鄒世和	

上列應領卹金謹遵照轉發卹金辦法規定備具正副領據及保證書檢同卹金給與令賫請

鑒察核發謹呈

成都市政府核轉

四川省政府

附呈卹金給與令一件卹金正領據一件副領據二件保證書二件

請領卹金人 鄒世和（印） 署名蓋章

詳細通信處本市簸箕上街城隍巷第二十一号

中華民國三十一年三月 日

中華民國卅一年叁月拾壹日收到

收文□字1733號

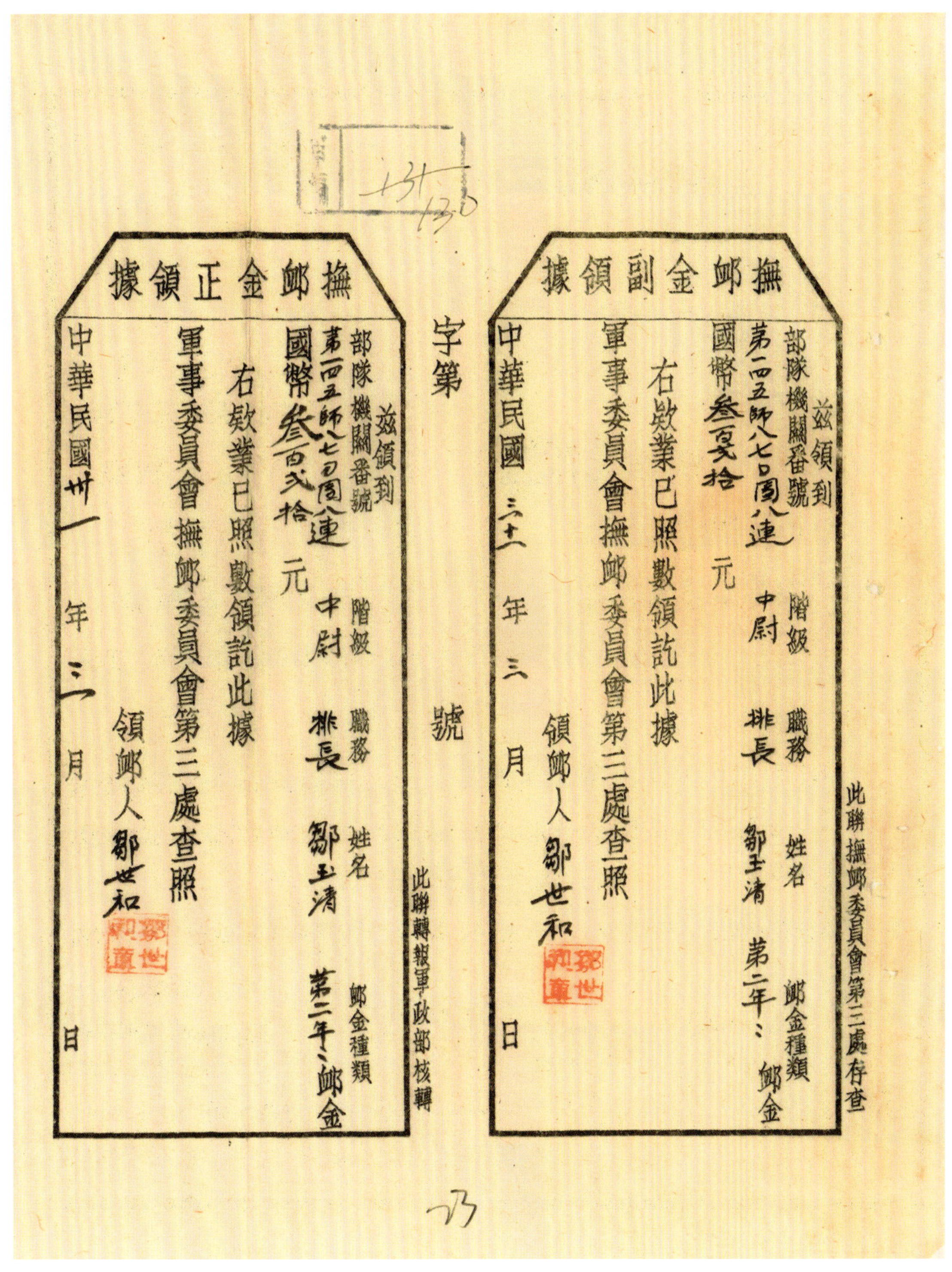

撫卹金副領據

茲領到
部隊機關番號　第一四五師八七七團八連
國幣叁百叁拾　元
階級　中尉
職務　排長
姓名　鄒玉清
卹金種類　第二年一卹金
右欵業已照數領訖此據
軍事委員會撫卹委員會第三處查照
領卹人　鄒世和
中華民國三十一年三月　日

此聯撫卹委員會第三處存查

字第　號

撫卹金正領據

茲領到
部隊機關番號　第一四五師八七七團八連
國幣叁百叁拾　元
階級　中尉
職務　排長
姓名　鄒玉清
卹金種類　第二年一卹金
右欵業已照數領訖此據
軍事委員會撫卹委員會第三處查照
領卹人　鄒世和
中華民國卅一年三月　日

此聯轉報軍政部核轉

具領卹金保證書

保證人曾國良今保證領卹人鄧世和確係已故

部隊機關番號第一四五師八七〇團八連 階級中尉 職務排長 姓名鄧玉清

之遺族茲遵照

國民政府軍事委員會會撫字第二三五〇二號卹金給與令核准給與該

故員年卹金國幣叁百弍拾元整今由該遺族向

鈞會第三處如數領訖具領後如有發生爭議保証人願照

鈞會請領卹金須知第六條之規定負法律上一切責任此證

謹呈

國民政府軍事委員會撫卹委員會

保証人姓名曾國良 蓋章

（店鋪書柬）

籍貫成都 住址石城街217 職務或職業藥舖 （店鋪營業資本金額）叁仟元正

領卹人姓名鄧世和 蓋章

籍貫成都外北 住址城隍巷31 與故員之關係父子

其他遺族姓名及關係

母鄧伍氏

中華民國三十一年三月 日

成都市市長余中英

四川省政府关于准予核发故员邹玉清第二年年恤金致成都市政府的指令（一九四二年五月）

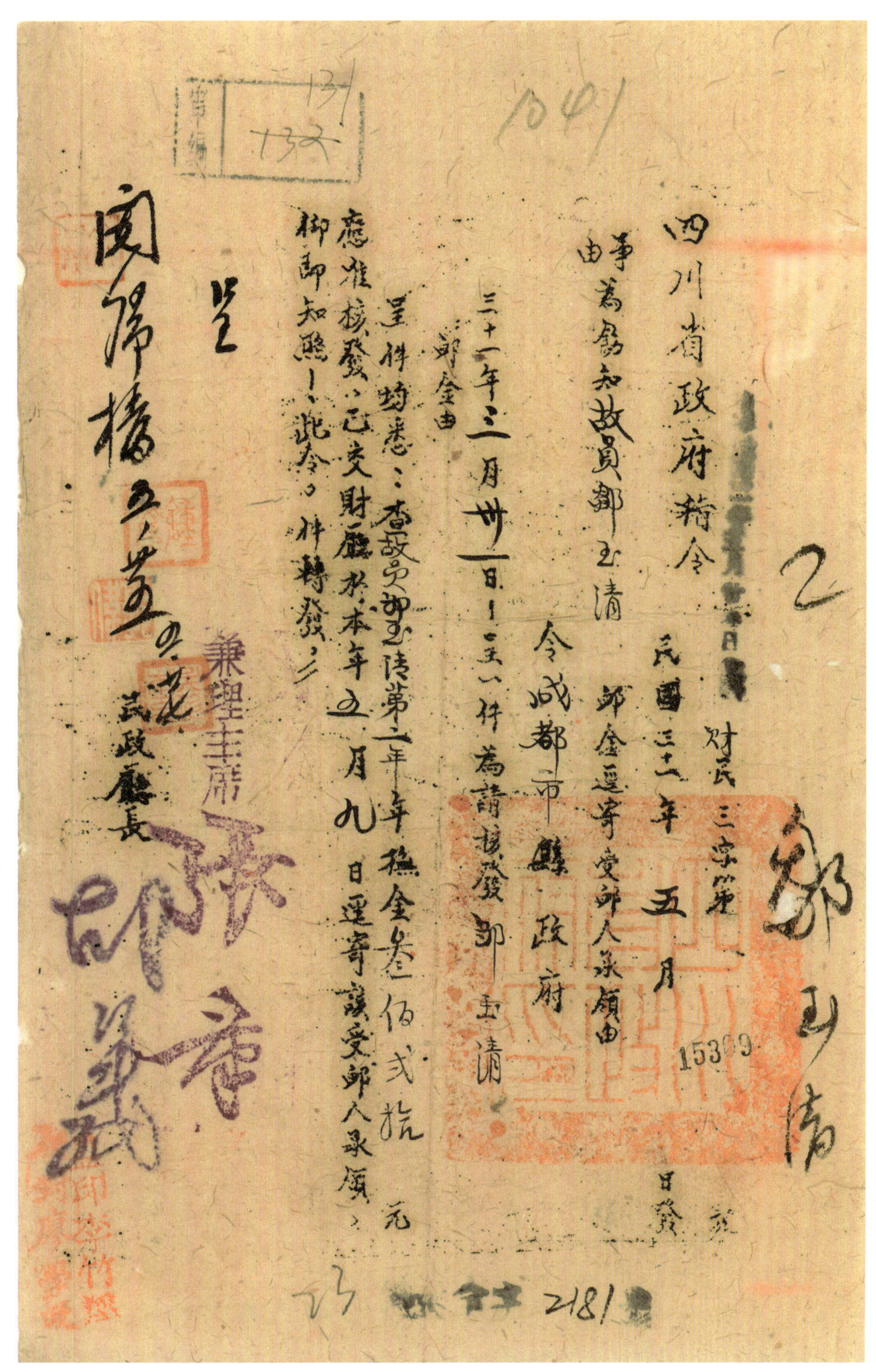

成都市政府关于核发故员邹玉清民国三十一年加倍恤金及第三年加倍恤金致四川省政府的呈、致邹世和的批示（一九四三年一月十八日）

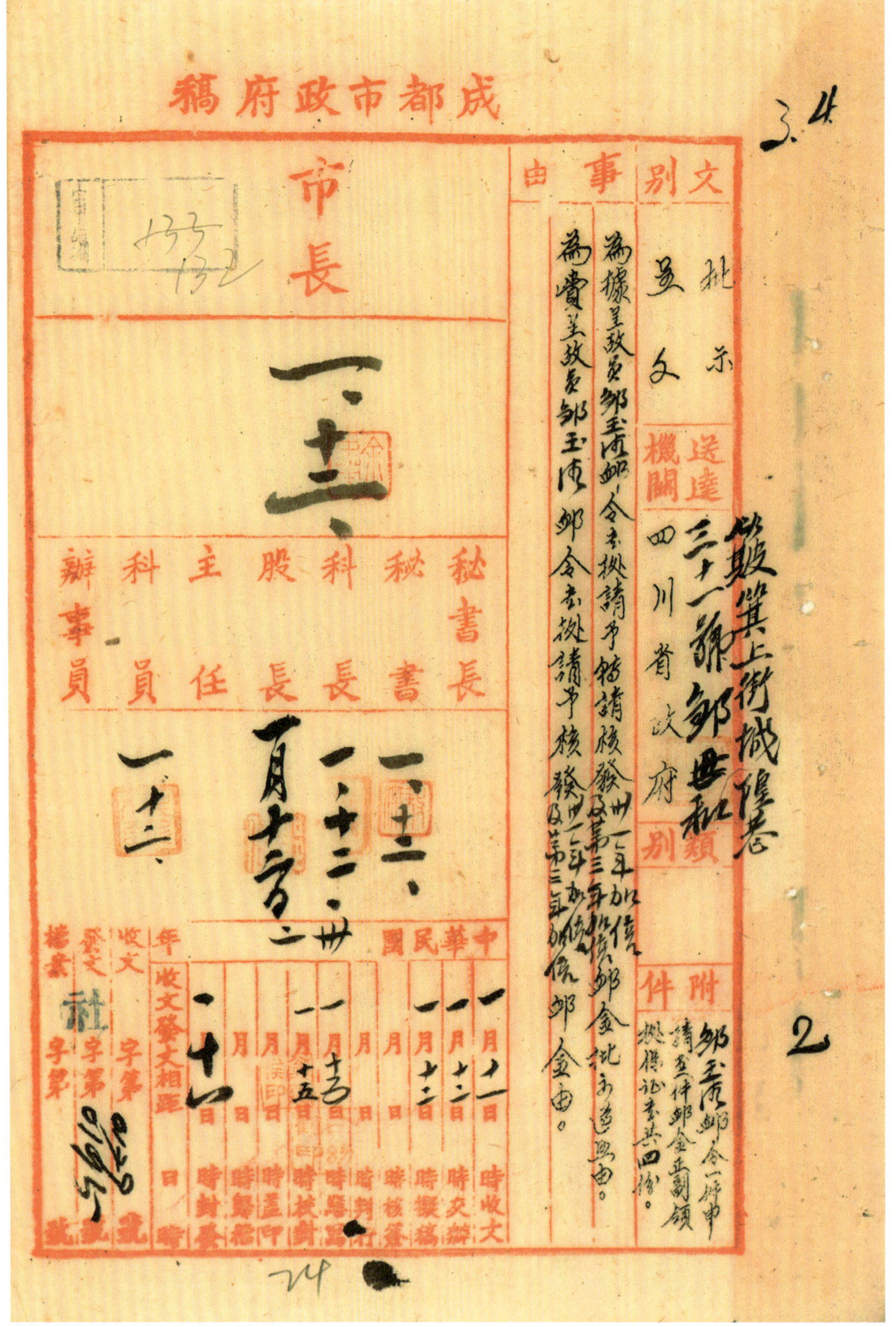

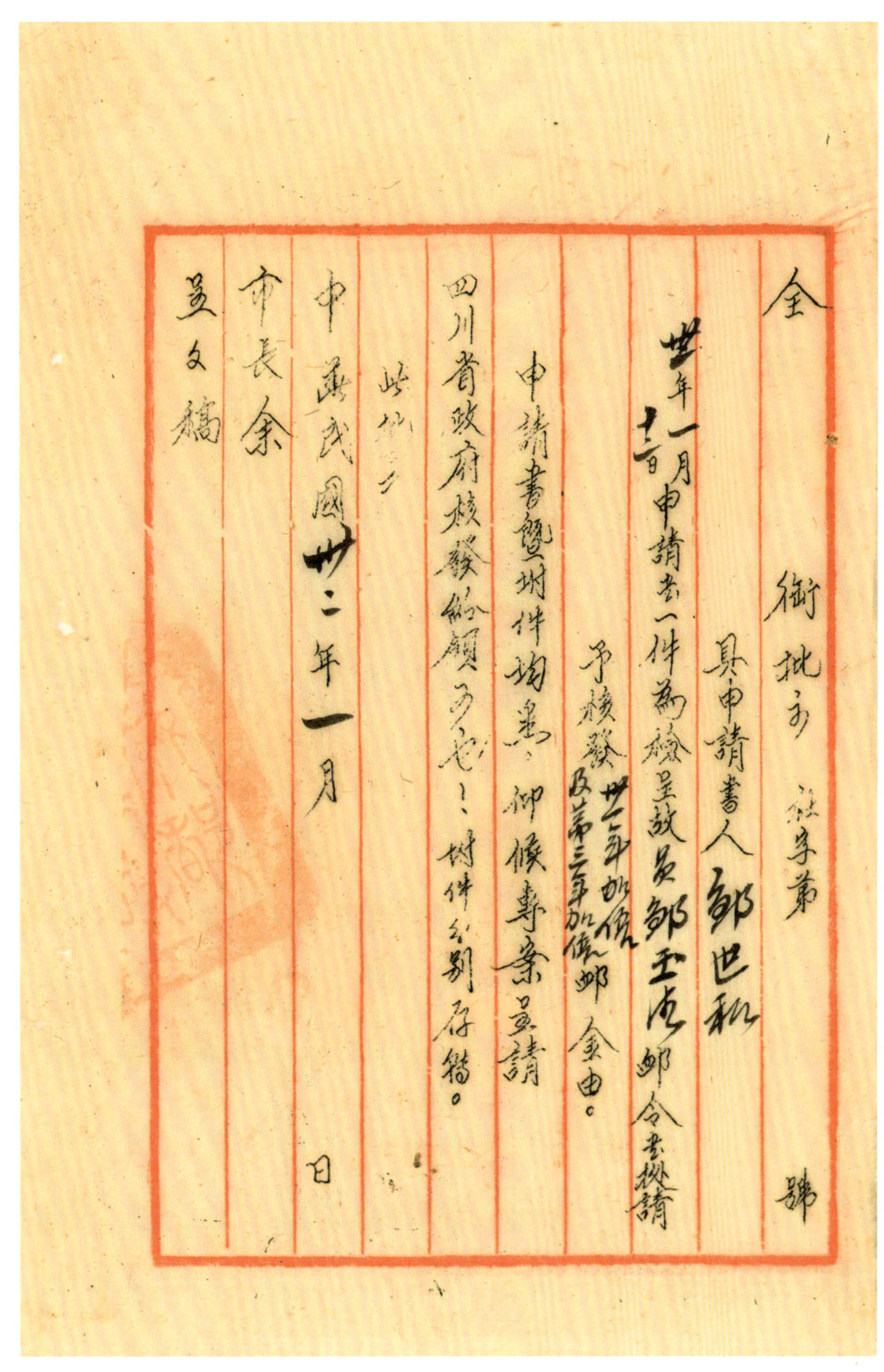

仝

衔批示　社字第　　号

具申请书人邹世和

卅年一月十二日申请书一件为检呈故员邹玉清恤令书拟请

予核发卅一年加倍及第三年加倍恤金由。

申请书暨附件均悉，仰候专案呈请

四川省政府核发恤金可也。附件分别存档。

此批

中华民国卅二年一月　　日

市长余

呈文稿

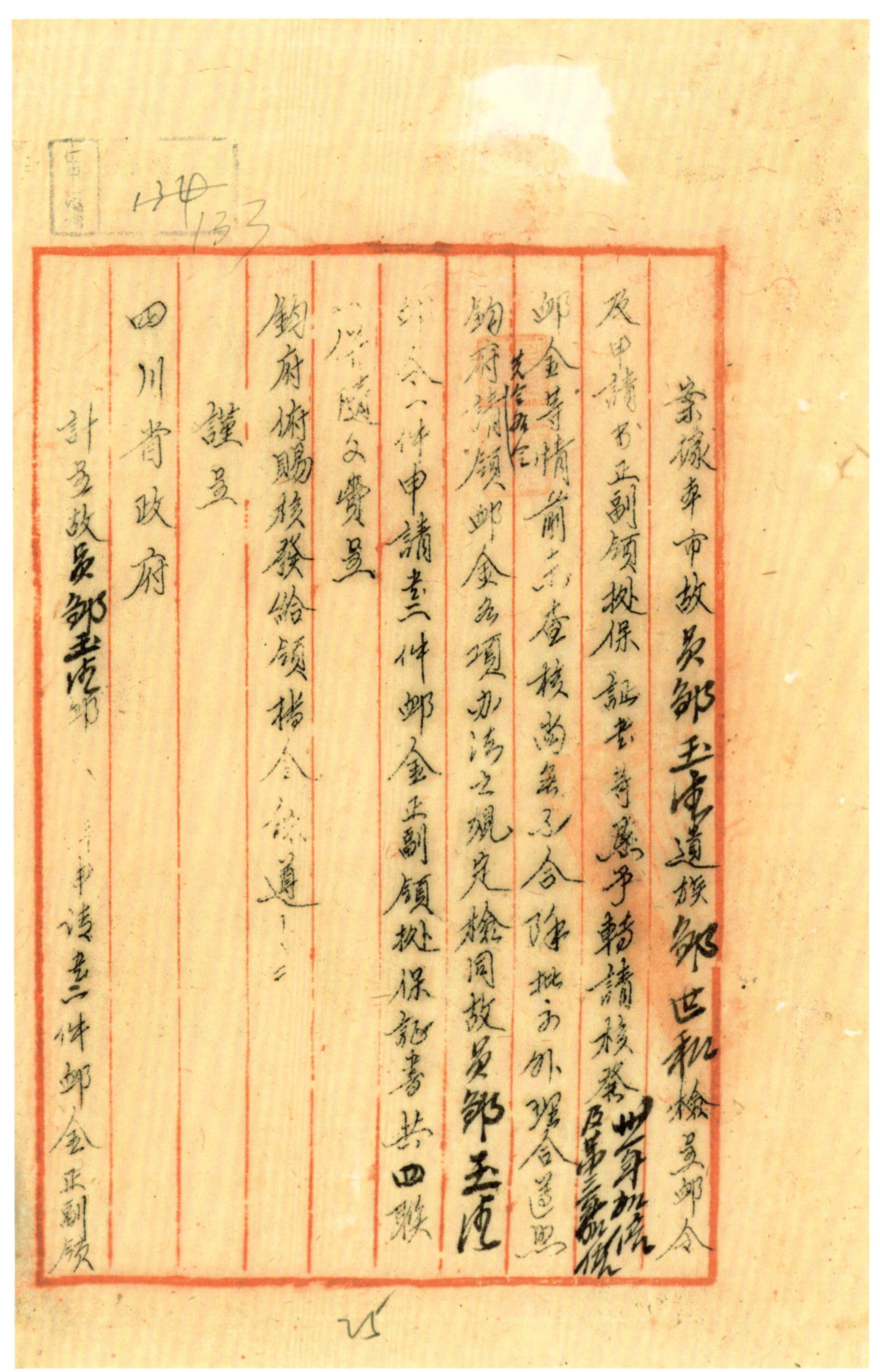

案據本市故員鄧玉[illegible]遺族鄧世和檢呈卹令
及申請書正副領據保證書等件懇予轉請核發卅年撫卹及第三次年撫卹
卹金等情前來查核尚無不合除批示外理合遵照
鈞府請領卹金各項辦法之規定檢同故員鄧玉[illegible]
卹令一件申請書二件卹金正副領據保證書共四聯
八紙隨文賫呈
鈞府俯賜核發給領俾令祗遵
謹呈
四川省政府
計呈故員鄧玉[illegible]卹令、申請書二件、卹金正副領

據保證書共四聯。

銜名

中華民國三十二年一月日

附：邹世和关于请予补发故员邹玉清民国三十一年加倍恤金及第三年加倍恤金致成都市政府的领恤申请书、抚恤金领据、具领恤金保证书（一九四三年一月七日收）

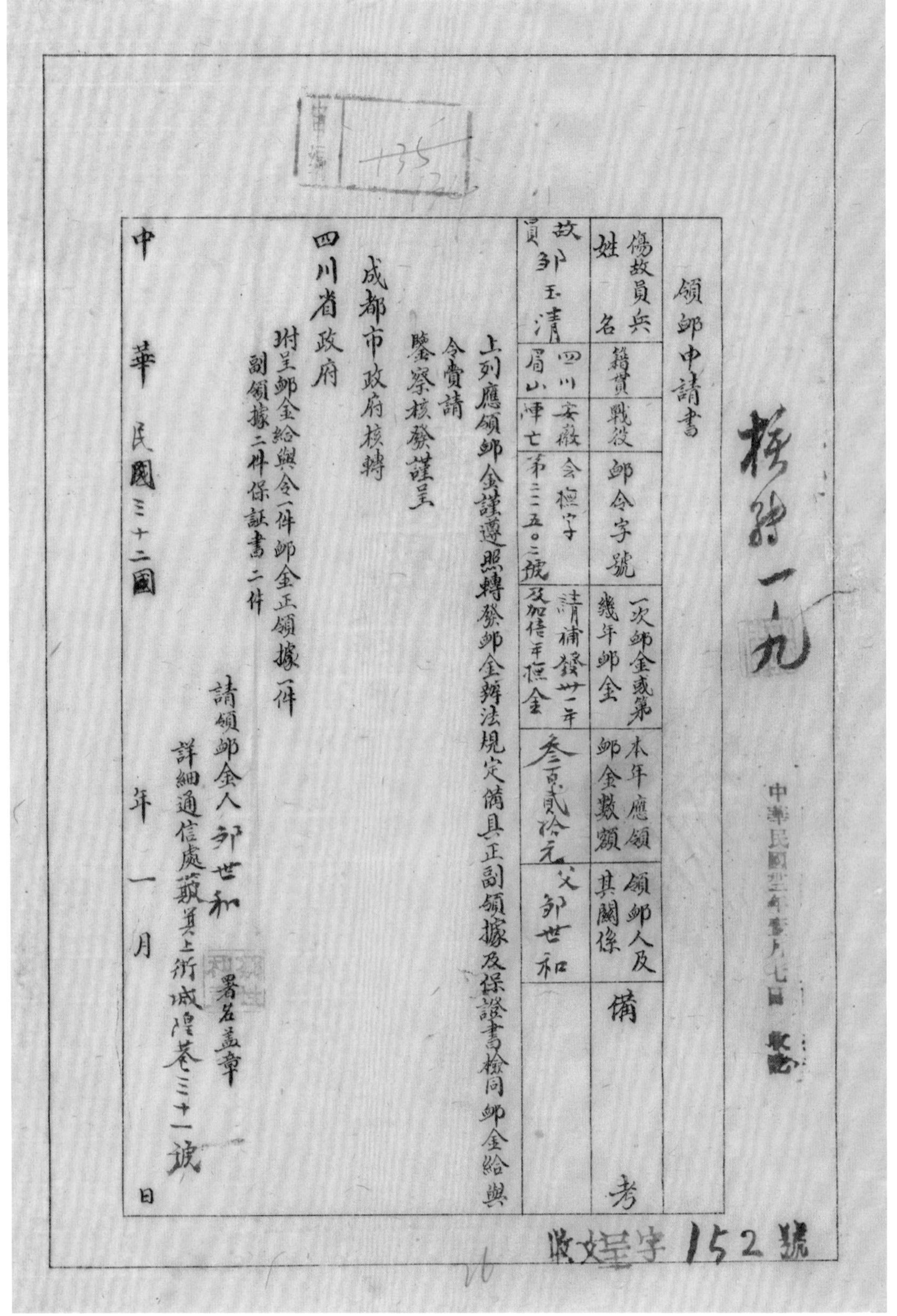

核轉 一九

中華民國卅二年壹月七日 收到

领卹申請書

傷故員兵姓名	籍貫	戰役	卹令字號	一次卹金或第幾年卹金	本年應領卹金數額	領卹人及其關係	備考
故 邹玉清	四川 眉山	安徽 陣亡	令槓字第二二五〇二號	請補發卅一年及加倍年撫金	叁百貳拾元	父 邹世和	

上列應領卹金謹遵照轉發卹金辦法規定備具正副領據及保證書檢同卹金給與令賫請

鑒察核發謹呈

成都市政府核轉

四川省政府

附呈卹金給與令一件卹金正領據一件

副領據二件保証書二件

請領卹金人 邹世和 署名盖章

詳細通信處 藏其上街城隍巷三十一號

中華民國三十二年 一月 日

收文呈字152號

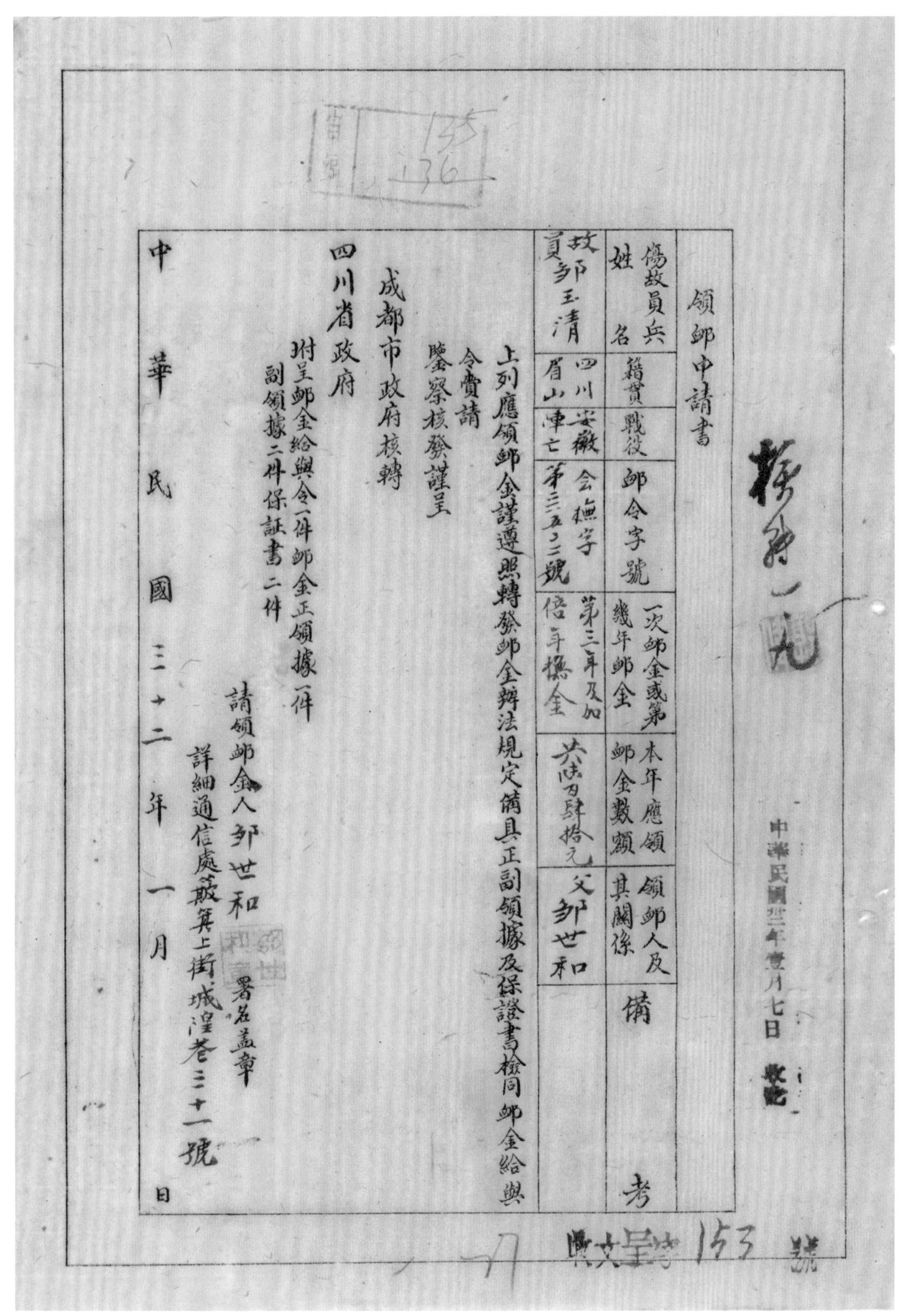

中華民國卅二年壹月七日 收訖

領卹申請書

傷故員兵姓名	籍貫	戰役	卹令字號	一次卹金或第幾年卹金	本年應領卹金數額	領卹人及其關係	備考
故員鄧玉清	四川眉山	安徽陣亡	会撫字第三五二三號	第三年及加倍年撫金	共陸百肆拾元	父 鄧世和	

上列應領卹金謹遵照轉發卹金辦法規定備具正副領據及保證書檢同卹金給與令賚請

鑒察核發謹呈

成都市政府核轉

四川省政府

附呈卹金給與令一件卹金正領據一件副領據二件保証書二件

請領卹金人鄧世和 署名蓋章

詳細通信處蔵算上街城隍巷三十一號

中華民國三十二年一月 日

文呈字153號

撫卹委員會第三處存根

撫卹金副領據

茲領到

部隊機關番號　第一四五師八七〇团八連

階級　中尉

職務　排長

姓名　鄔玉清

卹金種類　補發卅一年度卹金　加倍年

國幣　叁佰貳拾元

右款業已照數領訖此據

軍事委員會撫卹委員會第三處查照

領卹人　鄔世和

中華民國　三十二年　一月　日

字第　號

此聯轉報軍政部核轉

撫卹金正領據

茲領到

部隊機關番號　第一四五師八七〇团八連

階級　中尉

職務　排長

姓名　鄔玉清

卹金種類　補發卅一年度卹金　加倍年

國幣　叁佰貳拾元

右款業已照數領訖此據

軍事委員會撫卹委員會第三處查照

領卹人　鄔世和

中華民國　三十二年　一月　日

具領卹金保證書

保證人 曾國良 今保證領卹人 邹世和 確係已故

部隊機關番號 第一四五師八七〇团八連 階級 中尉 職務 排長 姓名 邹玉清

之遺族茲遵照

國民政府軍事委員會 撫字第二二五〇二號卹金給與令核准給與該

資卅二年加倍 卹金國幣 叁百貳拾 元整今由該遺族向

鈞會第三處如數領訖具領後如有發生爭議保証人願照

鈞會請領卹金須知第六條之規定負法律上一切責任此證

謹呈

國民政府軍事委員會撫卹委員會

保証人姓名 曾國良 蓋章 籍貫 住址 小南街貳百二十七號 職務或職業 藥舖 （店舖營業資本金額）叁仟元

（店舖書柬）

領卹人姓名 邹世和 蓋章 籍貫 住址 [illegible]上街 城隍巷廿號 與故員之關係 父子

其他遺族姓名及關係 母 邹伍氏

成都市市長 余中英

中華民國 三十二年 一 月 日

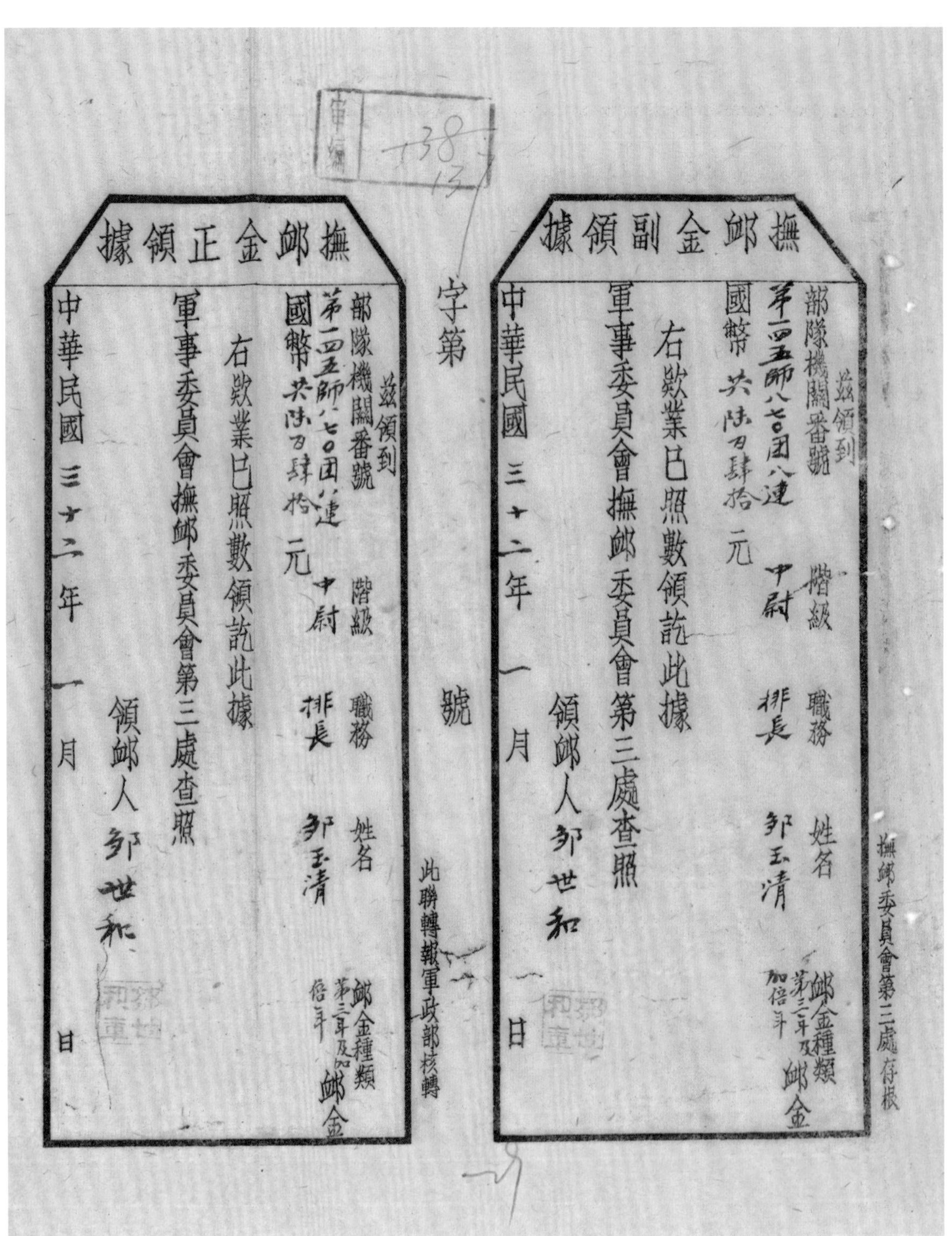

審編 138 13

撫卹委員會第三處存根

撫卹金副領據

兹領到

部隊機關番號 第一四五師八七〇团八連 階級 中尉 職務 排長 姓名 鄧玉清 卹金種類 第三年及加倍年卹金

國幣 共陸万肆拾元

右款業已照數領訖此據

軍事委員會撫卹委員會第三處查照

領卹人 鄧世和 鄧世和章

中華民國 三十二年 一月 一日

字第 號

此聯轉報軍政部核轉

撫卹金正領據

兹領到

部隊機關番號 第一四五師八七〇团八連 階級 中尉 職務 排長 姓名 鄧玉清 卹金種類 第三年及加倍年卹金

國幣 共陸万肆拾元

右款業已照數領訖此據

軍事委員會撫卹委員會第三處查照

領卹人 鄧世和 鄧世和章

中華民國 三十二年 一月 日

具領郵金保證書

保證人曾國良　今保證領郵人郭世和　確係已故

部隊機關番號	階級	職務	姓名
第一四五師八七〇團八連	中尉	排長	郭玉清

之遺族茲遵照

國民政府軍事委員會會撫字第二三五〇二號郵金給與令核准給與該故員第三年及加倍年郵金國幣六陸百肆拾元整今由該遺族向

鈞會第三處如數領訖具領後如有發生爭議保証人願照

鈞會請領郵金須知第六條之規定負法律上一切責任此證

謹呈

國民政府軍事委員會撫郵委員會

保証人姓名曾國良蓋章　籍貫川南街　住址貳百二十七號　職務或營業藥舖　（店鋪書柬）　（店鋪營業資本金額）叁仟元

領郵人姓名郭世和蓋章　籍貫簸箕上街　住址城隍巷廿二號　與故員之關係父子

其他遺族姓名及關係　母郭伍氏

成都市市長余中英

中華民國三十二年一月　日

十二、张子云

四川省政府关于检发故兵张子云恤令等致成都市政府的训令（一九四〇年七月）

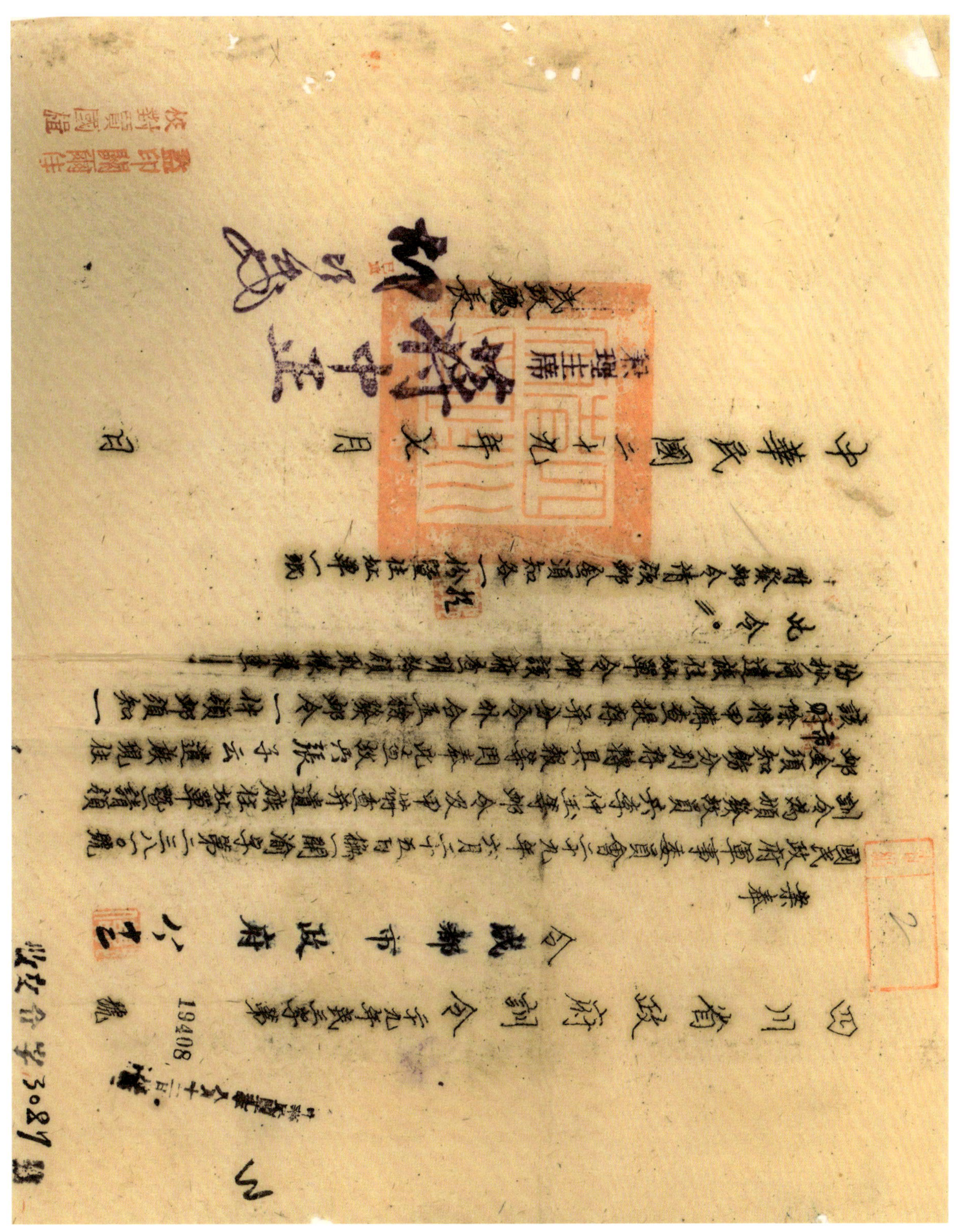

附：故兵张子云住址单

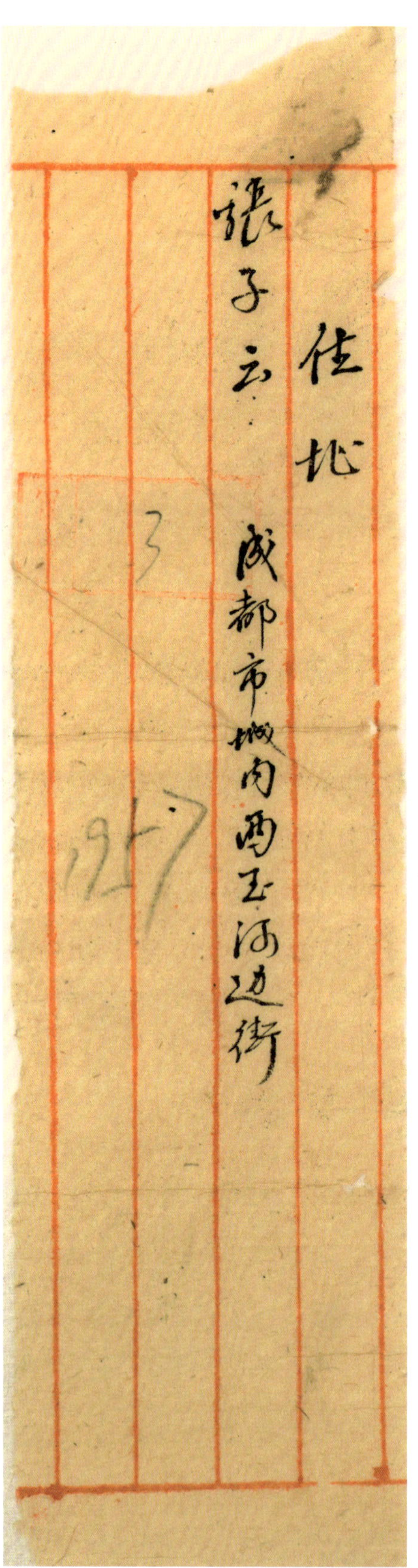
住址
張子云
成都市城内西玉河边街
3
1957

成都市政府关于调查故兵张子云遗族住址致第三区字库镇公所训令的存根（一九四〇年八月十三日）

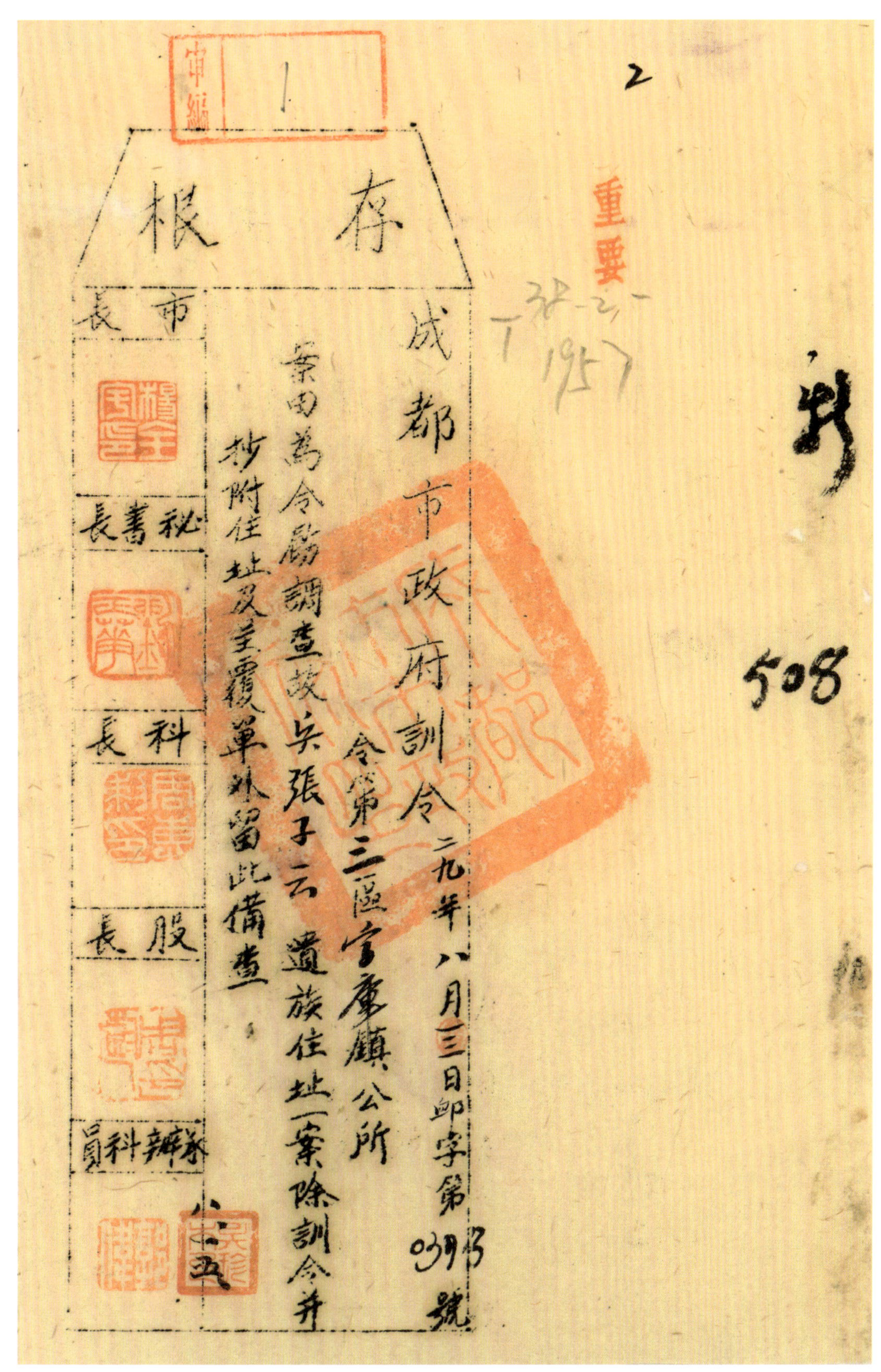
存根

成都市政府训令　二九年八月十三日酉字第0393號

令第三區字庫鎮公所

案由：為令飭調查故兵張子云遺族住址一案，除訓令并抄附住址及查覆單外，留此備查。

第三区字库镇公所关于调查故兵张子云遗族住址致成都市政府的呈复单（一九四〇年八月十九日）

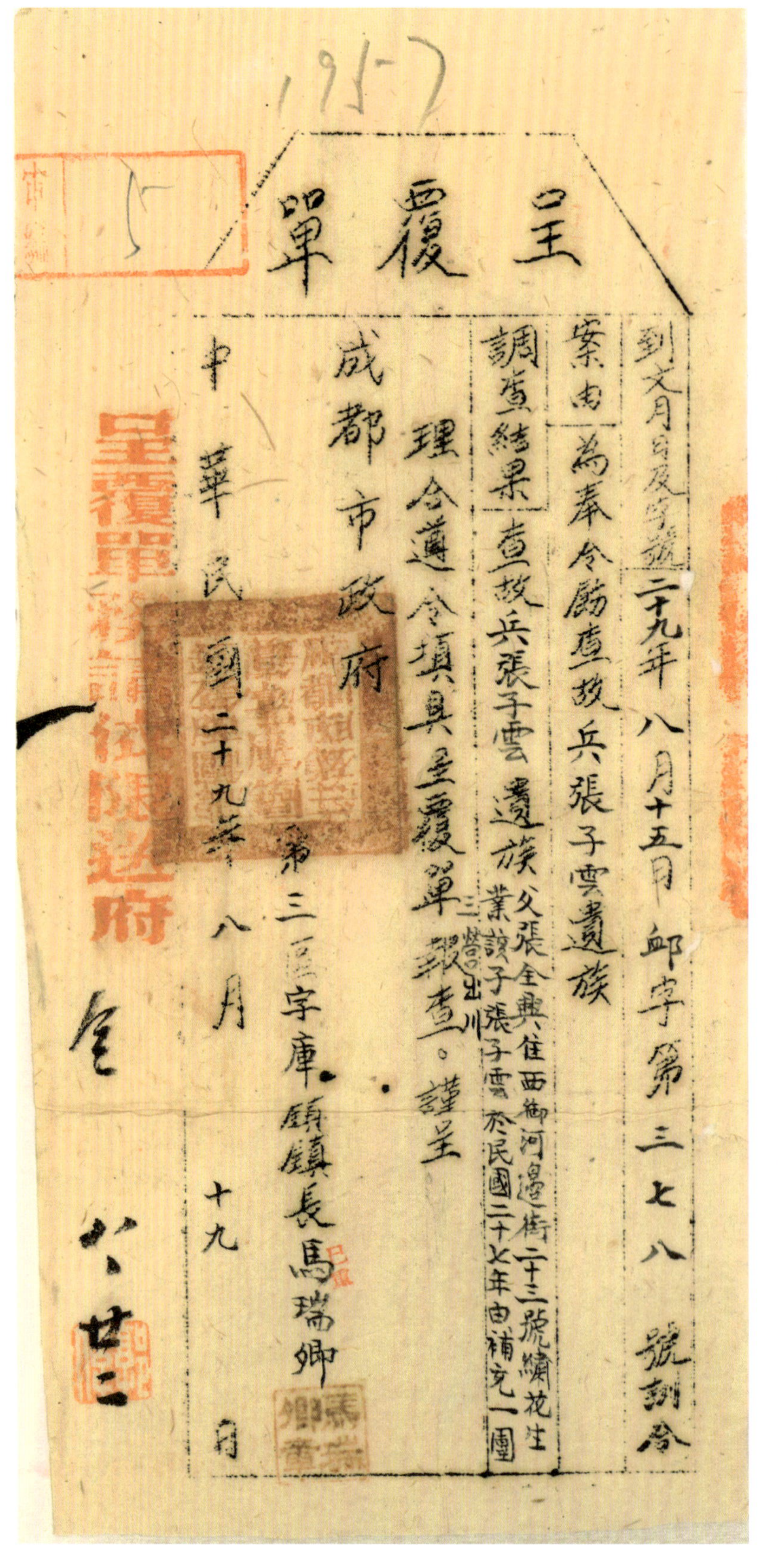

呈覆單

到文月日及字號：二十九年八月十五日郵字第三七八號訓令

案由：為奉令飭查故兵張子雲遺族

調查結果：查故兵張子雲遺族父張全興，住西御河邊街二十三號，繡花生業。該子張子雲於民國二十七年由補充一團三營出川。

理合遵令填具呈覆單報查。謹呈

成都市政府

第三區字庫鎮鎮長馬瑞卿

中華民國二十九年八月十九日

成都市政府关于通知故兵张子云遗族承领恤金的存根（一九四〇年八月二十二日）

重要

存根

廿九年八月廿二日案奉

四川省政府廿九年八月 日民三字第一九四〇八號令發故兵

張子云 一件 暢繕給領 業經以 卯字第296號通知

該 遺族 遵照承領外存此備查

市長

秘書長

科長

股長

承辦科員

中華民國廿九年八月廿二日

成都市政府关于通知故兵张子云遗族领取第一次恤金的存根（一九四〇年十二月七日）

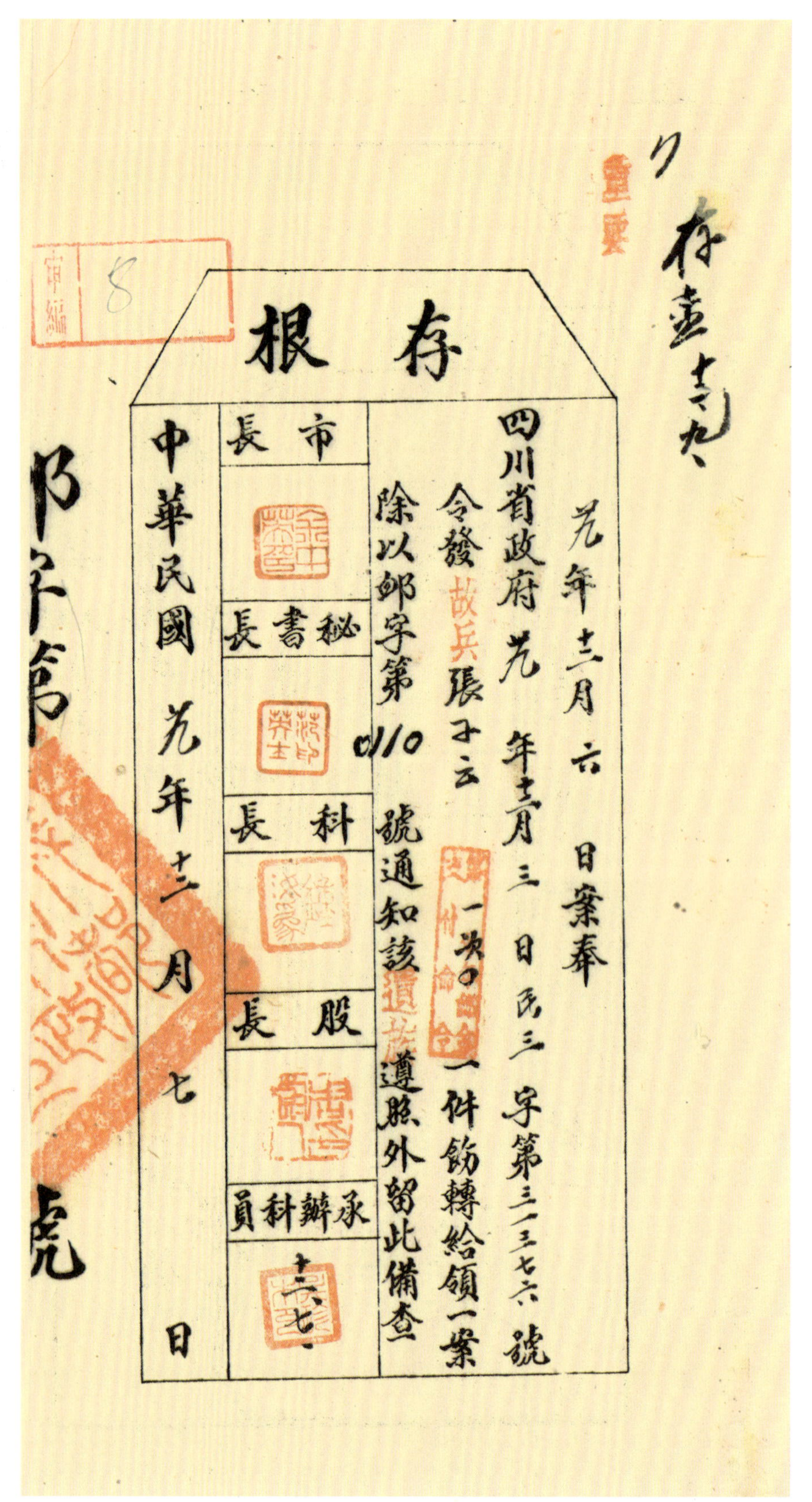

存根

廿九年十二月六日案奉

四川省政府廿九年十一月三日民三字第三一三七六號

令發故兵張子云一次恤金一件飭轉給領一案

除以邮字第0110號通知該遺族遵照外留此備查

市長

秘書長

科長

股長

承辦科員

中華民國廿九年十二月七日

存查 十二.九

重要

审编 8

邮字第 號

张全兴关于承领成都市政府发下的故兵张子云抚恤令的收据（一九四〇年十二月十三日）

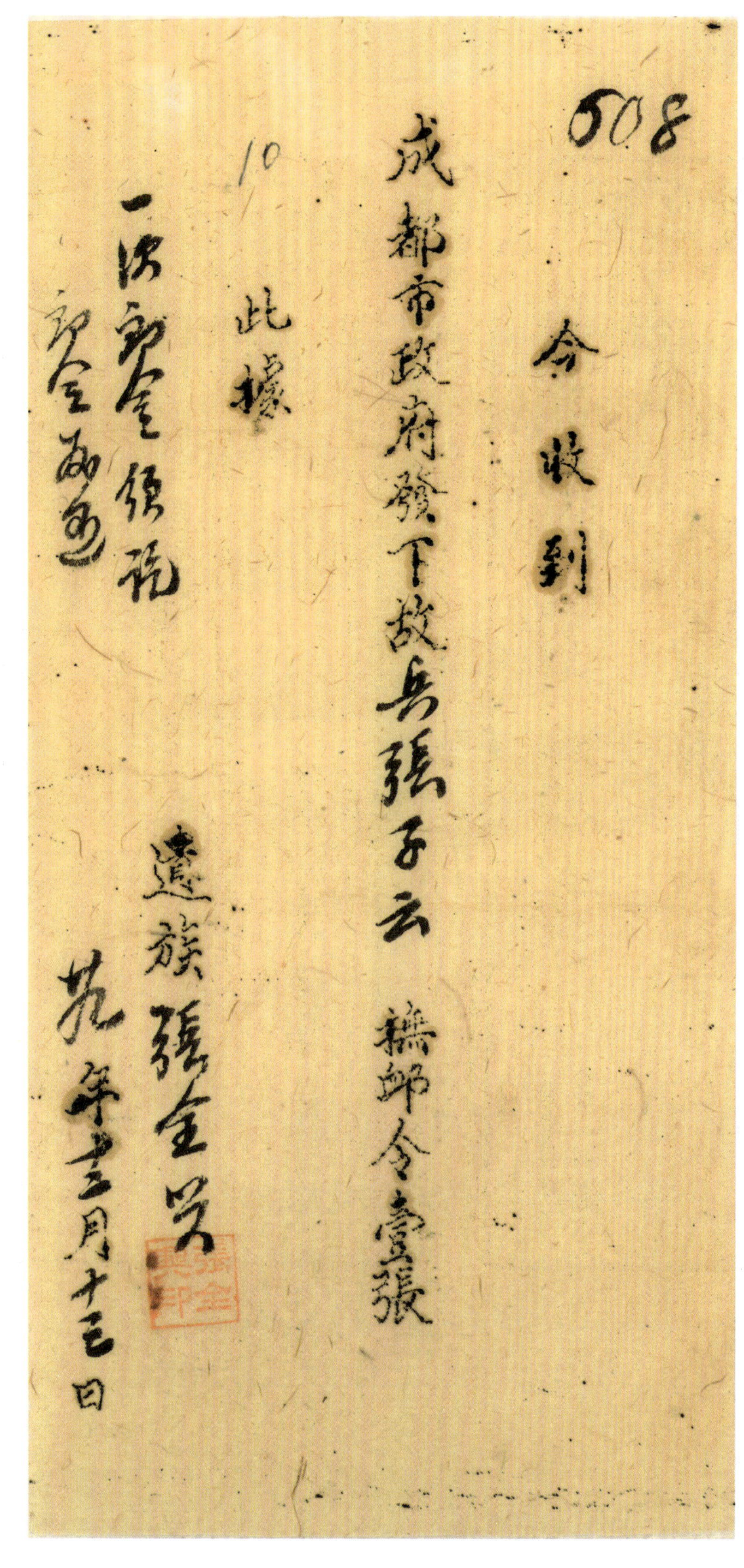

508

10

今收到

成都市政府發下故兵張子云

鄉部令壹張

此據

一次卹金領訖

卹金兩通

遺族張全興

廿九年十二月十三日

附：抚恤金领据、具领恤金保证书

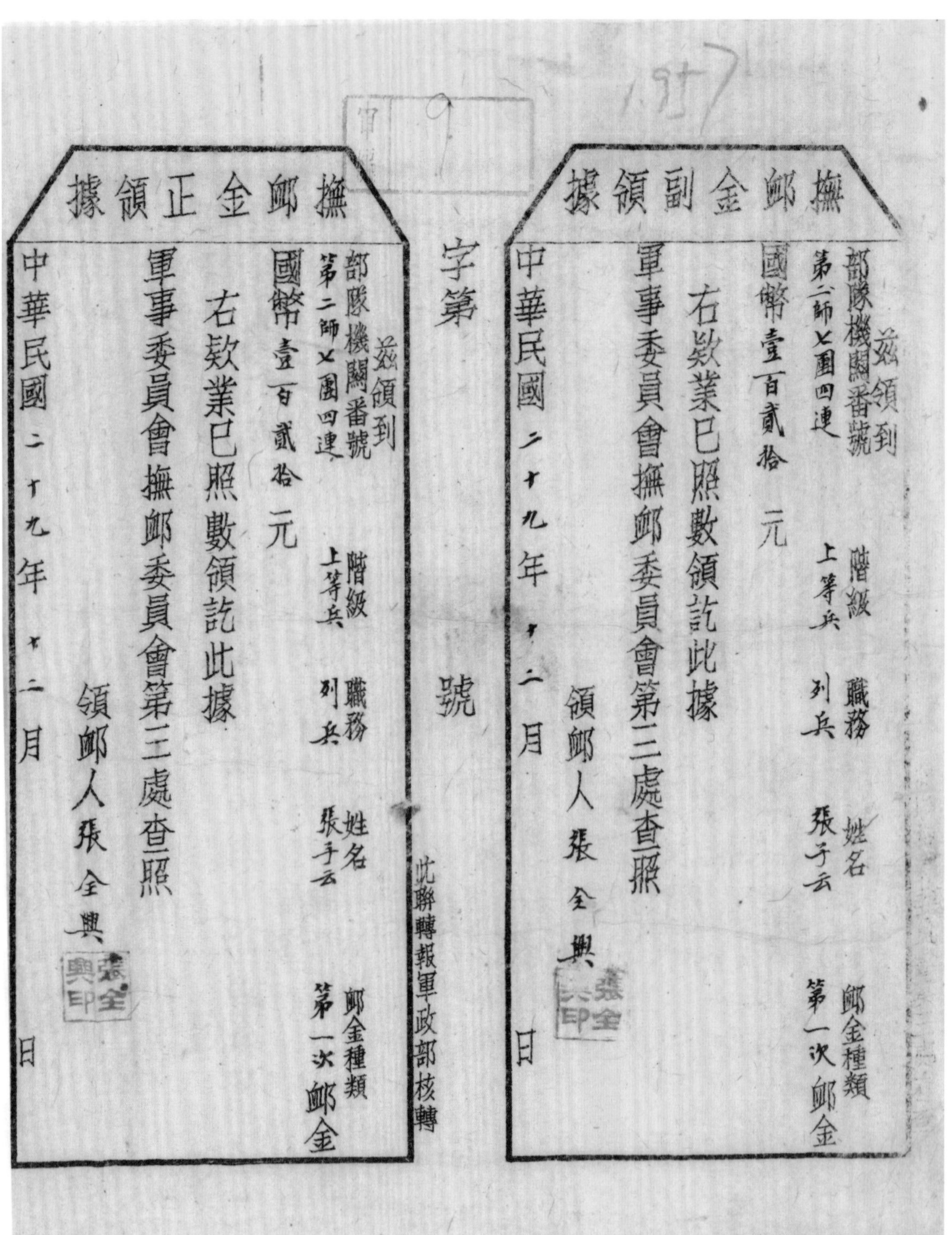

撫卹金副領據

茲領到

部隊機關番號 第二師七團四連

階級 上等兵

職務 列兵

姓名 張子云

卹金種類 第一次卹金

國幣壹百貳拾元

右欵業已照數領訖此據

軍事委員會撫卹委員會第三處查照

領卹人 張全興（張全興印）

中華民國二十九年十二月 日

字第 號

此聯轉報軍政部核轉

撫卹金正領據

茲領到

部隊機關番號 第二師七團四連

階級 上等兵

職務 列兵

姓名 張子云

卹金種類 第一次卹金

國幣壹百貳拾元

右欵業已照數領訖此據

軍事委員會撫卹委員會第三處查照

領卹人 張全興（張全興印）

中華民國二十九年十二月 日

具領卹金保證書

保證人吳棻森祥今保證領卹人張全興　確係陣亡

部隊機關番號 第二師七團四連　階級 上等兵　職務 列兵　姓名 張子云

之遺族茲遵照

國民政府軍事委員會會撫字第六六八號卹金給與令核准給與該

故兵第一次　卹金國幣壹百貳拾　元整今由該遺族向

鈞會第三處如數領訖具領後如有發生爭議保証人願照

鈞會請領卹金須知第六條之規定負法律上一切責任此證

謹呈

國民政府軍事委員會撫卹委員會

保証人姓名吳棻森祥蓋章　籍貫 郡 市　住址[illegible]街十五號　職務或職業 木器行[illegible]

（店舖 書東）　（店舖營業 資本金額）一千元

領卹人姓名張全興蓋章　籍貫 郡 市　住址[illegible]河沿街三十三號

其他遺族姓名及關係 與故兵之關係 父子

母張銀氏

中華民國二十九年十二月　日

张全兴等关于申领故兵张子云第一年年恤金致成都市政府的报告（一九四一年三月）

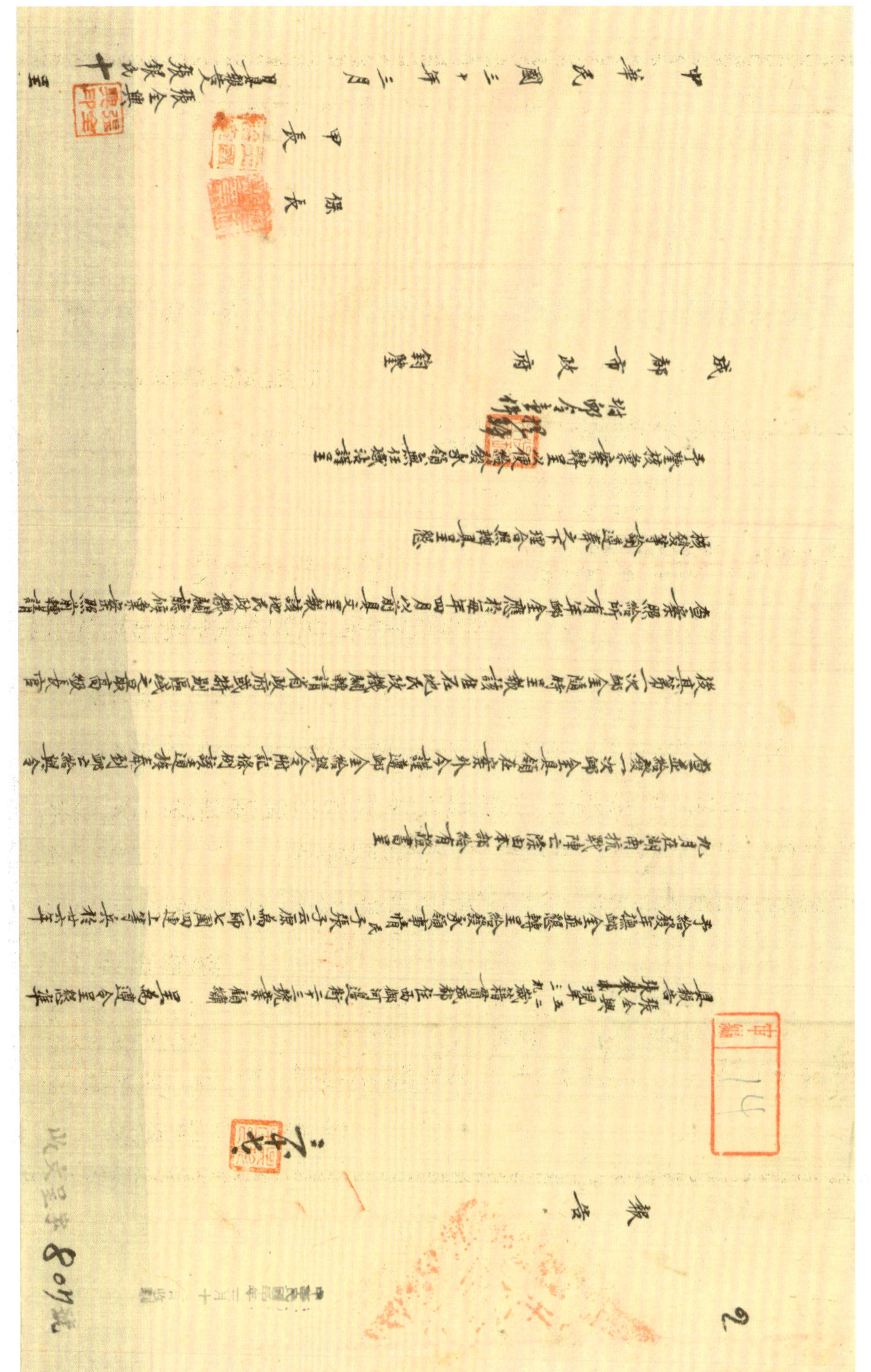

报告

成都市政府

钧鉴

中华民国三十年三月

保长

甲长

具报告人 张全兴

成都市政府关于核发故兵张子云第一年年恤金致张全兴的批示（一九四一年三月二十七日）

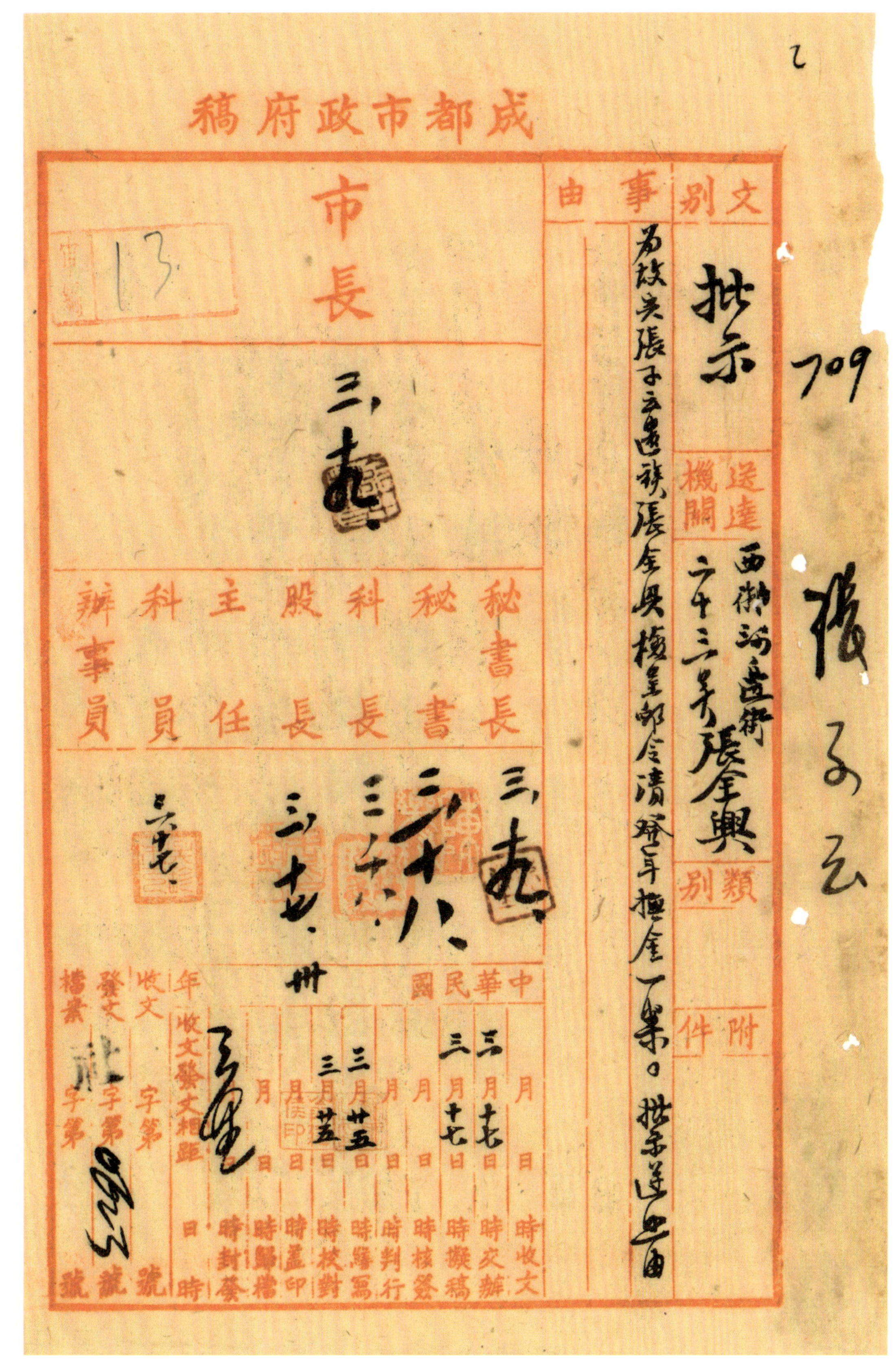

成都市政府稿

文别	批示
事由	
送達機關	
類別	
附件	

市長

秘書長　秘書　科長　股長　主任　科員　辦事員

中華民國　年　月　日

時收文	時交辦	時擬稿	時核發	時判行	時繕寫	時校對	時蓋印	時歸檔	時封發

收文發文相距　日　時

收文　字第　號

發文　字第　號

檔案　字第　號

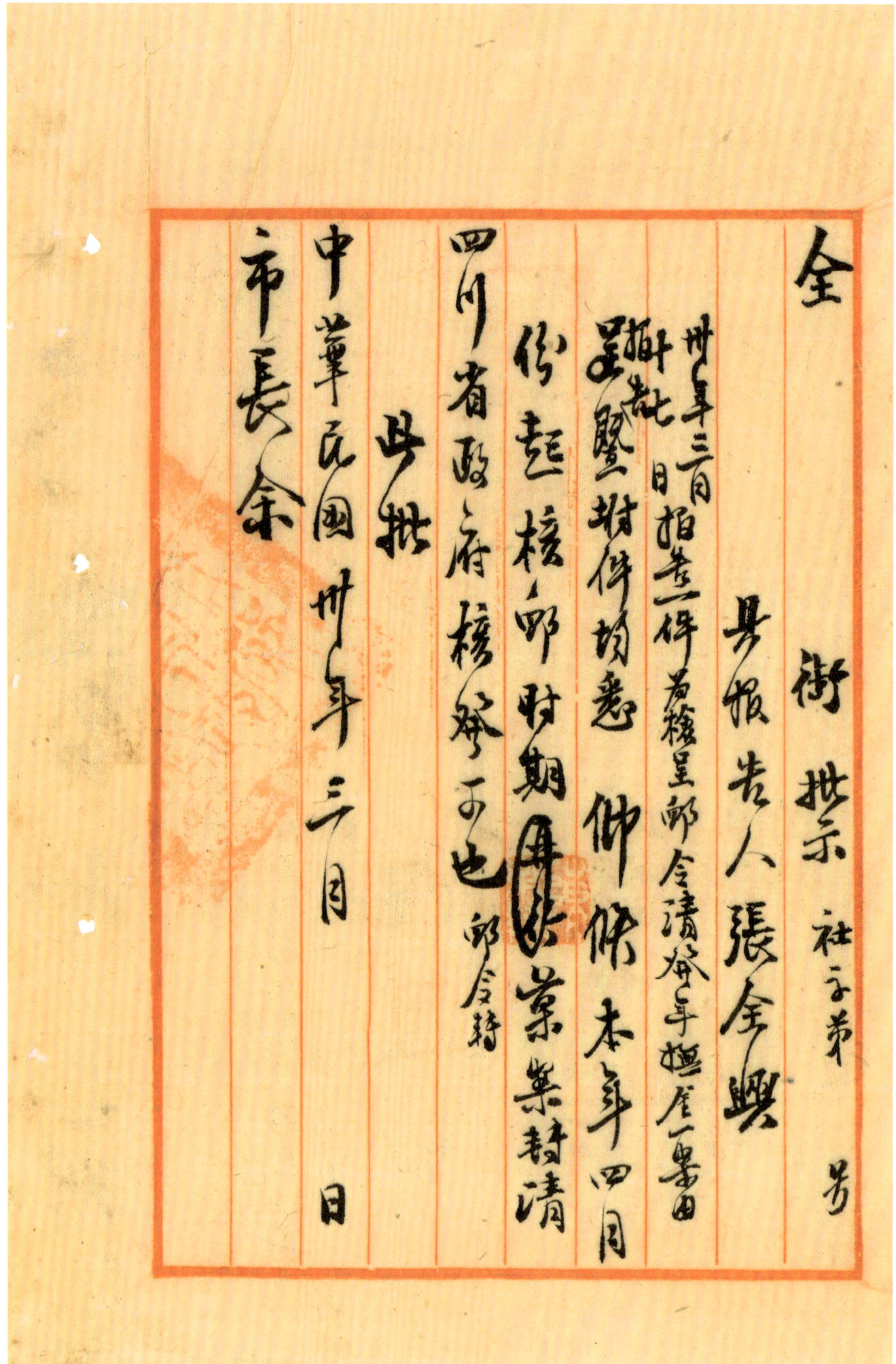
全衔 批示 社字第 号

具报告人张金兴

卅年三月十七日据呈一件为检呈部令请发年抚金一案由

呈暨附件均悉。仰候本年四月份起检部附期册汇案集转请

四川省政府核发可也。部令存。

此批

中华民国卅年三月 日

市长余

成都市政府关于通知故兵张子云遗族承领第一年年恤金的存根（一九四一年六月十六日）

存根

卅年六月十四日案奉

四川省政府卅年六月十日府民三字第一五五六四号

令發故兵張子云一年年卹令一件飭轉給領一案

除以郵字第6510號通知該遺族遵照外留此備查

中華民國卅年六月六、十六日

市長	秘書長	科長	股長	承辦科員
杰				

709 張子云

张全兴关于承领成都市政府发下的故兵张子云抚恤令的收据（一九四一年六月二十六日）

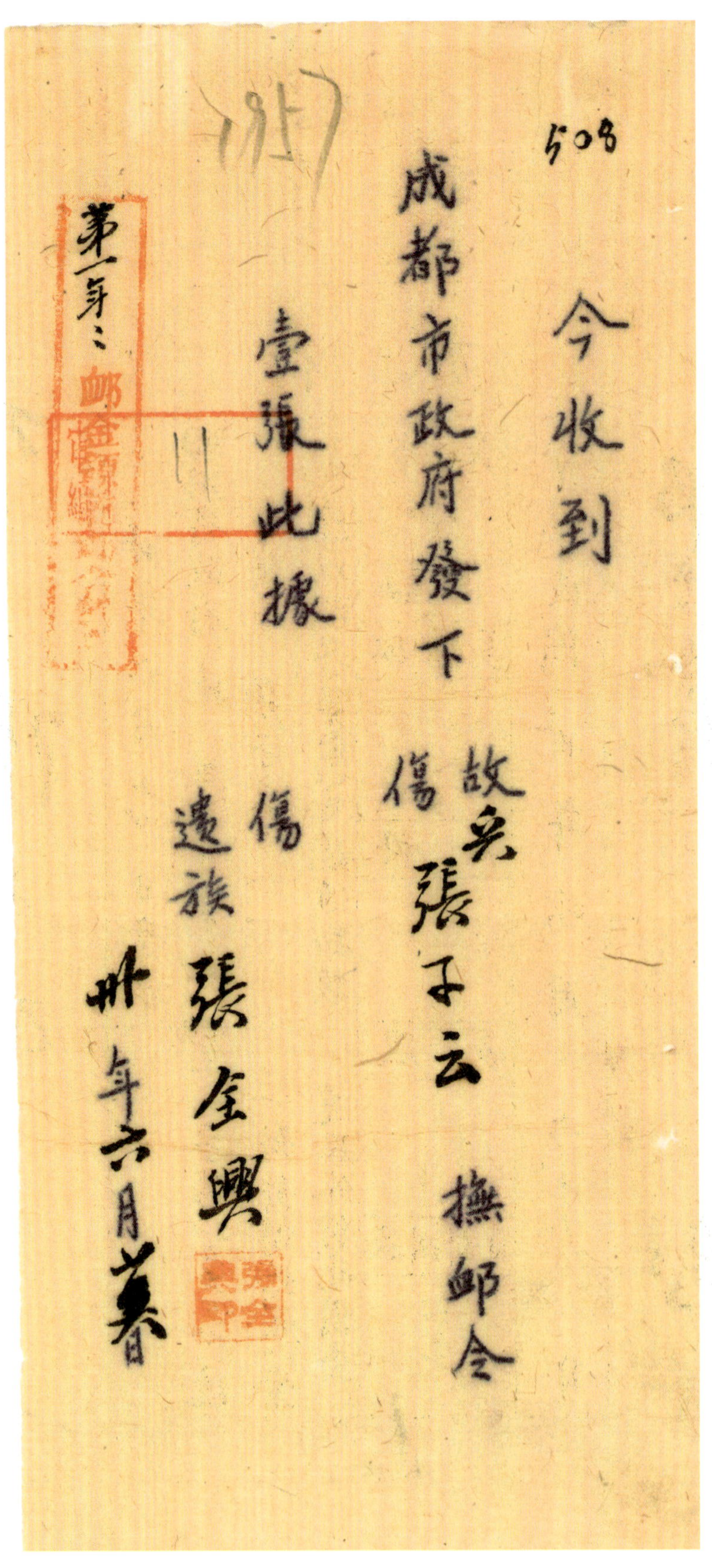

508

今收到

成都市政府发下

故兵張子云傷撫卹令

壹張此據

傷遺族張全興

卅年六月廿六日

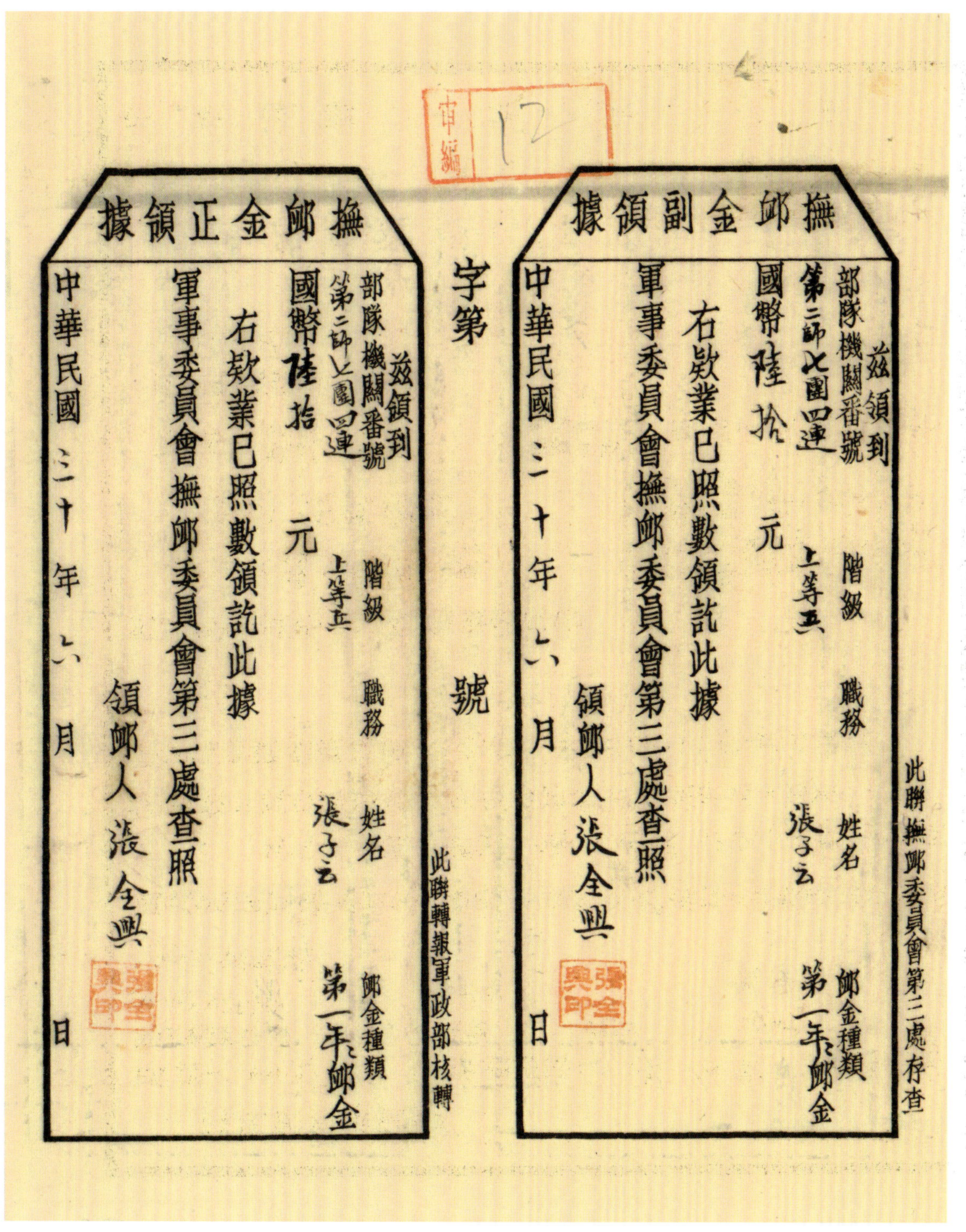
撫卹金副領據

茲領到

部隊機關番號 第二師七團四連　階級 上等兵　職務　姓名 張子云　卹金種類 第一年卹金

國幣陸拾　元

右欵業已照數領訖此據

軍事委員會撫卹委員會第三處查照

領卹人 張全興

中華民國三十年六月　日

此聯撫卹委員會第三處存查

字第　號

撫卹金正領據

茲領到

部隊機關番號 第二師七團四連　階級 上等兵　職務　姓名 張子云　卹金種類 第一年卹金

國幣陸拾　元

右欵業已照數領訖此據

軍事委員會撫卹委員會第三處查照

領卹人 張全興

中華民國三十年六月　日

此聯轉報軍政部核轉

具領卹金保證書

保證人王德興 今保證領卹人張全興 確係已故

部隊機關番號 第三師七團七連 階級 上等兵 職務 姓名 張子云

之遺族茲遵照

國民政府軍事委員會會撫字第九四三八號卹金給與令核准給與該

故兵年卹金國幣壹佰陸拾 元整今由該遺族向

鈞會第三處如數領訖具領後如有發生爭議保証人願照

鈞會請領卹金須知第六條之規定負法律上一切責任此證

謹呈

國民政府軍事委員會撫卹委員會

保証人姓名王德興 蓋章 (店鋪書柬)德興祥號 籍貫華陽 住址正科甲巷卅九 職務或職業 綢緞商號 (店鋪營業資本金額)壹仟元正

領卹人姓名張全興 蓋章 籍貫成都 住址西御河沿街二十三號 與故兵之關係父子

其他遺族姓名及關係 母銀氏

中華民國三十年六月 日

张全兴关于申领故兵张子云第二年年恤金致成都市政府的领恤申请书（一九四二年二月）

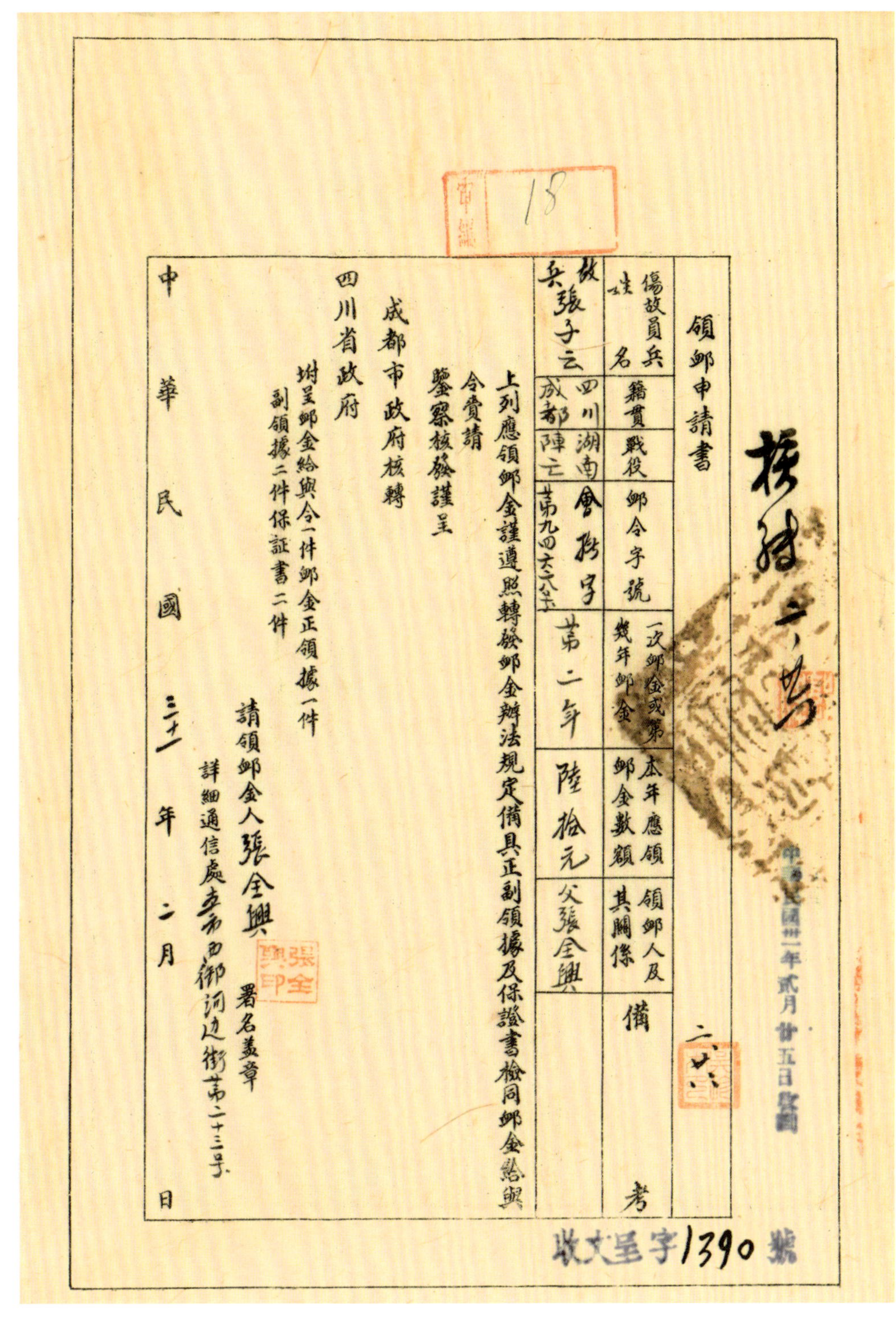

審編 18

領卹申請書

傷故員兵姓名	籍貫	戰役	卹令字號	一次卹金或第幾年卹金	本年應領卹金數額	領卹人及其關係	備考
故兵張子云	四川成都	湖南陣亡	會卹字第九四六六八號	第二年	陸拾元	父張全興	

上列應領卹金謹遵照轉發卹金辦法規定備具正副領據及保證書檢同卹金給與令賫請

鑒察核發謹呈

成都市政府核轉

四川省政府

坿呈卹金給與令一件卹金正領據一件

副領據二件保証書二件

請領卹金人張全興（張全興印）署名蓋章

詳細通信處本市西御河邊街第二十三號

中華民國三十一年二月 日

核轉 二六

民國卅一年貳月廿五日

收文呈字1390號

附：抚恤金领据、具领恤金保证书

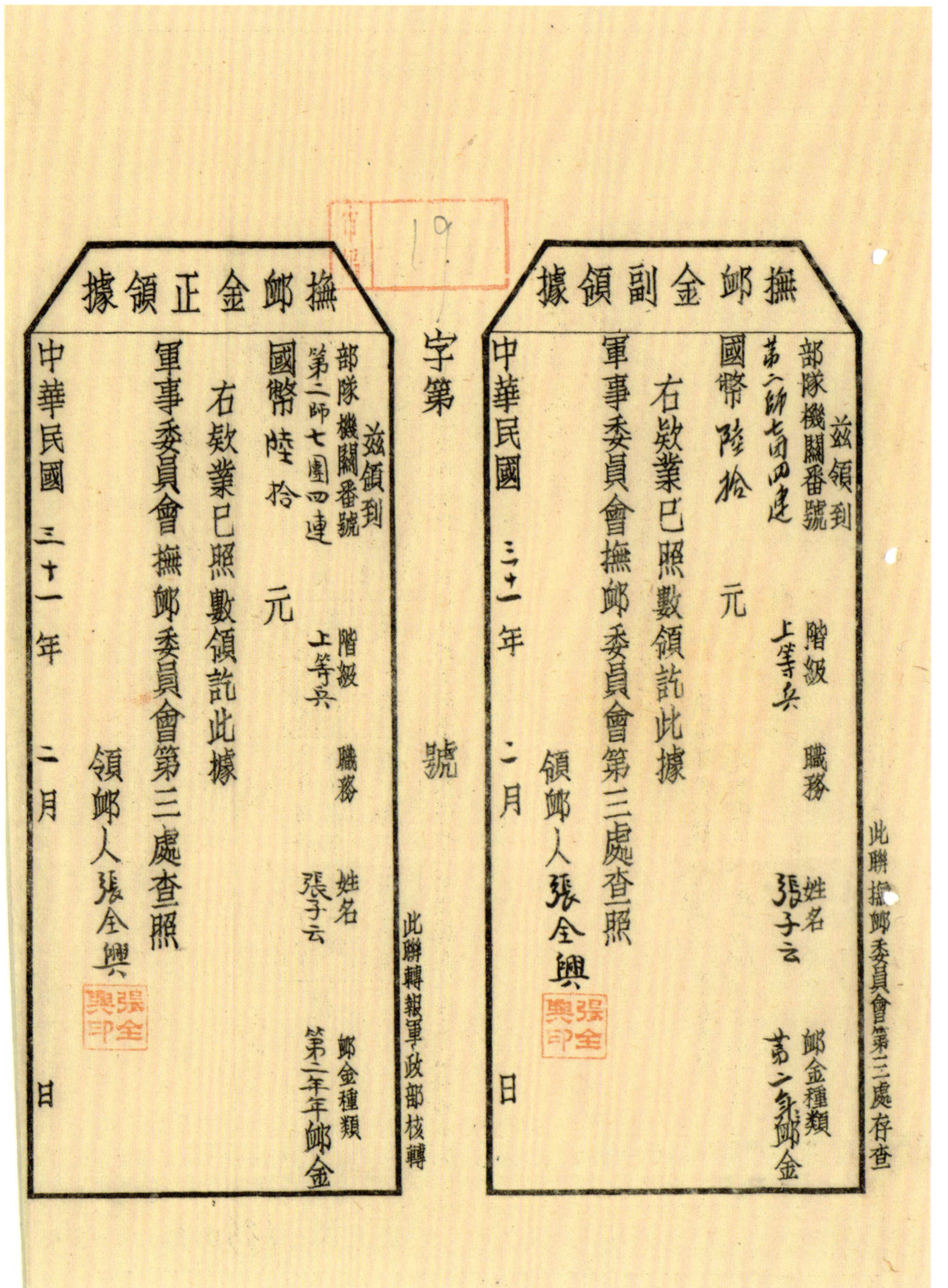

撫卹金副領據

茲領到
部隊機關番號 第二師七團四連
階級 上等兵
職務
姓名 張子云
卹金種類 第二年年卹金
國幣陸拾元
右欵業已照數領訖此據
軍事委員會撫卹委員會第三處查照
領卹人張全興（張全興印）
中華民國三十一年二月日

此聯據卹委員會第三處存查

字第 號

此聯轉報軍政部核轉

撫卹金正領據

茲領到
部隊機關番號 第二師七團四連
階級 上等兵
職務
姓名 張子云
卹金種類 第二年年卹金
國幣陸拾元
右欵業已照數領訖此據
軍事委員會撫卹委員會第三處查照
領卹人張全興（張全興印）
中華民國三十一年二月日

具領卹金保證書

保證人 王德興 今保證領卹人 張全興 確係已故

部隊機關番號 第二師七團四連 階級 上等兵 職務 姓名 張子云

之遺族茲遵照

國民政府軍事委員會會撫字第九四六八號卹金給與令核准給與該故兵年 卹金國幣 陸拾 元整今由該遺族向

鈞會第三處如數領訖具領後如有發生爭議保證人願照

鈞會請領卹金須知第六條之規定負法律上一切責任此證

謹呈

國民政府軍事委員會撫卹委員會

保証人 姓名 王德興 蓋章 籍貫 四川成都 住址 正科甲巷第九十三號 職業 顧繡

(店舖書柬) 德興榮號 (店舖營業資本金額) 叁仟元

領卹人 姓名 張全興 蓋章 籍貫 四川成都 住址 西御河邊街第二十三號 與故兵之關係 父子

其他遺族姓名及關係 母張銀氏

中華民國 三十一年 二月 日

成都市市長余中英

成都市政府关于核发故兵张子云第二年年恤金致张全兴的批示、致四川省政府的呈

（一九四二年三月十二日）

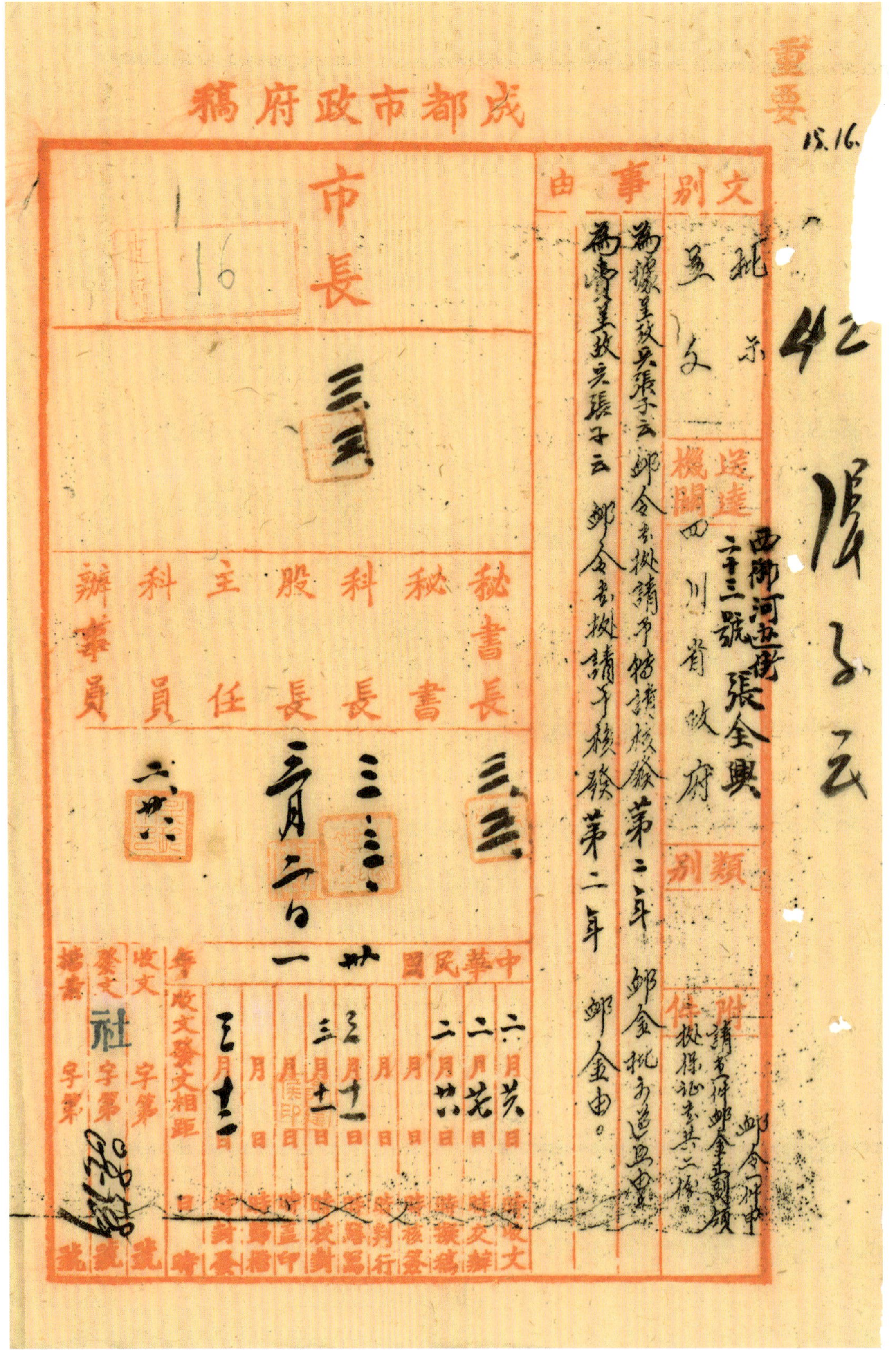

成都市政府稿

重要

文别：批示 呈文

事由：為據呈故兵張子云卹令未據請予轉請核發第二年卹金批示遵照由

為據呈故兵張子云卹令未據請予核發第二年卹金由。

送達機關：四川省政府；西御河沿街二十三號張全興

附件：請求件卹令一份 擬保證書共二件

卹張子云

市長

秘書長 秘書 科長 股長 主任 科員 辦事員

中華民國 卅一 年

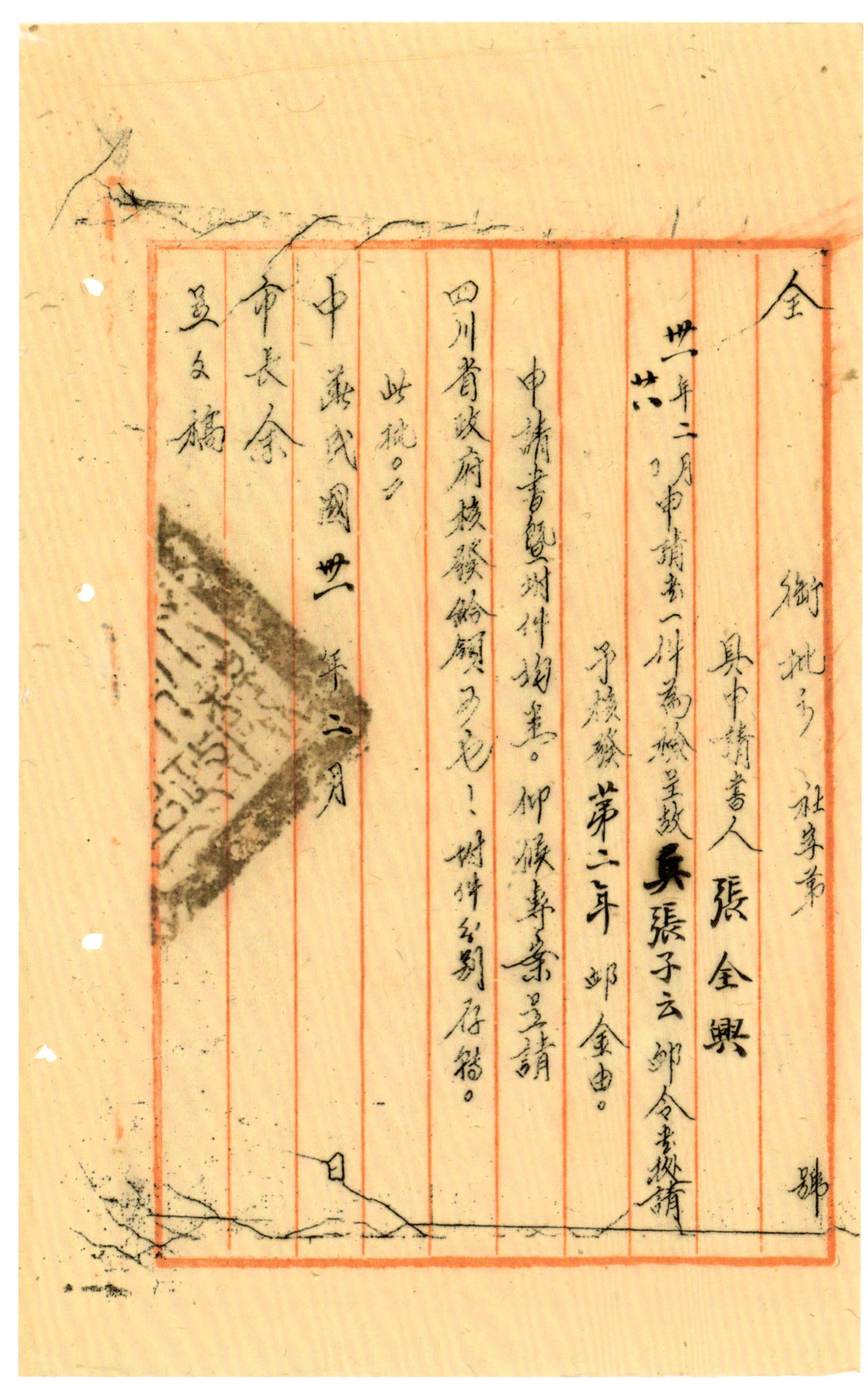

令

銜批 示　社字第　　號

具申請書人　張金興

卅一年二月廿六日申請書一件為懇呈故兵張子云卹令並懇請

予核發第二年卹金由。

申請書暨附件均悉。仰候轉案呈請

四川省政府核發給領可也。附件分別存轉。

此批。

中華民國卅一年二月　　日

市長　余

呈文稿

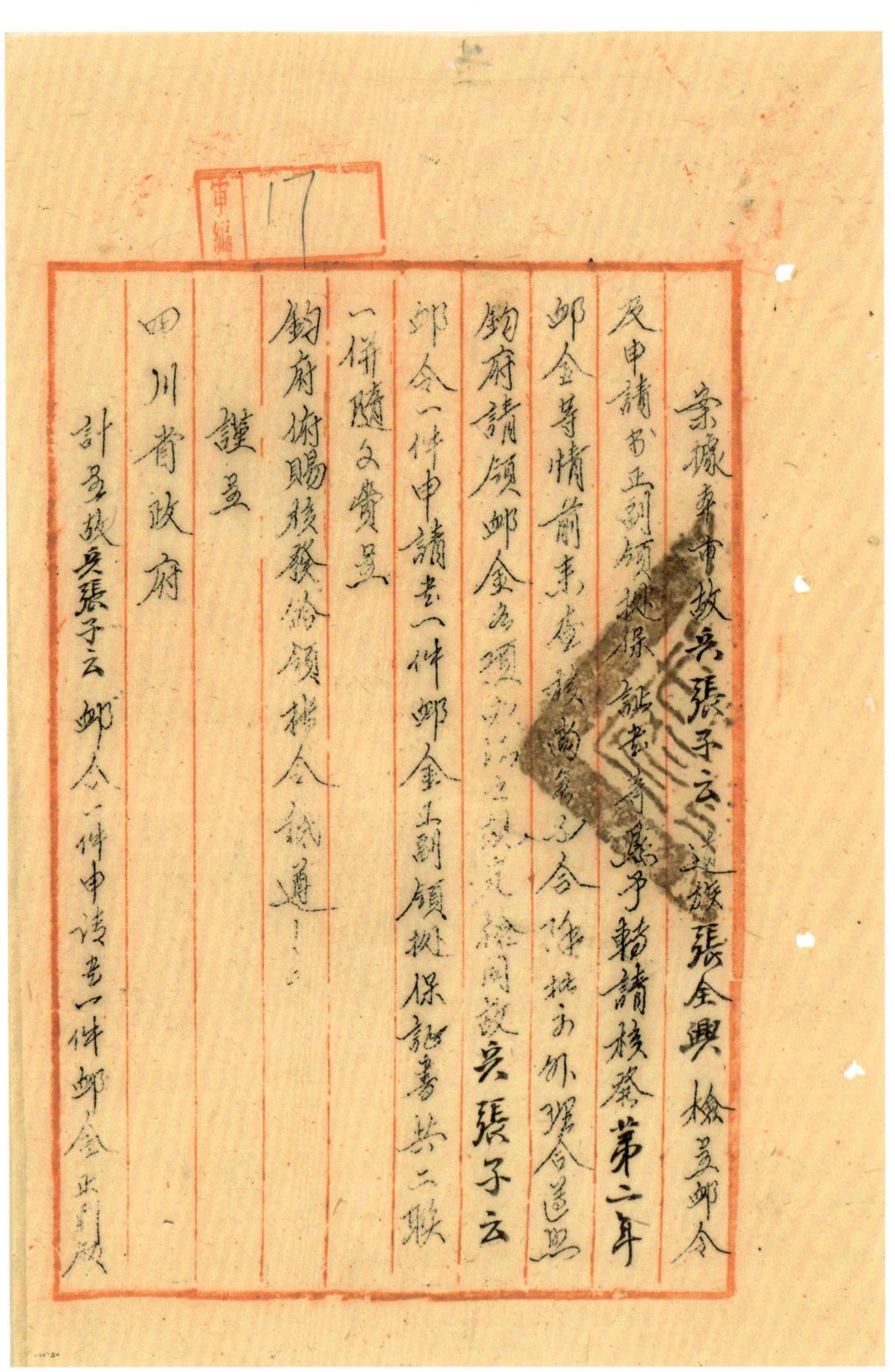

軍編 17

案據本市故兵張子云之遺族張金興檢呈卹令
及申請書正副領據保證書等懇予轉請核發第二年
卹金等情前來查核尚屬符合除批示外理合造呈
鈞府請領卹金各項[illegible]檢同故兵張子云
卹令一件申請書一件卹金正副領據保證書共二聯
一併隨文賫呈
鈞府俯賜核發給領指令祗遵
謹呈
四川省政府
計呈故兵張子云卹令一件申請書一件卹金正副領

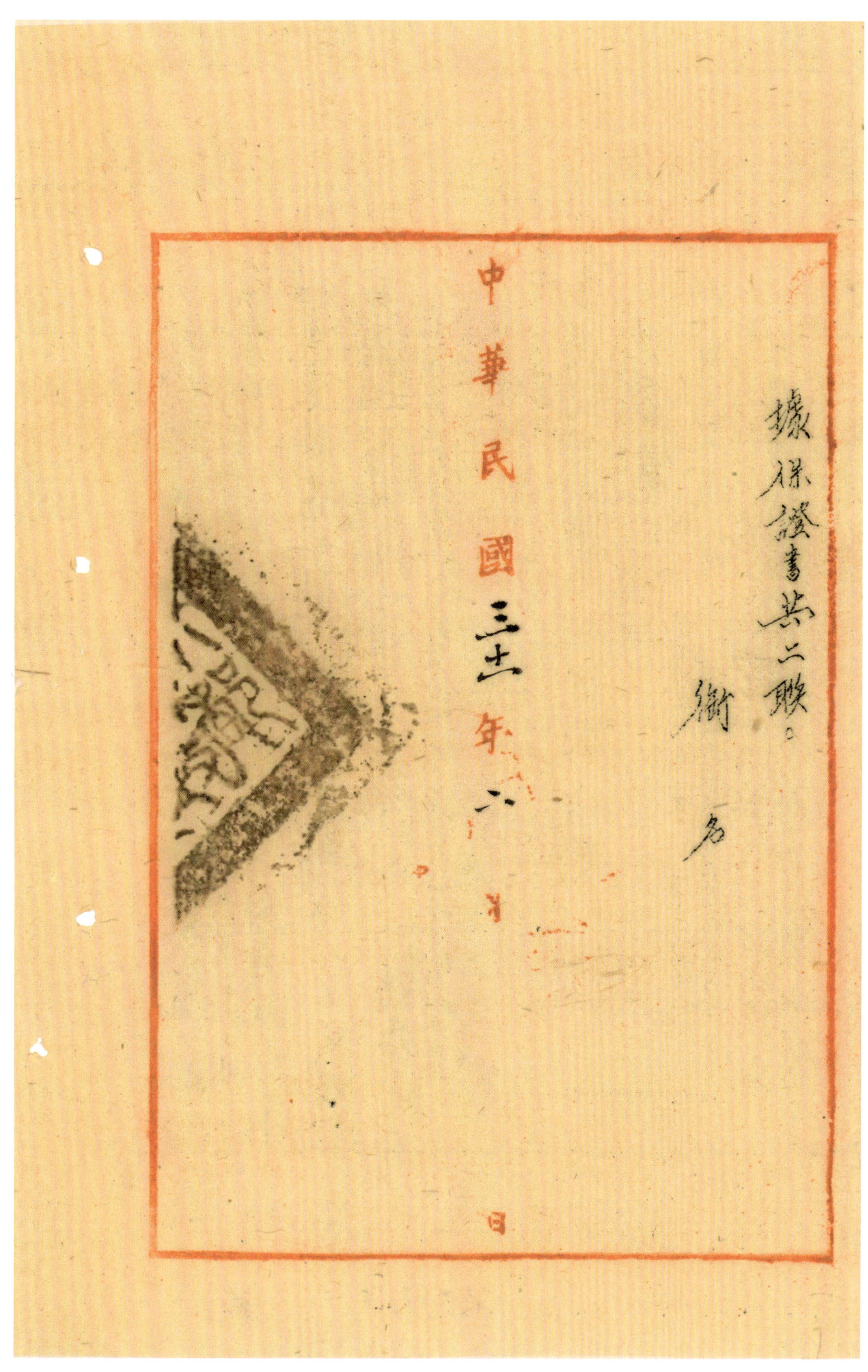
據保證書共二聯。

銜名

中華民國三十一年六月日

张全兴关于申领故兵张子云第二年加倍恤金、第三年年恤金及加倍恤金致成都市政府的领恤申请书（一九四三年三月）

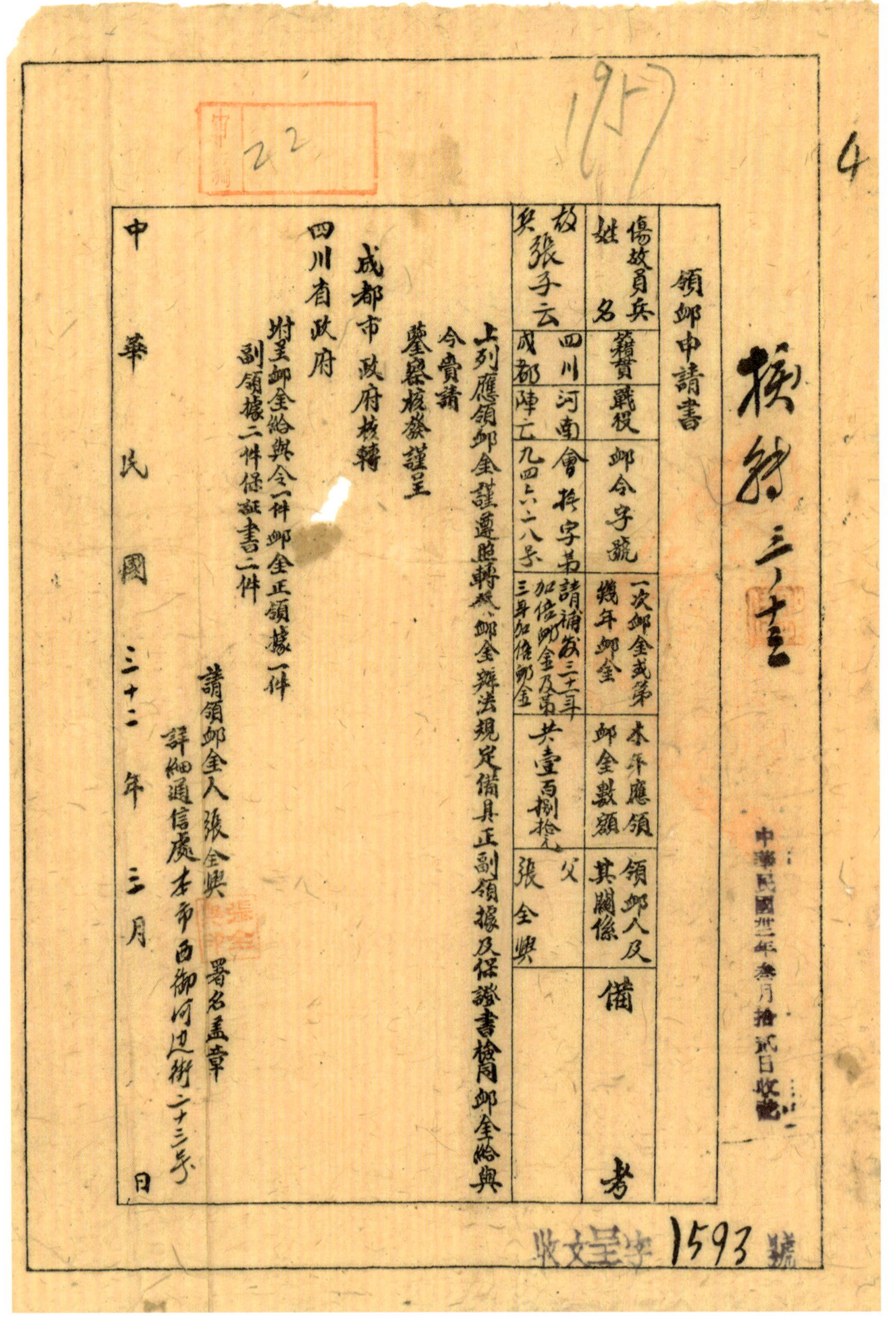

4

核轉 三一.三.十三

1257

22

領卹申請書

傷故員兵姓名	籍貫	職役	卹令字號	一次卹金或第幾年卹金	本年應領卹金數額	領卹人及其關係	備考
故兵張子云	四川成都	河南陣亡	會撫字第九四七六二八號	請補發三十一年加倍卹金及第三年加倍卹金	共壹百捌拾元	父 張全興	

上列應領卹金謹遵照轉發卹金辦法規定備具正副領據及保證書檢同卹金給與令賫請

鑒察核發謹呈

成都市政府核轉

四川省政府

附呈卹金給與令一件 卹金正領據一件

副領據二件 保證書二件

請領卹金人 張全興 署名蓋章

詳細通信處 本市西御河邊街二十三號

中華民國三十二年三月 日

中華民國卅二年叁月拾貳日收

收文呈字1593號

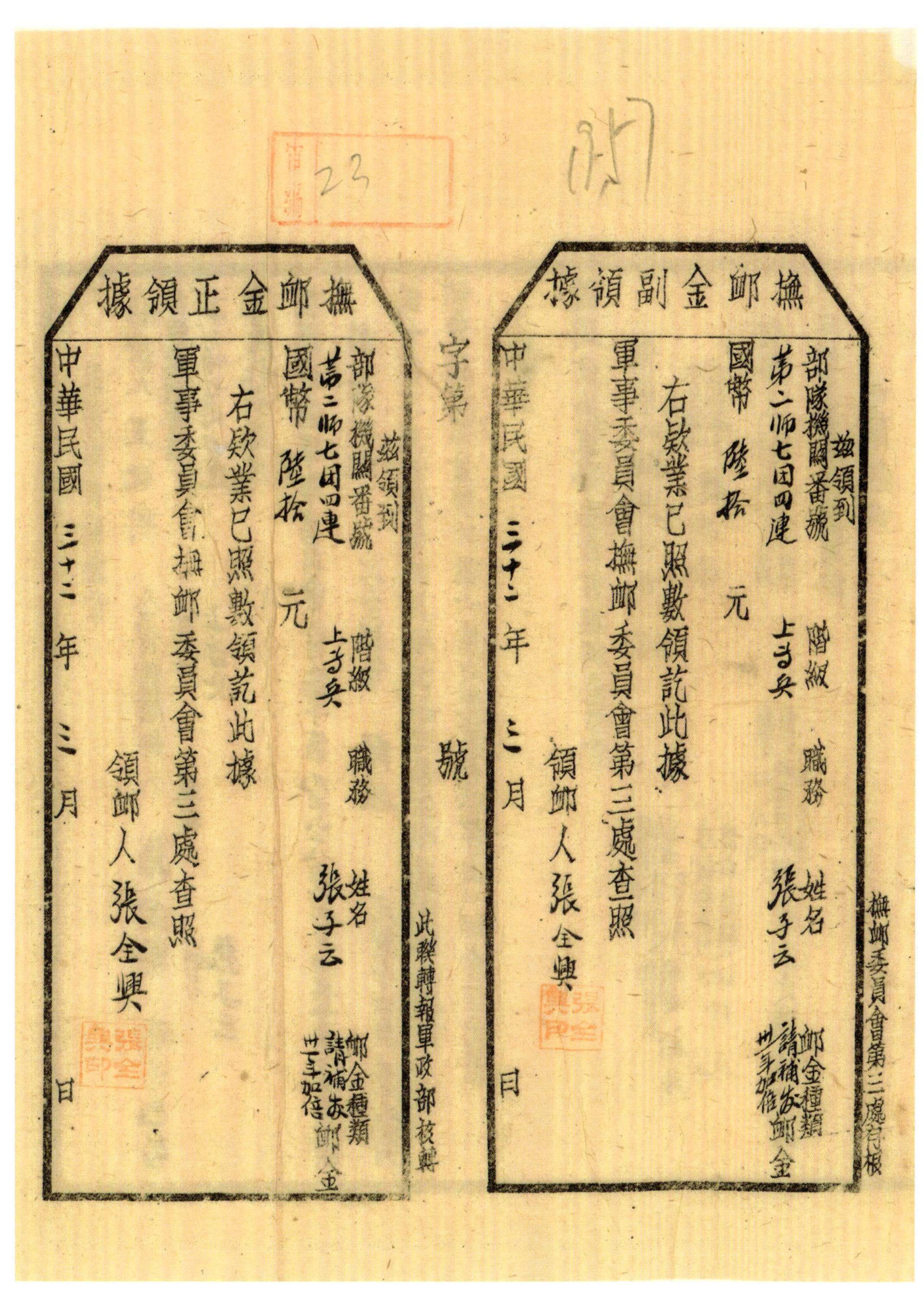

撫卹金副領據

茲領到

部隊機關番號 第二师七团四連　階級 上等兵　職務　姓名 張子云

國幣 陸拾 元　卹金種類 請補發卹金 卅二年加倍

右款業已照數領訖此據

軍事委員會撫卹委員會第三處查照

領卹人 張全興（張全興印）

中華民國 三十二 年 三 月 日

撫卹委員會第三處存根

字第　號

此聯轉報軍政部核轉

撫卹金正領據

茲領到

部隊機關番號 第二师七团四連　階級 上等兵　職務　姓名 張子云

國幣 陸拾 元　卹金種類 請補發卹金 卅二年加倍

右款業已照數領訖此據

軍事委員會撫卹委員會第三處查照

領卹人 張全興（張全興印）

中華民國 三十二 年 三 月 日

具領卹金保證書

保證人 王德興 今保證領卹人 張金興 確係已故

部隊機關番號 第二師七團四連 階級 上等兵 職務 姓名 張子云

之遺族請照

國民政府軍事委員會會恤字第九四二八號卹金給與令核准給與該

故兵加給 卹金國幣 陸佰 元整令由該遺族向

該會第三處如數領訖具領後如有發生爭議保證人願照

該會請領卹金須知第六條之規定負法律上一切責任此證

謹呈

國民政府軍事委員會撫卹委員會

保證人 姓名 王德興 蓋章

（店鋪 商號） 德興裕

籍貫 華陽 住址 [illegible]九十三號 職業 商 職務 [illegible]

（店鋪 營業 資本金額） 四仟元

領卹人 姓名 張金興 蓋章

籍貫 四川成都 住址 [illegible]三十三號 與故兵之關係 父子

其他遺族姓名及關係 母張謝氏

成都市市長 余中英

中華民國三十二年三月 日

撫卹委員會第三處存根

撫卹金副領據

茲領到

部隊機關番號 第二師七团四連　階級 上等兵　職務　姓名 張子云　卹金種類 第三等卹金及加倍

國幣 共壹百貳拾元

右款業已照數領訖此據

軍事委員會撫卹委員會第三處查照

領卹人 張全興 張全興印

中華民國 三十二年 三 月 日

字第　號

此聯轉報軍政部核轉

撫卹金正領據

茲領到

部隊機關番號 第二師七团四連　階級 上等兵　職務　姓名 張子云　卹金種類 第三等卹金及加倍

國幣 共壹百貳拾元

右款業已照數領訖此據

軍事委員會撫卹委員會第三處查照

領卹人 張全興 張全興印

中華民國 三十二年 三 月 日

具領卹金保證書

保證人 部隊機關番號 第二師七團四連 令保證領卹人 階級 上等兵 職務 一 姓名 張子之 張全興 確係已故

之遺族茲遵照

國民政府軍事委員會會恤字第九四六八號卹金給與令核准給與該

故兵第三年加倍 卹金國幣 共壹百弍拾 元整今由該遺族向

鈞會第三處如數領訖具領後如有發生爭議保証人願照

鈞會請領卹金須知第六條之規定負法律上一切責任此證

謹呈

國民政府軍事委員會撫卹委員會

保証人姓名 王德興 蓋章 （店舖書號）德興榮 籍貫 華陽 住址 正科甲巷街九十三號 職業 職務 成衣 顧綉 （店舖資本金額）四仟元

領卹人姓名 張全興 蓋章 籍貫 四川成都 住址 西御河沿街二十三號 與故兵之關係 父子

其他遺族姓名及關係 母張銀氏

中華民國三十二年三月 日

成都市市長 余中英

成都市政府关于核发故兵张子云第二年加倍恤金、第三年年恤金及加倍恤金致张全兴的批示及致四川省政府的呈文（一九四三年四月）

成都市政府文稿

文别：批示　呈文

送达处所：西御河边街二十三号張全興　四川省政府

事由：為據呈故兵張子云卹令書據請予轉請核發卅一年加倍及第三年卹金批示遵照由
為賫呈故兵張子云卹令書擬請予核發卅一年加倍及第三年加倍卹金由

附件：卹令一件申請書一件卹金領據保証書

市長　成都市政府　批示

卅二年四月七日申請書一件為據呈故兵張子云卹令書擬請予核發卅一年加倍及第三年加倍卹金由

具申請書人張全興

社字第3200號

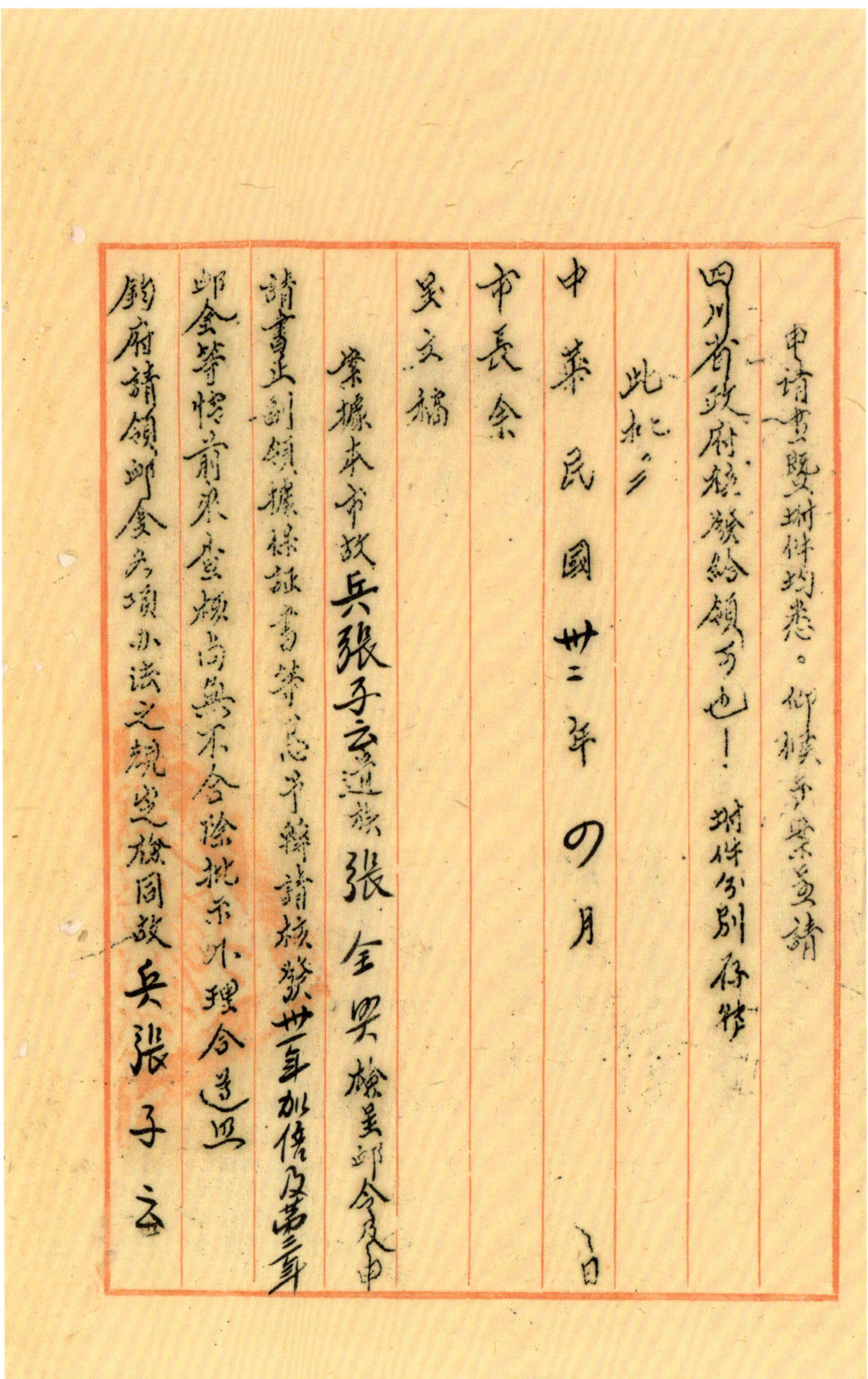
申請書暨附件均悉。仰候予案並請
四川省政府核發給領可也！ 附件分別存轉
此批！
中華民國卅二年 月 日
市長 余
吳文稿
案據本市故兵張子文遺族張全吳檢呈卹令及申
請書正副領據保證書等，懇予轉請核發卅年加倍及第二年
卹金等情前來。查核尚無不合，除批示外，理合遵照
鈞府請領卹金各項辦法之規定，檢同故兵張子文

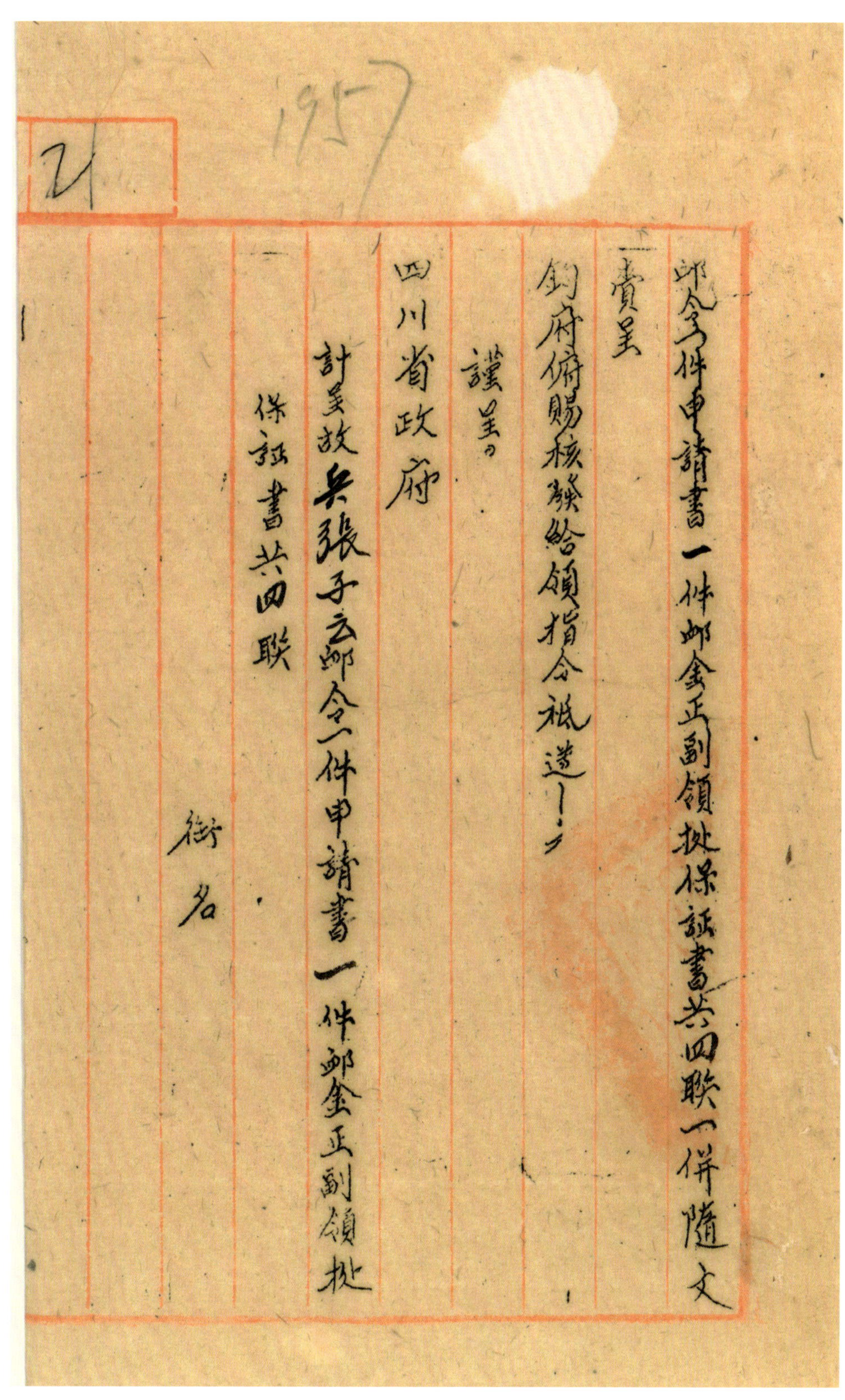
21
1957
郵令一件申請書一件郵金正副領批保証書共四聯一併隨文
賫呈
鈞府俯賜核發給領指令祗遵！
謹呈。
四川省政府
計呈故兵張子云郵令一件申請書一件郵金正副領批
保証書共四聯
銜名

四川省政府关于核发故兵张子云第二年加倍恤金、第三年年恤金及加倍恤金致成都市政府的指令

（一九四三年六月十七日）

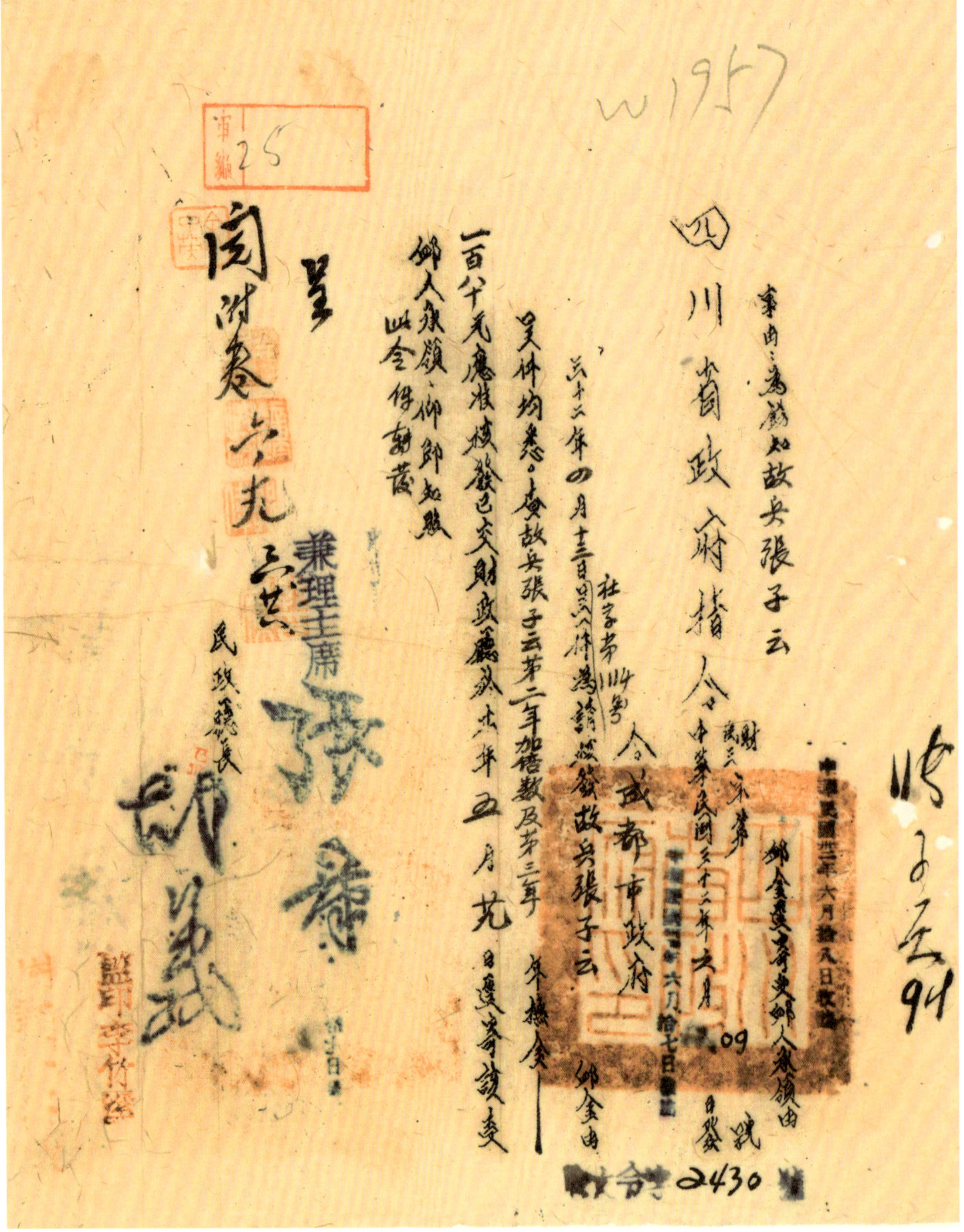

事由：為飭知故兵張子云卹金交寄交鄉人衆領由

四川省政府指令

中華民國三十二年六月　日發　財三字第　號

令成都市政府

卅二年四月十三日呈一件為請核發故兵張子云卹金由　社字第114號

呈件均悉。查故兵張子云第二年加倍數及第三年年撫金一百廿元，應准核發，已交財政廳於本年五月廿九日匯寄該交鄉人衆領，仰即知照。此令。件存發

兼理主席　張群

民政廳長　胡次威

監印　李竹溪

十三、张达和、陈允坤（陈永坤）

成都县政府关于转送阵亡官兵张达和、陈允坤等请恤书表致成都市政府的公函（一九三九年九月二十六日）

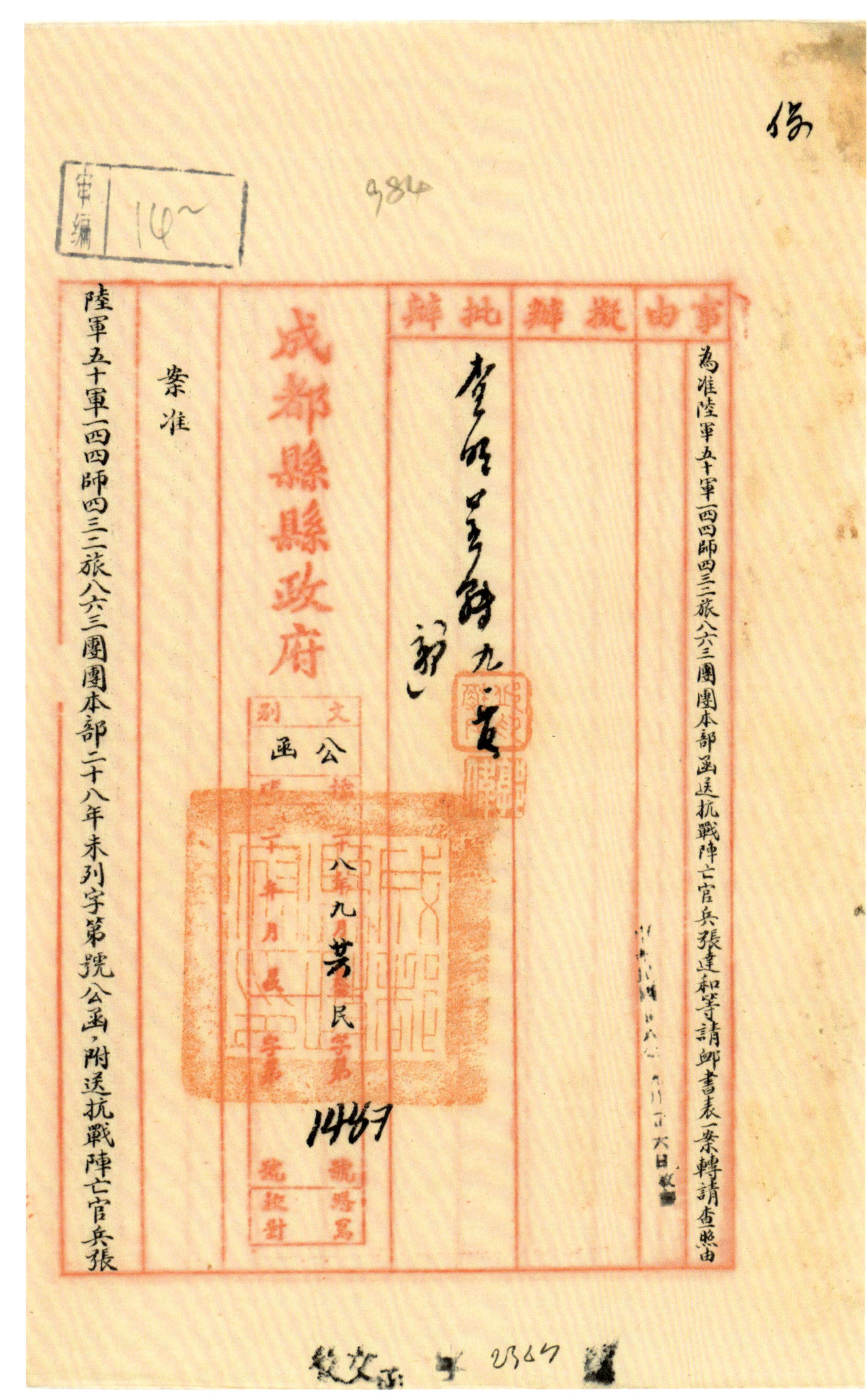

事由：為准陸軍五十軍一四四師四三二旅八六三團團本部函送抗戰陣亡官兵張達和等請䘏書表一案轉請查照由

成都縣縣政府

文別：公函

案准

陸軍五十軍一四四師四三二旅八六三團團本部二十八年未列字第號公函，附送抗戰陣亡官兵張達和陳允坤等請邺書表共六份，請查明轉呈核邺等由一案到府。查該故兵張達和陳允坤等遺族住址係在市區內，不屬本府管轄，除函復外，相應檢同原書表，函送貴府查照！

此致

成都市政府

計附送原請邺書表共六份

成都縣縣長陳（已告）詩

監印周慧成

校對張璧輝

故兵陈永坤的陆军战时死亡士兵乙种调查表（一九三九年十月）

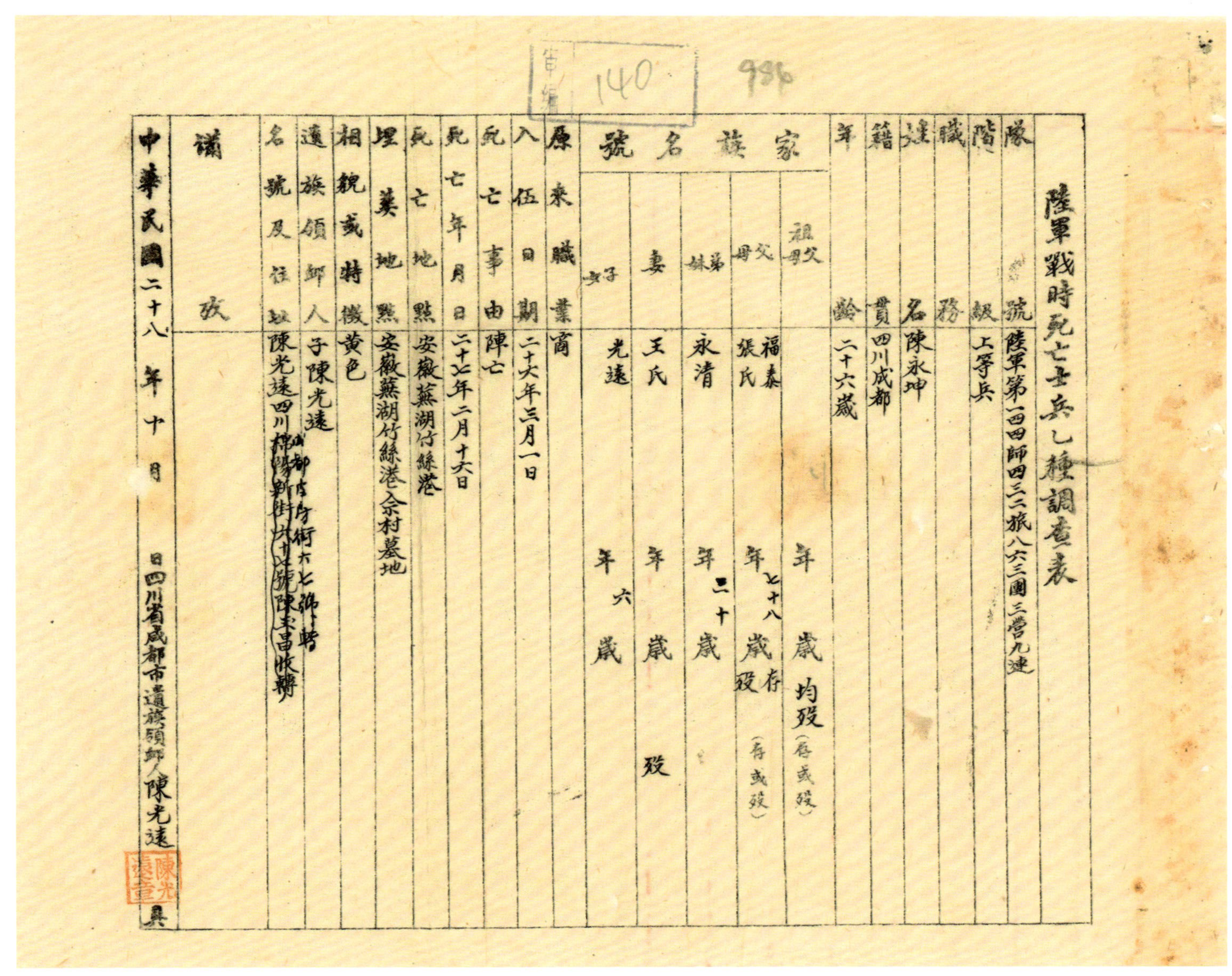

陸軍戰時死亡士兵乙種調查表

隊號	陸軍第一四四師四三二旅八六三團三營九連
階級	上等兵
職務	
姓名	陳永坤
籍貫	四川成都
年齡	二十六歲
家族名號 祖父 祖母	年 歲 均殁（存或殁）
父 母	福泰 張氏 年七十八歲 存 殁（存或殁）
弟 妹	永清 年二十歲
妻	王氏 年 歲 殁
子 女	光遠 年六歲
原來職業	商
入伍日期	二十六年三月一日
死亡事由	陣亡
死亡年月日	二十七年二月十六日
死亡地點	安徽蕪湖竹絲港
埋葬地點	安徽蕪湖竹絲港佘村墓地
相貌或特徵	黃色
遺族領卹人	子陳光遠
名號及住址	陳光遠四川成都市府街六七號轉 ~~華陽新街十號陳吉昌收轉~~
備攷	

中華民國二十八年十月　日

四川省成都市遺族領卹人陳光遠　具

陳光遠章

故兵陈永坤的陆军战时死亡士兵乙种证明书（一九三九年十月）

陸軍戰時死亡官佐士兵乙種證明書

所屬部隊	陸軍第一四四師四三二旅八六三團三營九連
階級及職務	上等兵
姓名	陳永坤
年齡及籍貫	年廿六歲 四川成都
死亡日期	廿七年二月十六日
死亡地點	安徽蕪湖竹絲港
死亡類別	
死亡原因	抗敵陣亡
遺族	祖父母 年 歲 歿（存或歿）；父福泰 母張氏 年七十八歲 存 歿（存或歿）；妻 年 歲 歿；子光遠 年六歲；女無；孫 年 歲；胞弟永清 年二十歲；妹無
通訊地址	成都市皮房街六十七號附
備考	

中華民國二十八年十月 日

成都市市長 楊○○ 具

四項二份呈送省府

陈永贵等关于故兵陈永坤遗族情况的保结（一九三九年十月六日）

具保結保長梁俊卿
甲長袁一鳴
族長陳永貴今向

成都市政府保得故陳永坤遺族祖父　年　歲
祖母　氏年　歲　父福泰年七十八歲　母　氏年
歲　妻　氏年　歲　子光遠年六歲女　年
歲弟永清年二十　歲妹　年　歲確係屬實
倘有捏報朦蔽等情弊一經查出保甲族長甘受懲處並該遺族以
後如有變更仍當隨時報告所保是實須至保結者

成都市第四區第十保保長梁俊卿
具保結人成都市第四區第十保第一甲甲長袁一鳴
族長陳永貴
住簡陽縣龍泉驛街第　號

中華民國二十八年十月六日

成都市政府关于转送故兵张达和遗族请恤书表致成都县政府的公函（一九三九年十一月十七日）

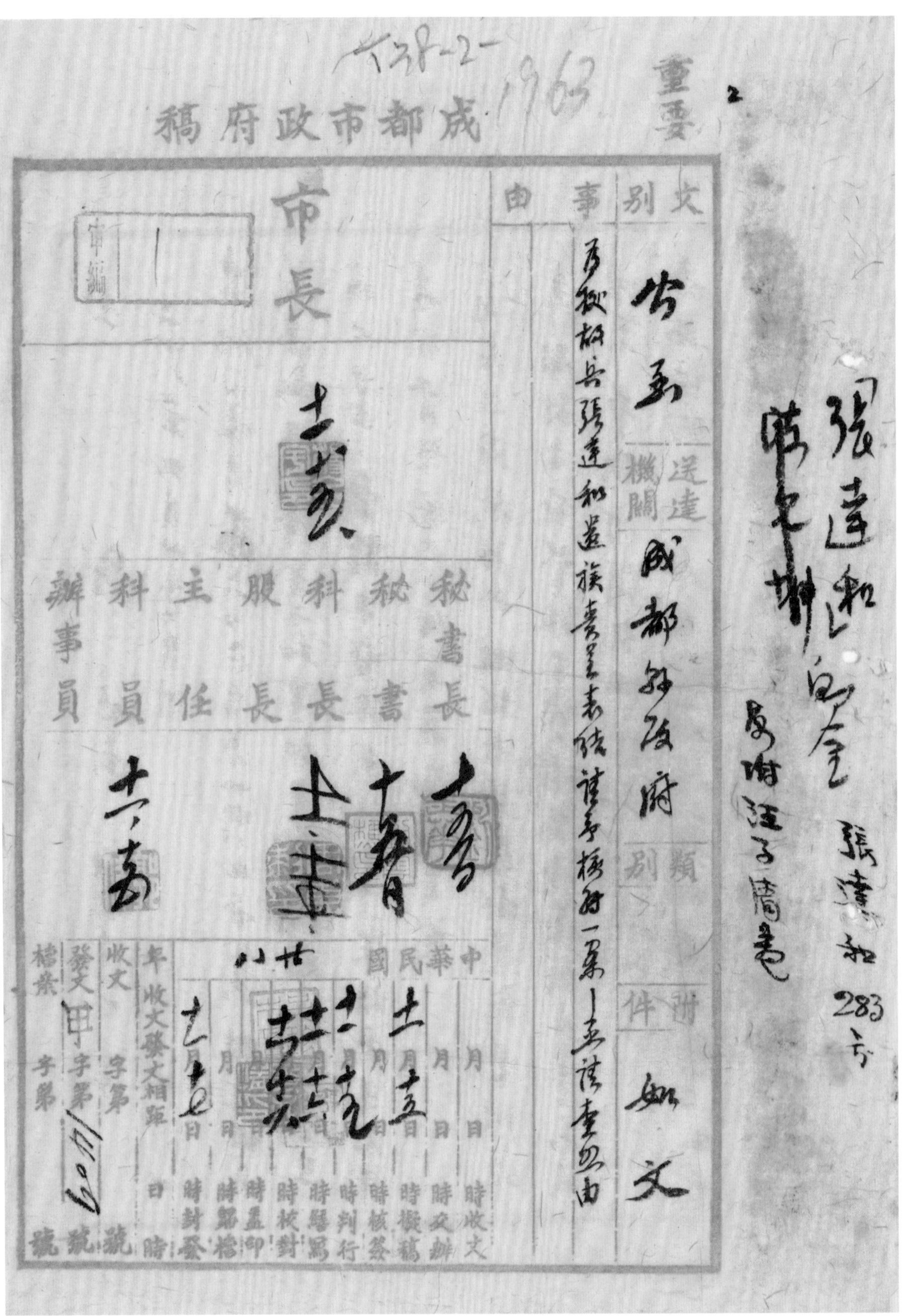

全銜　公函　社保字第　號

二十八年九月廿七日案准

貴府同年月廿三日民字第一四八七號公函，附送故兵張達和、陳允坤等二名請卹書表，囑為查照辦理等由；當經本府派員調查，除故兵陳允坤遺族業經調查屬實並據情呈請四川省政府核辦外，惟故兵張達和遺族查詢無着，復經本府登報尋找李記，嗣據該遺族賚呈表結前來，查核所填住址，係在貴縣區域內，不屬本府管轄範圍，相應檢同故兵

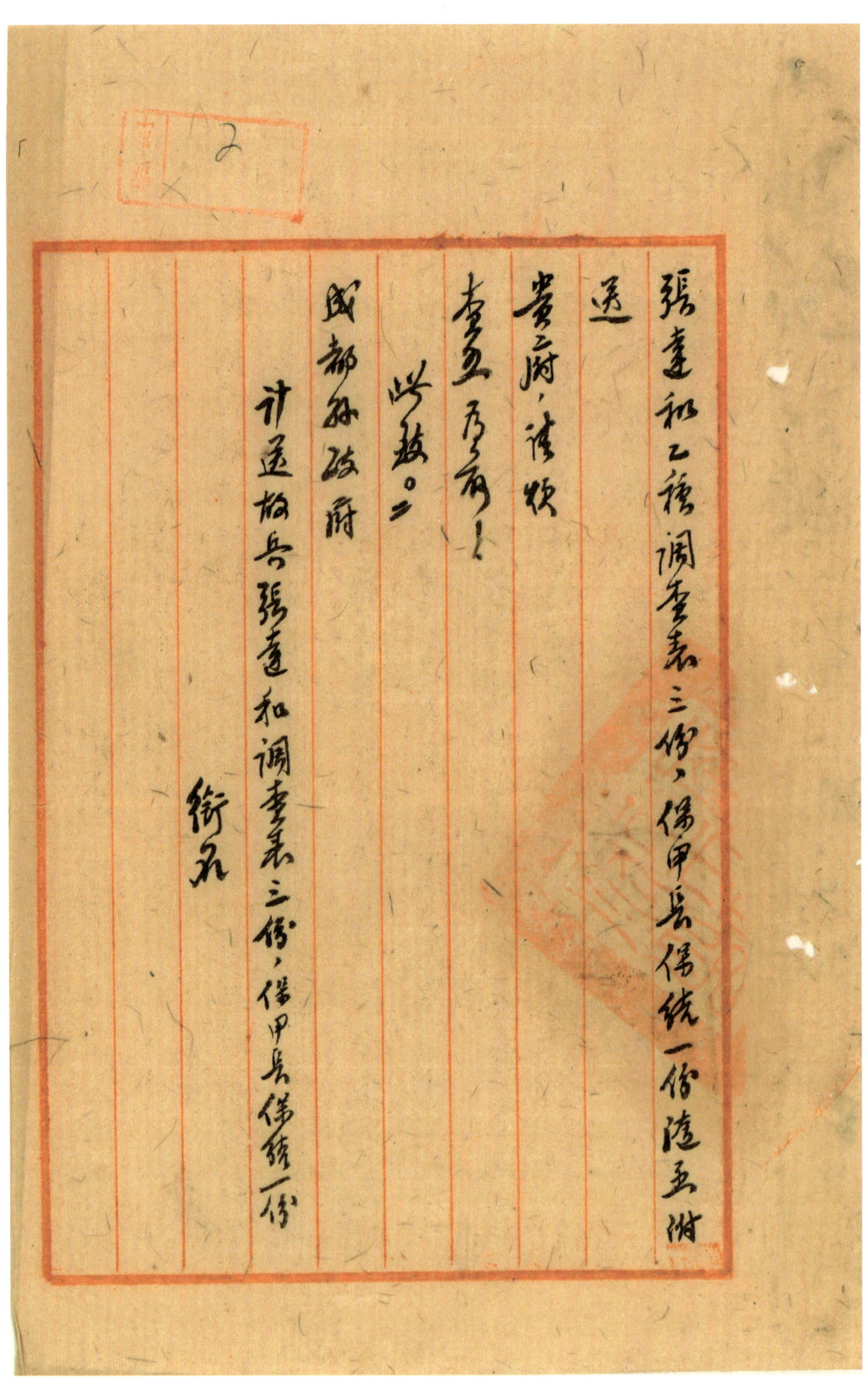

張達和之積調查表三份、保甲長保結一份隨函附

送

貴府，請煩

查照為荷。

此致

成都縣政府

計送故兵張達和調查表三份、保甲長保結一份

銜名

中華民國廿八年十一月　日

附：故兵张达和的抗敌战役死亡官佐调查表

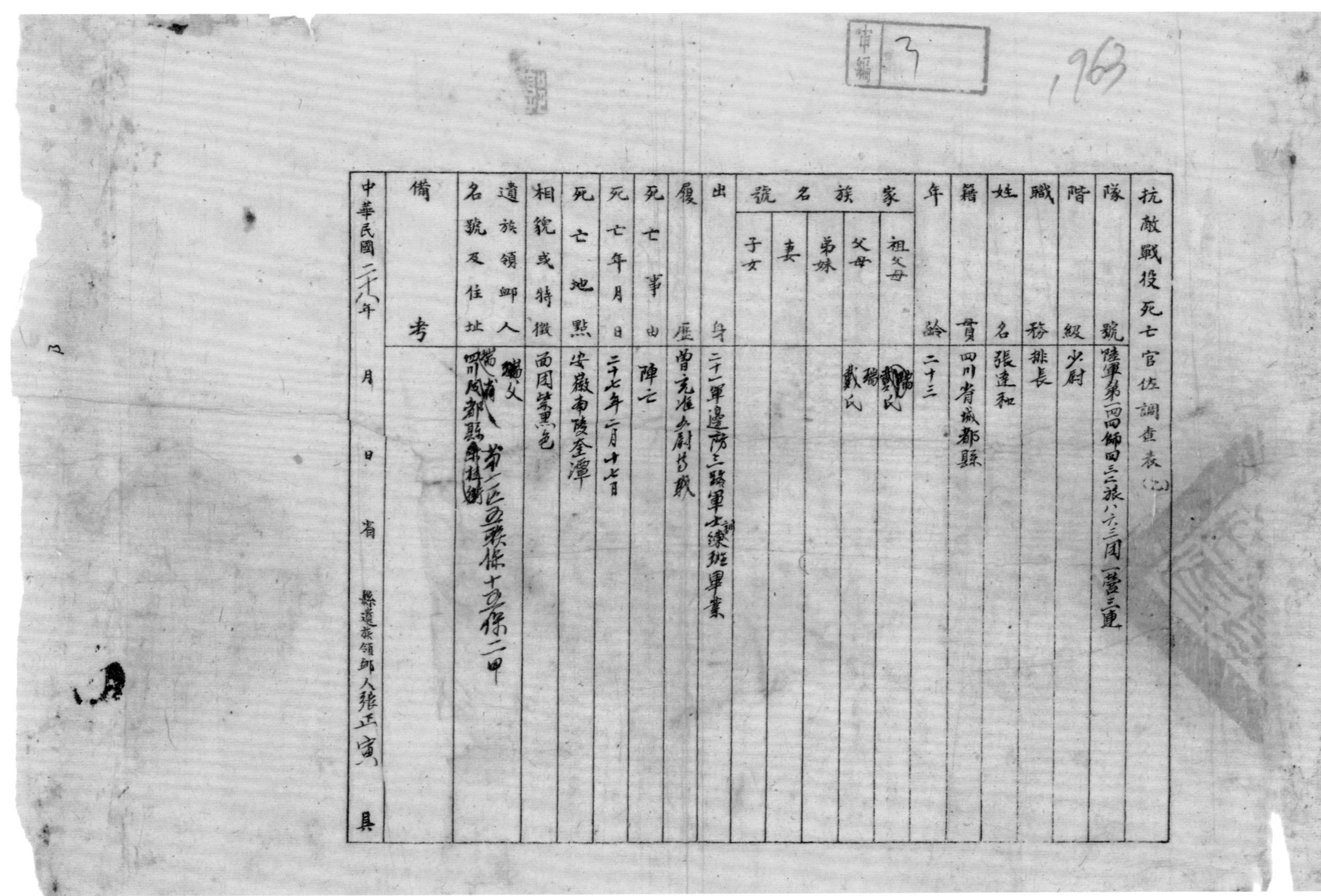

抗敌战役死亡官佐调查表（二）

队号	陆军第一四四师四三二旅八六三团一营三连
阶级	少尉
职务	排长
姓名	張達和
籍贯	四川省成都縣
年龄	二十三
家族名号：祖父母	[illegible]氏
家族名号：父母	[illegible]戴氏
家族名号：弟妹	
家族名号：妻	
家族名号：子女	
出身	二十一軍邊防三路軍士訓練班畢業
履历	曾充准尉少尉等職
死亡事由	陣亡
死亡年月日	二十七年二月十七日
死亡地点	安徽南陵奎潭
相貌或特征	面圓紫黑色
遗族领恤人名号及住址	[illegible]瑞文 四川成都縣東林鄉第一區五聯保十五保二甲
备考	

中華民國二十八年　月　日　省　縣遺族領卹人張正寅　具

国民政府军委会委员长成都行辕关于故兵张达和遗族请恤一案致成都市政府的代电（一九三九年十二月二日）

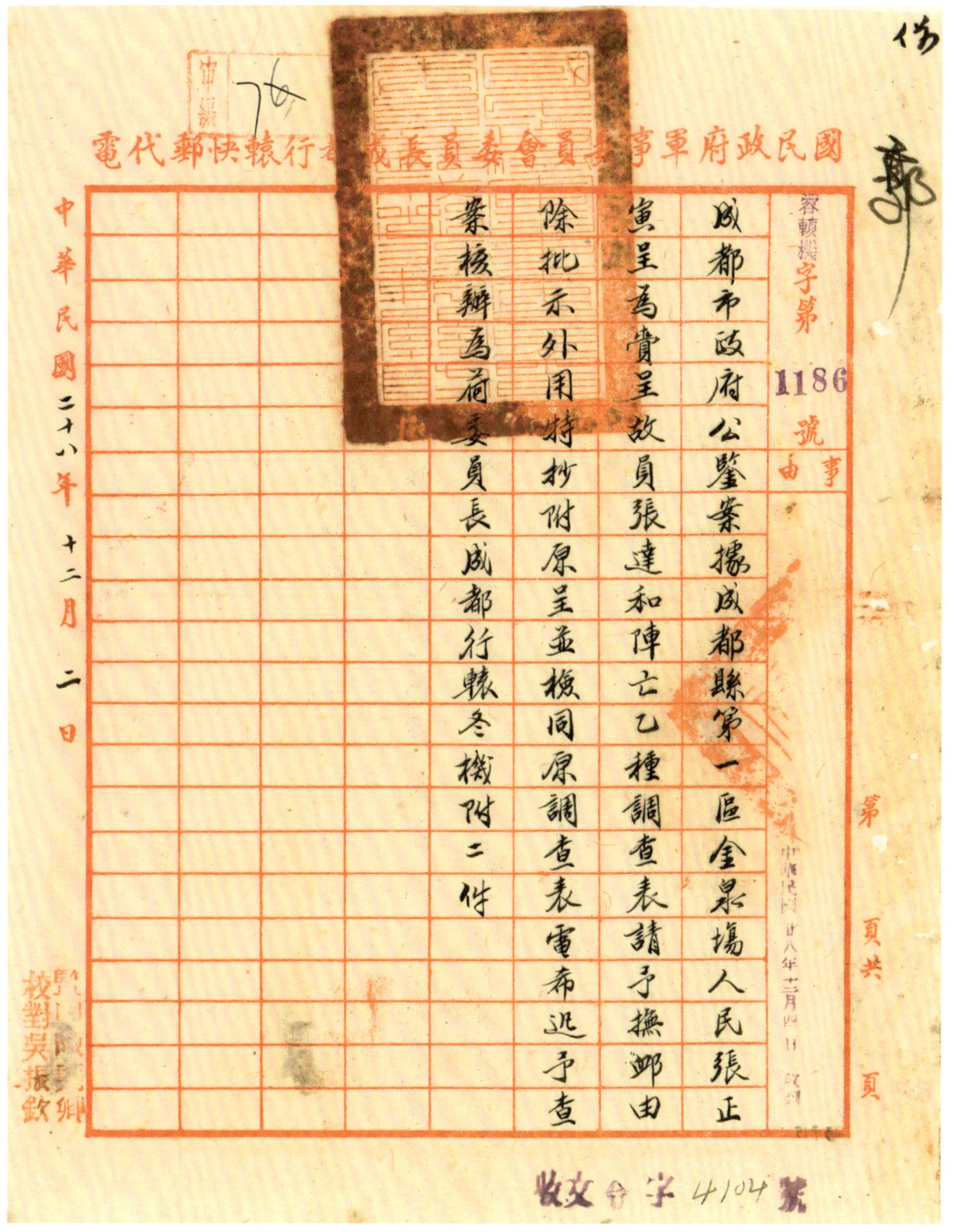
國民政府軍事委員會委員長成都行轅快郵代電

蓉轅機字第1186號

事由

成都市政府公鑒：案據成都縣第一區金泉場人民張正寅呈爲賚呈故員張達和陣亡乙種調查表，請予撫䘏由。除批示外，用特抄附原呈並檢同原調查表電希迅予查案核辦爲荷。委員長成都行轅冬機。附二件

中華民國二十八年十二月二日

校對吳振欽

收文字4104號

附：张正寅呈文抄件及故员张达和陆军战时死亡官佐乙种调查表

抄

抄件

抄張正寅呈

竊民本係成都縣第一區金泉聯保（場名土橋）區署对门居住於民國廿四年投考於國軍廿一軍軍官教育团畢業者即民子張達和也又於民廿五年六月廿二日奉四川善后督办刘第七二三號任命狀委作張達和為川軍模範師第二旅六团三營十連少尉排長防次嘉定嗣後奉调出川抗敵於廿六年開往安徽即改編为陸军第一四四师四三二旅八六三团一營三連仍充少尉排長張達和面围柴里（名达）是年六月十七日在安徽南陵县金潭之役陣亡家遺父母各一妻一子一父母年各六十妻年廿二歲子張元仁僅五岁一向然生民官極幸依陣亡之張達和为生自於安

1186

嶽南陵陣亡的音信噩耗悲慘不可言業經成都市府公告數
次民婿張遠和之為國抗敵而亡並遺棄上有衰老下遺孤
兒情形既慘家境亦凋民實困數已嗷嗷將何以哺之前已
具呈張遠和之妻嶽南陵金潭陣亡結表詳陳于成都市政府
靜候鈞裁現又多日未蒙頒發杳如黃鶴民迫極無
奈祇得泣懇 鈞座顧垂民孀子損陣中作異鄉之鬼倘不
沐恩給撫卹民命何能生存是以特具泣呈援據備予追
卹用慰幽魂以昭來茲謹呈

附陣亡乙種調查表乙份

成都第一區金泉場民 張正宣
戴氏 泣叩

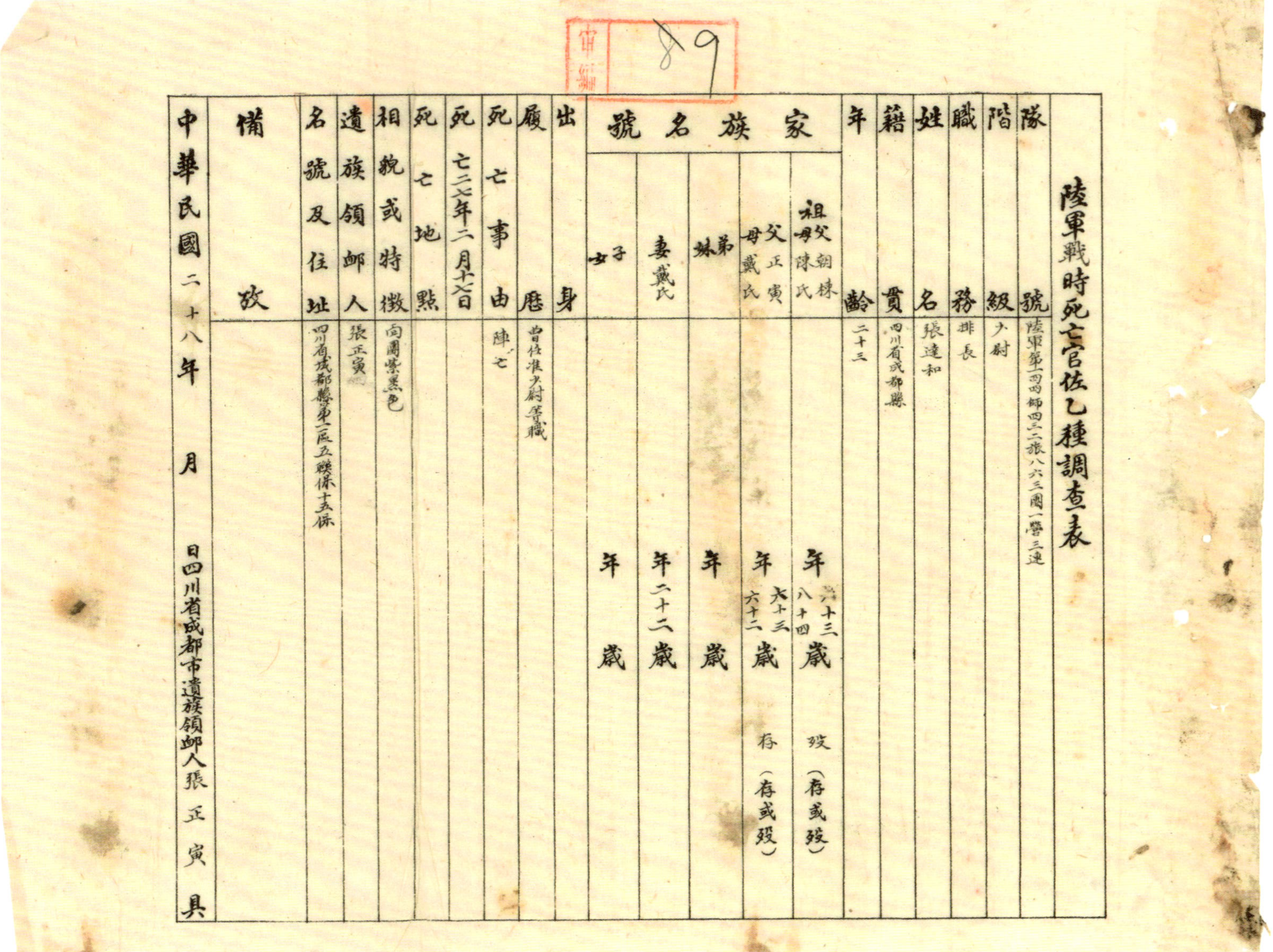

陸軍戰時死亡官佐乙種調查表

隊號	陸軍第一四四師四三二旅八六三團一營三連
階級	少尉
職務	排長
姓名	張達和
籍貫	四川省成都縣
年齡	二十三
家族名號：祖父 朝棟 祖母 陳氏	年八十三 八十四歲 殁（存或殁）
家族名號：父 正寅 母 戴氏	年六十三 六十二歲 存（存或殁）
家族名號：弟 妹	年 歲
家族名號：妻 戴氏	年二十二歲
家族名號：子 女	年 歲
出身	
履歷	曾任准尉等職
死亡事由	陣亡
死亡年月日	二十六年二月十六日
死亡地點	
相貌或特徵	面圓紫黑色
遺族領卹人	張正寅
名號及住址	四川省成都縣第二區五聯保十五保
備考	

中華民國二十八年 月 日四川省成都市遺族領卹人張正寅 具

成都市政府关于故兵张达和遗族请恤经过致国民政府军委会委员长成都行辕的代电
（一九三九年十二月九日）

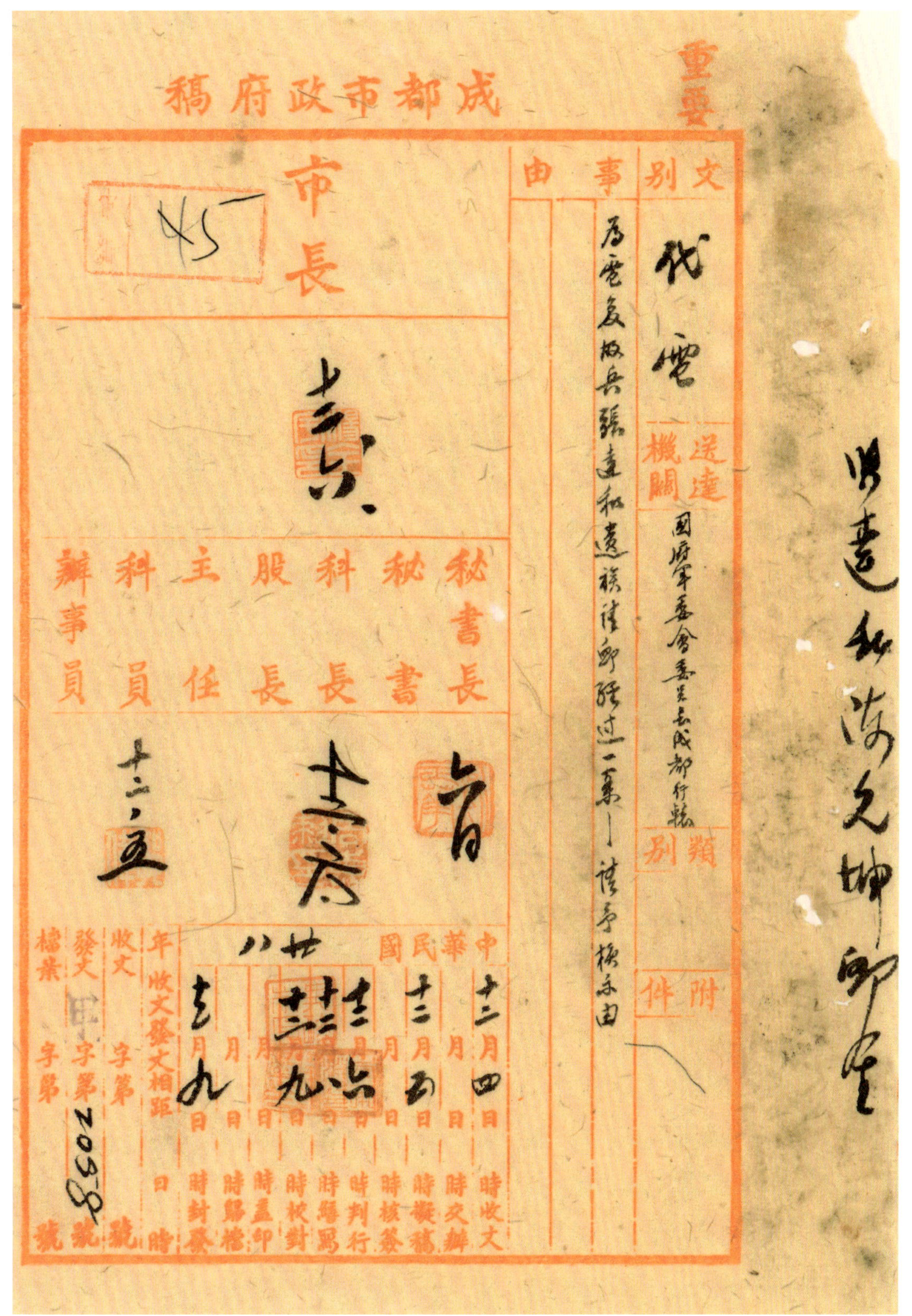

重要

成都市政府稿

文別	代電
事由	為電復故兵張達和遺族請卹經過一案一請查核示由
送達機關	國府軍委會委員長成都行轅
類別	
附件	

市長

秘書長　秘書　科長　股長　主任　科員　辦事員

中華民國	
收文	十二月四日
交辦	十二月五日
擬稿	十二月六日
核簽	十二月九日

收文　字第　號
發文　字第 2058 號
檔案　字第　號

代电

国民政府军事委员会委员长成都行辕主任贺钧鉴：

本月四日案奉钧辕蓉辕机字第一八六号代电略开：「准抄示孙云云」遵即查案核办」等因，附二件。奉此。查民廿年九月廿四日准成都县政府函送故兵张遗和、深元坤等二名书表，经本府函复查照办理，并由书面派员调查国殇故兵张遗和遗族住址不详，查询无着，嗣经本府于十月廿五日第五次登报催查，该遗族姓于十月八日来府面询请邮手续，当将已填调查表及保结饬令详细填注呈府核转去后，兹据该遗族

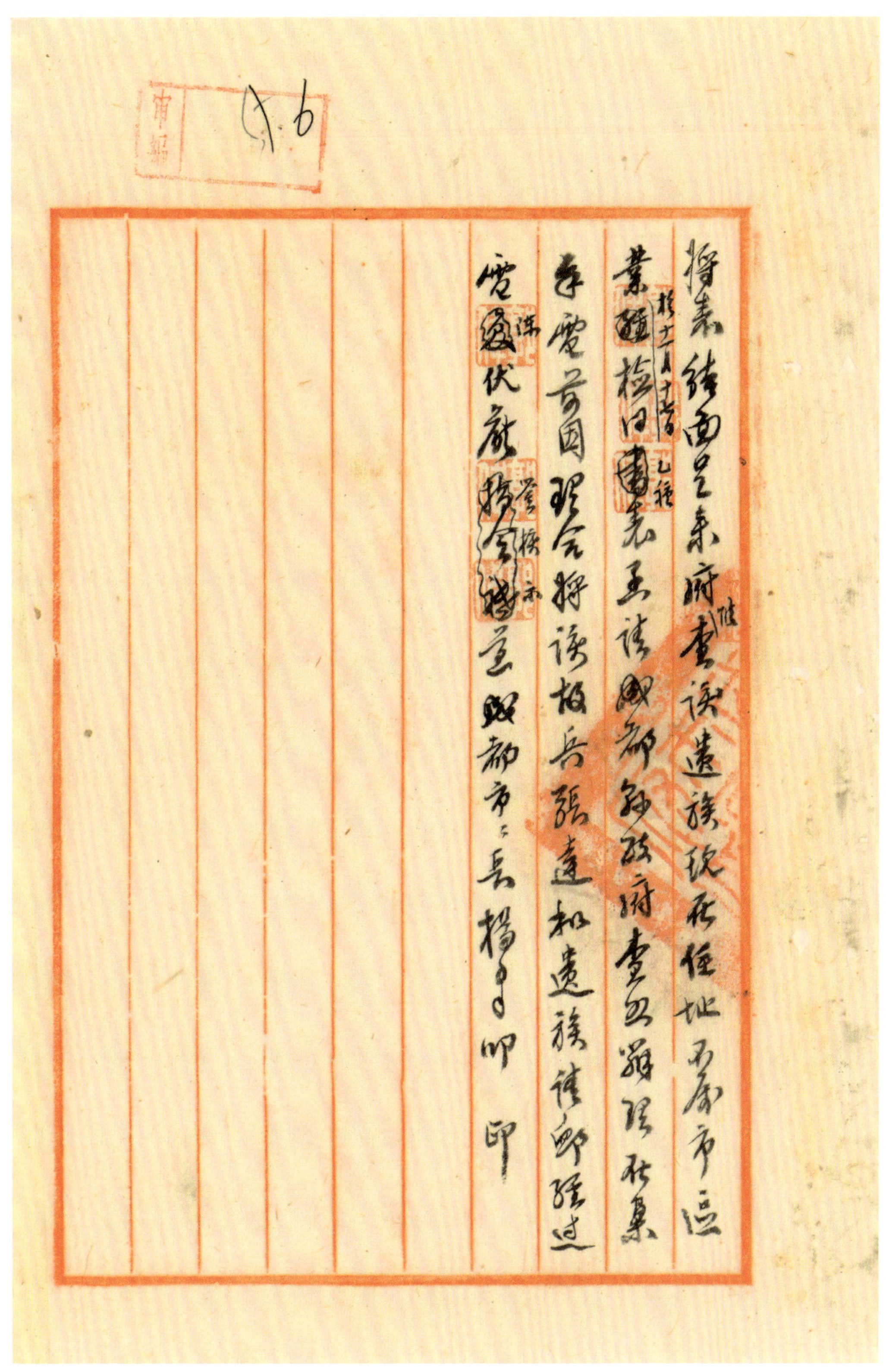

擬奉 鈞函呈東府飭查該遺族現在住址西康市區
業經於十一月十七日以乙種檢同書表函請國都市政府查照辦理移集
本處前因理合將該故兵張達和遺族住所經過
呈復伏祈鑒核示遵謹呈國都市市長楊 印 印

中華民國廿八年十二月　日

四川省政府关于调查故员兵张达和等人遗族住址致成都市政府的训令（一九四〇年五月二十一日）

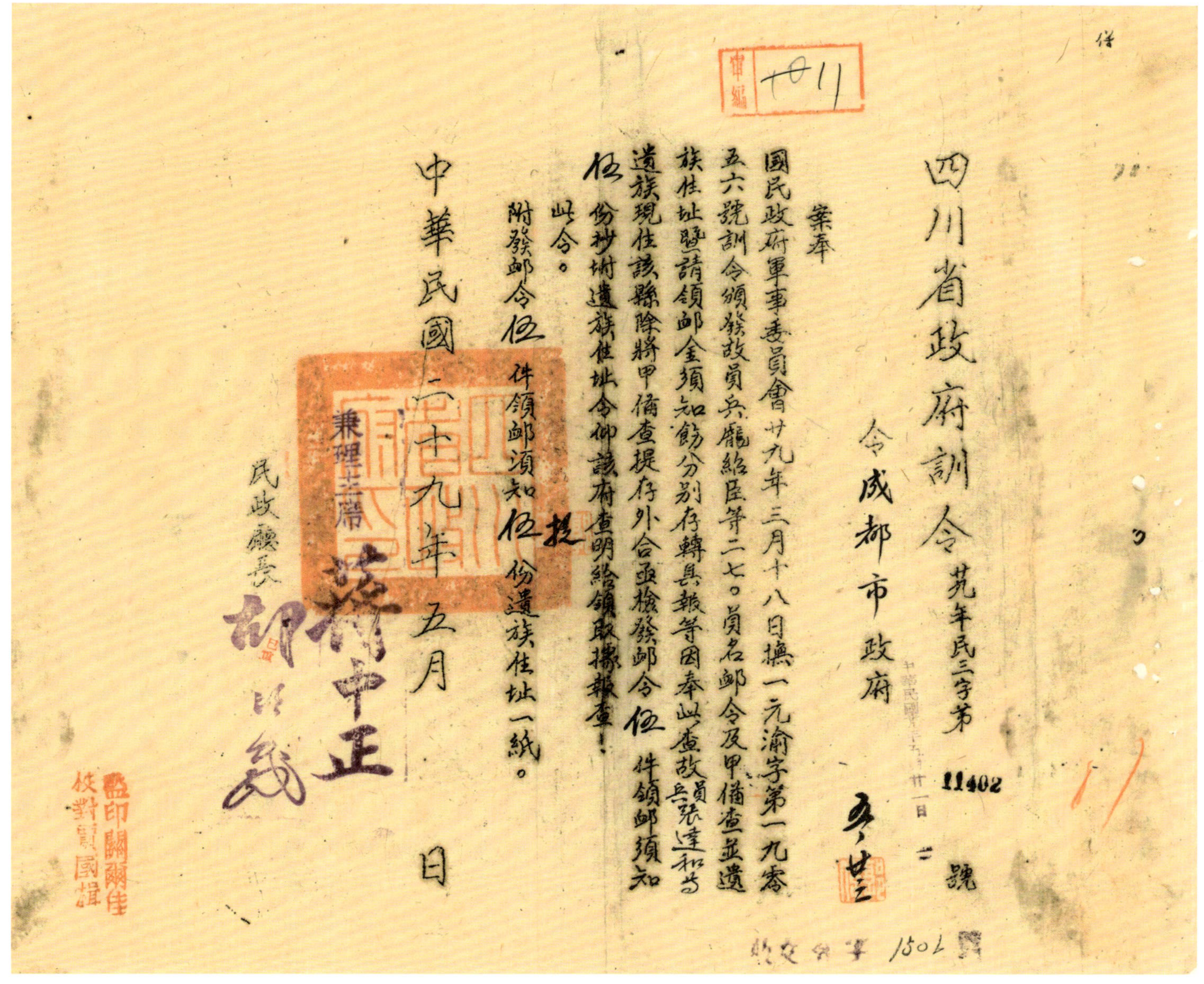

四川省政府訓令　廿九年民三字第 11402 號

令成都市政府

案奉

國民政府軍事委員會廿九年三月十八日撫一元渝字第一九零五六號訓令頒發故員兵龍紹臣等二七。員名郵令及甲備查並遺族住址騐請領郵金須知飭分別存轉具報等因奉此查故員兵張達和等遺族現住該縣除將甲備查提存外合亟檢發郵令伍件領郵須知伍份抄册遺族住址令仰該府查明給領取據報查！

此令。

附發郵令伍件領郵須知伍份遺族住址一紙。

中華民國二十九年五月　日

兼理主席　蔣中正

民政廳長　胡次威

附：遗族住址单

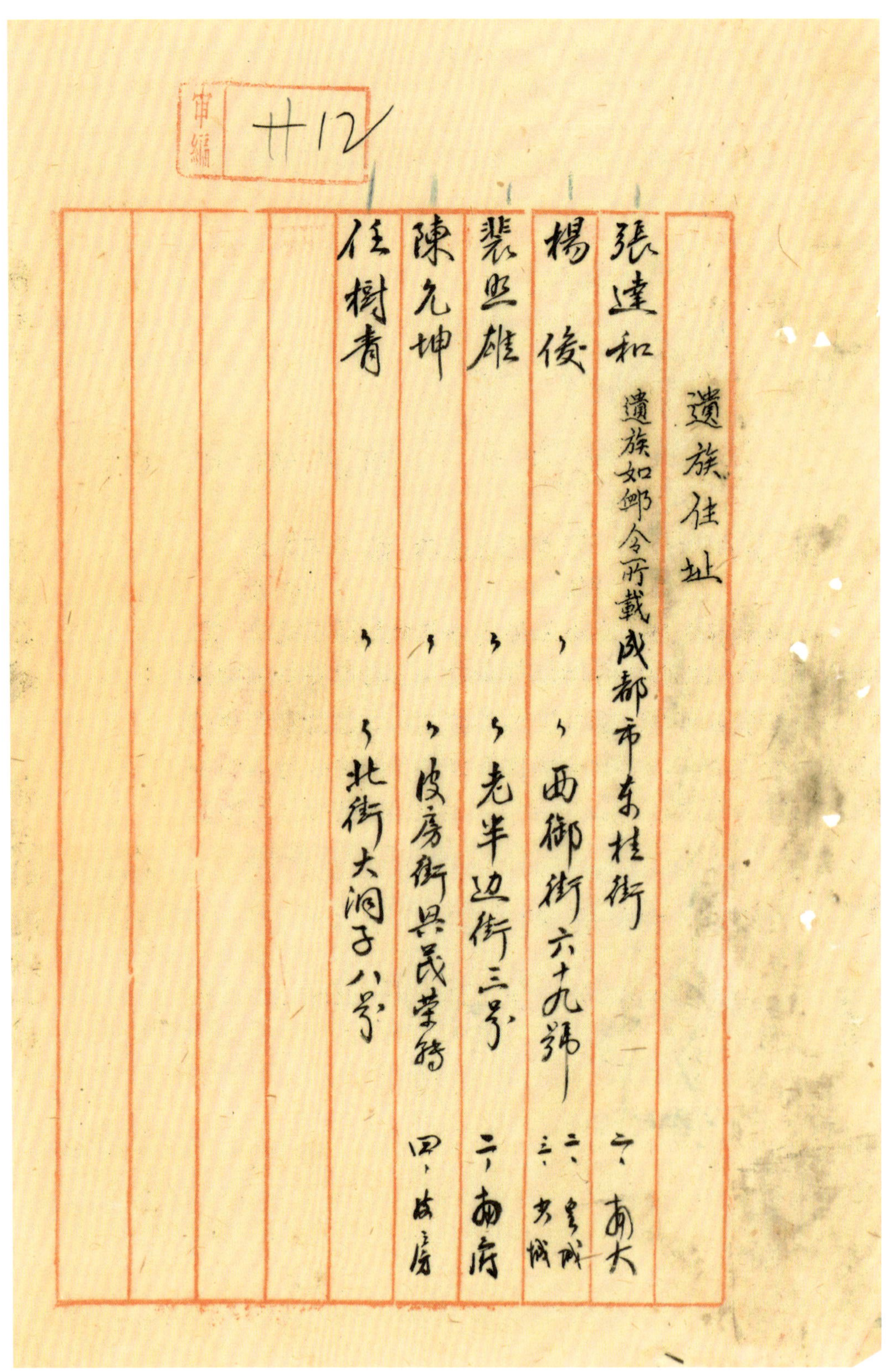

审编 廿12

遗族住址

張達和　遗族如鄉令所載成都市东桂街　六、南大

楊俊　〃〃西御街六十九號　二、皇城　三、东城

裴照雄　〃〃老半边街三号　二、南府

陳允坤　〃〃皮房街吳氏業務　四、皮房

任樹青　〃〃北街大洞子八号

成都市政府关于调查故兵陈允坤遗族住址致第四区皮房镇公所训令的存根（一九四〇年五月二十四日）

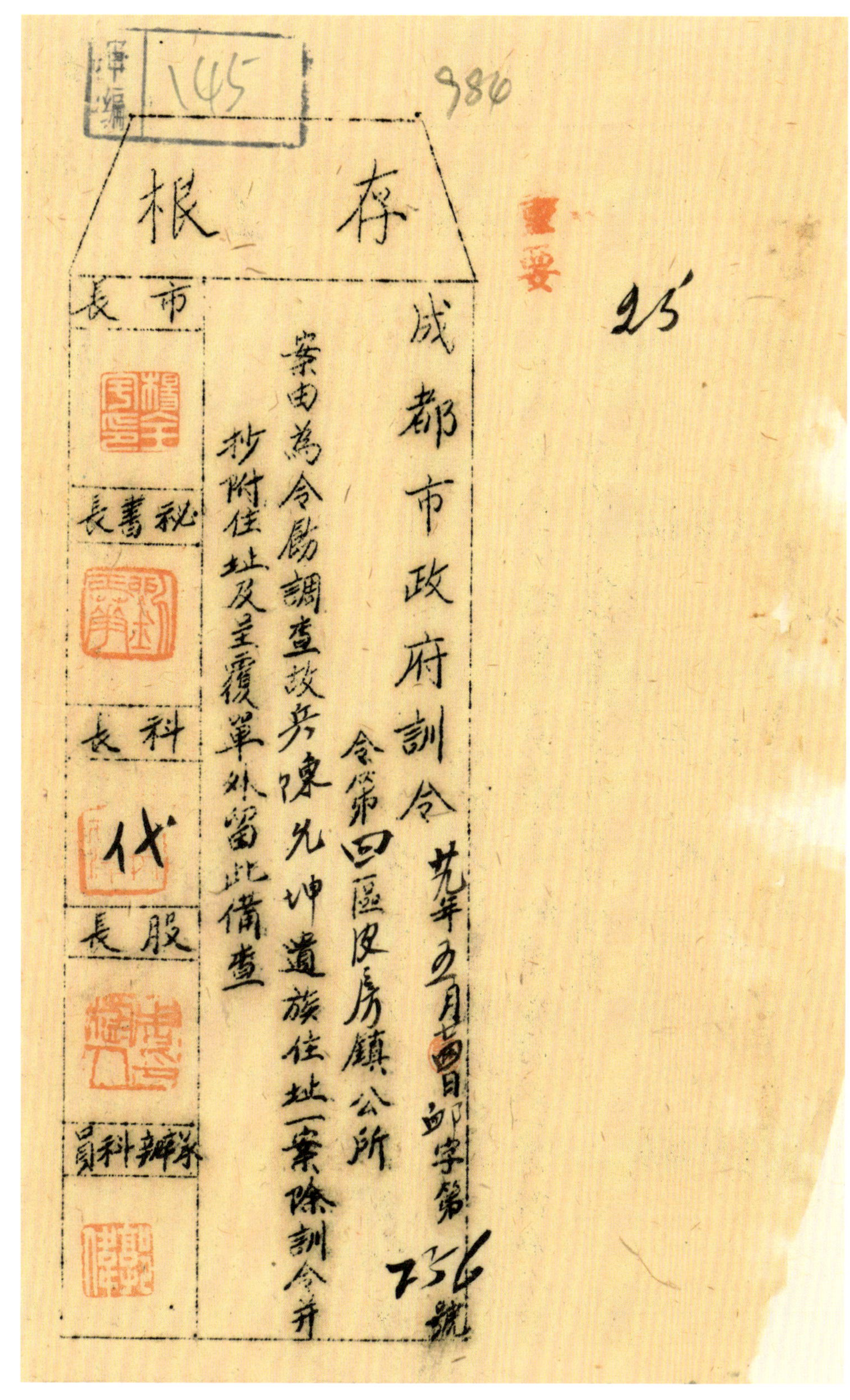

存根

成都市政府訓令 廿九年五月廿四日卯字第756號

令第四區皮房鎮公所

案由 為令飭調查故兵陳允坤遺族住址一案除訓令并抄附住址及呈覆單外留此備查

市長

秘書長

科長 代

股長

承辦科員

重要

成都市政府关于调查故员张达和遗族住址致第二区南大镇公所训令的存根（一九四〇年五月二十四日）

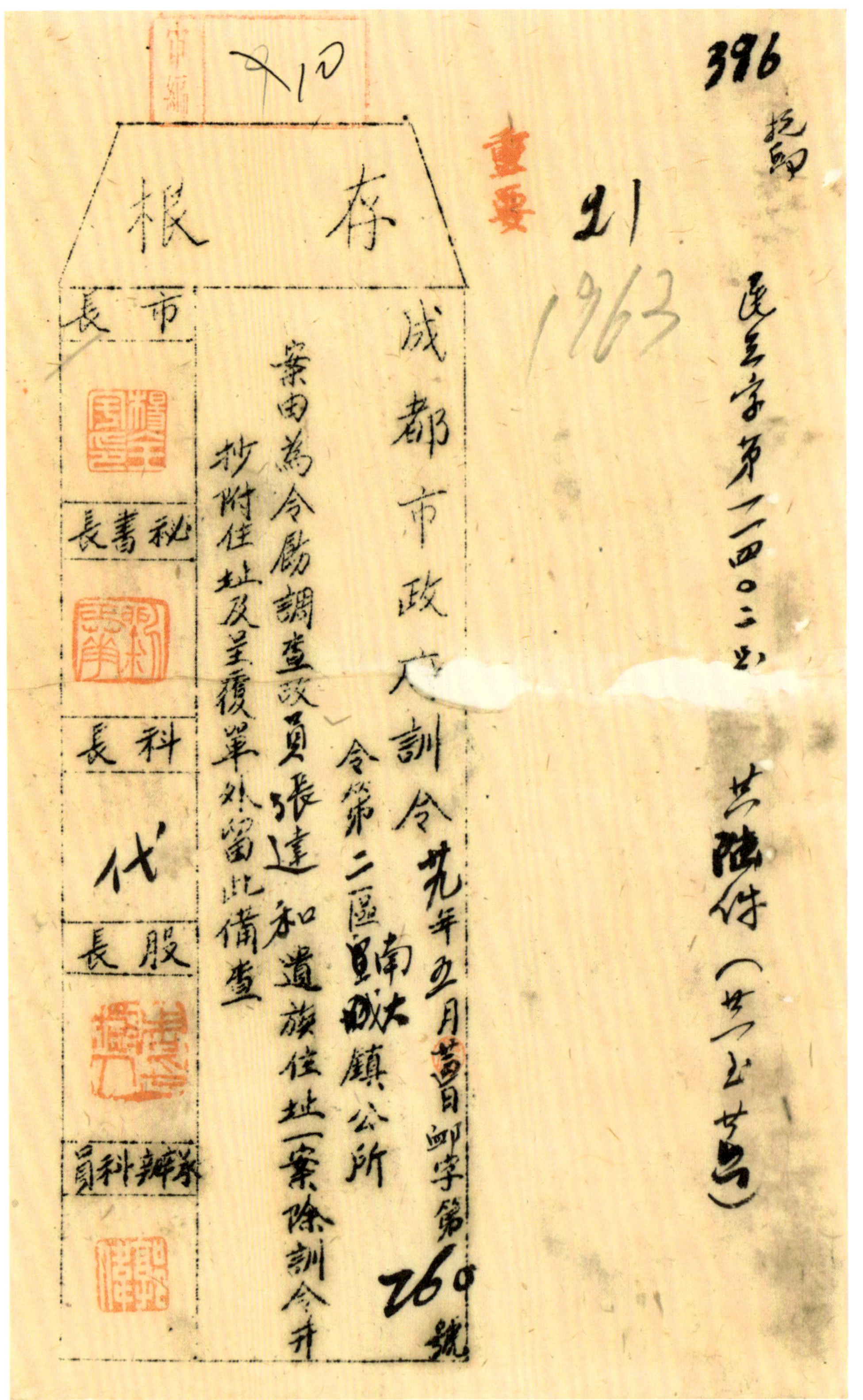

存根

成都市政府训令 廿九年五月廿四日 字第260號

令第二區南大鎮公所

案由為令飭調查故員張達和遺族住址一案除訓令并抄附住址及呈覆單外留此備查

民三字第一一四〇二五 共陆件（廿九.五.廿四）

市長

秘書長

科長 代

股長

辦稿科員

第四区皮房镇镇公所关于转知故兵陈允坤家属到府办理领恤手续致兴茂荣的函（一九四〇年六月十日）

查本縣抗敵軍人陳允坤之家屬陳祖太係住皮房街興茂榮，通知該家屬剋限日內到府辦理領恤手續。特達，即希查照，務須轉知該兵家屬前來具辦領恤手續，是為至荷。

此致

興茂榮 查照

成都市第四區皮房鎮鎮公所

六、十日

第四区皮房镇公所关于调查故兵陈允坤遗族住址致成都市政府的呈复单（一九四〇年六月十一日）

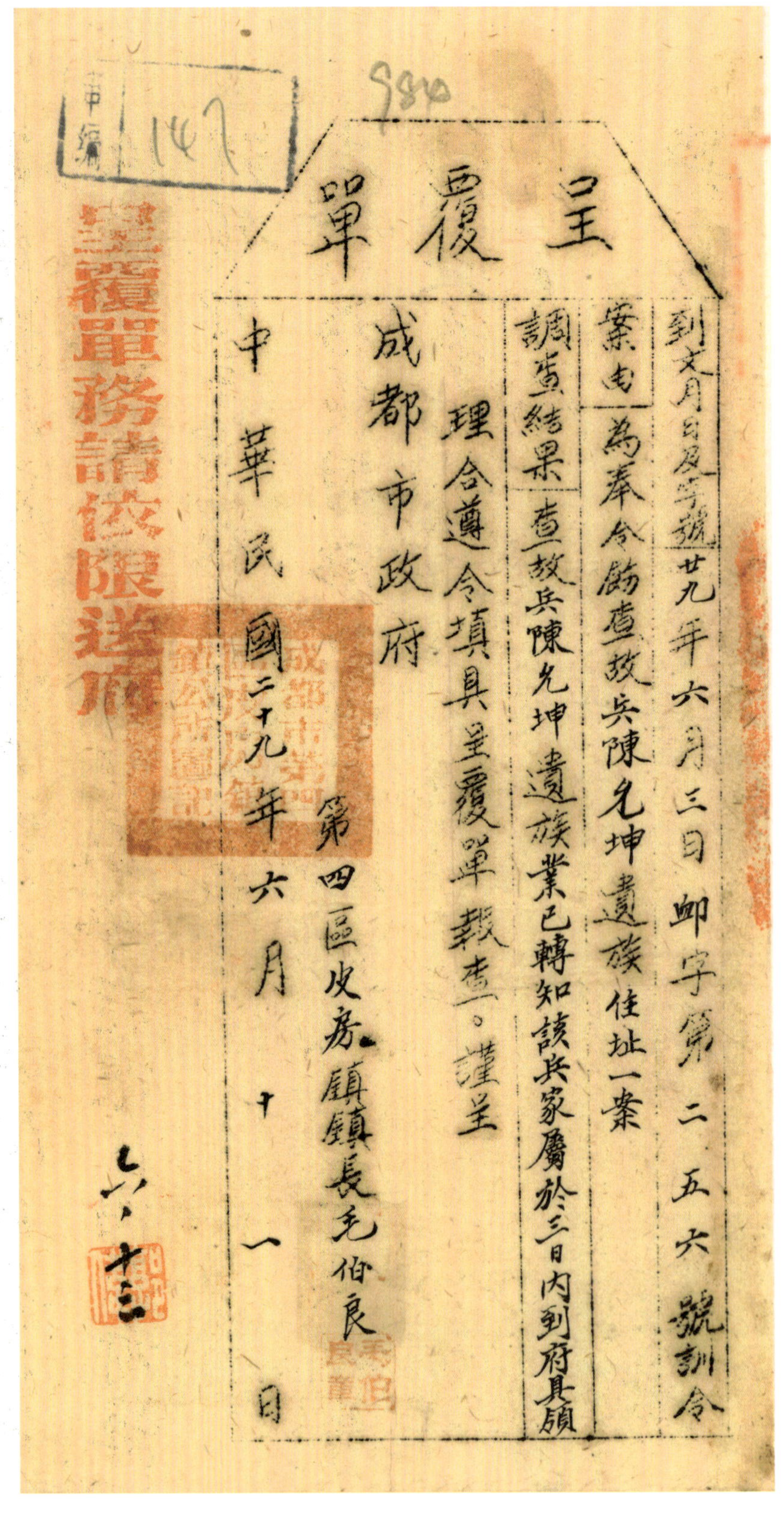

呈覆單

到文月日及字號　廿九年六月三日卹字第二五六號訓令

案由　為奉令飭查故兵陳允坤遺族住址一案

調查結果　查故兵陳允坤遺族業已轉知該兵家屬於三日內到府具領

理合遵令填具呈覆單報查。謹呈

成都市政府

第四區皮房鎮鎮長毛伯良

中華民國二十九年六月十一日

呈覆單務請依限送府

成都市政府关于通知故兵陈允坤遗族承领恤令的存根（一九四〇年六月十三日）

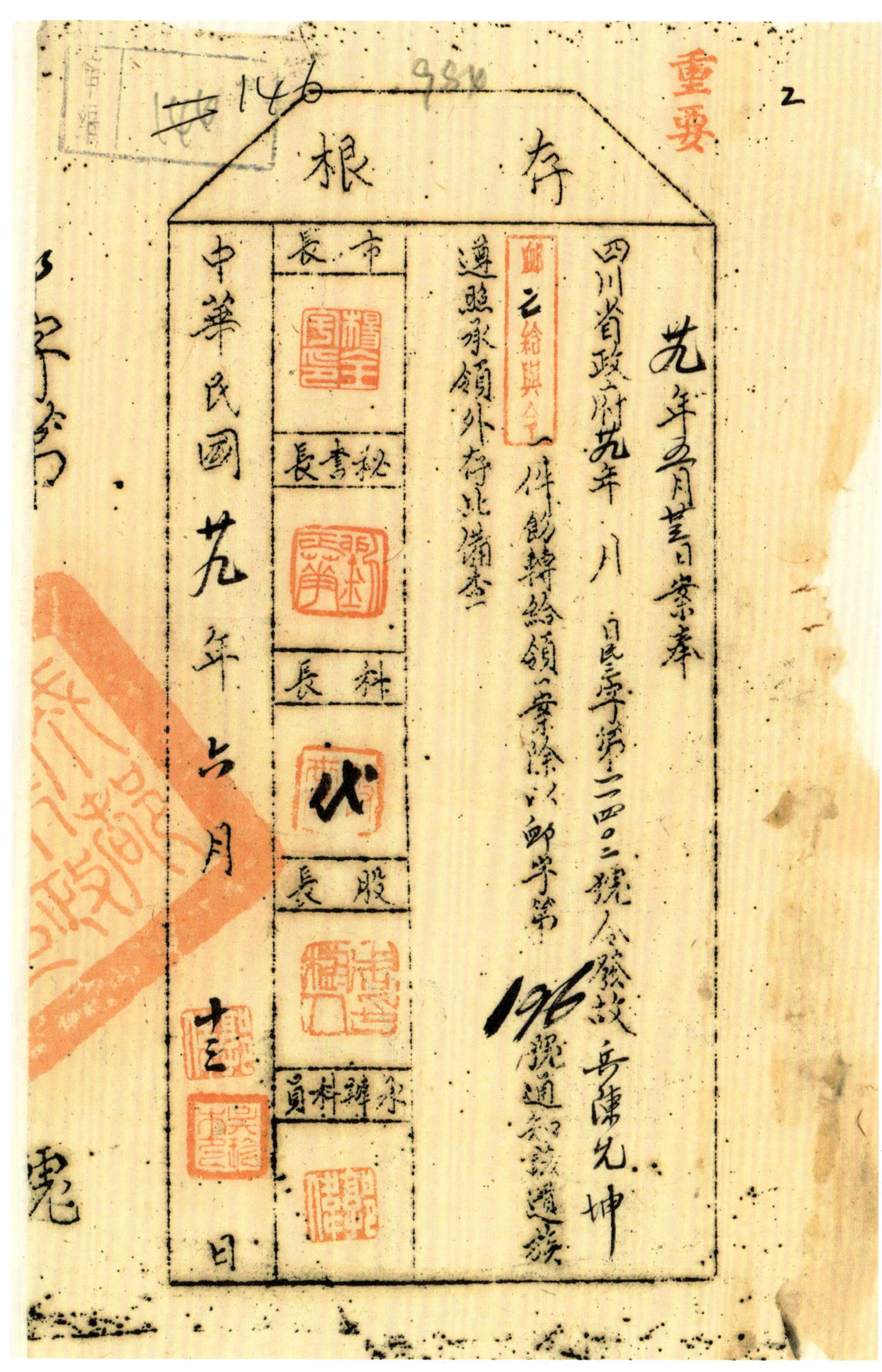

重要

存根

廿九年五月廿三日案奉

四川省政府廿九年 月 日民三字第一二四二号令发故兵陈允坤遗族

邮已给与

恤令一件，饬转给领，业经以邮字第196号通知该遗族遵照承领外，存此备查。

市长

秘书长

科长

股长

承办科员

中华民国廿九年六月十三日

成都市政府关于通知故兵陈允坤遗族承领恤令的存根（一九四〇年六月十七日）

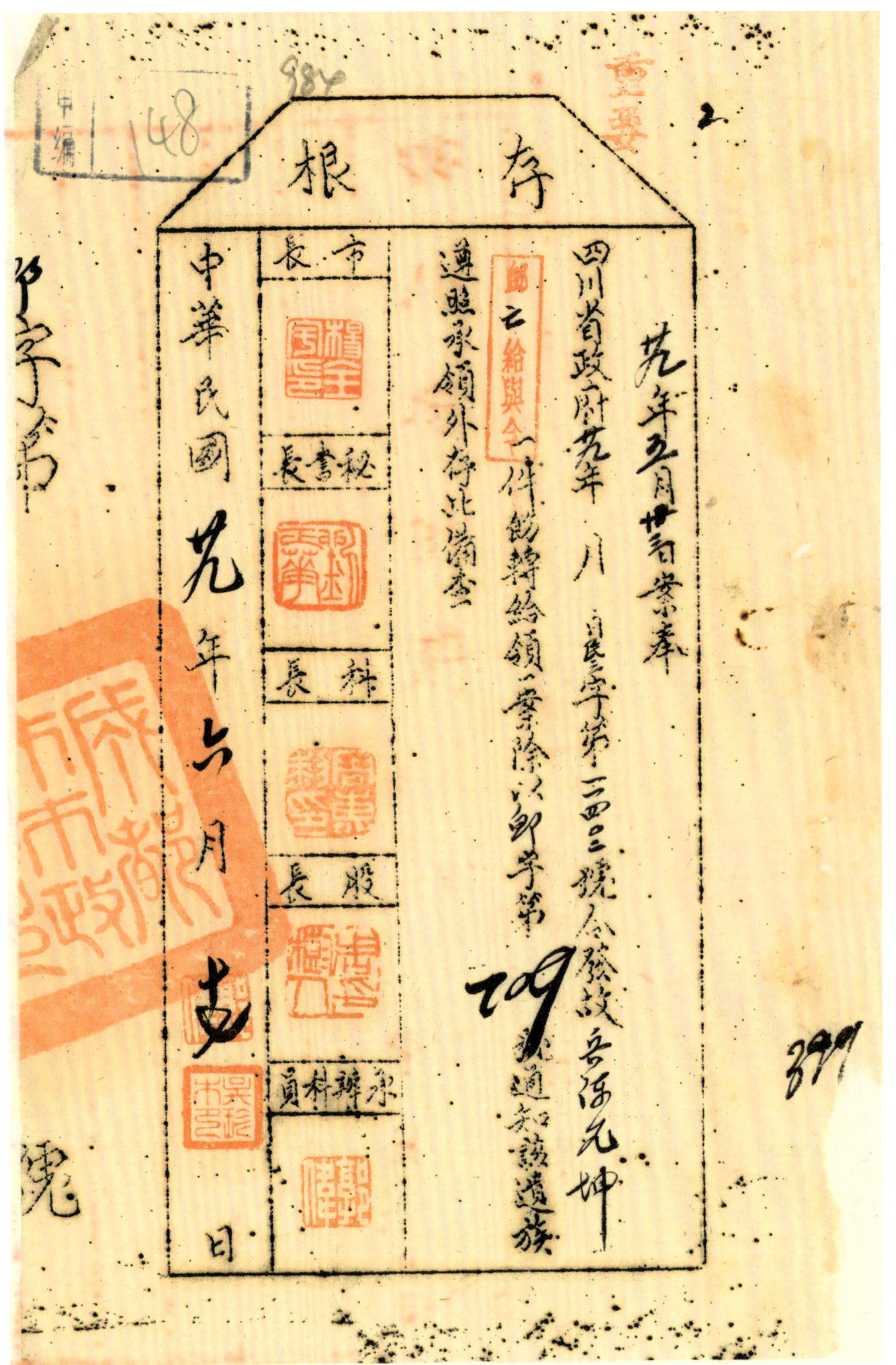

存根

廿九年五月廿八日案奉

四川省政府廿九年　月　日民三字第一四〇二號令發故兵陳允坤

卹亡給與令一件飭轉給領一案除以卹字第709號通知該遺族

遵照承領外存此備查

市長

秘書長

科長

股長

承辦科員

中華民國廿九年六月十七日

成都市第四区皮房镇公所关于转呈故兵陈允坤家属陈福泰移住地址致成都市政府的呈（一九四〇年六月二十三日）

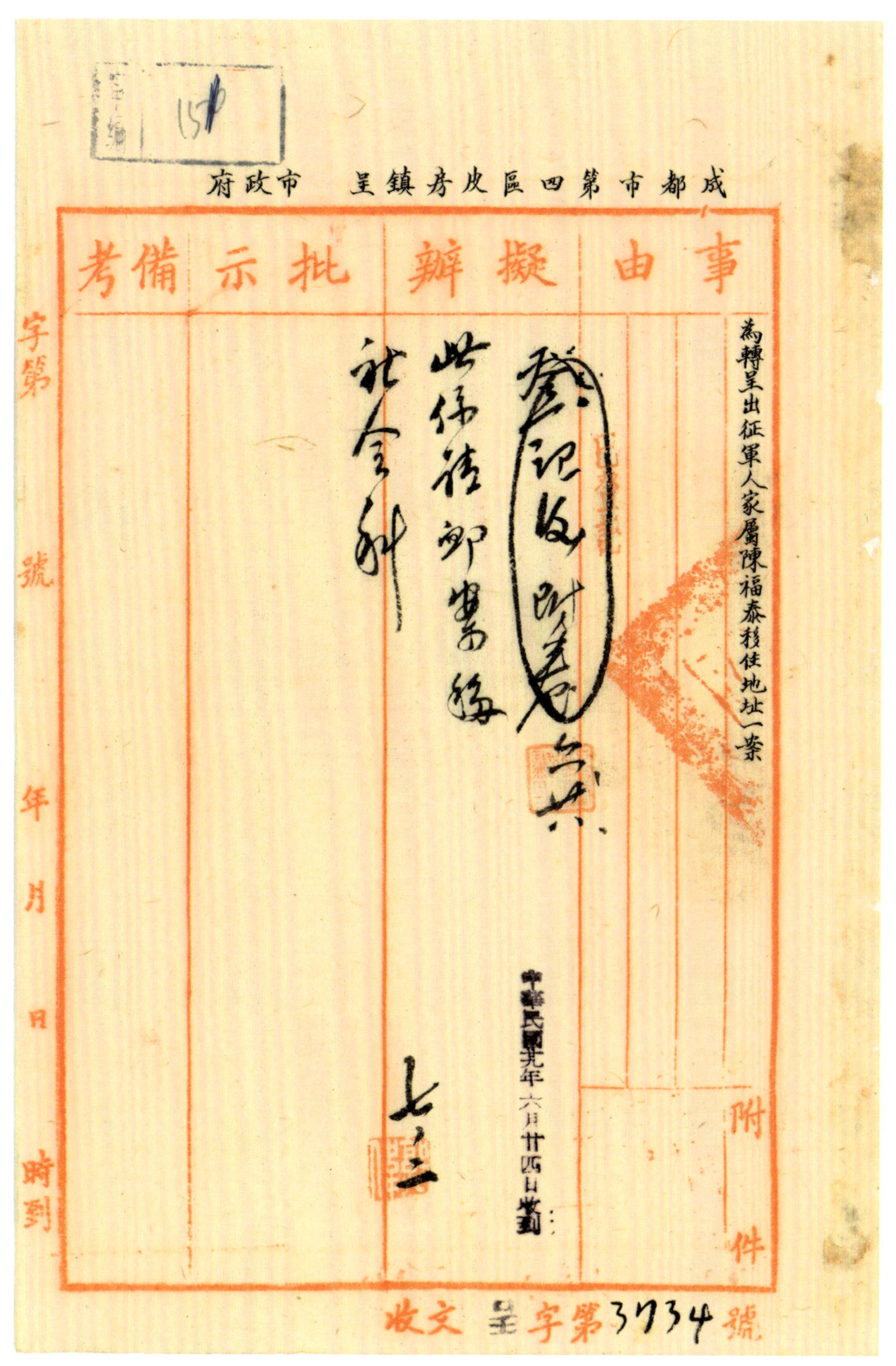
成都市第四區皮房鎮呈

市政府

事由	擬辦	批示	備考
為轉呈出征軍人家屬陳福泰移住地址一案			

附件

中華民國廿九年六月廿四日收到

收文呈字第3734號

二十九年六月二十二日案據出征軍人家屬陳福泰報稱呈為奉諭具報移住地点懇請轉呈事竊民陳福泰年八十歲籍貫成都現住綿陽縣新街六十七號居住因前年民子先坤出川抗戰殺敵陣亡茲於本月八日奉到鈞所轉奉市府令飭前來具辦領卹手續民接悉後由綿來省前往市府詢問登由科員面諭務速報請鎮公所將移住綿陽地点轉報來府以便撥交綿陽縣府辦理為此具情呈請鈞所將民移住綿陽新街六十七號居住地点俯予轉呈實沾德便此呈

等情前來查該陳福泰移住地点經職復查該原有通信處與茲案尚稱屬實理合將該家屬陳福泰移住綿陽新街六十七號具文呈請

鈞府鑒核備查示遵

謹呈

市長楊

第四區皮房鎮鎮長毛伯良
副鎮長唐浩勛

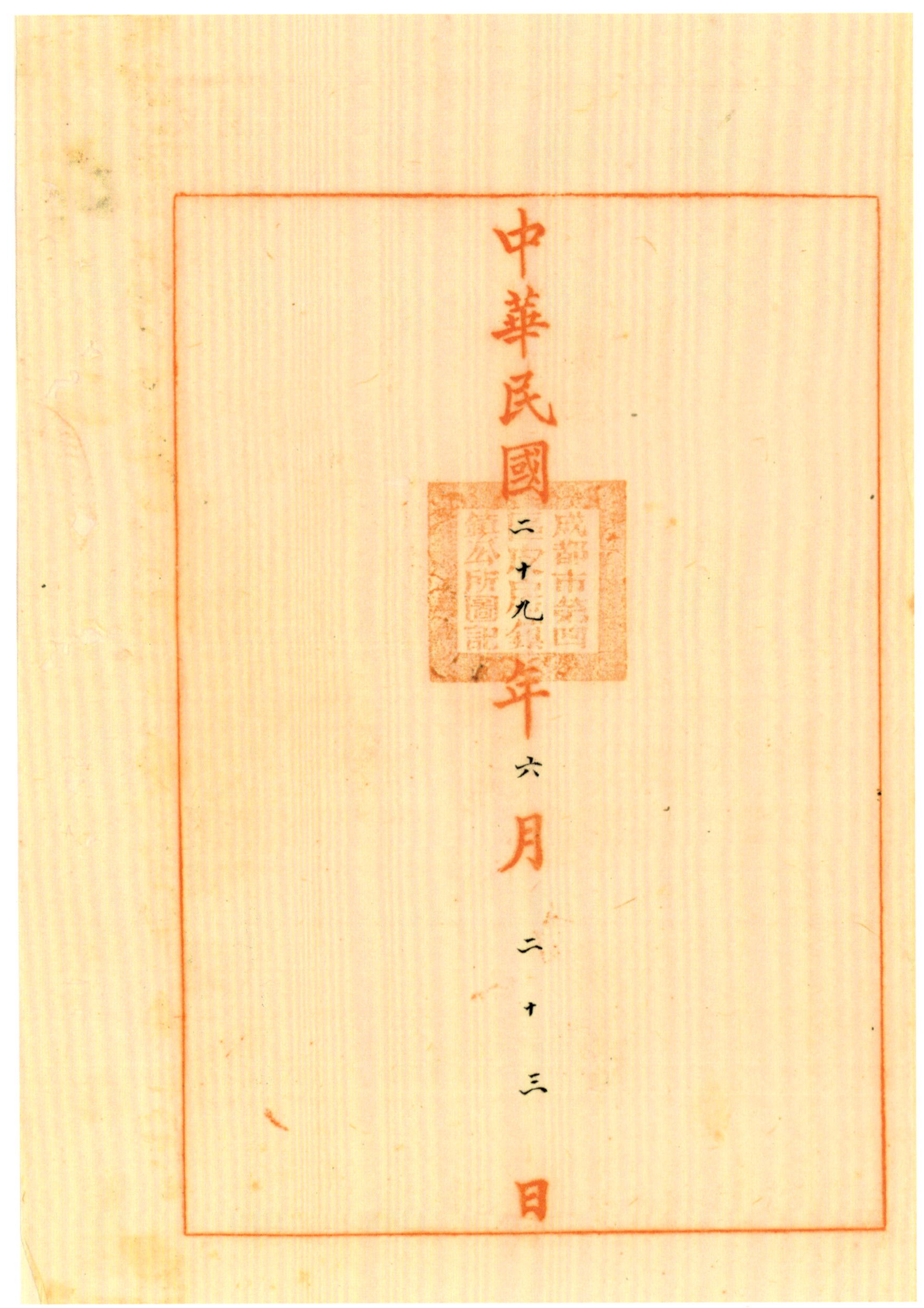
中華民國二十九年六月二十三日

成都市第四區□□鎮公所圖記

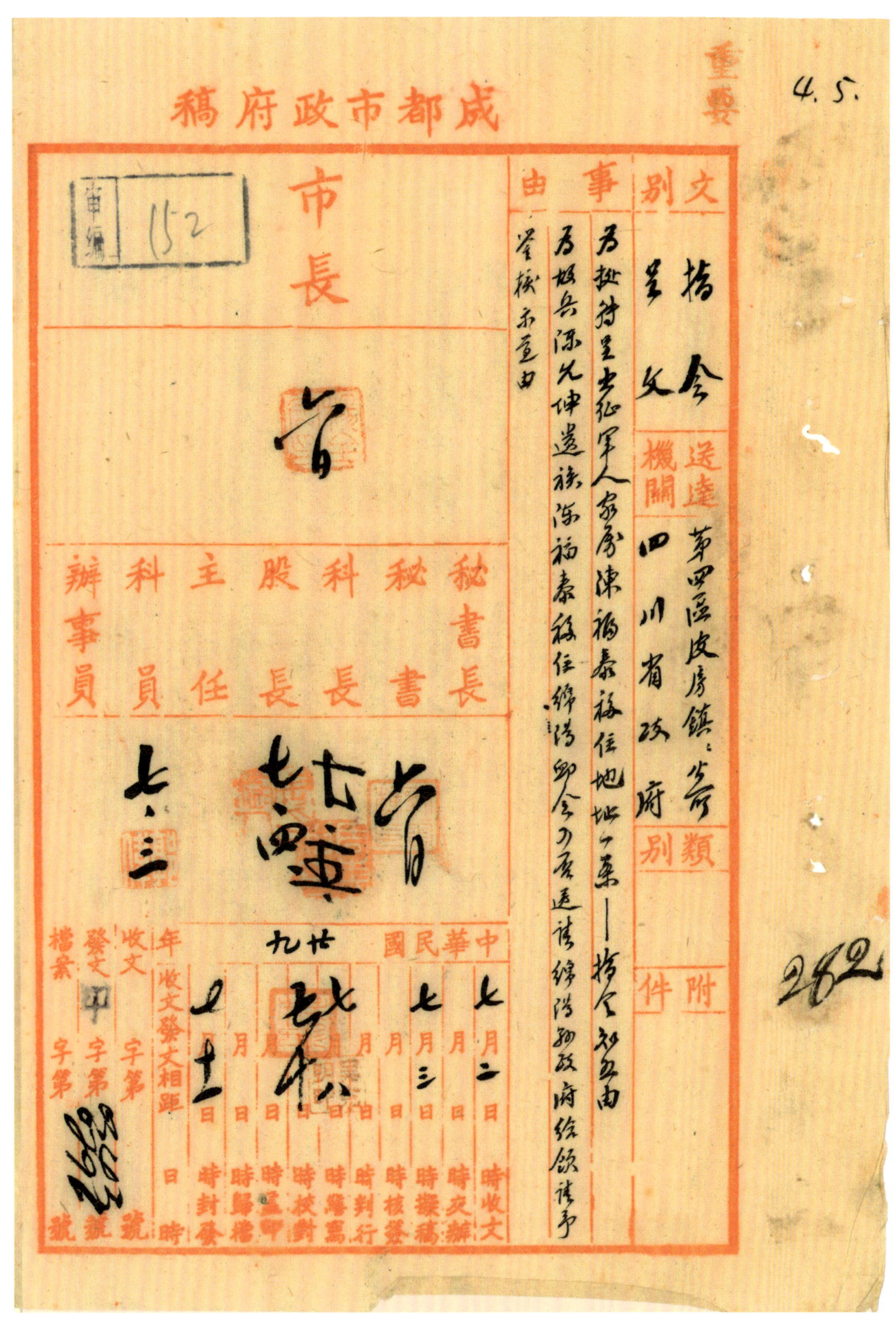

成都市政府稿

重要　4.5.

文别	指令 / 呈文
送達機關	第四區皮房鎮鎮公所 / 四川省政府
類别	
附件	
事由	為據呈出征軍人家屬陳福泰移住地址一案——指令知照由 為故兵陳允坤遺族陳福泰移住綿陽卹金乃應逕請綿陽縣政府給領請予呈核示遵由

市長　　審編 152

秘書長　秘書　科長　股長　主任　科員　辦事員

中華民國　七月二日時收文　七月　日時交辦　七月三日時擬稿　月　日時核簽　月　日時判行　月　日時繕寫　月　日時校對　月　日時蓋印　月　日時歸檔　月十一日時封發

年　收文發文相距　日　時

收文　字第　號　發文　字第　號　檔案　字第　號

成都市政府关于故兵陈允坤家属陈福泰移住地址致第四区皮房镇镇公所的指令及致四川省政府的呈文（一九四〇年七月十一日）

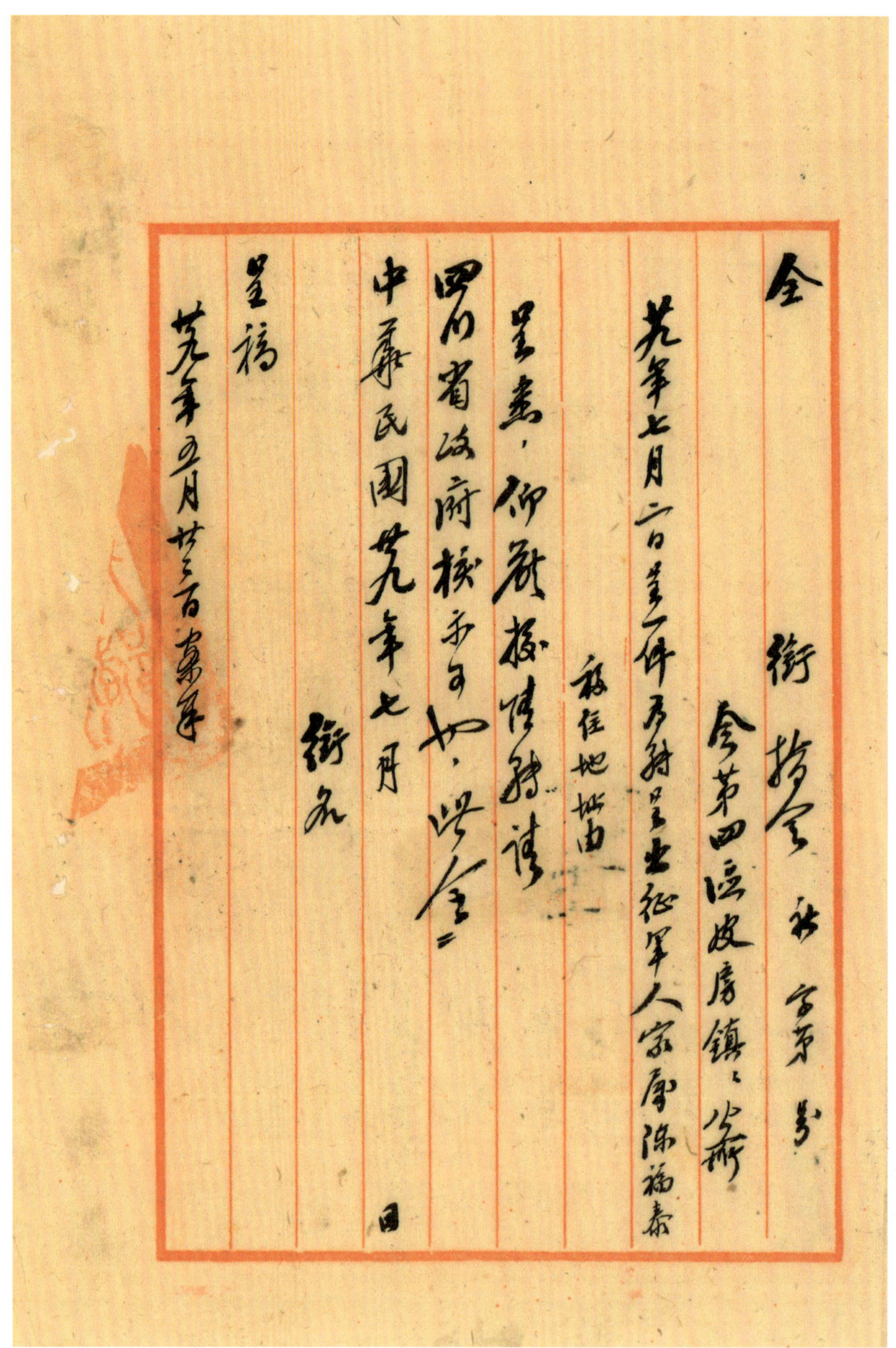

令

衔 检 令　秘字第　号

令第四区坡唐镇镇公所

廿九年七月二日呈一件为转呈出征军人家属陈福泰寄住地址由

呈悉，仰候据情转请四川省政府核示可也。此令。

中华民国廿九年七月　日

衔名

呈稿

廿九年七月廿三日 某拟

鈞府四年民三字第一一四零二號訓令，附發故員兵張達私等五員名郵金五件、請領郵金須知五份，飭轉給承領，取據指查，等因；奉此，並即分別派員調查，以便給領。旋據故兵陳允坤遺族陳福泰呈已移住綿陽，並據本市文廟鎮公所呈轉據該遺族呈報移住地點，函請轉報稱：「查故兵陳允坤遺族陳福泰原填通信處係文廟街吳義榮轉，但呈已移住綿陽縣新街六十七號」，等語。查核尚屬實情，除指令外，查該遺族既已移住綿陽，則故兵陳允坤郵金，可否發還綿陽

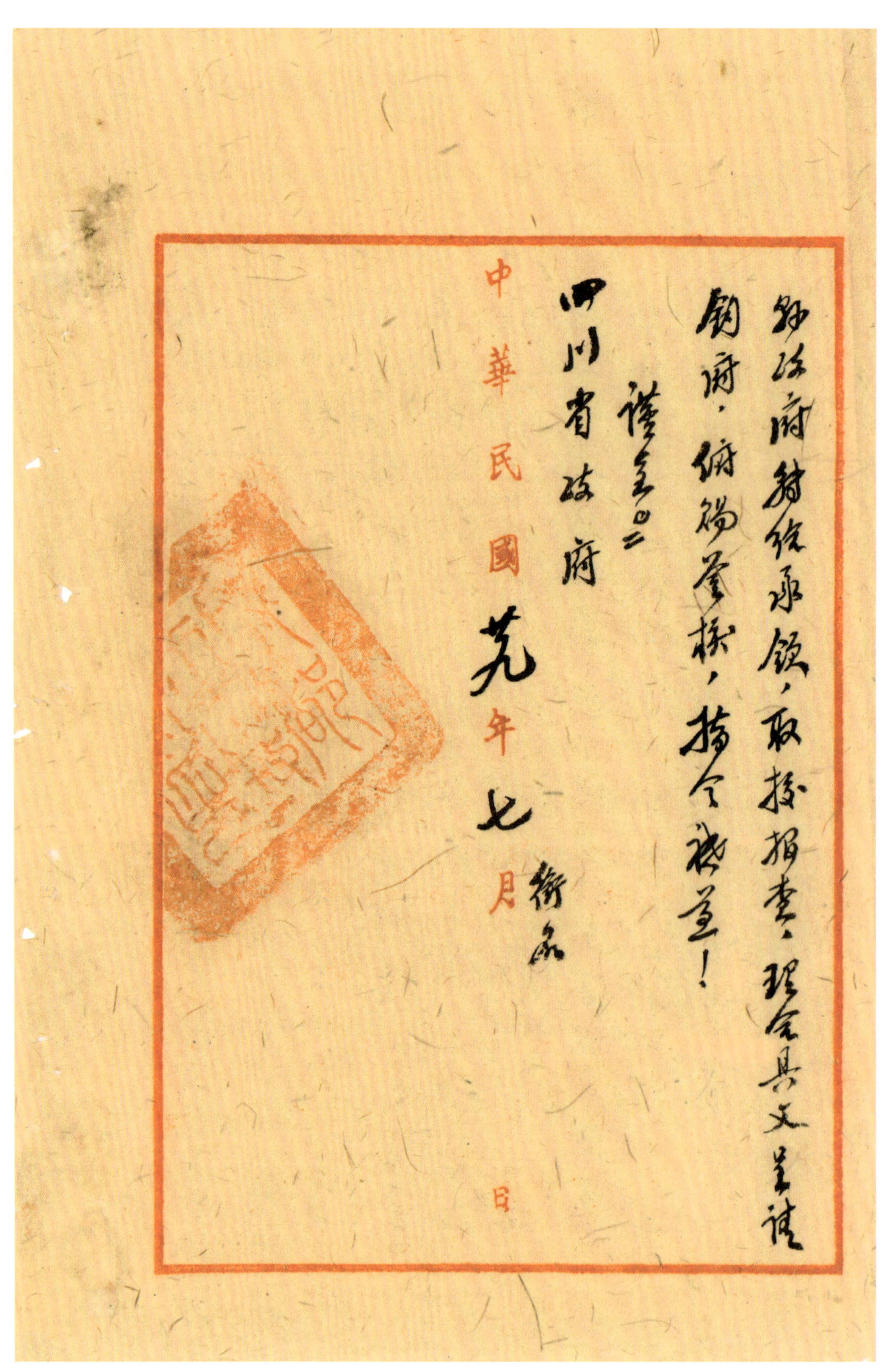

縣政府轉給承領，取據報查，理合具文呈請

鈞府，俯賜鑒核，指令祗遵！

謹呈

四川省政府

中華民國廿九年七月 日

銜名

四川省政府关于故兵陈允坤遗族陈福泰移住绵阳其领恤事宜移送绵阳县政府致成都市政府的指令
（一九四〇年七月二十三日）

四川省政府指令　民三

令成都市政府

二十九年七月十四日呈一件，为故兵陈允坤遗族陈福泰移住绵阳，卹令可否移送，祈核示由。

呈悉。仰即检案移送绵阳县政府查明给领可也。

此令。

兼理主席　蒋中正

民政厅长　胡次威

18017

成都市政府关于检送故兵陈允坤恤令、请领恤金须知及遗族住址单等并请查照办理致绵阳县政府的公函（一九四〇年八月十四日）

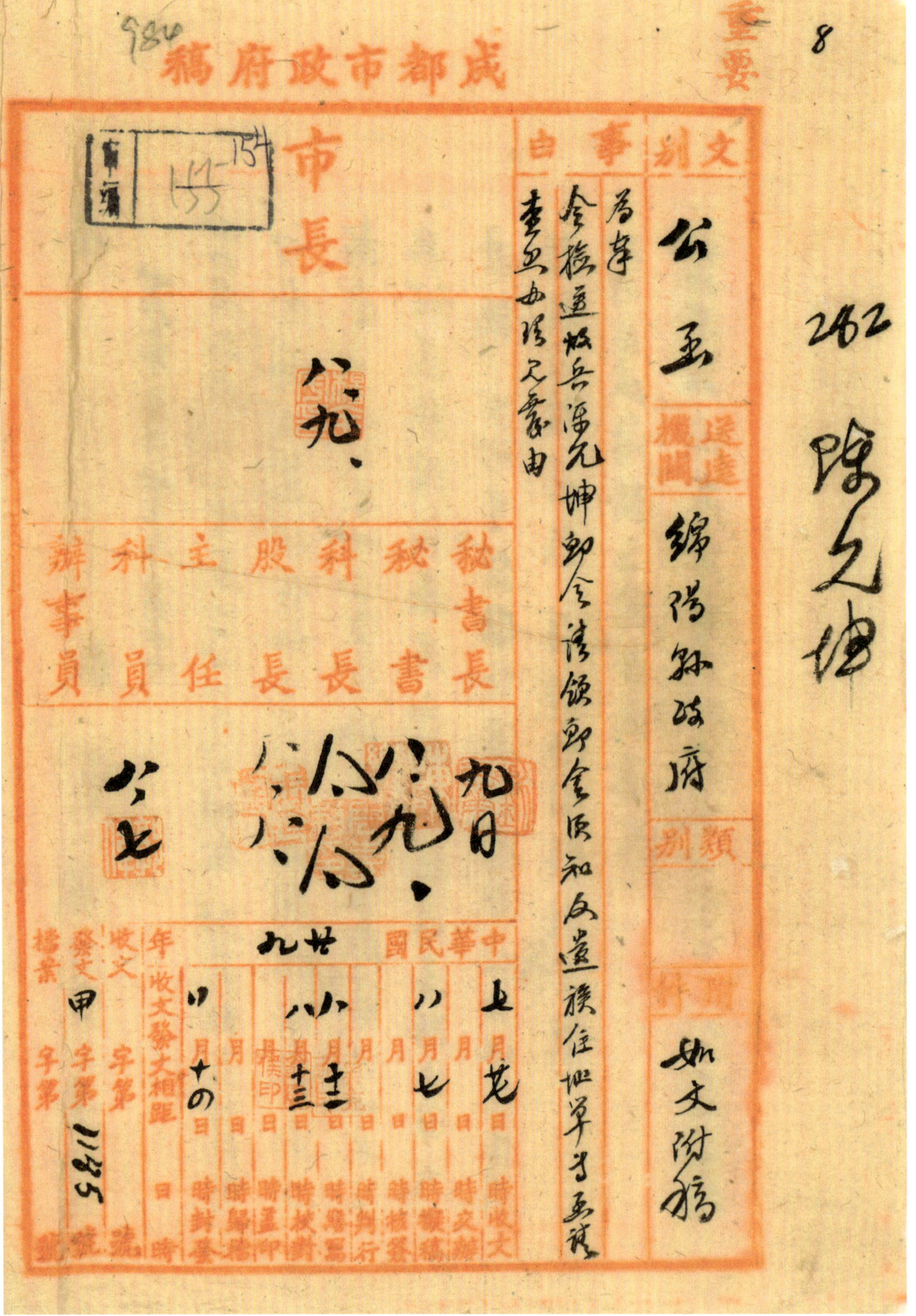

成都市政府稿

重要

文别	公函
事由	为奉令检送故兵陈允坤恤令、请领恤金须知及遗族住址单等函达查照见复由
送达机关	绵阳县政府
类别	
附件	如文附稿

市長

秘書長　秘書　科長　股長　主任　科員　辦事員

中華民國廿九年

陳允坤

仝　衔　笺　　秋字第　号

廿年五月廿三日案奉

四川省政府（廿年四月）民三字第一一四二号训令，以故兵陈元坤

所请令饬（注饬卸金须知）及遗族住址单一纸，饬转[illegible]取据

报查，等因；奉此，当即派员[illegible]该故兵陈

元坤遗族陈福泰早已移住绵阳，并据其市长

房镇之[illegible]该遗族[illegible]移住地点

无据[illegible]前来。[illegible]据情[illegible]

四川省政府核示[illegible]鉴核。

四川省政府廿年七月廿三日民三字第一八〇一七号指

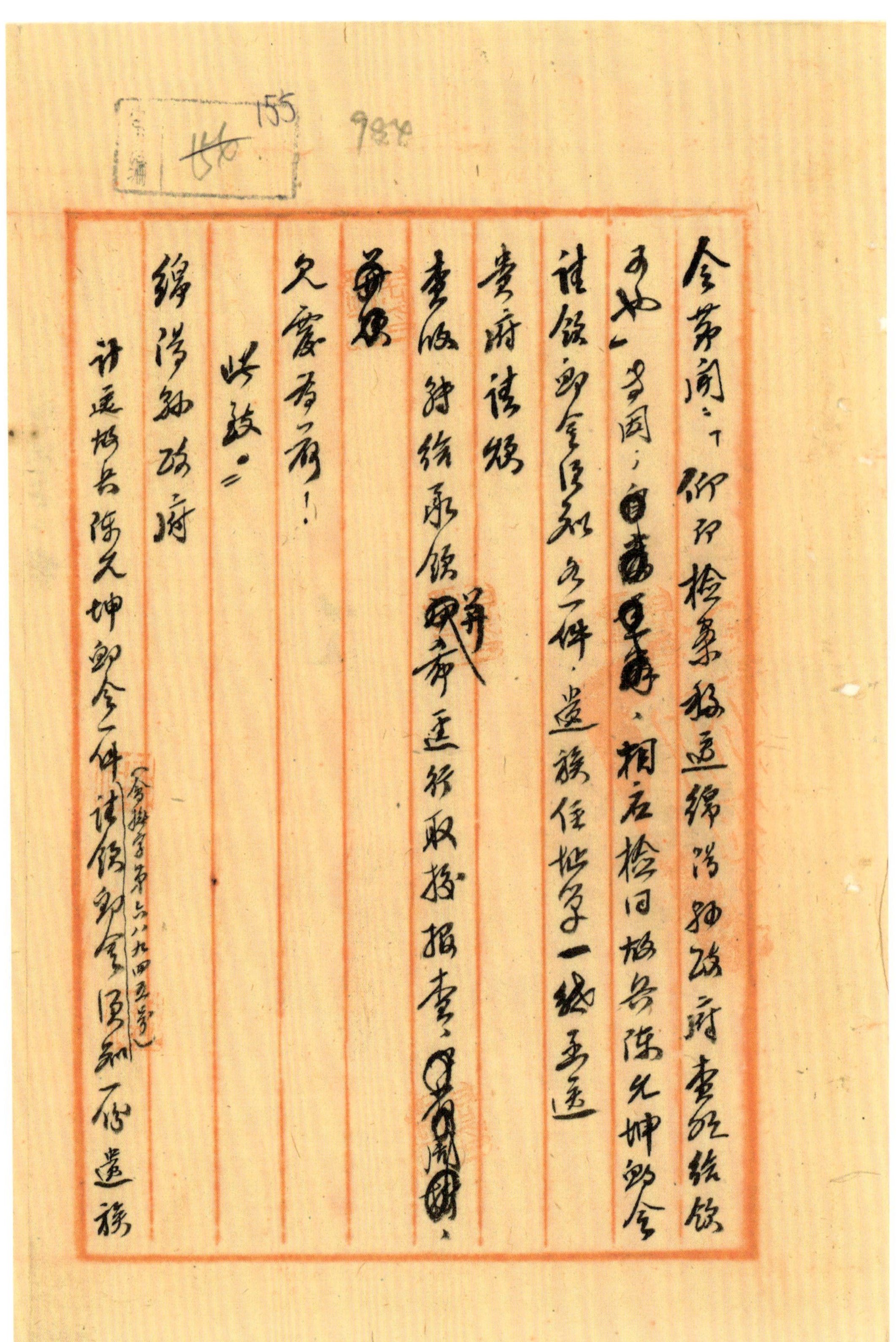

令第閒二十，仰即檢案移送綿陽縣政府查明給領

等由。准此，自應照辦。相應檢同故兵陳先坤卹令

請領卹金證明書各一件、遺族住址單一紙函送

貴府請煩

查收，轉給承領，並希將遺族取據報查，以憑彙辦

並案

見覆為荷！

此致

綿陽縣政府

計送故兵陳先坤卹令一件（參撫字第六八九四五號）、請領卹金證明書各一件、遺族

任地字一线
衔名
中华民国廿九年八月　日

绵阳县政府关于收到故兵陈允坤恤令、遗族住址单等致成都市政府的公函（一九四〇年八月二十一日）

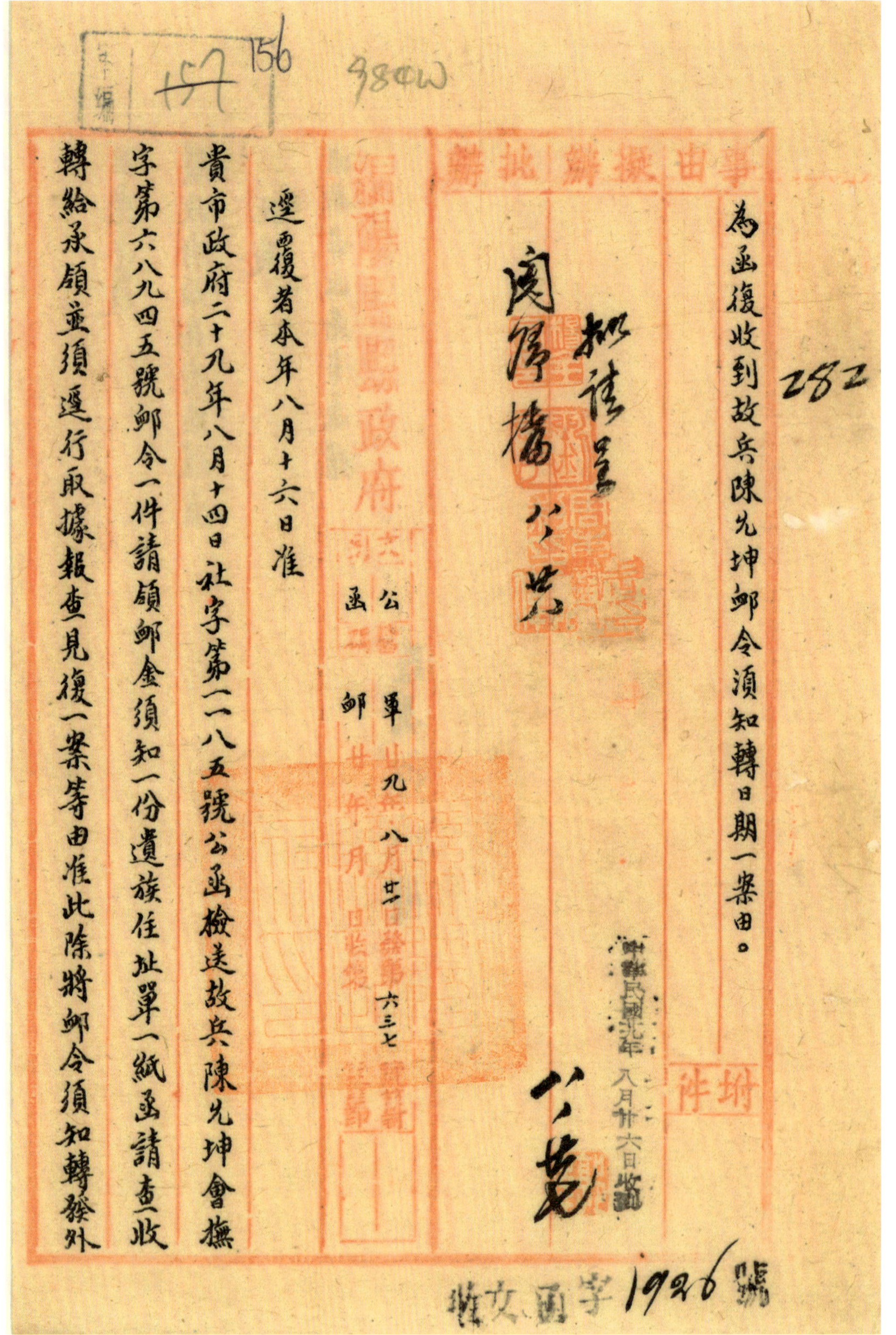

事由：為函復收到故兵陳允坤卹令須知轉日期一案由。

擬辦：

批辦：

綿陽縣政府公函 單 九 八月廿一日發第六三七號

逕覆者本年八月十六日准

貴市政府二十九年八月十四日社字第一一八五號公函檢送故兵陳允坤會撫字第六八九四五號卹令一件請領卹金須知一份遺族住址單一紙函請查收轉給承領並須逕行取據報查見復一案等由准此除將卹令須知轉發外

收文 函 字 1926 號

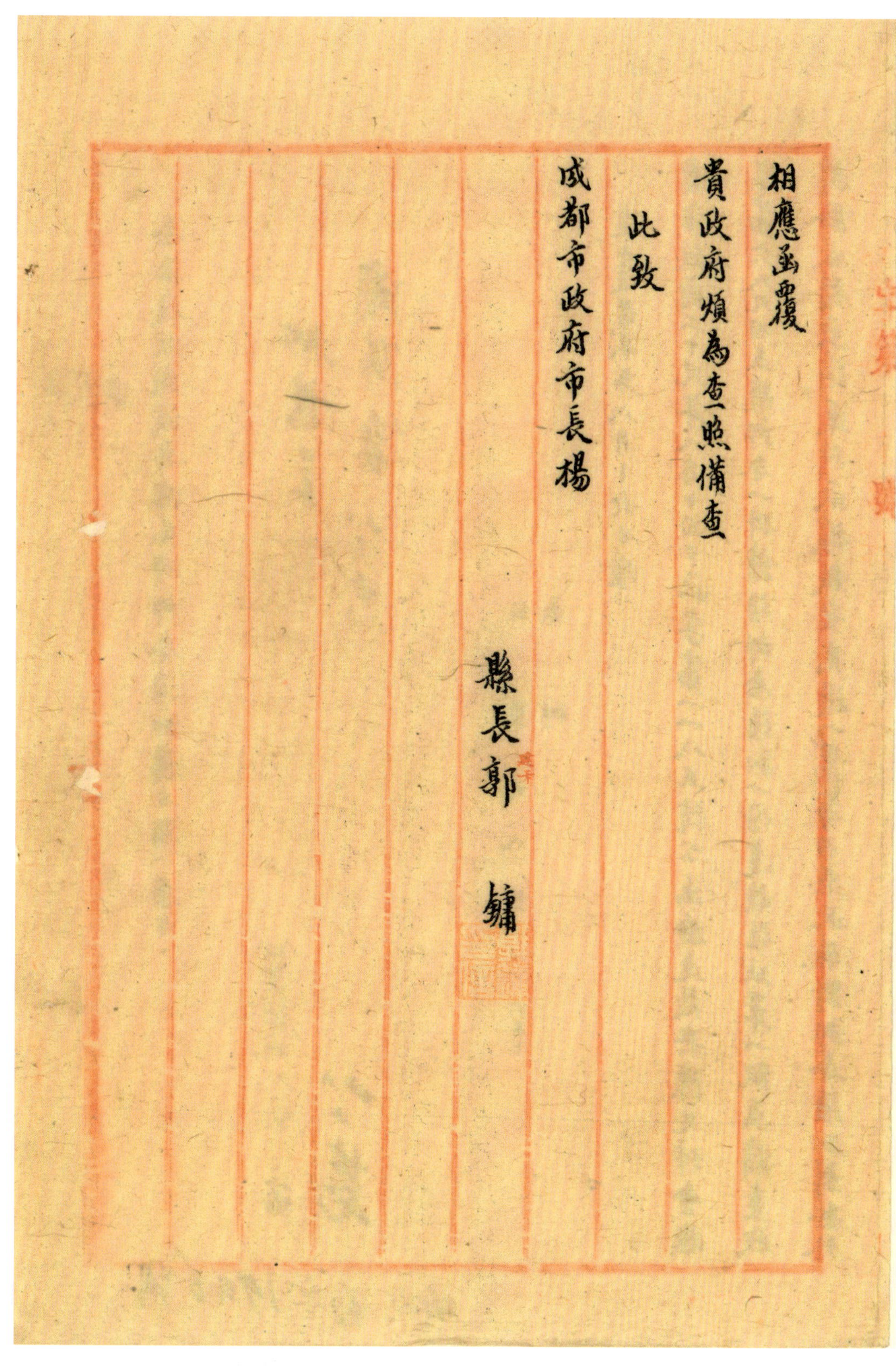

相應函覆

貴政府煩爲查照備查

此致

成都市政府市長楊

縣長郭　鏞

四川省政府关于办理故员张达和第一次恤金手续致成都市政府的训令（一九四〇年十月三日）

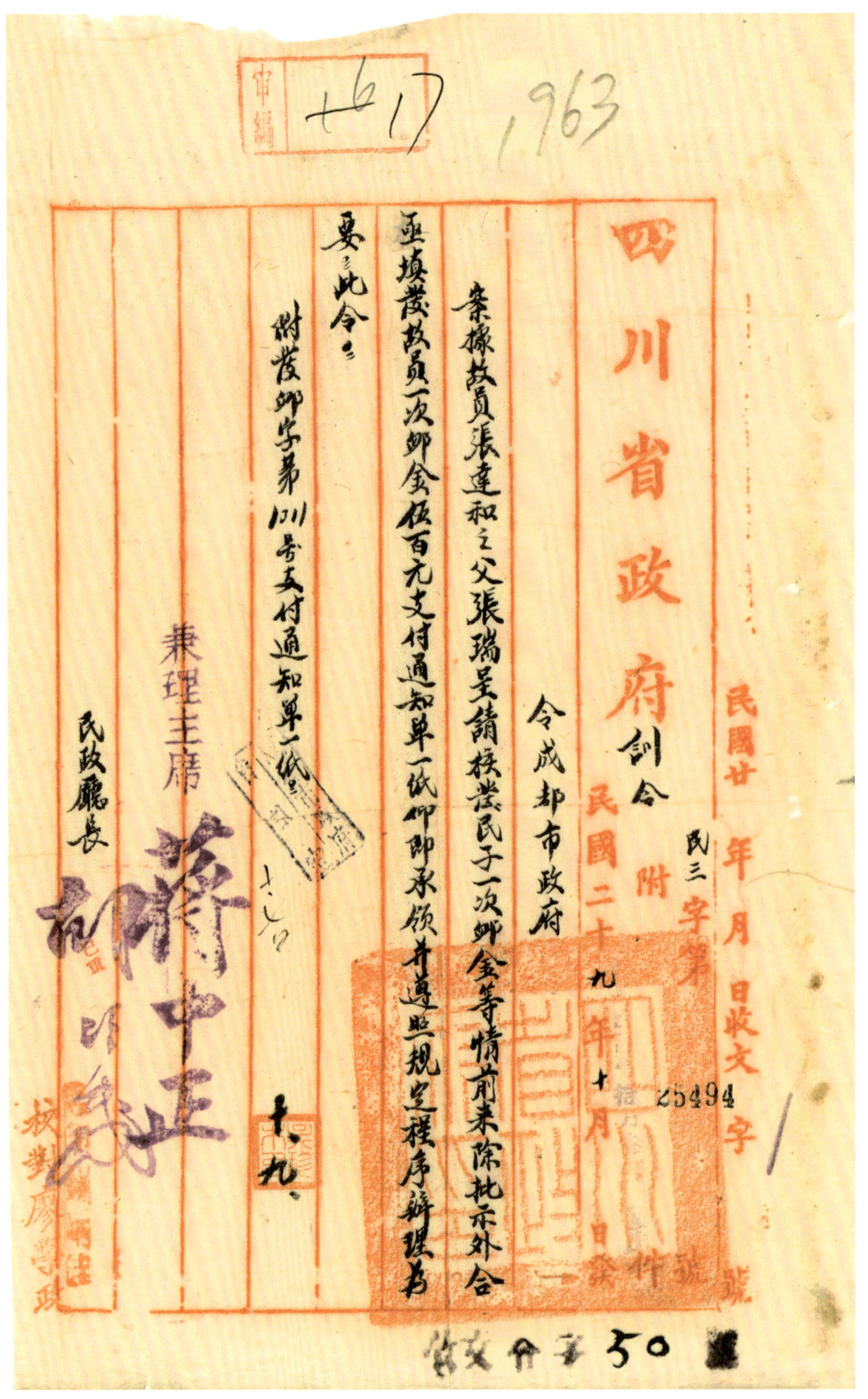

四川省政府訓令　民三字第　號

民國廿　年　月　日收文　字　號

民國二十九年十月　日發　附件

令成都市政府

案據故員張達和之父張瑞呈請核發民子一次卹金等情前來，除批示外，合亟填發故員一次卹金伍百元支付通知單一紙，仰即承領，并遵照規定程序辦理為要。此令。

附發卹字第1311号支付通知單一紙

兼理主席　蔣中正

民政廳長

校對

25494

成都市政府关于通知故员张达和遗族承领第一次恤金的存根（一九四〇年十月十一日）

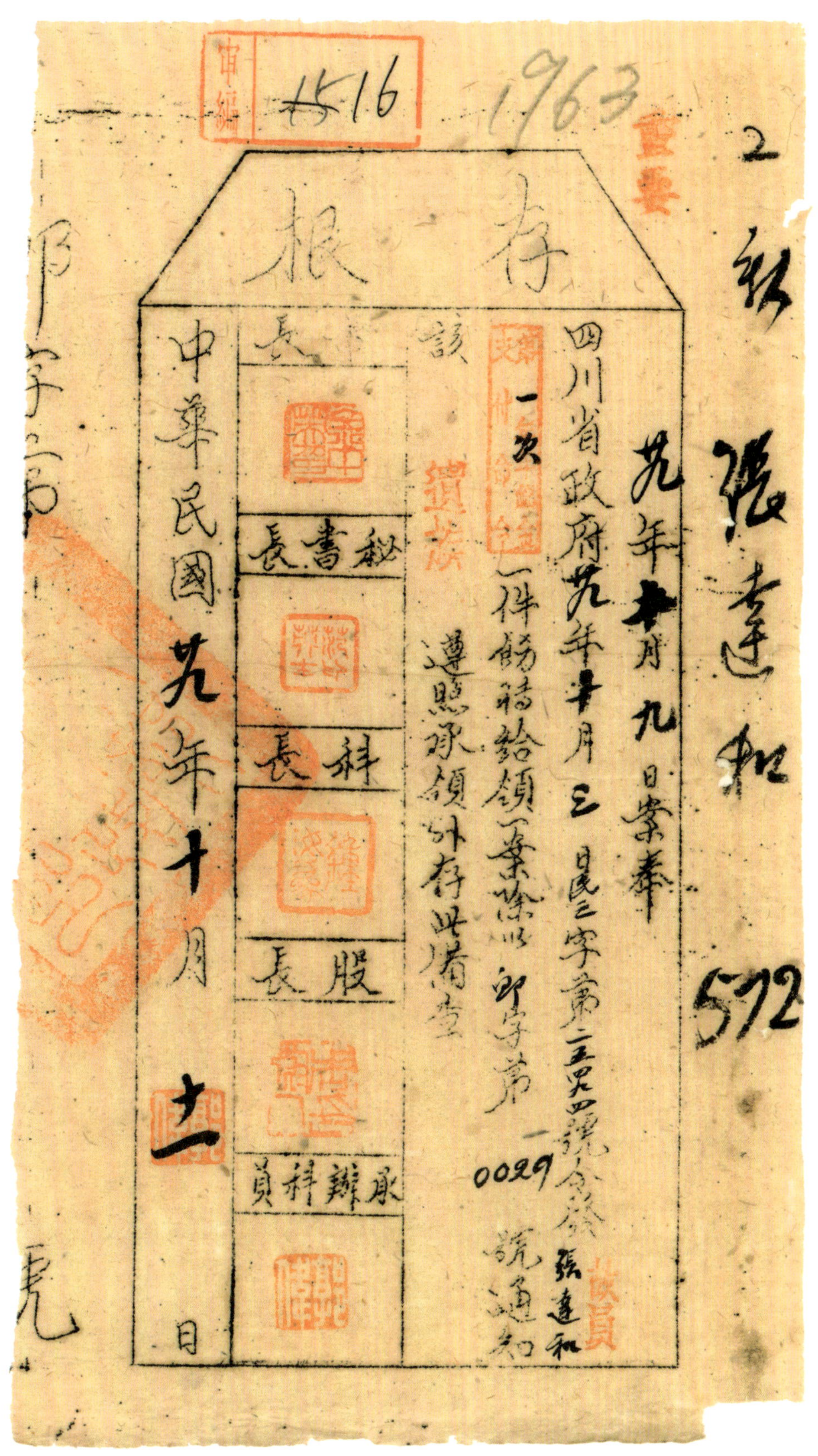

存根

廿九年十月九日案奉

四川省政府廿九年十月三日民三字第二五四四號令發

一件飭補給領一案除以卯字第0029號通知故員張達和

遺族遵照承領外存此備查

該 一次 遺族

長

秘書長

科長

股長

承辦科員

中華民國廿九年十月十一日

张瑞关于申领故员张达和第一年年恤金致成都市政府的报告（一九四一年三月三十一日）

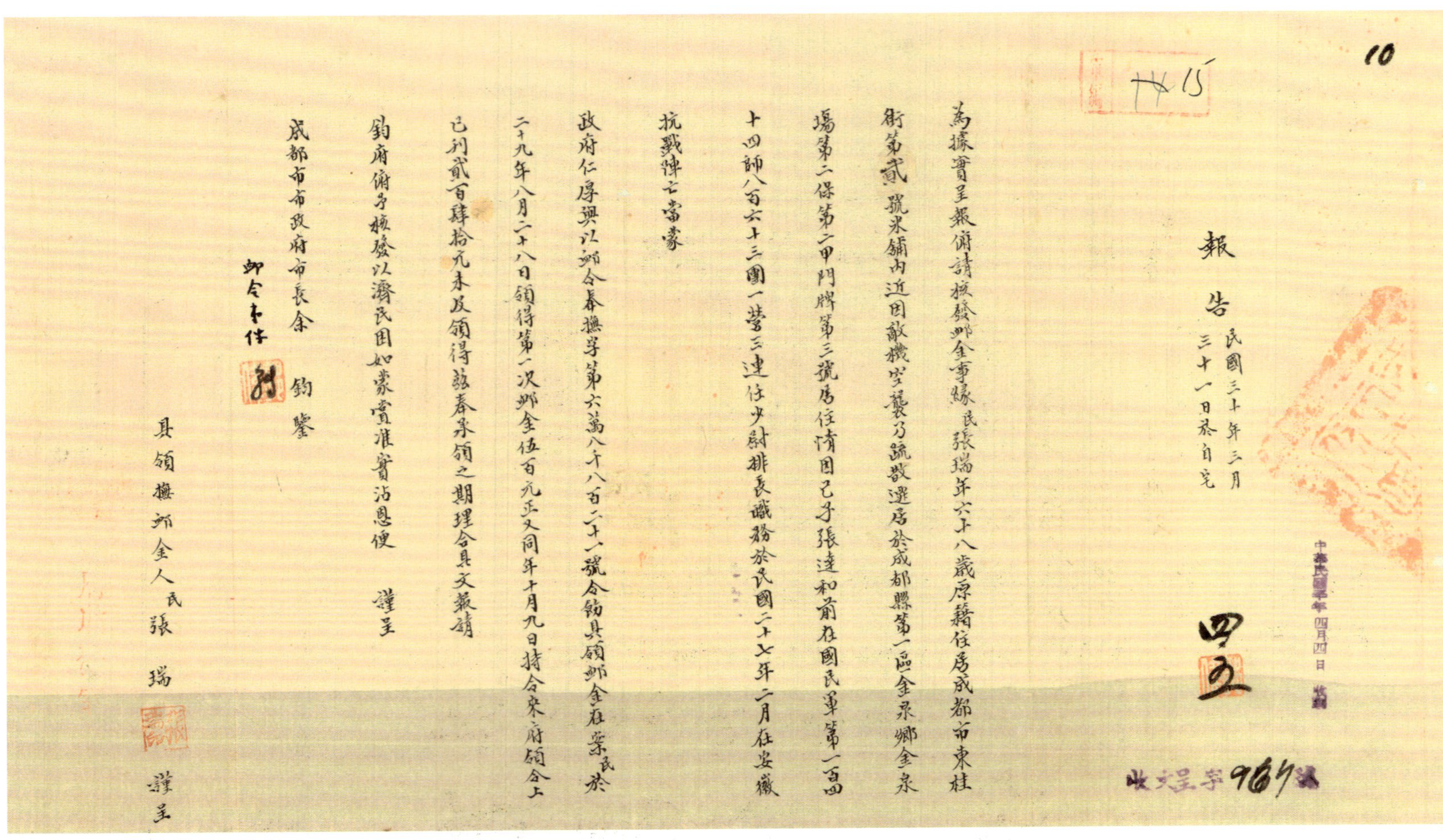

10

報告 民國三十年三月三十一日於自宅

為據實呈報備請核發卹金事緣民張瑞年六十八歲原籍住居成都市東桂街第貳號米舖內近因敵機空襲乃疏散遷居於成都縣第一區金泉鄉金泉場第二保第二甲門牌第三號居住竊因己子張達和前在國民軍第一百四十四師八百六十三團一營三連任少尉排長職務於民國二十七年二月在安徽抗戰陣亡當蒙

政府仁厚與以卹令奉撫字第六萬八千八百二十一號令飭具領卹金在案民於二十九年八月二十八日領得第一次卹金伍百元正又同年十月九日持合來府領合上已列貳百肆拾元未及領得茲春來領之期理合具文懇請

鈞府俯予核發以濟民困如蒙賞准實沾恩便 謹呈

成都市市政府市長余 鈞鑒

具領撫卹金人民張瑞 謹呈

中華民國三十年四月四日 收到

收文呈字967号

成都市政府关于申领故员张达和第一年年恤金致张瑞的批（一九四一年四月十六日）

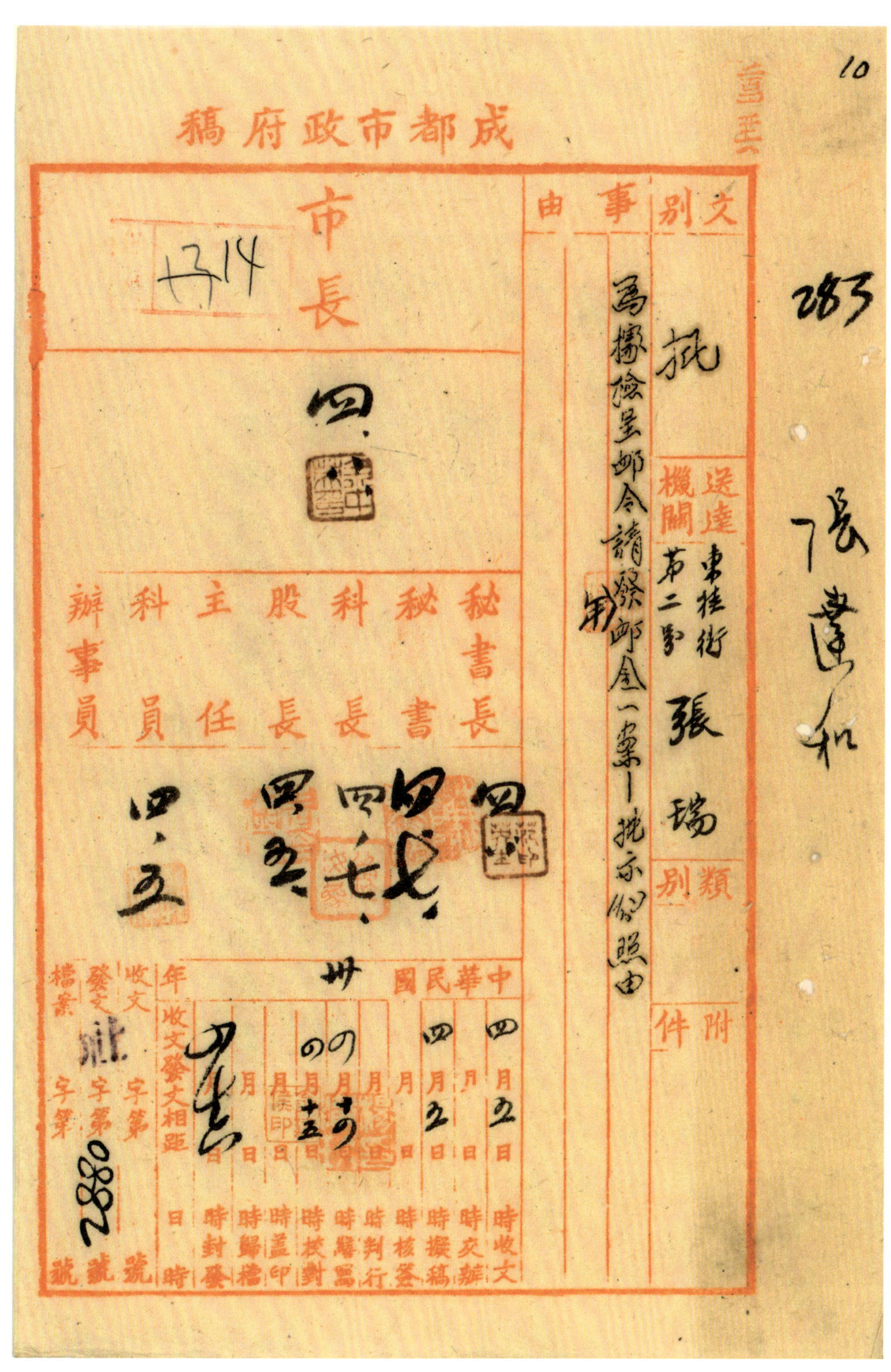

成都市政府稿

文别：批

事由：为据恤呈部令请发部金一案——批示知照由

送达机关：东桂街第二号 张瑞

市长

秘书长　秘书　科长　股长　主任　科员　办事员

中华民国

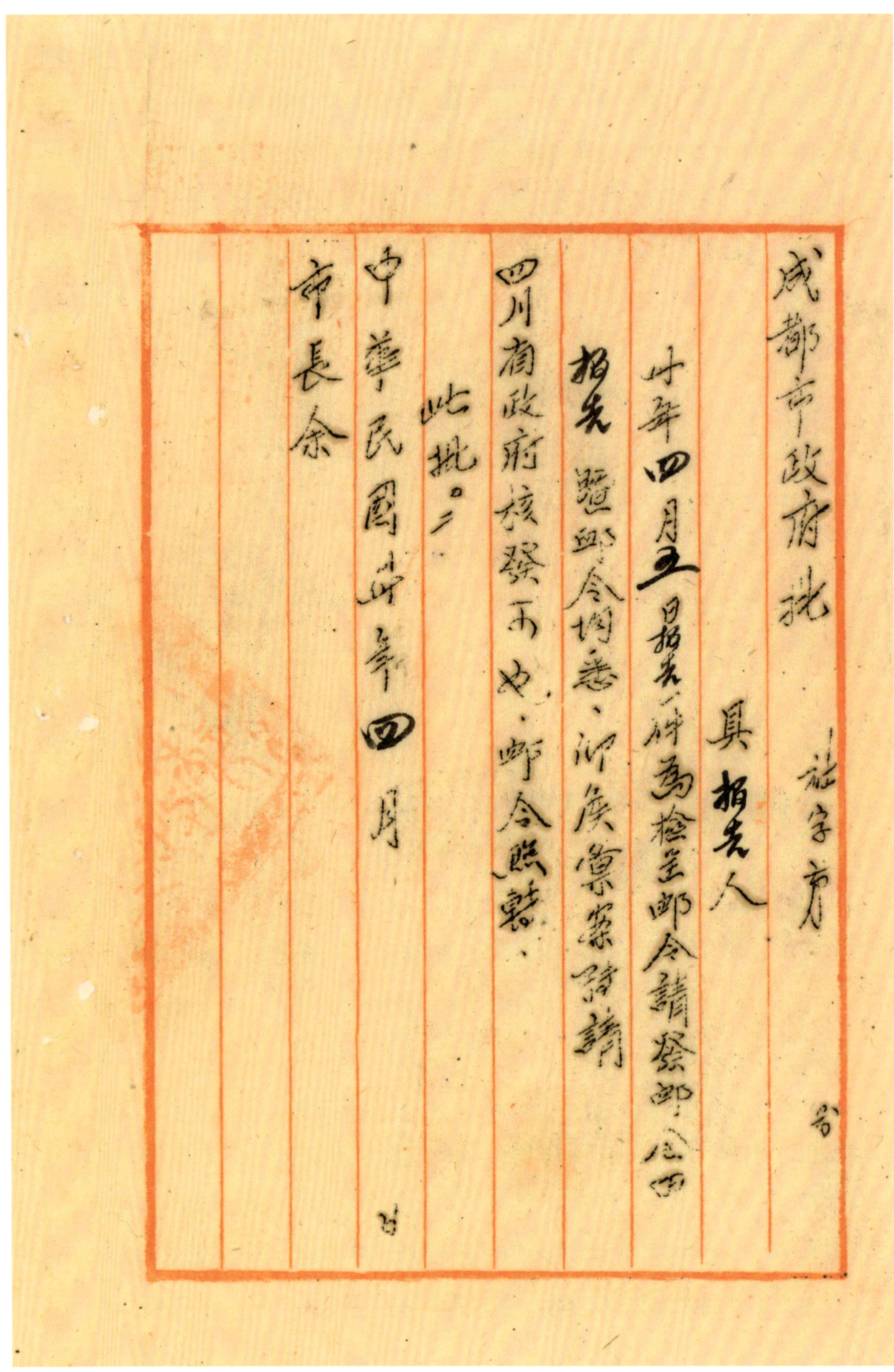

成都市政府批　社字第　號

具捐呈人

卅年四月五日捐呈一件為檢呈卹令請發卹金由

捐呈暨卹令均悉，仰候彙案詳請

四川省政府核發可也，卹令照發。

此批。

中華民國卅年四月　日

市長余

成都市政府关于通知故员张达和遗族承领第一年年恤金的存根（一九四一年六月十四日）

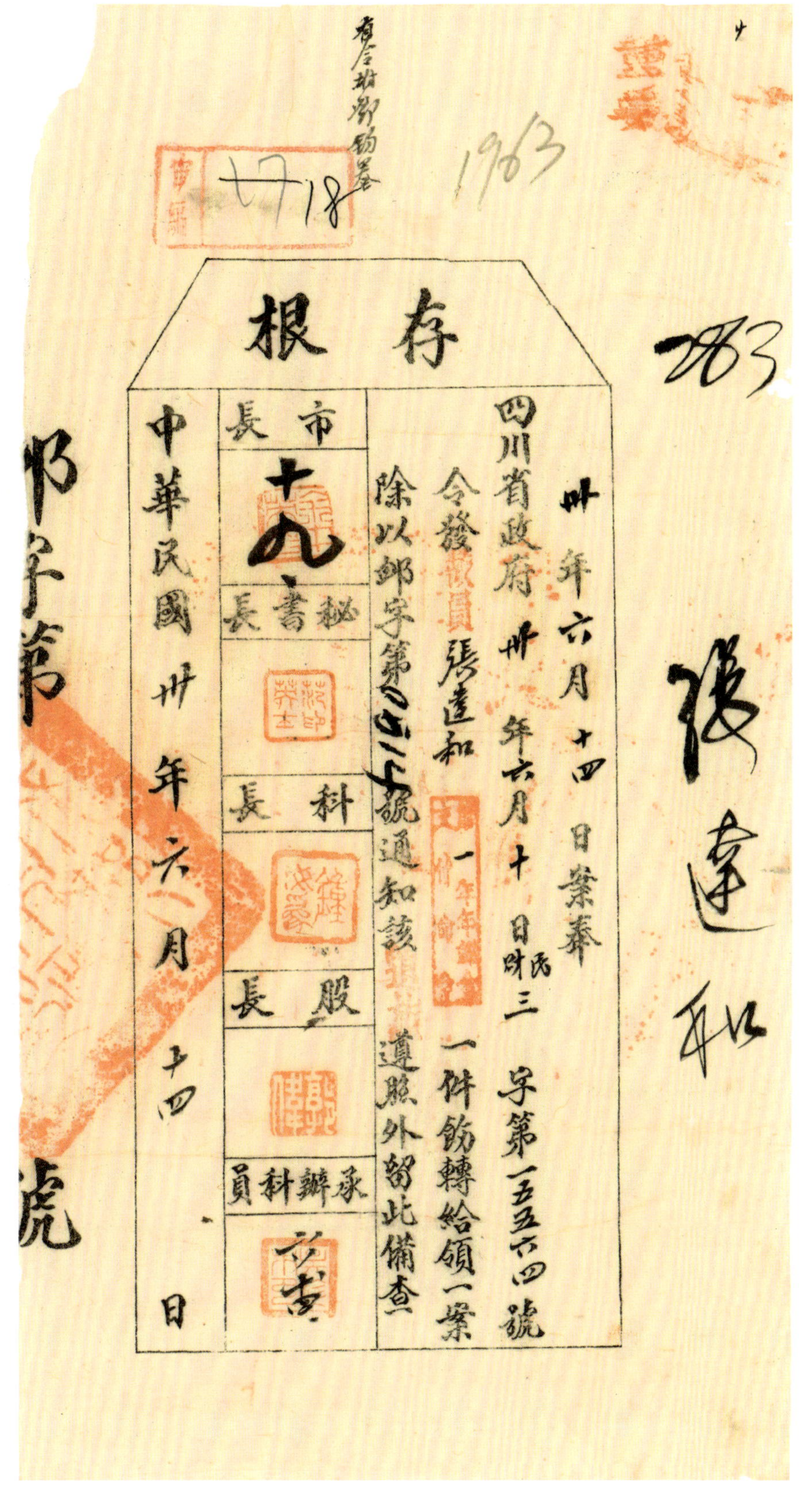

存根

四川省政府卅年六月十四日案奉
卅年六月十日財民三字第一五五六四號
令發故員張達和一年年恤令一件飭轉給領一案
除以郵字第〇〇二四號通知該遺族遵照外留此備查

市長
秘書長
科長
股長
承辦科員

中華民國卅年六月十四日

附：抚恤金领据、具领恤金保证书

此聯撫郵委員會第三處存查

撫郵金副領據

茲領到

部隊機關番號 第一四四師八六二團連 階級 少尉 職務 排長 姓名 張達和 郵金種類 第一年郵金

國幣貳百肆拾元

右款業已照數領訖此據

軍事委員會撫郵委員會第三處查照

領郵人 張瑞

中華民國三十年六月 日

字第　號

此聯轉報軍政部核轉

撫郵金正領據

茲領到

部隊機關番號 第一四四師八六二團連 階級 少尉 職務 排長 姓名 張達和 郵金種類 第一年郵金

國幣　元

右款業已照數領訖此據

軍事委員會撫郵委員會第三處查照

領郵人 張瑞

中華民國三十年六月 日

具領卹金保證書

保證人 賈永福 今保證領卹人 張瑞 確係已故

部隊機關番號 第五四師六六二團迫連 階級 上尉 職務 排長 姓名 張達如

之遺族茲遵照

國民政府軍事委員會會撫字第六八六二號卹金給與令核准給與該

故員年 卹金國幣 貳百肆拾元整今由該遺族向

鈞會第二處如數領訖具領後如有發生爭議保証人願照

鈞會請領卹金須知第六條之規定負法律上一切責任此證

謹呈

國民政府軍事委員會撫卹委員會

保証人姓名 賈永福 蓋章

（店舖書柬）

籍貫 成都 住址 桂花街丁 職務或職業 商 洪米舖

（店舖營業資本金額） 伍仟元

領卹人姓名 張瑞 蓋章

籍貫 成都東 住址 桂街口 與故 之關係 父子

其他遺族姓名及關係 母張戴氏

中華民國三十年六月 日

张瑞关于承领成都市政府发下的故员张达和抚恤令的收据（一九四一年七月十八日）

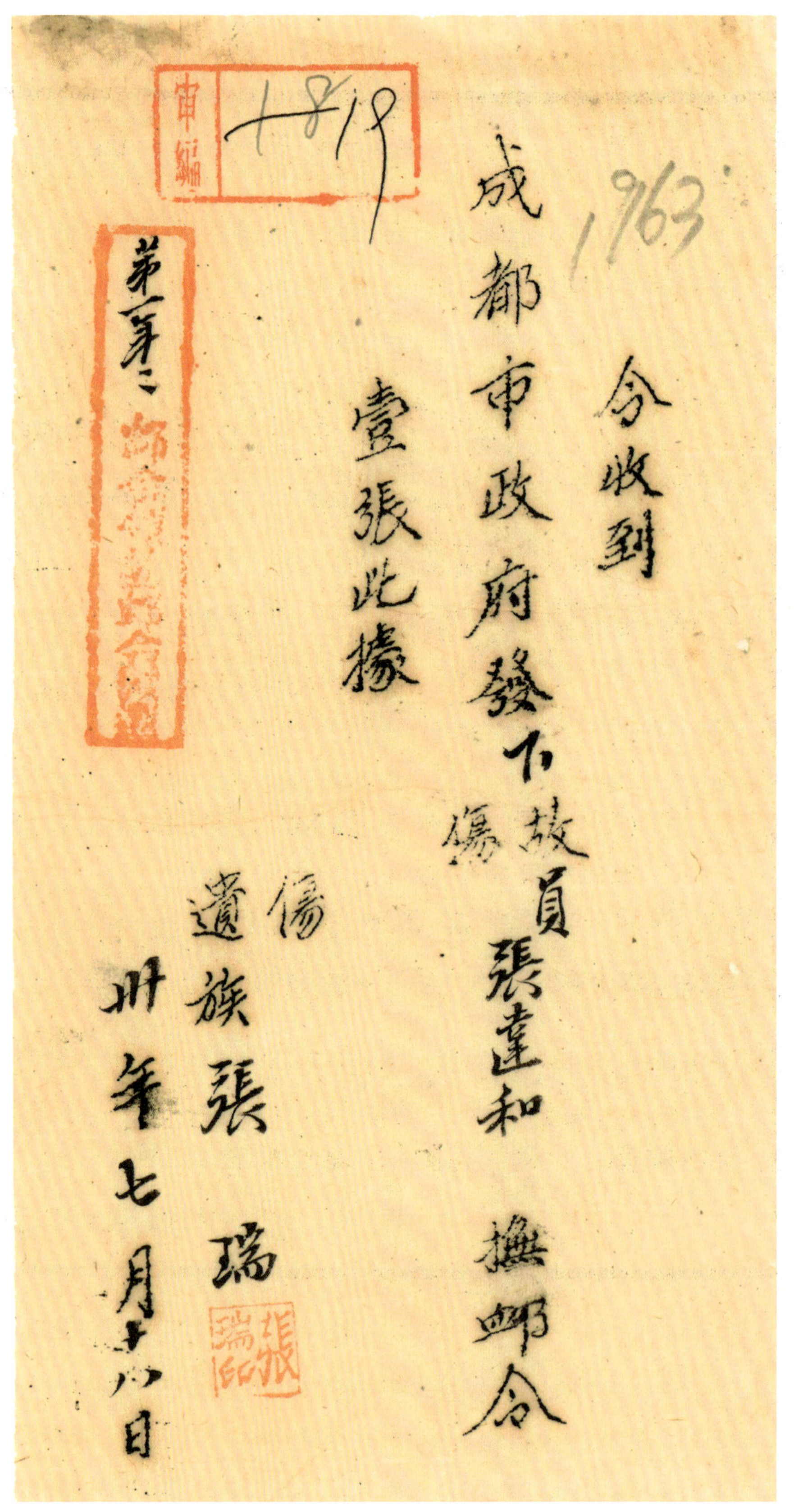

今收到

成都市政府發下故（傷）員張達和撫卹令

壹張此據

（傷）遺族張瑞（印）

卅年七月十八日

张瑞关于申领故员张达和第三年年恤金的领恤申请书（一九四二年六月）

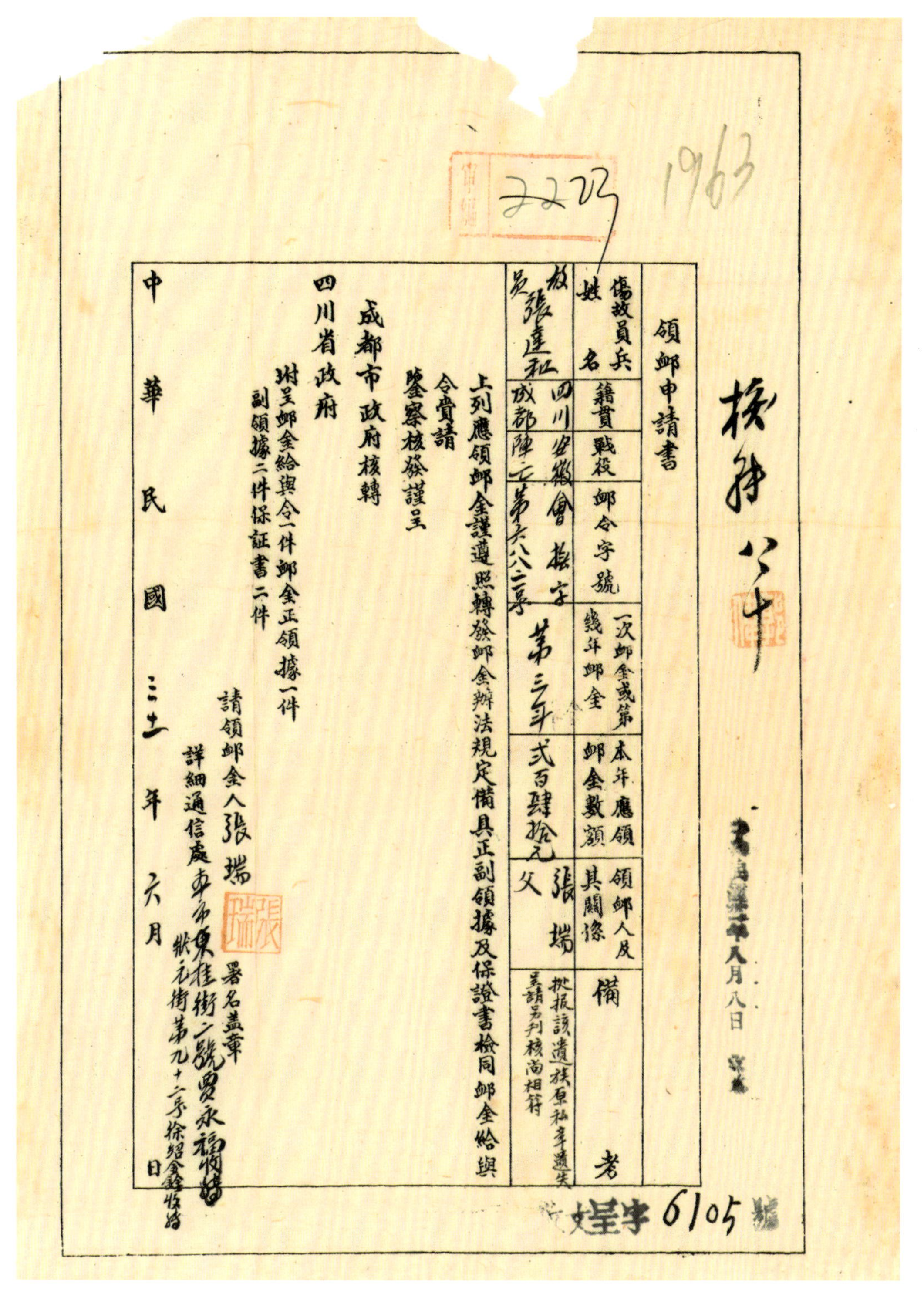

領卹申請書

傷故員兵姓名	籍貫	戰役	卹令字號	一次卹金或第幾年卹金	本年應領卹金數額	領卹人及其關係	備考
故兵張達和	四川成都	陣亡	四川省徵會撫字第六八二號	第三年	弍百肆拾元	張瑞 父	批振該遺族原私章遺失 呈請另刊核尚相符

上列應領卹金謹遵照轉發卹金辦法規定備具正副領據及保證書檢同卹金給與令賫請鑒察核發謹呈

成都市政府核轉

四川省政府

附呈卹金給與令一件 卹金正領據一件 副領據二件 保証書二件

請領卹金人 張瑞 署名蓋章

詳細通信處 東市東桂街二號賈永福轉 狀元街第九十二號徐绍鑫收轉

中華民國三十一年六月 日

附：抚恤金领据、具领恤金保证书

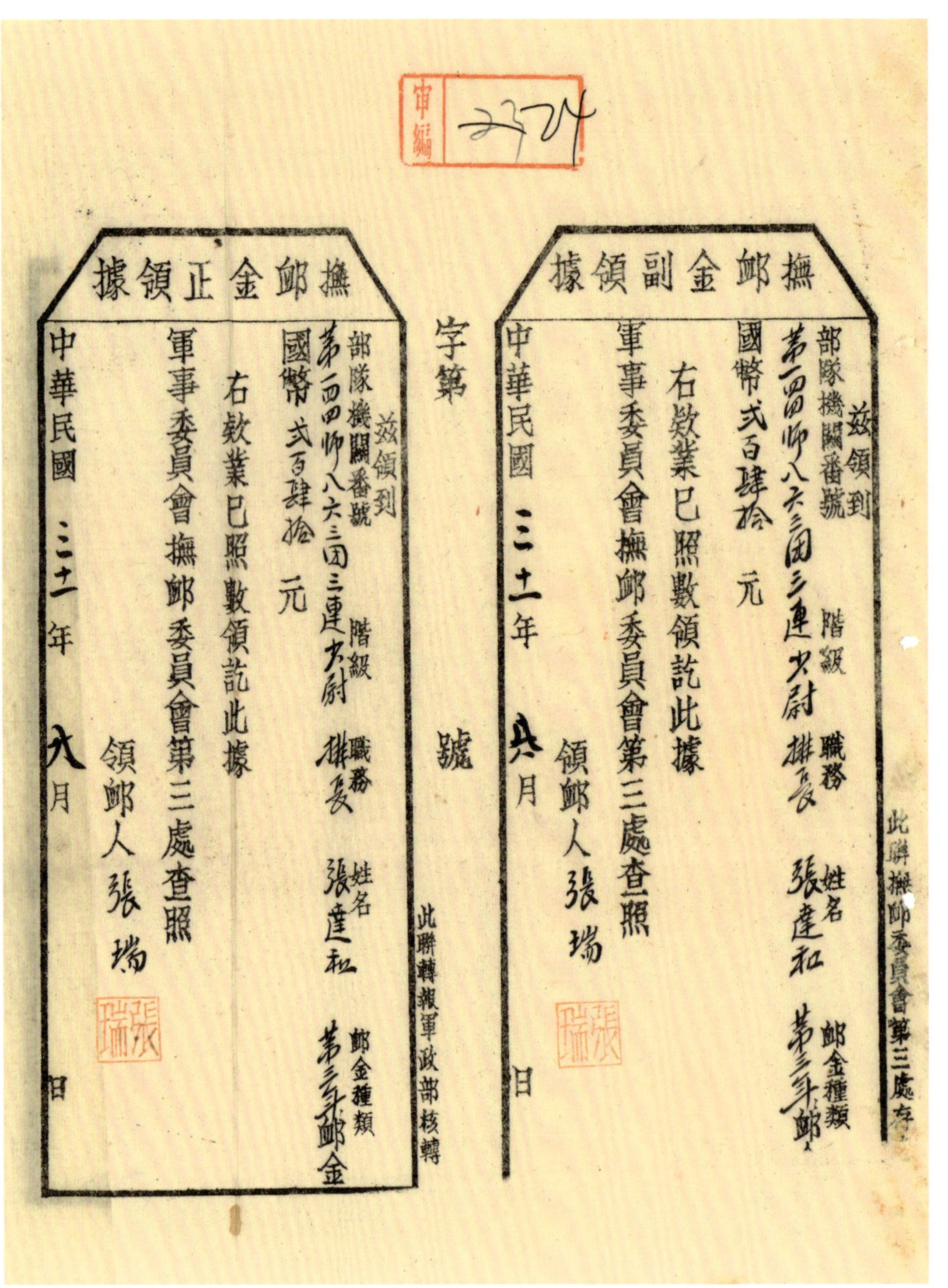
审编 2324

撫卹金副領據

茲領到

部隊機關番號 第一四四師八六三團三連 階級 少尉 職務 排長 姓名 張達和 卹金種類 第三年卹

國幣 弍百肆拾 元

右款業已照數領訖此據

軍事委員會撫卹委員會第三處查照

中華民國 三十一年 六月 日

領卹人 張瑞（印：張瑞）

此聯撫卹委員會第三處存

字第 號

此聯轉報軍政部核轉

撫卹金正領據

茲領到

部隊機關番號 第一四四師八六三團三連 階級 少尉 職務 排長 姓名 張達和 卹金種類 第三年卹金

國幣 弍百肆拾 元

右款業已照數領訖此據

軍事委員會撫卹委員會第三處查照

中華民國 三十一年 八月 日

領卹人 張瑞（印：張瑞）

具領郵金保證書

保證人徐紹鑫今保證領郵人張瑞

部隊機關番號第一四四師八七二團三營 階級少尉 職務排長 姓名張達松 確係父子

之陣亡遺照國民政府軍事委員會會發字第六八三一號郵金令核准給與遺族

釣會第三處收到郵金國幣式百肆拾元整如數領訖具領後如有發生爭議保證人願負法律上一切責任此證

謹呈

國民政府軍事委員會撫郵委員會

保證人姓名 徐紹鑫 蓋章

（店舖牌號） 徐鑫記

籍貫 四川成都 住址 [illegible] 職業或 [illegible] 木廠

（店舖營業資本金額） 肆仟元

領郵人姓名 張瑞 蓋章

籍貫 四川成都 住址 [illegible]

與故員之關係 父子

其他遺族姓名及關係 張劉氏

成都市市長 余中英

中華民國三十一年式月 日

成都市政府关于给发故员张达和第二年年恤金致张瑞的批示及致四川省政府的呈文（一九四二年八月二十一日）

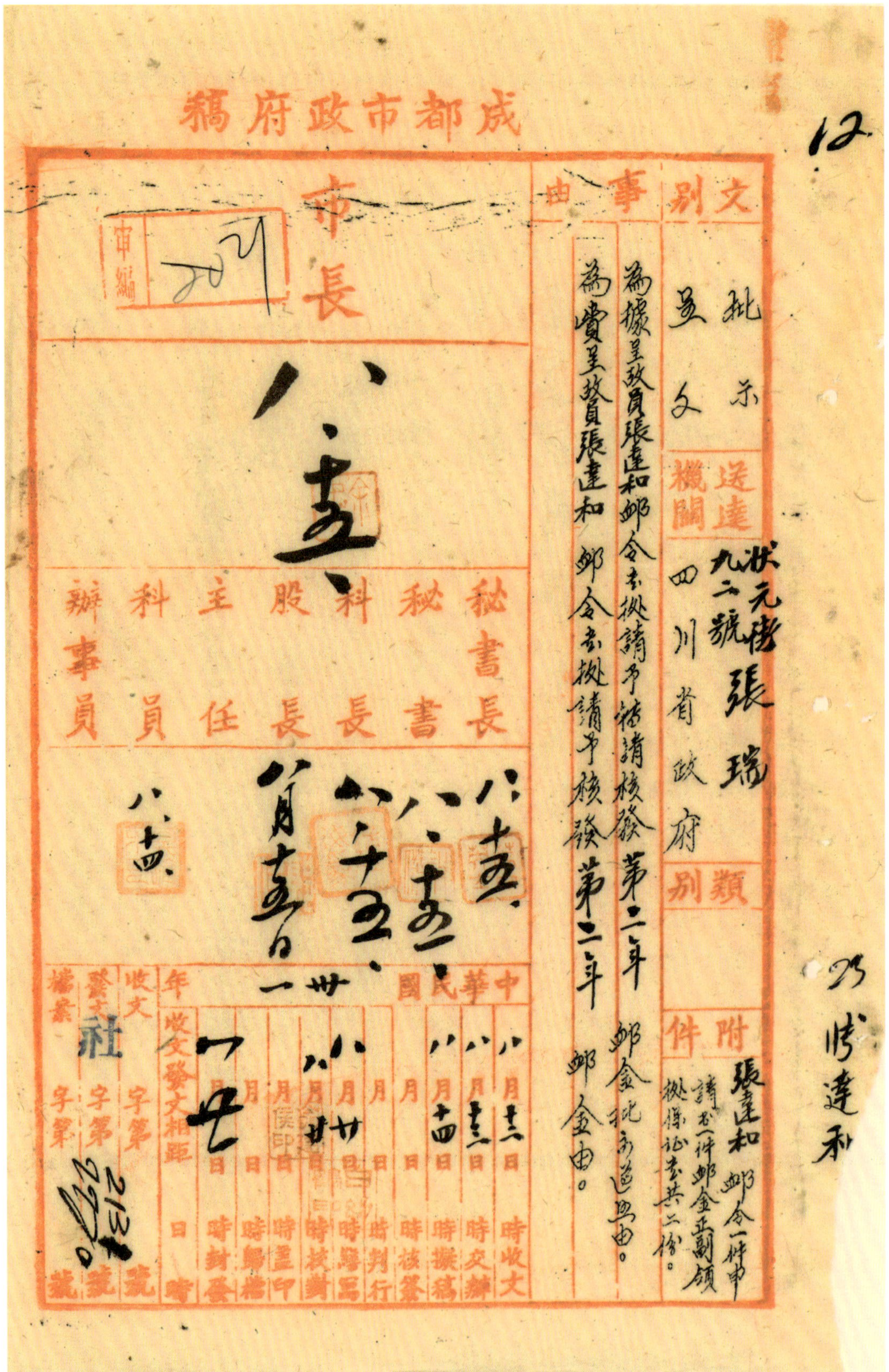

成都市政府稿

文别	批示 呈文
事由	為據呈故員張達和卹令未撥請予轉請核發第二年卹金由 為賫呈故員張達和卹令未撥請予核發第二年卹金由
送達機關	狀元街九二號張瑞 四川省政府
附件	張達和卹令一件申請書一件卹金正副領據保證書共二份

市長 八、廿五

秘書長 八、廿五　主任秘書 八、廿五　科長 八月廿五日　股長　主任科員　辦事員 八、廿四

中華民國 卅一年 八月廿一日 收文 八月廿二日 交辦 八月廿四日 擬稿 八月廿五日 核簽 八月廿八日 繕寫 八月廿八日 校對 八月廿九日 蓋印 八月廿九日 封發

收文發文相距 七日

收文字第 2138 號

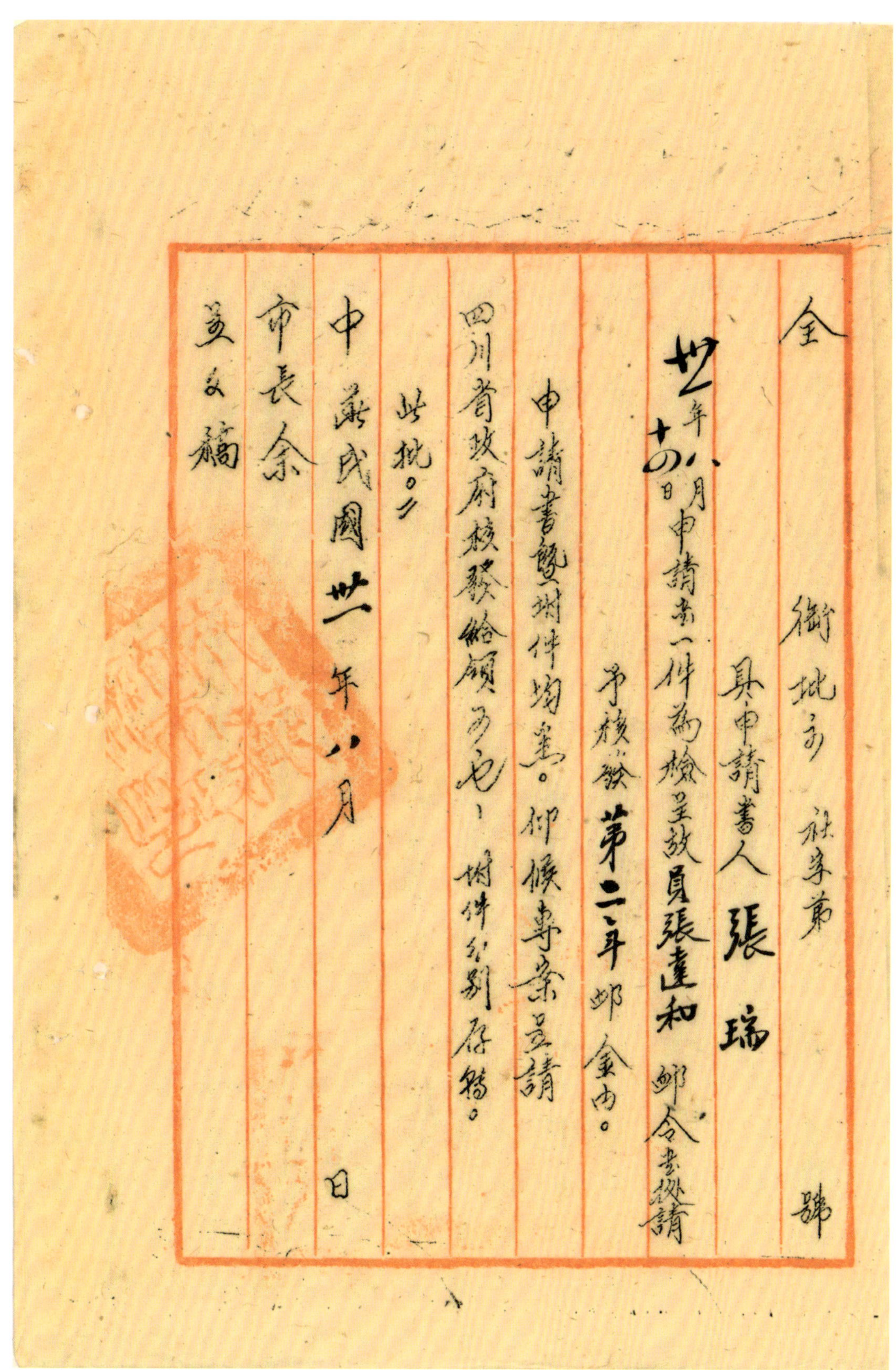
全衔批　社字第　　号

具申请书人张瑞

卅一年八月十四日申请书一件为检呈故员张达和邮令并恳请

予核发第二年邮金由。

申请书暨附件均悉。仰候专案呈请

四川省政府核发给领可也。附件分别存转。

此批。

中华民国卅一年八月　　日

市长余

美文稿

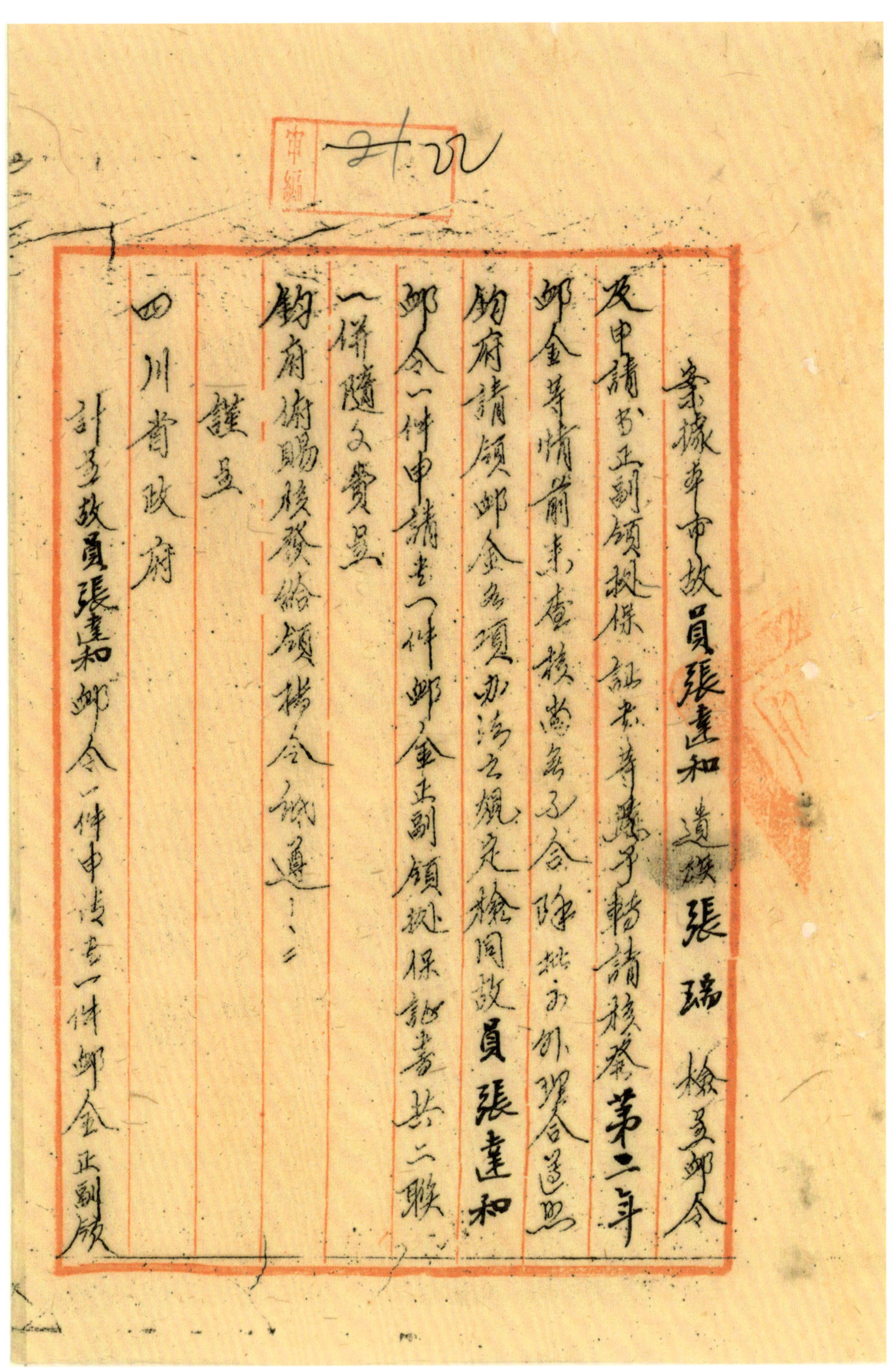
市編 21/22

案據本市故員張達和遺族張瑞檢呈卹令
及申請書正副領撫保證書等件轉請核發第二年
卹金等情前來查核尚無不合除批示外理合遵照
鈞府請領卹金各項辦法之規定檢同故員張達和
卹令一件申請書一件卹金正副領撫保證書共二聯
一併隨文賫呈
鈞府俯賜核發給領指令祗遵
謹呈
四川省政府
計呈故員張達和卹令一件申請書一件卹金正副領

據保證書共二聯。
備 名
中華民國卅一年八月 日

四川省政府关于故员张达和遗族受恤人不符须查明更正致成都市政府的指令（一九四二年九月五日）

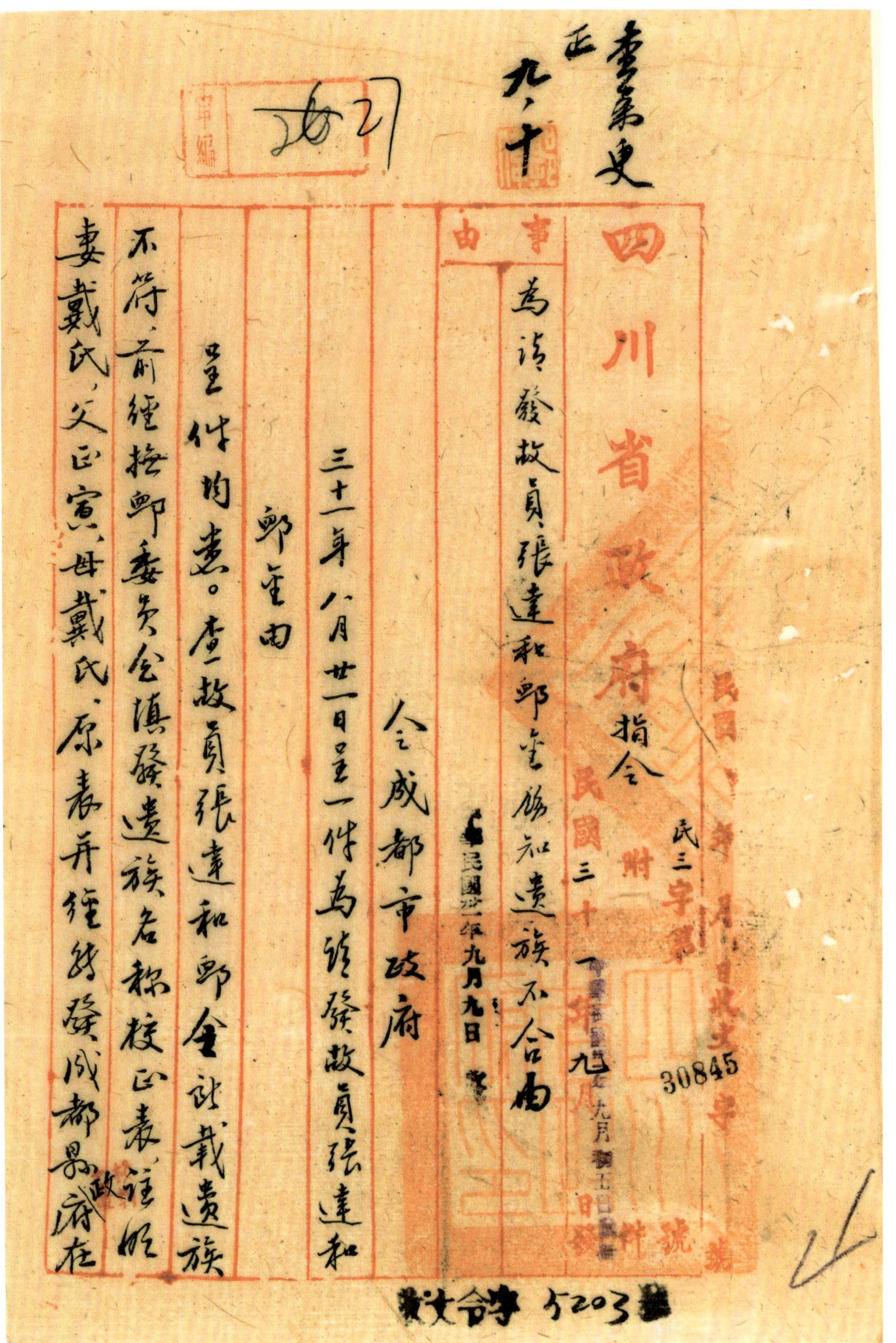
四川省政府指令　民三字第　號

事由：為請發故員張達和卹金飭知遺族不合由

令成都市政府

三十一年八月廿一日呈一件為請發故員張達和卹金由

呈件均悉。查故員張達和卹金請領遺族不符，前經撫卹委員會填發遺族名稱校正表，註明妻戴氏，父正寅，母戴氏，原表并經發成都縣政府在

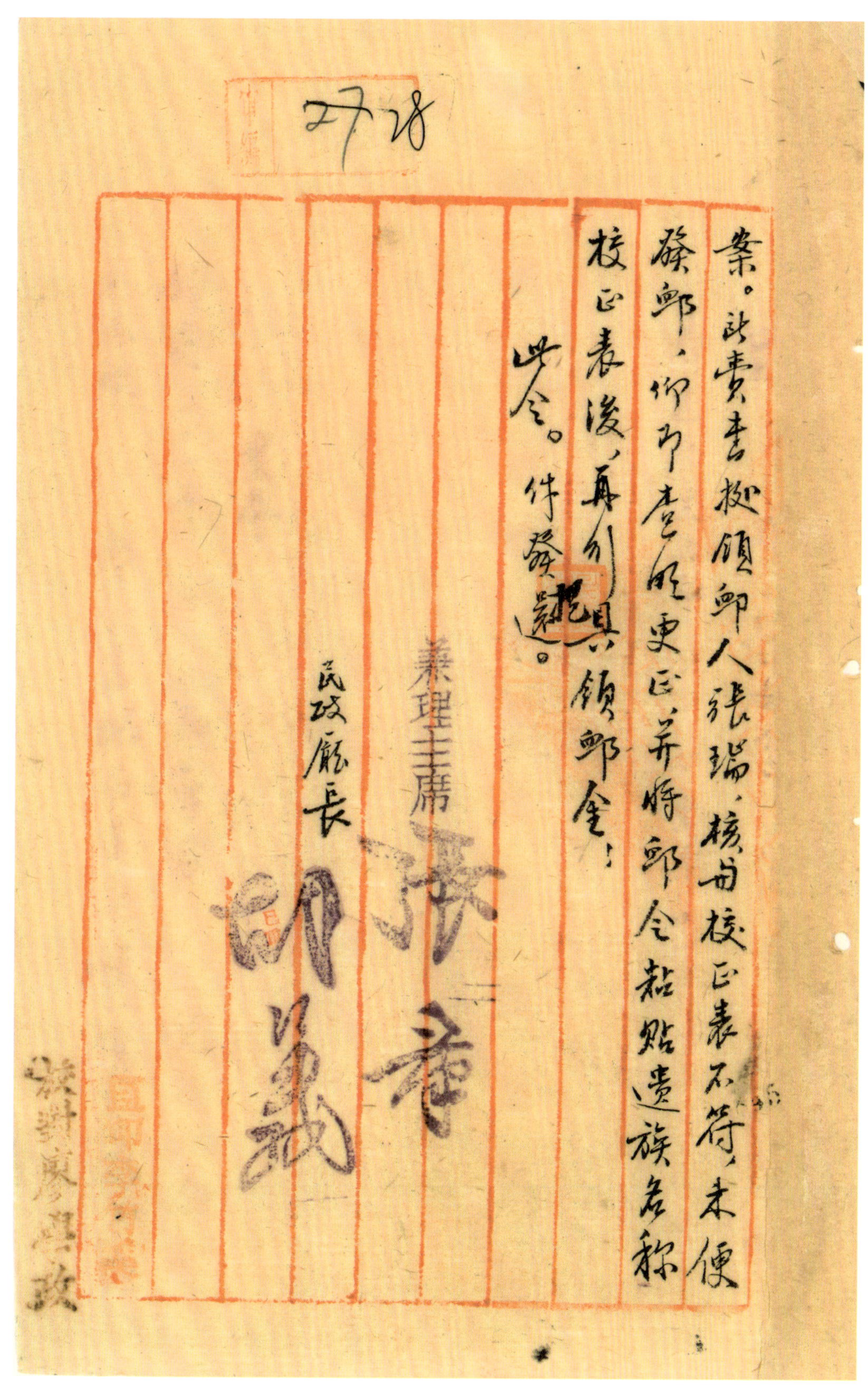

案。該貴書擬領卹人張瑞，核與校正表不符，未便發卹，仰即查明更正，并將卹令粘貼遺族名稱校正表後，再行具領卹金！

此令。件發還。

兼理主席

民政廳長

成都市政府关于故员张达和遗族受恤人不符令其另办致张瑞的通知（一九四二年九月十六日）

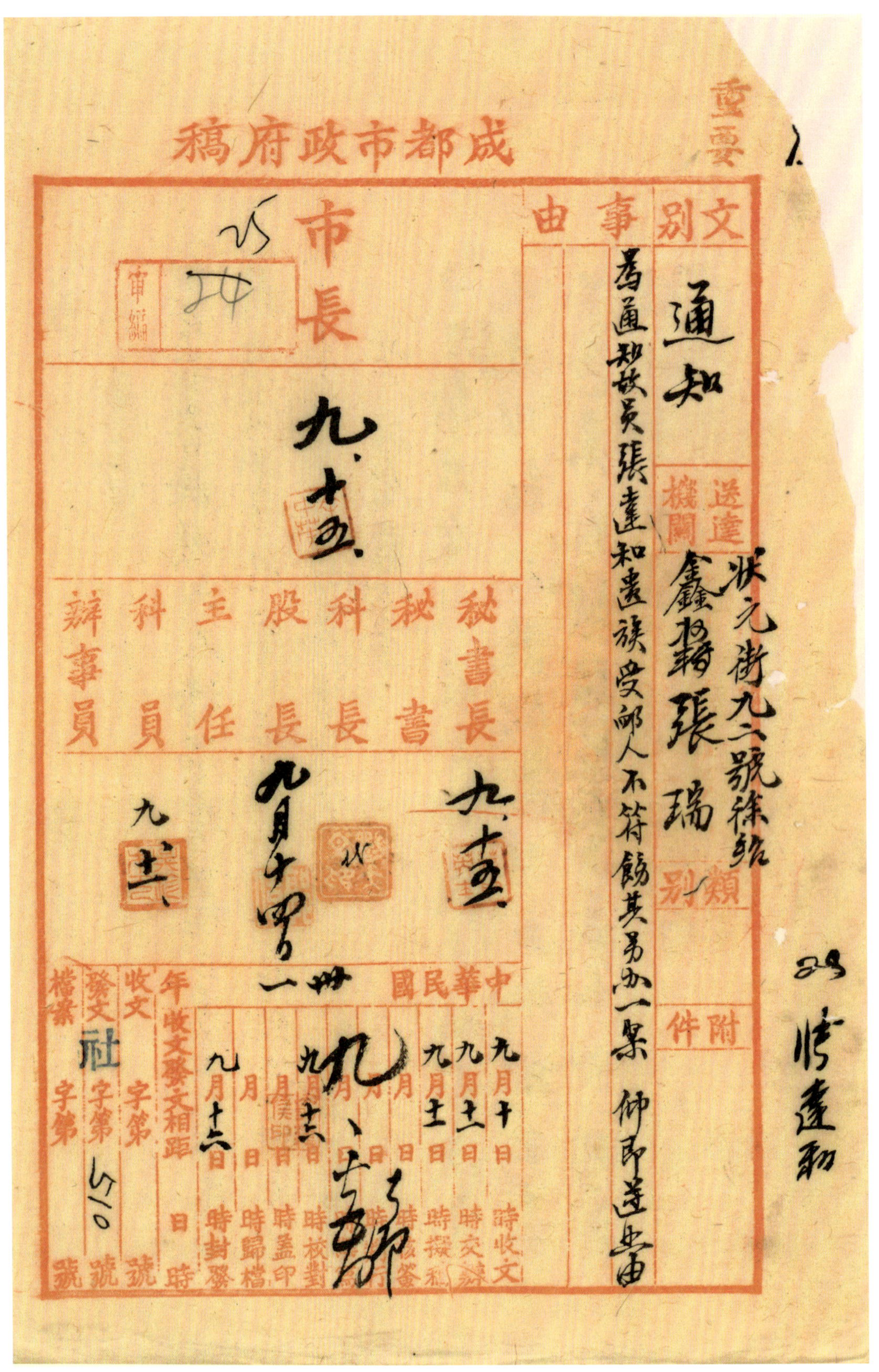

成都市政府稿

重要

文别：通知

事由：为通知故员张达和遗族受卹人不符饬其另办一案仰即遵照由

送达机关：状元街九二号孫红 鑫梓张瑞

市长 九、十五

秘书长 九、十五

秘书长 九月十四

科长 九、十二

中华民国卅一年九月十六日

令

衛 通知社字第 号

案奉

四川省政府卅一年九月五日民三二字第三〇八四五號指令開：

呈件均悉查該員 云 云 再該員領

部令此令 二十

等因奉此令行通知仰該遺族即便遵

照並在成都縣具領遺族名稱校正表

呈送來府轉賠部令 再由本府擬具

領部令為要

右通知故员張逵和遺族張瑞准此

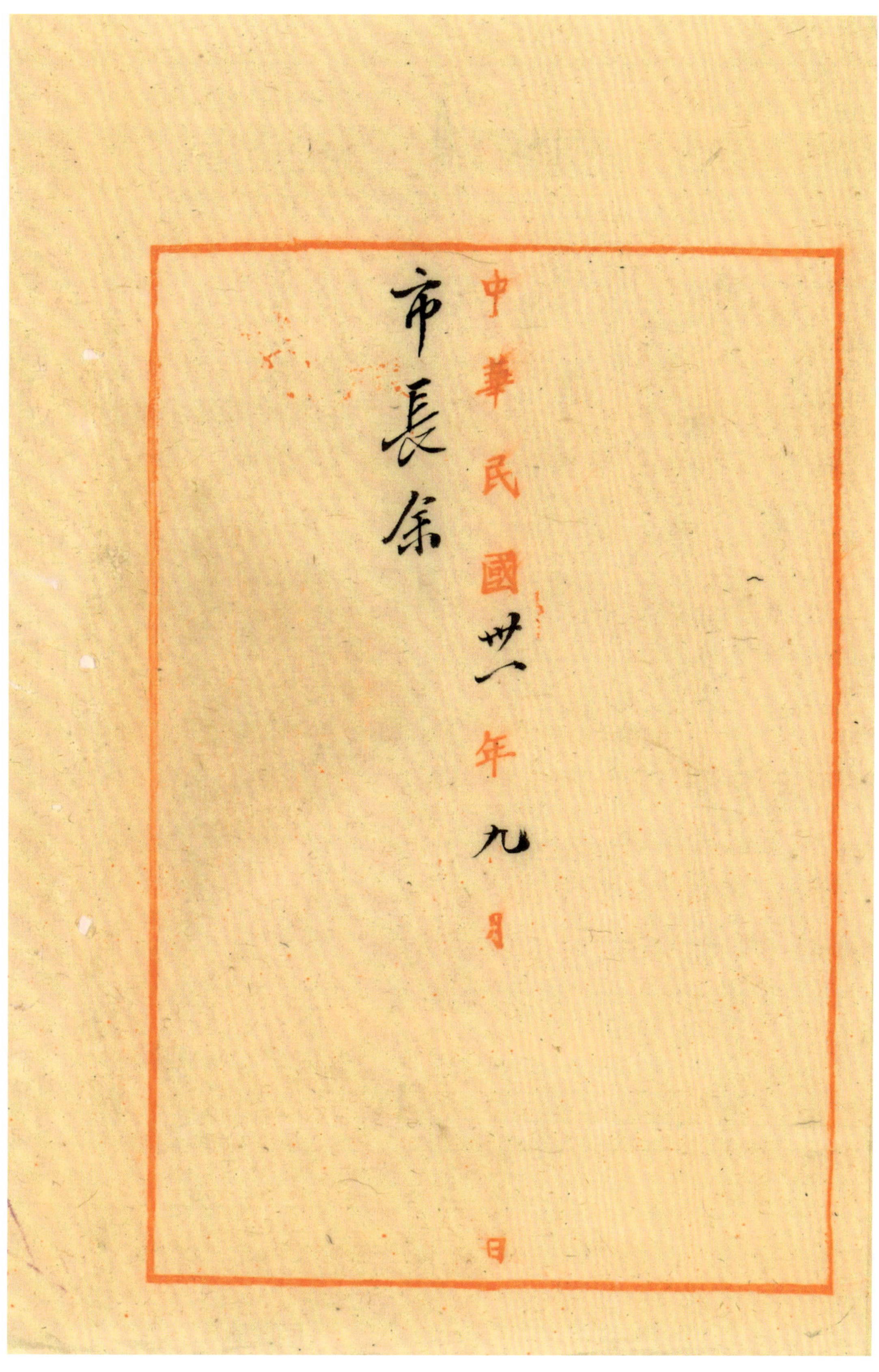

中華民國卅一年九月　日

市長余

张正寅关于申领故员张达和第二年年恤金及加倍恤金、第三年年恤金及加倍恤金的领恤申请书（一九四三年三月）

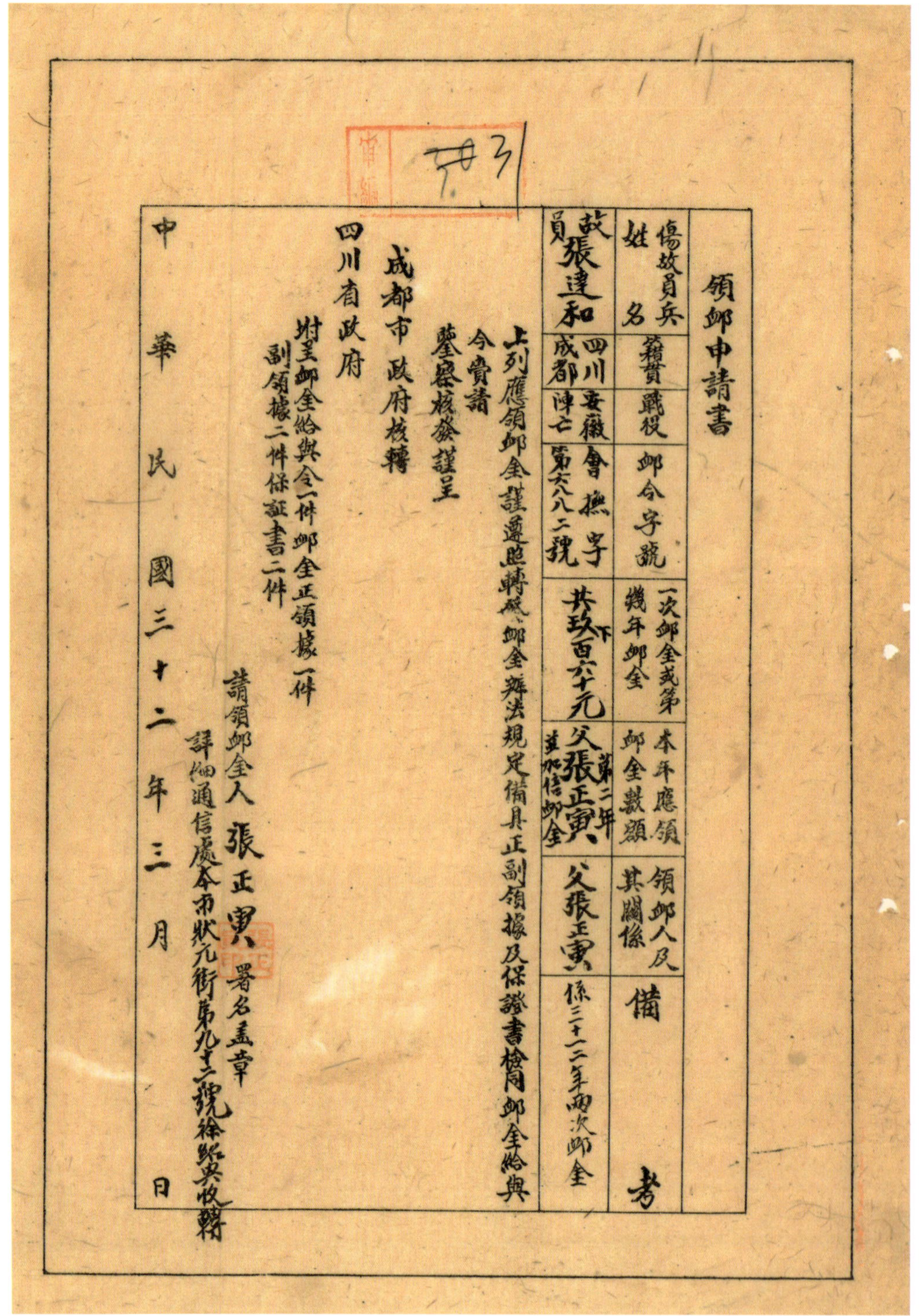

领卹申請書

傷故員兵姓名	故員張達和
籍貫	四川成都
戰役	安徽陣亡
卹令字號	會撫字第六八八二號
一次卹金或第幾年卹金	共玖百六十元
本年應領卹金數額	第二年父張正寅、並加倍卹金
領卹人及其關係	父張正寅
備考	係三十一二年兩次卹金

上列應領卹金謹遵照轉發卹金辦法規定備具正副領據及保證書檢同卹金給與令賫請

鑒察核發謹呈

成都市政府核轉

四川省政府

附呈卹金給與令一件 卹金正領據一件

副領據二件 保證書二件

請領卹金人 張正寅 署名蓋章

詳細通信處本市狀元街第九十二號徐紹興收轉

中華民國三十二年三月 日

附：抚恤金领据、具领恤金保证书

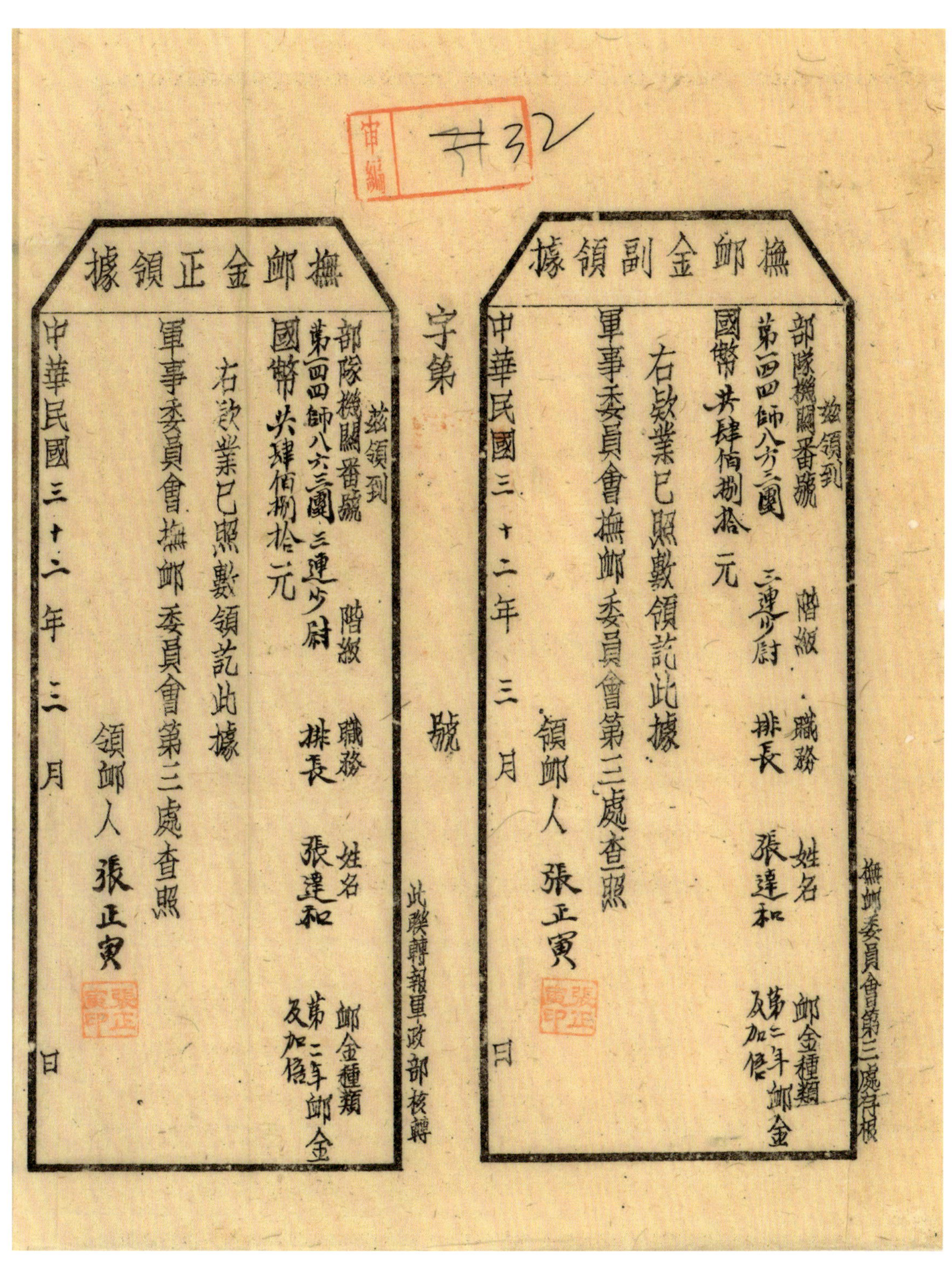

审編 32

撫卹金副領據

茲領到

部隊機關番號	階級	職務	姓名	卹金種類
第四四師八六三團	三連少尉	排長	張達和	第二年卹金及加倍

國幣共肆佰捌拾元

右款業已照數領訖此據

軍事委員會撫卹委員會第三處查照

領卹人 張正寅 （張正寅印）

中華民國三十二年三月 日

撫卹委員會第三處存根

字第 號

此聯轉報軍政部核轉

撫卹金正領據

茲領到

部隊機關番號	階級	職務	姓名	卹金種類
第四四師八六三團	三連少尉	排長	張達和	第二年卹金及加倍

國幣共肆佰捌拾元

右款業已照數領訖此據

軍事委員會撫卹委員會第三處查照

領卹人 張正寅 （張正寅印）

中華民國三十二年三月 日

具領卹金保證書

保證人 徐紹鑫 今保證領卹人 張正安 確係已故

部隊機關番號 暫編第四師八六三團三連 階級 少尉 職務 排長 姓名 張建和

之遺族茲遵照

國民政府軍事委員會會令撫字第六八二一號卹金給與令核准給與該

故員年撫卹金國幣 叁肆佰捌拾 元整今由該遺族向

鈞會第三處如數領訖具領後如有發生爭議保証人願照

鈞會請領卹金須知第十六條之規定負法律上一切責任此證

謹呈

國民政府軍事委員會撫卹委員會

保証人姓名 徐紹鑫 蓋章

（店舖書東）

籍貫 四川成都 職務或職業 木廠

住址 狀元街第九十二號

（店舖營業資本金額） 肆仟元正

領卹人姓名 張正安 蓋章

籍貫 四川成都

住址 狀元街第十二號

與故員之關係 父子

其他遺族姓名及關係 母張鄭氏

成都市市長 余中英

中華民國三十二年三月 日

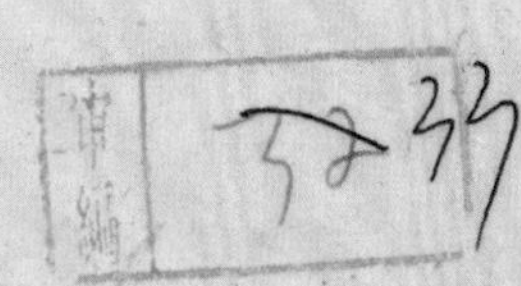

撫卹委員會第三處存根

撫卹金副領據

茲領到

部隊機關番號　第四四師分三團三連　階級　少尉　職務　排長　姓名　張達和　卹金種類　第三年卹金及加倍

國幣　四百捌拾　元

右欵業已照數領訖此據

軍事委員會撫卹委員會第三處查照

領卹人　張正寅　（張正寅印）

中華民國三十壹年八月　日

字第　號

此聯轉報軍政部核轉

撫卹金正領據

茲領到

部隊機關番號　第四四師分三團三連　階級　少尉　職務　排長　姓名　張達和　卹金種類　第三年卹金及加倍

國幣　肆百捌拾　元

右欵業已照數領訖此據

軍事委員會撫卹委員會第三處查照

領卹人　張正寅　（張正寅印）

中華民國三十一年八月　日

具領卹金保證書

保證人 徐紹鑫 今保證領卹人 張王氏 確係已故

部隊機關番號 第四十四師八六三團三連少尉 階級 排長 職務 姓名 張建和

之遺族茲遵照

國民政府軍事委員會會卹字第八八二一號卹金給與令核准給與該故

員卅一年份年卹金國幣柒[illegible]百捌拾元整今由該遺族向

鈞會第三處如數領訖具領後如有發生爭議保證人願照

鈞會請領卹金須知第六條之規定負法律上一切責任此證

謹呈

國民政府軍事委員會撫卹委員會

保證人 姓名 徐紹鑫 蓋章 籍貫 四川成都 職業 本店

（店舖）（書東） 住址 [illegible] （店舖牌號營業 資本金額） [illegible]元正

領卹人 姓名 張王氏 蓋章 籍貫 [illegible] 住址 [illegible] 與故員之關係 父子

其他遺族姓名及關係 妻張戴氏

成都市市長 余中英

中華民國三十一年八月 日

成都市政府关于更正故员张达和受恤人并核发第二年年恤金及加倍恤金、第三年年恤金及加倍恤金致四川省政府的呈（一九四三年三月十八日）

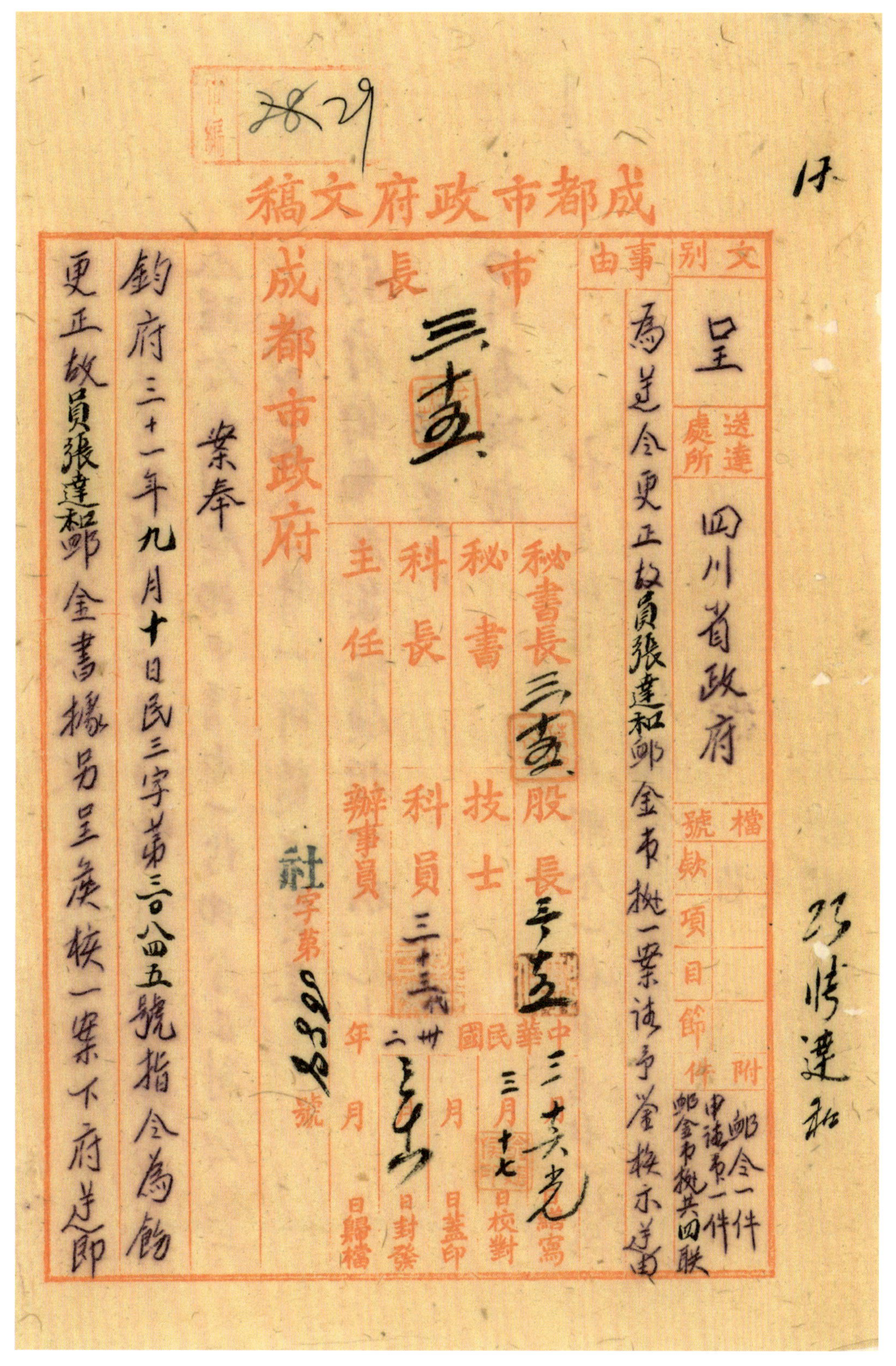

成都市政府文稿

文别：呈

送達處所：四川省政府

事由：為遵令更正故員張達和卹金市撫一案請予鑒核示遵由

附件：卹令一件 申請書一件 卹金市撫共四联

市長 三.十五.

秘書長 三.十五.

股長 三.十五

科員 三.十三

中華民國三十二年三月十六日擬稿 三月十七日校對

社字第8858號

成都市政府

案奉

鈞府三十一年九月十日民三字第三〇八四五號指令為飭更正故員張達和卹金書據另呈核核一案下府遵即

轉飭遵照去訖。茲據故員張達和遺族張正寅遵令更正書據請予核發等情前來。查核尚無不合，理合檢同領卹申請書一份、卹金正副領據共四聯暨卹令一件，一併隨文賫呈

鈞府俯賜核發給領，指令祇遵！

謹呈。

四川省政府

計呈故員張達和卹令一件、申請書一件、卹金正副領據共四聯

銜名

审編 30

1963

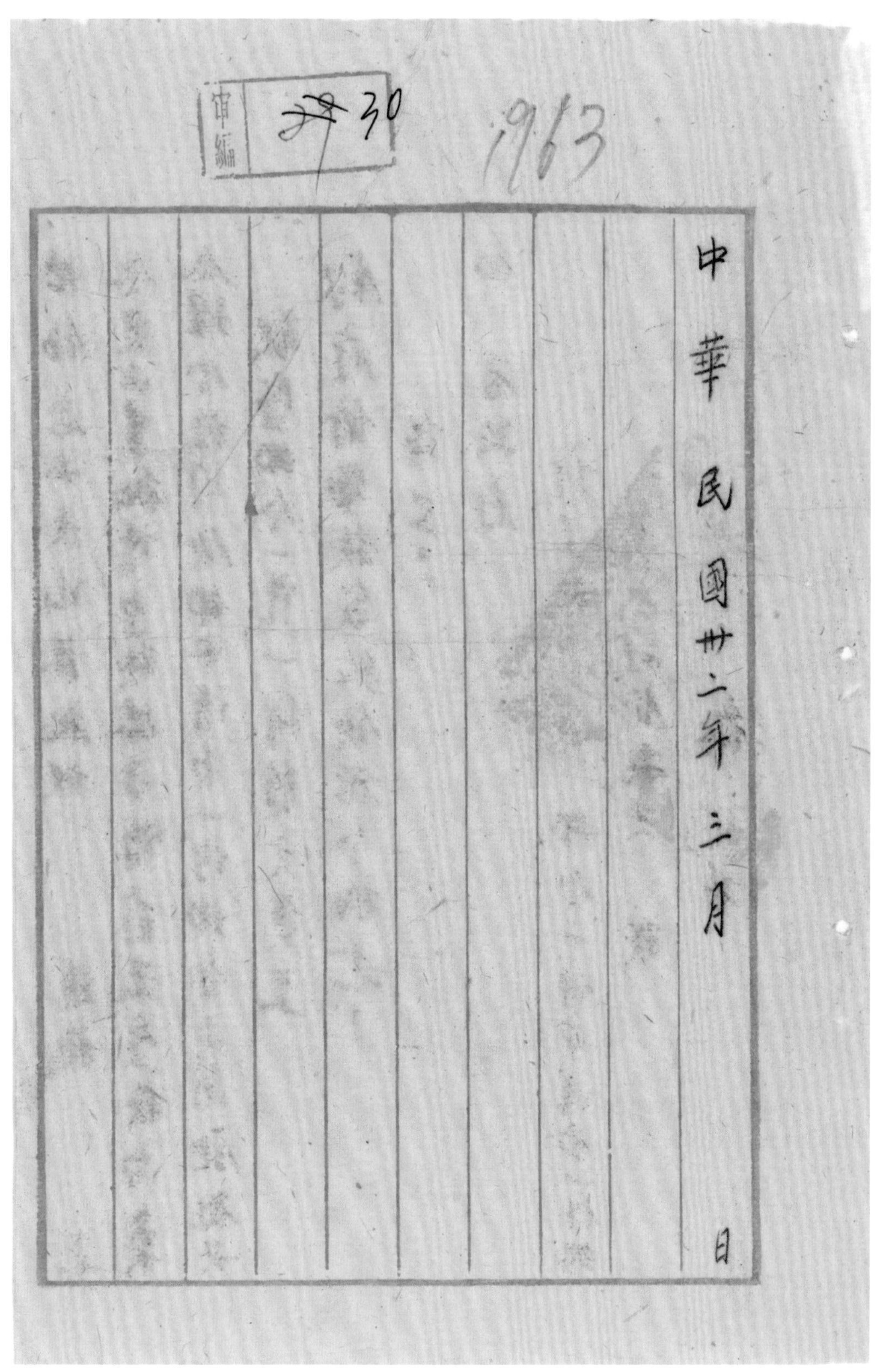

中華民國卅二年三月　　日

四川省政府关于核发故员张达和第二年年恤金及加倍恤金、第三年年恤金及加倍恤金致成都市政府的指令（一九四三年五月七日）

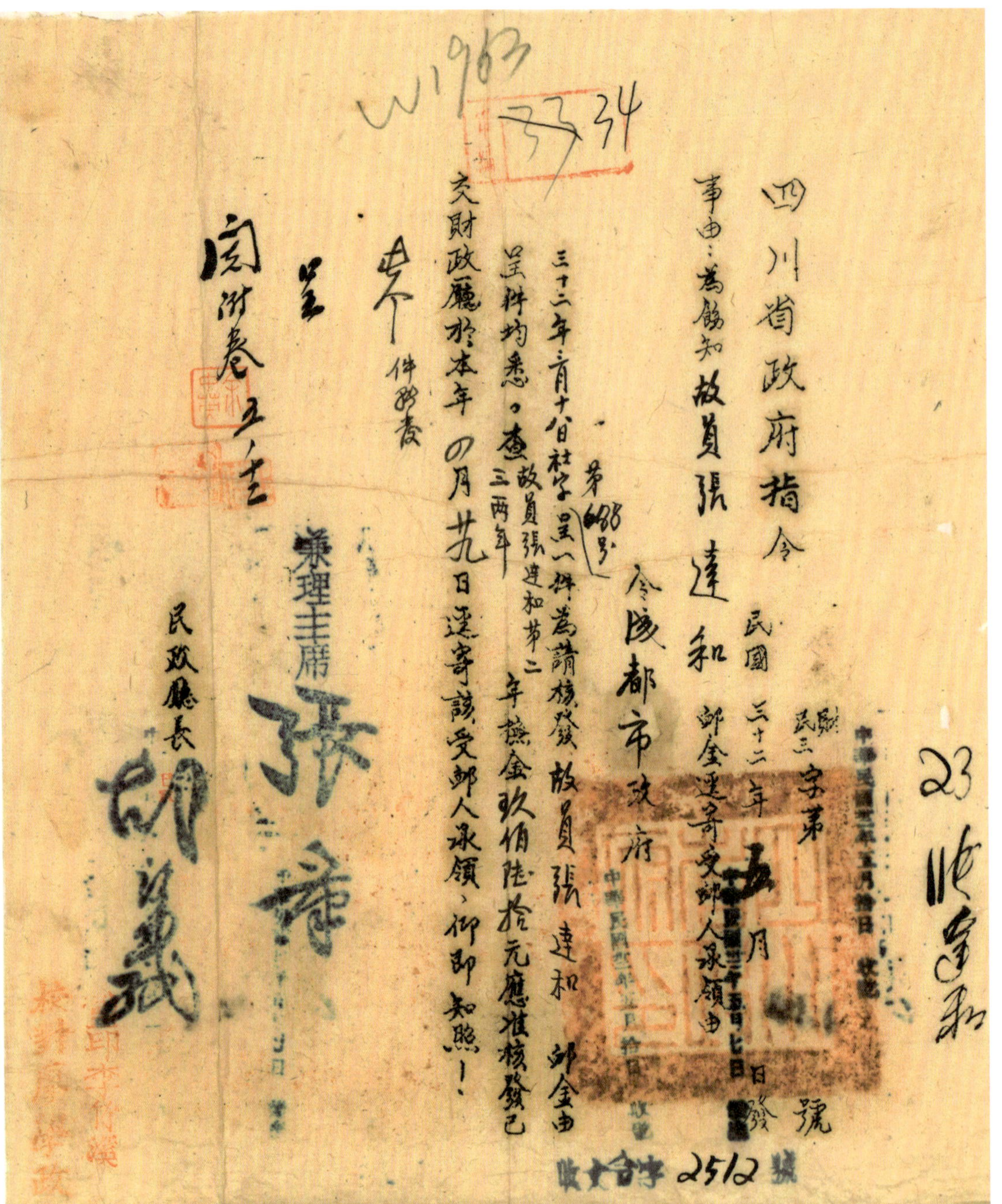

四川省政府指令

事由：為飭知故員張達和郵金逕寄受郵人承領由

民國三十二年五月　日發

財民三字第　號

令成都市政府

三十二年四月十八日社字第6088號呈一件，為請核發故員張達和第二、三兩年年撫金由。呈件均悉。查故員張達和第二、三兩年年撫金玖佰陸拾元，應准核發，已交財政廳於本年四月廿九日逕寄該受郵人承領，仰即知照！

此令。件存。

兼理主席　張群

民政廳長　胡次威

十四、张志远

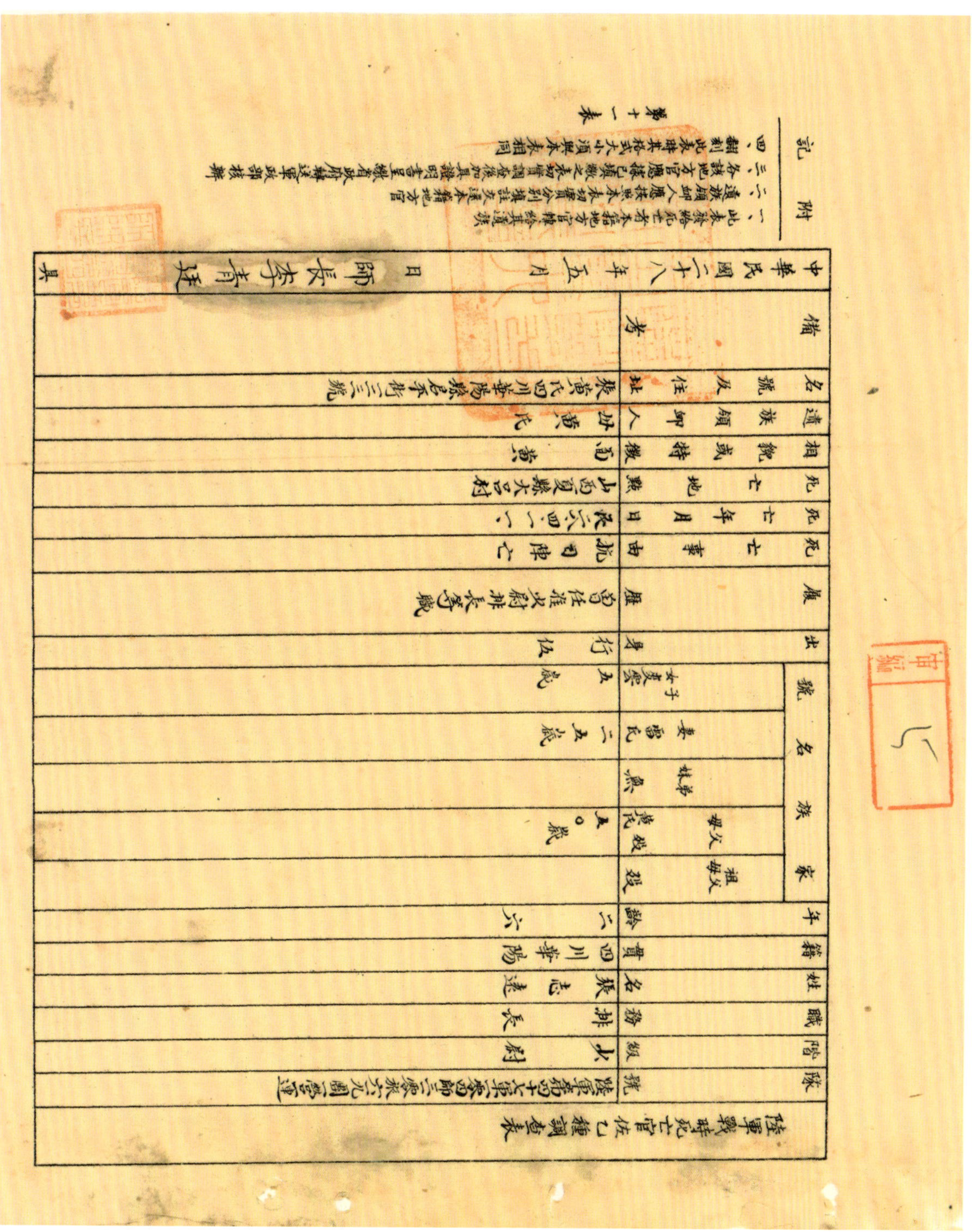

陸軍戰時死亡官佐乙種調查表

隊號	陸軍第四十七軍一零四師三一零旅六九四團一營一連
階級	少尉
職務	排長
姓名	張志遠
籍貫	四川華陽
年齡	二六
家族名號 祖父母	歿
家族名號 父母	父 歿；母 黃氏 五〇歲
家族名號 弟妹	無
家族名號 妻	雷氏 二五歲
家族名號 子女	女 [illegible]雯 五歲
出身	行伍
履歷	曾任准尉排長等職
死亡事由	抗日陣亡
死亡年月日	民二六、四、一一
死亡地點	山西夏縣大呂村
相貌特徵	面黃
遺族領卹人	母黃氏
名號及住址	張黃氏 四川華陽縣君平街三三號
備考	

中華民國二十八年五月　日

師長李青廷　具

附記

一、此表發給死亡者本籍地方官轉給其遺族

二、遺族領卹人應按照本表切實分別填註交還本籍地方官

三、各該地方官應據已填繳之表切實調查後加具證明書呈繳省政府轉送軍政部核辦

四、翻刻此表時其格式大小須與本表相同

第十一表

故员张志远的陆军战时死亡官佐士兵乙种证明书（一九三九年五月）

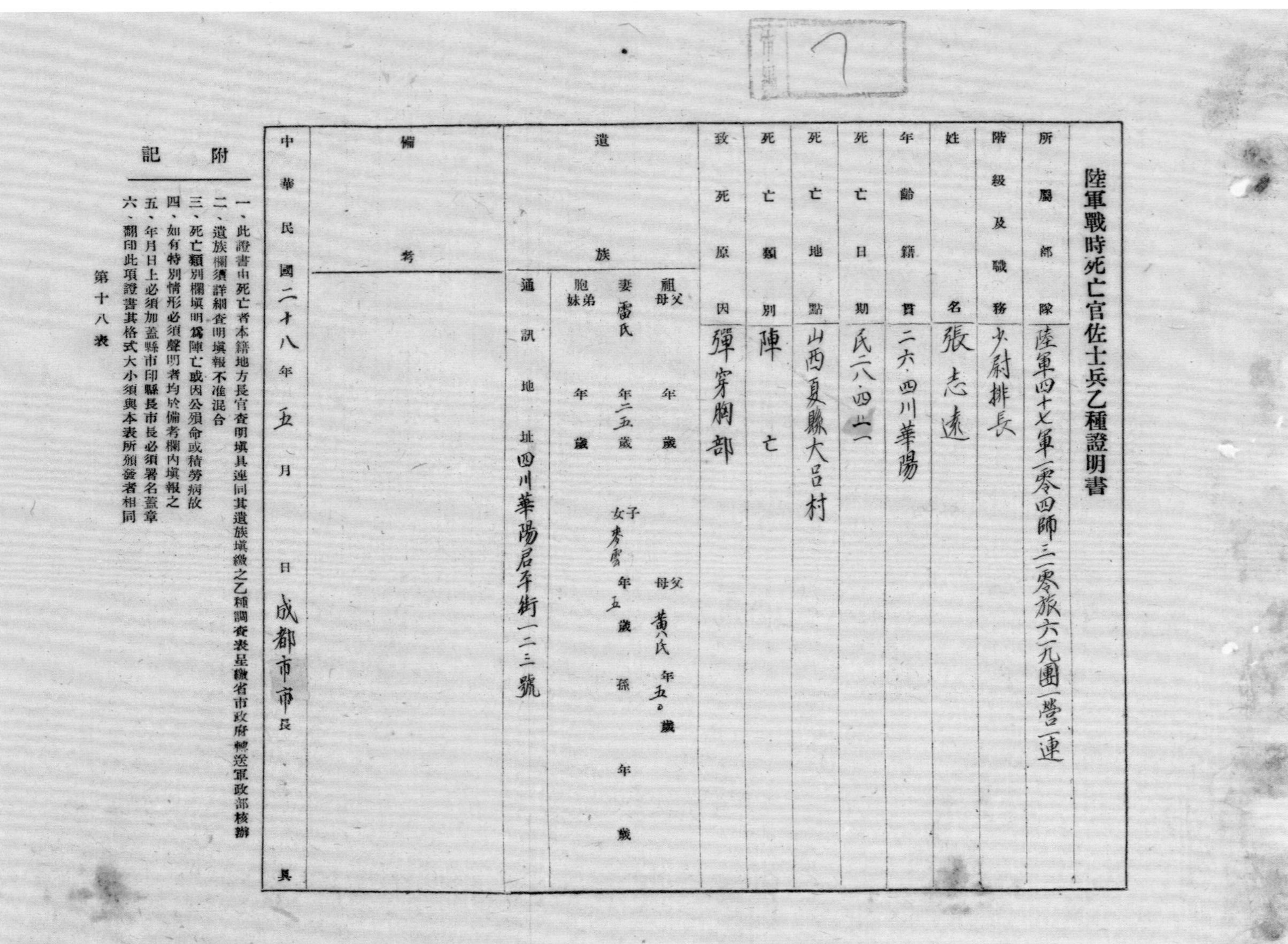

陸軍戰時死亡官佐士兵乙種證明書

所屬部隊	陸軍四十七軍一零四師三一零旅六一九團一營一連
階級及職務	少尉排長
姓名	張志遠
年齡籍貫	二六，四川華陽
死亡日期	民二八、四、一
死亡地點	山西夏縣大呂村
死亡類別	陣亡
致死原因	彈穿胸部
遺族	祖父母 年 歲；父母 黃氏 年五〇歲；妻 雷氏 年二五歲；子女 李雪 年五歲；胞弟妹 年 歲；孫 年 歲
通訊地址	四川華陽居平街一三三號
備考	

中華民國二十八年五月 日

成都市市長 具

附記

一、此證書由死亡者本籍地方長官查明填具連同其遺族填繳之乙種調查表呈繳省市政府轉送軍政部核辦

二、遺族欄須詳細查明填報不准混合

三、死亡類別欄填明為陣亡或因公殞命或積勞病故

四、如有特別情形必須聲明者均於備考欄內填報之

五、年月日上必須加蓋縣市印縣長市長必須署名蓋章

六、翻印此項證書其格式大小須與本表所頒發者相同

第十八表

李家钰军长关于函送李忠卿等六员故兵请恤书表致成都市政府的代电（一九三九年十一月十一日）

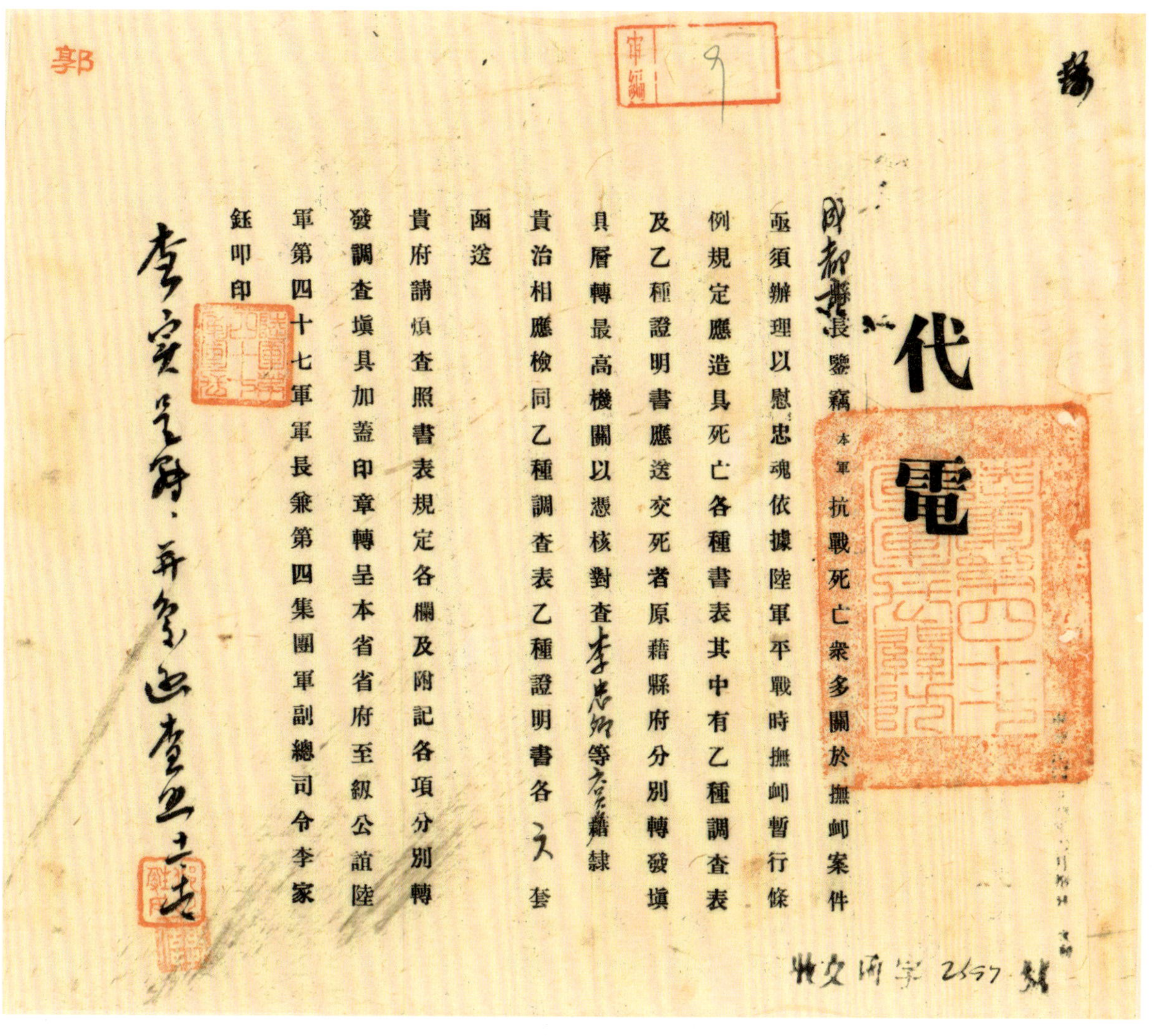
代電

成都市長鑒：竊本軍抗戰死亡衆多，關於撫卹案件亟須辦理，以慰忠魂。依據陸軍平戰時撫卹暫行條例規定，應造具死亡各種書表，其中有乙種調查表及乙種證明書應送交死者原籍縣府分別轉發填具層轉最高機關以憑核對查。李忠卿等六名籍隸貴治，相應檢同乙種調查表、乙種證明書各六套函送貴府，請煩查照書表規定各欄及附記各項分別轉發調查，填具加蓋印章，轉呈本省省府至級公誼。陸軍第四十七軍軍長兼第四集團軍副總司令李家鈺叩印

李家鈺

成都市第二区第三五保保长、第三五甲甲长关于故员张志远遗族情况的保结（一九三九年十一月十九日）

保結

保 雷楫之
甲 沈玉成
族長 無
今向
（成）都市政府保得故員張志遠遺族祖父應忠年八九歲存
母羅氏年八六歲殁 父世安年六六歲殁 母黄氏年五
十歲存 妻雷氏年二五歲 子無年 歲 女李雲年
五歲 弟無年 歲 妹無年 歲 確係屬實
有捏報朦蔽等情弊一經查出保甲族長甘受懲處並該遺族以
如有變更仍當隨時報告所保是實須至保結者

成都市第二區第三五保保長雷楫之

具保結人成都市第二區第三五保第三五甲甲長沈玉成

族長

住 街第 號

（中）華民國二八年十一月十九日

成都市政府关于查照李忠卿等六员故兵情况致四川省政府的呈文（一九三九年十二月五日）

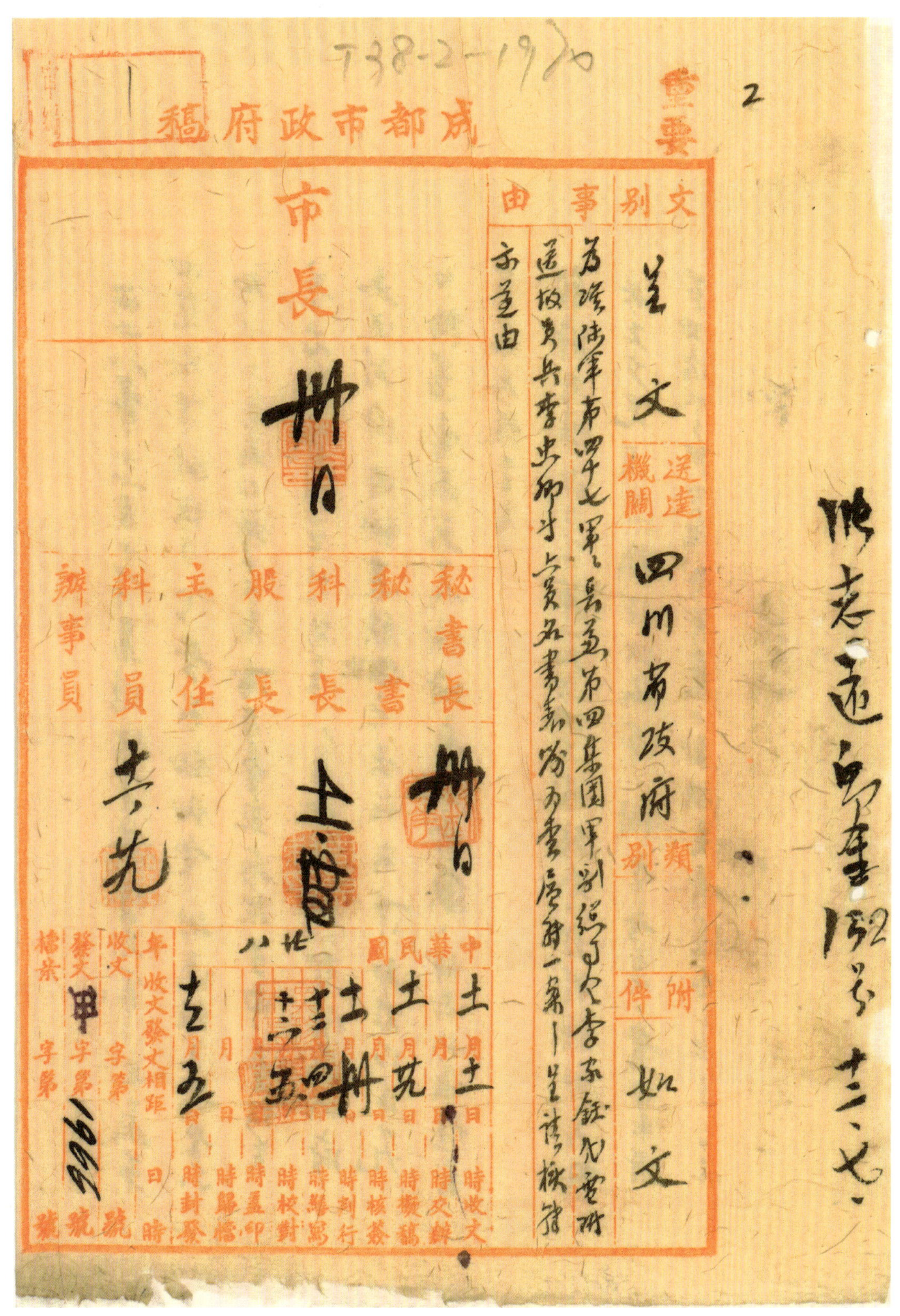
成都市政府稿

文别	呈文
送達機關	四川省政府
類別	
附件	如文

事由

市長

秘書長

秘書

科長

股長

主任

科員

辦事員

中華民國　年　月　日

收文　字第　號

發文　字第　號

檔案　字第　號

二十八年十二月十日案准陸軍第四十七軍軍長兼第四集團軍副總司令李家鈺代電，附送故員兵李忠輝等名冊乙種書表，請為查照辦理等由，查故員李忠輝書表曾於本年八月廿二日准邛崃縣政府函送到府，因該遺族原未住本市，即於同月廿九日檢還書表並復該府查照在案，故兵何俊煌書表無從呈報在案

鈞府本年民三字第一九六四六號指令飭補錄辦，又故兵王少先因遺族住址不詳，調查無着，業由本府第四區呈報公所在案，該故員兵張志遠等三名

审编 2

遺族，節經本府派員調查，除故兵傅榮、周濟民等二

名遺族住址不詳，查詢無着，應候另行公告核辦外，

理合將故兵張忠遠調查表，連同本府加具證明書各

一份，隨文賫呈

鈞府，俯賜核轉，核發祀金！再該遺族所具保結

並奉

鈞府卅七年民字第零零二七號訓令，應由本府核存，

故未并呈，合併陳明。

謹呈○二

四川省政府

计呈板(?)员張志遠乙種書表各二份
衔名
中華民國廿八年十一月 日

附：成都市政府照填的故员张志远的陆军战时死亡官佐士兵乙种证明书（一九三九年十一月）

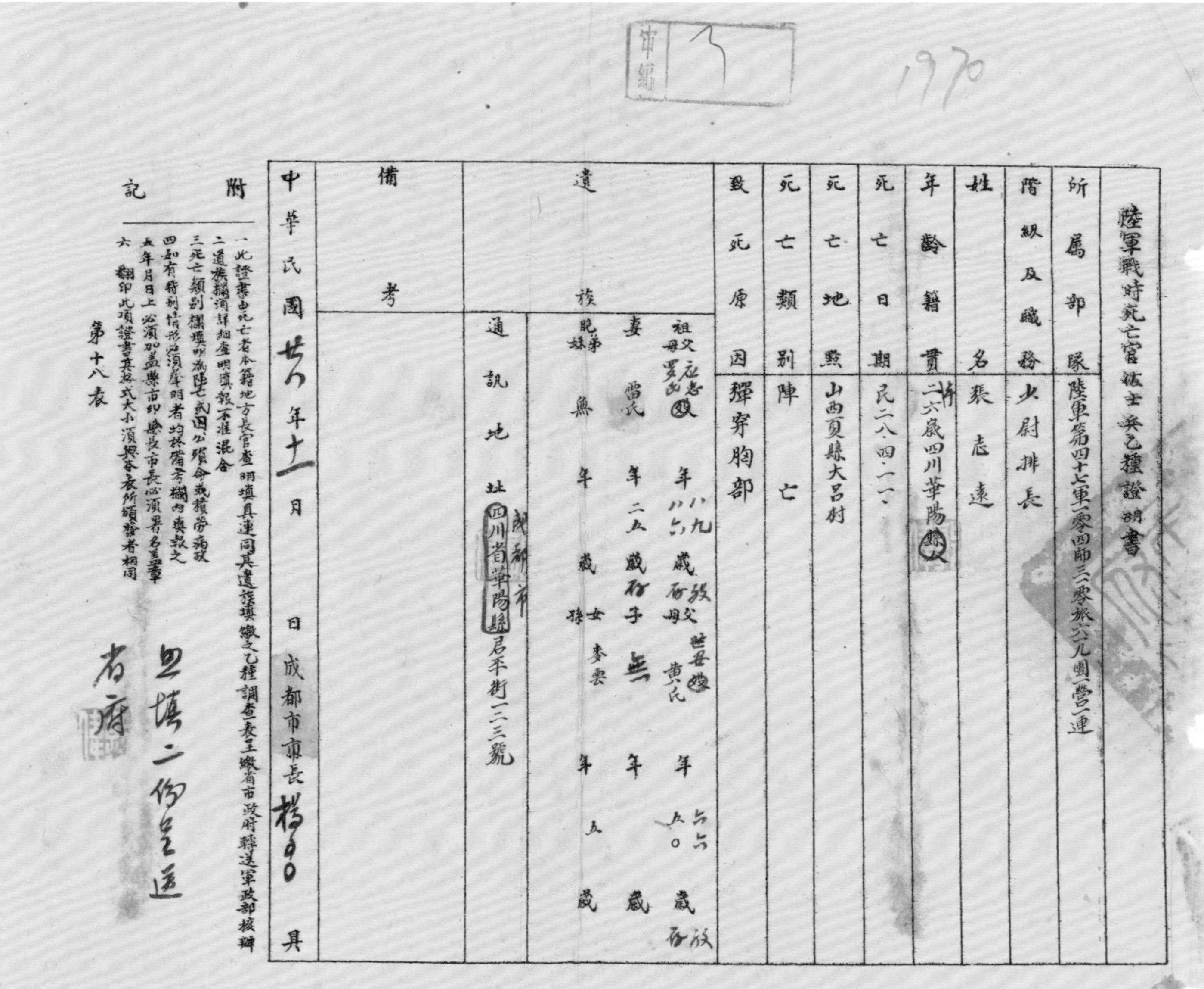

陸軍戰時死亡官佐士兵乙種證明書

所屬部隊	陸軍第四十七軍一零四師三一零旅六一九團一營一連
階級及職務	少尉排長
姓名	張志遠
年齡籍貫	二六歲 四川華陽縣
死亡日期	民二八、四、一一
死亡地點	山西夏縣大呂村
死亡類別	陣亡
致死原因	彈穿胸部
遺族	祖父應志（歿） 祖母羅氏（歿） 年八九 八六 歲 存歿；父世安（歿） 母黃氏 年六六 五〇 歲 存歿；妻曾氏 年二五歲；子 無；兄弟姊妹 無；孫女 麥雲 年五歲
通訊地址	成都市 四川省華陽縣居平街一二三號
備考	

中華民國廿八年十一月　日　成都市市長　楊[illegible]　具

附記

一　此證書由死亡者本籍地方長官查明填具連同其遺族撫卹文乙種調查表呈繳省市政府轉送軍政部核辦

二　遺族欄須詳細查明填報不准混合

三　死亡類別欄填明為陣亡或因公殞命或積勞病故

四　如有特別情形須聲明者均於備考欄內填敘之

五　年月日上必須加蓋縣市印縣長市長必須署名蓋章

六　翻印此項證書其格式大小須與本表所須發者相同

第十八表

省府　四填二份呈送

附：成都市政府照填的故员张志远的陆军战时死亡官佐乙种调查表（一九三九年十二月一日）

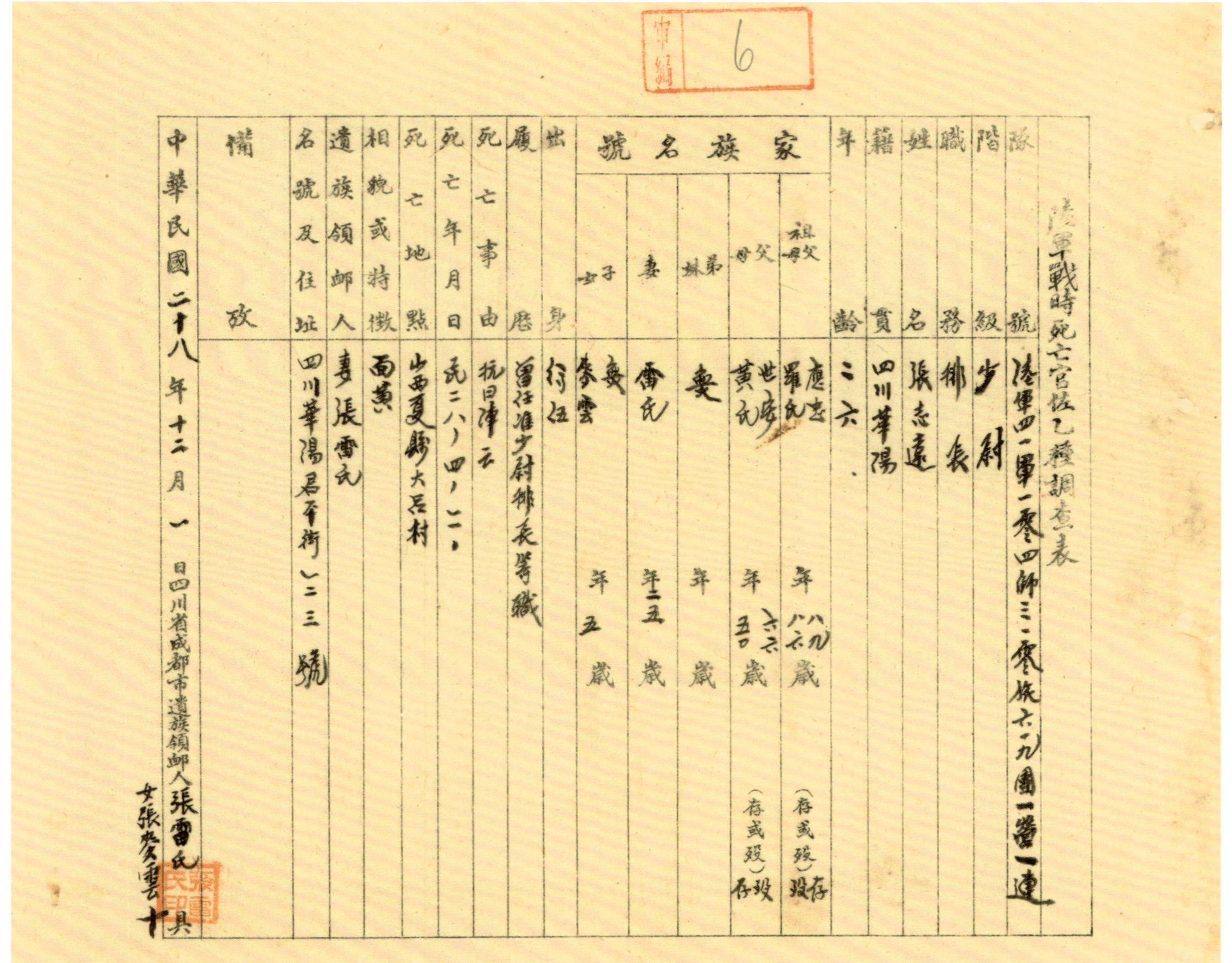

市編 6

陸軍戰時死亡官佐乙種調查表

部隊番號	陸軍四一軍一零四師三一零旅六一九團一營一連
階級	少尉
職務	排長
姓名	張志遠
籍貫	四川華陽
年齡	二六
家族名號 祖父、祖母	應志、羅氏　年八九、八六歲（存或殁）殁、存
家族名號 父、母	世彥、黃氏　年六六、五〇歲（存或殁）存、殁
家族名號 弟、妹	無　年　歲
家族名號 妻	雷氏　年二五歲
家族名號 子、女	女 參雲　年五歲
出身	行伍
履歷	曾任准少尉排長等職
死亡事由	抗日陣亡
死亡年月日	民二八、四、二一
死亡地點	山西夏縣大呂村
相貌或特徵	面黃
遺族領卹人	妻 張雷氏
名號及住址	四川華陽君平街一二三號
備考	

中華民國二十八年十二月一日

四川省成都市遺族領卹人 張雷氏 具

女 張參雲 十

張雷氏印

华阳县政府关于函送故员张志远等请恤书表致成都市政府的公函（一九三九年十二月六日）

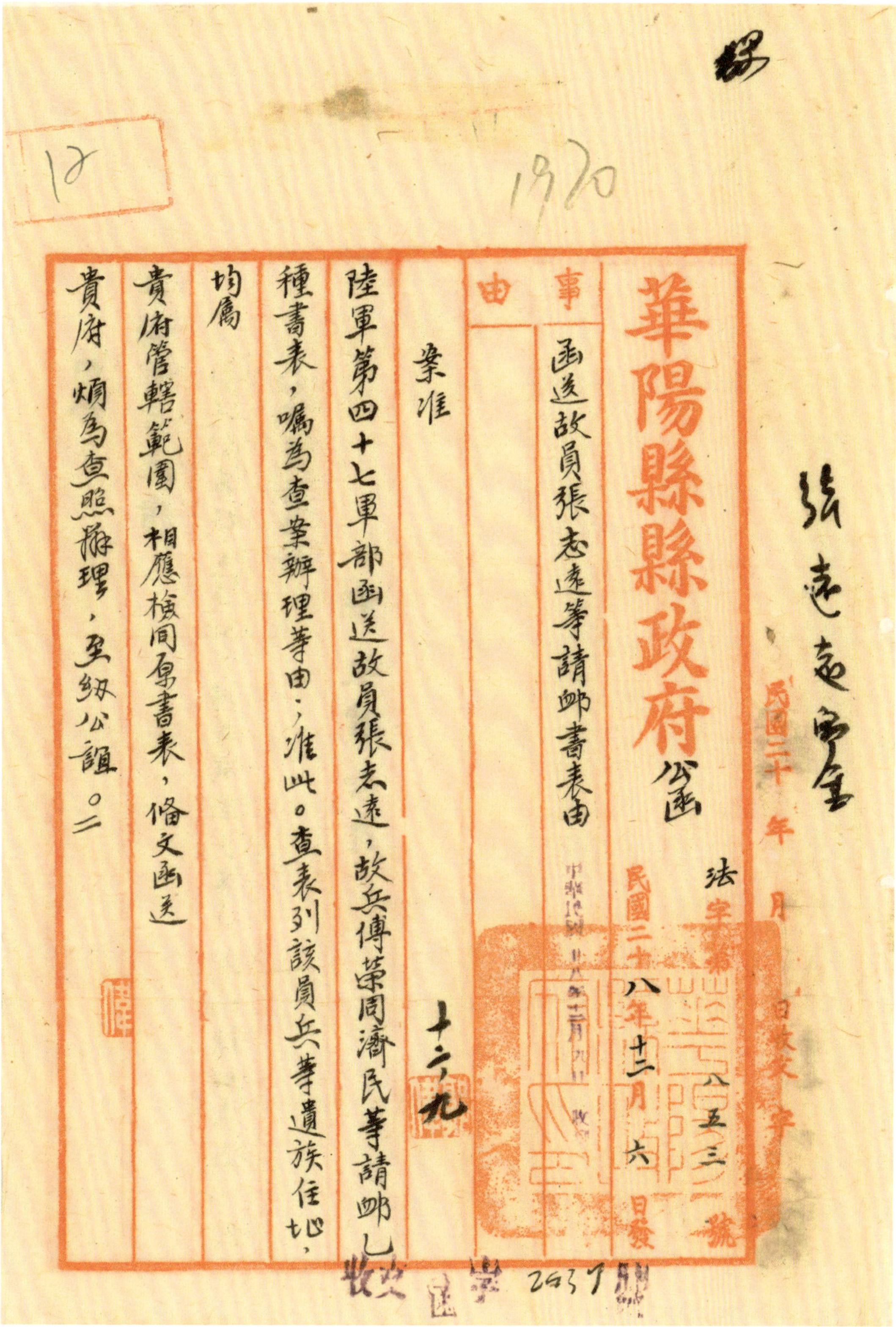

華陽縣政府公函

事由：函送故員張志遠等請卹書表由

法字第八五三號

民國二十八年十二月六日發

案准

陸軍第四十七軍部函送故員張志遠，故兵傅榮周濟民等請卹各種書表，囑爲查案辦理等由，准此。查表列該員兵等遺族住址，均屬

貴府管轄範圍，相應檢同原書表，備文函送

貴府，煩爲查照辦理，至紉公誼。

此致

成都市市政府

計送故員張志遠故兵傅榮周濟民等請䘏乙種調查表乙種

証明書各四份

縣長黄功隆 黄功隆印

四川省政府关于转送故员张志远等请恤书表致成都市政府的指令（一九四〇年一月十一日）

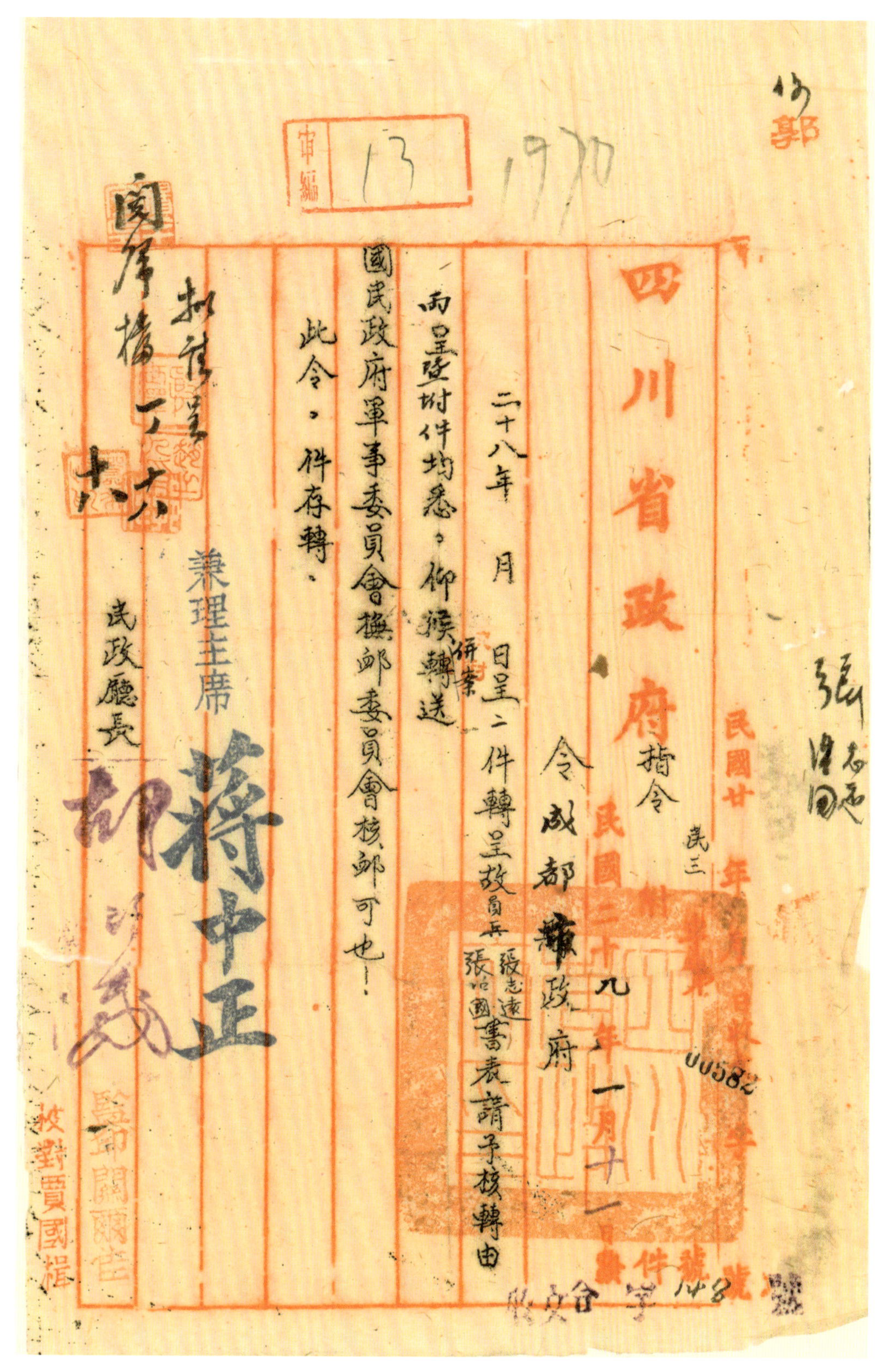
四川省政府指令

民三

令成都市政府

二十八年　月　日呈二件转呈故员兵张志远、张治国书表请予核转由

两呈暨附件均悉。仰候转送国民政府军事委员会抚恤委员会核恤可也！

此令。件存转。

兼理主席　蒋中正

民政厅长　胡次威

民国二十九年一月十一日

故员张志远遗族张雷氏关于申请从优核恤致成都市政府的呈（一九四〇年四月八日）

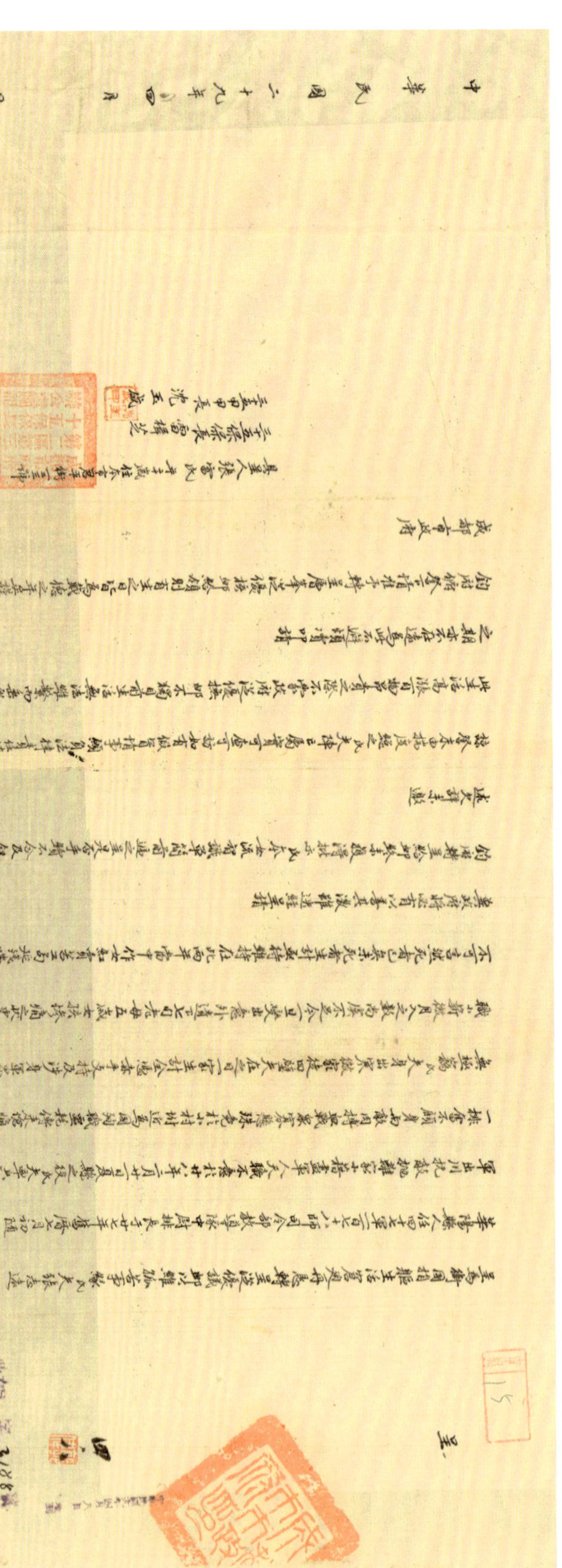

成都市政府关于从优核恤致张雷氏的批（一九四〇年四月十二日）

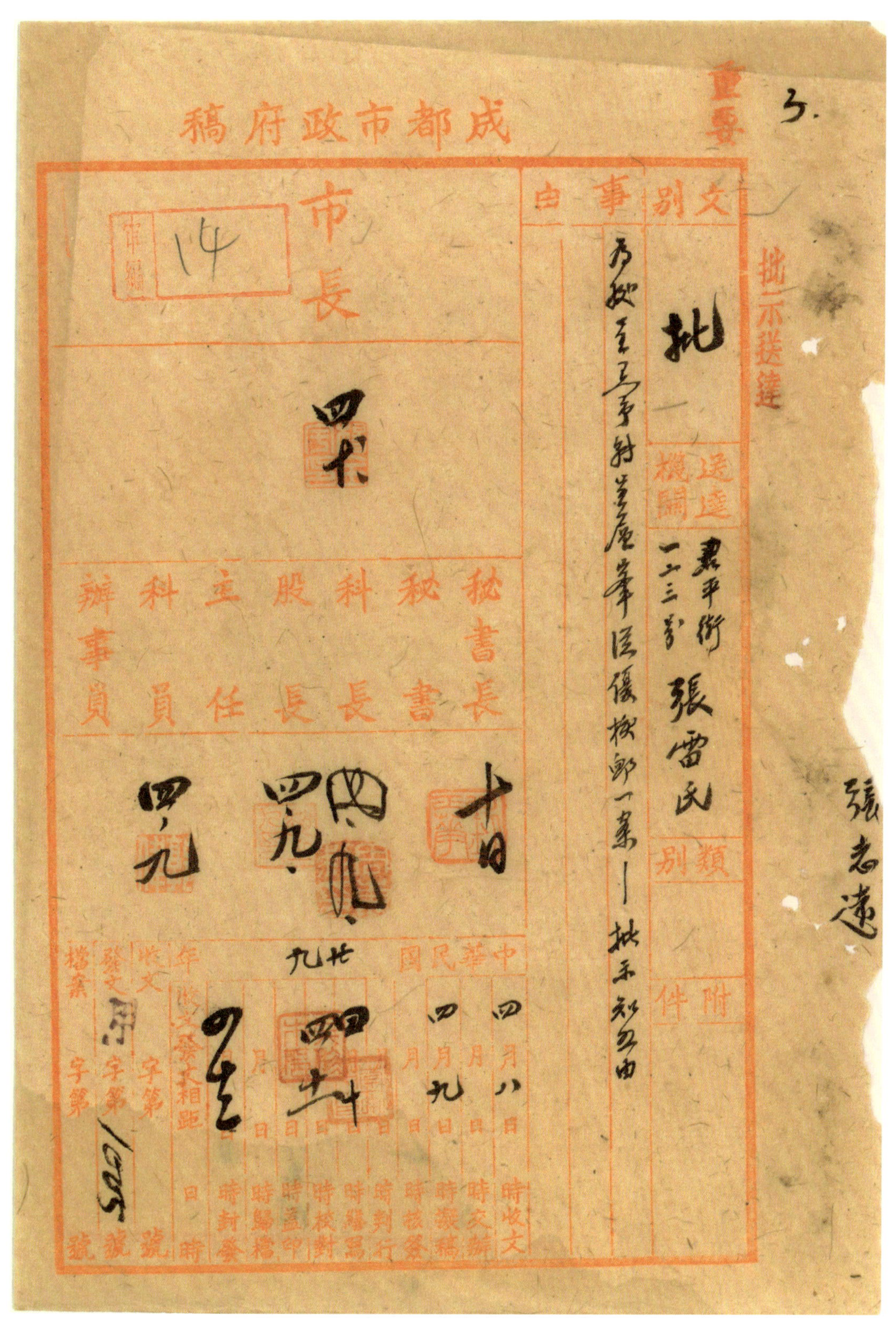

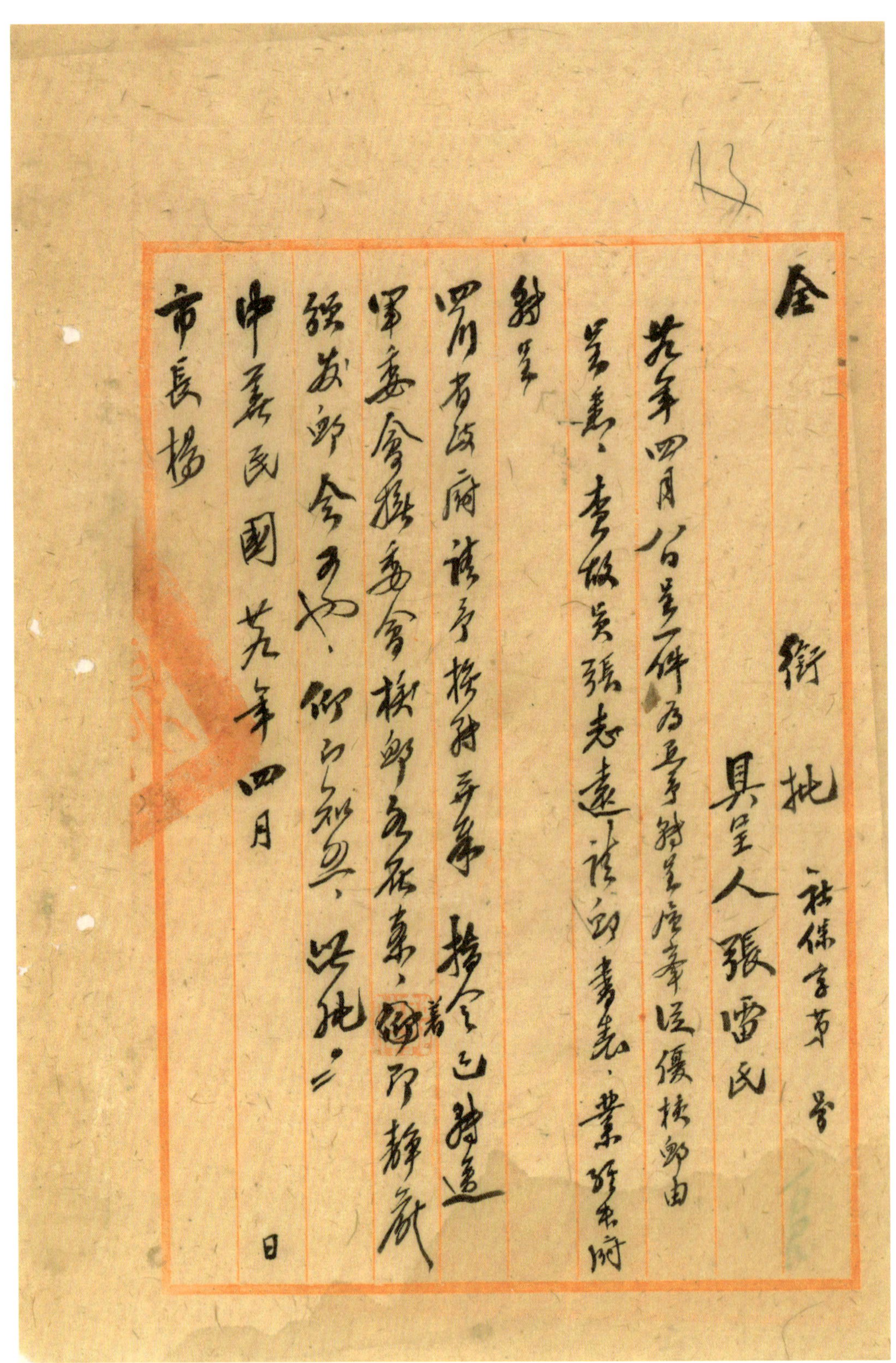

令

衔　批　具呈人張雷氏　社保字第　号

廿九年四月　日呈一件爲懇予轉呈准予從優撫卹由

呈悉。查故員張志遠請卹書表，業經本府轉呈

四川省政府請予核轉在案，據令已轉送

軍委會撫委會核卹在案，著即靜候

頒發卹令可也。仰即知照。此批。

中華民國廿九年四月　日

市長楊

四川省政府关于检发故员兵张志远等恤令致成都市政府的训令（一九四〇年九月二十六日）

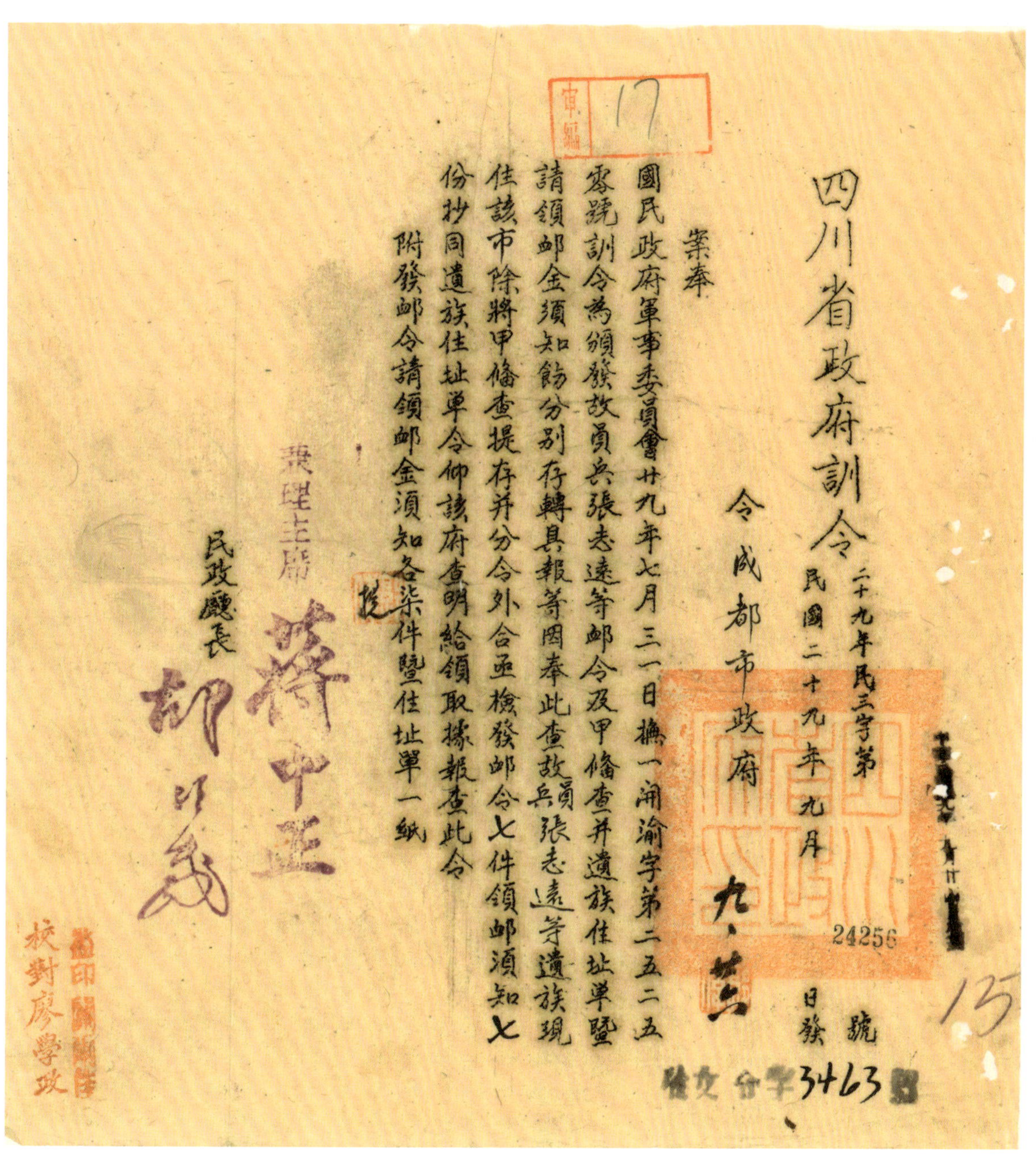

四川省政府訓令

民國二十九年九月 日發

二十九年民三字第 號

令成都市政府

案奉

國民政府軍事委員會廿九年七月三一日撫一渝字第二五二五零號訓令為頒發故員兵張志遠等卹令及甲備查并遺族住址單暨請領卹金須知飭分別存轉具報等因奉此查故員兵張志遠等遺族現住該市除將甲備查提存并分令外合亟檢發卹令七件領卹須知七份抄同遺族住址單令仰該府查明給領取據報查此令

附發卹令請領卹金須知各柒件暨住址單一紙

兼理主席 蔣中正

民政廳長 胡次威

附：遗族住址单

审编 18 / 1 / 1920

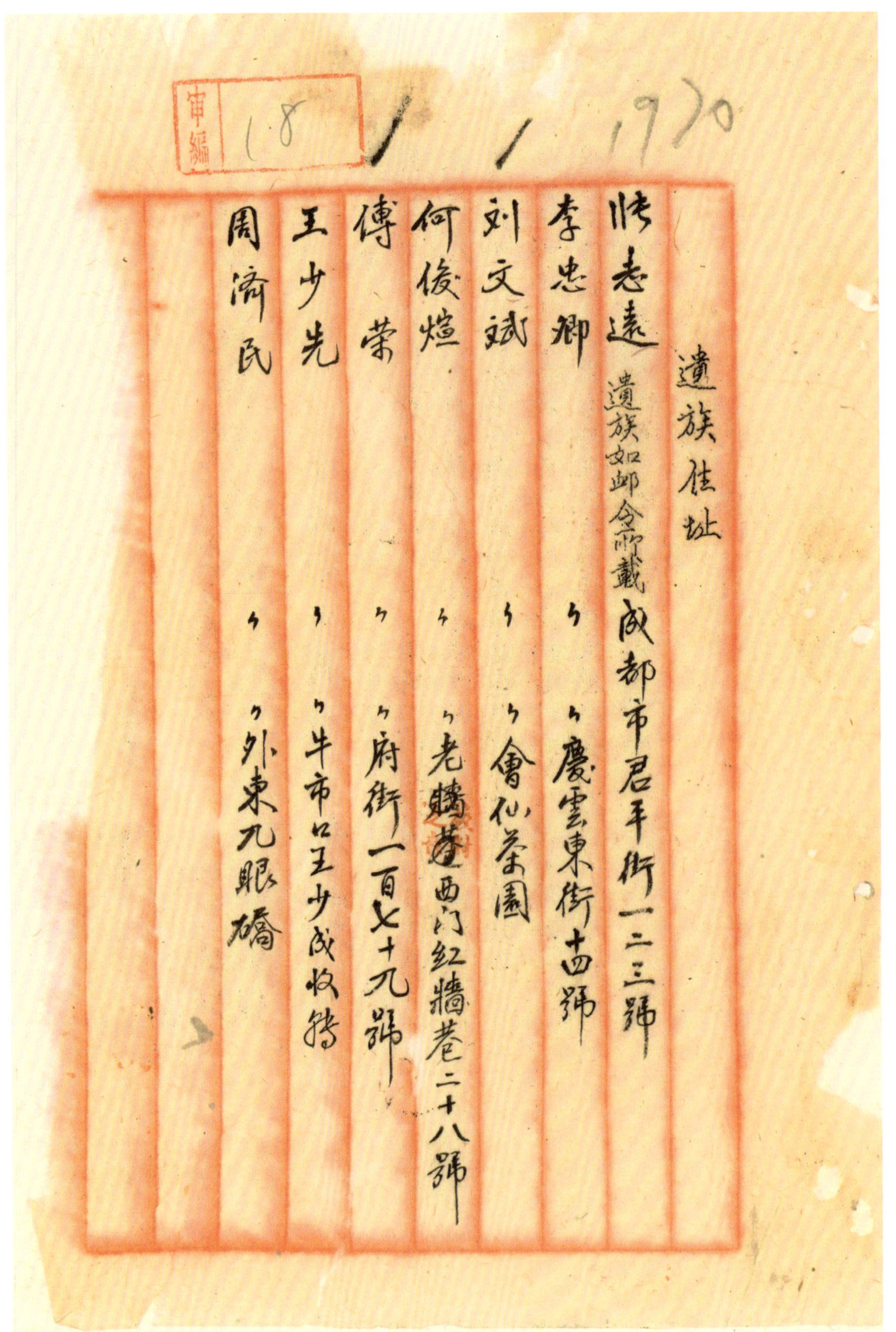

遺族住址

陈志遠	遺族如卹令所載	成都市君平街一二三號
李忠卿	〃	〃慶雲東街十四號
刘文斌	〃	〃會仙茶園
何俊煊	〃	〃老牆巷西门紅牆巷二十八號
傅荣	〃	〃府街一百七十九號
王少先	〃	〃牛市口王少成收轉
周濟民	〃	〃外東九眼橋

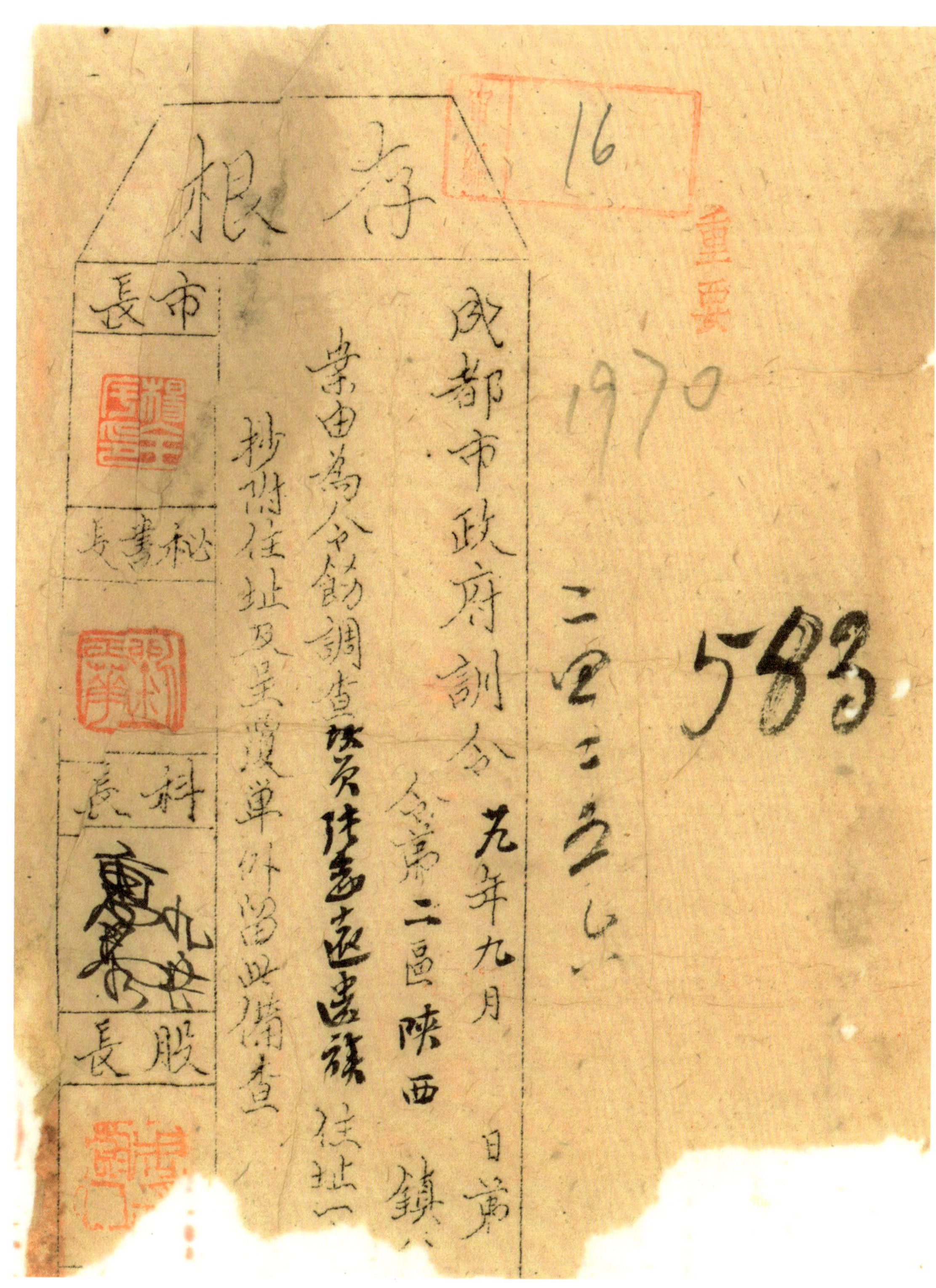

存根

市長

秘書長

科長

股長

成都市政府訓令 廿九年九月　日第　號

令第二區陝西鎮

案由　為令飭調查故員張志遠遺族住址一

抄附住址及呈覆單併留此備查

成都市政府关于调查故员张志远遗族住址致第二区陕西镇公所训令的存根（一九四〇年九月）

张黄氏、张雷氏关于申领故员张志远恤金致成都市余市长的呈（一九四〇年十月二十三日）

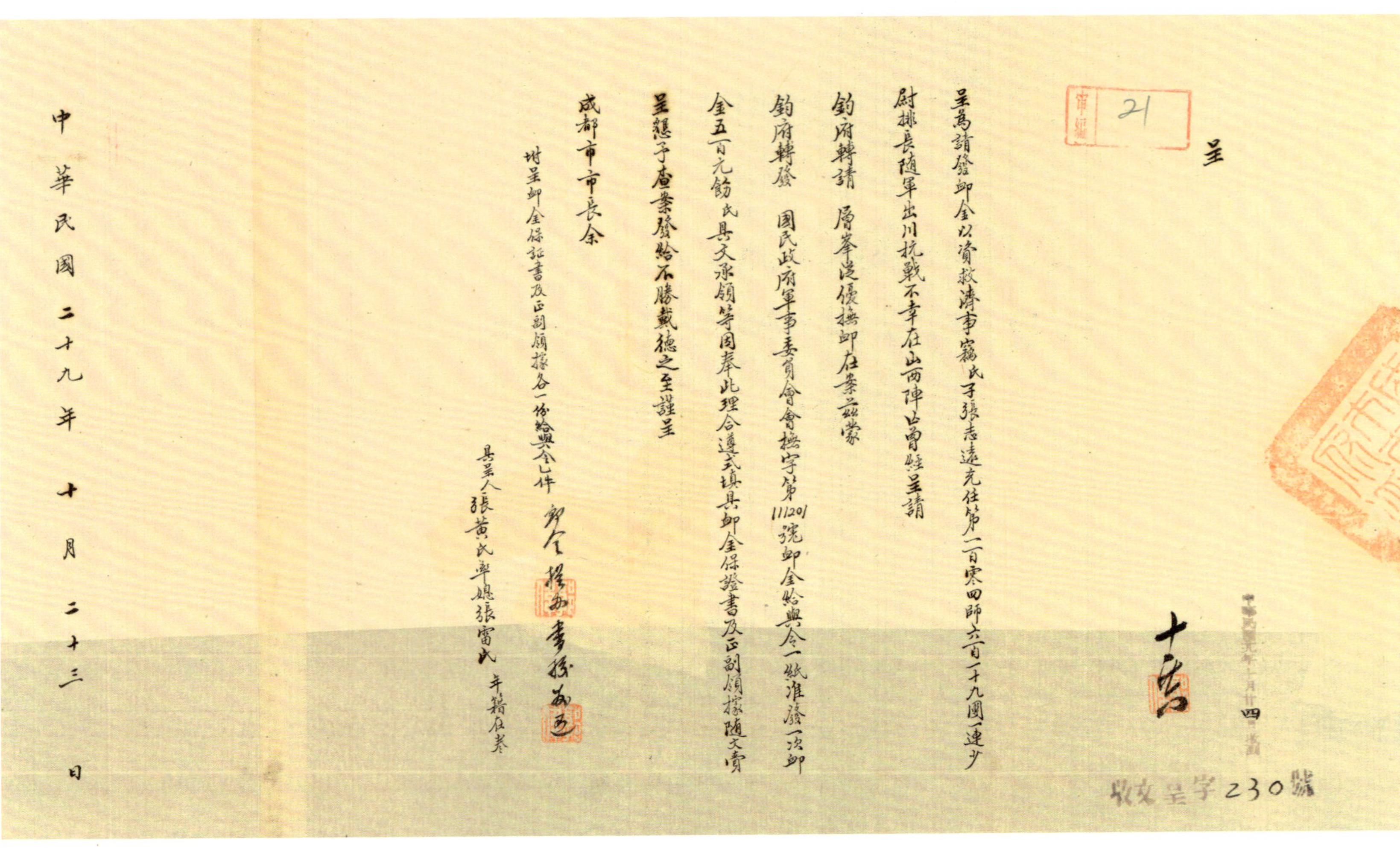

呈

呈為請發卹金以資救濟事竊氏子張志遠充任第一百零四師六百一十九團一連少尉排長隨軍出川抗戰不幸在山西陣亡曾經呈請

鈞府轉請 層峯從優撫卹在案茲蒙

鈞府轉發 國民政府軍事委員會會撫字第111201號卹金給與令一紙准發一次卹金五百元飭氏具文承領等因奉此理合遵式填具卹金保證書及正副領據隨文賫呈懇予查案發給不勝戴德之至謹呈

成都市市長余

附呈卹金保證書及正副領據各一份給與令乙件

具呈人張黄氏 率媳張雷氏 年籍在卷

中華民國二十九年十月二十三日

收文呈字230號

成都市政府关于核发故员张志远恤金致张黄氏等的批（一九四〇年十一月二日）

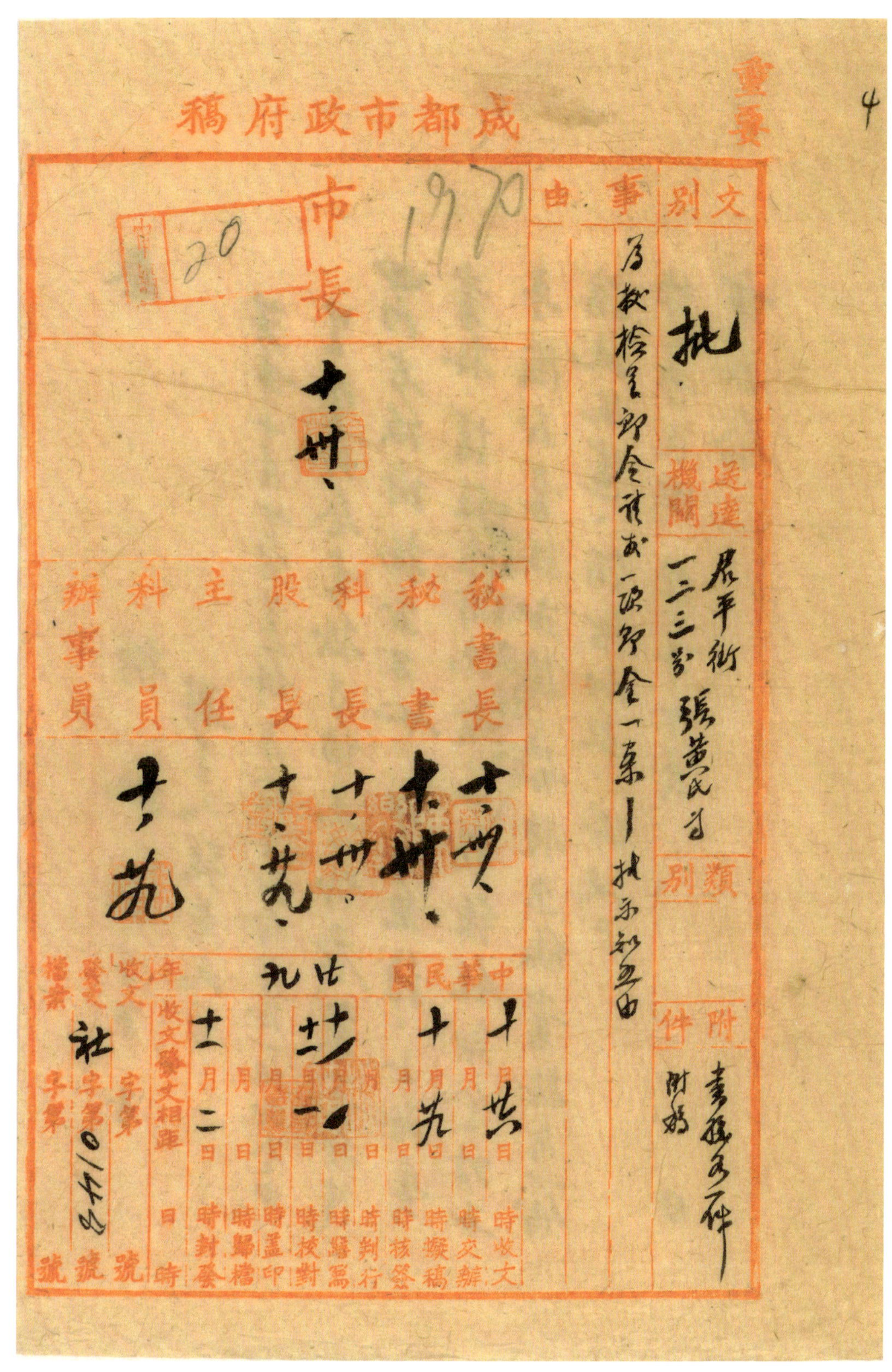
重要

4

成都市政府稿

文别	批
送达机关	居平街一二三号 张黄氏等
类别	
附件	附抚恤金存摺

事由：为秋检呈部令核发一次恤金一案，批示知照由

市长 20 1970

十一、卅

秘书长 十一、卅
秘书 十一、卅
科长 十一、卅
股长 十一、廿九
主任
科员
办事员 十一、廿九

中华民国廿九年 十月廿六日 收文
十月廿九日 拟稿
十一月一日
十二月二日

收文 字第 号
发文 社字第01448号
档案 字第 号

令

衔批　社字第　号

具呈人張黄氏等

卅年十月廿六日呈一件，為檢呈卹令請發一次卹金由

呈暨卹令書據等均悉。仰候彙案轉請

四川省政府核發可也。卹令並發還，又該項

書據，填註多有未合，仰依式填註一張，領卹金時再

予檢發書據式樣一紙，仰將原領書據另行

遵批繕還。併仰知照。此批。

中華民國卅年十月　日

市長余

张雷氏关于承领故员张志远一次抚恤令的收据（一九四一年一月十八日）

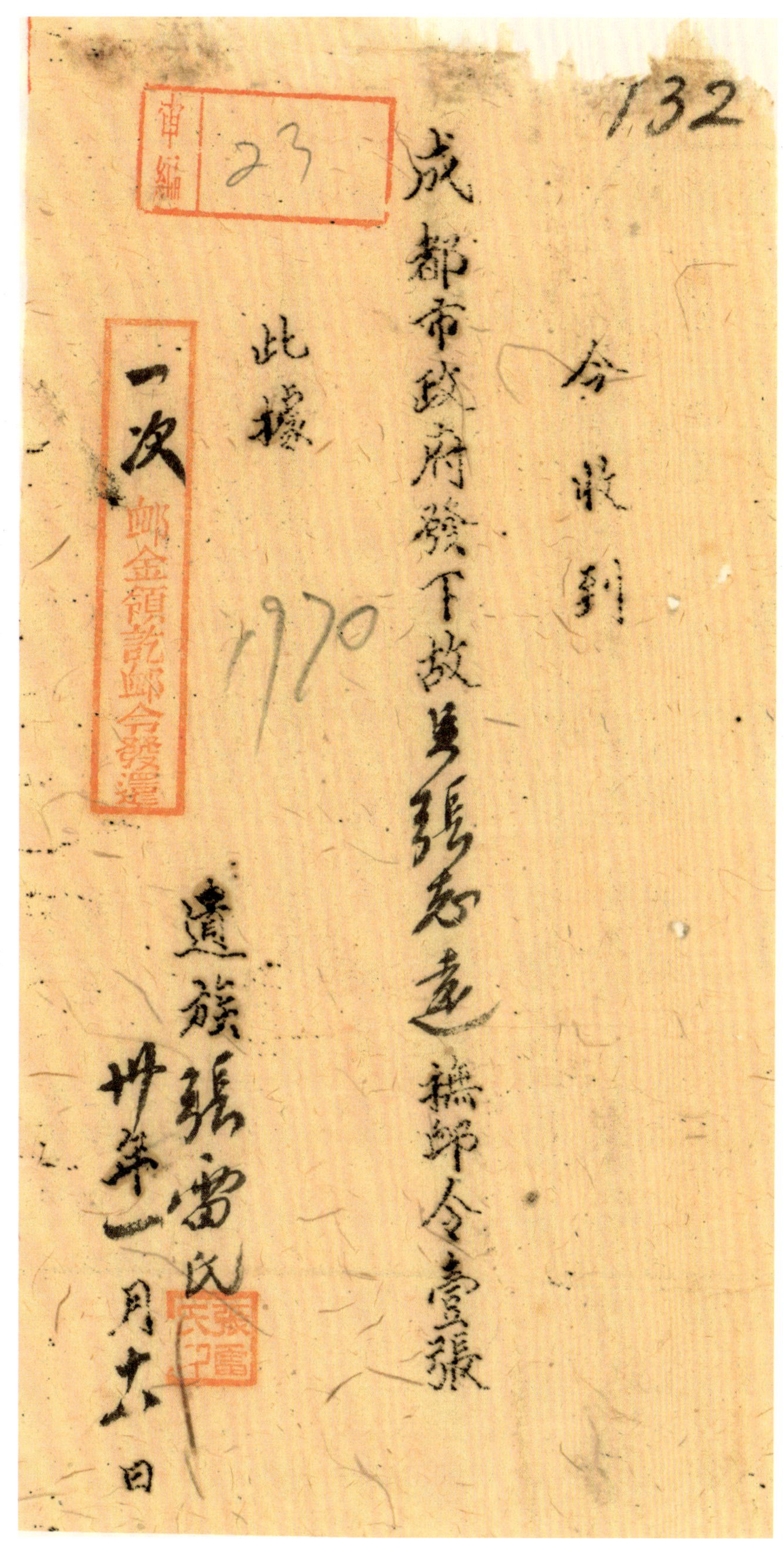
132

审编 23

令收到

成都市政府发下故员张志远一次抚䘏令壹张

此据

一次 邮金领讫邮令发还

1970

遗族张雷氏（印：張雷氏子）

卅年一月十八日

附：抚恤金领据、具领恤金保证书

此聯撫卹委員會第二處存查

撫卹金副領據

茲領到

部隊機關番號 第一〇四師六一九團一連　階級 少尉　職務 排長　姓名 張志遠　卹金種類 一次卹金

國幣 伍百 元

右款業已照數領訖此據

軍事委員會撫卹委員會第二處查照

領卹人 張雷氏（印：張雷氏）

中華民國 三十年 一月 日

字第　號

此聯轉報軍政部核轉

撫卹金正領據

茲領到

部隊機關番號 第一〇四師六一九團一連　階級 少尉　職務 排長　姓名 張志遠　卹金種類 一次卹金

國幣 伍百 元

右款業已照數領訖此據

軍事委員會撫卹委員會第二處查照

領卹人 張雷氏（印：張雷氏）

中華民國 三十年 一月 日

具領卹金保證書

保證人 吳林 今保證領卹人 張雷氏 確係

部隊機關番號 第一四四師六九團一連 階級 少尉 職務 排長 姓名 張志遠

之遺族茲遵照

國民政府軍事委員會會 字第 號卹金給與令核准給與該

故員一次 卹金國幣 伍百 元整今由該遺族向

鈞會第三處如數領訖具領後如有發生爭議保証人願照

鈞會請領卹金須知第十六條之規定負法律上一切責任此證

謹呈

國民政府軍事委員會撫卹委員會

保証人姓名 吳林 蓋章 籍貫 四川成都 住址 君平街廿六號 職務或職業 商

（店鋪書柬）寄宿舍 （店鋪營業資本金額）一萬伍千元

領卹人姓名 張雷氏 蓋章 籍貫 四川華陽 住址 君平街三三號 與故員之關係 夫妻

其他遺族姓名及關係 母 張黃氏 女 張秀雲

中華民國 三十 年 一 月 日

四川省政府关于检发故员张志远等遗族名称校正表致成都市政府的训令（一九四一年四月十八日）

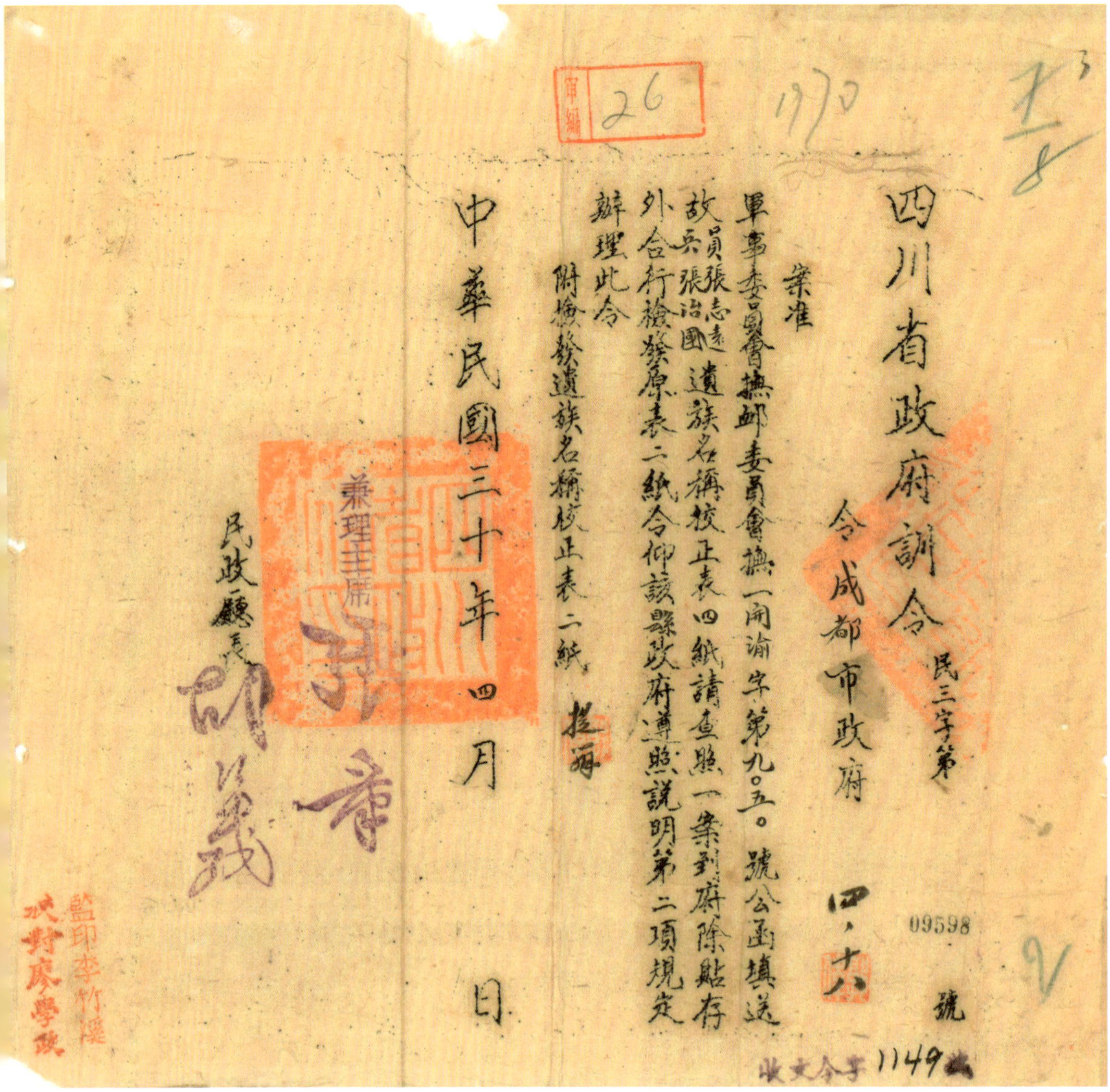

四川省政府訓令 民三字第 09598 號

令成都市政府

案准

軍事委員會撫卹委員會撫(一)兩渝字第九〇五〇號公函填送故員張志遠、故兵張治國遺族名稱校正表四紙，請查照一案到府，除貼存外，合行檢發原表二紙，令仰該縣政府遵照說明第二項規定辦理。此令。

附檢發遺族名稱校正表二紙

兼理主席 張群

民政廳長 胡次威

中華民國三十年四月 日

監印李竹溪

校對廖學政

成都市政府关于检发故员张志远等遗族名称校正表致张雷氏等的通知（一九四一年四月二十六日）

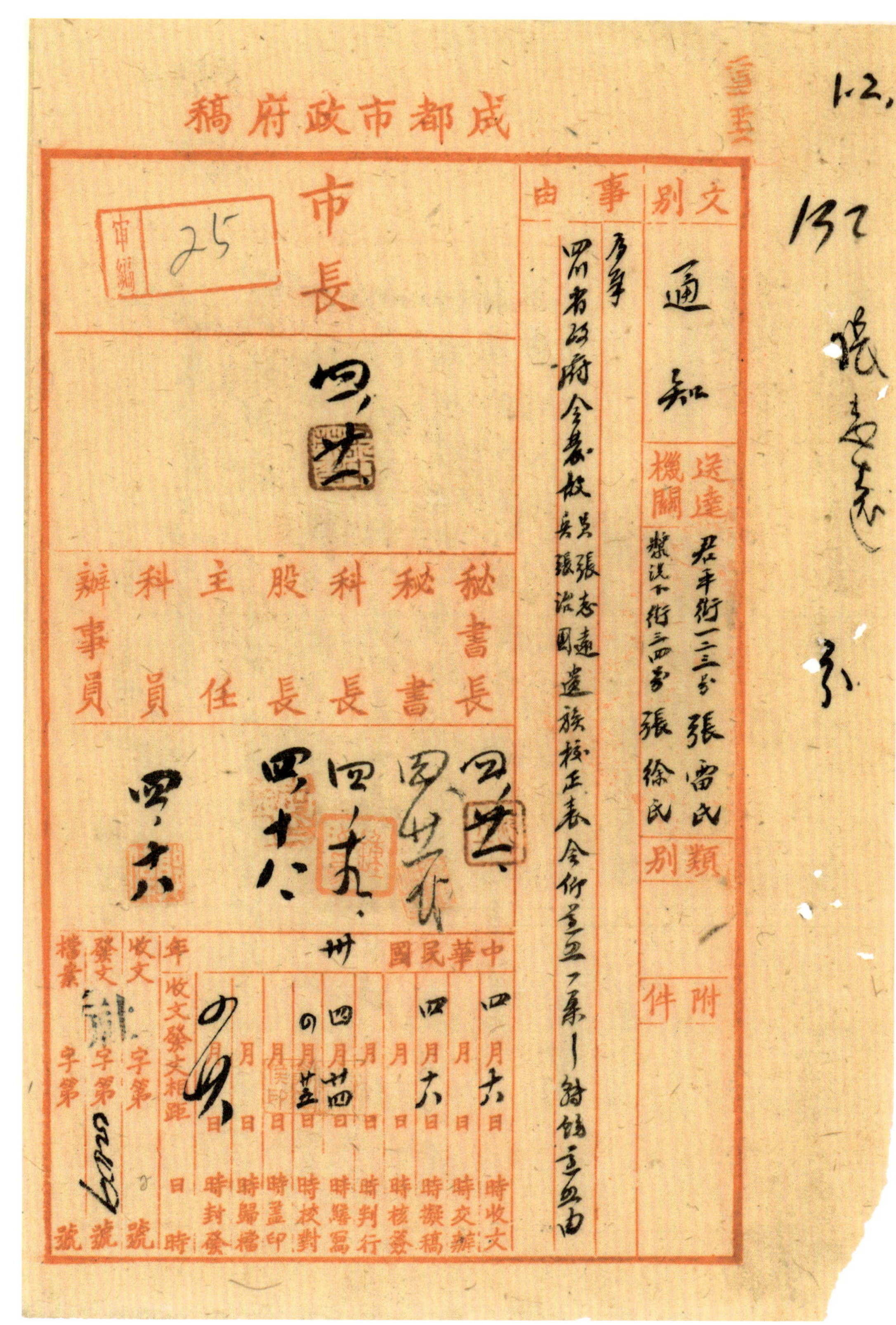
成都市政府稿

文别	通知
事由	为奉四川省政府令发故员张志远张治国遗族校正表令仰具领一案转饬遵照由
送达机关	君平街一二三号 张雷氏；浆洗下街三四号 张徐氏

市长 四、廿六

秘书长 四、廿六
秘书 四、廿五
科长 四、廿五
股长 四、廿六
主任
科员 四、廿六
办事员

中华民国 四月廿六日 收文 四月廿六日 拟稿 四月 日 核签 四月 日 判行 四月廿四日 缮写 四月廿五日 校对

知○
繕○

全衔 通知　社字第　号

卅年四月十八日案奉

四川省政府民三字第〇九五九八号训令，附发故员

兵張忠遠、張治國等二員名遺族名稱校正表

二紙，飭查照办理等由到府，除分别通知外，合

行通知仰该遗族即便查照，封同持故员張

忠遠、治國部令呈缴来府，以凭办理为要！

右通知故員張忠遠、兵張治國遺族張雷氏、張徐氏准此

中華民國三十年四月　日

市長余

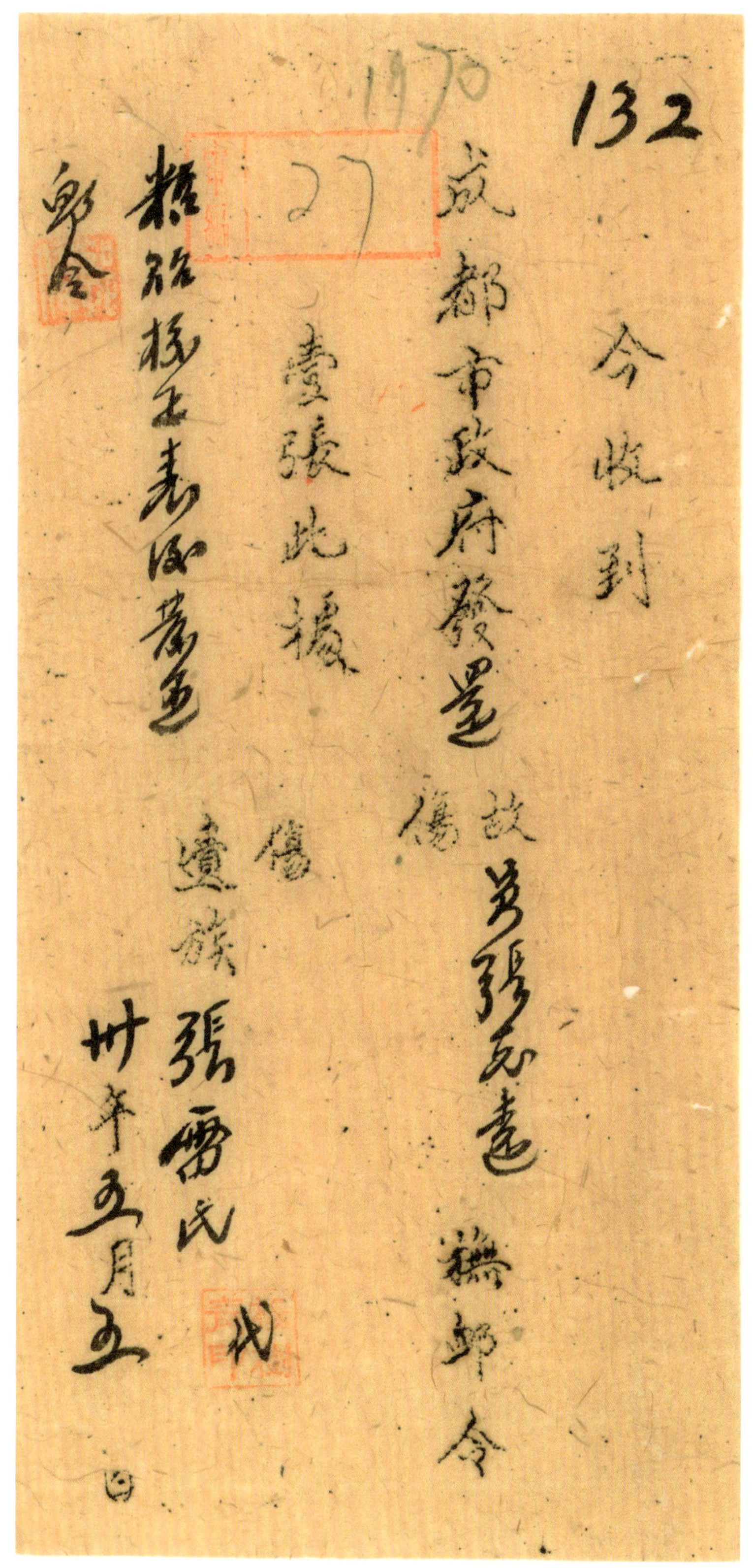

132

令收到

成都市政府發還故張志遠撫卹令壹張此據

遺族張雷氏

卅年五月五日

张雷氏关于承领成都市政府发下的故员张志远抚恤令的收据（一九四一年五月五日）

张黄氏关于申领故员张志远第一年年恤金致成都市政府的领恤申请书（一九四一年十一月十三日）

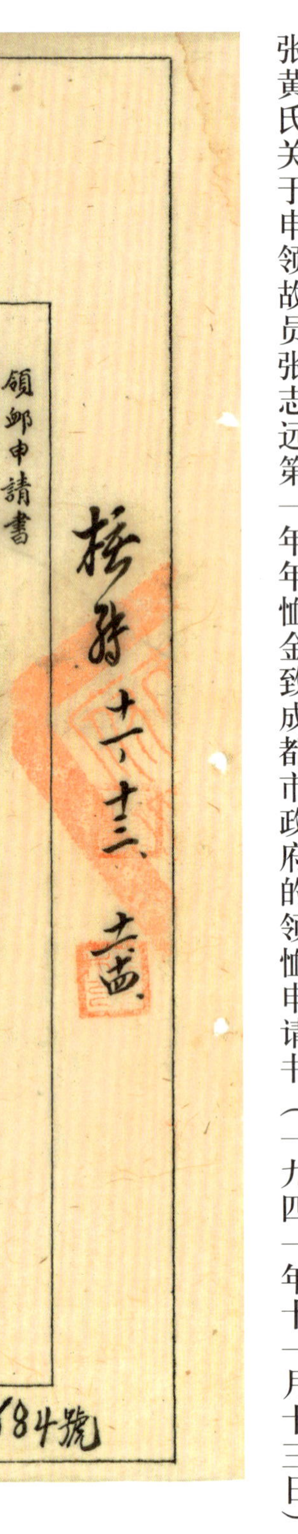

29

核發 十一、十三

領卹申請書

傷故員兵姓名	故員 張志遠
籍貫	四川 華陽
戰役	山西 陣亡
卹令字號	會撫字第二二〇号
一次卹金或第幾年卹金	第一年年卹金
本年應領卹金數額	弍百肆拾元
領卹人及其關係	故員之母 張黄氏
備考	

上列應領卹金謹遵照轉發卹金辦法規定備具正副領據及保證書檢同卹金給與令賚請

鑒察核發謹呈

成都市政府核轉

四川省政府

附呈卹金給與令一件卹金正領據一件

副領據二件保証書二件

請領卹金人張黄氏 署名蓋章

詳細通信處本市居平街一二三号

中華民國三十年十一月　日

收文呈字2684號

附：抚恤金领据、具领恤金保证书

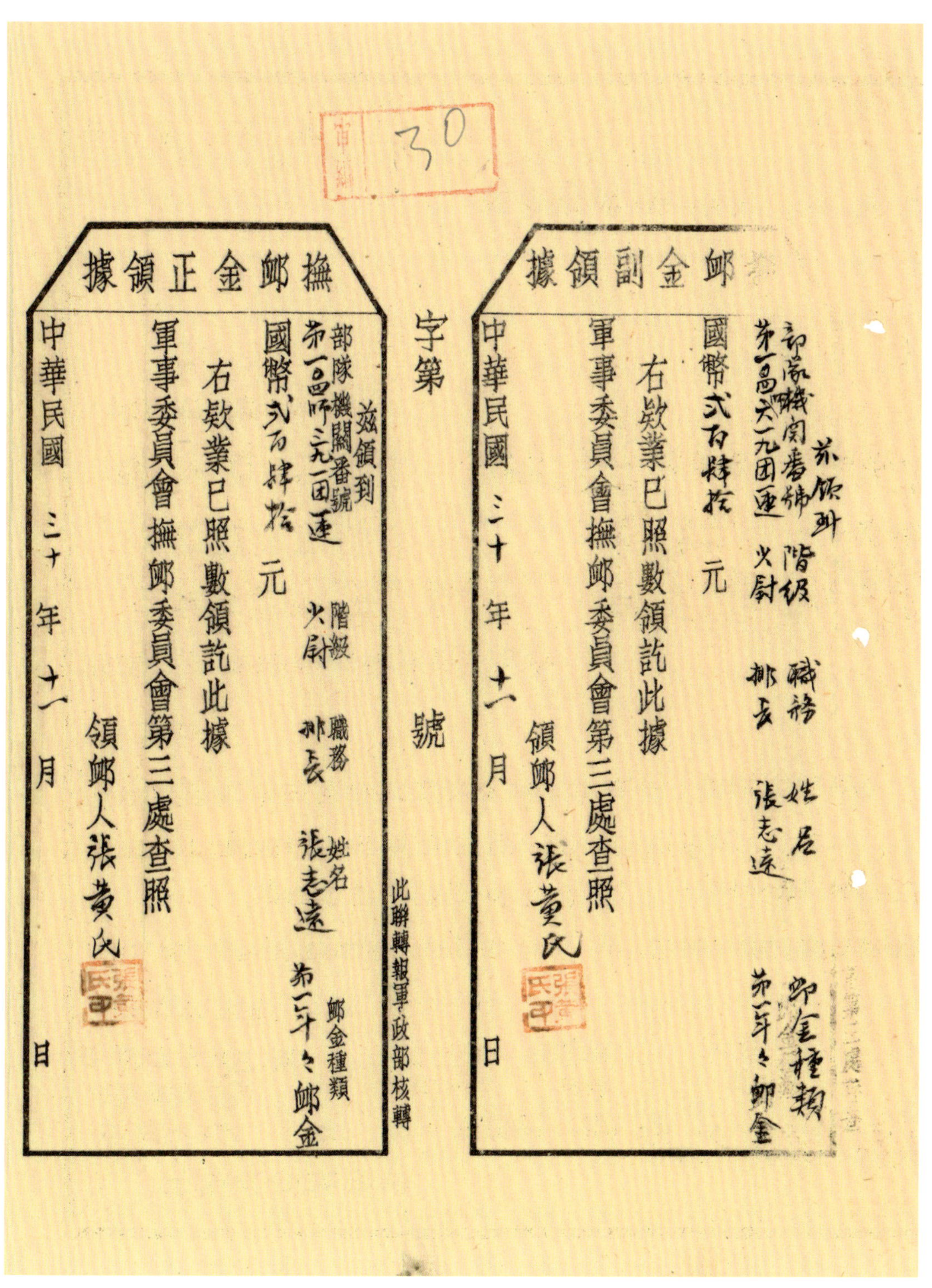

卹金副領據

部隊機關番號 第一高式一九团運 階級 火尉 職務 排長 姓名 張志遠 卹金種類 第一年々卹金

茲領到

國幣式百肆拾元

右欵業已照數領訖此據

軍事委員會撫卹委員會第三處查照

領卹人張黄氏

中華民國三十年十一月　日

字第　號

此聯轉報軍政部核轉

撫卹金正領據

部隊機關番號 第一高式一九团運 階級 火尉 職務 排長 姓名 張志遠 卹金種類 第一年々卹金

茲領到

國幣式百肆拾元

右欵業已照數領訖此據

軍事委員會撫卹委員會第三處查照

領卹人張黄氏

中華民國三十年十一月　日

具領卹金保證書

保證人吳林 今保證領卹人張黃氏確係已故

部隊機關番號 第一○四師六一○團三連 階級 少尉 職務 排長 姓名 張志達

之遺族茲遵照

國民政府軍事委員會會恤字第二一○一號卹金給與令核准給與該

故員一次卹金國幣弍佰肆拾元整今由該遺族向

鈞會第三處如數領訖具領後如有發生爭議保證人願照

鈞會請領卹金須知第六條之規定負法律上一切責任此證

謹呈

國民政府軍事委員會撫卹委員會

保証人姓名吳林 蓋章 （店舖書號）[illegible] 住址籍貫 四川成都 [illegible] 職業 [illegible]

領卹人姓名張黃氏 蓋章 住址籍貫 [illegible] 與故員之關係 母子

其他遺族姓名及關係 妻吳氏

成都市市長余中英

中華民國三十年十一月 日

成都市政府关于核发故员张志远第一年年恤金致张黄氏的批（一九四一年十一月二十二日）

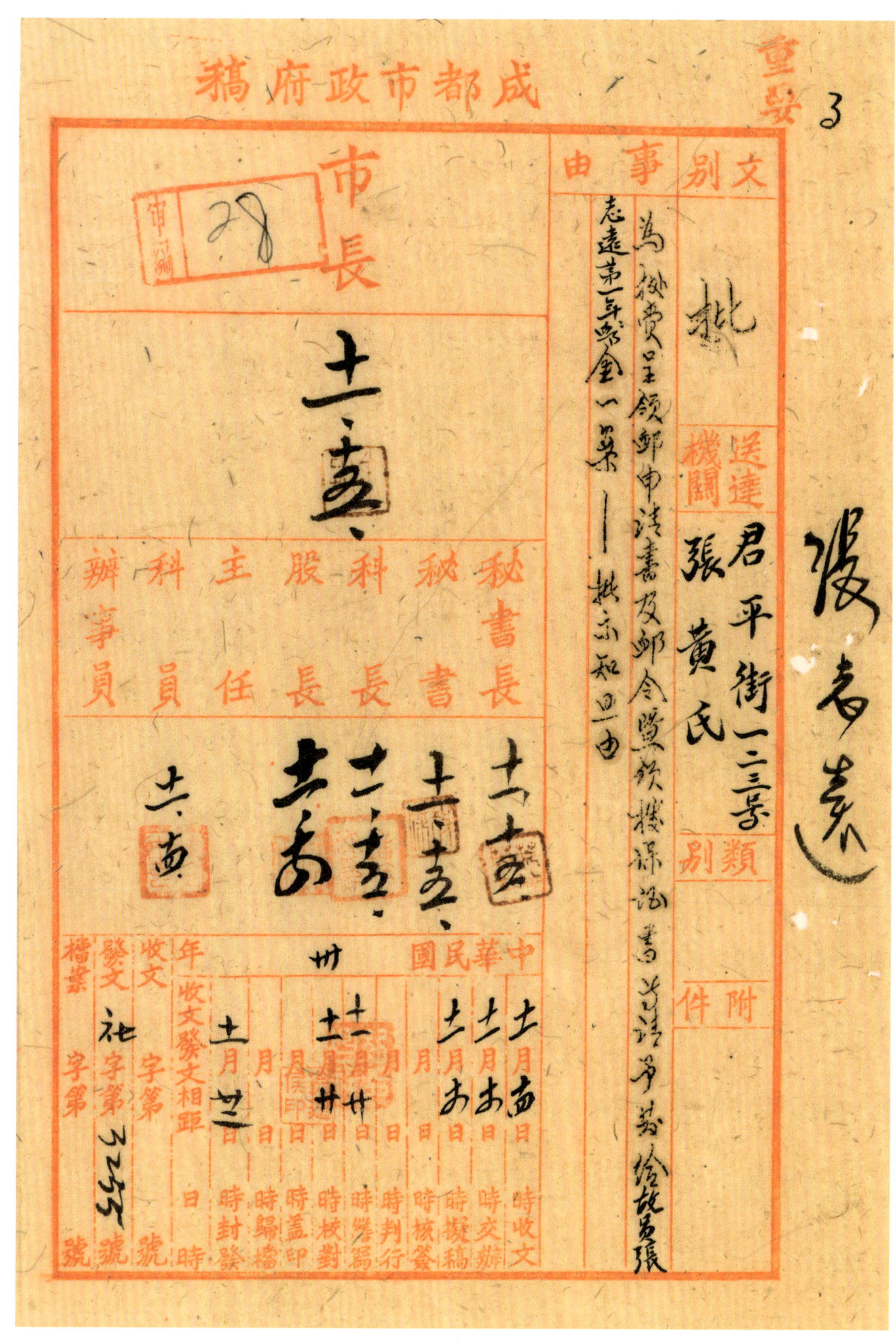
成都市政府稿

文别：批

事由：為秘書呈領郵申請書及郵令暨欽撥濬訟書前請予發給故員張志遠第一年恤金一案——批示知照由

送達機關：君平街一二三號 張黄氏

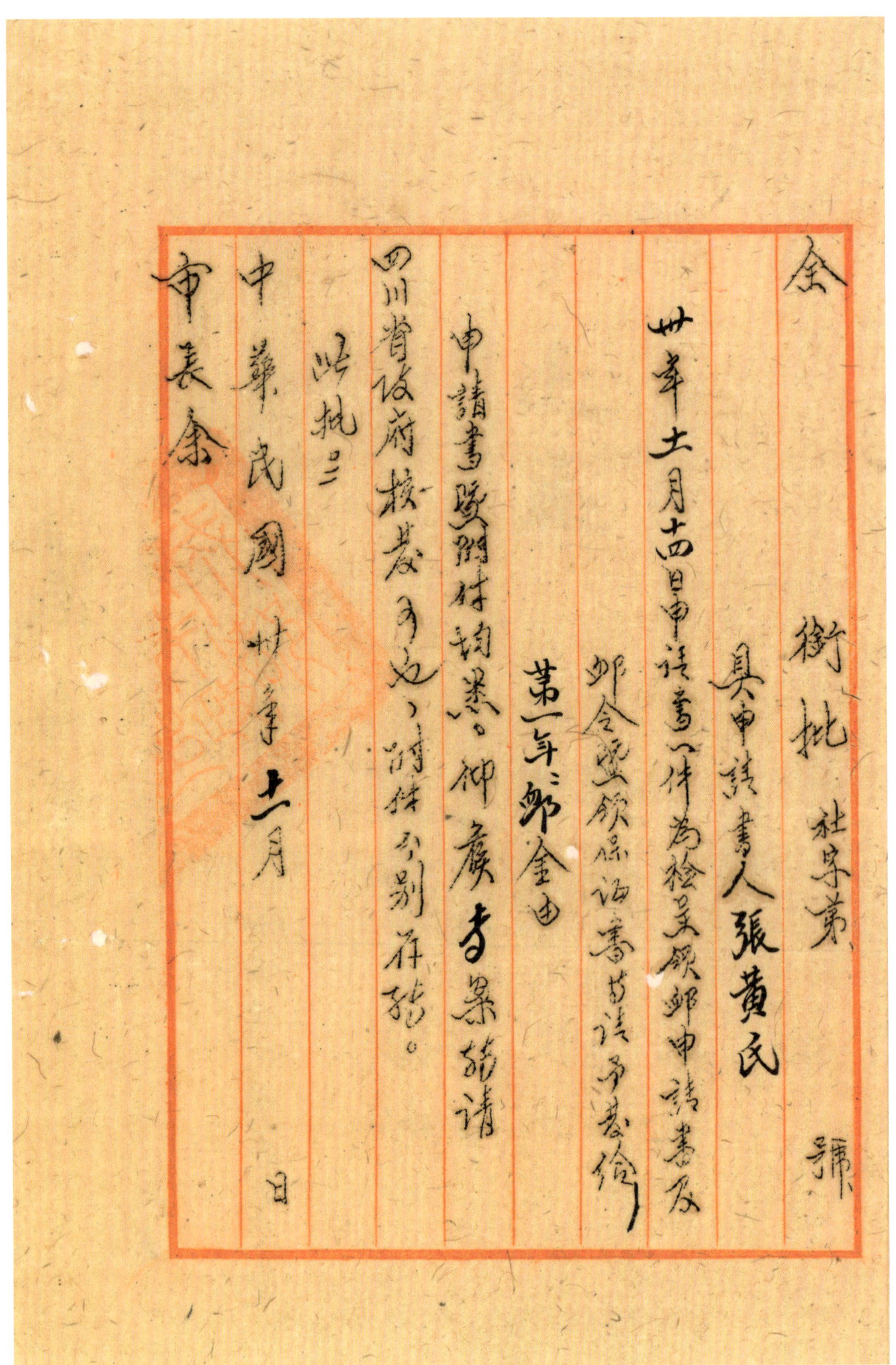
衔批 社字第　號
具申请书人张黄氏
卅年十一月十四日申请书一件为检呈领恤申请书及
恤令暨领恤证书并请予发给
第一年恤金由
申请书暨附件均悉。仰候寄案转请
四川省政府核发可也。附件存。
此批。
中华民国卅年十一月　日
市长余

成都市政府关于核发故员张志远第一年年恤金致四川省政府的呈文（一九四一年十一月二十五日）

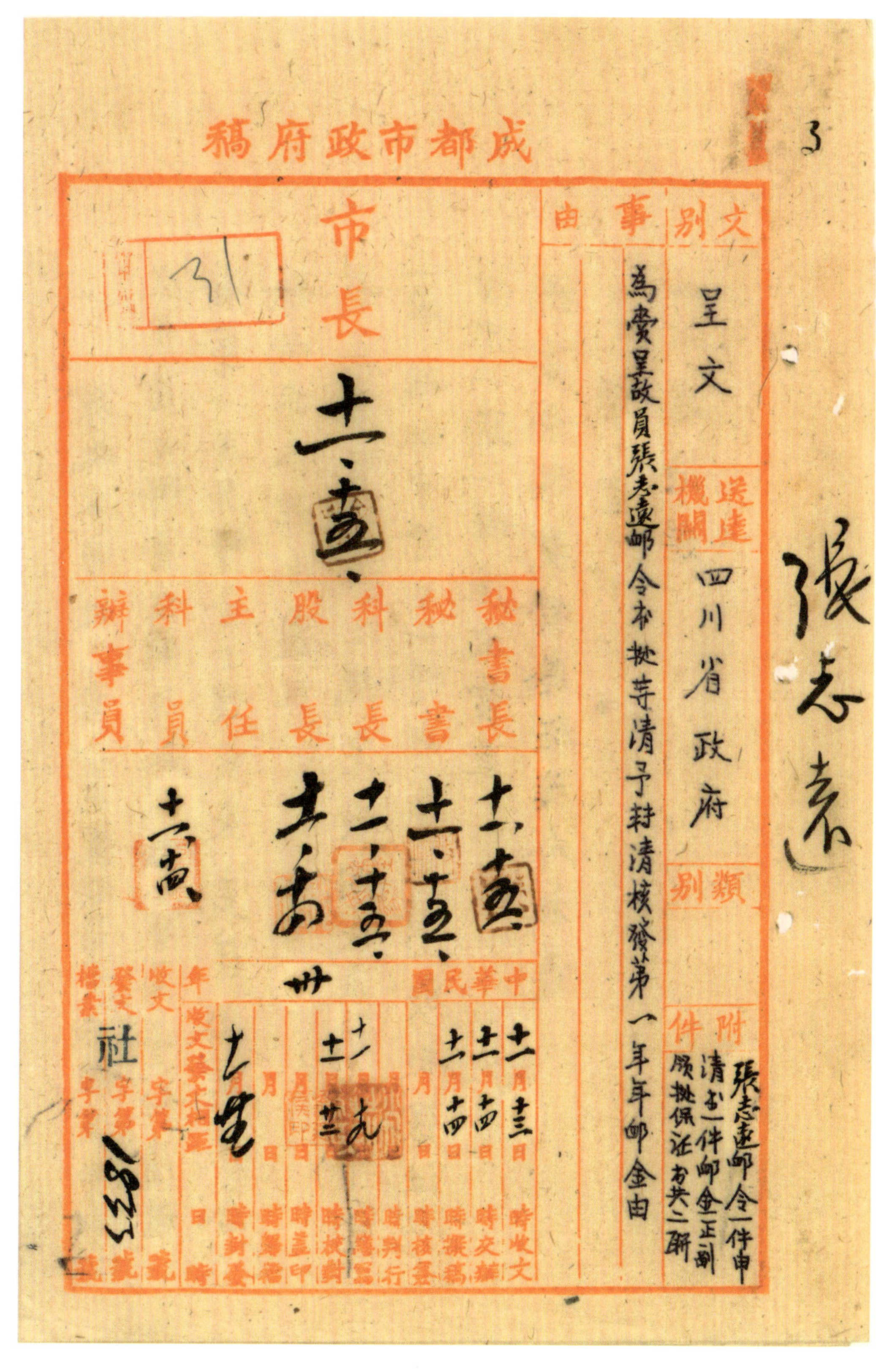

成都市政府稿

文别：呈文

送达机关：四川省政府

事由：為賫呈故員張志遠卹令祈批䇿清予封清核發第一年年卹金由

附件：張志遠卹令一件、申請書一件、卹金正副領據、保證書共二紙

市長：十一、廿五

秘書長：十一、廿五
秘書：十一、廿五
科長：十一、廿五
股長：十一、廿四
主任：
科員：
辦事員：十一、廿四

中華民國卅年
十一月二十三日時收文
十一月廿四日時交辦
十一月廿四日時撰稿
十一月　日時核簽
十一月十九日時判行
十二月　日時繕寫
　月　日時校對
　月　日時蓋印
　月　日時發出
　月　日時封發

年收文發文狀況：社字第18533號

張志遠

案據本市故員張志遠遺族張黄氏檢呈卹令及申請书卹金正副領據保証书等懇予轉請核發第一年年卹金等情前来查核尚無不合除批示外理合遵照鈞府各項办法之規定檢同故員張志遠卹令一件領卹申請书一件卹金正副領據保証书等共二聯一併隨文賫呈鈞府俯賜核發給領俾令祇遵

謹呈

四川省政府

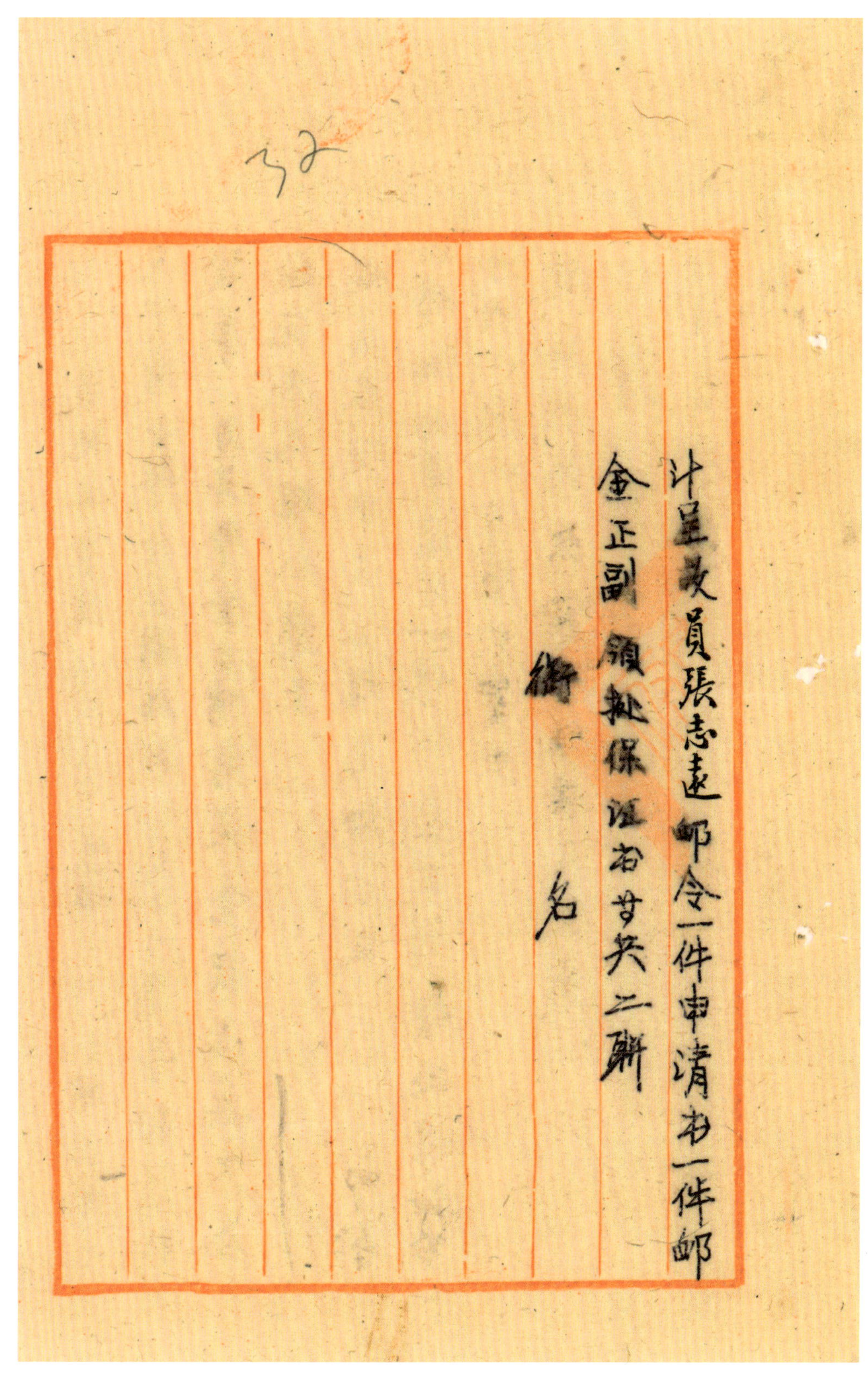
32

計呈委員張志遠部令一件申請書一件部金正副領照保證書廿八二紙

銜名

中華民國三十年十二月　日

四川省政府关于核发故员张志远第一年年恤金致成都市政府的指令（一九四二年一月六日）

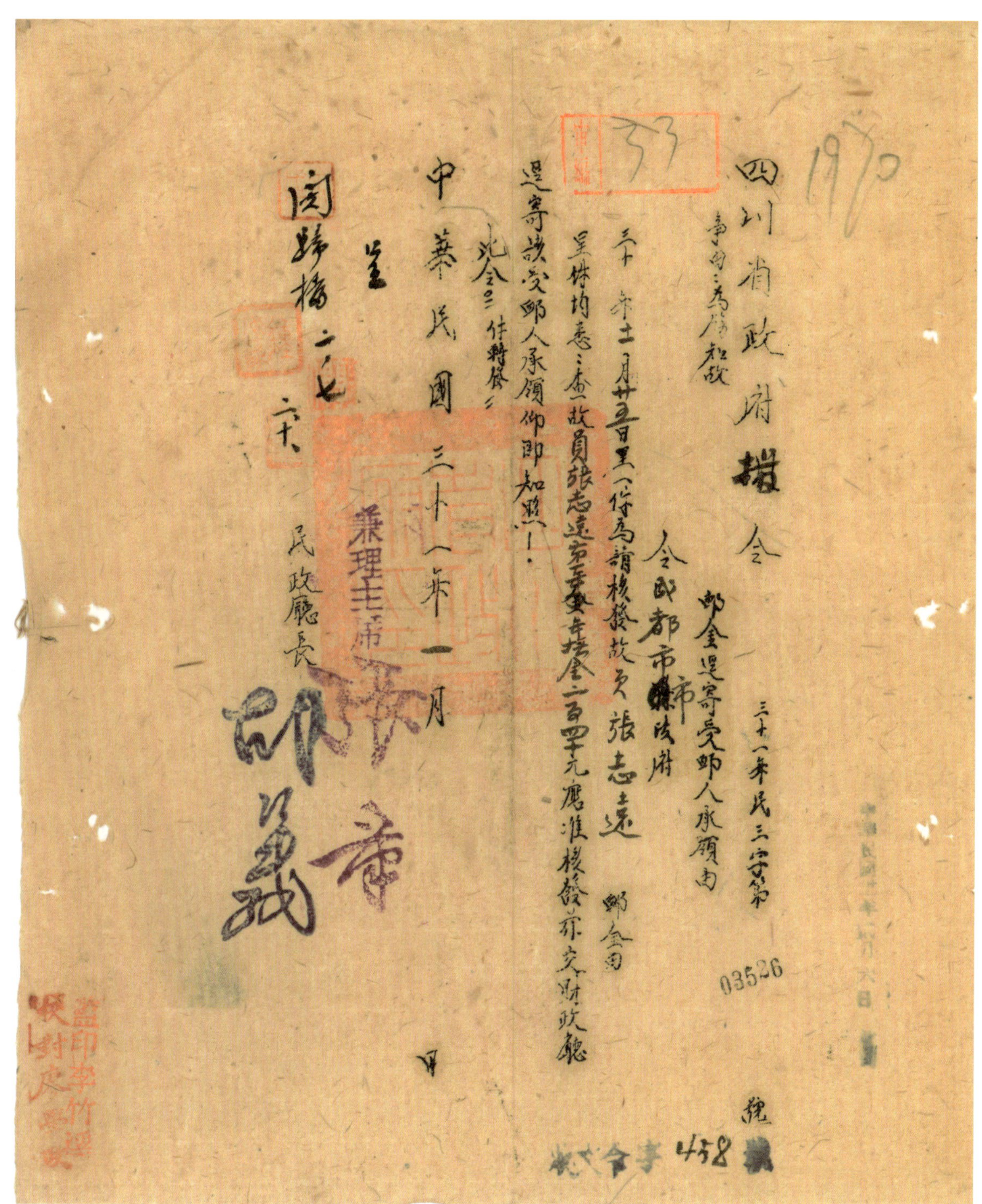

四川省政府指令

三十一年民三字第 號

令成都市政府

郵金遲寄受郵人承領由

三十年十二月廿五日呈一件，為請核發故員張志遠郵金由。

呈件均悉。查故員張志遠第一年年恤金一百四十元，應准核發，并交財政廳遲寄該受郵人承領，仰即知照。

此令。

中華民國三十一年一月 日

兼理主席

民政廳長

张黄氏关于申领故员张志远第二年年恤金致成都市政府的领恤申请书（一九四二年五月二十八日）

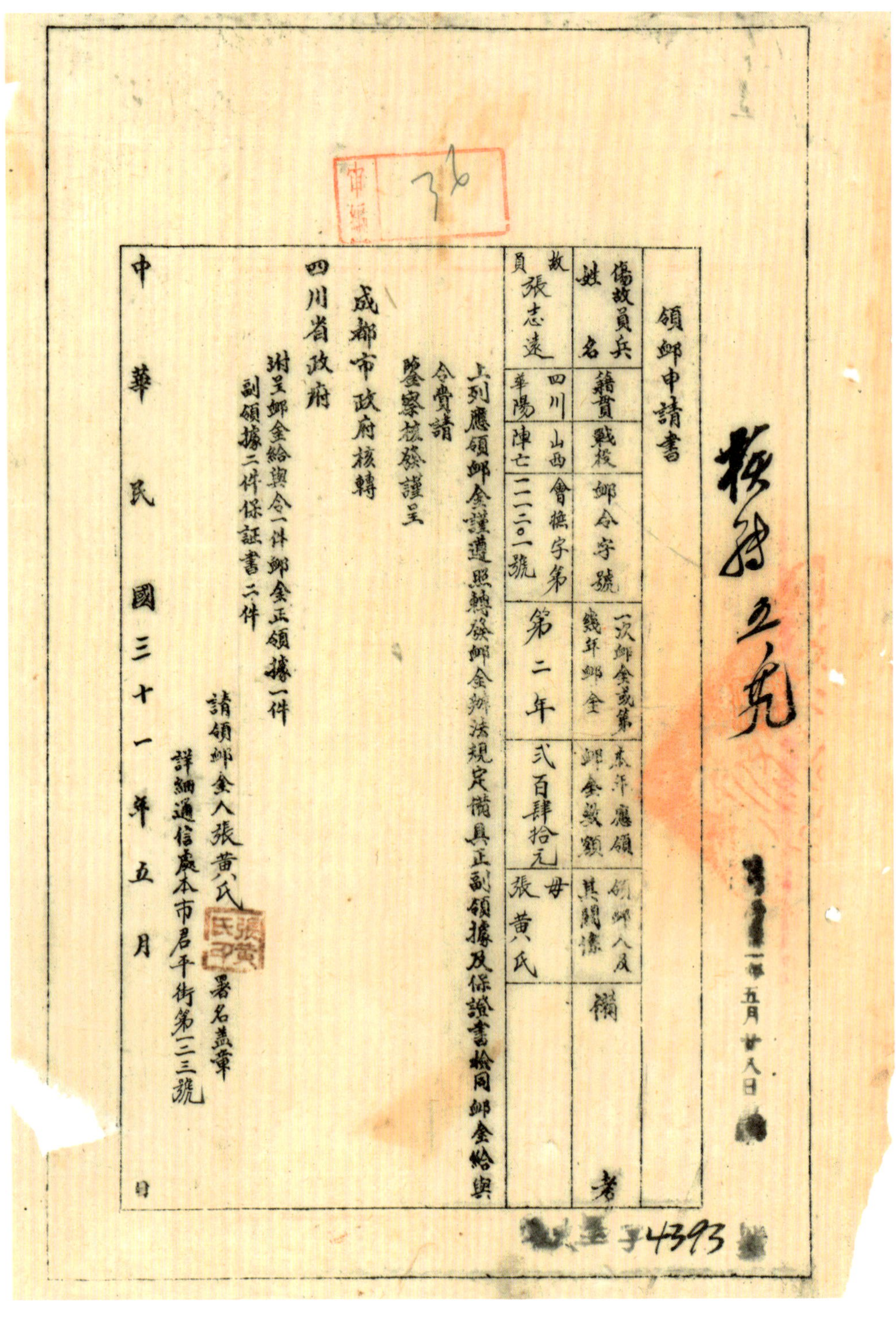

审编 36

核转 立先

五月廿八日

领恤申请书

伤故员兵姓名	故员 张志远
籍贯	四川华阳
战役	山西阵亡
恤令字号	会抚字第二一二〇一号
一次恤金或第几年恤金	第二年
本年应领恤金数额	贰百肆拾元
领恤人及其关系	母 张黄氏
备考	

上列应领恤金谨遵照转发恤金办法规定备具正副领据及保证书检同恤金给与令费请鉴察核发谨呈

成都市政府核转

四川省政府

附呈恤金给与令一件恤金正领据一件副领据二件保证书二件

请领恤金人张黄氏（印：张黄氏印）署名盖章

详细通信处本市君平街第一二三号

中华民国三十一年五月 日

子4393

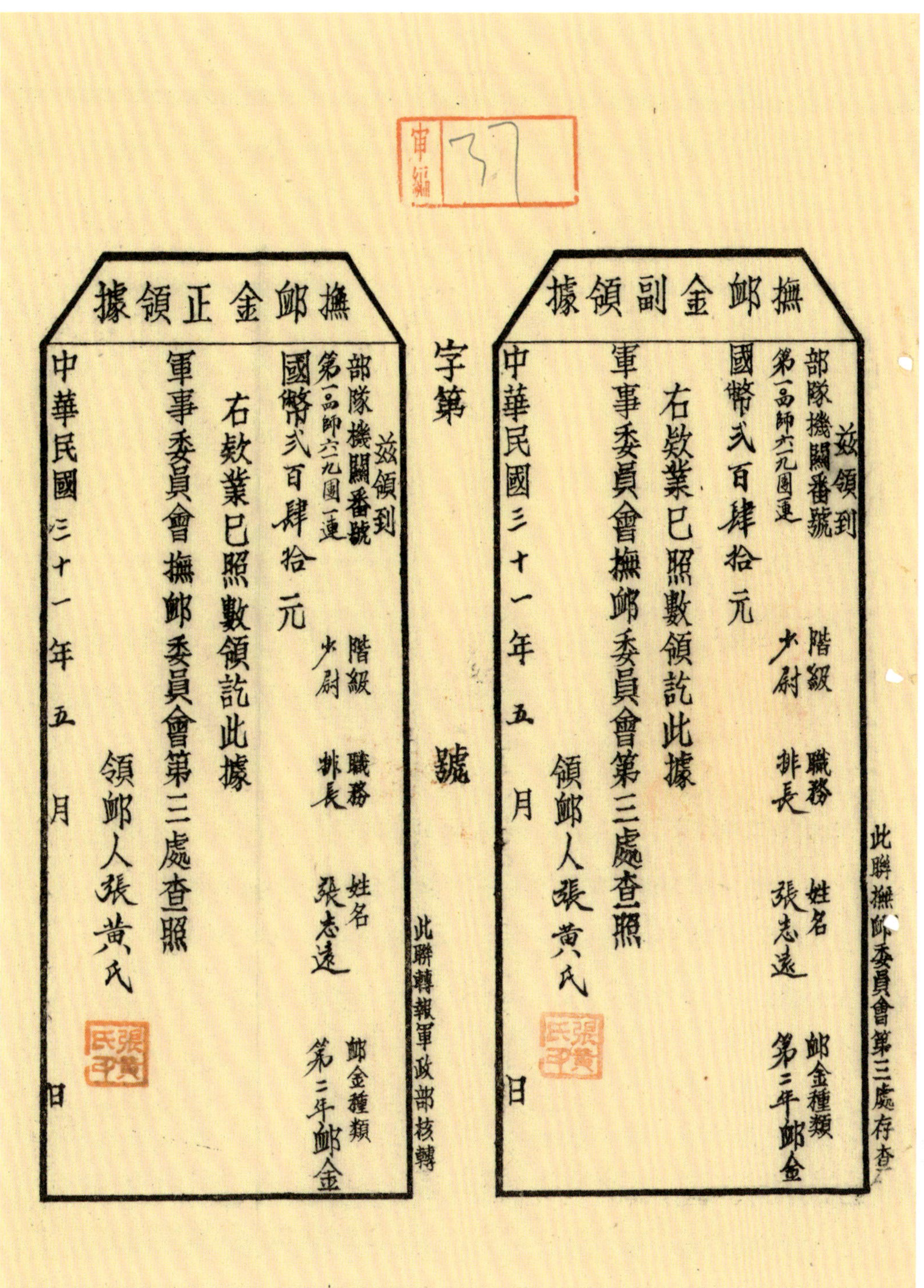

審編 37

撫邺金副領據

茲領到
部隊機關番號 第一六二師六九團一連
階級 少尉
職務 排長
姓名 張志遠
邺金種類 第二年邺金
國幣弍百肆拾元
右數業已照數領訖此據
軍事委員會撫邺委員會第三處查照
領邺人張黄氏
中華民國三十一年五月日

此聯撫邺委員會第三處存查

字第　號

撫邺金正領據

茲領到
部隊機關番號 第一六二師六九團一連
階級 少尉
職務 排長
姓名 張志遠
邺金種類 第二年邺金
國幣弍百肆拾元
右數業已照數領訖此據
軍事委員會撫邺委員會第三處查照
領邺人張黄氏
中華民國三十一年五月日

此聯轉報軍政部核轉

具領卹金保證書

保證人趙定吉 今保證領卹人張黃氏 確係已故

部隊機關番號 第二師六一九團連 階級 少尉 職務 排長 姓名 張志遠

之遺族茲遵照

國民政府軍事委員會會撫字第三三〇一號卹金給與令核准給與該故員年卹金國幣弍百肆拾元整今由該遺族向

鈞會第三處如數領訖具領後如有發生爭議保証人願照

鈞會請領卹金須知第六條之規定負法律上一切責任此證

謹呈

國民政府軍事委員會撫卹委員會

保証人姓名趙定吉蓋章 籍貫華陽 住址君平街52號 職務或職業當鋪 (店鋪營業資本金額)弍仟元

(店鋪書東)

領卹人姓名張黃氏蓋章 籍貫四川華陽 現住址成都君平街第23號 與故員之關係母子

其他遺族姓名及關係 妻雷氏 女張麥雲

成都市市長余中英

中華民國三十一年五月 日

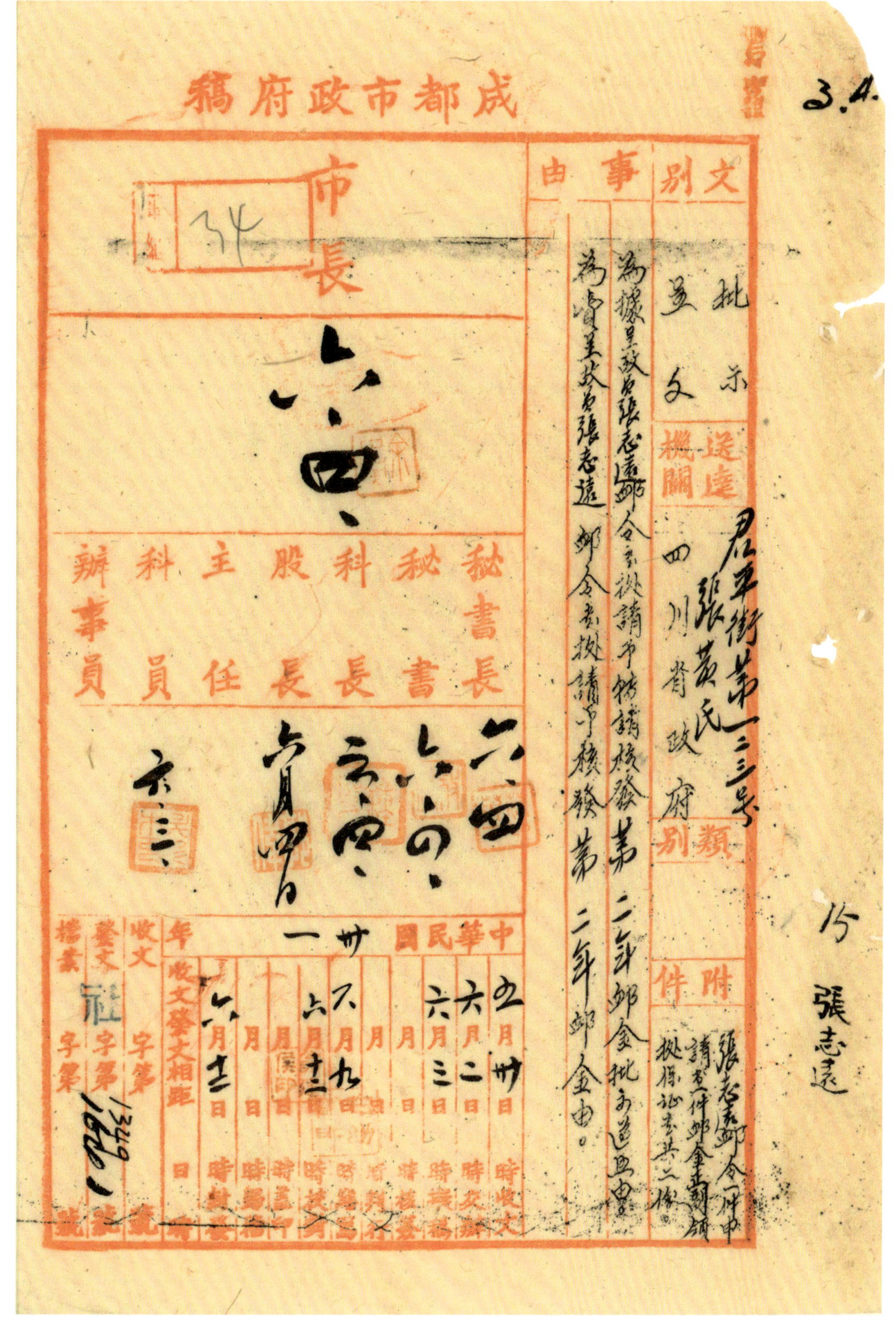

成都市政府关于核发故员张志远第二年年恤金致张黄氏的批示及致四川省政府的呈文
（一九四二年六月十二日）

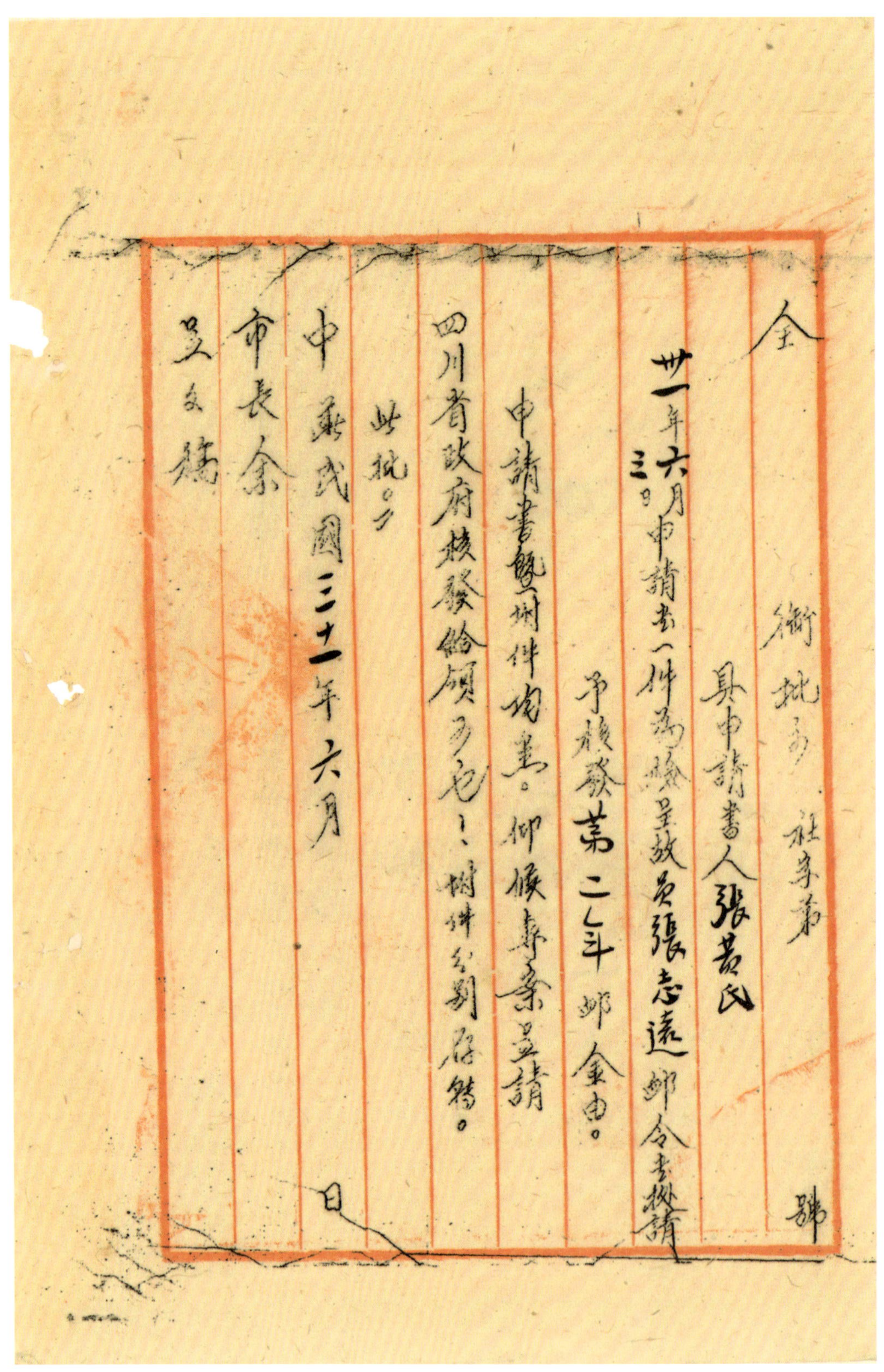

全衔批 字 社字第 号

具申請書人張黃氏

卅一年六月三日申請書一件為轉呈故員張志遠邮令書擬請

予核發第二七斗邮金由。

申請書暨附件均悉。仰候專案呈請

四川省政府核發給領可也。附件分別存轉。

此批。

中華民國三十一年六月 日

市長余

吴文鑄

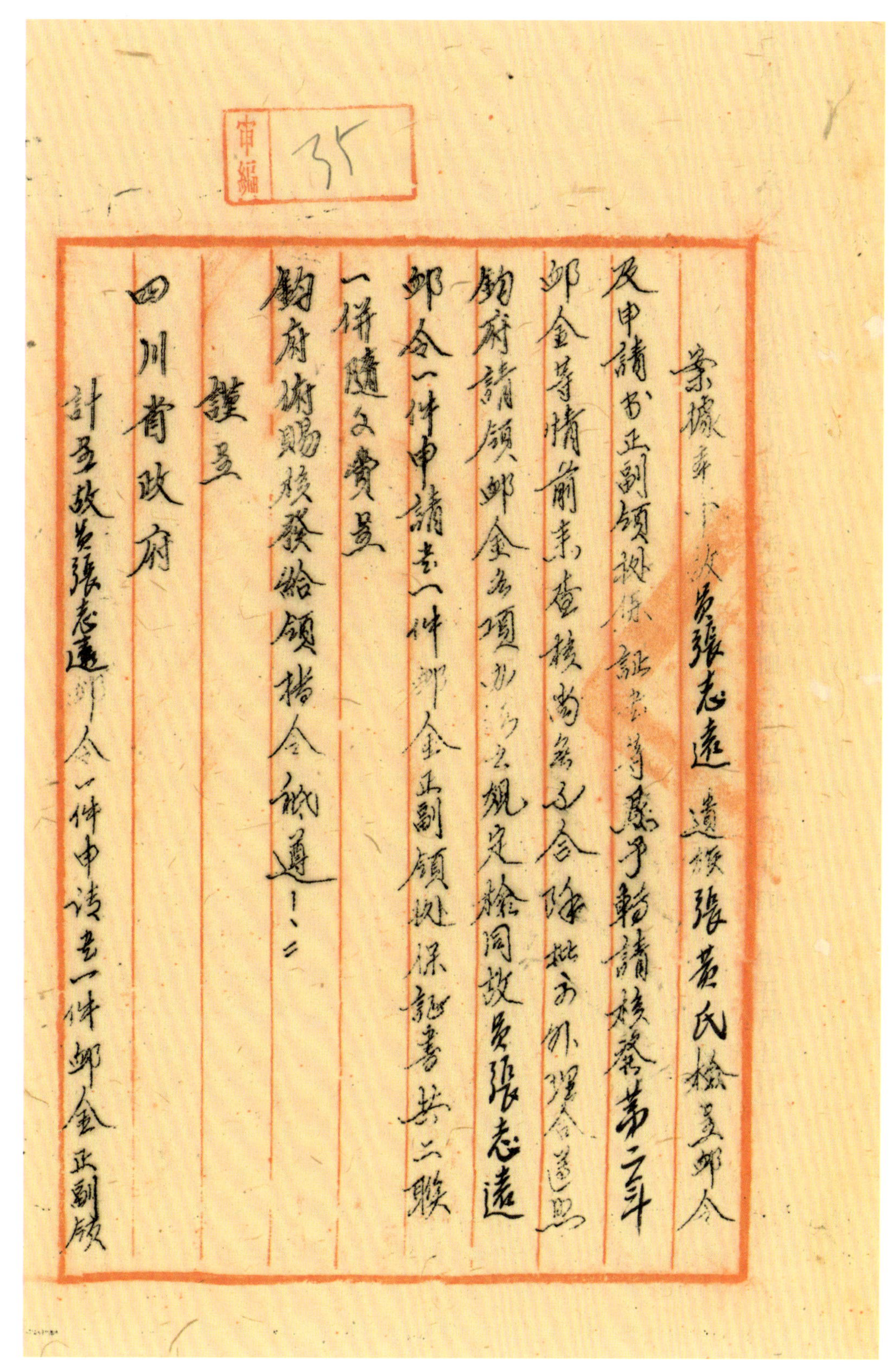

審編 35

案據本市故員張志遠遺族張黃氏檢呈卹令
及申請書正副領撫卹證書等件懇予轉請核發第二年
卹金等情前來查核尚無不合除批示外理合遵照
鈞府請領卹金各項規定檢同故員張志遠
卹令一件申請書一件卹金正副領撫卹證書共二聯
一併隨文賫呈
鈞府俯賜核發給領指令祇遵
謹呈
四川省政府
計呈故員張志遠卹令一件申請書一件卹金正副領

據保證書共二册。

街 名

中華民國三十一年六月　日

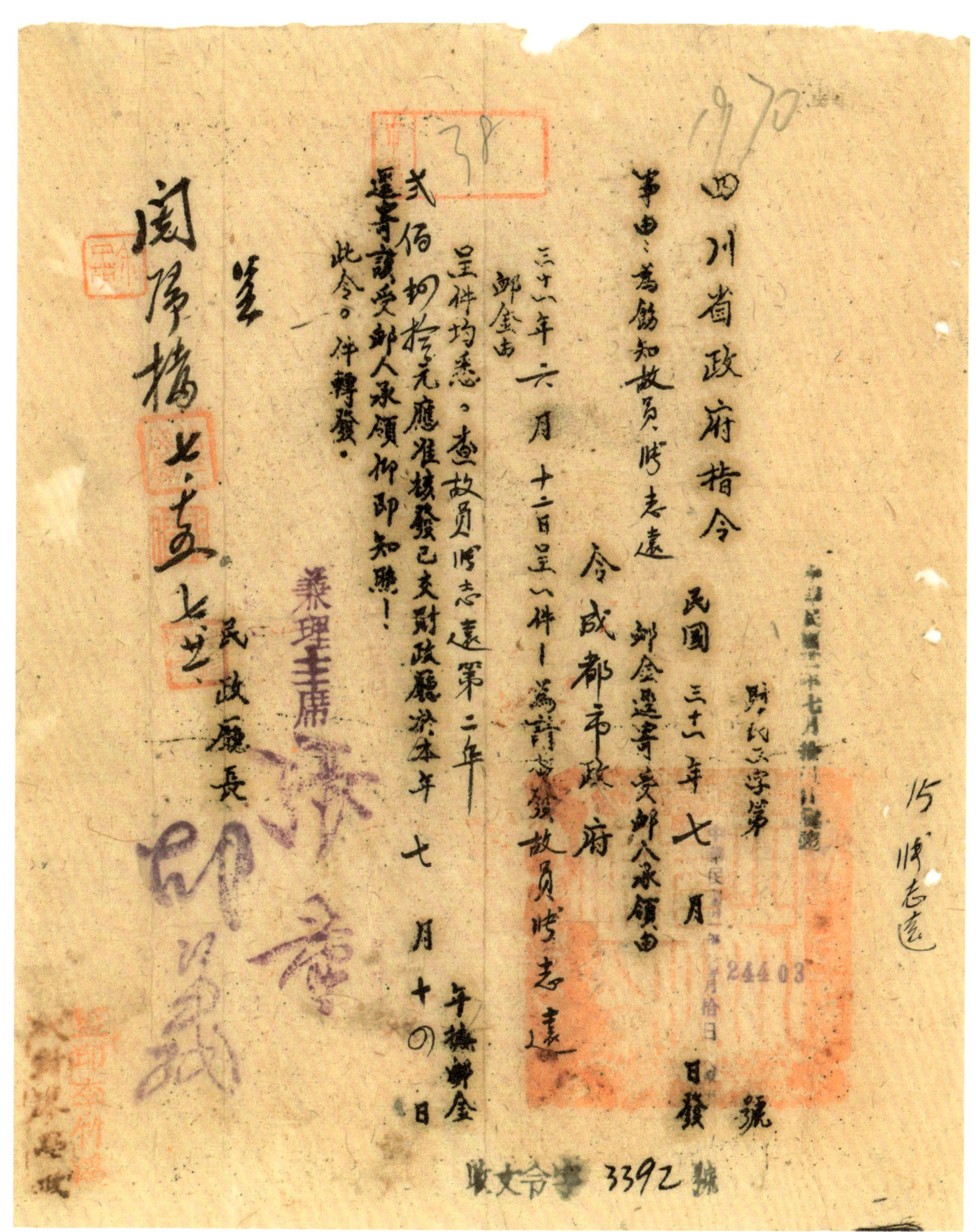

四川省政府指令

事由：為飭知故員張志遠卹金遷寄受卹人承領由

民國三十一年七月　日發　財民丙字第　號

令成都市政府

三十一年六月十二日呈一件，為請發故員張志遠卹金由

呈件均悉。查故員張志遠第二年式佰捌拾元，應准核發，已交財政廳於本年七月十四日撥卹金遷寄該受卹人承領，仰即知照！

此令。件轉發。

兼理主席　張群

民政廳長　胡次威

收文令字3392號

四川省政府关于核发故员张志远第二年年恤金致成都市政府的指令（一九四二年七月十四日）

张黄氏关于补发故员张志远第二年加倍恤金致成都市政府的领恤申请书（一九四二年十一月）

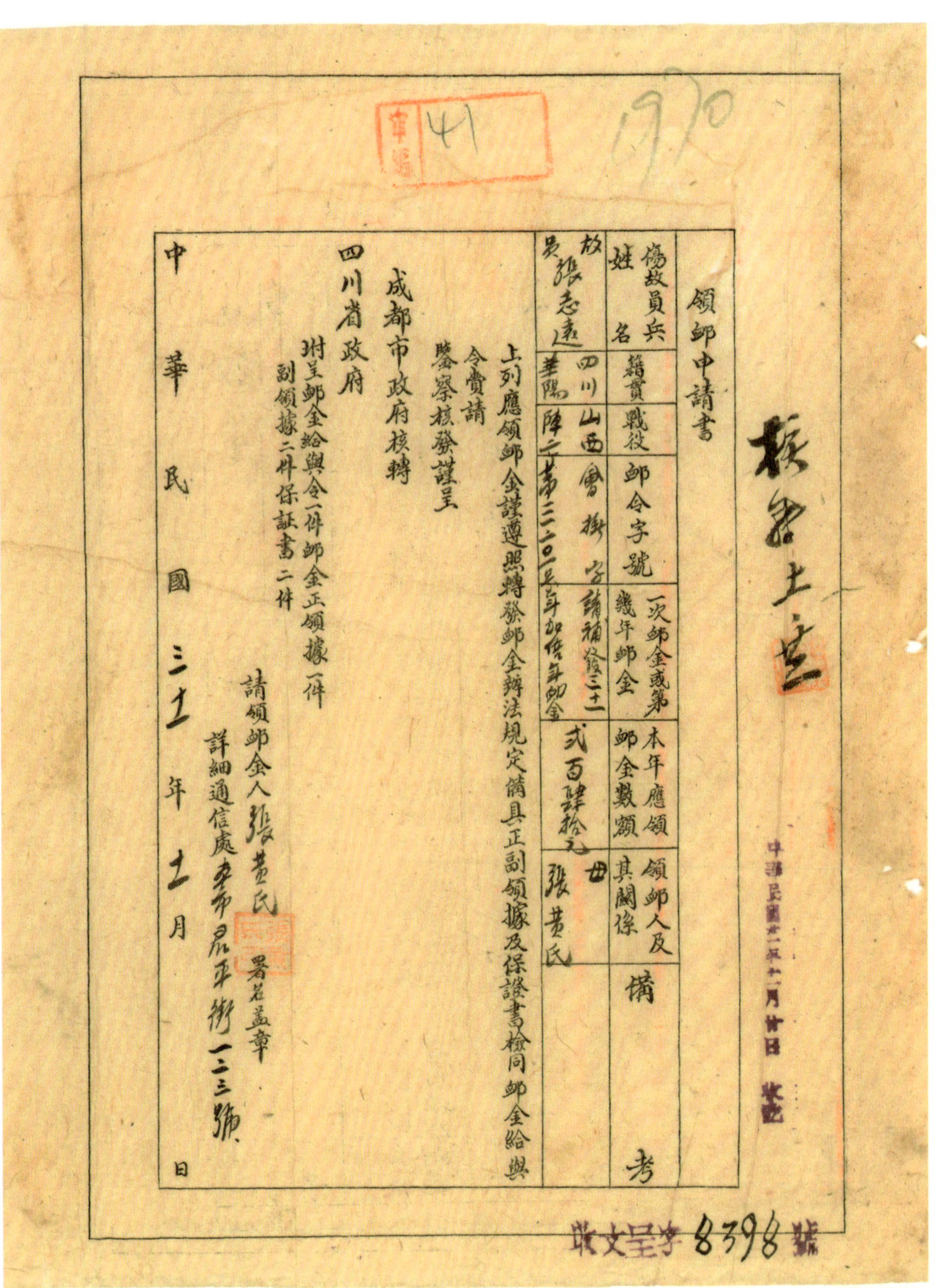

領卹申請書

傷故員兵姓名	籍貫	戰役	卹令字號	一次卹金或第幾年卹金	本年應領卹金數額	領卹人及其關係	備考
故員張志遠	四川華陽	山西陣亡	會撫字第三二〇二號	請補發三十一年加倍年卹金	貳百肆拾元	母 張黃氏	

上列應領卹金謹遵照轉發卹金辦法規定備具正副領據及保證書檢同卹金給與

令實請

鑒察核發謹呈

成都市政府核轉

四川省政府

附呈卹金給與令一件卹金正領據一件

副領據二件保證書二件

請領卹金人張黃氏（署名蓋章）

詳細通信處 本市昇平街一三三號

中華民國三十一年十一月　日

收文呈字8398號

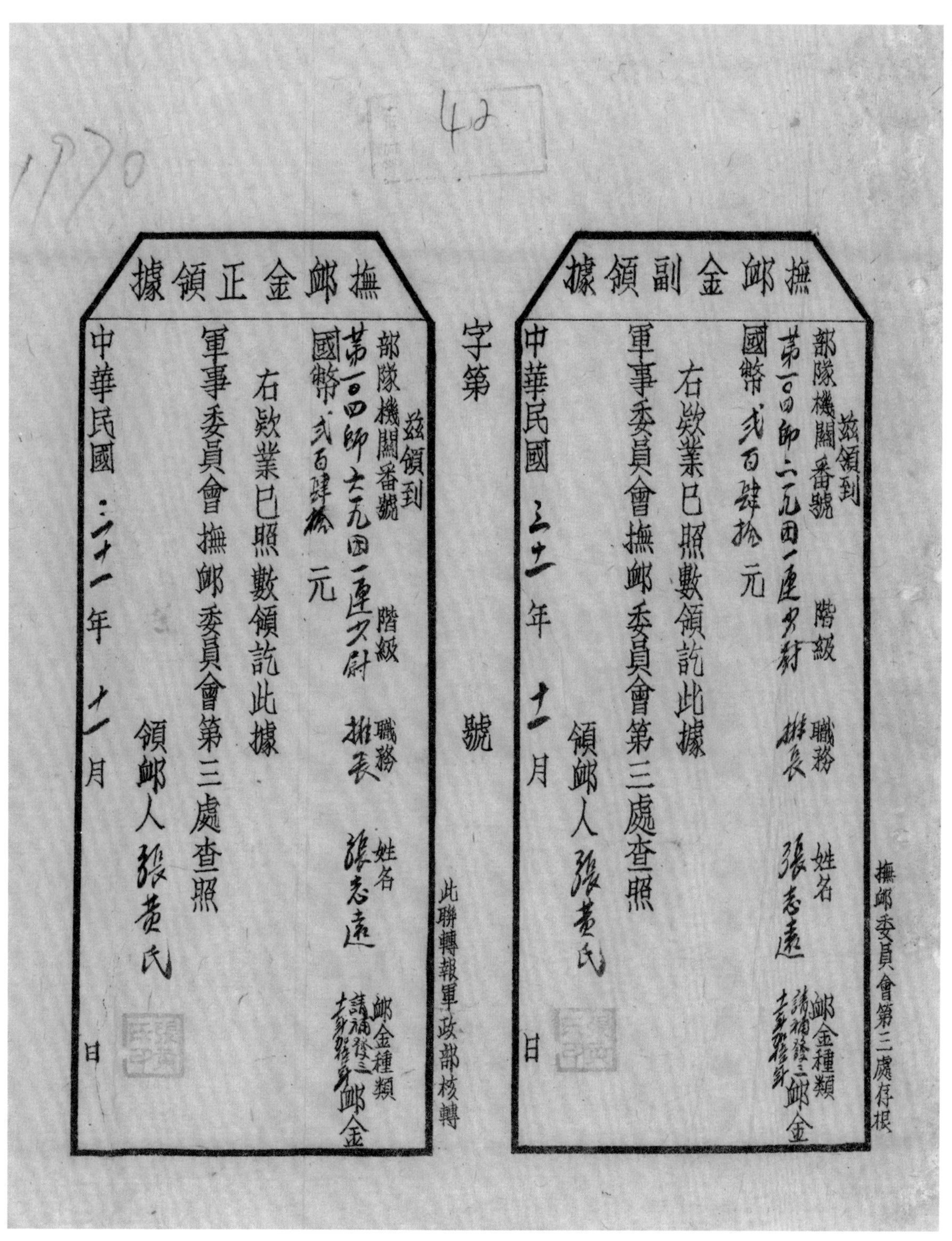

撫卹委員會第三處存根

撫卹金副領據

茲領到

部隊機關番號 第一百四師六九團一連 階級 少尉 職務 排長 姓名 張志遠 卹金種類 請補發三十一年[illegible]卹金

國幣 弍百肆拾元

右欵業已照數領訖此據

軍事委員會撫卹委員會第三處查照

領卹人 張黃氏

中華民國三十一年十二月 日

字第 號

此聯轉報軍政部核轉

撫卹金正領據

茲領到

部隊機關番號 第一百四師六九團一連 階級 少尉 職務 排長 姓名 張志遠 卹金種類 請補發三十一年[illegible]卹金

國幣 弍百肆拾元

右欵業已照數領訖此據

軍事委員會撫卹委員會第三處查照

領卹人 張黃氏

中華民國三十一年十二月 日

具領卹金保證書

保證人趙炎志 今保證領卹人張李氏 確係已故

部隊機關番號 第一〇四師七二九團一連 階級 少尉 職務 排長 姓名 張秉志

于[illegible]戰役殉職

國民政府軍事委員會 會卹字第三二六一號卹金給與令核准給與

一次卹金國幣 貳萬肆千 元整 今由該遺族向

鈞會第三處如數領訖具領後如有發生爭議保証人願照

鈞會請領卹金須知第六條之規定負法律上一切責任此證

謹呈

國民政府軍事委員會撫卹委員會

保証人姓名 趙炎志 蓋章 籍貫 四川成都 職務或職業 [illegible]

（店鋪書東） 住址 [illegible]

（店鋪營業資本金額）[illegible]

領卹人姓名 張李氏 蓋章 籍貫 四川華陽 住址 [illegible] 與故者之關係 母子

其他遺族姓名及關係 [illegible]

成都市市長 余中英

中華民國三十七年七月　日

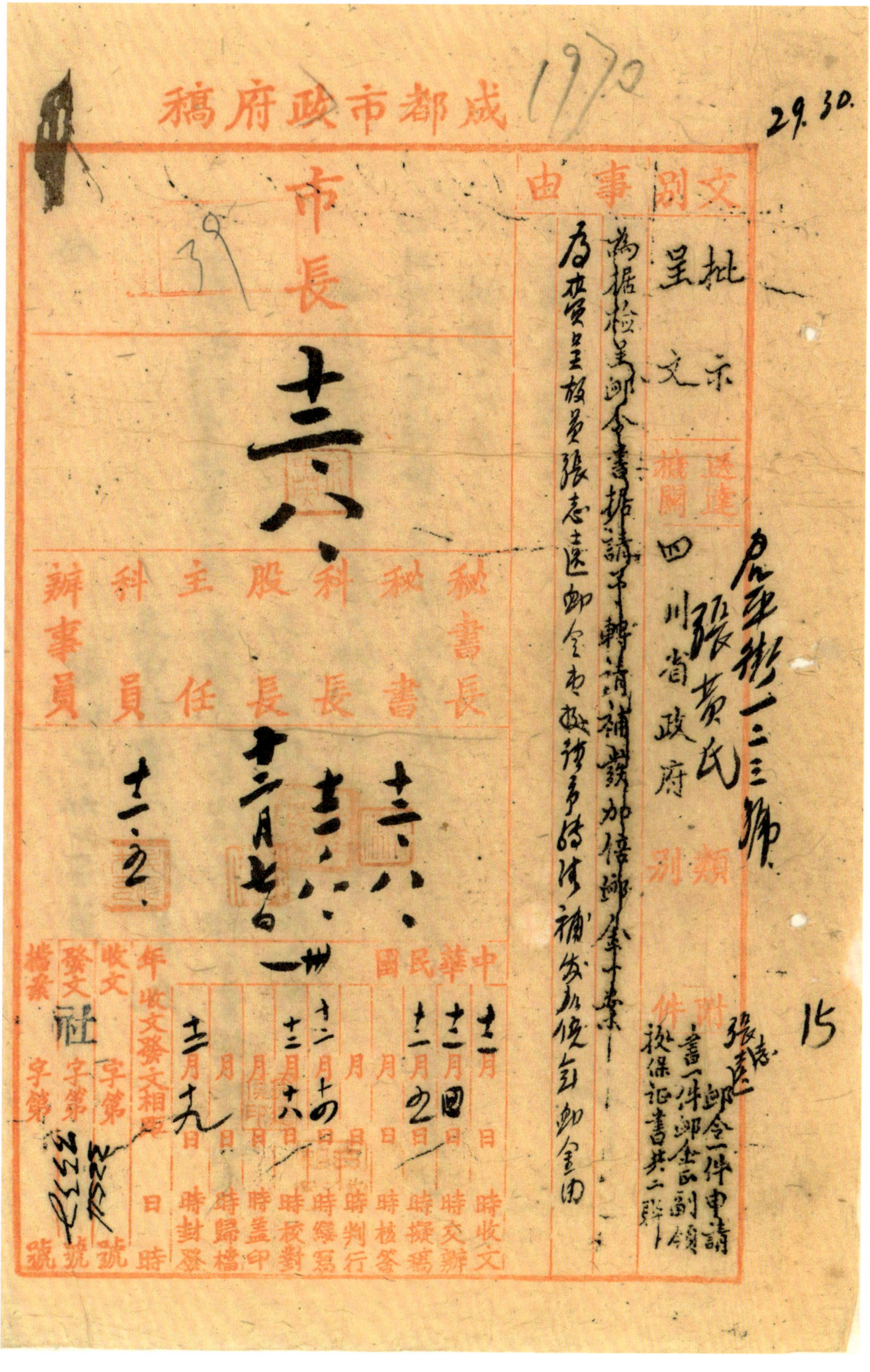

成都市政府关于补发故员张志远第二年加倍恤金致张黄氏的批示及致四川省政府的呈文

（一九四二年十二月十九日）

成都市政府稿

文別：批示　呈文

事由：為據檢呈卹令書摺請予轉請補發加倍卹金等情

為據呈故員張志遠卹金請核轉予時補發加倍卹金由

送達機關：張黃氏　四川省政府

附件：張志遠卹令一件申請書一件卹金証副領款保証書共三件

市長　十二、十八

秘書長　秘書　科長　股長　主任　科員　辦事員

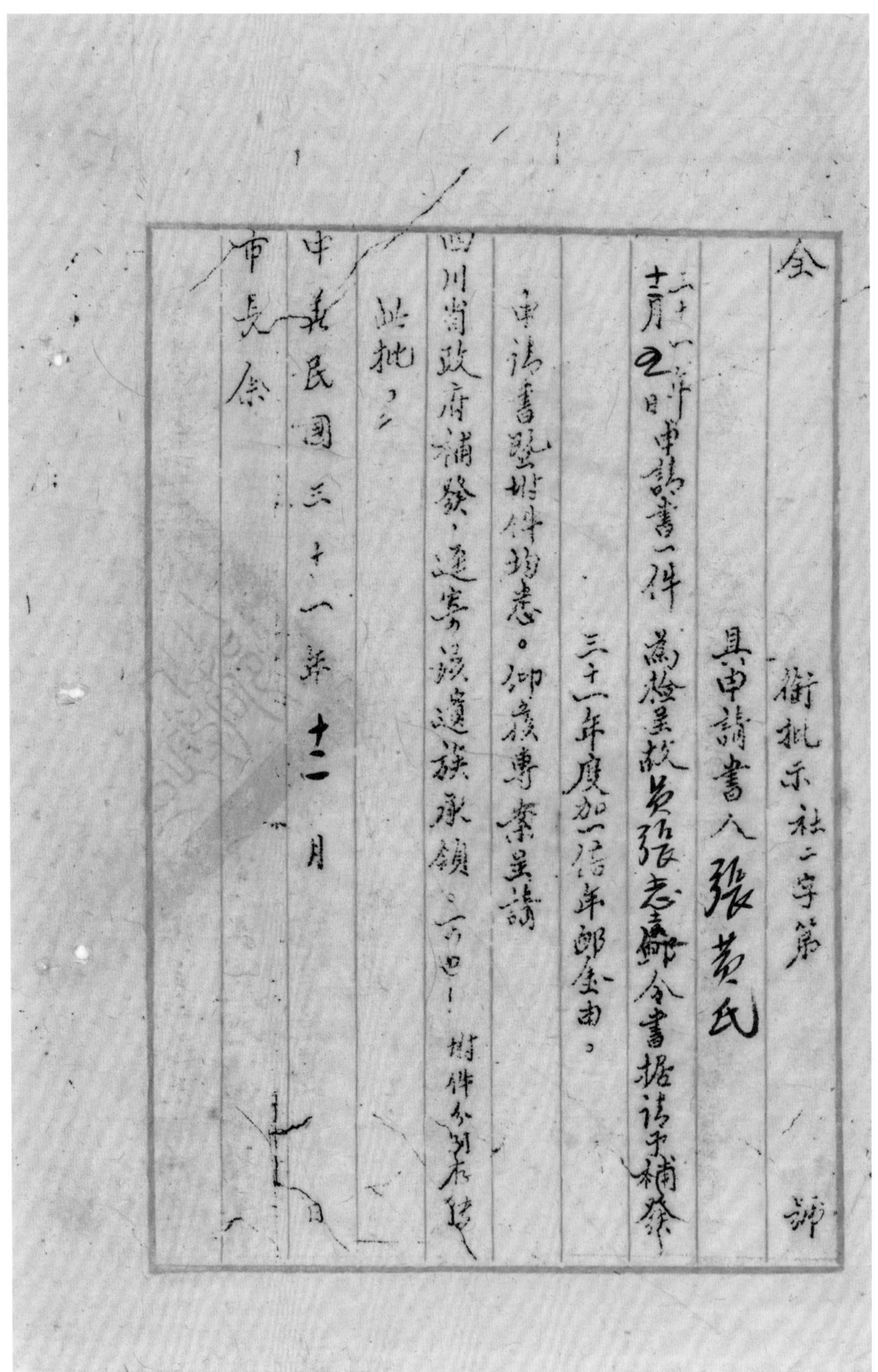
令
衔批示社二字第　号
具申请书人张黄氏
三十一年十二月　日申请书一件　为检呈故员张志鼎合书据请予补发
三十一年度加一倍年卹金由。
申请书暨附件均悉。仰候专案呈请
四川省政府补发，遵寄该遗族承领。此令！　附件分别存发
此批！
中华民国三十一年十二月　日
市长余

案據本市故員張志遠遺族張董氏檢呈卹令及申請書正副領據保證書等，懇予轉請補發三十一年度加一倍年撫金等情；前來。查核尚無不合，除批示外，理合遵照鈞府請領卹金先令各項辦法之規定，檢同故員張志遠卹令一件，申請書一件，卹金正副領據保證書共二聯，一併隨文賫呈鈞府，俯賜核發給領，指令祗遵！！

謹呈

四川省政府

計呈故員張志遠卹令一件、申請書一件、卹金正副領據保證書共二聯

成都市市長余○○

中華民國三十一年十二月　日

张黄氏关于申领故员张志远第三年年恤金及加倍恤金致成都市政府的领恤申请书（一九四三年三月）

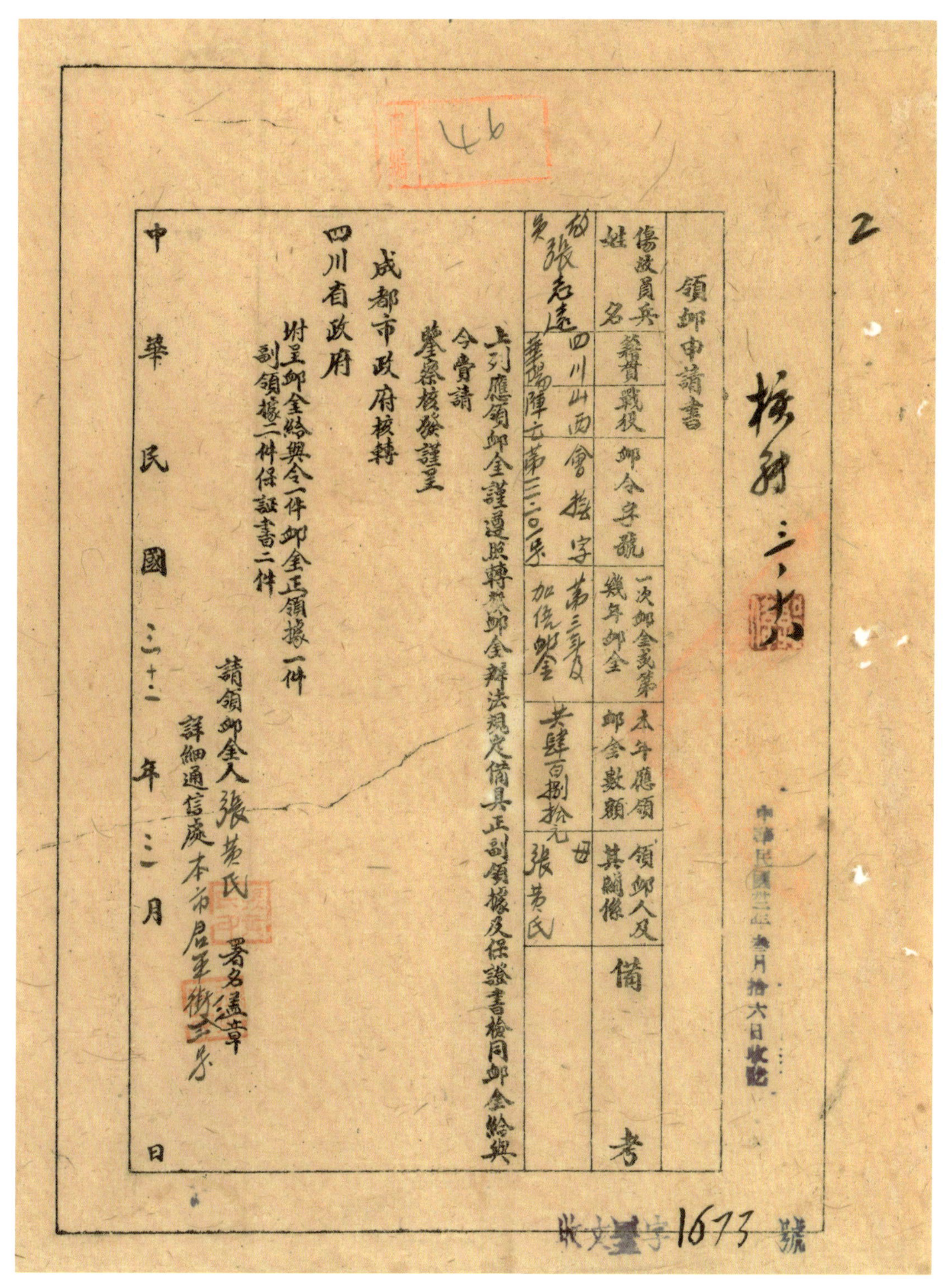

46

2

核轉 三·十六

領卹申請書

傷故員兵姓名	故員張志遠
籍貫	四川華陽
戰役	山西陣亡
卹令字號	會撫字第三三〇一號
一次卹金或第幾年卹金	第三年及加倍卹金
本年應領卹金數額	共肆百捌拾元
領卹人及其關係	張黄氏 母
備考	

上列應領卹金謹遵照轉發卹金辦法規定備具正副領據及保證書檢同卹金給與令賫請

鑒察核發謹呈

成都市政府核轉

四川省政府

附呈卹金給與令一件卹金正領據一件副領據一件保證書二件

請領卹金人張黄氏 署名蓋章

詳細通信處本市居平街三號

中華民國三十二年三月　日

中華民國卅二年叁月拾六日收訖

收文壹字1673號

附：抚恤金领据、具领恤金保证书

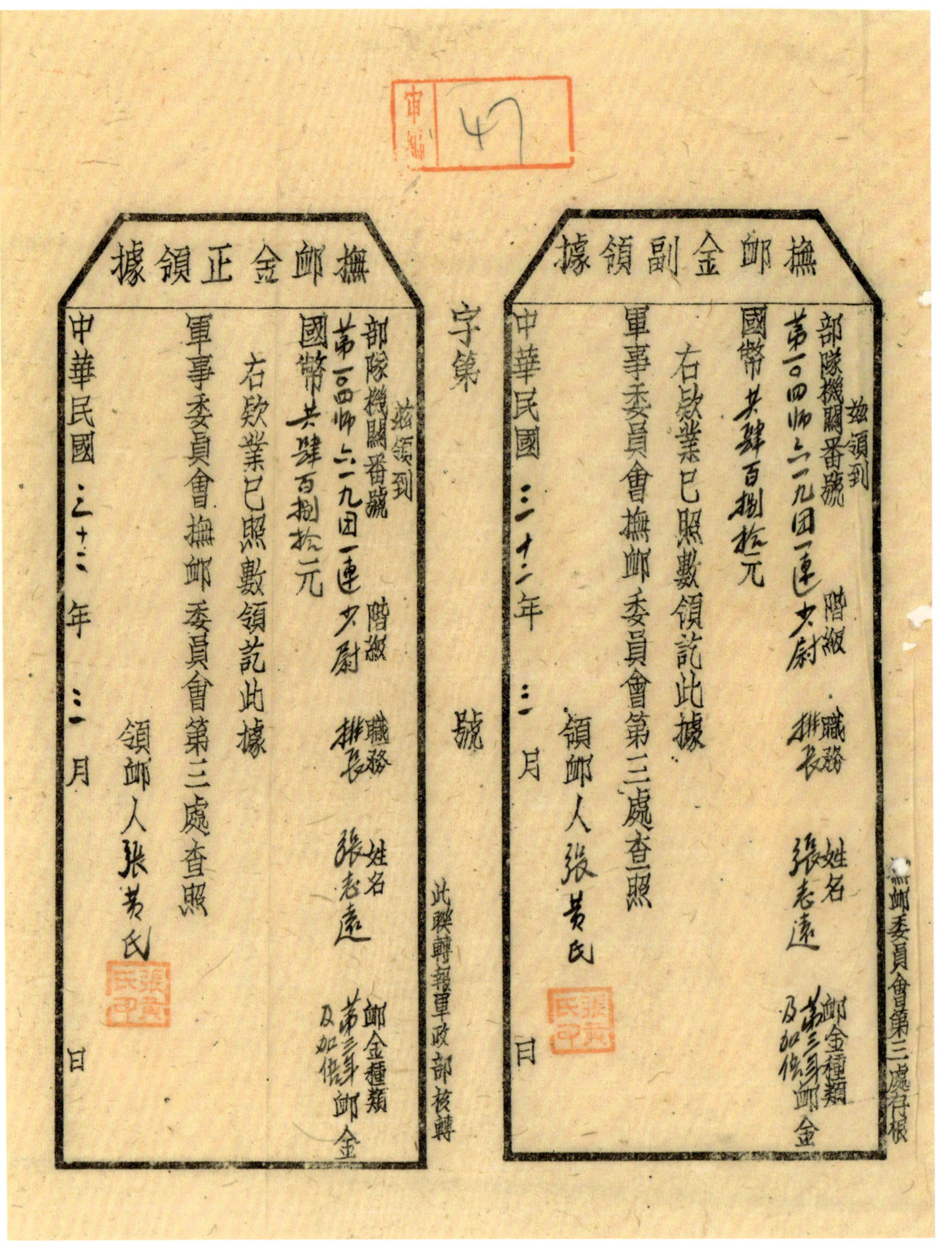

撫卹金副領據

茲領到

部隊機關番號 第一百四師六一九團一連　階級 少尉　職務 排長　姓名 張志遠　卹金種類 第三年卹金及加俸

國幣共肆百捌拾元

右款業已照數領訖此據

軍事委員會撫卹委員會第三處查照

領卹人 張黃氏

中華民國三十二年三月　日

撫卹委員會第三處存根

字第　號

此聯轉報軍政部核轉

撫卹金正領據

茲領到

部隊機關番號 第一百四師六一九團一連　階級 少尉　職務 排長　姓名 張志遠　卹金種類 第三年卹金及加俸

國幣共肆百捌拾元

右款業已照數領訖此據

軍事委員會撫卹委員會第三處查照

領卹人 張黃氏

中華民國三十二年三月　日

具領卹金保證書

保證人趙定吉　今保證領卹人　張黃氏　確係已故

部隊機關番號　第一百四十六師四團一連　階級　少尉　職務　排長　姓名　張志遠

之遺族茲遵照

國民政府軍事委員會會撫字第一二六一號卹金給與令核准給與該

故員第三年份加倍卹金國幣　共肆百捌拾　元整今由該遺族向

鈞會第三處如數領訖具領後如有發生爭議保証人願照

鈞會請領卹金須知第六條之規定負法律上一切責任此證

謹呈

國民政府軍事委員會撫卹委員會

保証人姓名趙定吉蓋章　籍貫四川華陽　現住址住本市居平街一〇八号　職務或職業　小押當　（店鋪營業資本金額）三仟元

（店鋪書柬）

領卹人姓名張黃氏蓋章　籍貫四川華陽　現住址住本市居平街一三三号　與故員之關係　母子

其他遺族姓名及關係

妻張雷氏

成都市市長余中英

中華民國三十二年三月　日

成都市政府关于核发故员张志远第三年年恤金致张黄氏的批示及致四川省政府的呈文（一九四三年四月二十三日）

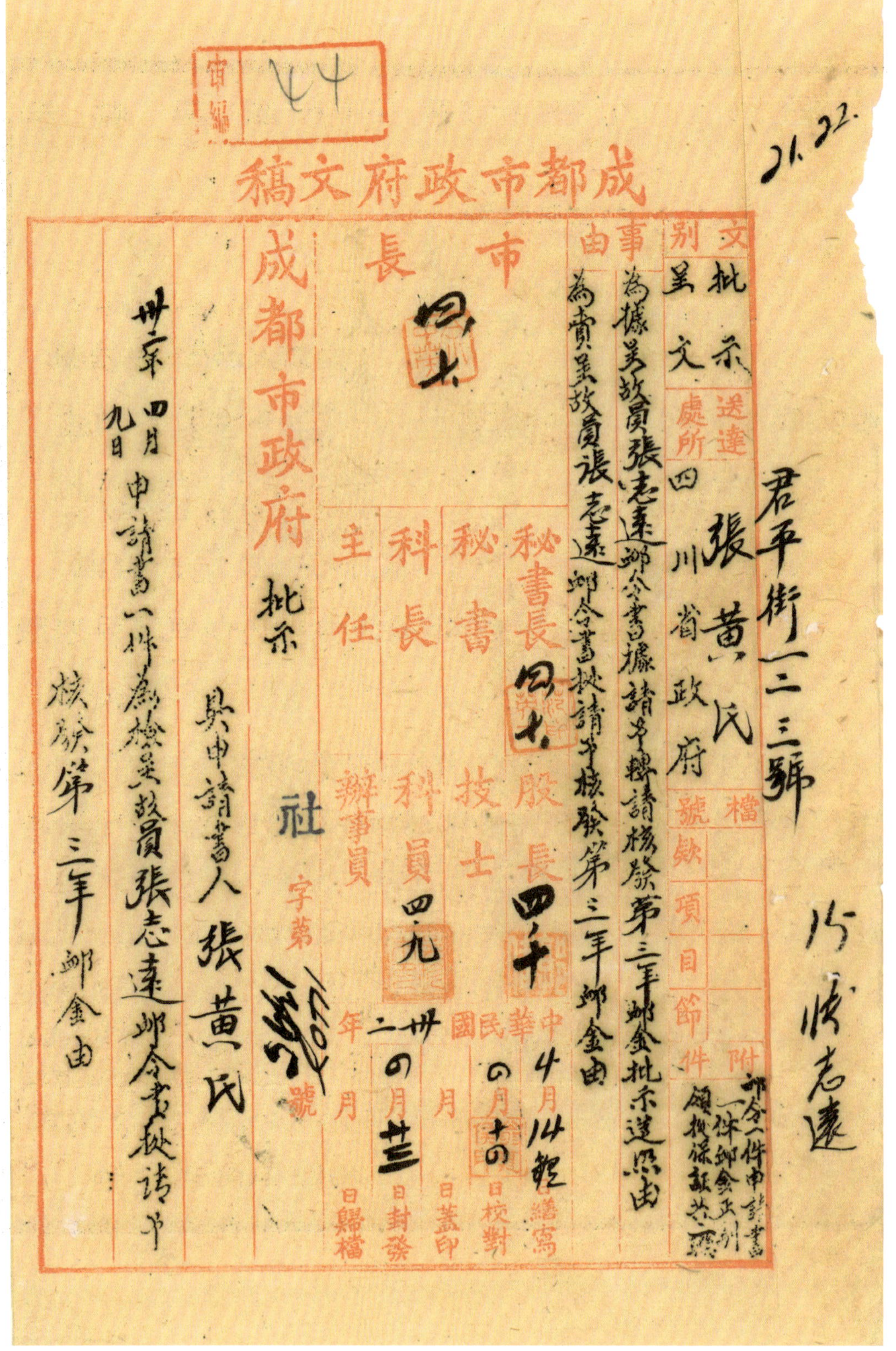

成都市政府文稿

文别	批示 呈文
送达处所	四川省政府
事由	为据呈故员张志远邺令书一据请予转请核发第三年邺金批示遵照由

为贵呈故员张志远邺令书据请予核发第三年邺金由

君平街一二三号 张黄氏 收 张志远

成都市政府批示 字第 号

具申请书人张黄氏

卅二年四月九日申请书一件为检呈故员张志远邺令书一据请予

核发第三年邺金由

申請書暨附件均悉。仰候分案呈請
四川省政府核發給領可也！附件分別存轉
此批。
中華民國卅二年四月　日
市長余
吳文鎬
案據本市故員張志遠遺族張黃氏檢呈卹令及申
請書正副領據保結書等件呈予轉請核發第三年
卹金等情前來，查核尚無不合，除批示外，理合遵照
貴部卹金各項辦法之規定，檢同故員張志遠

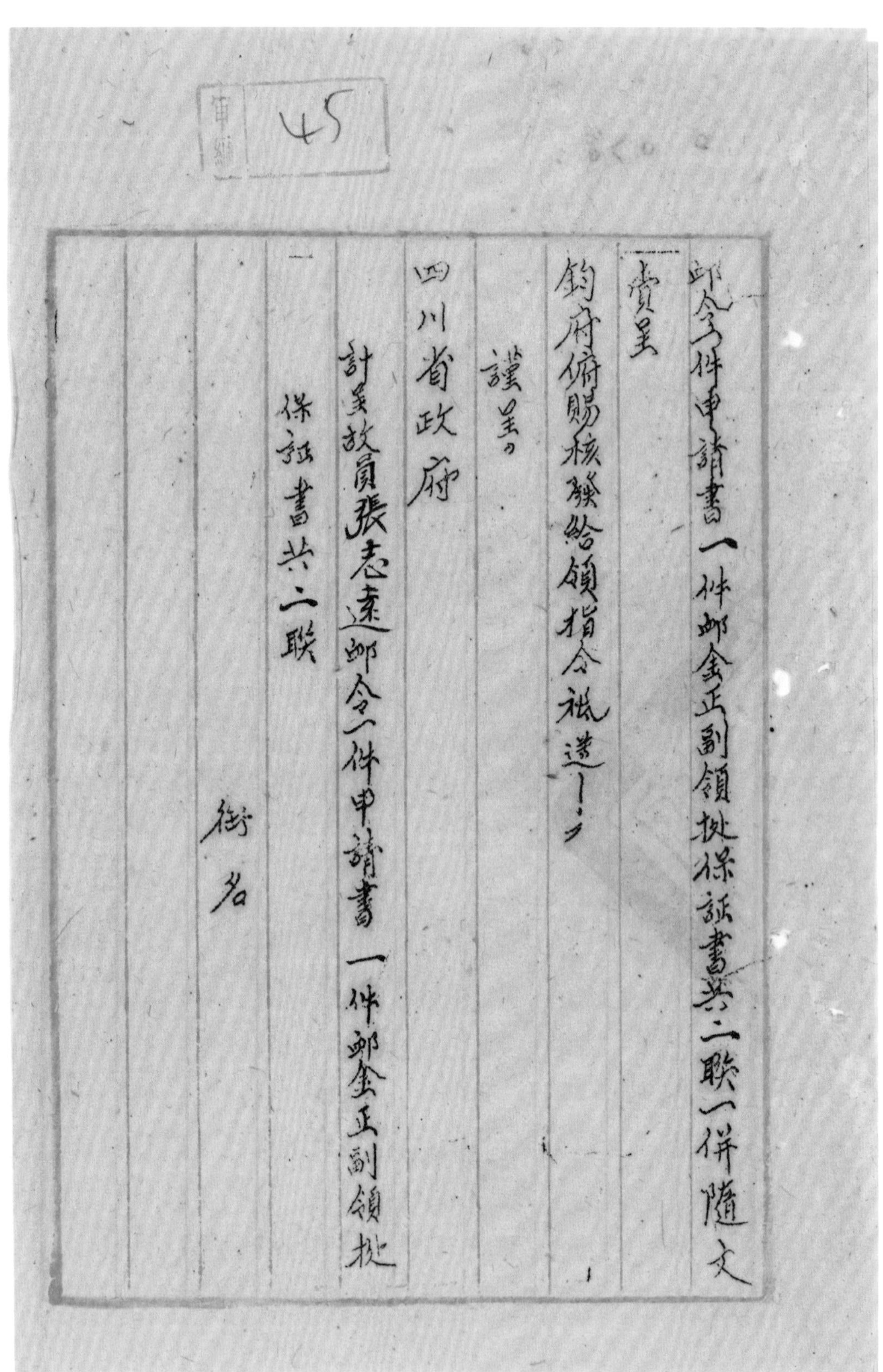

45

卹令一件申請書一件卹金正副領摺保証書共二聯一併隨文
賫呈
鈞府俯賜核發給領指令祗遵！
謹呈
四川省政府
計呈故員張志遠卹令一件申請書一件卹金正副領摺
保証書共二聯
銜名

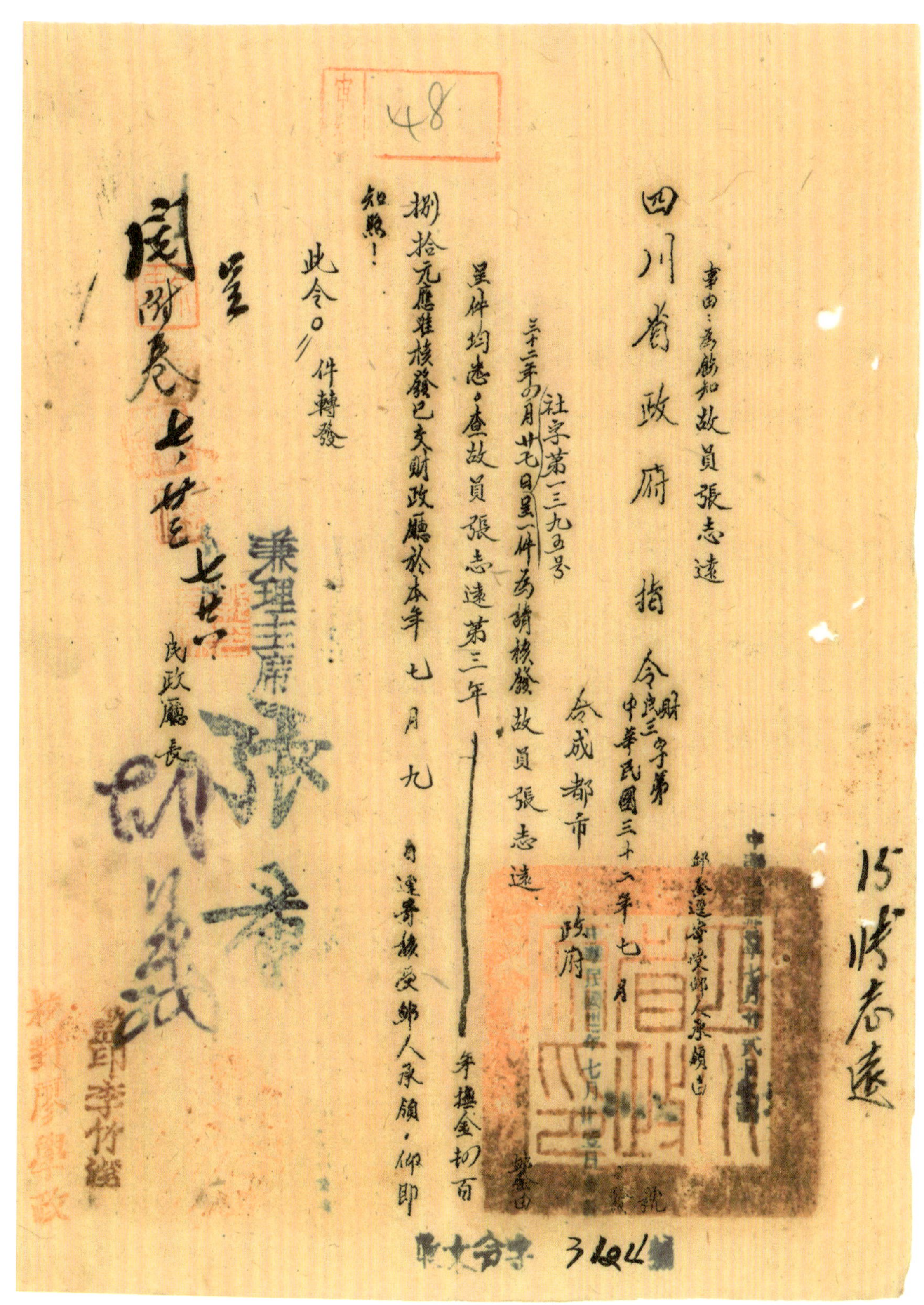

事由：為飭知故員張志遠

四川省政府指令 財民三字第 號

中華民國三十二年七月 日

令成都市政府

三十二年六月廿七日社字第一三九五號呈一件為請核發故員張志遠

呈件均悉。查故員張志遠第三年年撫金捌百捌拾元應准核發，已交財政廳於本年七月九日逕寄核受卹人承領，仰即知照！

此令。件轉發

兼理主席 張羣

民政廳長 胡次威

四川省政府关于核发故员张志远第三年年恤金致成都市政府的指令（一九四三年七月二十一日）

王集成等关于张黄氏所执恤令遗失情况的保结（一九四六年一月）

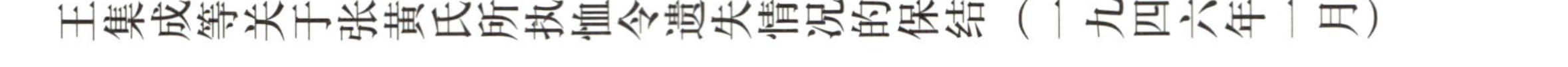

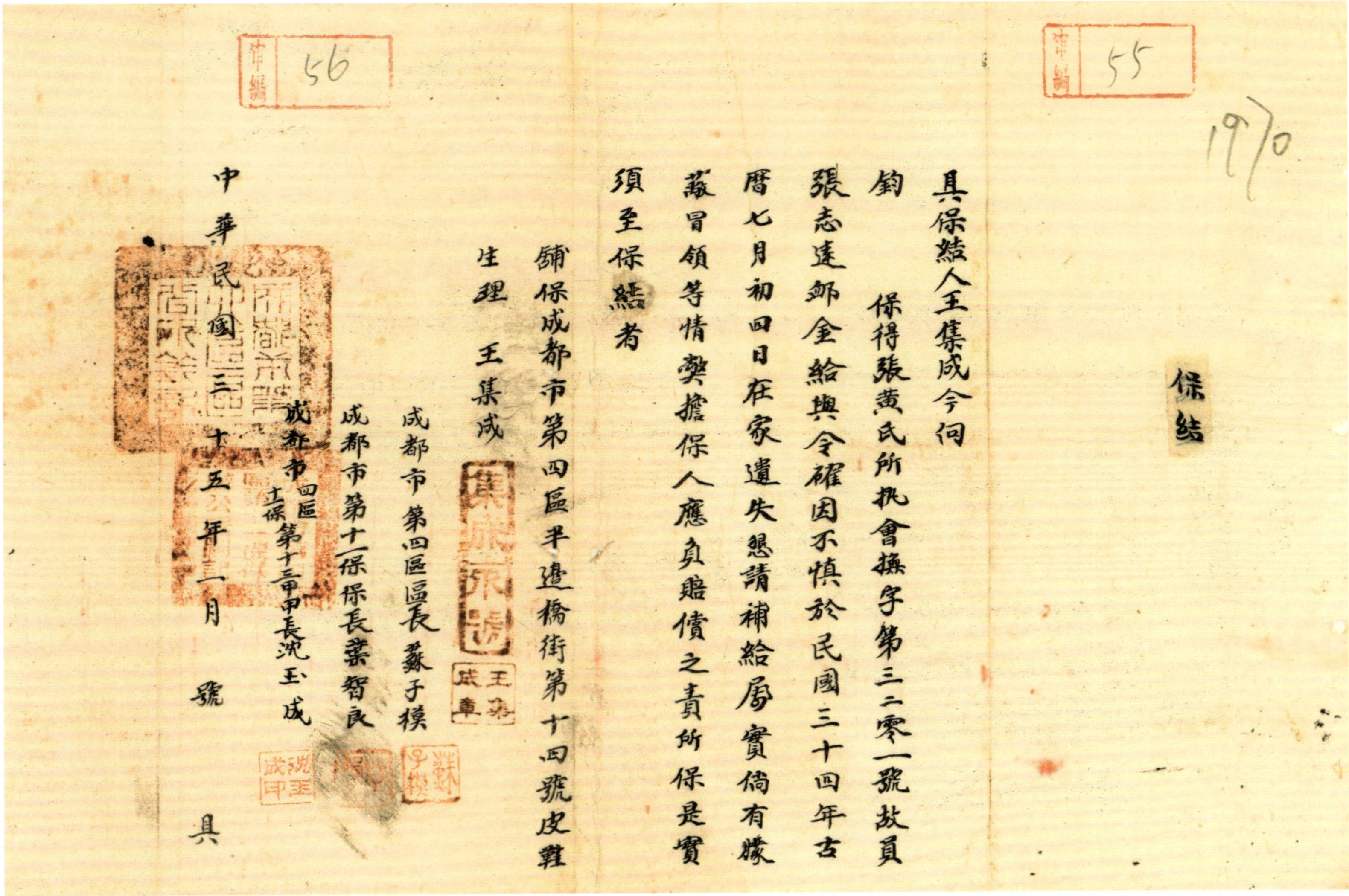

保結

具保結人王集成今向

鈞　保得張黃氏所執會撫字第三二零一號故員

張志達卹金給與令確因不慎於民國三十四年古

曆七月初四日在家遺失懇請補給屬實倘有

蒙冒領等情弊擔保人應負賠償之責所保是實

須至保結者

舖保成都市第四區半邊橋街第十四號皮鞋

生理　王集成

成都市第四區區長　蘇子模

成都市第十一保保長　葉智良

成都市四區十一保第十三甲甲長　沈玉成

中華民國三十五年一月　號　具

四川省成都市現役軍人户籍調查表

姓名	張志遠	別號	无	服務機關或部隊	一〇四川師六一九團一連	調查時之級職	少尉排長	年齡	二十六岁	出生年月日	民三年冬月廿九日
出身	行伍	任職或入伍日期	十一年入伍	相貌特徵	无	通訊處永久及現在	四川成都市居平街一二三号 同上			相片	
住址	世居	四川省成都縣 鎮 鄉 保 甲 户或 街 巷第 號門牌									
	現住	四川省成都市第四區 保 甲 户或居平街 巷第123號門牌									

家屬及同居親屬人口	稱謂	姓名	年齡及存歿	職業	服務處所	是否中國國民黨員	備考
	祖父						1. 家庭是否分爨及經濟狀況
	祖母						2. 原籍尚有何人
	父						3. 住址是否再要遷移
	母	張黄氏	五〇岁存				
	妻	張曾氏	二五岁存				
	子	无					
	女	張麥雲	五岁				
	胞弟	无					
	胞妹	无					
	孫	无					

調查卅五年一月 日

調查人 郭君傑

市長 陳 〇

故员张志远的现役军人户籍调查表（一九四六年一月）

故员张志远的死亡官兵现役军人户籍调查表清册（一九四六年一月）

53

1970

補送死亡官兵現役軍人戶籍調查表清冊

番號	職級	姓名	死亡事由	死亡種類	死亡年月	死亡地點	備考
一〇〇師七一九團一連	少尉排長	張志遠	陣亡		二十八年〇月	山西	

中華民國卅五年一月　日成都市市長陳〇

成都市政府关于补发故员张志远恤令致张黄氏的批及致国民政府军委会抚恤委员会驻川抚恤处的呈（一九四六年二月十三日）

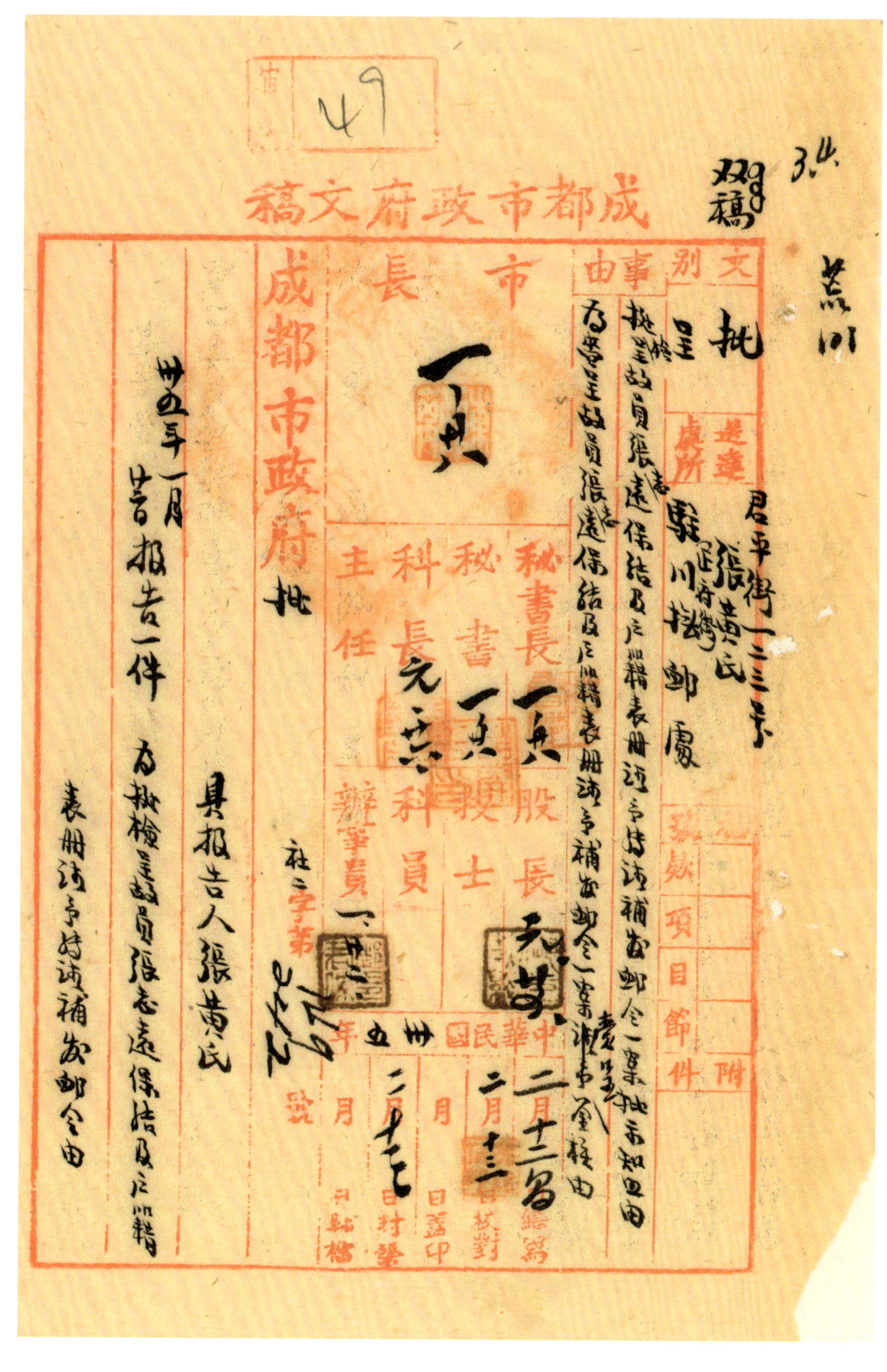

成都市政府文稿

文别：批　呈

送達處所：君平街一三三号張黄氏　駐川撫卹處

事由：批呈故員張志遠保結及户籍表冊請予補發卹令由

成都市政府批

卅五年一月　日報告一件　為擬檢呈故員張志遠保結及户籍表冊請予補發卹令由

具報告人張黄氏

报告暨附件均悉。仰候转请
军政部抚恤委员会驻川抚恤处核办可也。附件分别存转
此批。
中华民国卅三年十一月　日
市长陈
呈文稿
案据本市陆军一〇四师二九团一连故上尉排长张志远
遗族张黄氏检呈保结及户籍表册恳予转请补发邮令
为情前来查核尚无不合除将户籍表册加盖本府印信
官章并批示外理合检同故员张志远保结一份户籍表

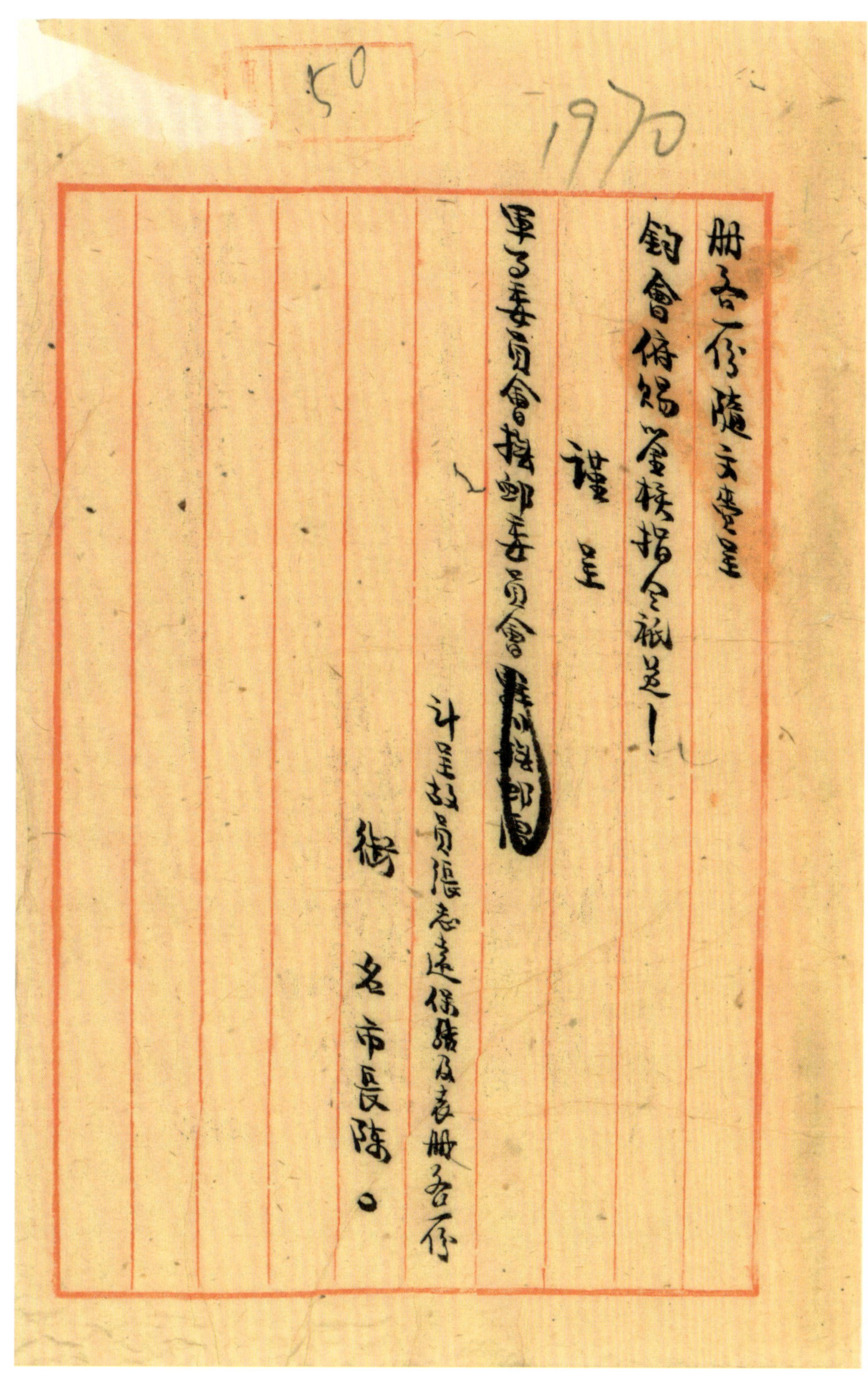

50

1970

冊各份隨文賫呈

鈞會俯賜鑒核指令祇遵！

謹呈

軍事委員會撫卹委員會

計呈故員張志遠保結及表冊各份

銜名市長陳○

国民政府军委会抚恤委员会驻川抚恤处关于补发故员张志远恤令致成都市政府的代电

（一九四六年二月二十六日）

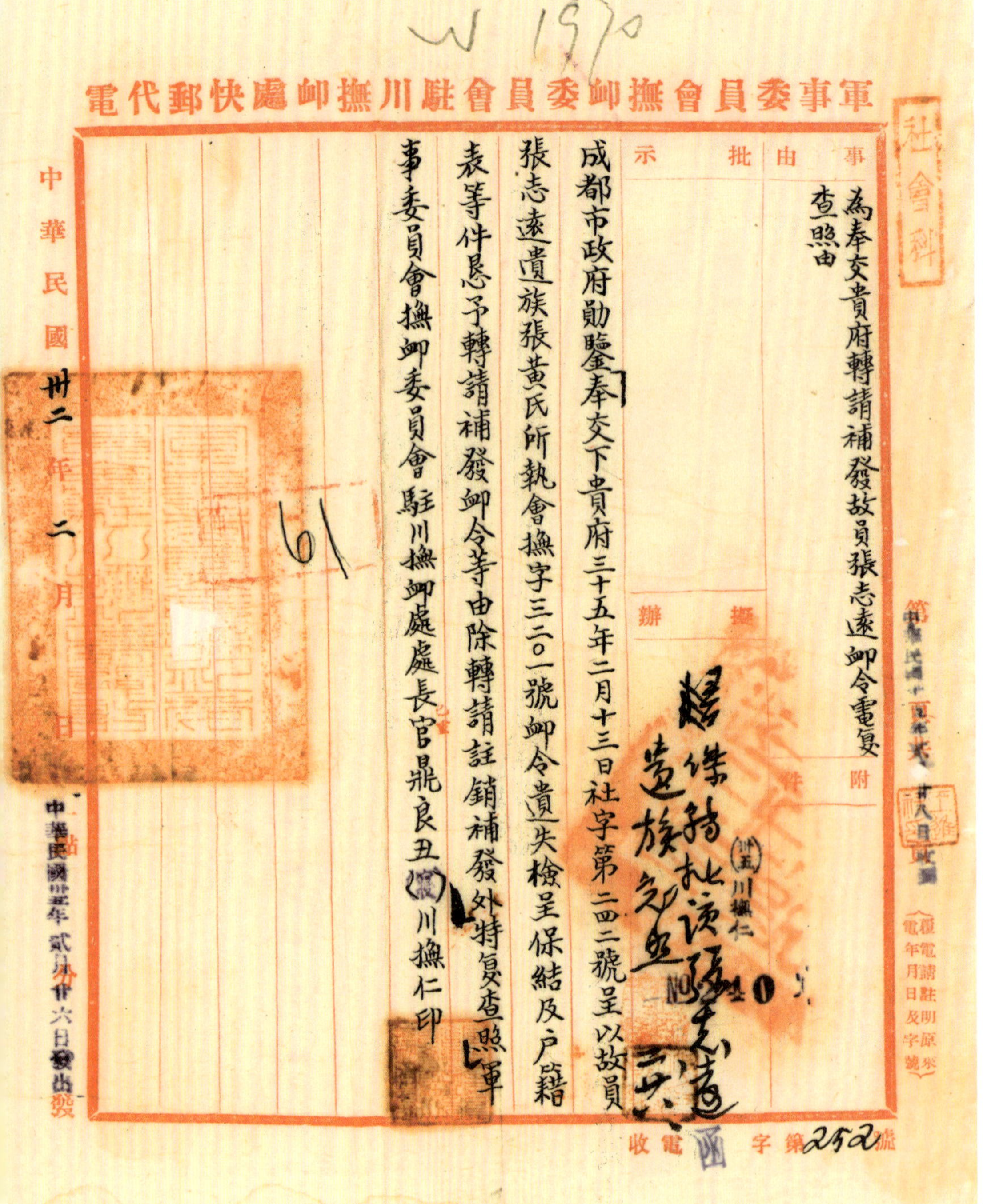
軍事委員會撫卹委員會駐川撫卹處快郵代電

事由：為奉交貴府轉請補發故員張志遠卹令電复查照由

成都市政府勛鑒：奉交下貴府三十五年二月十三日社字第二四二號呈，以故員張志遠遺族張黃氏所執會撫字三二〇一號卹令遺失，檢呈保結及戶籍表等件，懇予轉請補發卹令等由。除轉請註銷補發外，特复查照。軍事委員會撫卹委員會駐川撫卹處處長官鼎良丑（寢）川撫仁印

中華民國卅五年二月　日

成都市政府文稿

文别：通知
送达处所：君平街一三三号 张黄氏
事由：为准军委会抚委会驻川抚邮处代电嘱转知故员张志远遗族补发邮令一案通知查照由

市长 秘书长 秘书 科长 主任 股长 技士 科员 办事员

成都市政府通知 社二字第 号

案准
军事委员会抚邮委员会驻川抚邮处卅五年二月廿六日川抚仁字第二〇〇号代电开：案查下贵府云云 除转饬注销补发外

中华民国三十五年三月廿五日

成都市政府关于转知补发故员张志远恤令致张黄氏的通知（一九四六年三月二十五日）

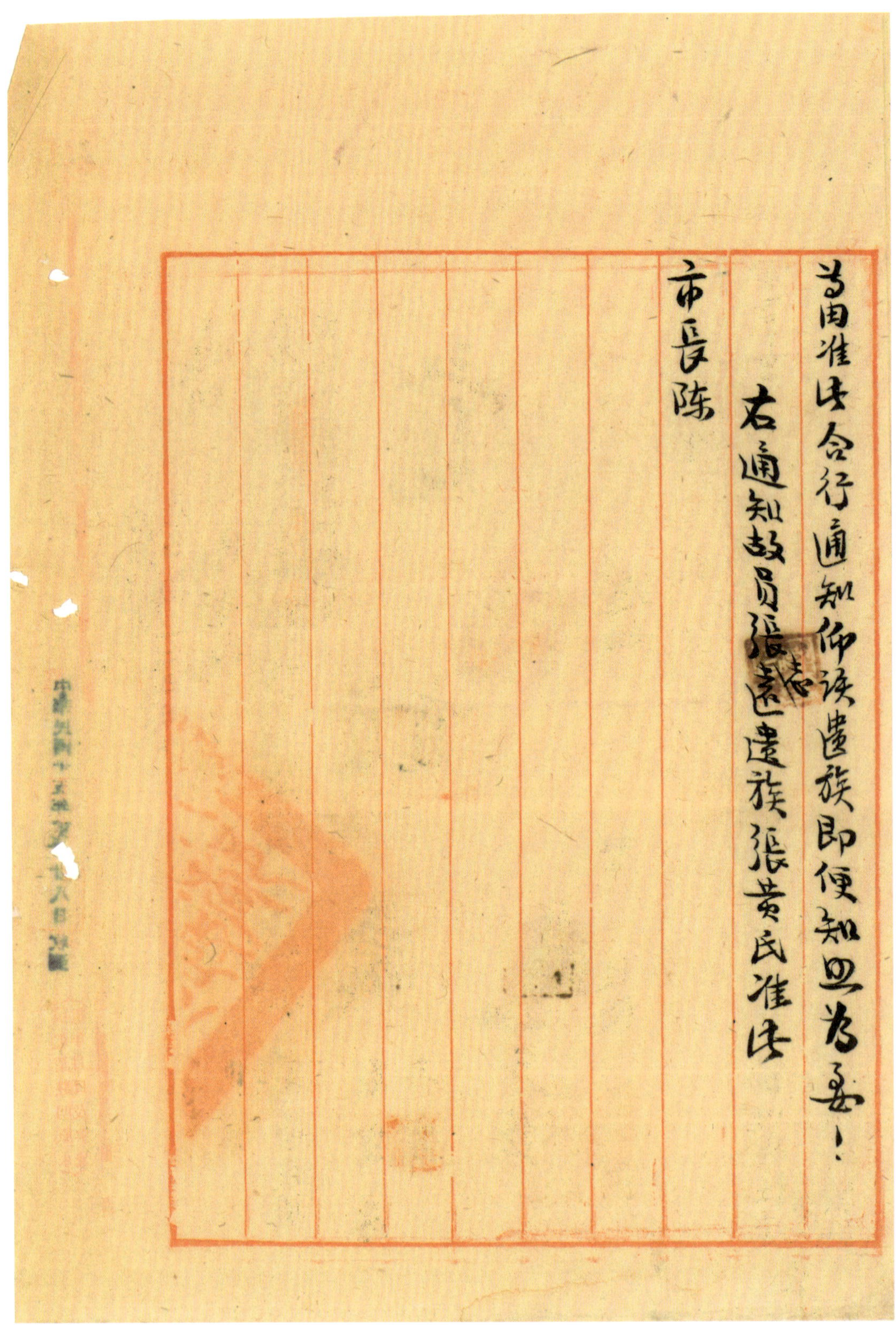
为留准外，合行通知仰该遗族即便知照为要！

右通知故员张遗族张黄氏准此

市长陈

国民政府军委会抚恤委员会驻川抚恤处关于故员张志远恤令补办手续致成都市政府的代电
（一九四六年七月六日）

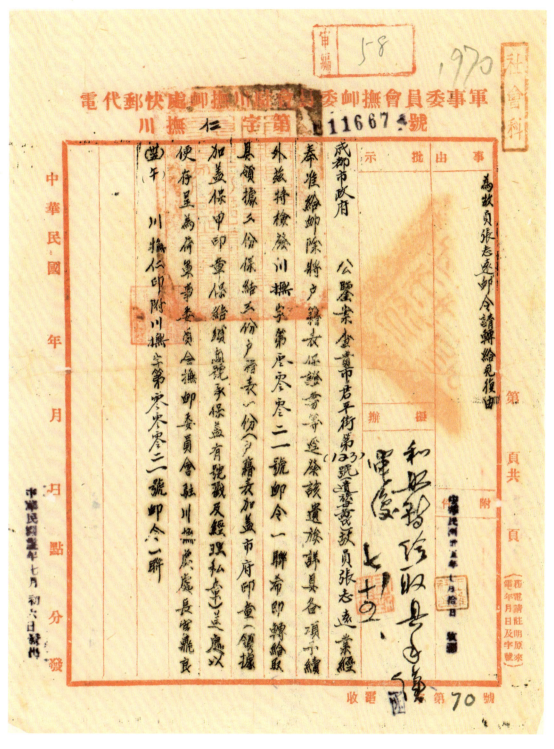

社會科

軍事委員會撫卹委員會駐川撫卹處快郵代電

川撫仁字第11667號

事由：為故員張志遠卹令請轉給見復由

成都市政府公鑒：案查貴市君平街第（123）號（遺族母黃氏）故員張志遠業經奉准給卹，除將戶籍表、保證書等送發該遺族詳具各項手續外，茲特檢發川撫字第壹零零二一號卹令一聯，希即轉給取具領據五份、保結五份、戶籍表一份（戶籍表加蓋市府印章，領據加蓋保甲印章，保結須蓋有號戳及經理私章）送處，以便存呈為荷。軍事委員會撫卹委員會駐川撫卹處處長密鼎良（丑午）川撫仁印 附川撫字第零零零二一號卹令一聯

中華民國卅五年七月初六日發出

中華民國卅五年七月拾日收到

收電第70號

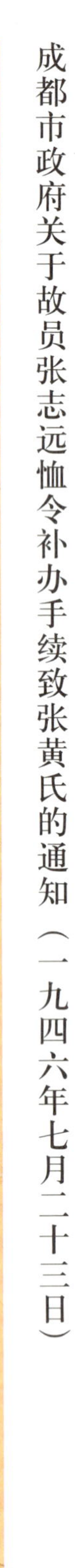

成都市政府关于故员张志远恤令补办手续致张黄氏的通知（一九四六年七月二十三日）

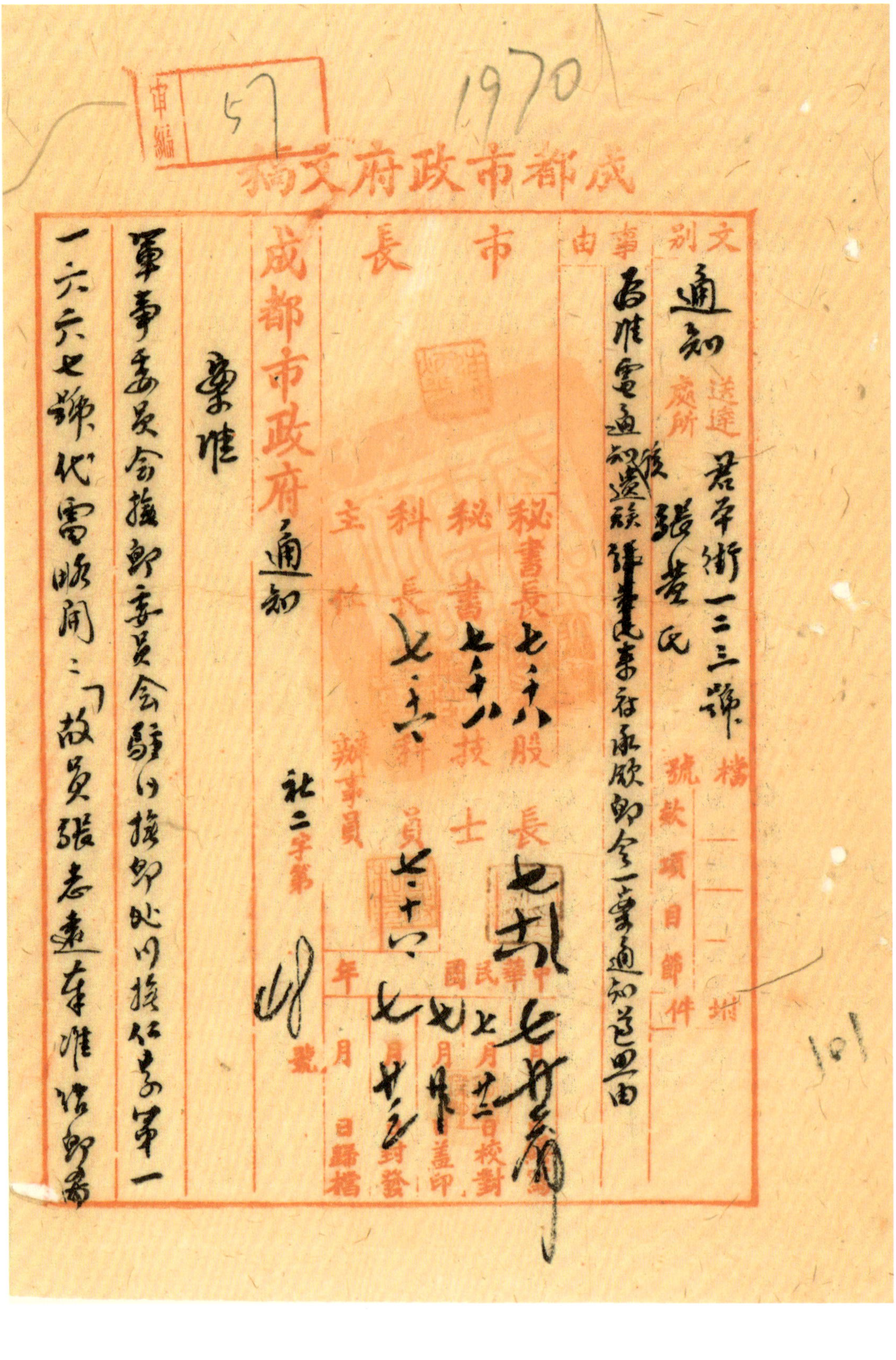

成都市政府文稿

文别：通知

送達處所：君平街一二三號 張黃氏

事由：為准電通知故員張志遠未存承欽卹令一案通知遵照由

市長

秘書長 七、廿六

秘書 七、廿六

科長 七、廿六

主任

股長 七、廿

技士

辦事員 七、廿六

成都市政府通知

社二字第　號

案准

軍事委員會撫卹委員會駐川撫卹處川撫仁字第一一六六七號代電開：「故員張志遠未准請卹……

中華民國　年　月　日

七月廿三日校對

七月廿五日蓋印

七月廿六日封發

即發信取具送核存呈」等由附川撫仁字第〇〇二
一號部令一份准此令仰遵知該遺族張黄氏即
照案審核取領撫卹二份保結三份户籍表一份分別
填妥備呈送府以憑核發部令為要
右通知故員張志遠遺族張黄氏准此
市長 陳

十五、张海泉

陆军第四十一军军司令部关于函送抗战阵亡上尉连长张海泉乙种书表并请依例查报请恤致成都市政府的公函（一九四〇年六月十七日）

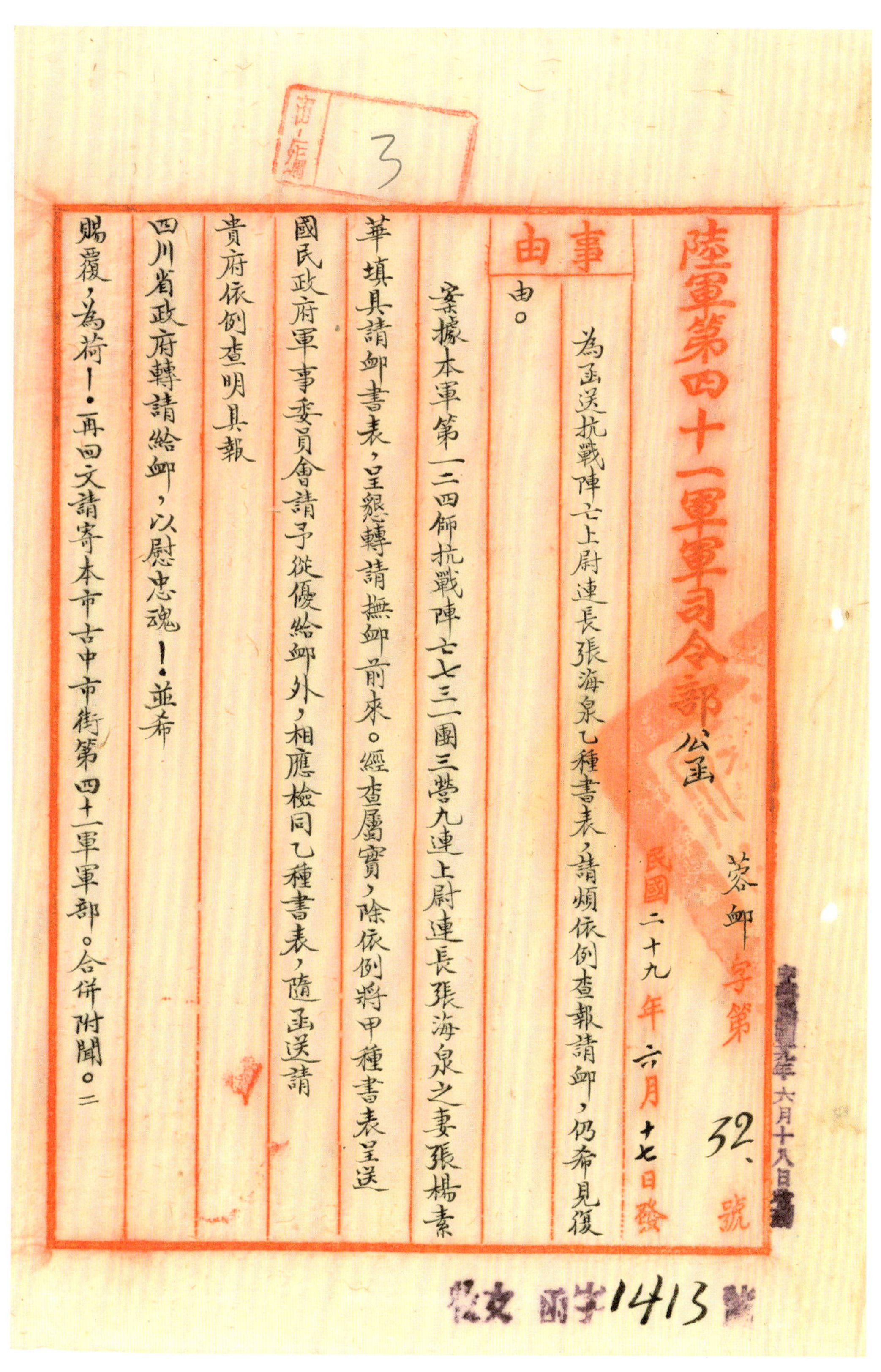

陸軍第四十一軍軍司令部公函　蓉卹字第32號

民國二十九年六月十七日發

事由：為函送抗戰陣亡上尉連長張海泉乙種書表，請煩依例查報請卹，仍希見復由。

案據本軍第一二四師抗戰陣亡七三一團三營九連上尉連長張海泉之妻張楊素華填具請卹書表，呈懇轉請撫卹前來。經查屬實，除依例將甲種書表呈送國民政府軍事委員會請予從優給卹外，相應檢同乙種書表，隨函送請

貴府依例查明具報

四川省政府轉請給卹，以慰忠魂！並希

賜覆，為荷！再回文請寄本市古中市街第四十一軍軍部。合併附聞。二

此致

成都市市政府

計附故員張海泉抗戰陣亡乙種書表共六張。

軍長孫　震

附：故员张海泉陆军战时死亡官佐士兵乙种证明书、乙种调查表（一九四〇年五月）

陸軍平戰時死亡官佐士兵乙種證明書

所屬部隊	陸軍第四十一軍一二四師七三一團三營九連
階級及職務	上尉連長
姓名	張海泉
年齡籍貫	四十二歲 原籍四川潼南縣寄籍成都縣
死亡日期	二十八年十二月二十三日
死亡地點	湖北隨縣滚山白家堂
死亡類別	抗敵陣亡
致死原因	湖北滚山白家堂抗敵陣亡
遺族	祖父母 均歿 年 歲；父母 夏氏 父歿 年五十八歲；妻 張楊素華 年二十五歲；子 永福 年 七歲；胞弟妹 海銘 年十八歲；女孫 年 歲
通訊地址	四川省成都市北門外簸箕街文昌宮內
備考	

中華民國二十九年五月　日成都市縣長　具

附記

一此證書由死亡者本籍地方長官查明填具連同其遺族填繳之乙種調查表呈繳省市政府轉送軍政部核辦
二遺族欄須詳細查明填報不准混合
三死亡類別欄填明為陣亡或因公殞命或積勞病故
四如有特別情形必須聲明者均於備考欄內填報之
五年月日上必須加蓋縣市印縣長市長必須署名蓋章
六、翻印此項證書其格式大小須與本表所頒發者相同

第十八表

陸軍戰時死亡官佐乙種調查表

隊號		陸軍第四軍一二四師三七二團三營九連
階級		上尉
職務		連長
姓名		張海泉
籍貫		原籍四川瀘南縣寄籍成都縣
年齡		四十二歲
家族名號	祖父母	祖父母均殁
	父母	父殁　母夏氏年五十八歲（存）
	弟妹	弟海鰲年十八歲（存）
	妻	妻張楊素華年三十五歲（存）
	子女	子永福年七歲
出身		行伍
履歷		由二等列兵遞次升任至上尉連長
死亡事由		抗敵陣亡
死亡年月日		二十八年十二月二十三日
死亡地點		湖北省通縣滐山白家堂
相貌或特徵		
遺族領卹人		死者妻張楊素華
名號及住址		四川成都市北門外簸箕街文昌宮內
備考		

中華民國二十九年五月　日四川省成都市遺族領卹人張楊素華具

附記
一、此表係給死亡者本籍地方官轉給其遺族
二、遺族領卹人應照本表切實分別填註交還本籍地方官
三、各該地方官應將已填竣之表切實調查後加具證明書呈繳省政府轉送軍政部核辦
四、翻刻此表時其格式大小須與本表相同

第十一表

成都市第四区保长、甲长关于张海泉遗族情况的保结（一九四〇年六月）

奉令提存

具保結保甲長廖紀綱、魯良臣今向

成都市政府保得故陸軍四一軍一二四師三七二團三營九連連長張海泉遺族祖父歿　年　歲

祖母歿氏年　歲　父　年　歲　母夏氏　年

五十八歲　妻張楊素華氏年二十五歲　子永福年七歲　女無　年

歲　弟銘年十八歲　妹無　年　歲　確係屬實倘

有捏報朦蔽等情弊一經查出保甲長甘受懲處並該遺族以後如

有變更仍當隨時報告所保是實須至保結者

具保結人　成都市第四區第一保保長廖紀綱

成都市第四區第一保第五甲甲長魯良臣

族長

住藏粟中街第文昌宮內號

中華民國二十九年六月　日

成都市政府关于查照办理故员张海泉请恤事宜致陆军第四十一军军司令部的公函（一九四〇年七月十一日）

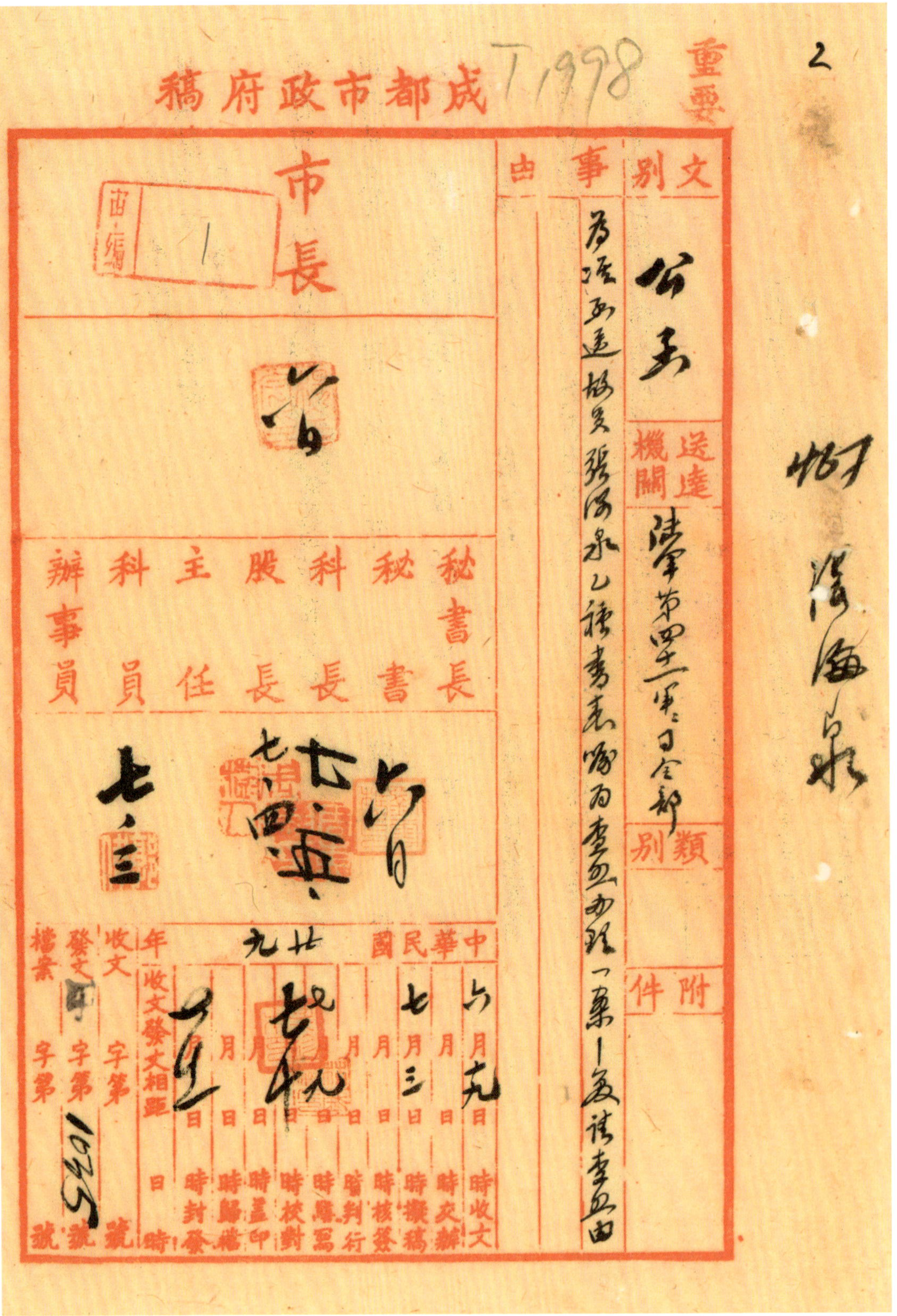

全衔公函　社字第　号

卅年六月十九日案准

贵部卅年五月十五日蒙卯字第三二号公函，附故员张汉泉乙种书表共六张，嘱为查照办理见覆，等由；准此，当经转饬该遗族取具保甲长切结，以凭办理去后，旋据该遗族编呈保结前来，查核尚无不合，业由本府加具证明书，连同乙种调查表具文呈请

四川省政府编号核转存案，相应函复

查照为荷！

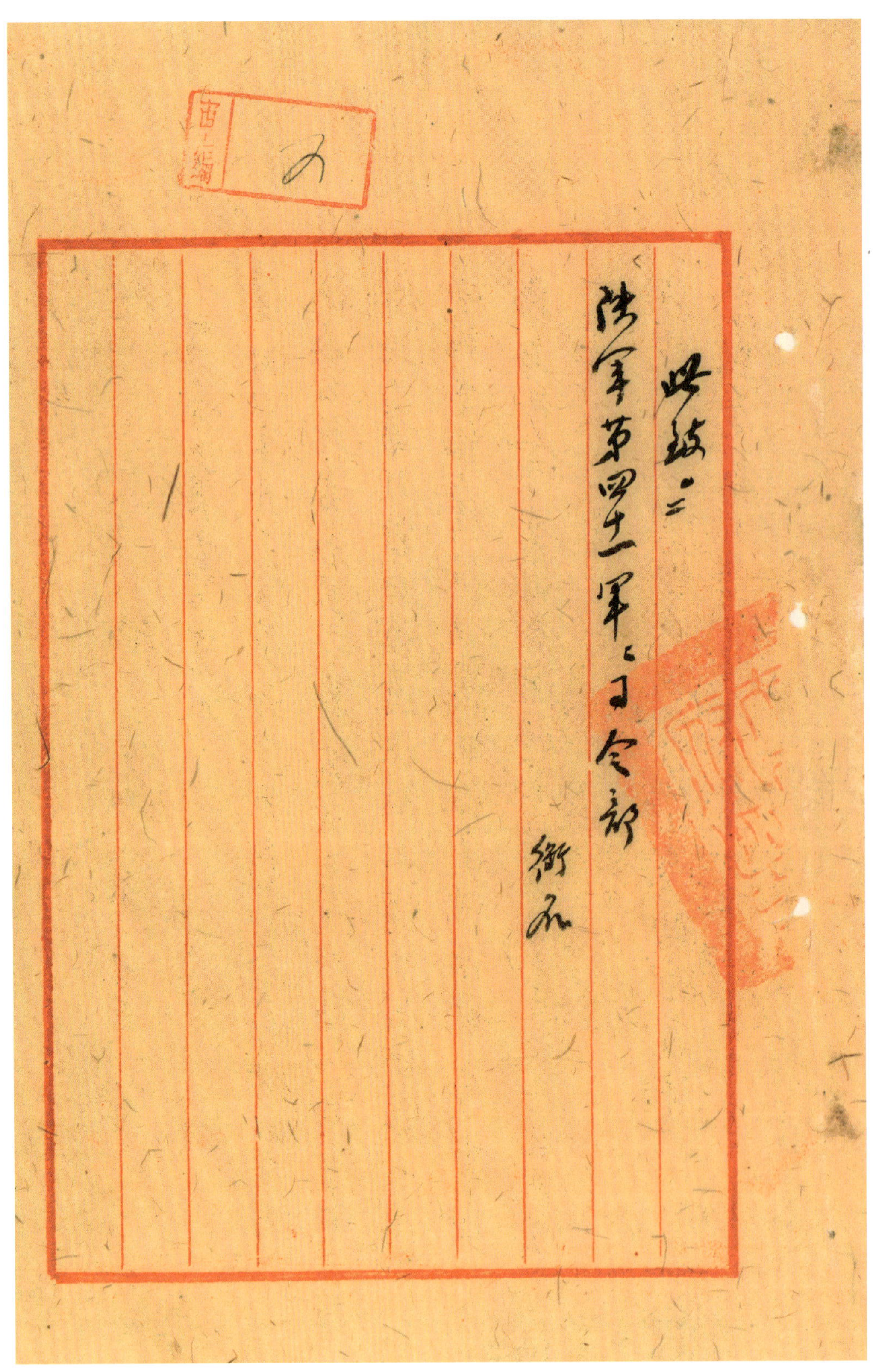
审编 6

成都市政府 二

陆军第四十一军司令部

衔

中華民國廿九年七月　日

四川省政府关于颁发故员张海泉恤令及遗族住址单等致成都市政府的训令（一九四〇年十一月十六日收）

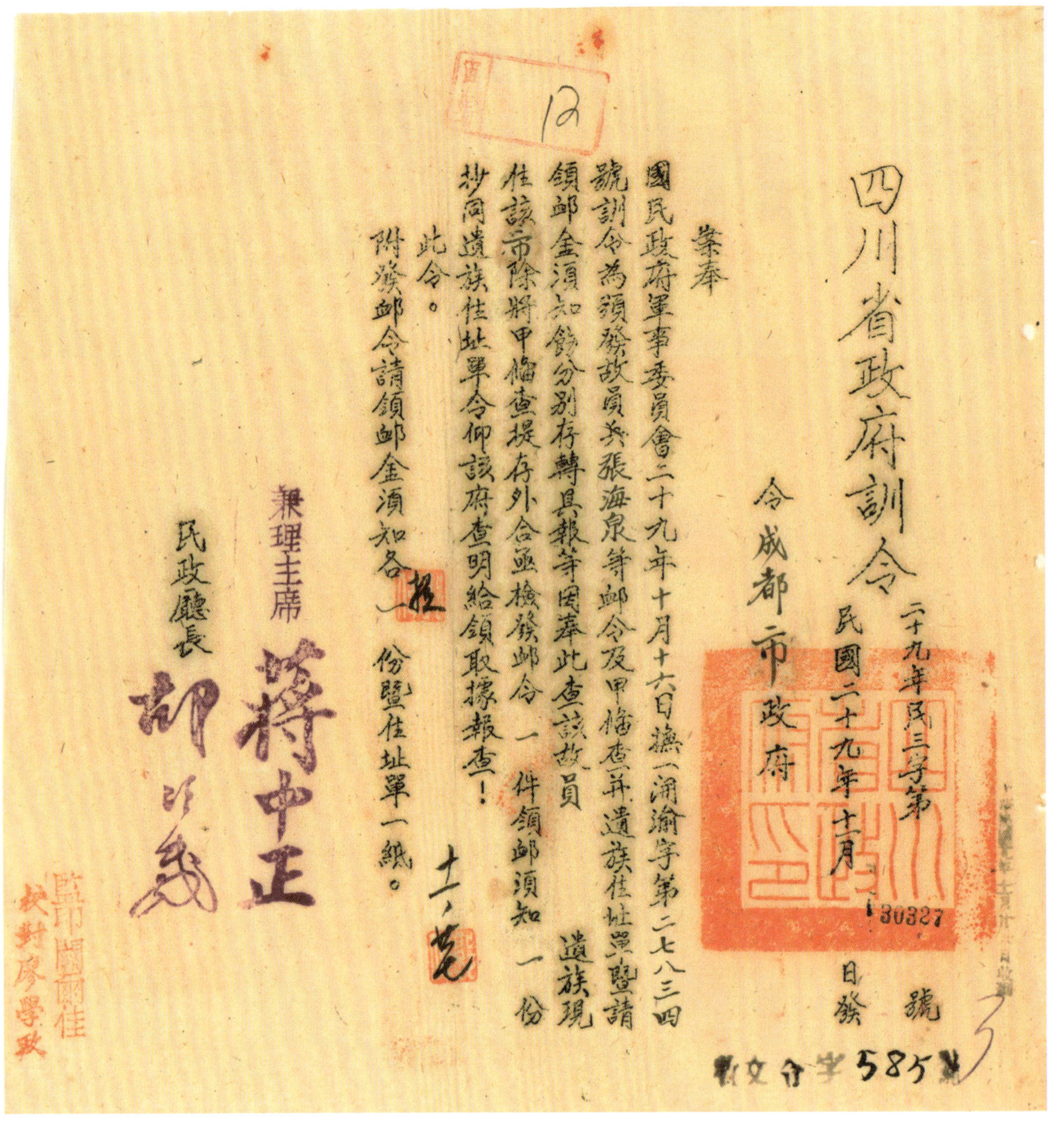

四川省政府訓令

二十九年民三字第　號

民國二十九年十一月　日發

令成都市政府

案奉

國民政府軍事委員會二十九年十月十六日撫（一）渝字第二七八三四號訓令為頒發故員兵張海泉等卹令及甲種查（一）并遺族住址單（一）暨請領卹金須知等分別存轉具報等因。奉此，查該故員遺族現住該市，除將甲種查提存外，合亟檢發卹令一件、領卹須知一份，抄同遺族住址單令仰該府查明給領取據報查！

此令。

附發卹令、請領卹金須知各一份，暨住址單一紙。

兼理主席　蔣中正

民政廳長　胡次威

成都市政府关于调查故员张海泉遗族住址致第四区外北镇公所训令的存根（一九四〇年十一月二十八日）

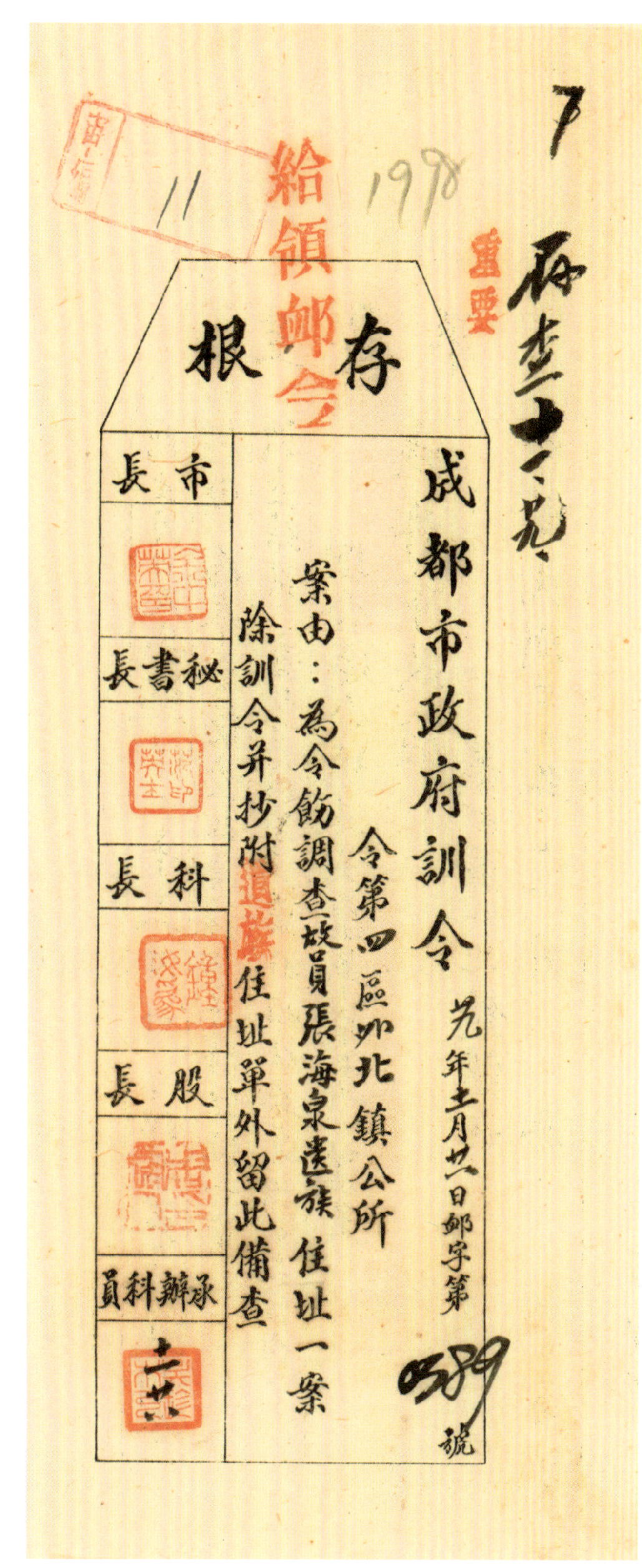
7

给领邮令

11　1978

重要

存查十一月廿八

存根

市長

秘書長

科長

股長

承辦科員

成都市政府訓令

廿九年十一月廿八日郵字第0589號

令第四區外北鎮公所

案由：為令飭調查故員張海泉遺族住址一案

除訓令并抄附遺族住址單外留此備查

第四区外北镇公所关于调查故员张海泉遗族住址致成都市政府的呈复单（一九四〇年十二月五日）

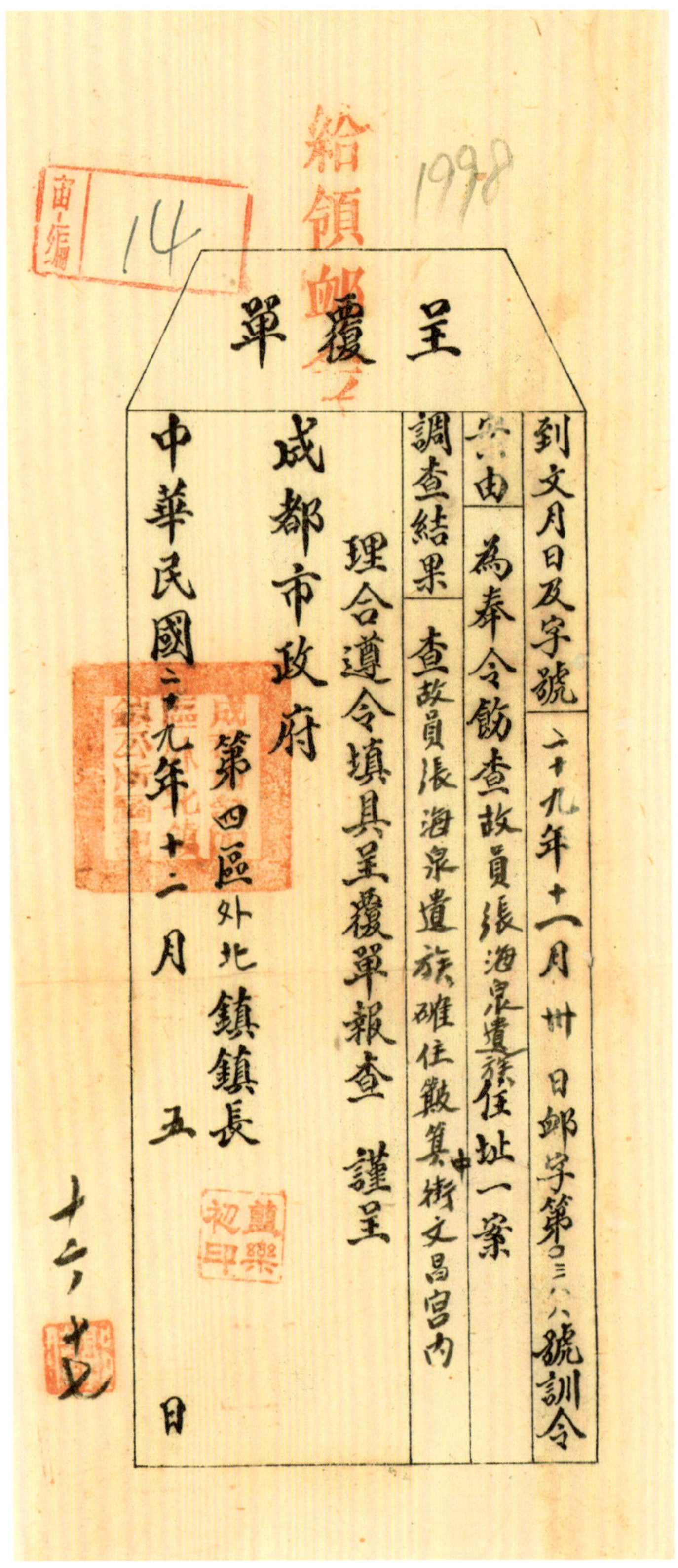
給領郵

呈覆單

到文月日及字號　二十九年十一月卅日郵字第〇三八號訓令

案由　為奉令飭查故員張海泉遺族住址一案

調查結果　查故員張海泉遺族確住數簋街文昌宮內

理合遵令填具呈覆單報查　謹呈

成都市政府

第四區外北鎮鎮長

中華民國二十九年十二月五日

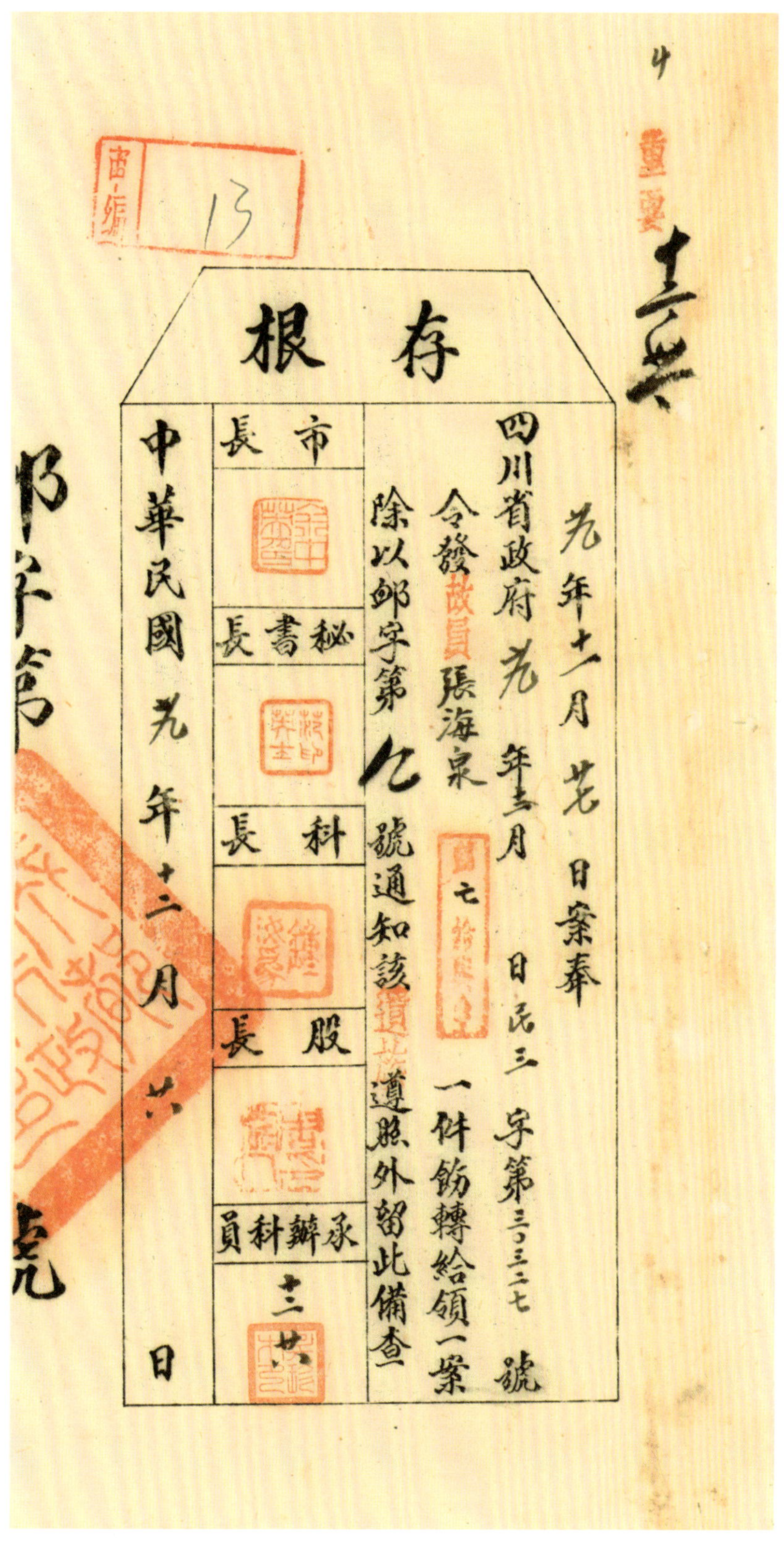

四川省政府关于颁发张海泉给恤令的存根（一九四〇年十二月二十八日）

张杨素华关于张海泉恤令的领结（一九四〇年十二月）

具領結人張楊素華年二十伍歲潼南人現住成都市北區
簸箕中街文昌宮內七十八號實領得
鈞 發下故員張海泉撫卹令一張計應領一次卹金捌佰元
年卹金叁佰陸拾元除另具保結外中間不虛具領結是實

中華民國二十九年十二月
具領結人張楊素華

李国安关于张海泉遗族恤令领取属实的保结（一九四〇年十二月）

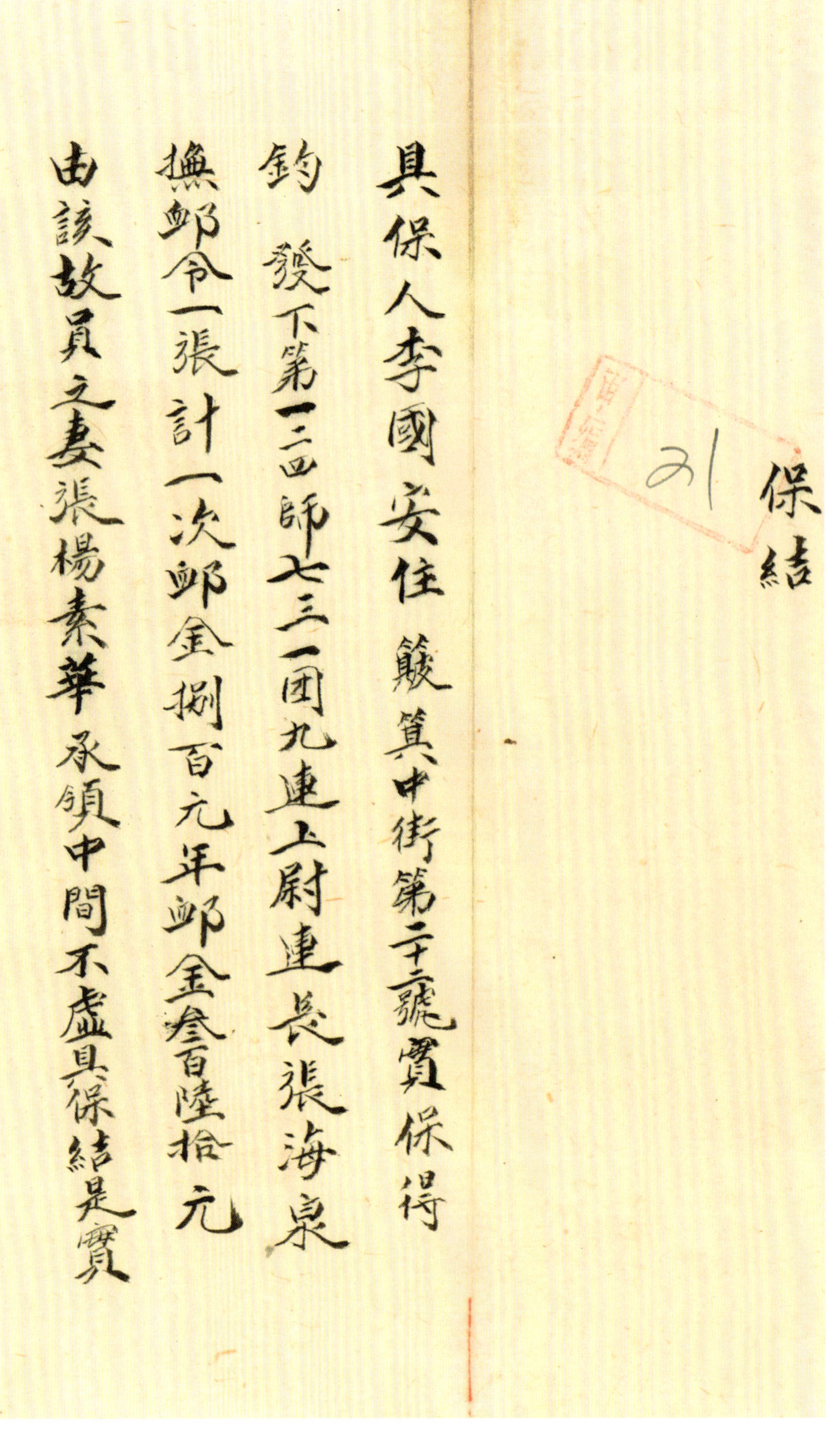

保結

具保人李國安住簇箕中街第二十二號實保得

鈞發下第一三四師七三一团九連上尉連長張海泉

撫邺令一張計一次邺金捌百元年邺金叁百陸拾元

由該故員之妻張楊素華承領中間不虚具保結是實

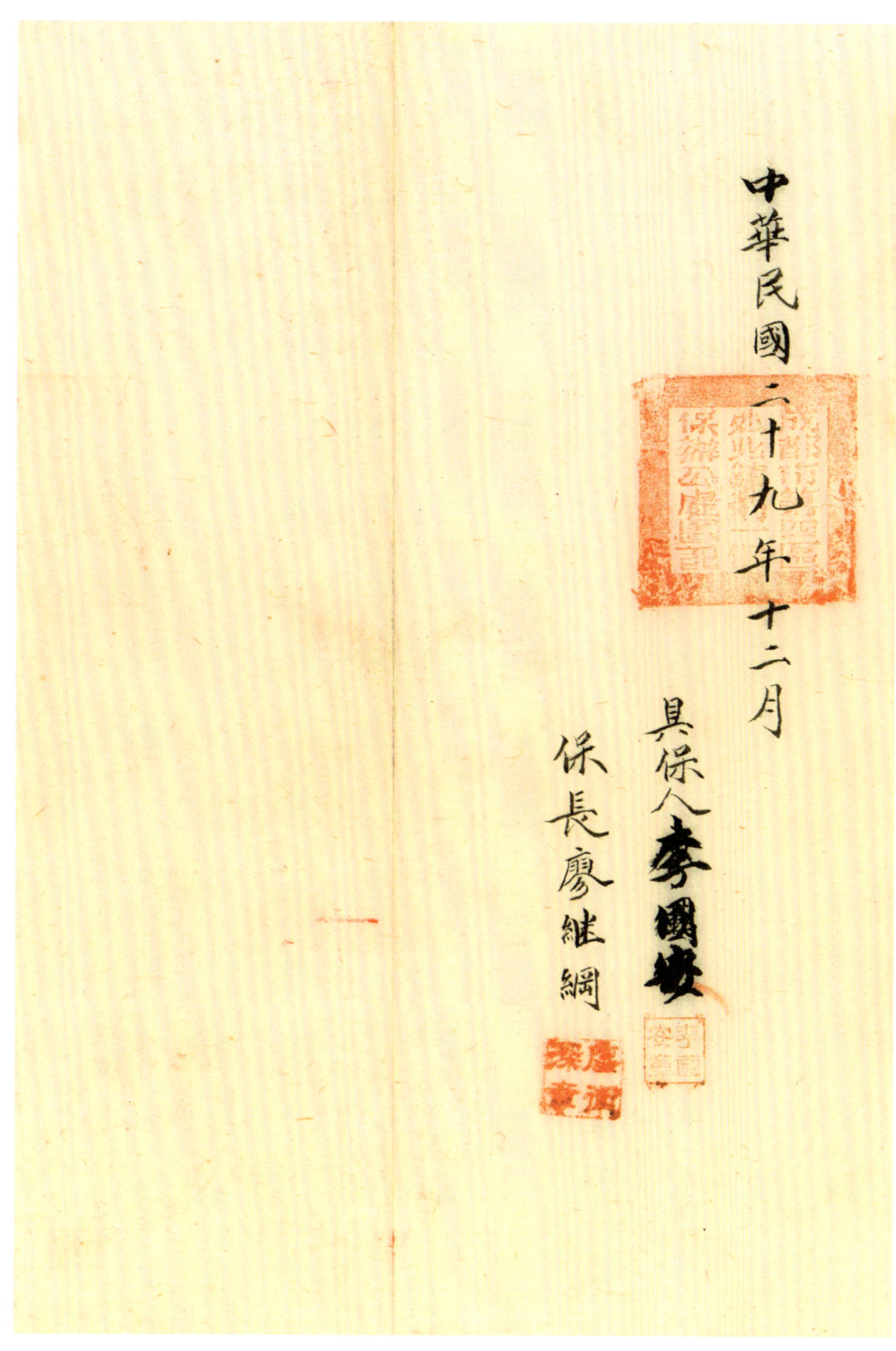

中華民國二十九年十二月

具保人李國安

保長廖繼綱

张杨素华关于成都市政府颁发故员张海泉恤令的收据（一九四一年一月十七日）

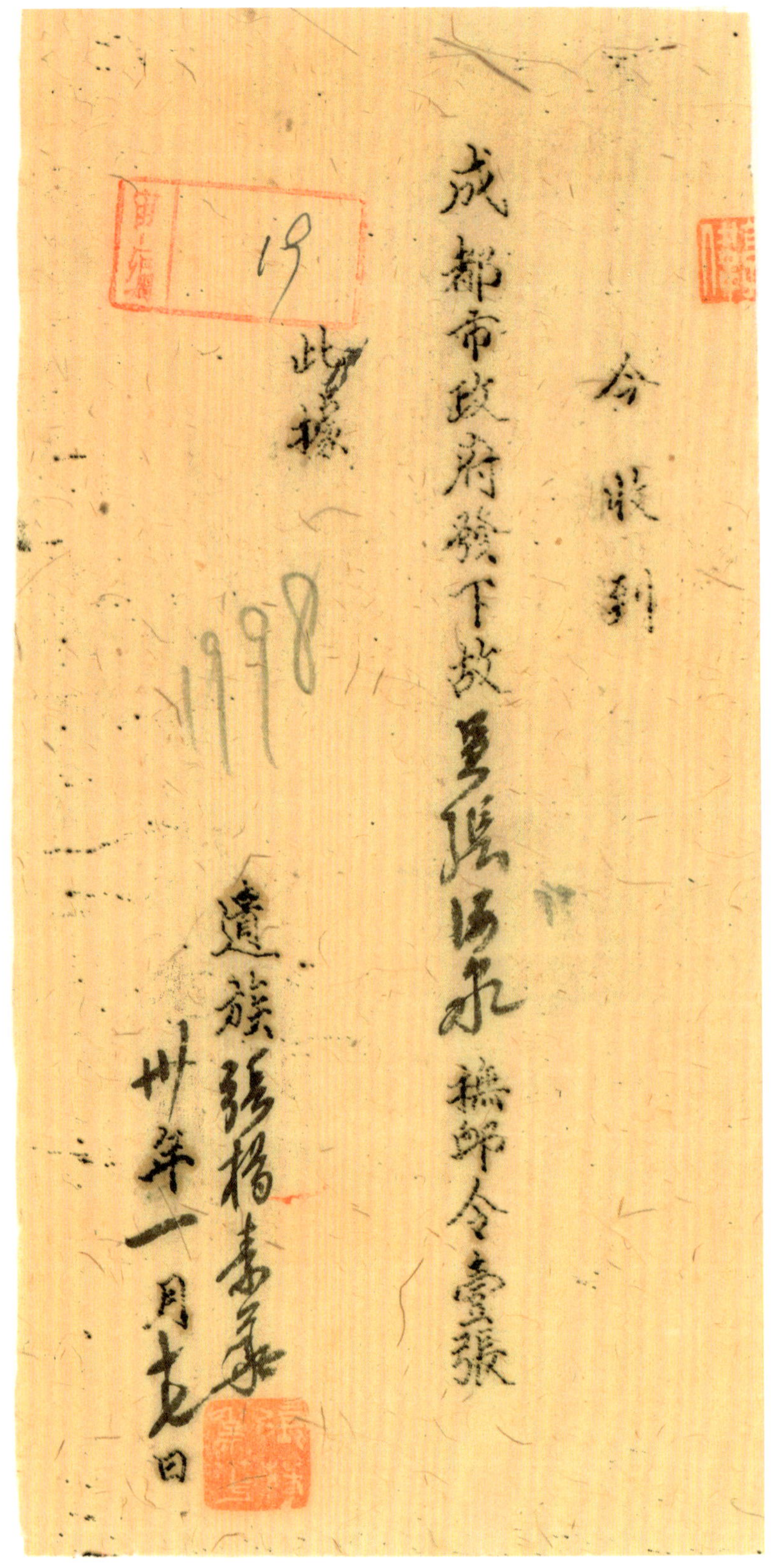

今收到

成都市政府发下故员张海泉抚䘏令壹张

此据

遗族张杨素华

卅年一月十七日

张杨素华为请垫发张海泉一次恤金致成都市政府的申请书（一九四一年一月二十二日收）

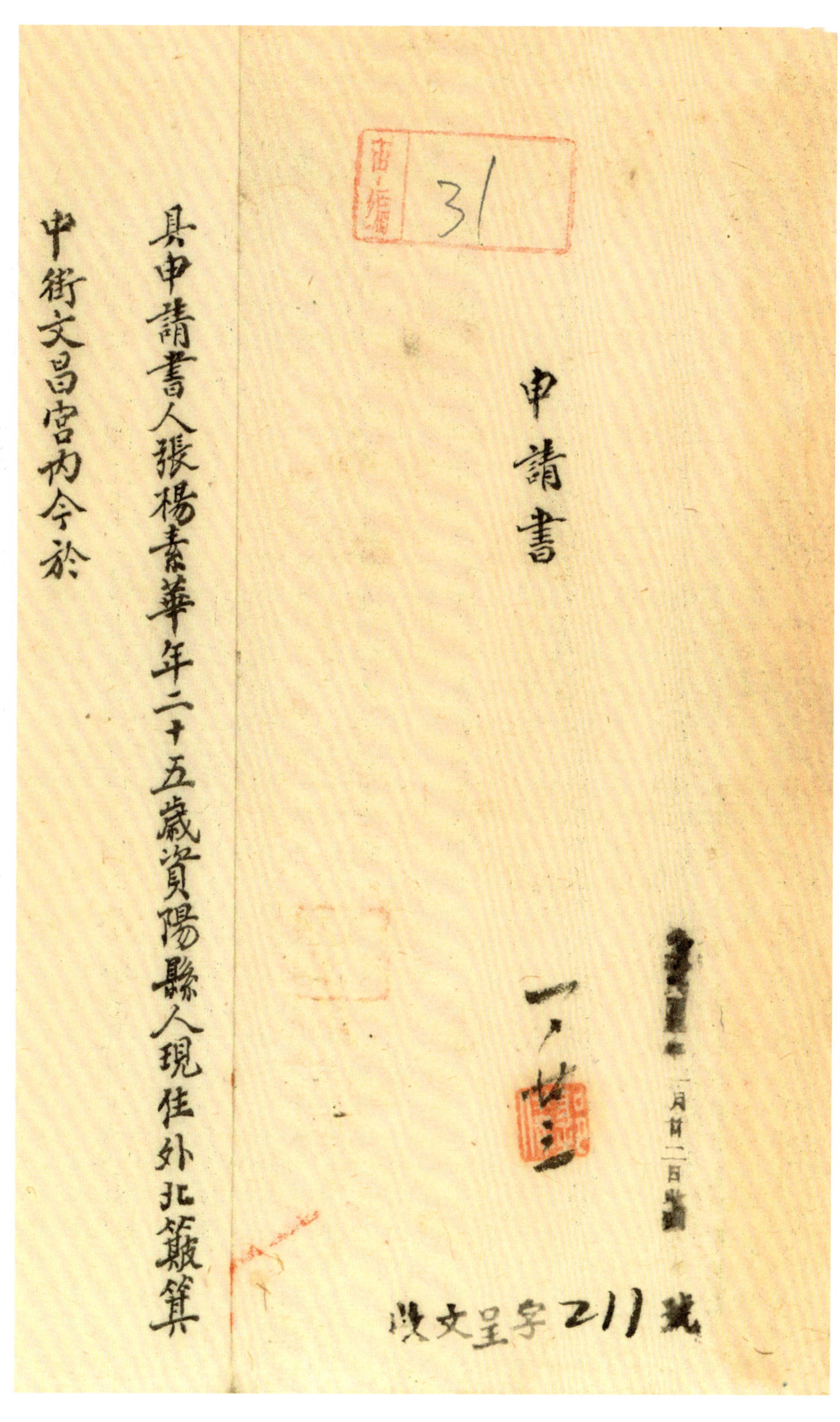
申請書

具申請書人張楊素華年二十五歲資陽縣人現住外北簸箕

中街文昌宮內今於

鈞府台前具呈申請事緣氏夫張海泉籍隸潼南曾任四十一軍一二四師七三一團九連上尉連長因於去歲奉令駐軍湖北隨縣抗敵乃於是年冬月　日陣亡前已將登記各項手續遵章定程序呈報備查在案嗣於本年全月二十一日茲奉到

鈞府發下一次卹與令一紙理合具書申請

鈞府鑒核俯念氏扶効黨國忠勇抗敵奮不惜身已捐軀陣亡可憐氏夫亡後上遺老母中有胞弟下有孤兒值此國難之際米珠薪桂之年百物騰漲氏夫家本素寒况嗷嗷數口待哺之家將何以生

為是以伏懇
鈞府俯賜鑒核洞悉民瘼懇祈早日發一次捌佰元卹金以資救
濟而免懸釜之狀氏俾便具結呈領如蒙
俞允則生者感再造之恩亡者佩德於冥泉氏闔家有生之日均感
鈞府二天之賜也是否有當伏乞
衛奪示遵謹呈
成都市政府鈞鑒
具申請書人張楊素華 
如全書仕

成都市政府关于垫发故员张海泉一次恤金的签条（一九四一年一月二十三日）

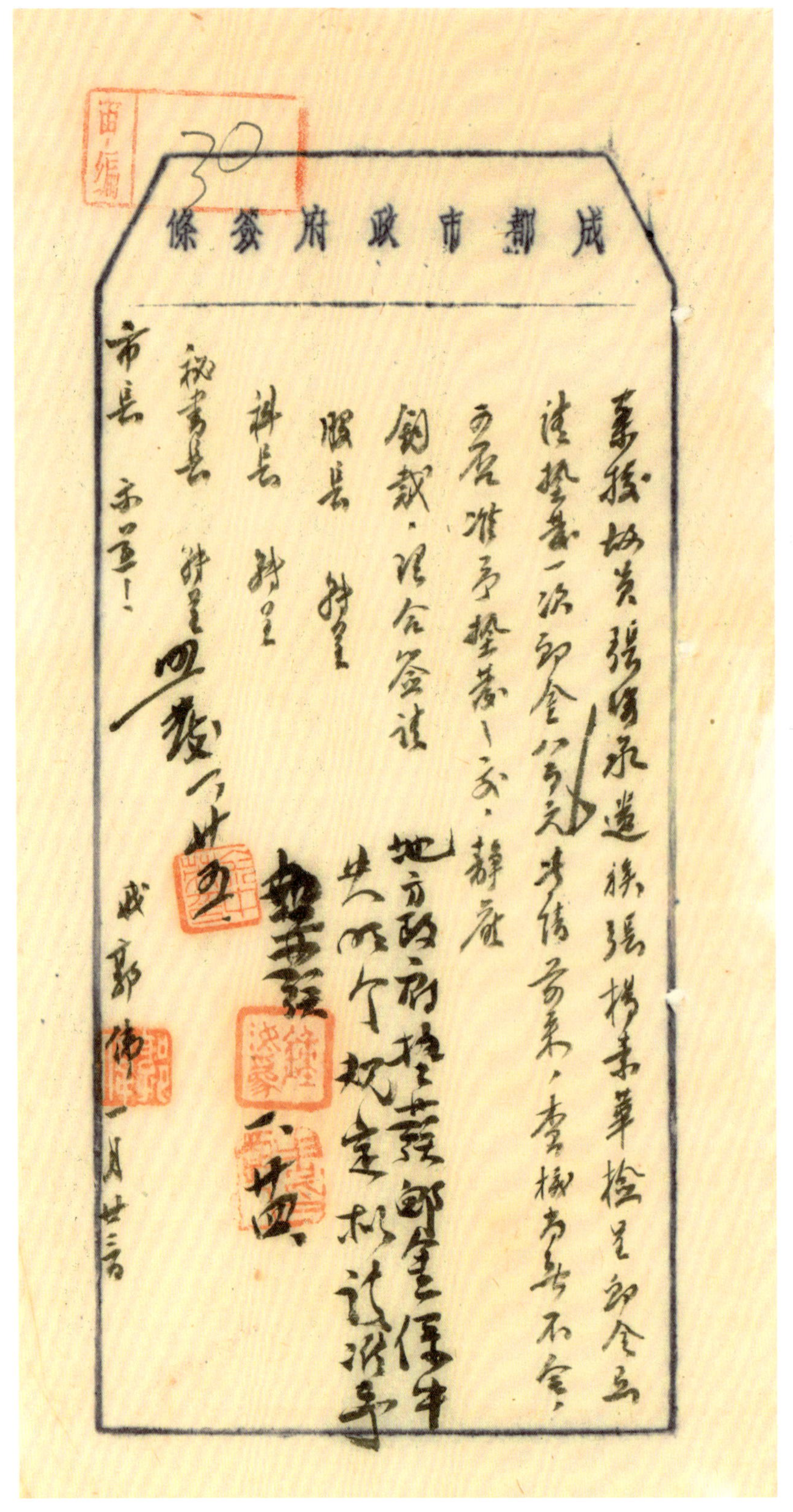

成都市政府簽條

案據故員張海泉遺族張楊素華檢呈卹金立
請墊發一次卹金八百元並請前來，查核尚無不合，
可否准予墊發之處，敬候
鈞裁，理合簽請

股長

科長

秘書長

市長

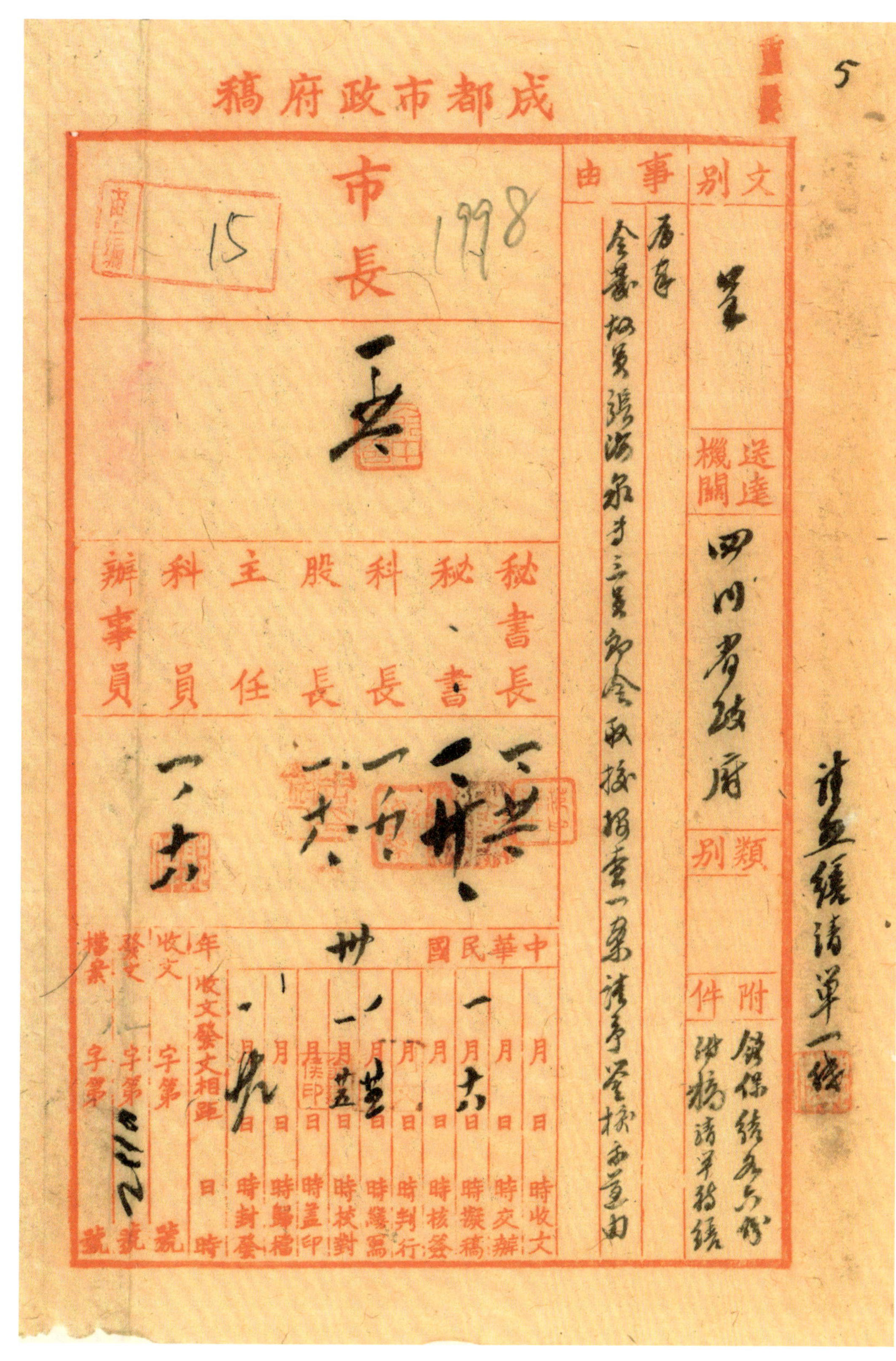

成都市政府稿

文别	呈
事由	為奉令發故員張海泉等三員卹金取據賫呈一案請予鑒核示遵由
送達機關	四川省政府
類别	
附件	領保結各六份 卹摺請單…

市長

秘書長　秘書、科長　股長　主任　科員　辦事員

中華民國　年　月　日

收文　發文　歸檔　字第　號

成都市政府关于奉发故员张海泉等三员恤金事致四川省政府的呈（一九四一年一月二十九日）

案查本府先後奉到

鈞府令發本市抗戰官兵部令，仰將轉飭，取

據報李帝程、董蘇承業，並據故員張海泉、白

煋、黃志翔等三員遺族檢呈領恤各證請予轉

發部令等情，業經批示在案，茲將部令分

別轉飭外，理合檢同該遺族等所具領恤證

各六份，連同本府奉發部令清單一紙，一併隨

文賫呈

鈞府，俯賜鑒核存轉，指令祗遵！

謹呈口二

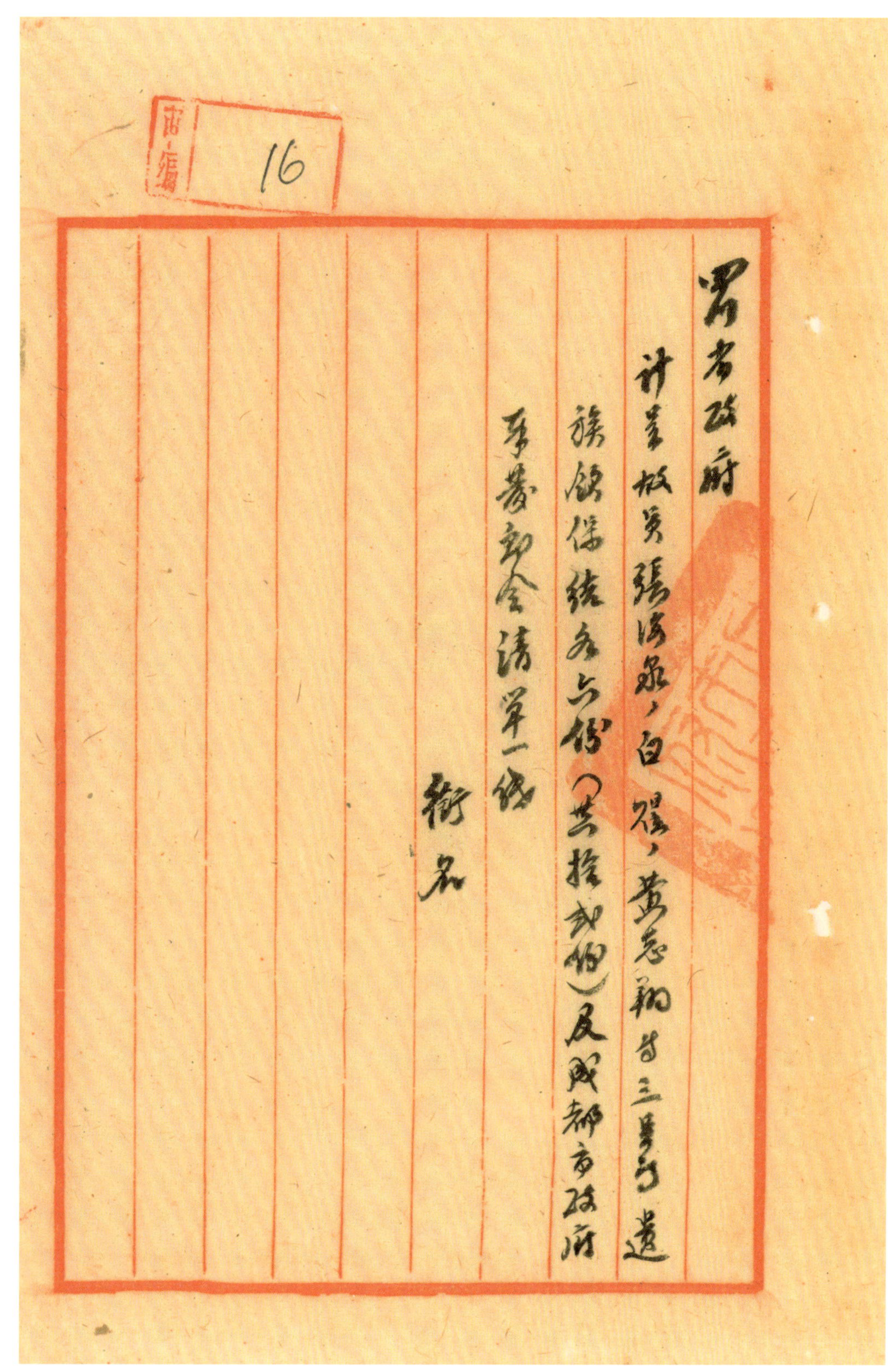

16

蜀省政府

計呈故員張海帆、白煋、黃忠翔等三員之遺

族領卹結各六份（共拾貳份）及成都市政府

事務部令請單一紙

銜名

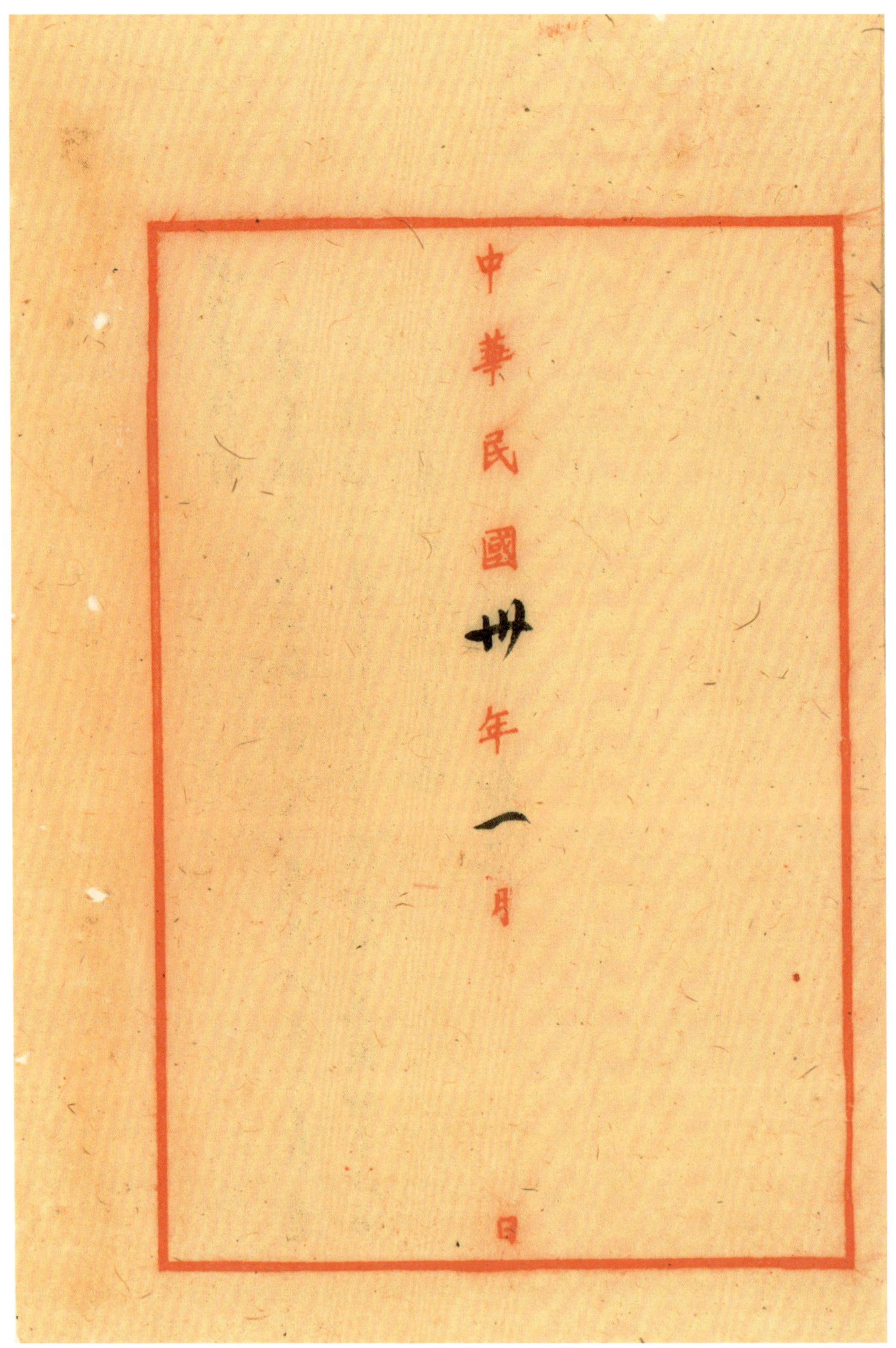
中華民國卅年一月日

附：成都市故伤员兵（张海泉、白煜、黄志翔）恤金清单

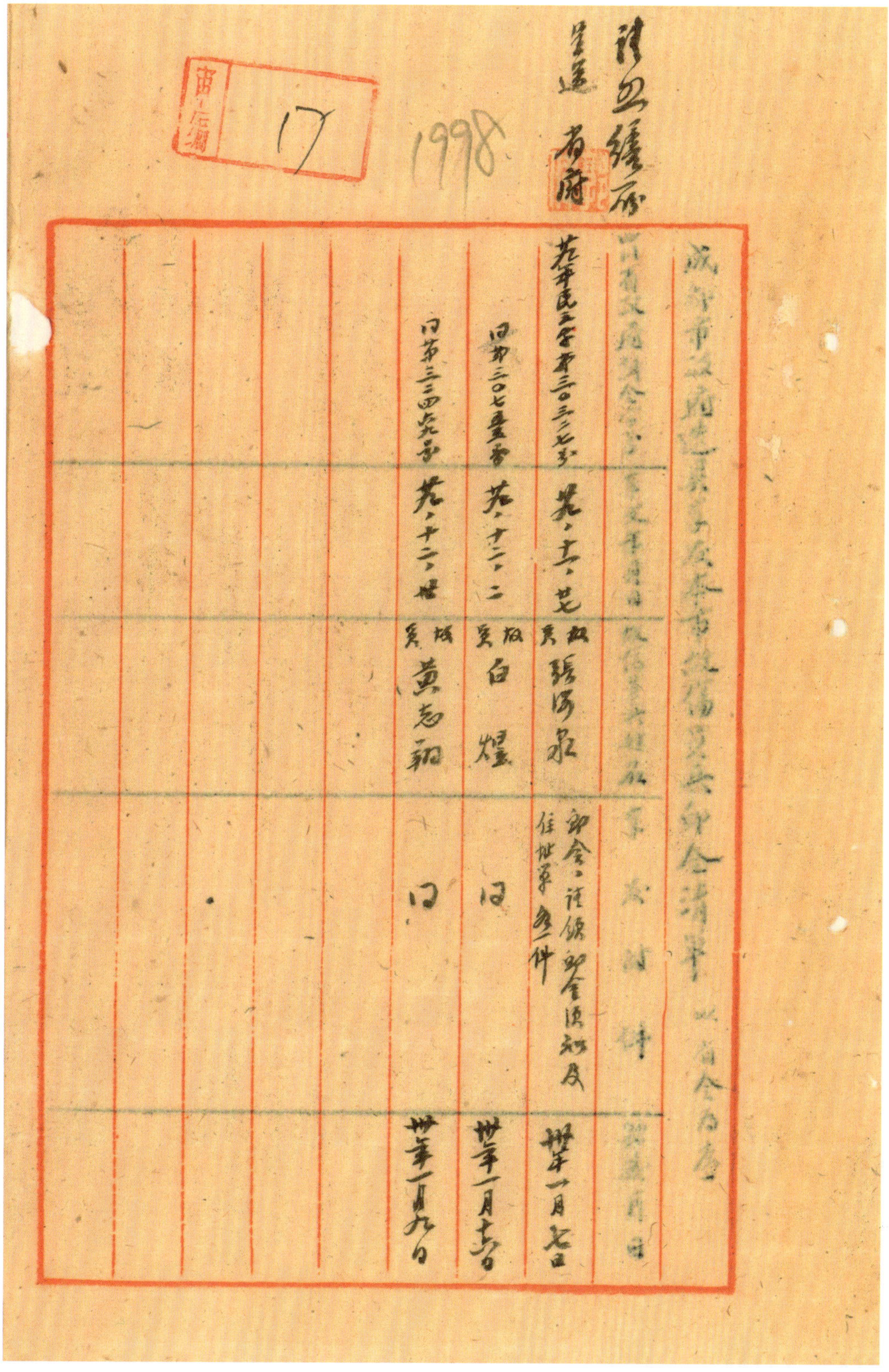

成都市政府关于准予垫发故员张海泉一次恤金八百元致张杨素华的批（一九四一年二月十一日）

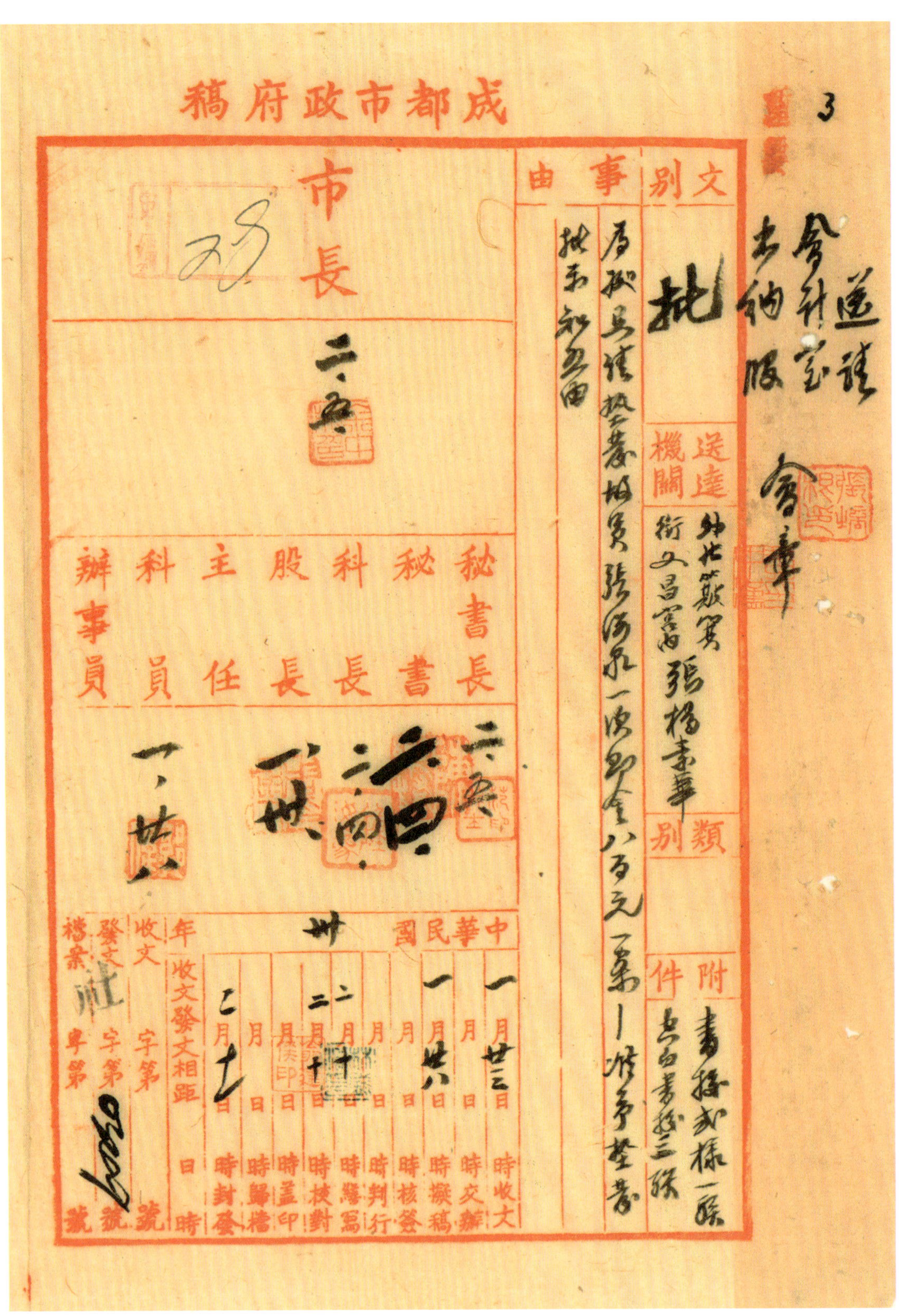

成都市政府稿

全

銜 通知 卹字第 號

具申請書人 張楊素華

卅年一月廿三日申請書為檢呈卹令請發一

次卹金由

申請書暨卹令均悉。故員張海泉一次

卹金捌百元，准予核發，茲隨令檢發

卹金書據[卹據]各一份，所需[illegible]書據各二份，仰該

遺族即便遵照，趕即依式填具書據

各三份，呈送來府以憑轉領為要！此令。卹令存

計檢發卹金正副領據及具領卹金保

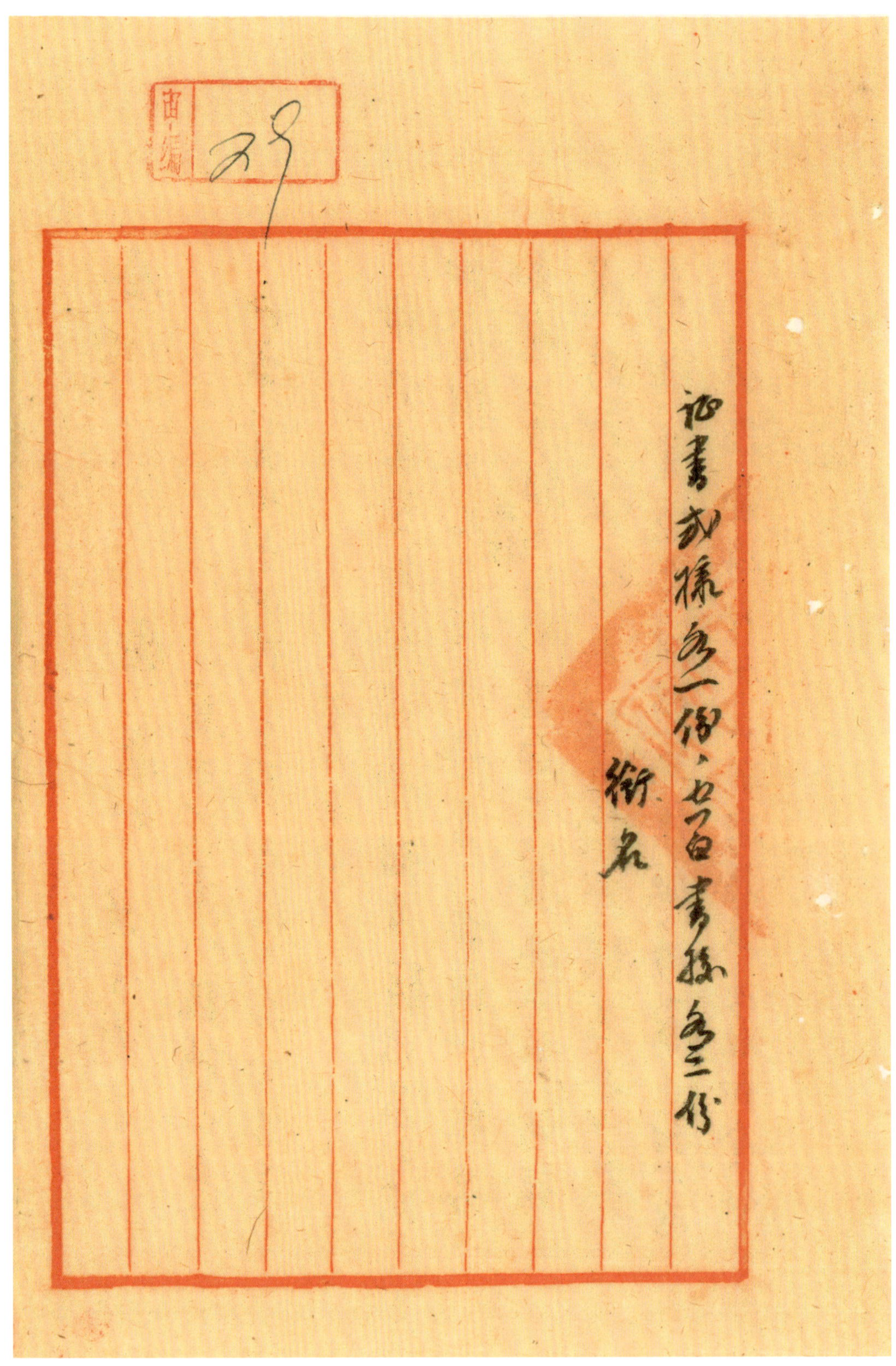

證書式樣各一份、告白書樣各二份

銜名

中華民國卅年七月日

附：张杨素华关于故员张海泉的抚恤金领据、具领恤金保证书

撫卹金副領據

茲領到

部隊機關番號 第一六四師七三團九連　階級 上尉　職務 連長　姓名 張海泉　卹金種類 一次卹金

國幣 捌佰 元

右欵業已照數領訖此據　故員張海泉一次卹金八百元業由成都市政府如數墊發

軍事委員會撫卹委員會第二處查照

領卹人 張楊素華

中華民國 三十 年 一 月 日

此聯撫卹委員會第二處存查

字第　號

撫卹金正領據

茲領到

部隊機關番號 第一六四師七三團九連　階級 上尉　職務 連長　姓名 張海泉　卹金種類 一次卹金

國幣 捌佰 元

右欵業已照數領訖此據　故員張海泉一次卹金八百元業由成都市政府如數墊發

軍事委員會撫卹委員會第二處查照

領卹人 張楊素華

中華民國 三十 年 一 月 日

此聯轉報軍政部核轉

具領卹金保證書

保證人陳榮泰 今保證領卹人張楊素華 確係已故

部隊機關番號 第二四師七三團九連 階級 上尉 職務 連長 姓名 張海泉

之遺族茲遵照

國民政府軍事委員會會撫字第一元四九五號卹金給與令核准給與該

故員一次 卹金國幣 捌佰 元整今由該遺族向

鈞會第三處如數領訖具領後如有發生爭議保証人願照

鈞會請領卹金須知第十六條之規定負法律上一切責任此證

謹呈

國民政府軍事委員會撫卹委員會

保証人 姓名 陳榮泰 蓋章 （店舖書柬）陳榮泰記

籍貫 廣漢 住址 成都[illegible] 職務或職業 旅店

（店舖營業資本金額）玖仟元

領卹人 姓名 張楊素華 蓋章

籍貫 資陽 住址 成都縣鹽市中街文昌宮內七十二號 與故員之關係 夫妻

其他遺族姓名及關係 母 張夏氏 子 張永福

中華民國三十年一月 日

张杨素华关于成都市政府发放故员张海泉一次恤金的收据（一九四一年二月二十四日）

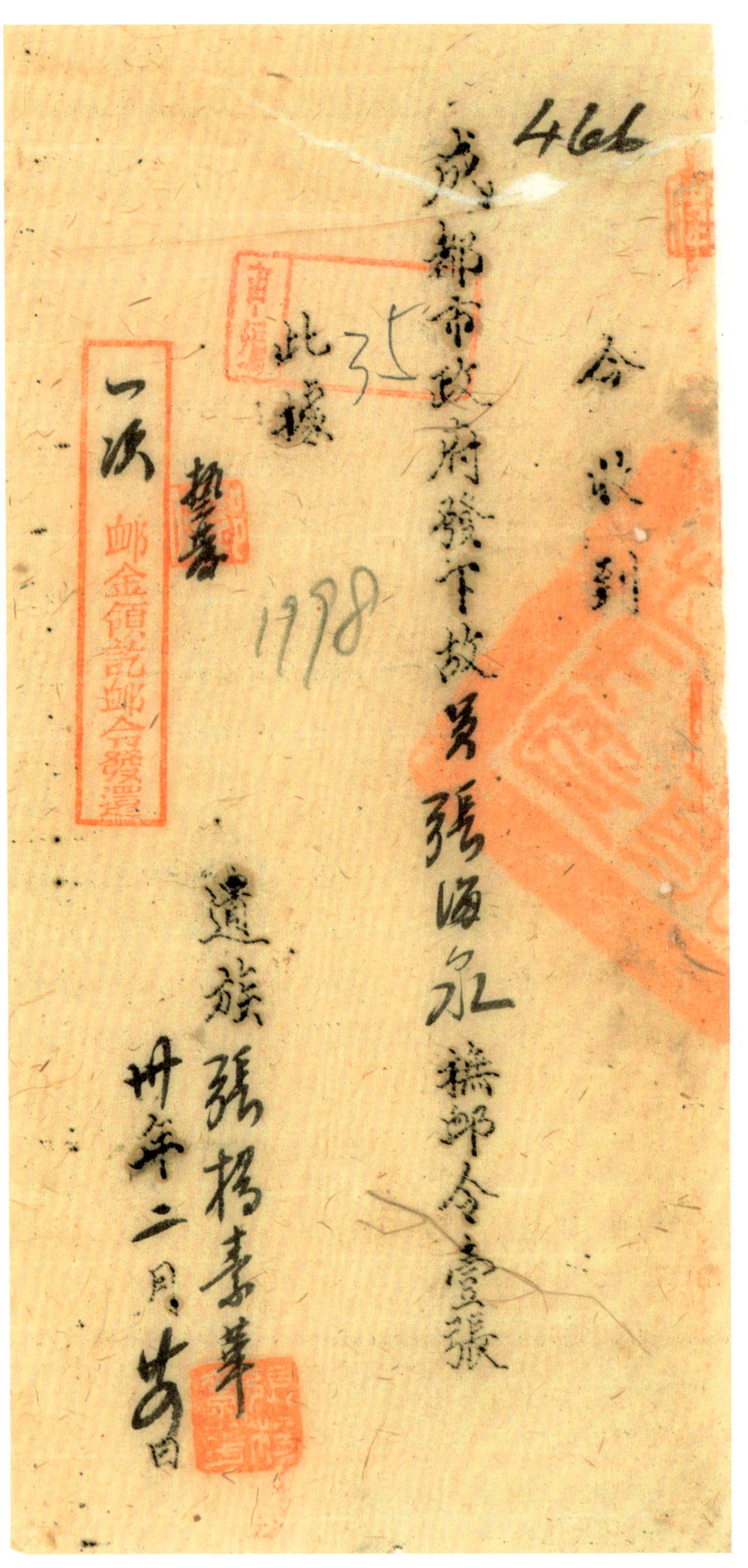
466
今收到
成都市政府發下故員張海泉撫卹令壹張
此據
遺族張楊素華
卅年二月廿四日

成都市政府关于垫发故员张海泉一次恤金八百元致国民政府军事委员会抚恤委员会的呈（一九四一年三月七日）

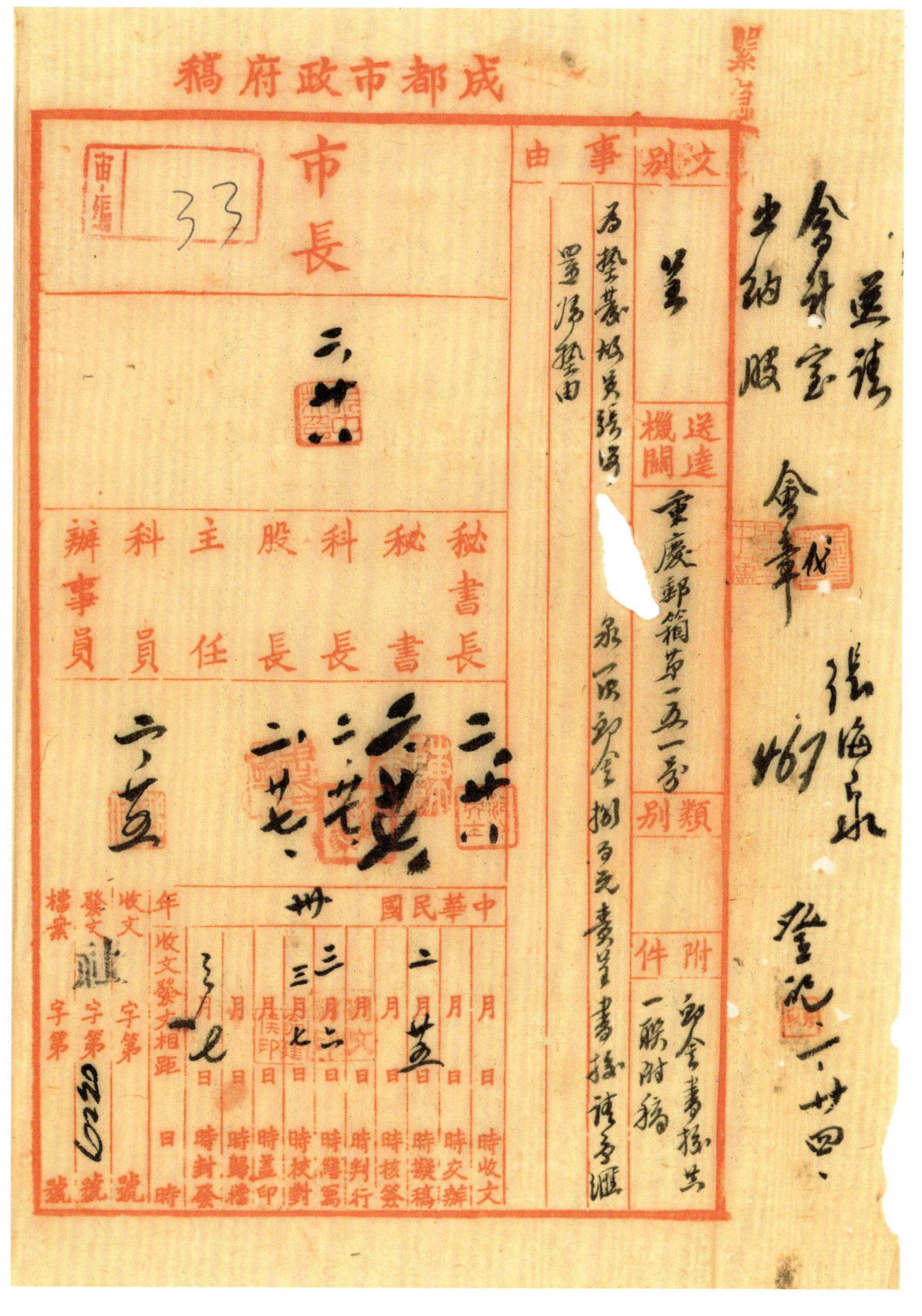
成都市政府稿
市長
秘書長
秘書
科長
股長
主任
科員
辦事員
文別 呈
事由 為墊發故員張海泉一次卹金捌百元呈請鑒核歸墊由
送達機關 重慶郵箱第一五一號
類別
附件 卹金書據收據一紙附稿
中華民國 年 月 日

案據故員張海泉遺族張楊素華檢呈卹令
（請依卹金書換發）
請予撫卹一次卹金等情前來，查核尚無
不合，除將故員張海泉一次卹金捌万元外
數給領并於卹令上註明發給年月日加蓋
戳記，併將卹令發還該遺族收執外，理合
檢同撫卹令正副領據及具領卹金保證書
各一份（共一聯）隨文賫呈
鈞會，俯賜鑒核，並將擬發故員張海泉一次
卹金捌万元准予發匯還，俾便轉發，并
示遵。

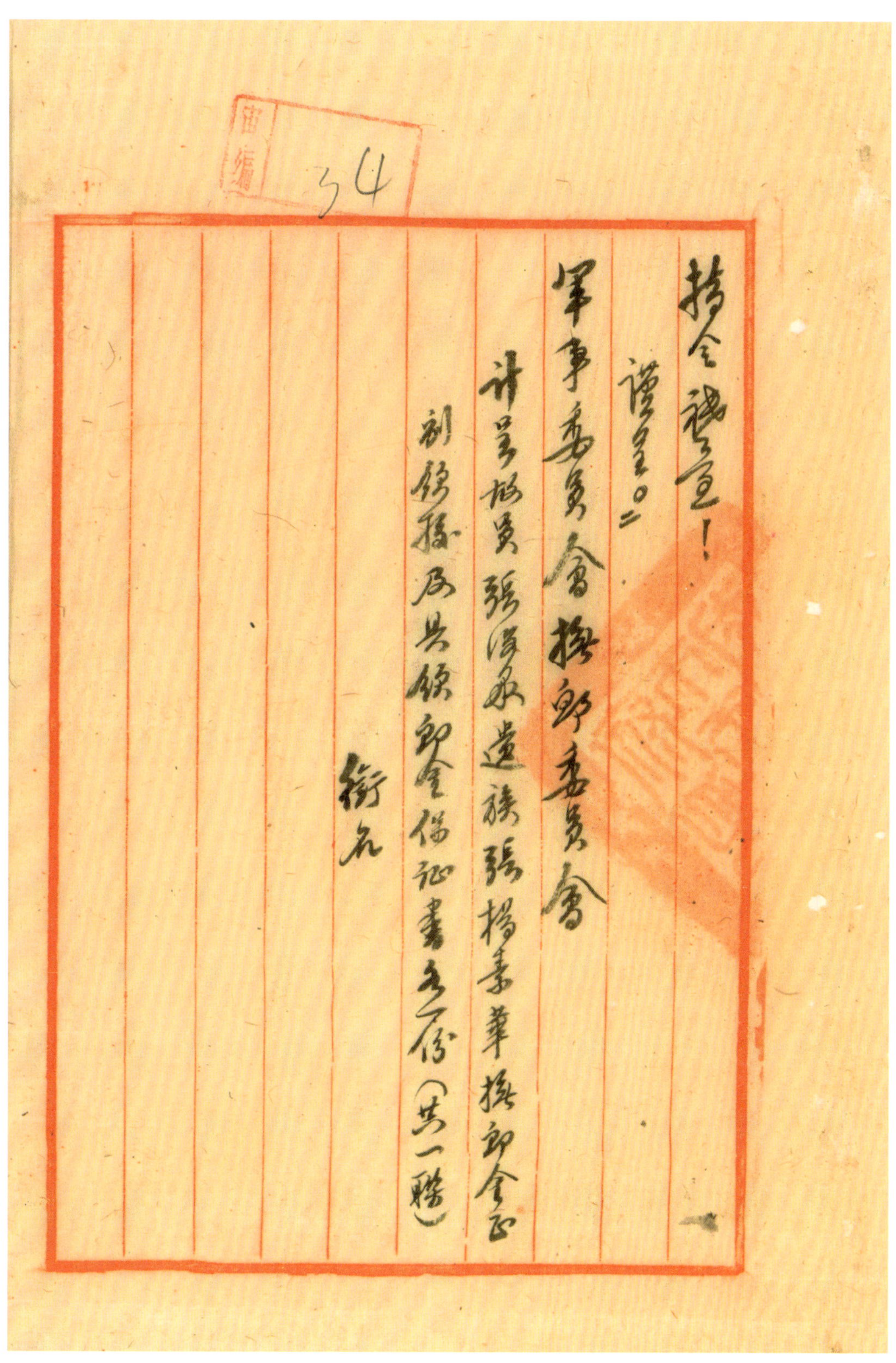

擬令稿呈！

謹呈〇二

軍事委員會撫卹委員會

計呈故員張澤泉遺族張楊秀華撫卹令正

副領據及其領卹令備證書各一份（共一聯）

銜名

中華民國三十年二月 日

国民政府军事委员会抚恤委员会关于汇还垫发故员张海泉一次恤金致成都市政府的代电
（一九四一年三月二十九日）

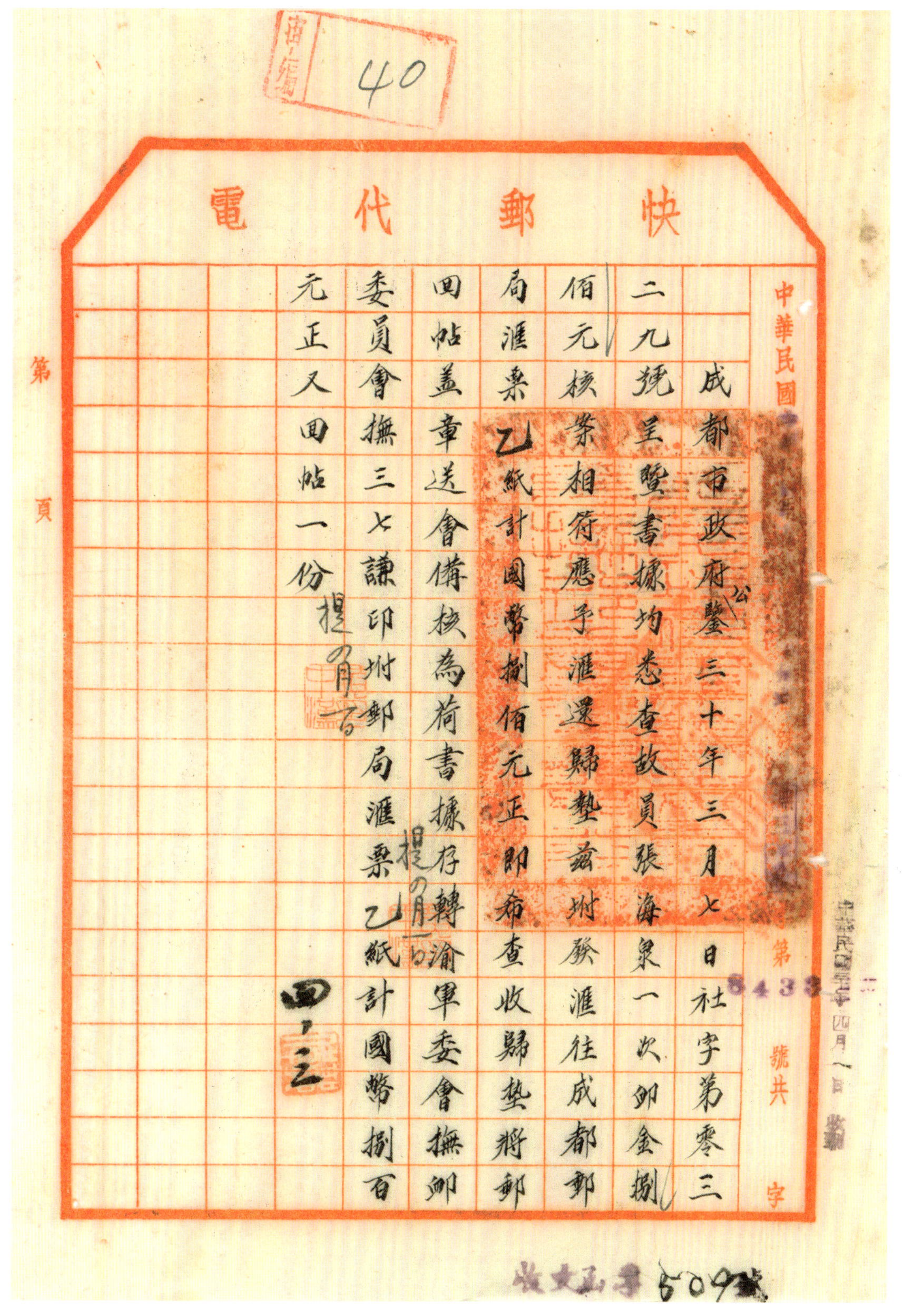

快郵代電

成都市政府公鑒：三十年三月七日社字第零三二九號呈暨書據均悉。查故員張海泉一次卹金捌佰元核與相符，應予滙還歸墊。茲附發滙往成都郵局滙票乙紙，計國幣捌佰元正，即希查收歸墊，將郵局回帖蓋章送會備核為荷。書據存轉。渝軍委會撫卹委員會撫三七謙印

附郵局滙票乙紙，計國幣捌百元正，又回帖一份

成都市政府关于办理垫发故员张海泉一次恤金有关手续致国民政府军事委员会抚恤委员会的呈、致张杨素华的通知（一九四一年四月十四日）

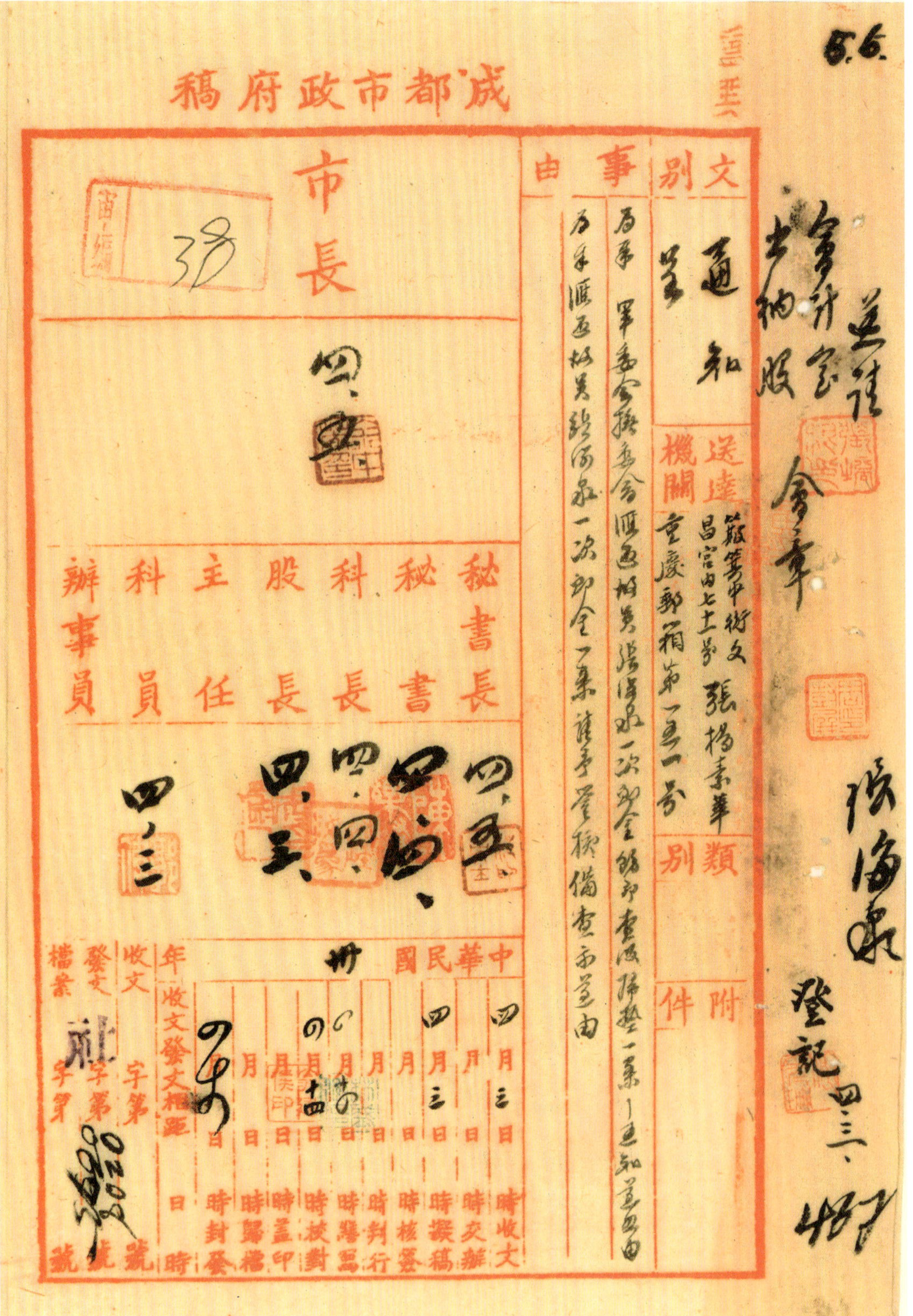

成都市政府稿

文别：通知 呈

事由：为奉军委会抚委会汇送故员张海泉一次恤金执照及查照垫付一案，通知查照由
为呈汇送故员张海泉一次恤金一案，请予登核备查示遵由

送达机关：簸箕巾街文昌宫内七十号 张杨素华；重庆邮箱第一五一号

市长

秘书长　秘书　科长　股长　主任　科员　办事员

中华民国卅年四月三日

金　衔　通知　秘字第　号

案查前据谈道桢呈请垫发故员张浴泉一次卹金捌百元前来，当经本府另案垫发，经领并呈请

军事委员会拨即委员会汇还归垫去讫。

兹准拨已渝谦代电附邮局汇票一纸，计国币捌百元，邮局四联一份，饬将四联盖章送会

（币查四联换执据）

备据等因；奉此，当经函知，仰谈道桢即便盖五、对口据当私章（须为前盖卹金书据之章相同）赴本府出纳股完备盖章手续，以

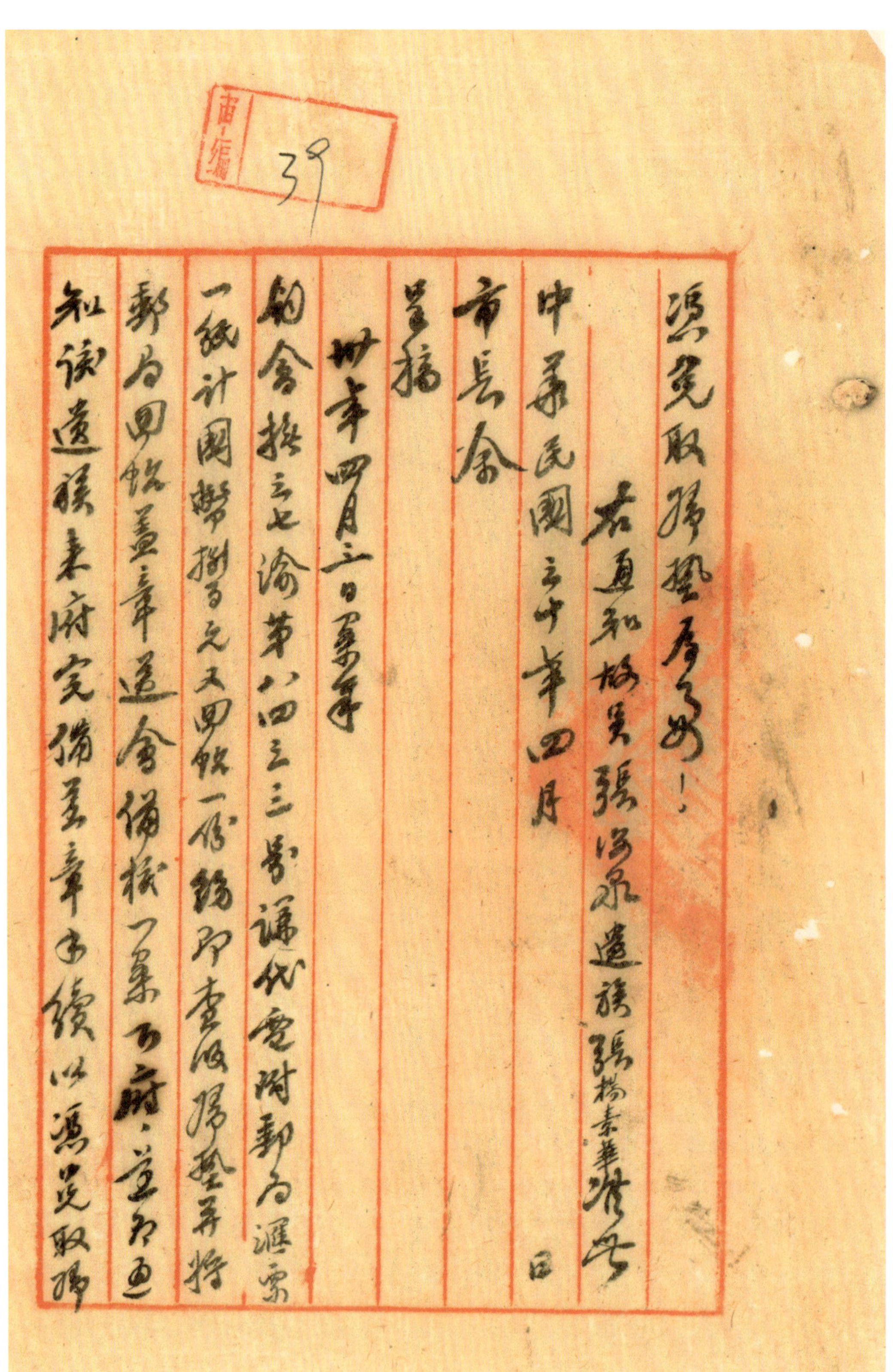

凭兑取领抚恤为要！

右通知故兵张海泉遗族张杨素华准此

中华民国三十年四月　日

市长余

签稿

卅年四月三日[illegible]

钧会抚三七渝第八四三三号谕代电附邮局汇票

一纸计国币捌百元又回执一份饬即查收抚恤并将

邮局回执盖章送会备核。等因；下府。兹应通

知该遗族来府完备盖章手续，以凭兑取领

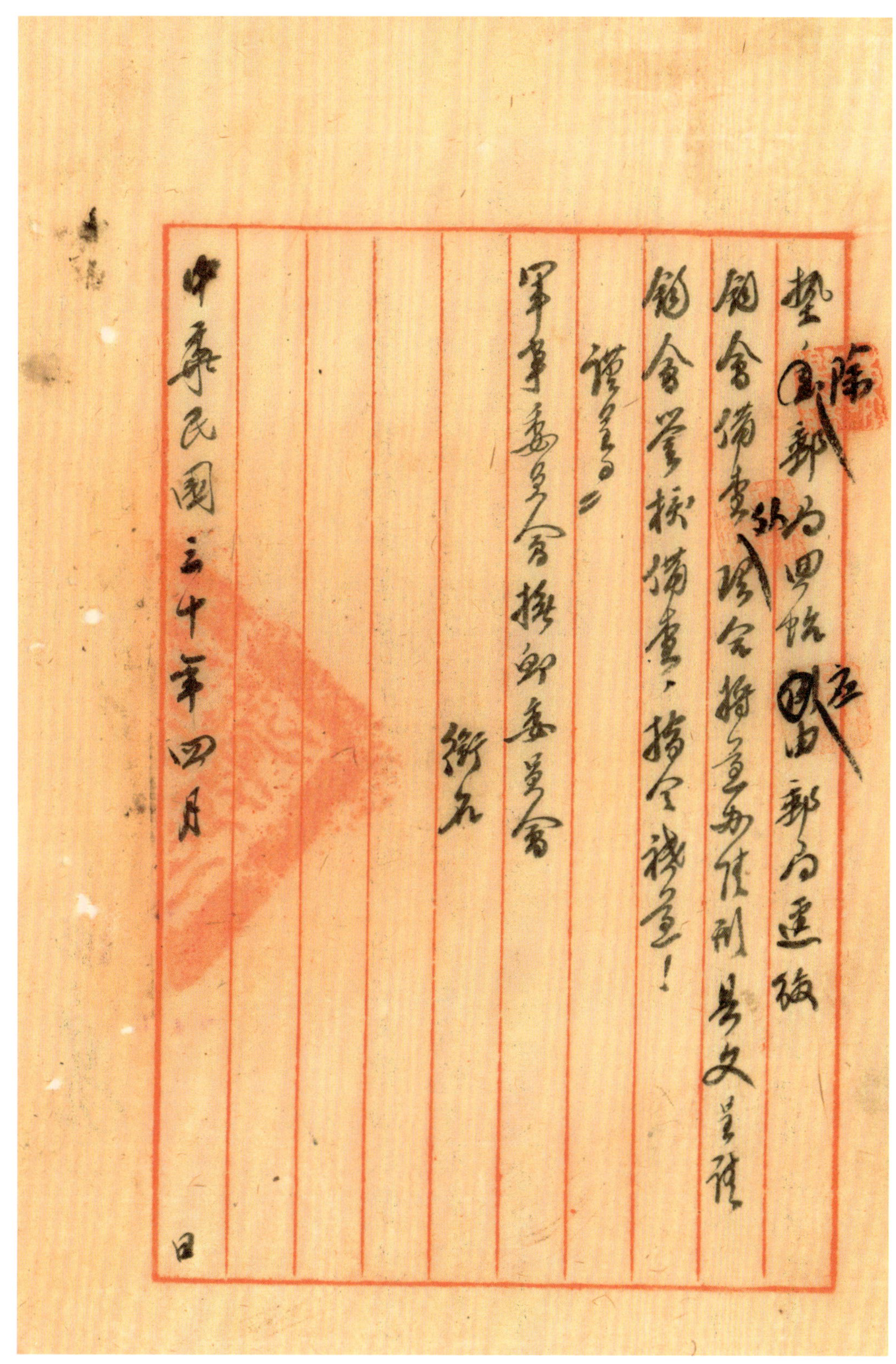

執事：國郵局四號賜函由郵局遞發

總會籌備委員會令將委員會刊刻具文呈請

總會鑒核備查，并令祗遵！

謹呈

軍事委員會撫卹委員會

銜名

中華民國三十年四月　日

张杨素华关于请发故员张海泉二次年恤金致成都市政府的报告（一九四一年四月二十九日收）

42

報告

具報告人張楊素華年二十六歲資陽人因亡夫張海泉曾任第四十八軍一二四師三七一團三營九連連長於二十六年出川抗日不幸於二十八年在湖北隨縣殺敵陣亡為國捐軀是青年應盡的天職與國家爭光榮與民族爭生存華荷蒙

鈞府之體恤優待並不為恫痛前次

鈞府墊發恤金八百元除還債而外下餘四五百元常言坐吃如山空華前做一小生理以糊一家之口至今生活昂貴資本不足華是女流之輩身處異鄉并無親朋借貸只得懇祈

鈞府轉呈省政府發給二次年撫金三百六十元以資補助生理則闔家

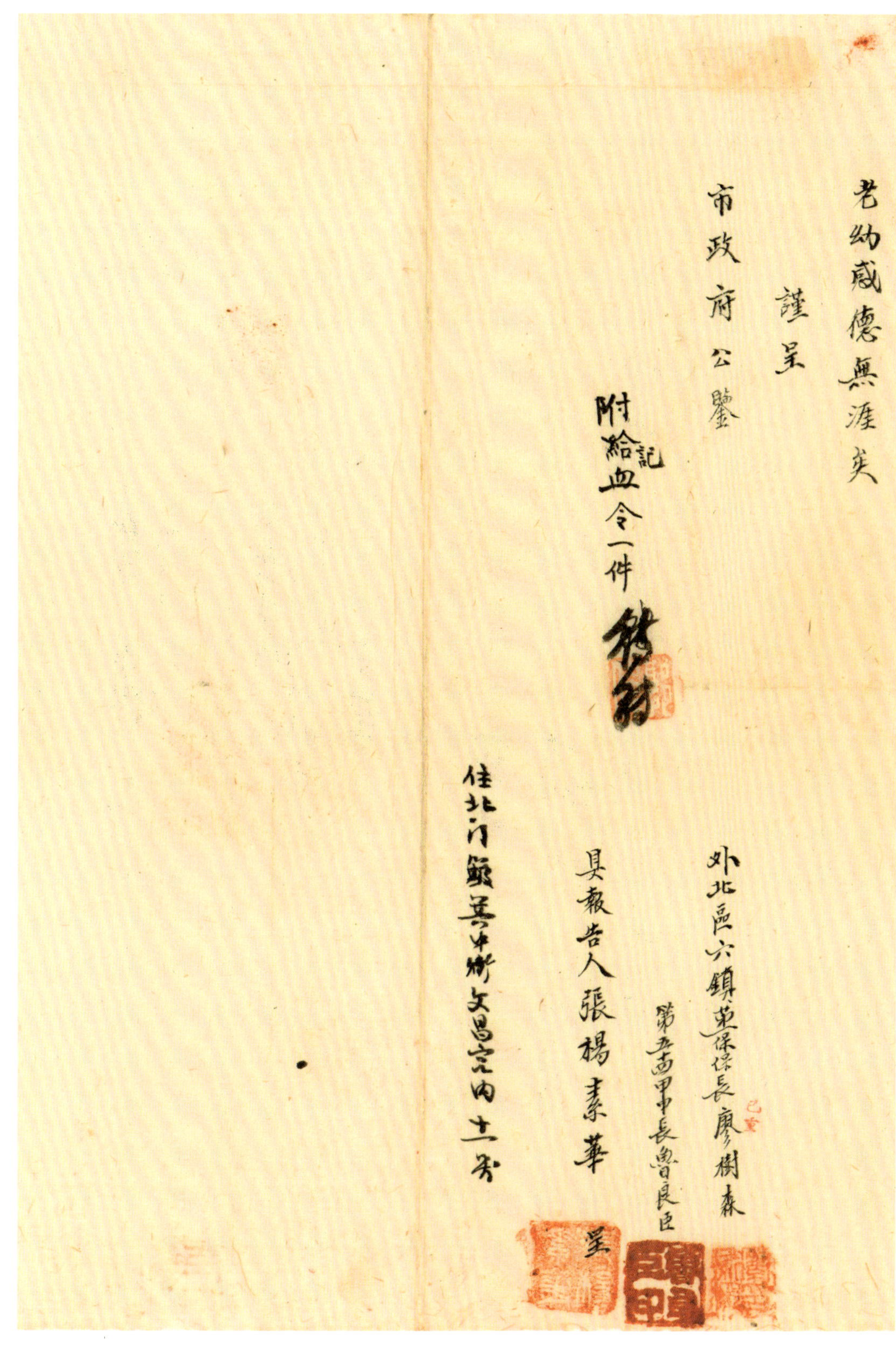

老幼感德無涯矣

謹呈

市政府公鑒

附給記血令一件

外北區六鎮第五保保長廖樹森

第五甲甲長曾良臣

具報告人張楊素華 呈

住北門鎮第五中街文昌宮內十一號

成都市政府关于核发故员张海泉第一年恤金致张杨素华的批（一九四一年五月七日）

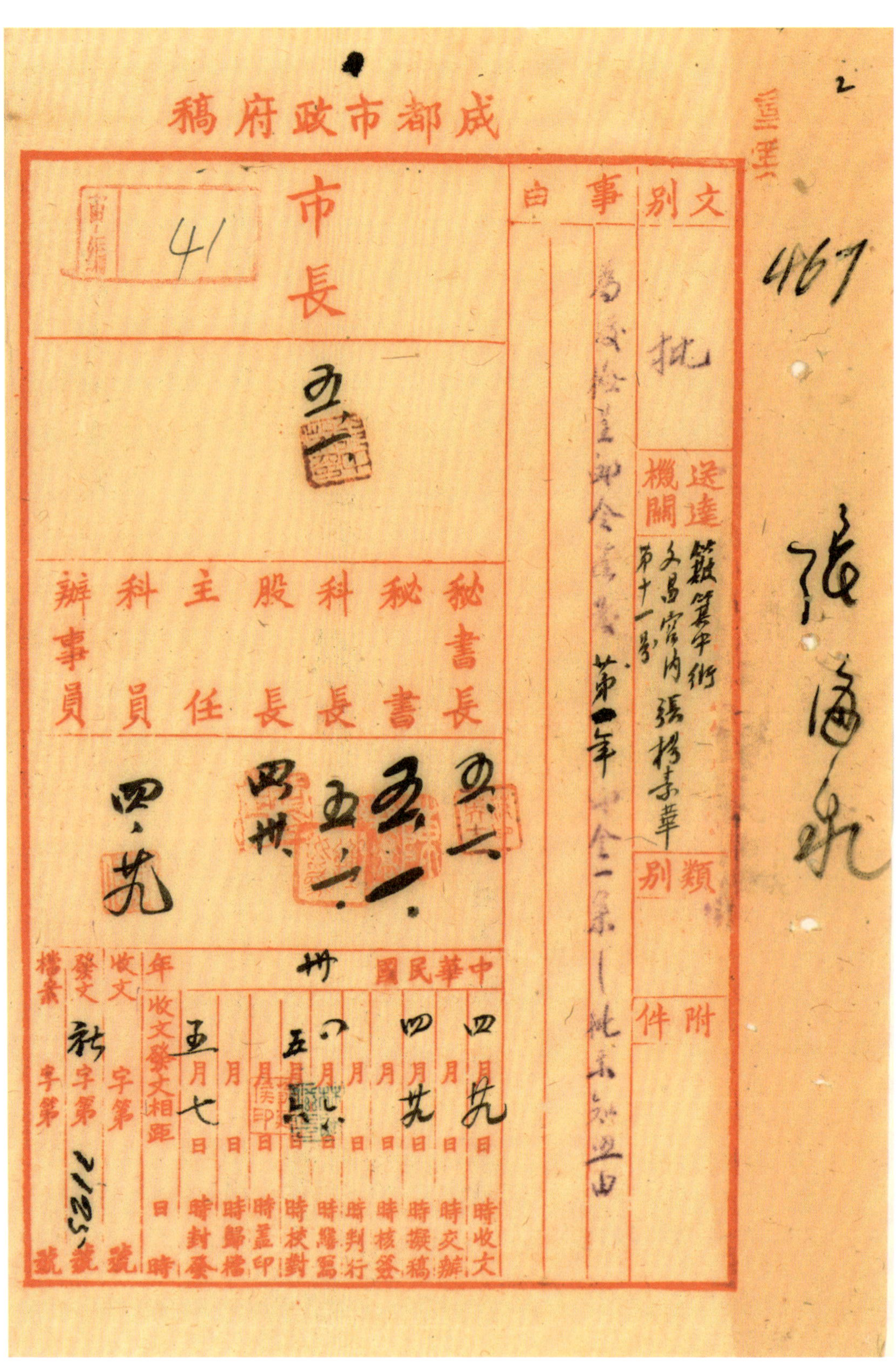

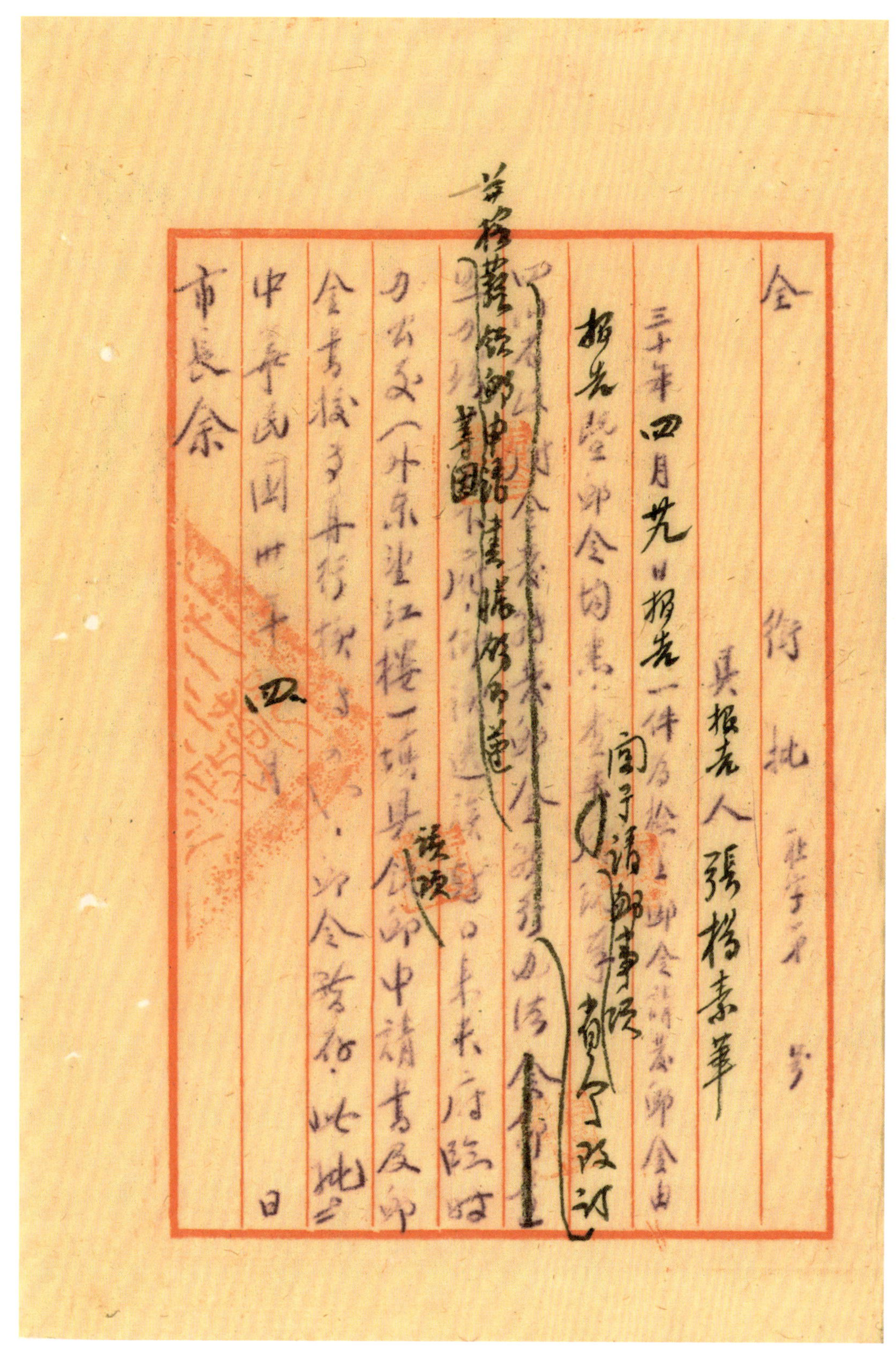

令

銜批　社字第　號

具報告人張榕素華

三十年四月廿九日報告一件為檢呈聘令請發聘令由

報告暨聘令均悉。[illegible]

[illegible]

[illegible]

[illegible]

辦公處（外東望江樓一號）具領聘令申請書及聘令

令書領多再行核發。聘令[illegible]。此批。

中華民國卅年四月　日

市長余

成都市政府关于核发故员张海泉第一年恤金致张夏氏的批（一九四一年六月二日）

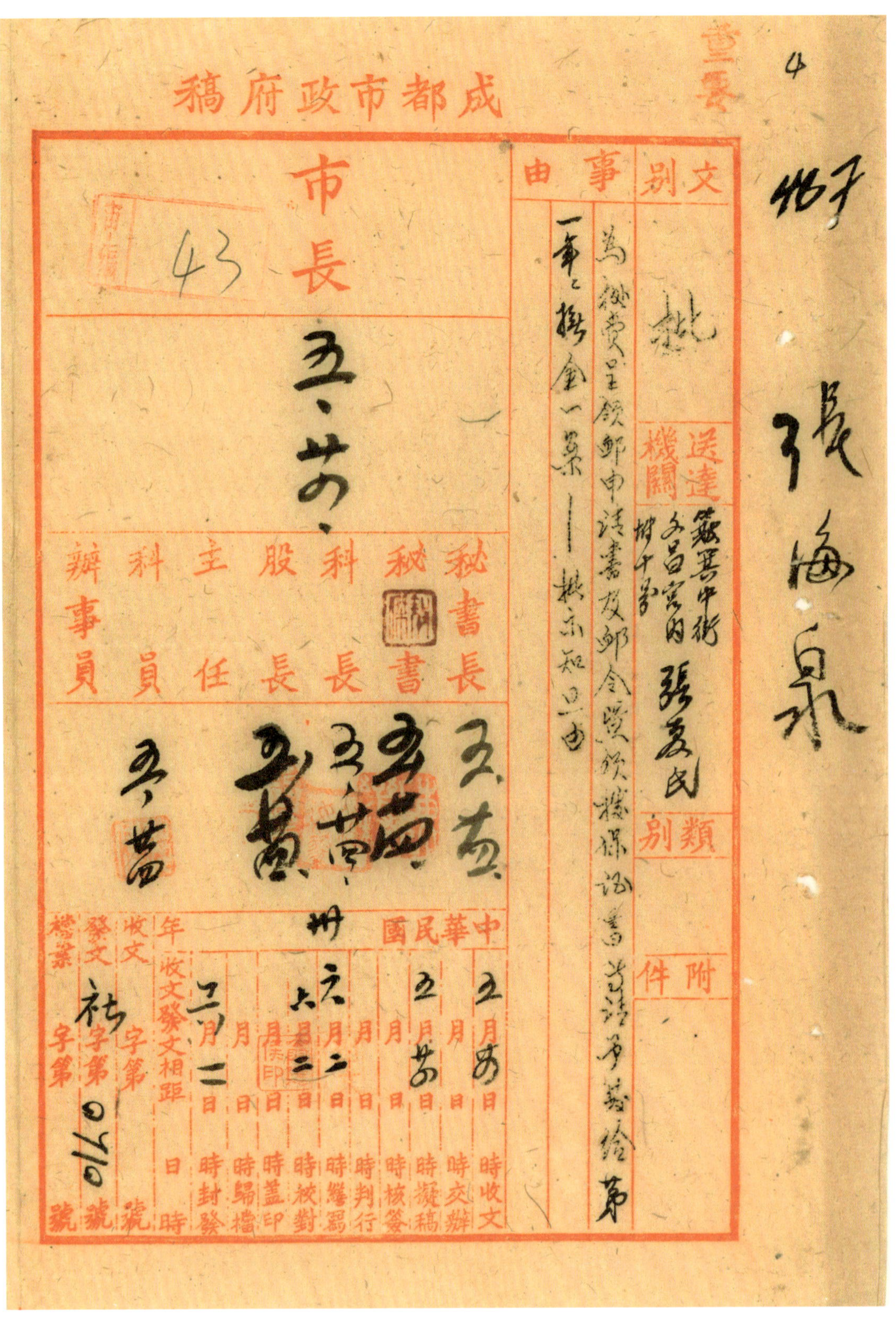

成都市政府稿

市長

文別：批

事由：為彙呈領郵申請書及郵令暨領撫保證書等請予發給第一年撫金一案——批示知照由

送達機關：簸箕中街……張夏氏

類別

附件

秘書長　秘書　科長　股長　主任　科員　辦事員

中華民國　年　月　日

收文　字第　號

發文　字第0710號

檔案　字第　號

批

張海泉

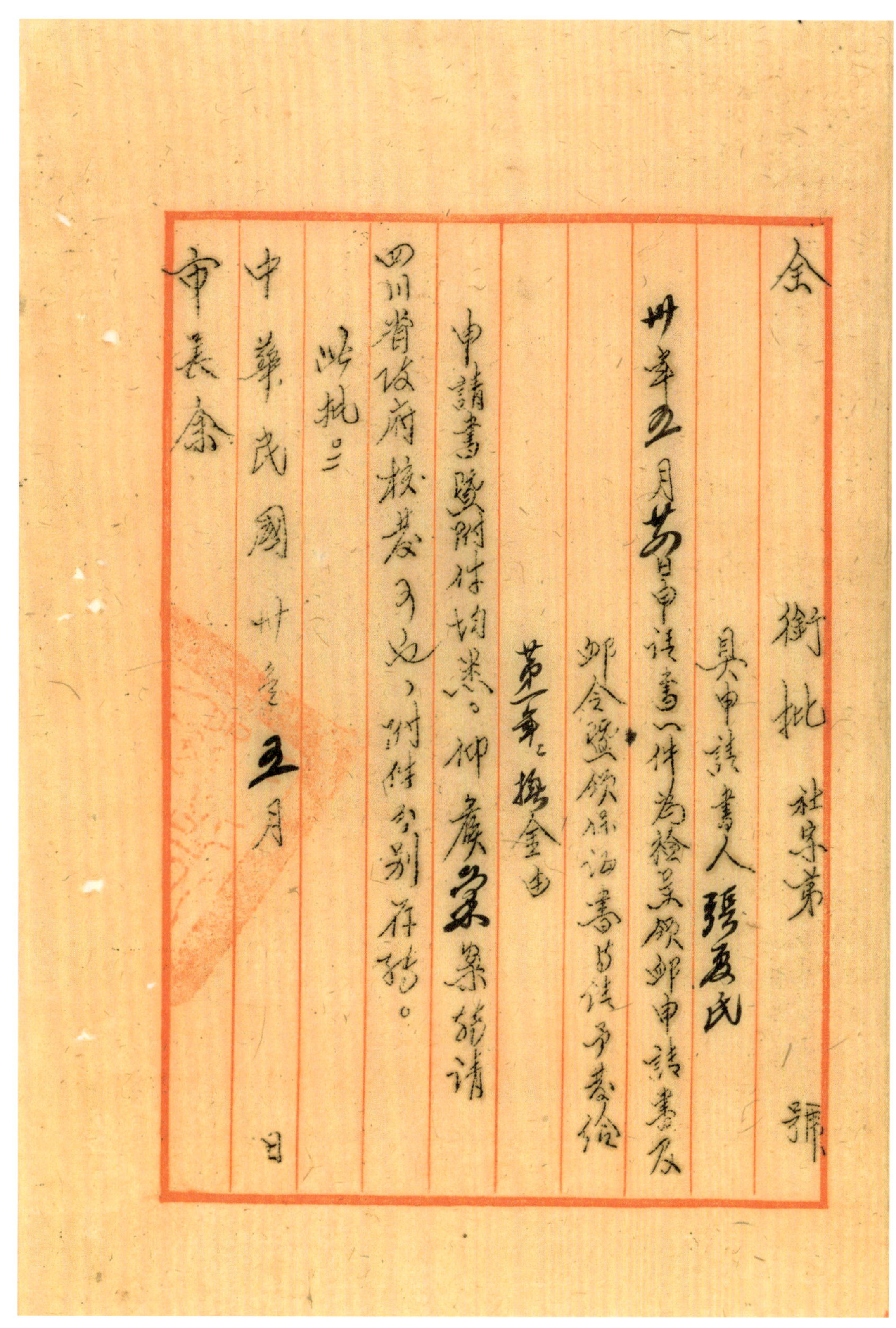

令

衔批　社字第　　號

具申請書人張夏氏

卅年五月廿日申請書一件為檢呈領卹申請書及卹令證領保證書請予發給第一年〻撫金由

申請書暨附件均悉。仰候彙案轉請

四川省政府核發可也。附件分別存轉。

此批。

中華民國卅年　五月　　日

市長余

附：张夏氏关于请予核发故员张海泉第一年恤金致成都市政府的领恤申请书、抚恤金领据、具领恤金保证书（一九四一年五月二十日收）

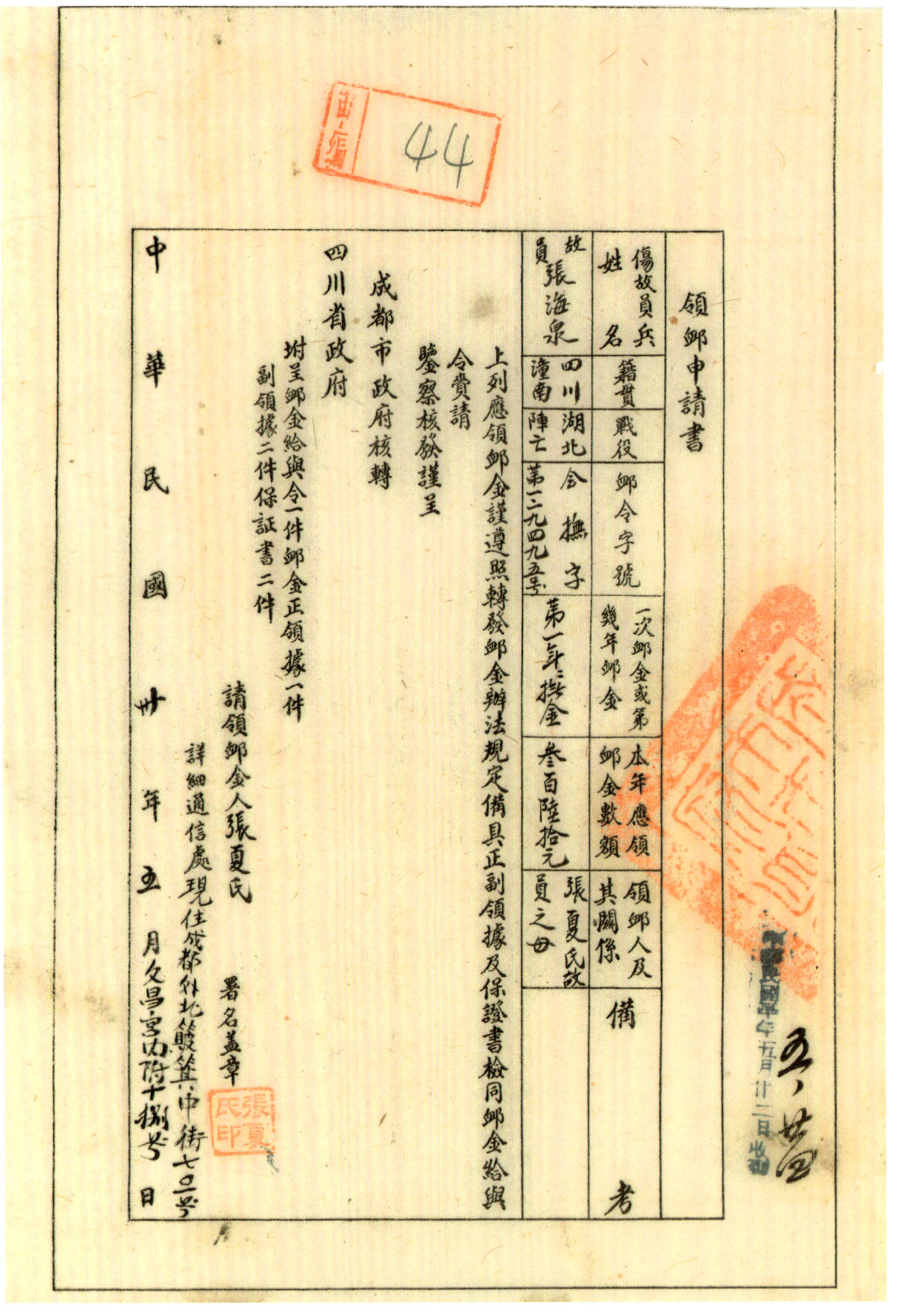

領卹申請書

傷故員兵姓名	籍貫	戰役	卹令字號	一次卹金或第幾年卹金	本年應領卹金數額	領卹人及其關係	備考
故員張海泉	四川潼南	湖北陣亡	會撫字第一二九四九五號	第一年撫金	叁百陸拾元	張夏氏故員之母	

上列應領卹金謹遵照轉發卹金辦法規定備具正副領據及保證書檢同卹金給與令賫請

鑒察核發謹呈

成都市政府核轉

四川省政府

附呈卹金給與令一件卹金正領據一件副領據二件保証書二件

請領卹金人張夏氏 署名蓋章

詳細通信處現住成都外北簸箕中街七三號久昌宮內附十捌號

中華民國卅年五月　日

中華民國卅年五月廿二日收

撫卹金副領據

字第　　號

茲領到

部隊機關番號 第一西師七三二团九連　階級 上尉　職務 連長　姓名 張海泉　卹金種類 第一年卹金

國幣 叁百陸拾 元

右欵業已照數領訖此據

軍事委員會撫卹委員會第三處查照

領卹人張夏氏 張夏氏印

中華民國 三十 年 五 月 日

此聯撫卹委員會第二處存查

撫卹金正領據

茲領到

部隊機關番號 第一西師七三二团九連　階級 上尉　職務 連長　姓名 張海泉　卹金種類 第一年卹金

國幣 叁百陸拾 元

右欵業已照數領訖此據

軍事委員會撫卹委員會第三處查照

領卹人張夏氏 張夏氏印

中華民國 三十 年 五 月 日

此聯轉報軍政部核轉

具領卹金保證書

保證人陳榮泰今保證領卹人張夏氏 確係已故

部隊機關番號 第三四師七三二團九連 階級 上尉 職務 連長 姓名 張海泉

之遺族茲遵照

國民政府軍事委員會會撫字第一九四九五號卹金給與令核准給與該故員第一年卹金國幣叁百陸拾元整今由該遺族向

鈞會第二處如數領訖具領後如有發生爭議保証人願照

鈞會請領卹金須知第十六條之規定負法律上一切責任此證

謹呈

國民政府軍事委員會撫卹委員會

保証人姓名陳榮泰蓋章 陳榮泰印 籍貫廣漢人 住址成都[illegible]中街拐十號 職務或職業生理 旅店

（店鋪書東） （店鋪營業資本金額）旅店 捌仟元以上

領卹人姓名張夏氏蓋章 張夏氏印 籍貫 住址 與故員之關係母子

其他遺族姓名及關係

妻張楊素華

子張永福

中華民國三十年五月日

成都市政府关于故员张海泉遗族承领恤金致张夏氏的通知（一九四一年九月六日）

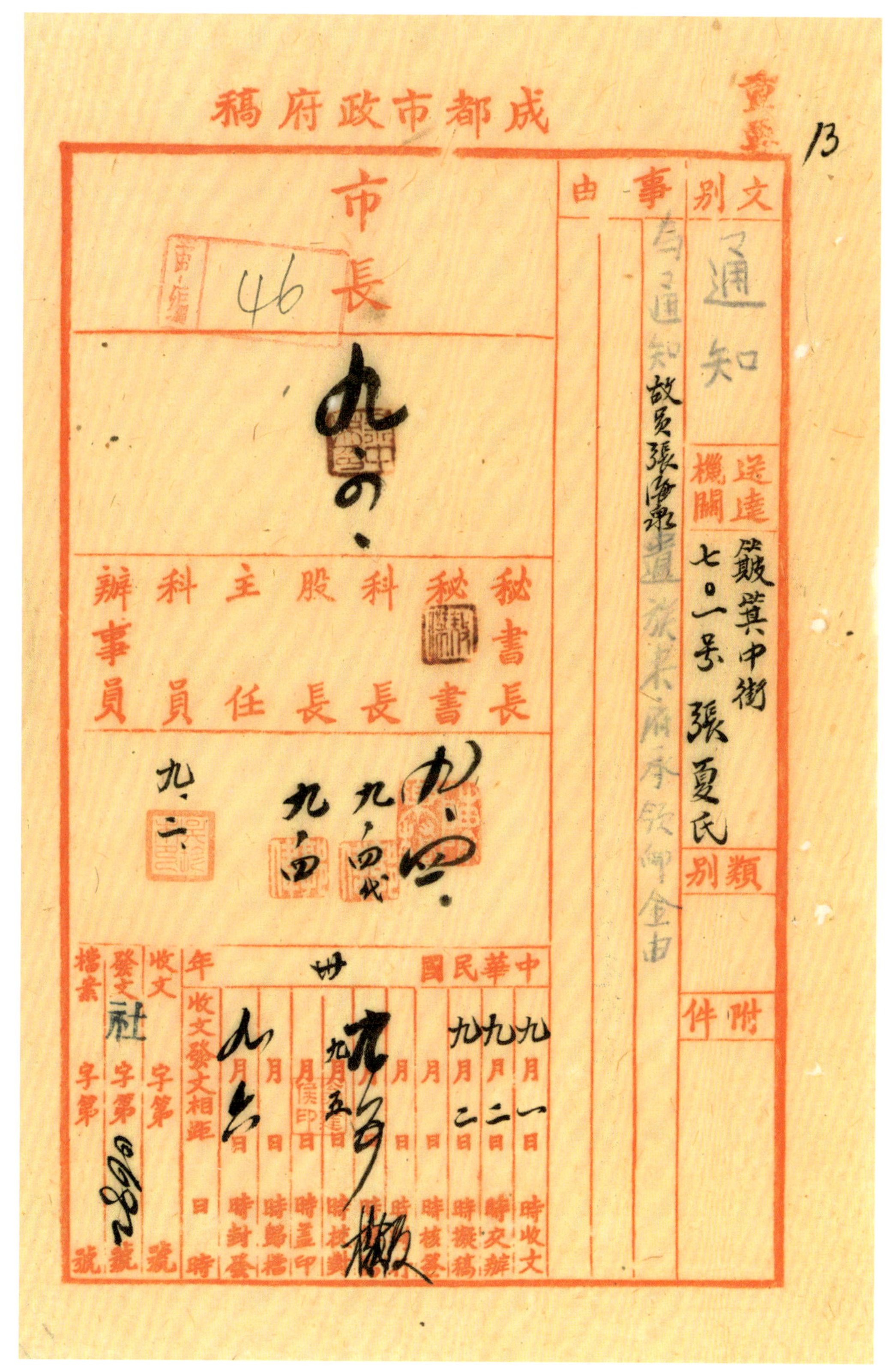
成都市政府稿

文别：通知

事由：为通知故员张海泉遗族来府承领恤金由

送达机关：簸箕中街七〇一号张夏氏

市长：九、四

秘书长 秘书 科长 股长 主任 科员 办事员

九、四 九、四代 九、四 九、二

中华民国卅年
九月一日 时收文
九月二日 时交办
九月二日 时拟稿
九月 日 时核稿
九月 日 时缮写
九月五日 时核對
九月 日 时盖印
九月 日 时归档
九月六日 时封发

收文发文相距 日 时

发文社字第0692号

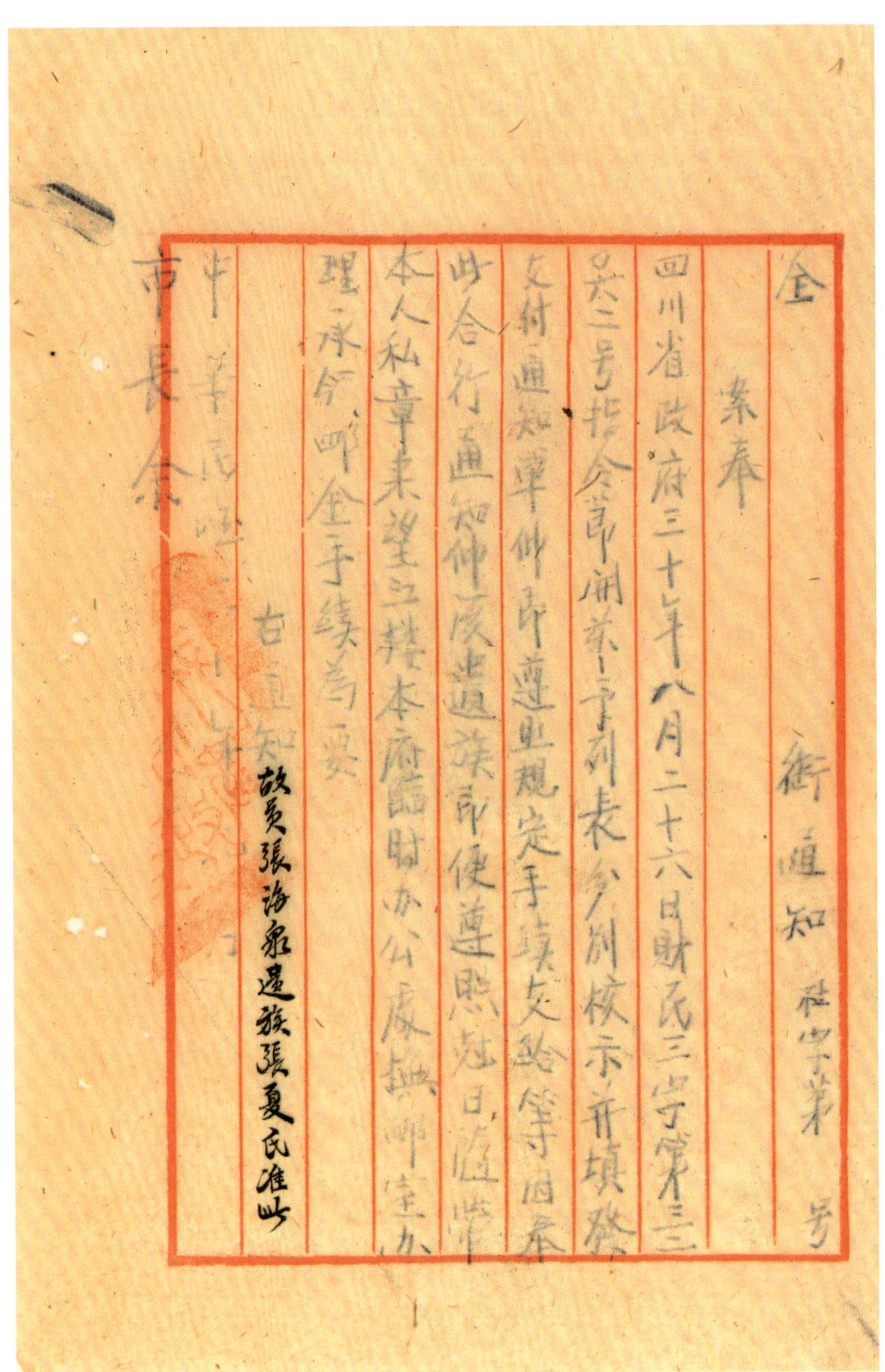

全　　銜通知　社字第　　號

案奉

四川省政府三十七年八月二十六日財民三字第一三

六二號指令節開榮一字副表分別核示並填發

支付通知單仰即遵照規定手續支給等因奉

此合行通知仰該遺族即便遵照即日攜帶

本人私章來望江樓本府臨時辦公處撫卹室辦

理承領卹金手續為要

右通知

故員張海泉遺族張夏氏准此

中華民國三十七年

市長余

张夏氏关于成都市政府颁发故员张海泉抚恤令的收据（一九四一年九月八日）

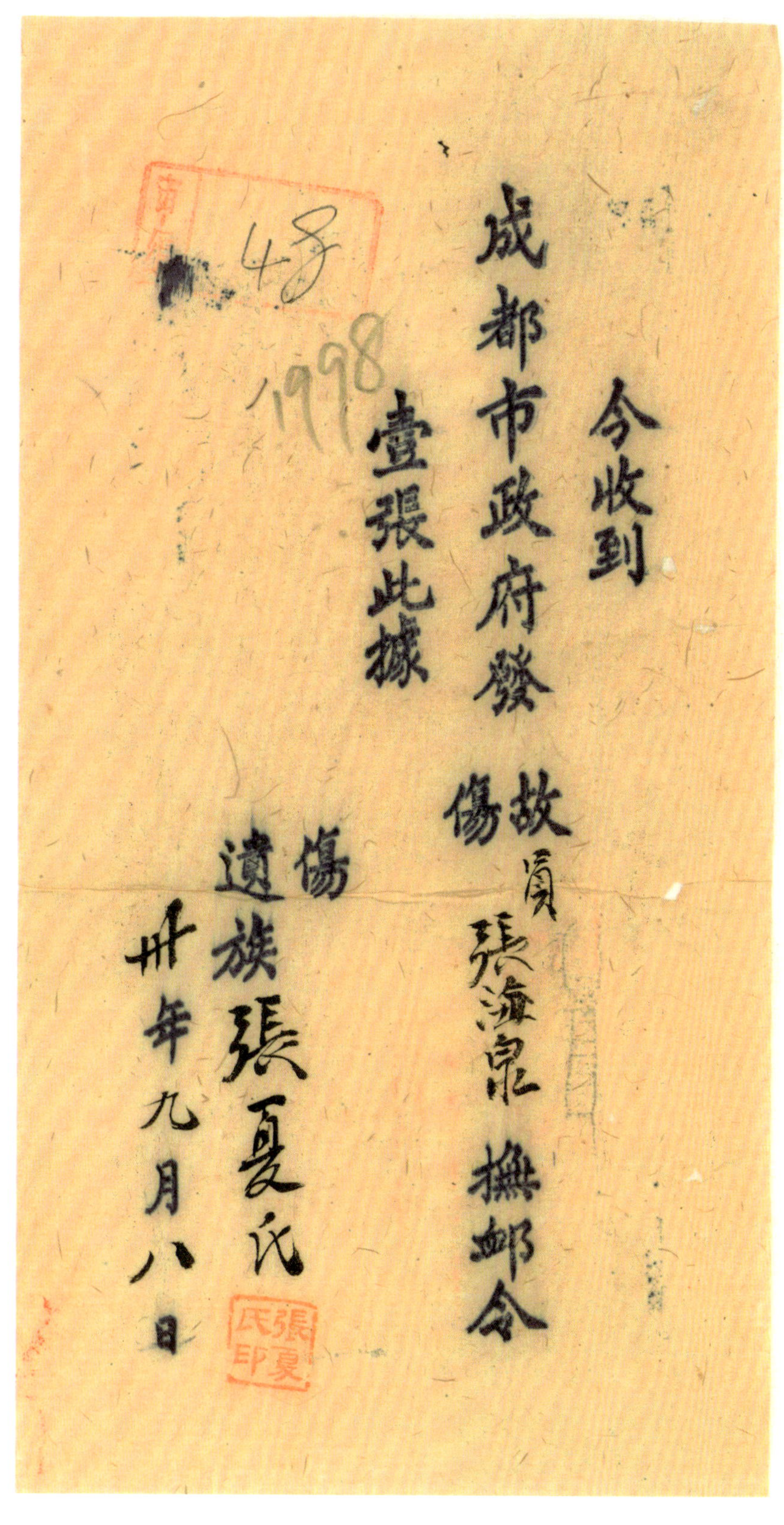
令收到
成都市政府發故員張海泉撫卹令
壹張此據
傷遺族張夏氏
卅年九月八日

成都市政府关于核发故员张海泉第二年恤金致四川省政府的呈、致张杨素华的批示（一九四二年三月九日）

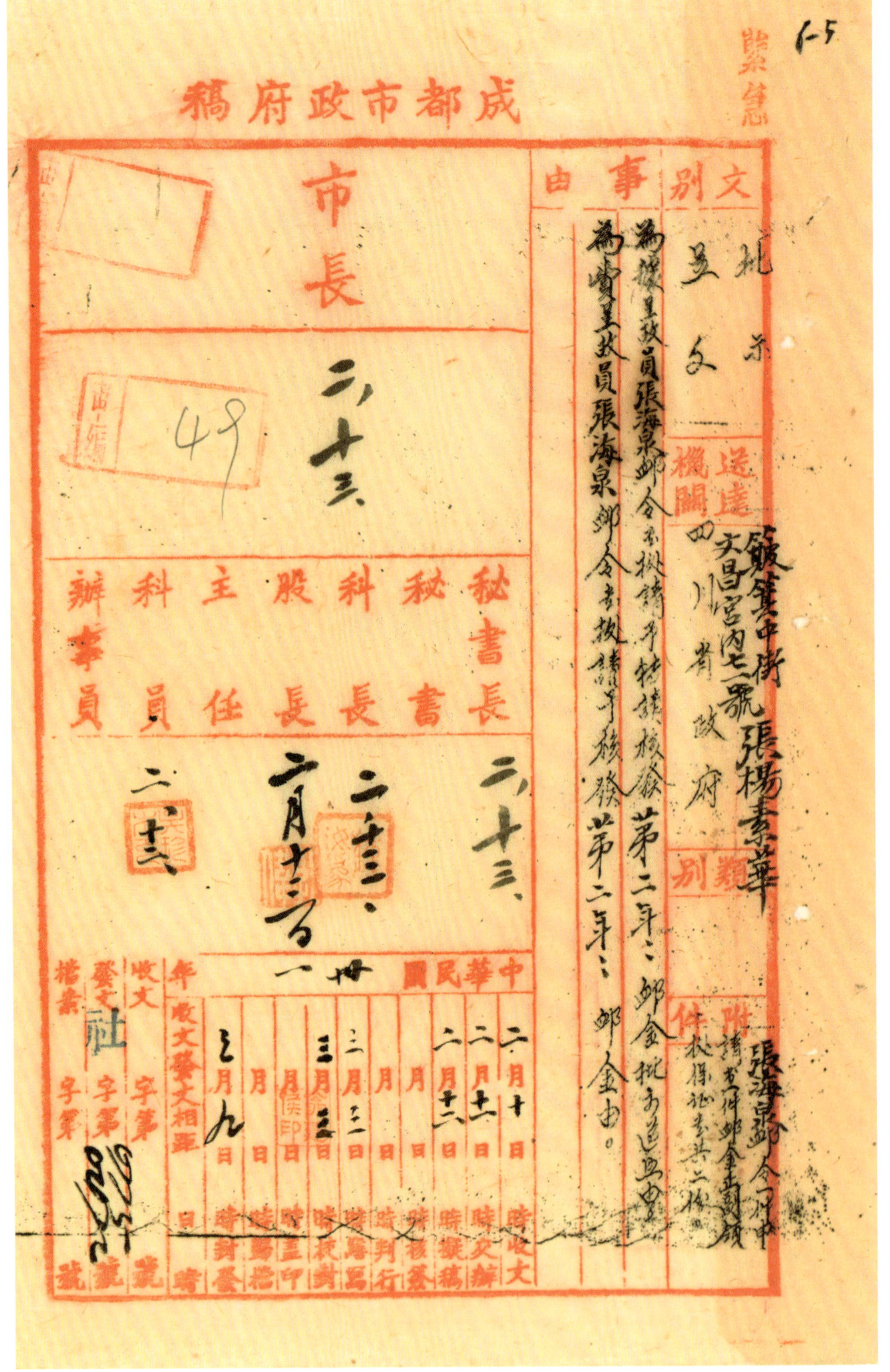
紧急

1-5

成都市政府稿

文别：批示 呈文

事由：為據呈故員張海泉䘏令請予核發第二年䘏金批示遵照由
為呈送故員張海泉䘏令請予核發第二年䘏金由

送達機關：四川省政府
鹽市街文昌宫内七號張楊素華

類別

附件：張海泉䘏令一件

市長 二、十三

49

秘書長 二、十三

秘書 科長 二、十三 二月十三日

股長 主任 科員 辦事員 二、十三

中華民國卅一年

收文	交辦	擬稿	核簽	判行	繕寫	校對	蓋印	鵰播	封發	收文發文相距
二月十日	二月十一日	二月十二日	月 日	月 日	三月十二日	三月十三日	月 日	月 日	三月九日	日 時

收文 字第 號

發文 社 字第 9754 號

檔案 字第 號

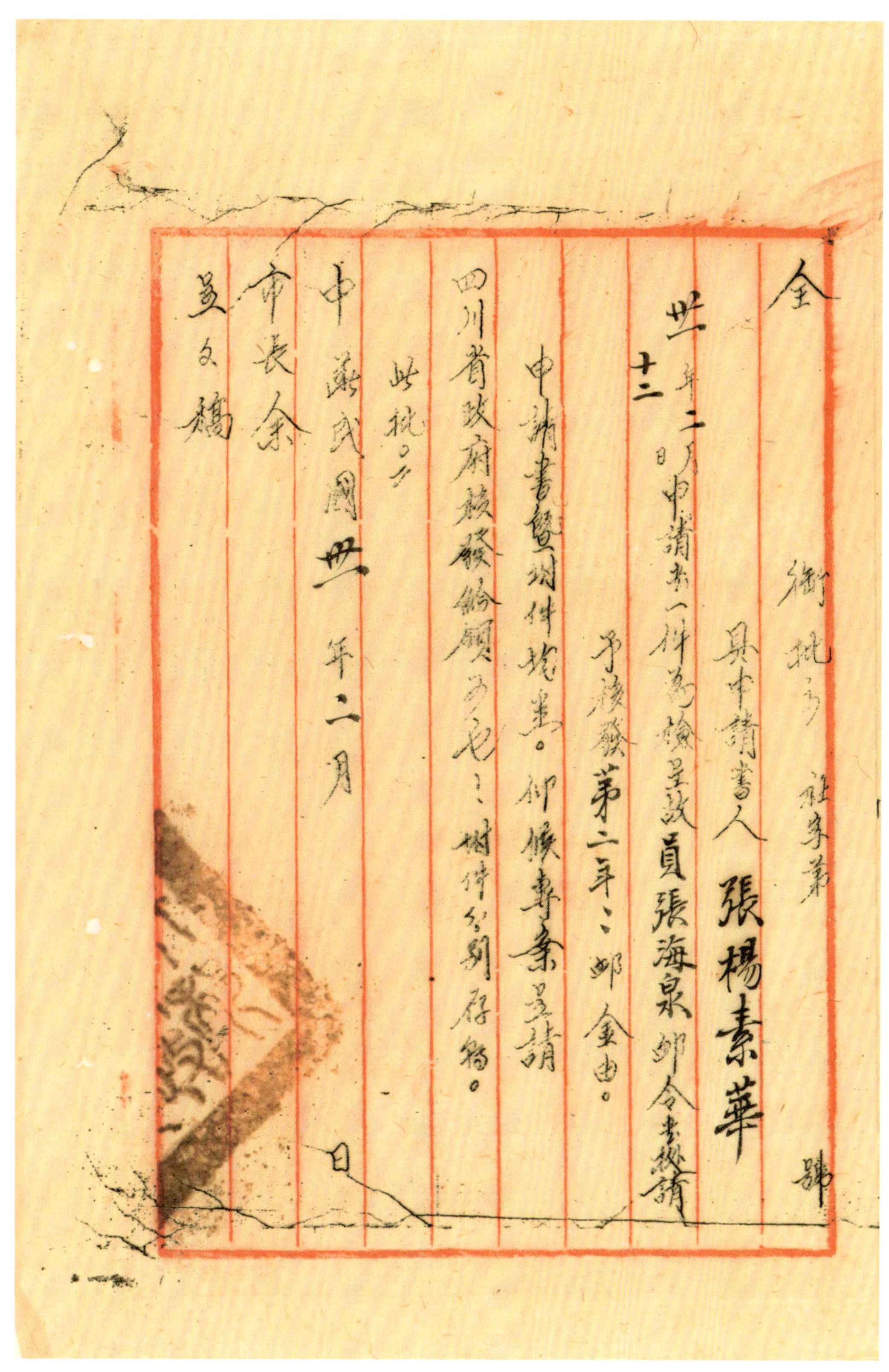
全
衔批示　社字第　号
具申请书人张杨素华
卅一年二月十二日申请书一件为检呈政员张海泉卯令书恳请
予核发第二年二邮金由。
申请书暨附件均悉。仰候专案呈请
四川省政府核发给顾可也。此批。附件分别存档。
此批○○
中华民国卅一年二月　日
市长余
签文稿

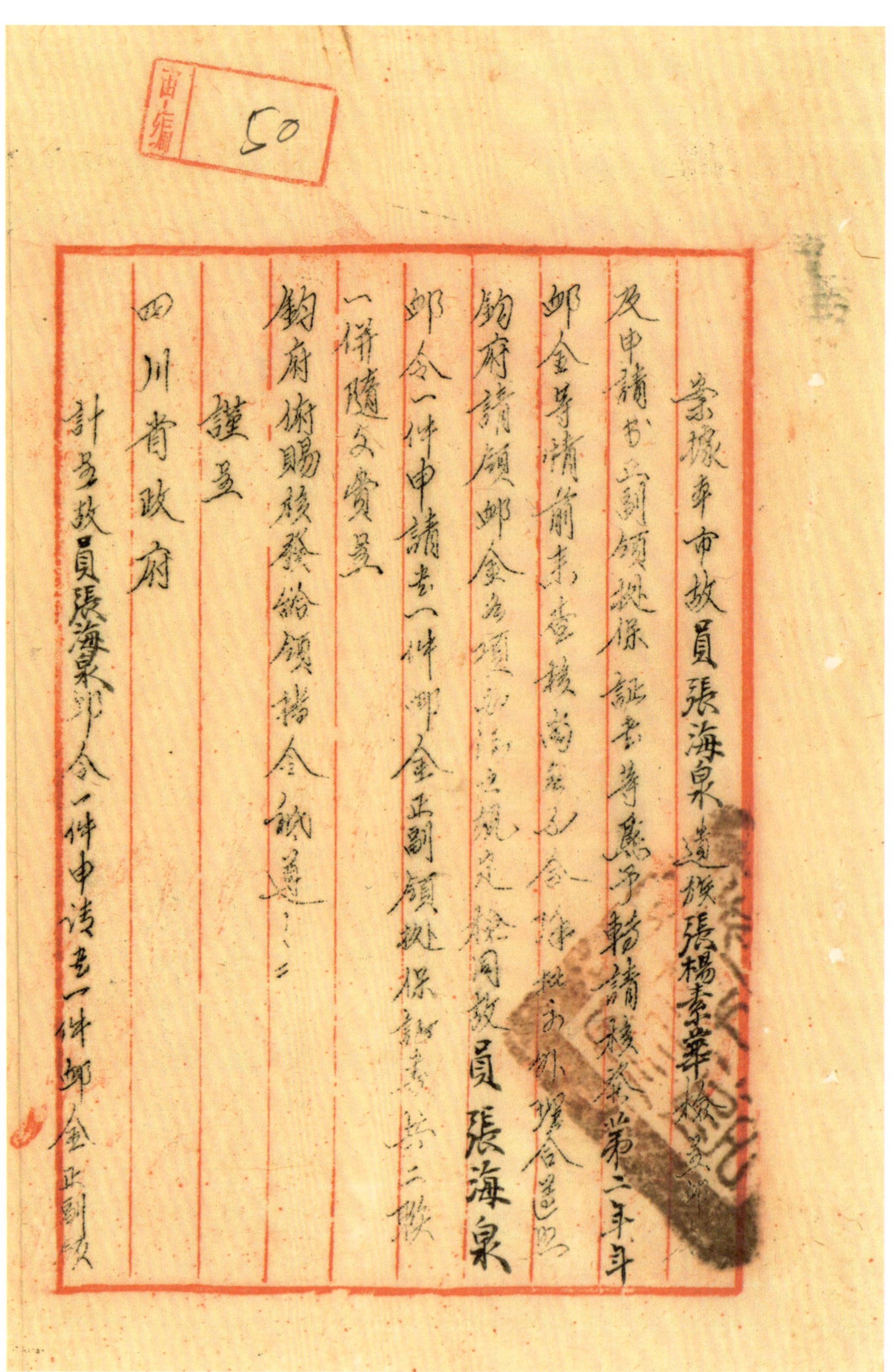

50

案據本市故員張海泉遺族張楊素華檢呈卹令及申請書正副領撫卹保證書等懇予轉請核發第二年年卹金等情前來，查核尚無不合，除指令外，理合遵照鈞府請領卹金各項手續之規定，檢同故員張海泉卹令一件、申請書一件、卹金正副領撫卹保證書各二份，一併隨文賫呈鈞府俯賜核發給領，指令祗遵！

謹呈

四川省政府

計呈故員張海泉卹令一件、申請書一件、卹金正副領收

據保證書共二聯。

衛　名

中華民國三十二年二月　日

附：张杨素华关于请予核发故员张海泉第二年恤金致成都市政府的领恤申请书、抚恤金领据、具领恤金保证书（一九四二年一月）

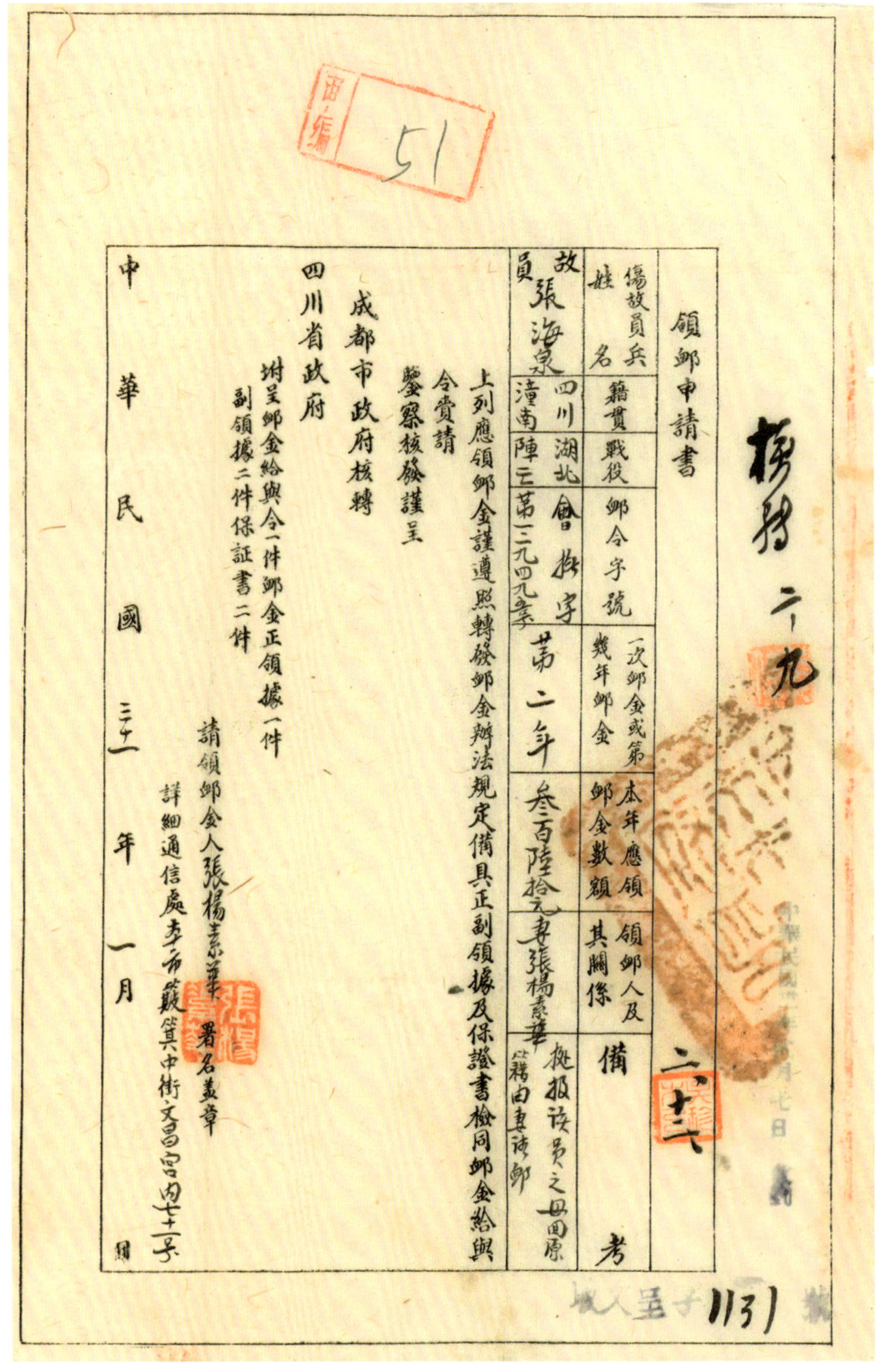

領卹申請書

傷故員兵姓名	籍貫	戰役	卹令字號	一次卹金或第幾年卹金	本年應領卹金數額	領卹人及其關係	備考
故員張海泉	四川潼南	湖北陣亡	會撫字第一三九四九號	第二年	叁百陸拾元	妻張楊素華	據報該員之母田原籍由妻請卹

上列應領卹金謹遵照轉發卹金辦法規定備具正副領據及保證書檢同卹金給與令賫請

鑒察核發謹呈

成都市政府核轉

四川省政府

附呈卹金給與令一件卹金正領據一件副領據二件保證書二件

請領卹金人張楊素華署名蓋章

詳細通信處本市蘿箕中街文昌宮內七十一號

中華民國三十一年一月 日

此聯撫邺委員會第三處存查

撫邺金副領據

兹領到

部隊機關番號 第三四師七三四團九連

階級 上尉

職務 連長

姓名 張海泉

邺金種類 第二年邺金

國幣叁百陸拾元

右欵業已照數領訖此據

軍事委員會撫邺委員會第三處查照

領邺人張楊素華

中華民國三一年一月日

字第　號

此聯轉報軍政部核轉

撫邺金正領據

兹領到

部隊機關番號 第三四師七三四團九連

階級 上尉

職務 連長

姓名 張海泉

邺金種類 第二年邺金

國幣叁百陸拾元

右欵業已照數領訖此據

軍事委員會撫邺委員會第三處查照

領邺人張楊素華

中華民國三十一年一月日

具領卹金保證書

保證人傅天章 今保證領卹人 張楊素華 確係已故

部隊機關番號 第三四師七三一团九連 階級 上尉 職務 連長 姓名 張海泉

之遺族茲遵照

國民政府軍事委員會 會卹字第一九四九〇號卹金給與令核准給與該

故員年 卹金國幣叁百陸拾 元整今由該遺族向

鈞會第三處如數領訖具領後如有發生爭議保証人願照

鈞會請領卹金須知第六條之規定負法律上一切責任此證

謹呈

國民政府軍事委員會撫卹委員會

保証人 姓名 傅天章 蓋章 籍貫 簸箕中街 住址 九一號 職務或職業 水食

（店鋪書柬） （店鋪營業資本金額） 壹仟元

領卹人 姓名 張楊素華 蓋章 籍貫 簸箕中街 住址 文昌宫内七十一號 與故員之關係 夫妻

其他遺族姓名及關係 子永福

中華民國三十一年一月 日 成都市市長余中英

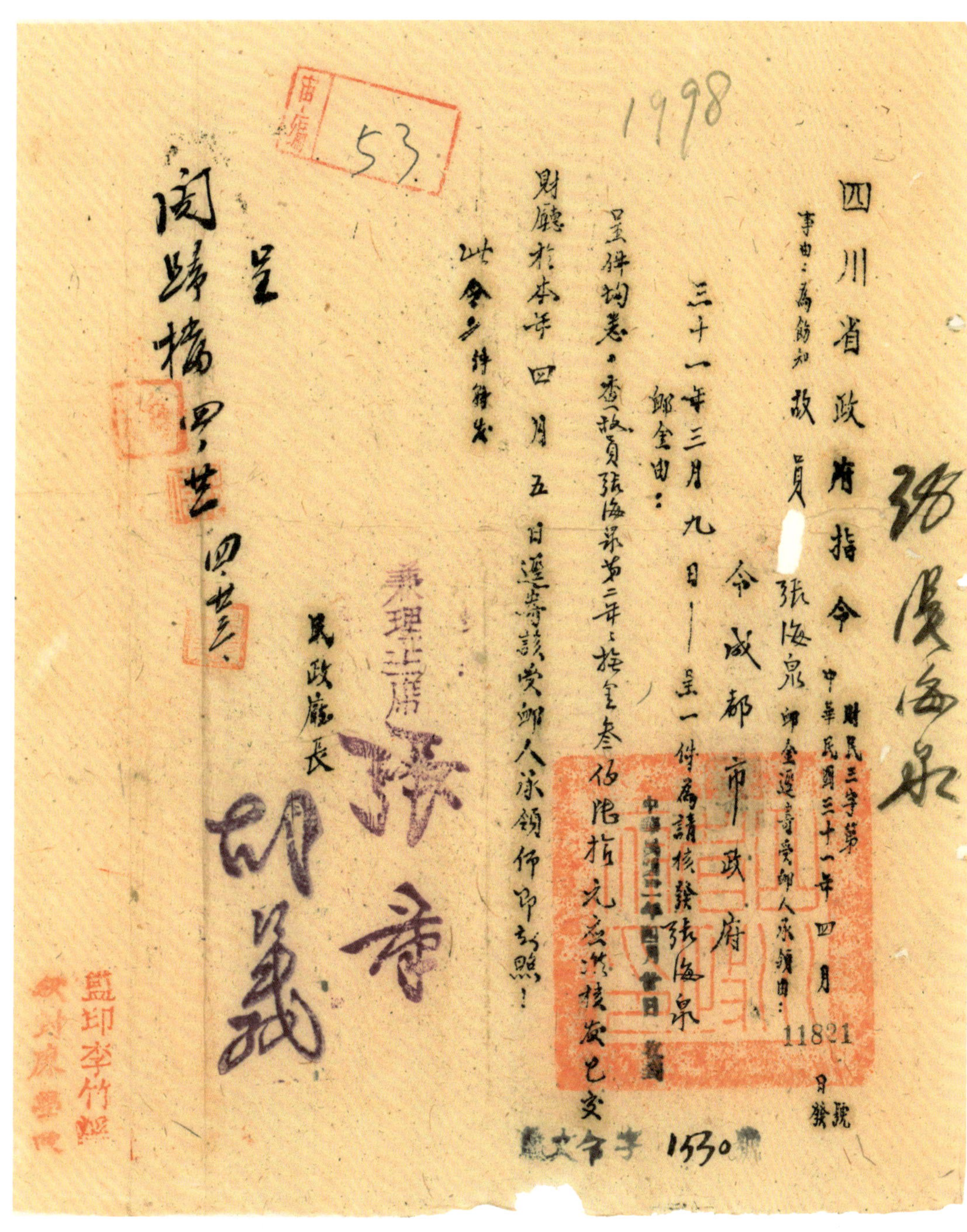

四川省政府指令　財民三字第　號　中華民國三十一年四月　日發

事由：為飭知故員張海泉卹金遵發受卹人承領由：

令成都市政府

三十一年三月九日一呈一件為請核發張海泉卹金由：

呈件均悉。查故員張海泉第二年卹金叁佰陸拾元，應准核發，已交財廳於本年四月五日遵發該受卹人承領，仰即知照！

此令。乙件存發

兼理主席　張羣

民政廳長　胡次威

監印　李竹熙

呈　閔歸橋　四月廿三

四川省政府关于准予核发故员张海泉第二年恤金致成都市政府的指令（一九四二年四月二十日收）

成都市政府关于补发故员张海泉民国三十一年加倍年恤金致四川省政府的呈、致张杨素华的批示（一九四二年十二月十九日）

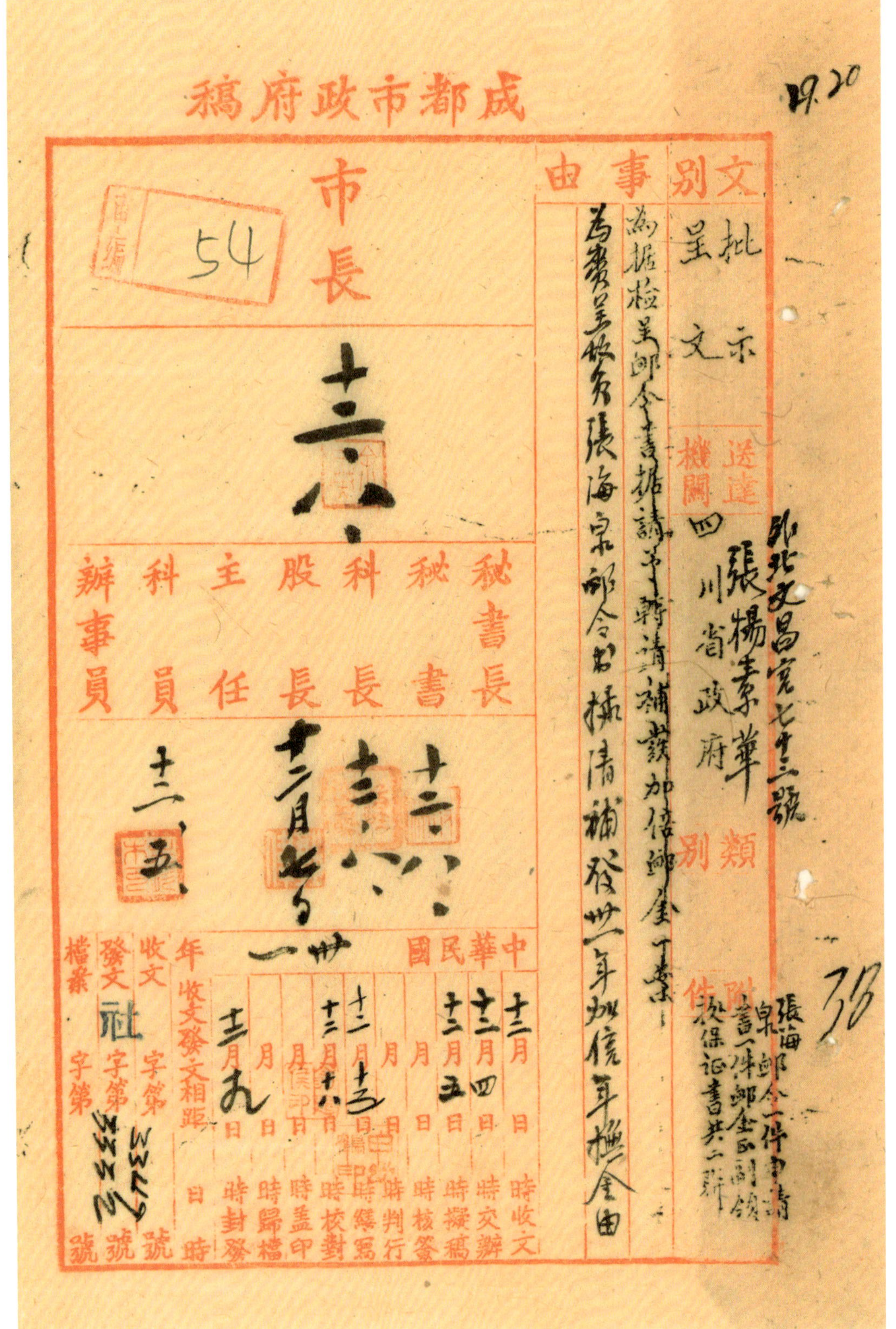

成都市政府稿

文别：批示　呈文

事由：為據檢呈卹令書據請予轉請補發加倍卹金一案
為賚呈故員張海泉卹令書據請補發卅一年加倍年撫金由

送達機關：四川省政府　張楊素華（北文昌宫七十三號）

附件：張海泉卹令一件　申請書一件　卹金正副領據　保證書共二份

市長　54

秘書長　秘書　科長　股長　主任　科員　辦事員

中華民國卅一年

收文　月　日　時
交辦　十二月　日　時
擬稿　十二月四日　時
核簽　十二月五日　時
判行　月　日　時
繕寫　十二月十七日　時
校對　十二月十六日　時
蓋印　月　日　時
歸檔　月　日　時
封發　十二月十九日　時

收文發文相距　日　時

收文字第　號
發文　社字第3369號
檔案字第　號

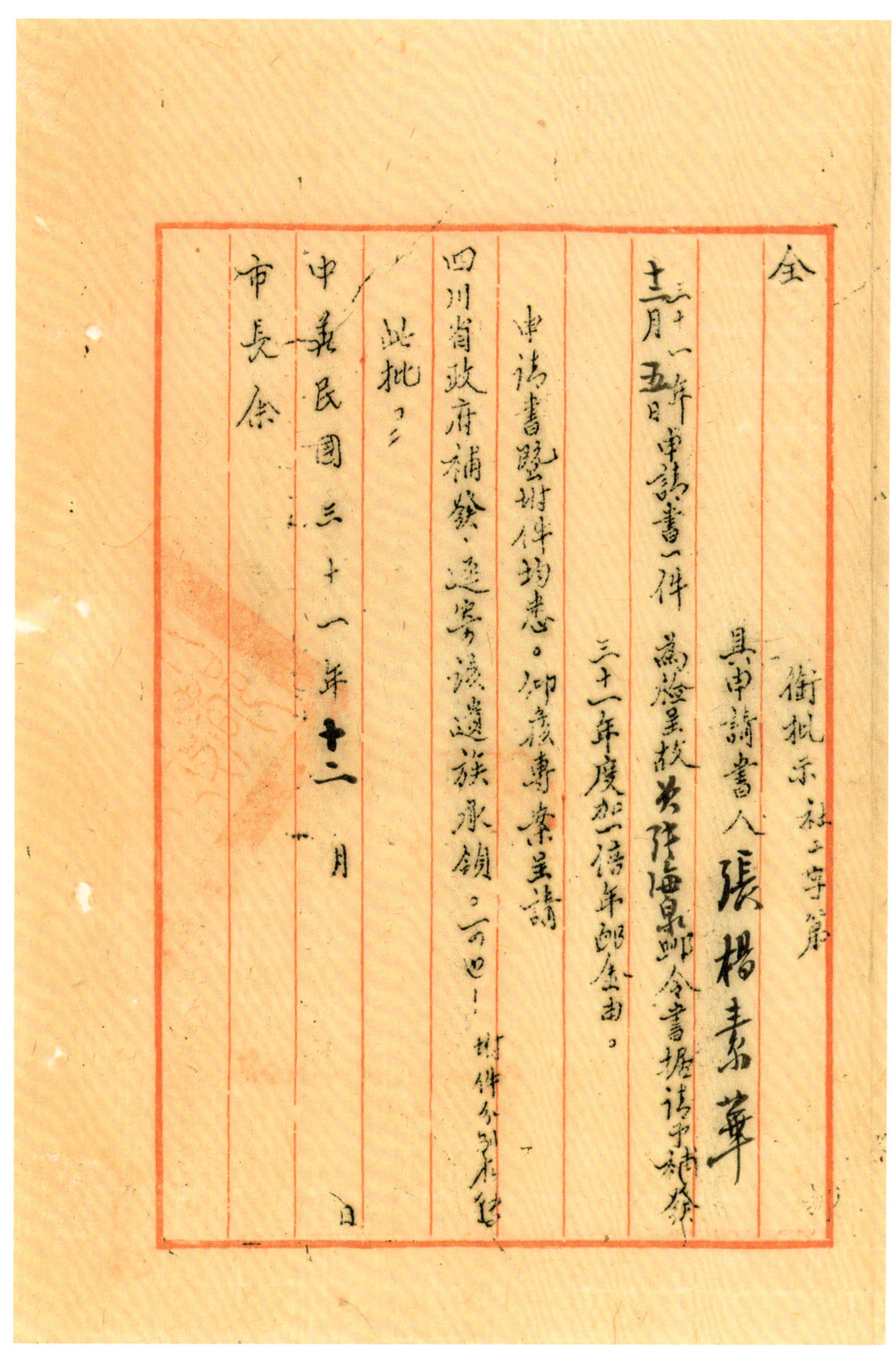

全

衔批示社工字第　号

具申請書人張楊素華

三十一年十二月五日申請書一件　為檢呈故夫陳海泉卹令書據請予補發

三十一年度加一倍年卹金由。

申請書暨附件均悉。仰候專案呈請

四川省政府補發，遂寄該遺族承領。一〇四一　附件分別存還

此批。

中華民國三十一年十二月　日

市長　余

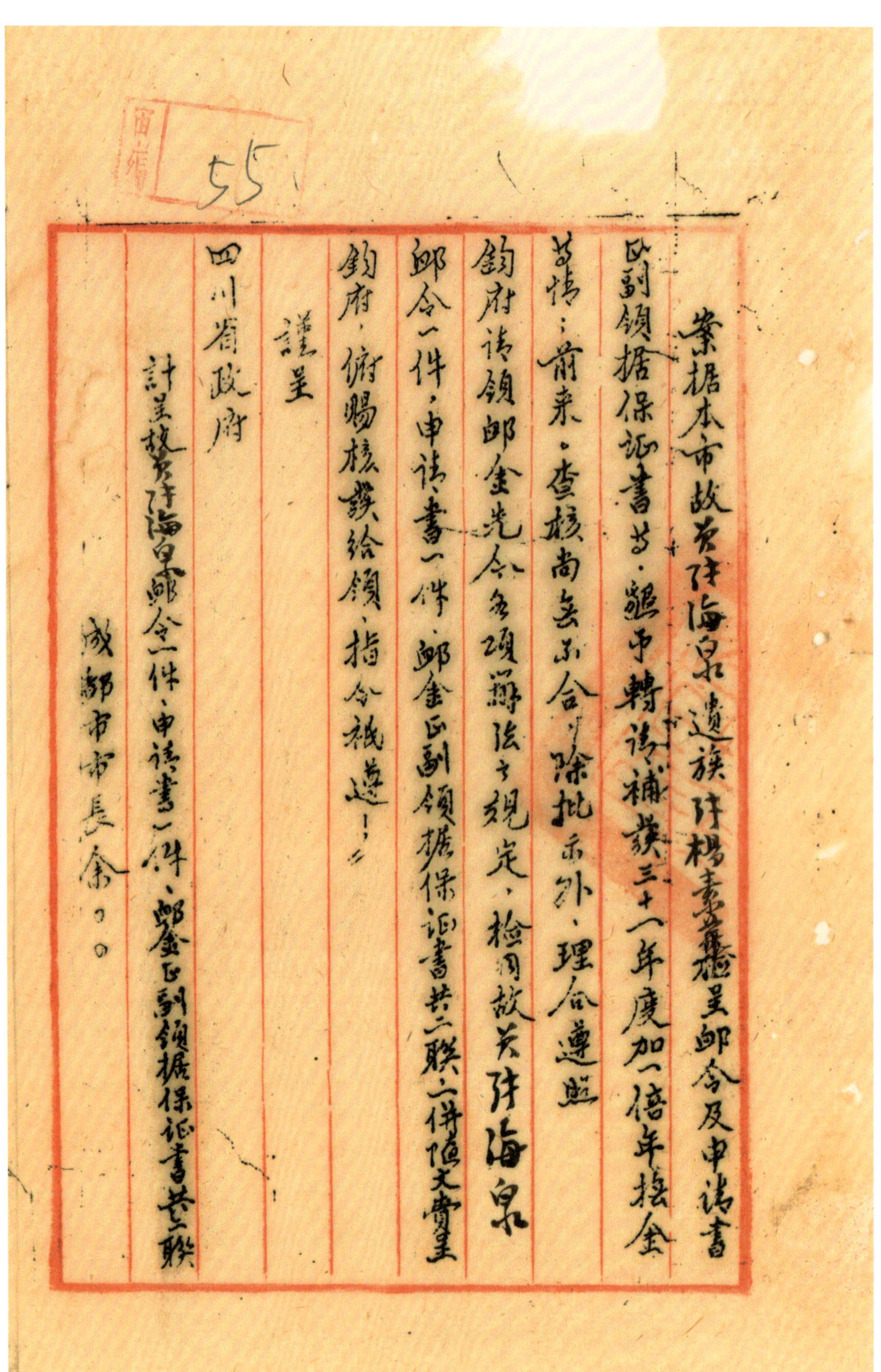

55

案據本市故兵陳海泉遺族陳楊素蓉呈恤令及申請書正副領據保證書等，經市轉請補發三十一年度加一倍年撫金等情；前來，查核尚無不合，除批示外，理合遵照鈞府請領恤金先令各項辦法之規定，檢同故兵陳海泉恤令一件，申請書一件，恤金正副領據保證書共二聯，一併隨文賫呈鈞府，俯賜核發給領，指令祗遵！

謹呈

四川省政府

計呈故兵陳海泉恤令一件、申請書一件、恤金正副領據保證書共二聯

成都市市長余〇〇

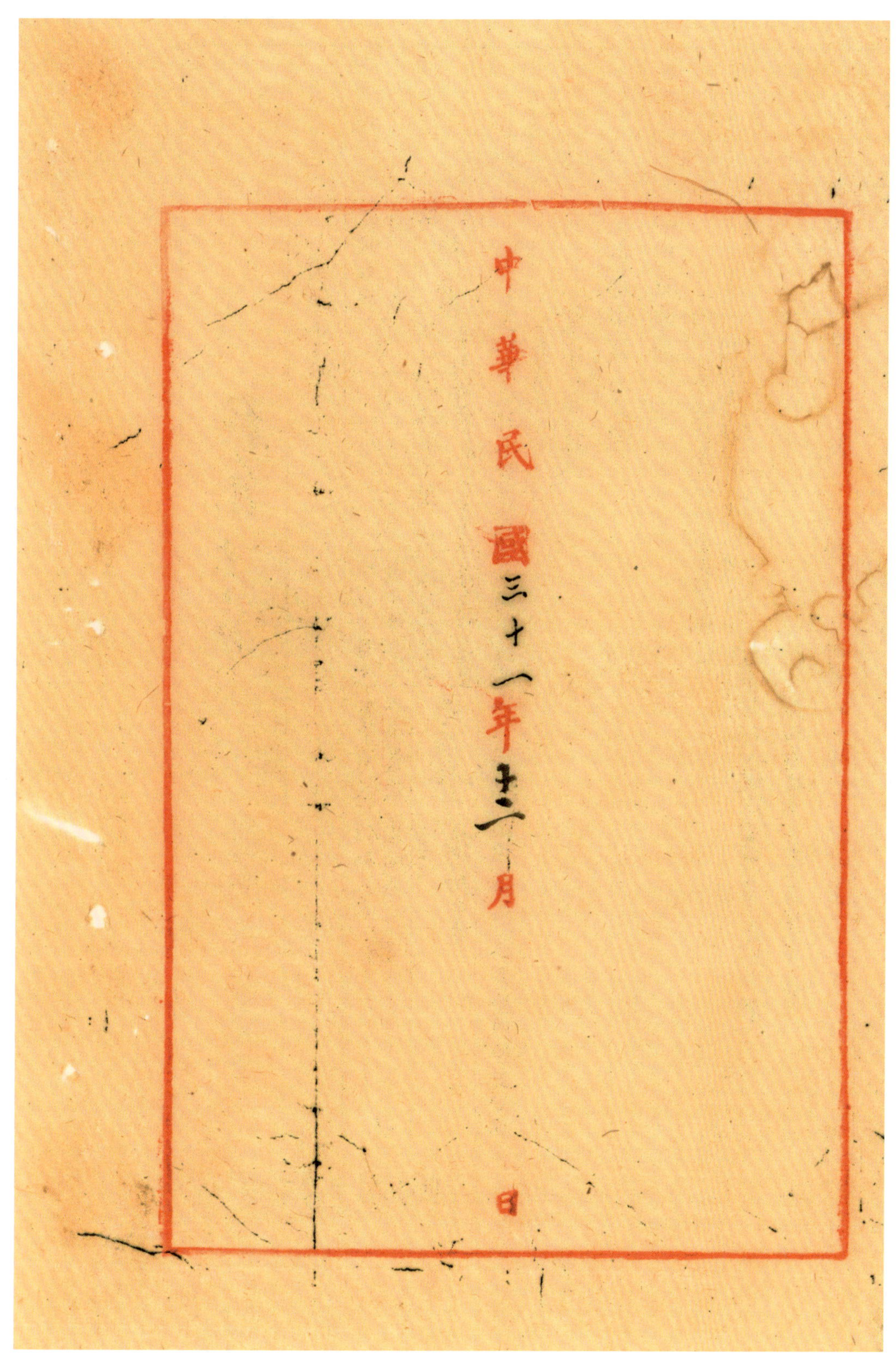
中華民國三十一年十二月　日

附：张杨素华关于请予补发故员张海泉民国三十一年加倍年恤金致成都市政府的领恤申请书、抚恤金领据、具领恤金保证书（一九四二年十一月十九日收）

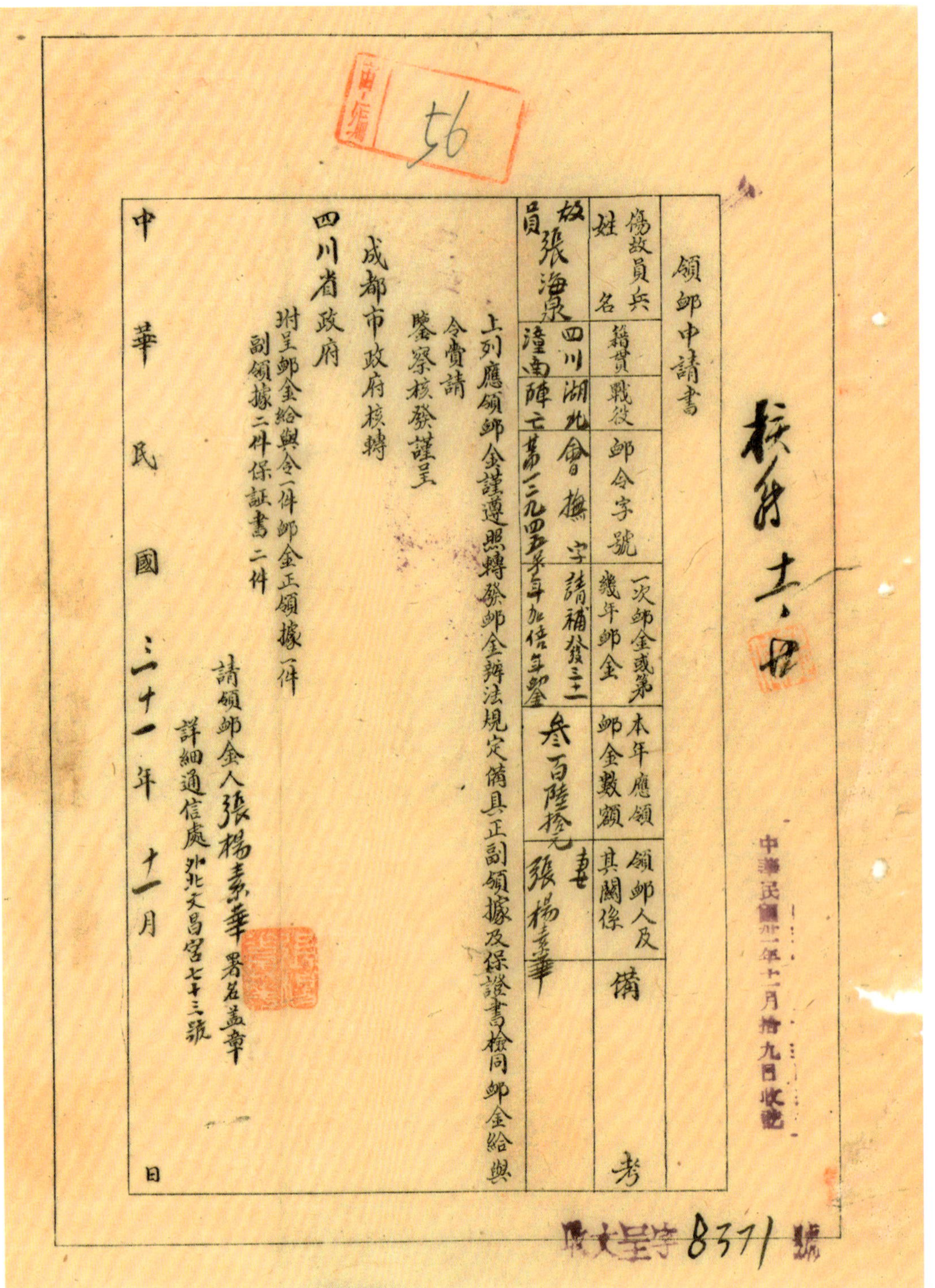

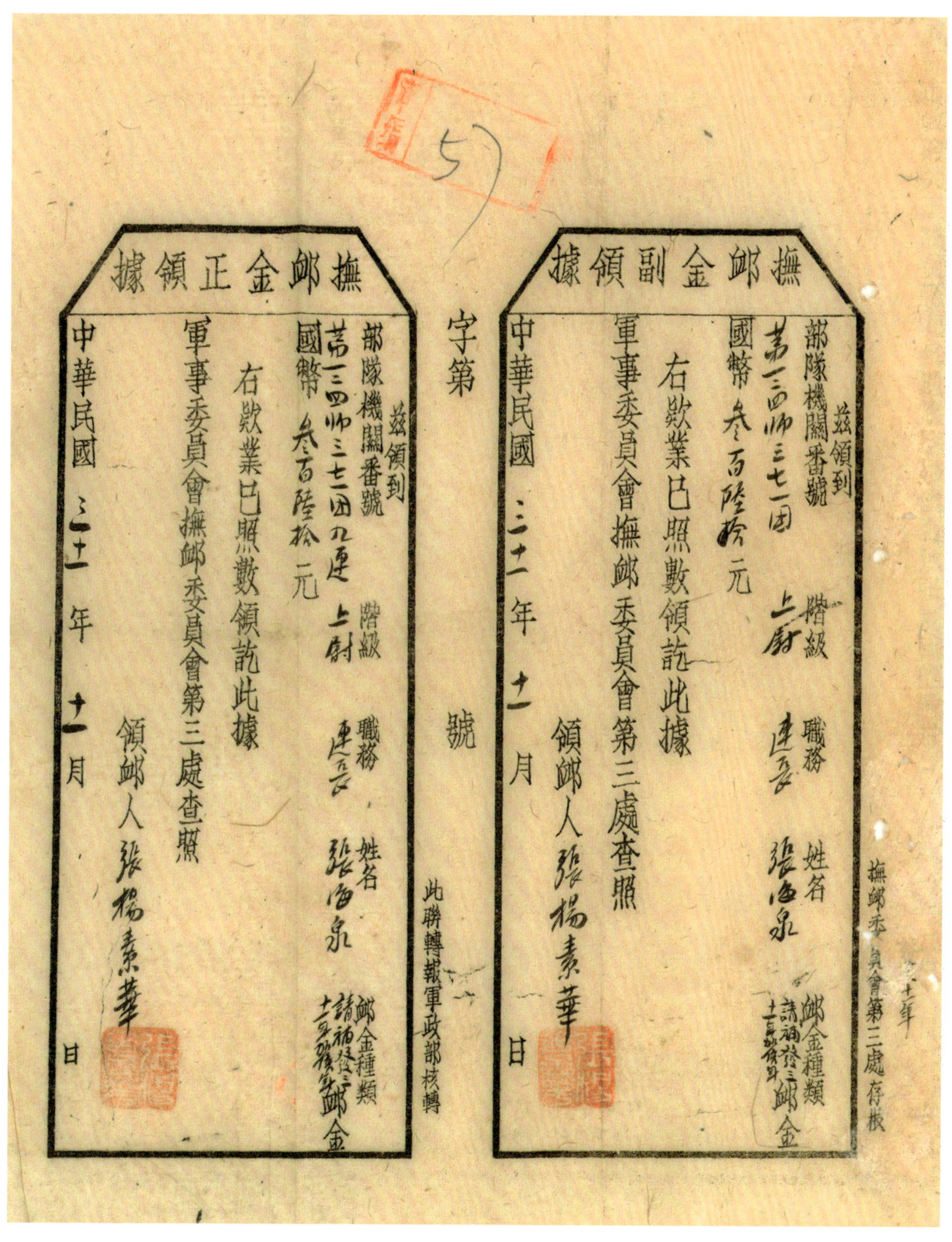

撫卹金副領據

茲領到

部隊機關番號　第一三四師三七一團

階級　上尉

職務　連長

姓名　張海泉

卹金種類　請補發三十二年度年卹金

國幣　叁百陸拾元

右款業已照數領訖此據

軍事委員會撫卹委員會第三處查照

中華民國　三十一年　十一月　日

領卹人　張楊素華

字第　　號

此聯轉報軍政部核轉

撫卹金正領據

茲領到

部隊機關番號　第一三四師三七一團九連

階級　上尉

職務　連長

姓名　張海泉

卹金種類　請補發三十二年度年卹金

國幣　叁百陸拾元

右款業已照數領訖此據

軍事委員會撫卹委員會第三處查照

中華民國　三十一年　十一月　日

領卹人　張楊素華

撫卹委員會第三處存根　十一年

具領卹金保證書

保證人 楊仰成　今保證領卹人 張楊王氏 李雍 係已故

部隊機關番號 暫編第二十四師七十三團九連　階級 上尉　職務 連長　姓名 張伯勛

之合法遺族遵照

國民政府軍事委員會 撫字第二九四九七號卹金給與令核准給與該

故連長張伯勛一次卹金國幣 叁百陸拾 元整今由該遺族向

鈞會第二處如數領訖具領後如有發生爭議保證人願照

鈞會請領卹金須知第六條之規定負法律上一切責任此證

謹呈

國民政府軍事委員會撫卹委員會

保證人 姓名 楊仰成 蓋章　籍貫 資陽　住址 成都楊柱巷　職務 業 商

（店鋪 營業 資本金額）一仟伍佰元

（店鋪 書東）

領卹人 姓名 張楊王氏 蓋章　籍貫 四川成都　住址 成都北玉沙巷三號　與故者之關係 妻

其他遺族姓名及關係 子 張永福

成都市市長 余中英

中華民國 三十一 年 十二 月 日

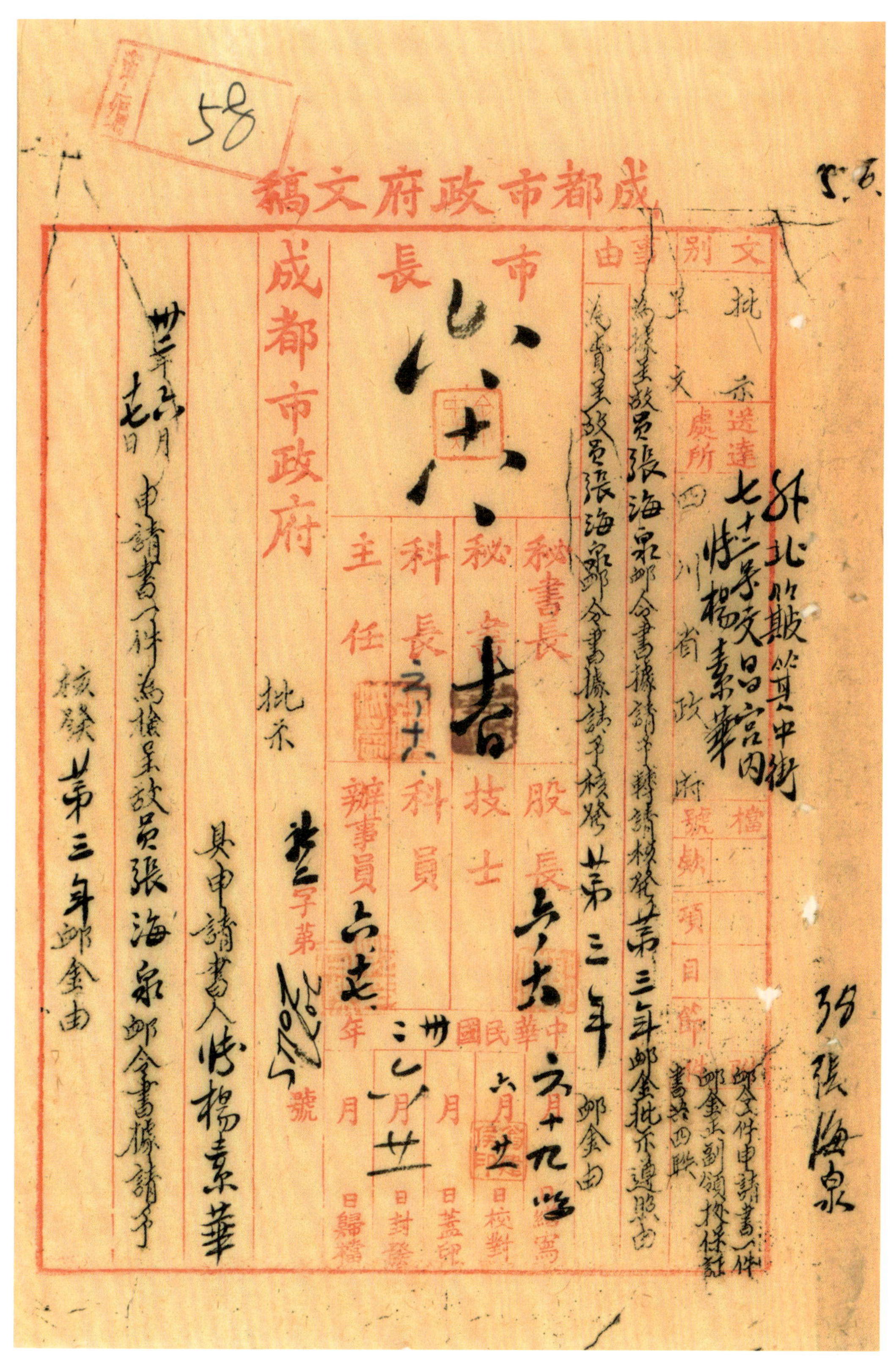

成都市政府关于核发故员张海泉第三年恤金致四川省政府的呈、致张杨素华的批示（一九四三年六月二十一日）

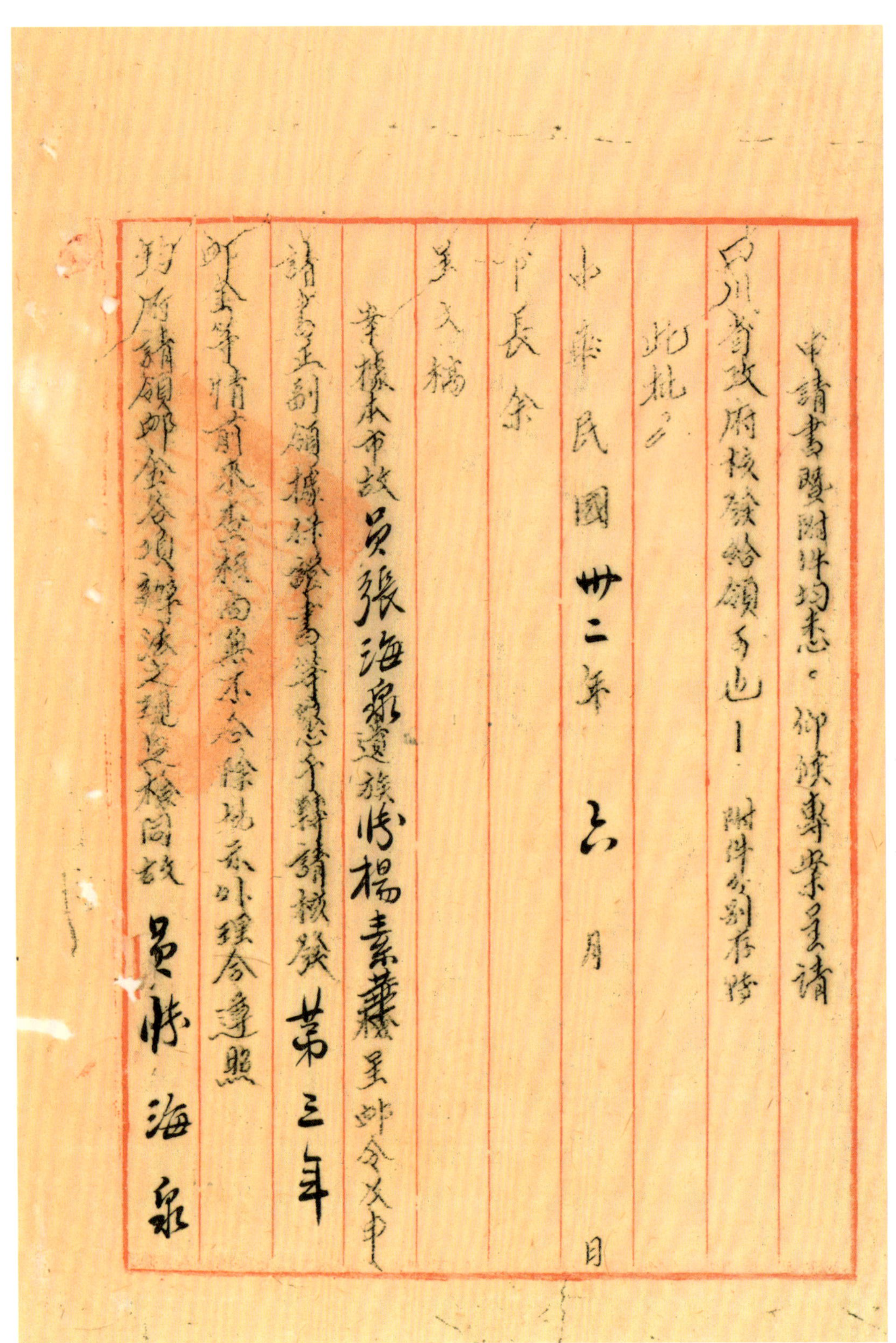
申請書暨附件均悉。仰候專案呈請
四川省政府核發給領可也！ 附件分別存轉
此批。
中華民國卅二年六月　日
市長余
呈文稿
案據本市故員張海泉遺族楊素華呈卹令及申
請書正副領據保結證書各壹件，懇予轉請核發第三年
卹金等情前來。查核尚無不合，除批示外，理合遵照
鈞府請領卹金各項辦法之規定，檢同故員張海泉

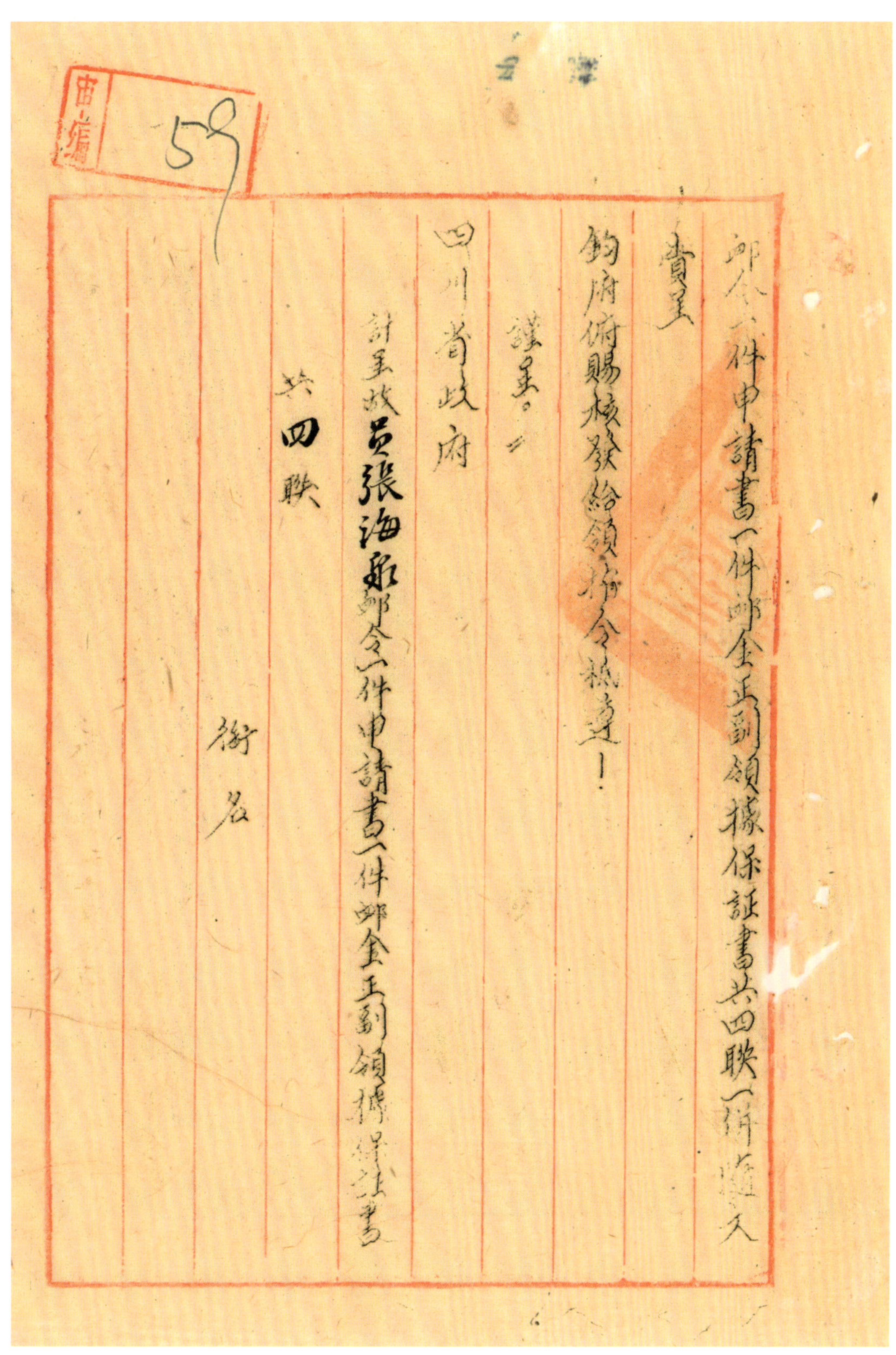

卹令一件申請書一件卹金正副領據保証書共四联一併隨文

賫呈

鈞府俯賜核發給領撫令祇遵！

謹呈。〃

四川省政府

討匪故兵張海泉卹令一件申請書一件卹金正副領據保証書

共四联

銜名

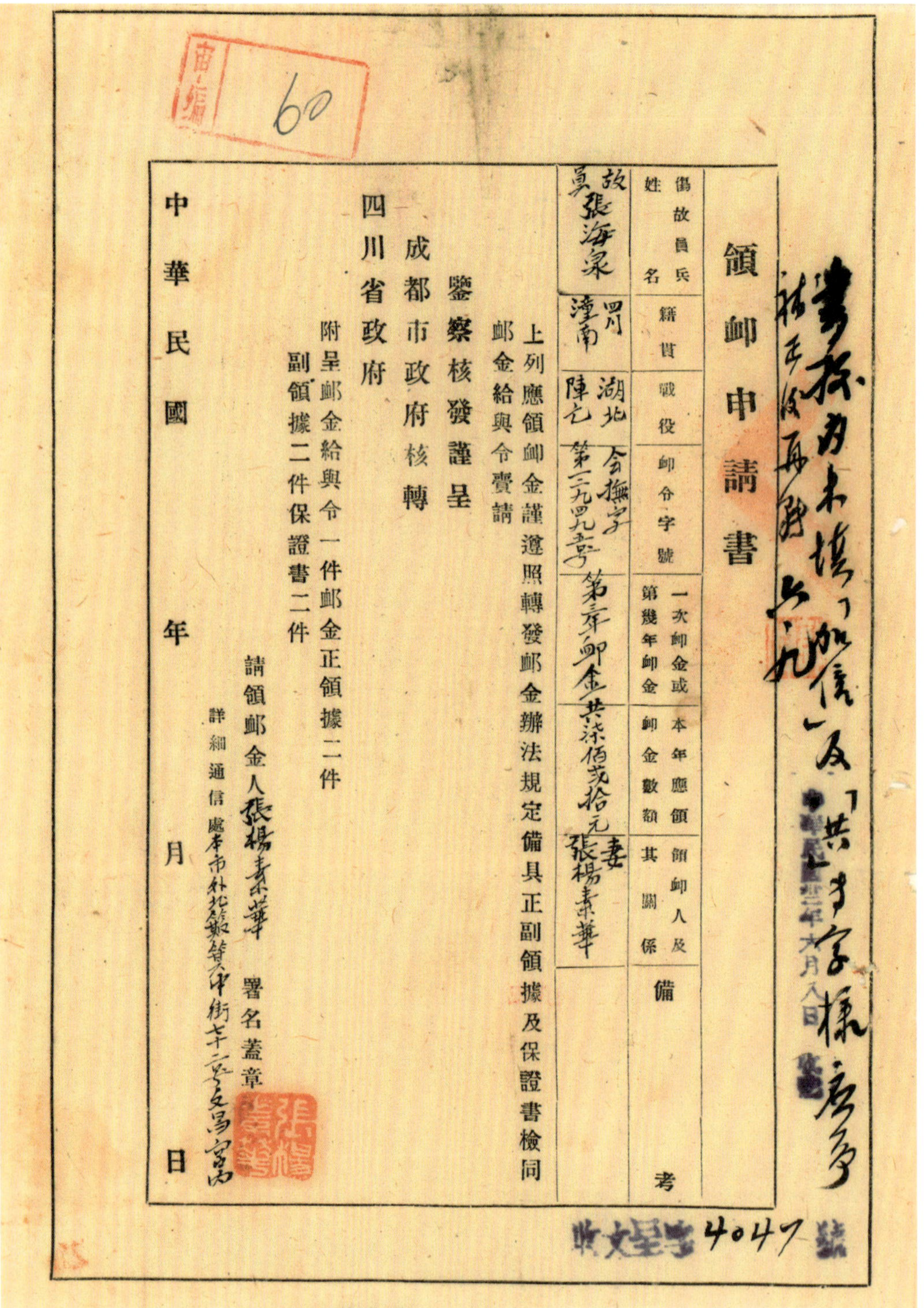

領卹申請書

傷故員兵姓名	籍貫	戰役	卹令字號	一次卹金或第幾年卹金	本年應領卹金數額	領卹人及其關係	備考
故員張海泉	四川潼南	湖北陣亡	会撫字第三九四九号	第三年卹金	共柒佰弍拾元	妻張楊素華	

上列應領卹金謹遵照轉發卹金辦法規定備具正副領據及保證書檢同卹金給與令賫請

鑒察核發謹呈

成都市政府核轉

四川省政府

附呈卹金給與令一件卹金正領據二件

副領據二件保證書二件

請領卹金人張楊素華 署名蓋章

詳細通信處 [illegible]

中華民國　　年　　月　　日

收文第4047號

附：张杨素华关于请予核发故员张海泉第三年恤金致成都市政府的领恤申请书、抚恤金领据、具领恤金保证书（一九四三年六月八日收）

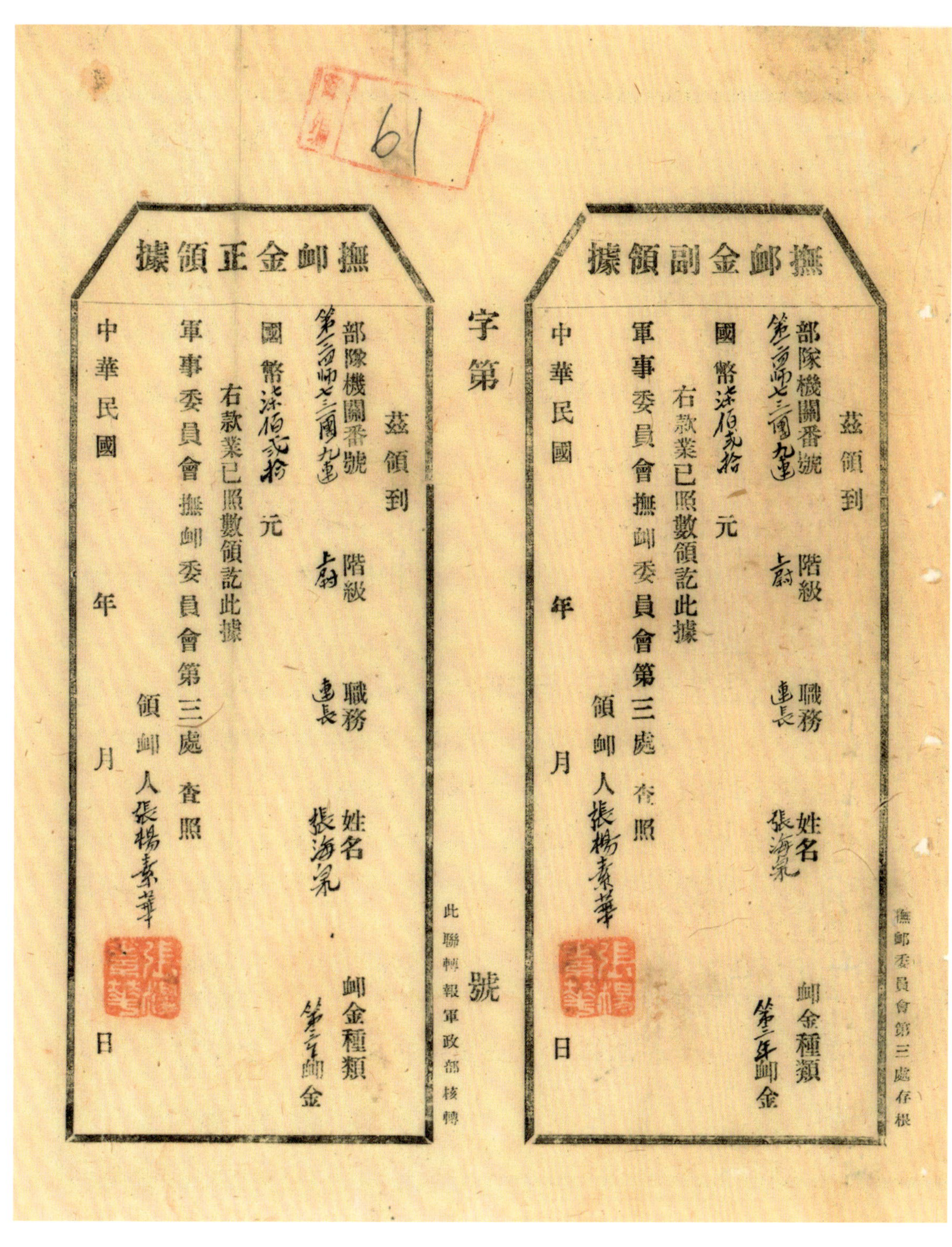

61

撫卹委員會第三處存根

撫卹金副領據

茲領到

部隊機關番號 第三師七三團九連　階級 上尉　職務 連長　姓名 張海泉　卹金種類 第二年卹金

國幣柒佰貳拾 元

右款業已照數領訖此據

軍事委員會撫卹委員會第三處 查照

領卹人 張楊素華

中華民國　　年　　月　　日

字第　　號

此聯轉報軍政部核轉

撫卹金正領據

茲領到

部隊機關番號 第三師七三團九連　階級 上尉　職務 連長　姓名 張海泉　卹金種類 第二年卹金

國幣柒佰貳拾 元

右款業已照數領訖此據

軍事委員會撫卹委員會第三處 查照

領卹人 張楊素華

中華民國　　年　　月　　日

具領卹金保證書

保證人趙紹群　今保證領卹人張楊孝華　確係已故

部隊機關番號　第三四四旅七三團九連　階級　上尉　職務　連長　姓名　張海泉

之遺族　茲遵照

國民政府軍事委員會撫字第二九四九五號卹金給與令核准給與該

金國幣洋伍弍拾元整令由該遺族向

鈞會第二處如數領訖具領後如有發生爭議保證人願照

鈞會請領卹金須知第六條之規定負法律上一切責任此證

謹呈

國民政府軍事委員會撫卹委員會

保證人　姓名　趙紹群　蓋章　籍貫　成都市　住址　西御街12號　職業或職務　軍界

（店鋪營業資本令額）清義客店　一萬元

領卹人　姓名　張楊孝華　蓋章　籍貫　[illegible]　住址　[illegible]　與故員之關係　夫妻

其他遺族姓名及關係　子永福

成都市市長余中英

中華民國　年　月　日

四川省政府关于准予核发故员张海泉第三年恤金致成都市政府的指令（一九四三年九月一日收）

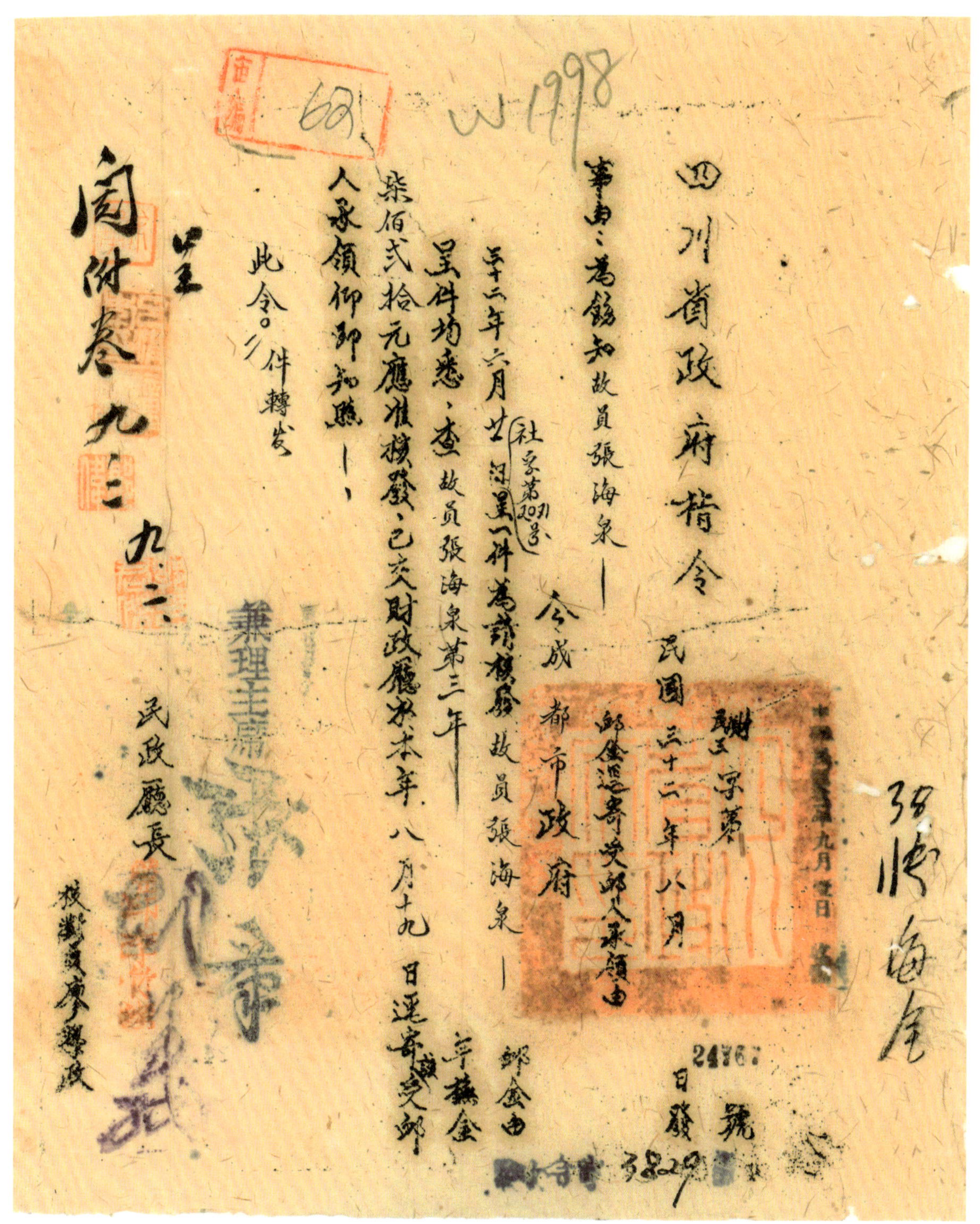

附：故员张海泉的住址单

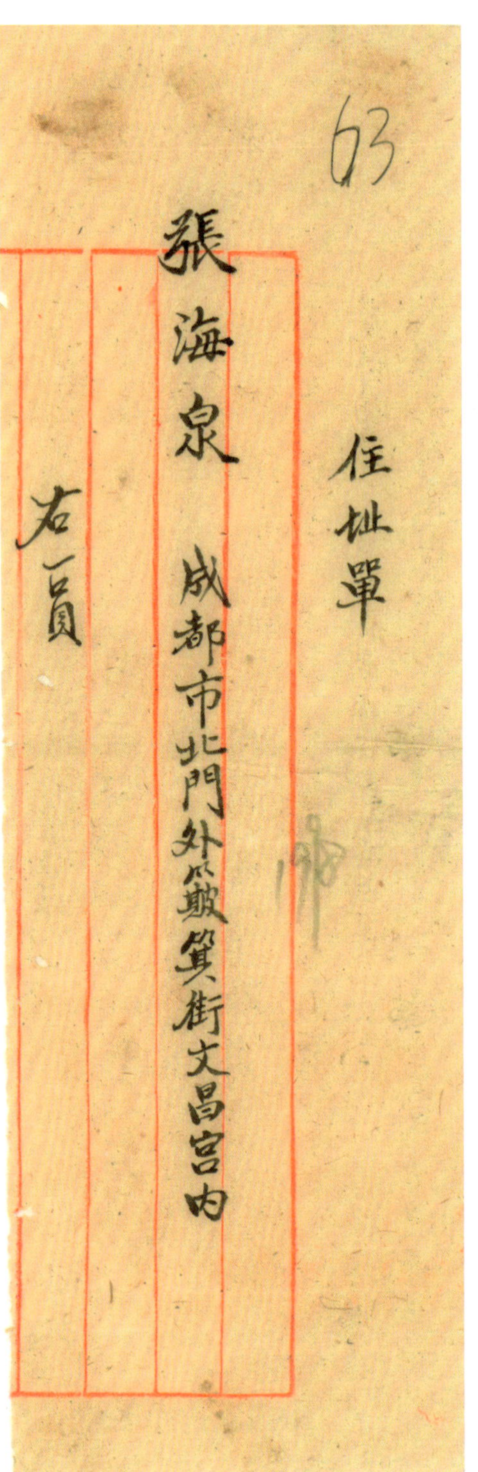
63

住址單

張海泉　成都市北門外簸箕街文昌宮內

右一員

十六、罗俊明

故员罗俊明遗族罗万氏关于恳请从优抚恤致成都市政府的呈（一九三八年一月）

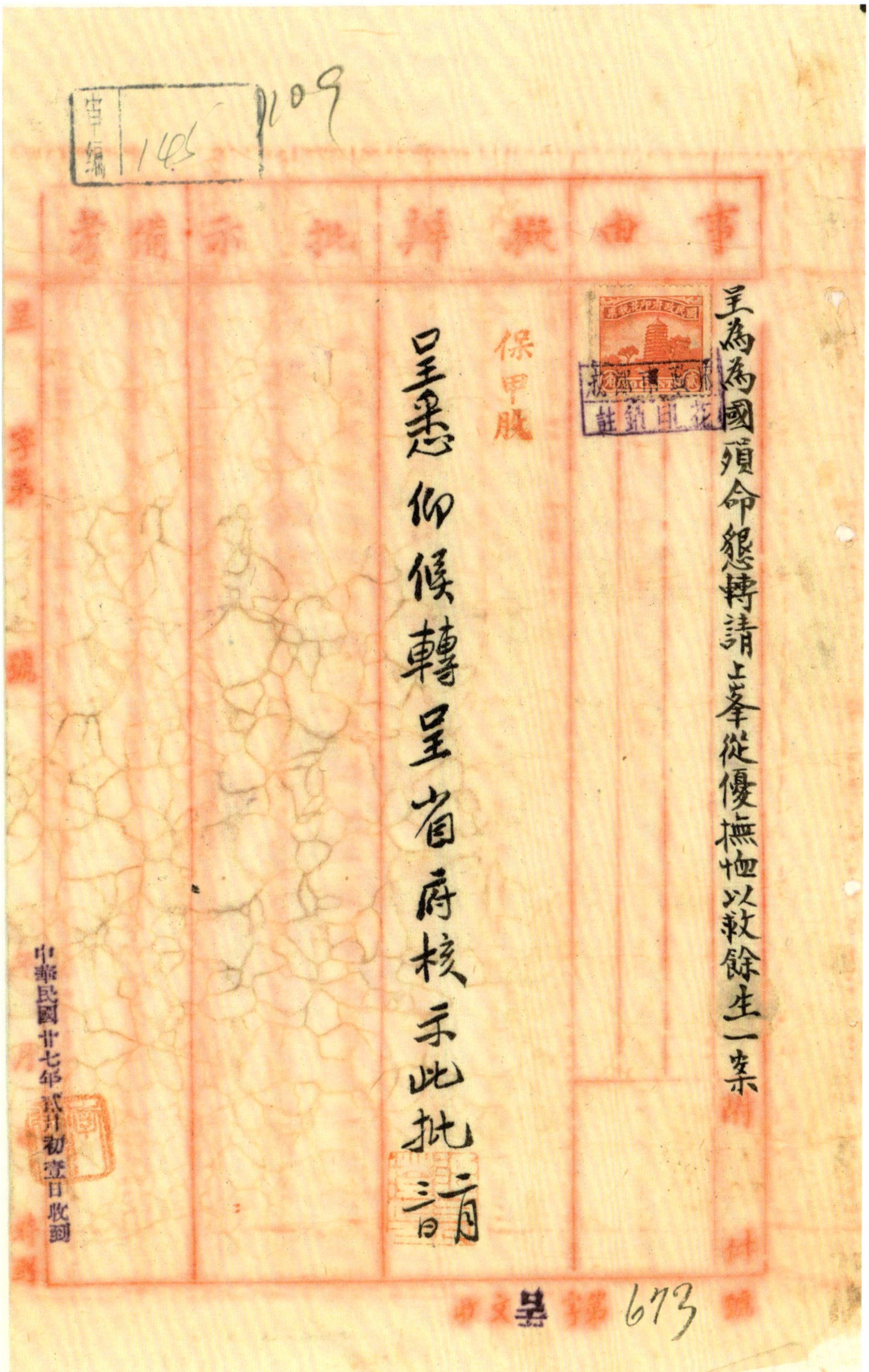

事由　擬辦　批示　備考

呈為為國殞命懇轉請上峯從優撫恤以救餘生一案

保甲股

呈悉仰候轉呈省府核示此批

二月　日

中華民國廿七年貳月初壹日收到

465

竊 氏 夫羅俊明原籍巴中移居成都歷有年矣前任二十軍三混成旅八團二營六連任排連長職二十五年經軍司令部申送成都軍分校考取合格編入第二期三大隊九中隊任學員二十六年九月畢業奉令調赴前線抗敵由袁隊長鼎魁率領東下撥在胡宗南第一軍第一師第一旅第一團任連長職後因部隊移動音耗斷絕以致無從得知確實住址日昨始接得 氏 夫同學辜文欽函稱 氏 夫於陽十二月十二日午后在江蘇浦鎮陣亡等語噩耗傳來悲喜交集蓋 氏 夫平時已抱殺敵決心今為國効命疆場捐軀固死得其所 氏 非常欣慰惟以幼年從軍弟兄無靠茲宿志未酬竟先殞命抱恨良深況家無餘蓄身後蕭條尚遺子女三口長子七歲二女五歲次乳子甫滿二月均在幼稚襁褓之中提攜捧負貧無一錢全家數口嗷嗷待哺生機因此斷絕當茲歲暮天寒家

如水洗、零丁孤苦、無米為炊、除飛函請原屬部隊第一軍第一師第一旅

第一團直屬長官備具証明書轉懇

國府從優撫恤外、理合具文呈請

鈞府俯念効忠黨國、殺敵成仁、轉請

上峯援例撫恤、以救母子、餘生存歿均感德無暨矣、謹呈

成都市市政府　鈞鑒

具呈人　羅萬氏　年二十六歲　署前街二十六號

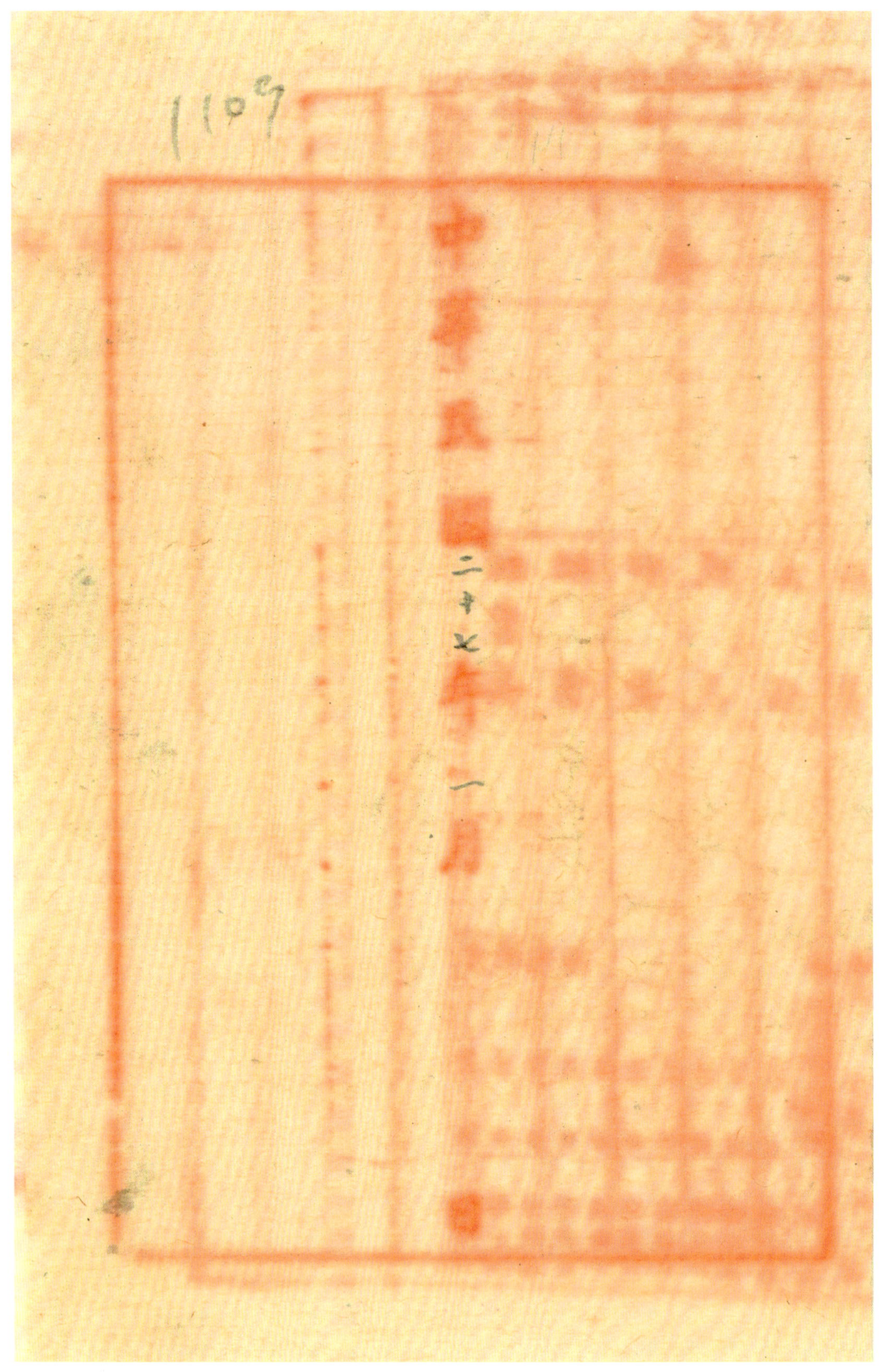

1109

中華民國二十七年一月　日

罗万慧琼关于上报故员罗俊明乙种调查表并转请核恤致成都市政府的呈（一九四〇年六月）

事由：為填具陸軍戰時死亡官佐調查表請予察核轉報由

竊亡夫羅俊明於民二十六年八月成都軍分校第二期畢業旋分發第一軍第一師第一團二營四連充任連長是年奉 命隨部出川抗敵同年冬月亡夫同學龔耕古文清又係同事來信通知亡夫於二十六年冬月十四在江蘇浦鎮抗敵陣亡茲奉 縣府發給陸軍戰時死亡官佐調查表三份切實填就理合具文連同調查表呈賫

鈞府鑒核准予轉報并乞

俯念氏生活困難轉請卹金早日發下俾氏闔家方有生望謹呈

成都市政府

附呈陸軍戰時死亡官佐調查表三份

羅萬慧瓊 住成都署前街二十七号

保長

1109

中编 150

甲長

中華民國二十九年六月　日

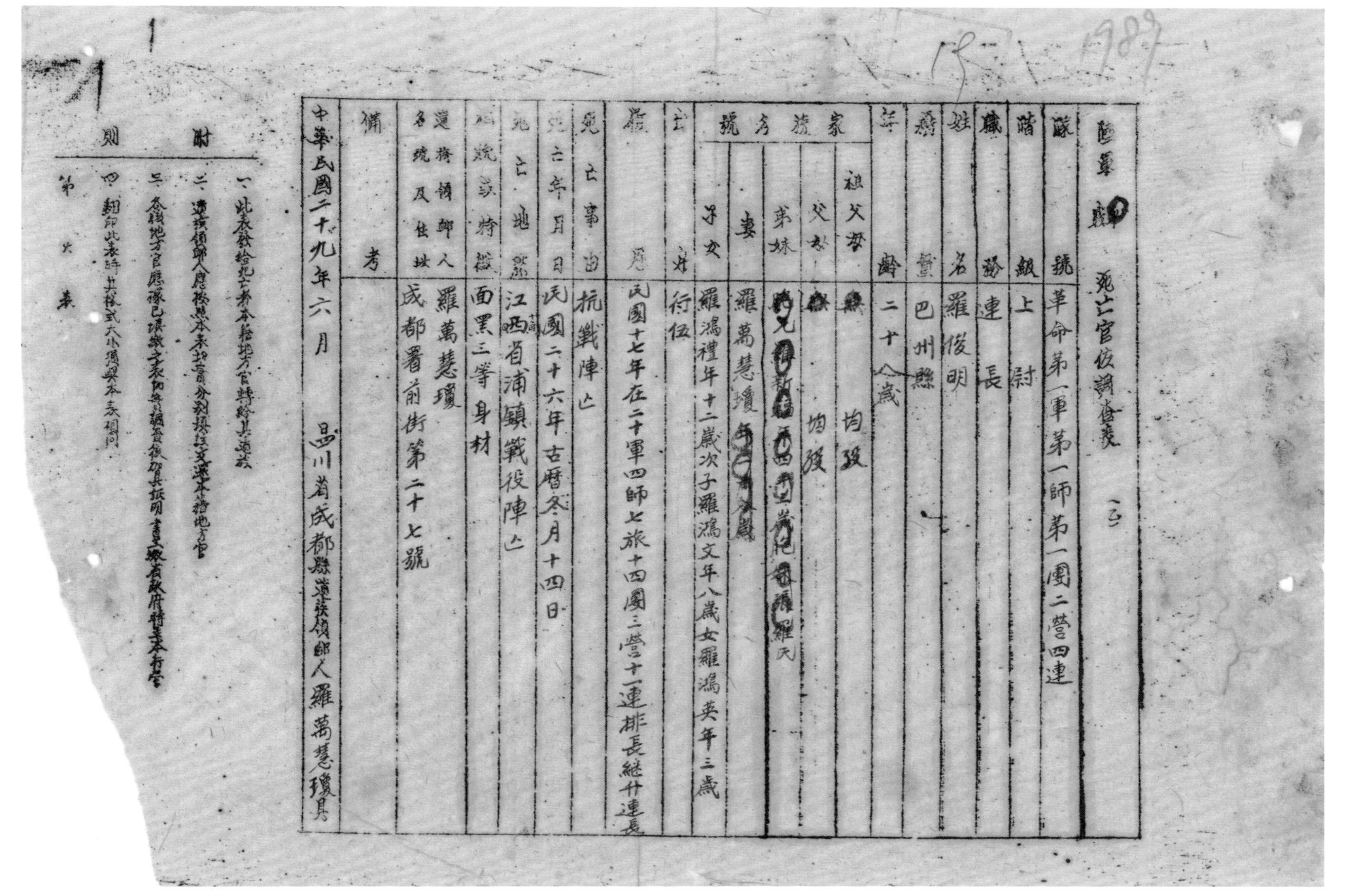

陸軍死亡官佐調查表（三）

番號	革命第一軍第一師第一團二營四連
階級	上尉
職務	連長
姓名	羅俊明
籍貫	巴州縣
年齡	二十八歲
家族名號：祖父母	均歿
家族名號：父母	均歿
家族名號：弟妹	[illegible]羅氏
家族名號：妻	羅萬慧瓊
家族名號：子女	羅鴻禮年十二歲次子羅鴻文年八歲女羅鴻英年三歲
出身	行伍
經歷	民國十七年在二十軍四師七旅十四團三營十一連排長繼升連長
死亡事由	抗戰陣亡
死亡年月日	民國二十六年古曆冬月十四日
死亡地點	江西省浦鎮戰役陣亡
相貌及特徵	面黑三等身材
遺族領郵人名號及住址	羅萬慧瓊 成都署前街第二十七號
備考	

中華民國二十九年六月

四川省成都縣遺族領郵人羅萬慧瓊具

附則

一、此表發給死亡者本籍地方官時給其遺族

二、遺族領郵人應按照本表格式分別填註交還本籍地方官

三、各該地方官應將已填就之表切實調查後加具証明書呈繳省政府轉呈本部存查

四、翻印此表時其格式大小須與本表相同

第 六 表

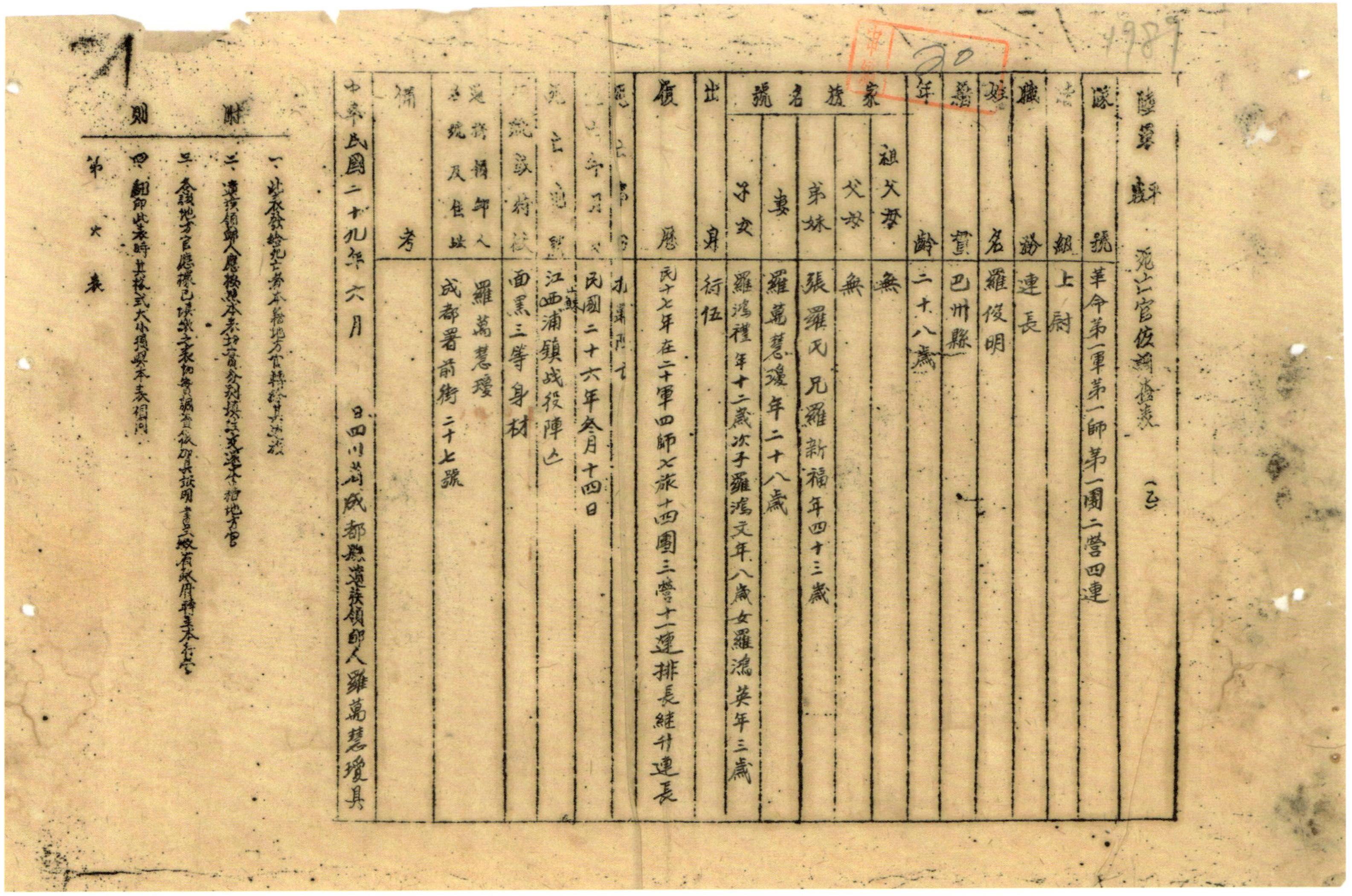

陸軍死亡官佐調查表　（乙）

部隊番號	革命第一軍第一師第一團二營四連
級職	上尉
職務	連長
姓名	羅俊明
籍貫	巴州縣
年齡	二十八歲
家族名號　祖父母	無
家族名號　父母	無
家族名號　弟妹	張羅氏　兄羅新福年四十三歲
家族名號　妻	羅萬慧瓊年二十八歲
家族名號　子女	羅鴻禮年十二歲次子羅鴻文年八歲女羅鴻英年三歲
出身	行伍
履歷	民十七年在二十軍四師七旅十四團三營十一連排長繼升連長
[illegible]	[illegible]
死亡年月日	民國二十六年冬月十四日
死亡地點	江西（蘇）浦頭鎮戰役陣亡
[illegible]特徵	面黑三等身材
遺族領卹人姓名及住址	羅萬慧瓊　成都署前街二十七號
備考	

中華民國二十九年六月　日四川省成都縣遺族領卹人羅萬慧瓊具

附則

一、此表發給死亡者本籍地方官轉給其遺族

二、遺族領卹人應按照本表[illegible]分別填註交還本籍地方官

三、各該地方官應據已填就之表[illegible]證明書[illegible]

四、翻印此表時其格式大小須與本表相同

第六表

陸軍死亡官佐調查表（乙）

部隊番號		革命第一軍第一師第一團二營四連
級		上尉
職務		連長
姓名		羅俊明
籍貫		巴州縣
年齡		二十八歲
家族名號	祖父母	無
	父母	無
	兄弟姊妹	胞兄羅新福年四十三歲 胞妹張羅氏
	妻	羅萬慧瓊年二十八歲
	子女	羅鴻禮年十二歲 次子羅鴻文年三歲 小女羅鴻英年八歲
出身		行伍
履歷		民十七年在二十軍四師七旅十四團三營十一連排長繼升連長
死亡事由		抗戰陣亡
死亡年月日		民國二十四年古曆冬月十四日
死亡地點		江西省浦鎮戰役陣亡
相貌及特徵		面黑三等身材
遺族領卹人姓名及住址		羅萬慧瓊 成都署前街二十七號
備考		

中華民國二十九年六月 日 四川省成都縣遺族領卹人羅萬慧瓊具

附則

一、此表發給死亡者本籍地方官轉飭其遺族

二、遺族領卹人應將此表按式分別填註送還本籍地方官

三、各該地方官應將已填就之表加具鄉鎮長或保甲長證明書呈繳省政府轉呈本部會

四、翻印此表時其格式大小須與本表相同

第 次表

成都市政府关于查核故员罗俊明乙种调查表致罗万慧琼的批（一九四〇年七月五日）

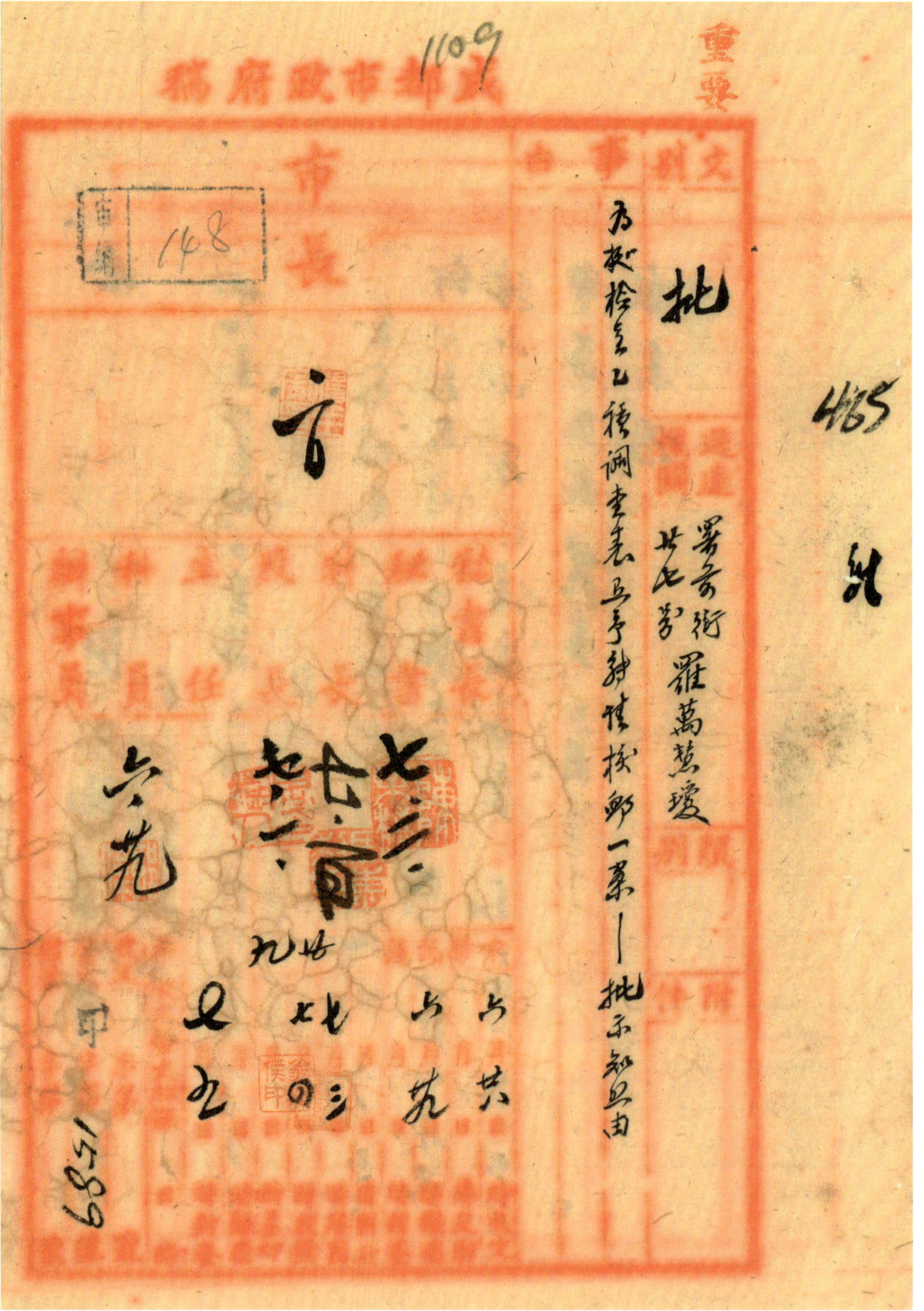
成都市政府稿

重要

文別：批

受文者：署前街花牌坊 羅萬慧瓊

事由：為據檢呈乙種調查表五張請核辦一案批示知照由

全銜批　　社字第　號

具呈人羅葛慧瓊

廿九年六月廿八日呈一件，為檢呈已繕調查表五分祈核辦由

呈表均悉。查核表內填註各欄，多有不合，仰即來表府照附發表式（外來避江橋）另以據示式，另行填表再奪。表二分發還。此批。

中華民國廿九年六月　日

市長楊

故员罗俊明陆军战时死亡官佐乙种调查表（一九四〇年七月）

1989

17

陸軍戰時死亡官佐乙種調查表

隊號	第一軍第一師第一團二營四連
階級	上尉
職務	連長
姓名	羅俊明
籍貫	四川巴州
年齡	二十八歲
家族名號 祖父、祖母	羅大道 張氏 年九十五、八十九歲 均殁（存或殁）
家族名號 父、母	羅樹堂 馮氏 年七十一、五十八歲 均殁（存或殁）
家族名號 弟、妹	無 出嫁 年廿六歲
家族名號 妻	羅萬慧瑗 年廿八歲
家族名號 子、女	鴻禮、鴻文 鴻英 年十二、八 三歲
出身	行伍
履歷	民十七任廿軍四師七旅十四團三營十一連排長 継升連長
死亡事由	抗戰陣亡
死亡年月日	廿六年十二月（陰曆冬月十四日）
死亡地點	江西浦鎮
相貌或特徵	面黑三寸身材
遺族領卹人	妻
名號及住址	羅萬慧瑗住成都市署前街二十七號
備考	

中華民國廿九年七月　日四川省成都市遺族領卹人羅萬慧瑗具

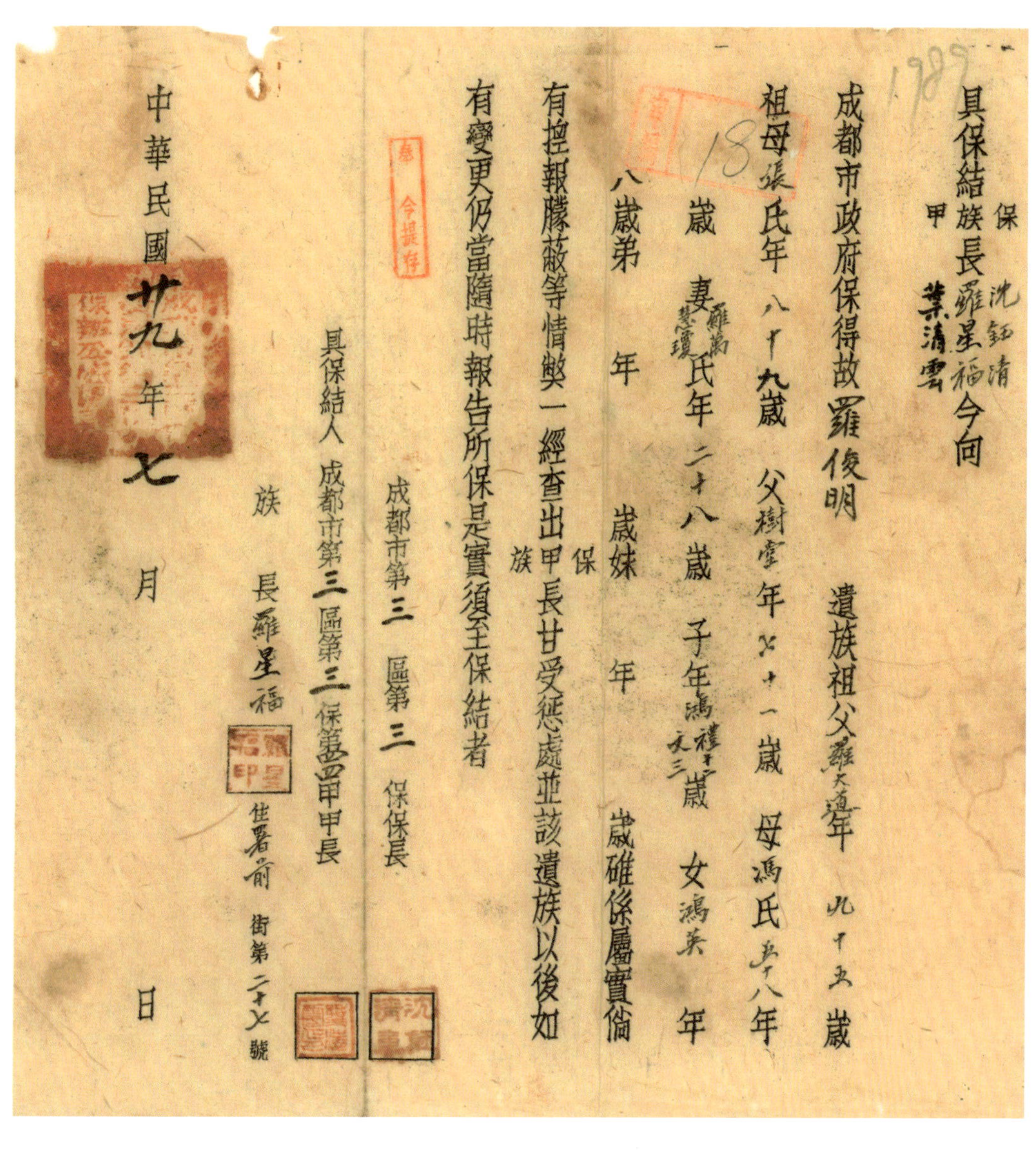

具保結保沈鈺清、甲葉清雲、族長羅星福今向

成都市政府保得故羅俊明　遺族祖父羅大道年九十五歲

祖母張氏年八十九歲　父樹棠年七十一歲　母馮氏五十八年

歲　妻羅萬慧瓊氏年二十八歲　子鴻禮年十三歲　女鴻英　年

八歲弟　年　歲妹　年　歲確係屬實倘

有揑報朦蔽等情與一經查出保甲長甘受懲處並該遺族以後如

有變更仍當隨時報告所保是實須至保結者

奉令提存

具保結人

成都市第三區第三保保長

成都市第三區第三保第四四甲甲長

族長羅星福　住暑前街第二十七號

中華民國廿九年七月　日

成都市第三区第三保保长、第四四甲甲长及族长关于故员罗俊明遗族情况的保结（一九四〇年七月）

故员罗俊明陆军战时死亡官佐士兵乙种证明书（一九四〇年八月）

陸軍戰時死亡官佐士兵乙種證明書

所屬部隊	第一軍第一師第一團二營四連
階級及職務	上尉連長
姓名	羅俊明
年齡及籍貫	二十八歲四川巴縣
死亡日期	廿六年十二月
死亡地點	江西浦鎮
死亡類別	
死亡原因	抗戰陣亡
遺族	祖父大元 祖母呂氏 年九五、八九歲 歿（存或歿） 父樹堂 母馮氏 年七一、五八歲 歿（存或歿） 妻羅昌芝 年二十八歲 子鴻文 女鴻英 年十二、三歲 孫 年 歲 胞兄弟無 姊妹出嫁 年 歲 通訊地址成都市暑襪街二十七號
備考	

中華民國二十九年八月 日成都市市長 楊[illegible] 具

以上填二份呈送省府

成都市政府关于通知故员罗俊明遗族承领恤令的存根（一九四一年九月三日）

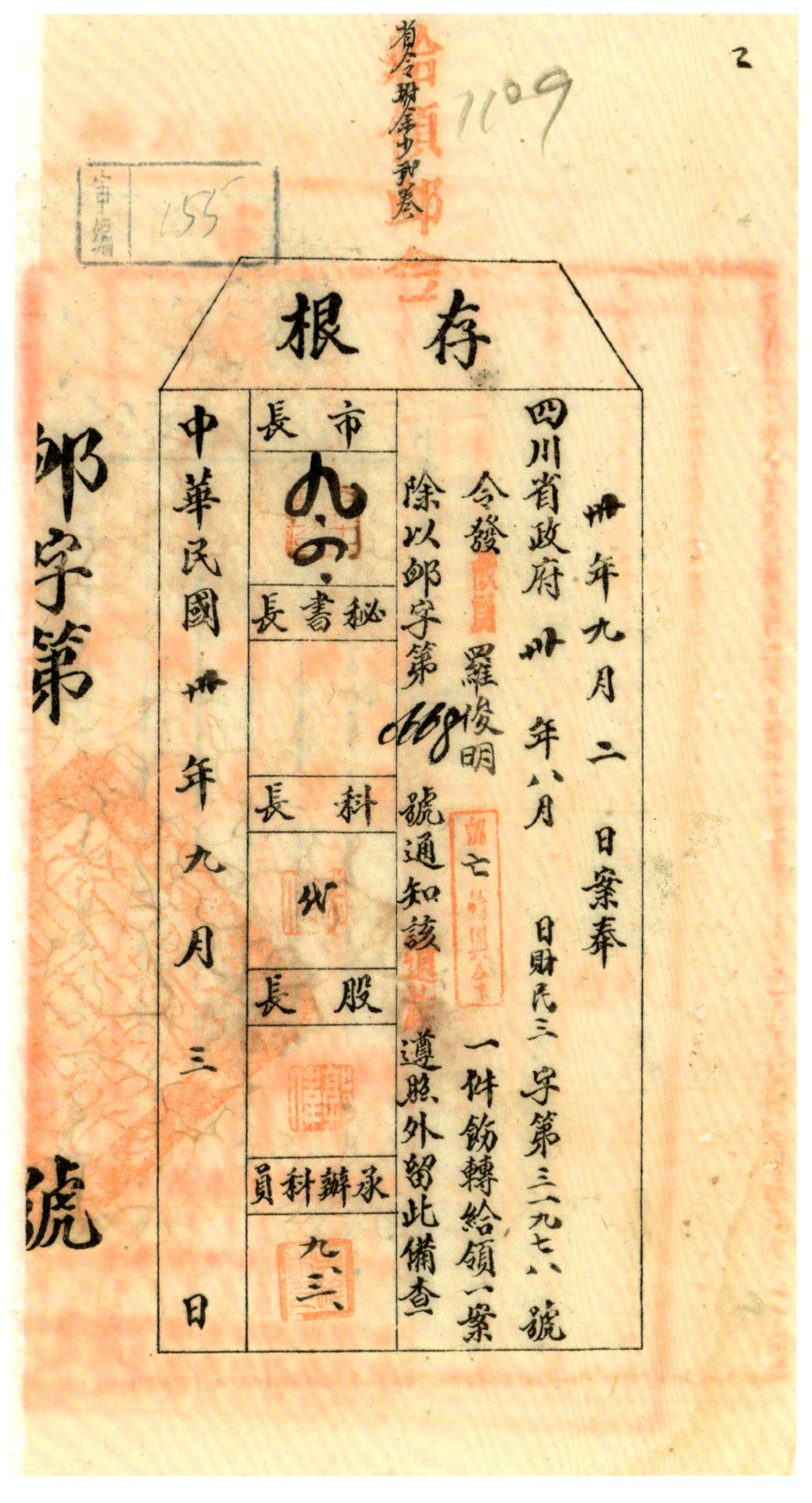

存根

卅年九月二日案奉
四川省政府卅年八月日財民三字第三一九七八號
令發故員羅俊明一件飭轉給領一案
除以邮字第0668號通知該遺族遵照外留此備查

市長
秘書長
科長
股長
承辦科員

中華民國卅年九月三日

邮字第　　號

罗万慧琼关于申领故员罗俊明一次恤金、第一年年恤金的领恤申请书（一九四一年九月十日）

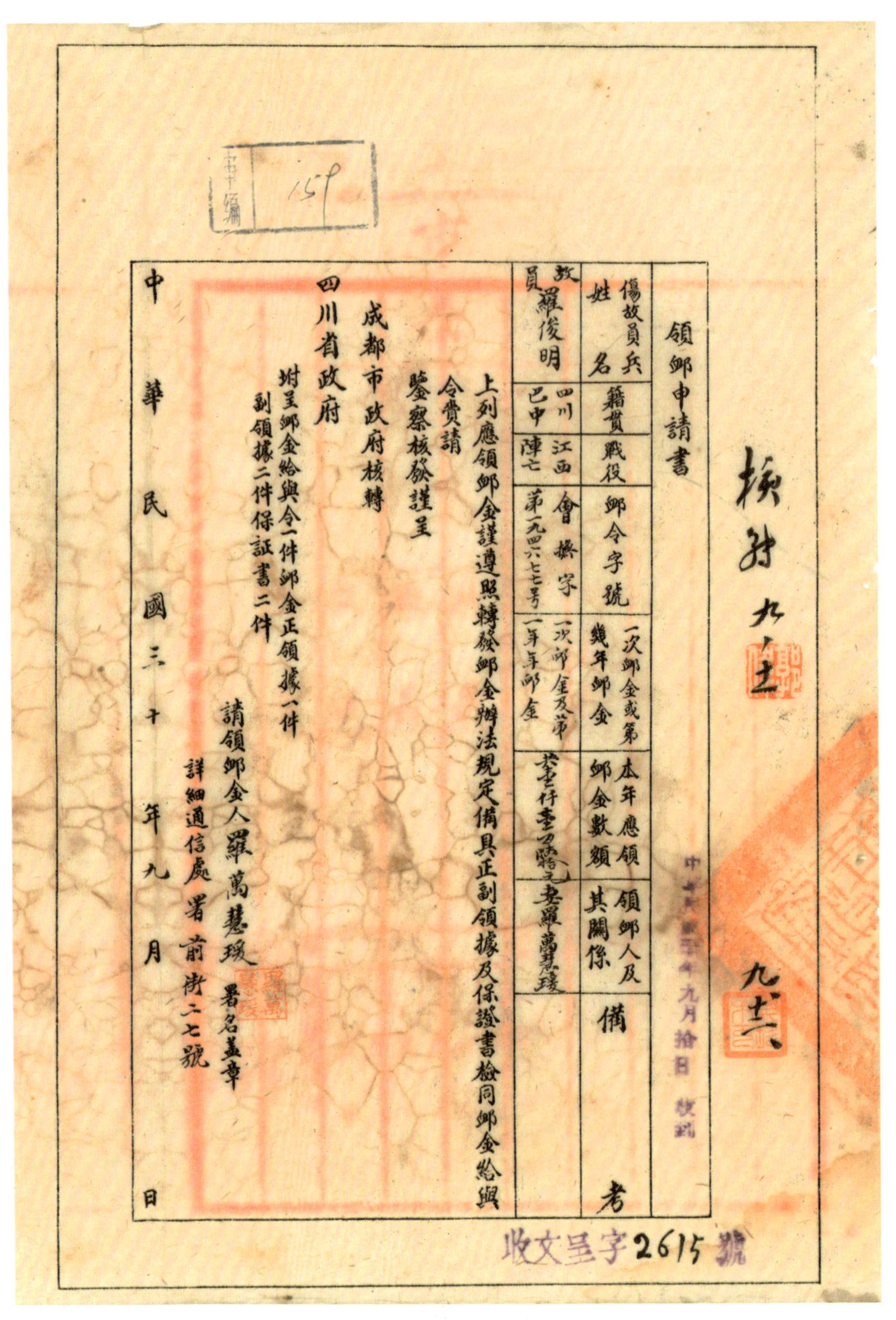

領卹申請書

傷故員兵姓名	籍貫	職役	卹令字號	一次卹金或第幾年卹金	本年應領卹金數額	領卹人及其關係	備考
故員羅俊明	四川巴中	江西陣亡	會撫字第一九四六七號	一次卹金及第一年卹金	共壹仟壹百柒拾元	妻羅萬慧瑗	

上列應領卹金謹遵照轉發卹金辦法規定備具正副領據及保證書檢同卹金給與令賫請

鑒察核發謹呈

成都市政府核轉

四川省政府

附呈卹金給與令一件卹金正領據一件副領據二件保證書二件

請領卹金人羅萬慧瑗 署名蓋章

詳細通信處 署前街二七號

中華民國三十年九月 日

核對 九十

中華民國三十年九月拾日 收到

收文呈字2615號

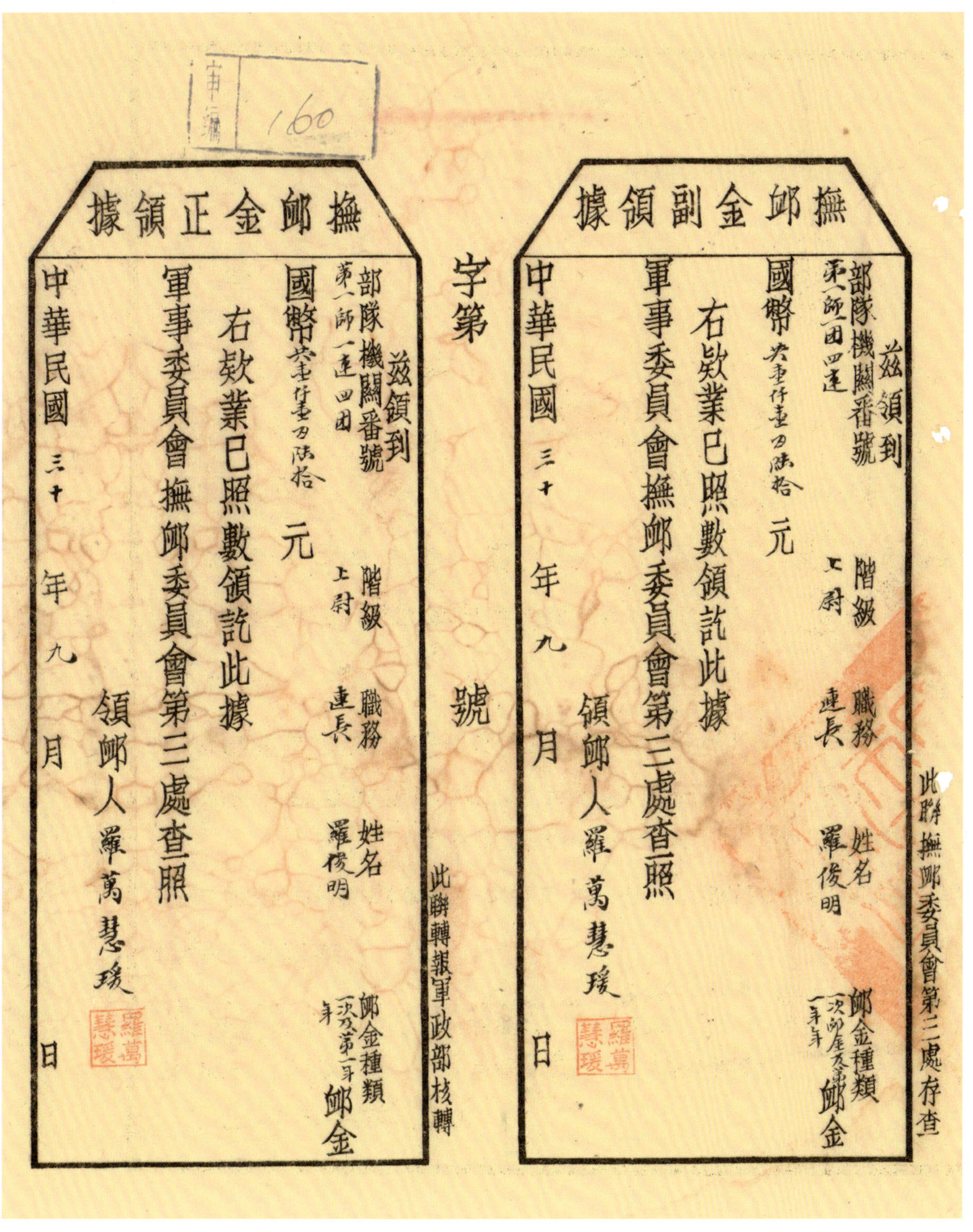

撫卹金副領據

茲領到

部隊機關番號 第八師一團四連　階級 上尉　職務 連長　姓名 羅俊明　卹金種類 一次卹金及第一年年卹金

國幣 六千二百六拾 元

右欵業已照數領訖此據

軍事委員會撫卹委員會第三處查照

中華民國 三十 年 九 月 日

領卹人 羅萬慧瑗

此聯撫卹委員會第三處存查

字第　號

撫卹金正領據

茲領到

部隊機關番號 第八師一連四團　階級 上尉　職務 連長　姓名 羅俊明　卹金種類 一次及第一年年卹金

國幣 六千二百六拾 元

右欵業已照數領訖此據

軍事委員會撫卹委員會第三處查照

中華民國 三十 年 九 月 日

領卹人 羅萬慧瑗

此聯轉報軍政部核轉

具領卹金保證書

保證人徐仲林

今保證領卹人羅萬慧綫 確係已故

部隊機關番號 第一師司四連 階級 上尉 職務 連長 姓名 羅萬慧綫 之遺族茲遵照

國民政府軍事委員會撫卹委員會撫字第一八四六七七號卹金給與令核准給與

抗戰一次卹金國幣柒仟壹佰陸拾元整今由該遺族向

鈞會第二處如數領訖具領後如有發生爭議保證人願照

鈞會請領卹金須知第六條之規定負法律上一切責任此證

謹呈

國民政府軍事委員會撫卹委員會

保證人姓名 徐仲林 蓋章
籍貫 巴縣 住址 七府街一號 職業或職務 淘米舖

（店舖 營業資本金額） 肆仟元

領卹人姓名 羅萬慧綫 蓋章
籍貫 巴縣 住址 二七號 與故員之關係 夫妻

其他遺族姓名及關係 子 羅洪禮 女 羅洪英

中華民國三十年九月 日

成都市市長余〇〇

成都市政府关于核发故员罗俊明一次恤金、第一年年恤金致四川省政府的呈文（一九四一年九月二十日）

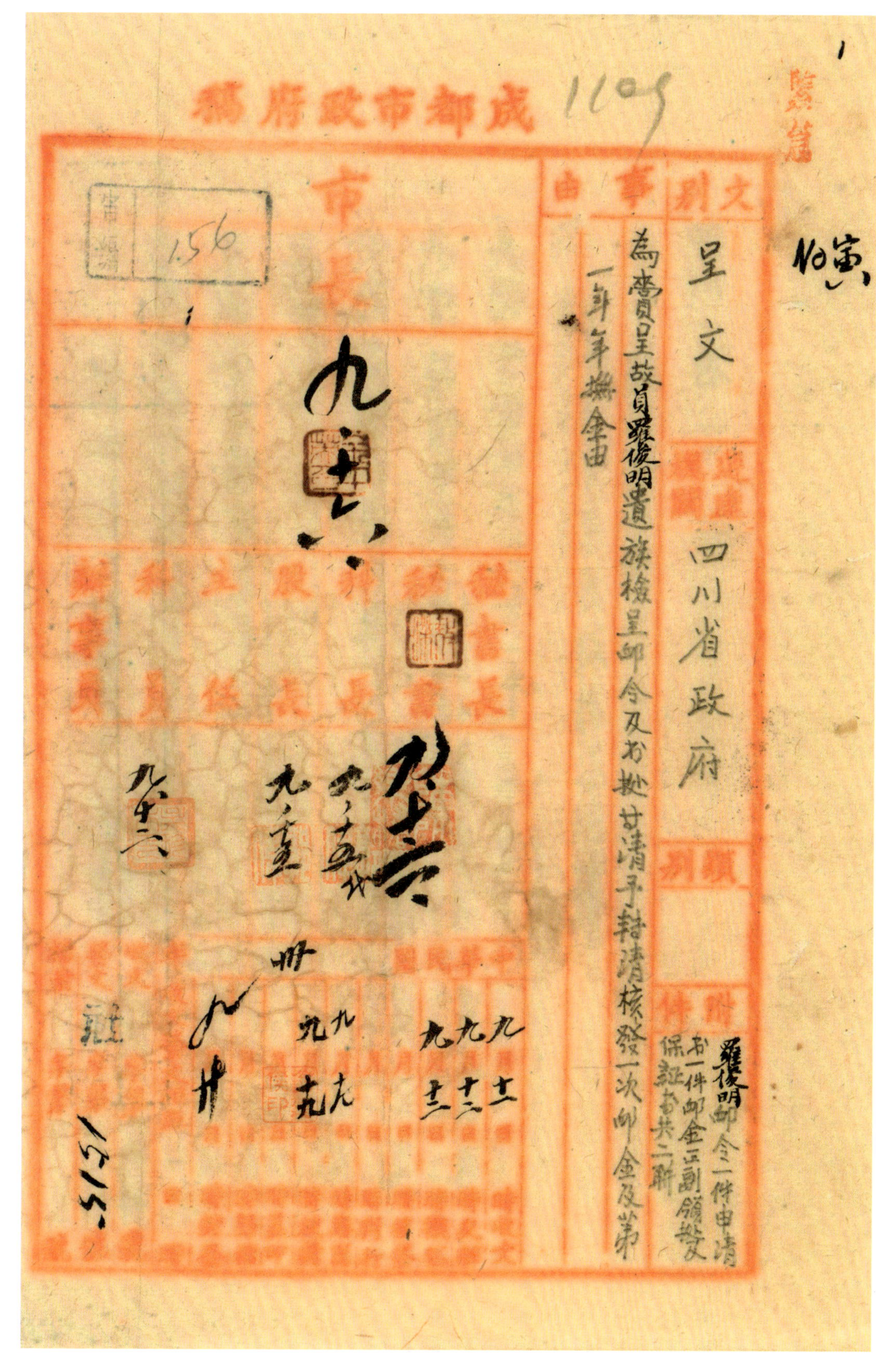
成都市政府稿

文别：呈文

受文机关：四川省政府

事由：为赍呈故员罗俊明遗族检呈卹令及书据，并请予转请核发一次卹金及第一年年卹金由

附件：罗俊明卹令一件、申请书一件、卹金正副领据及保证书共二联

案據本市故員羅俊明遺族羅萬善瑗檢呈卹令及領卹申請書卹金書據甘懇予轉請發給一次卹金及第一年年撫金等情前來查核尚無不合除批示外理合遵照

鈞府各項辦法之規定檢同故員羅俊明一員卹令一件及其遺族領卹申請書一件撫卹金正副領據暨具領卹金保証書各二件一併隨文賫呈

鈞府俯賜核發給領指令祇遵

謹呈

四川省政府

计呈故员罗俊明卹令一件领卹申请书一件

卹金正副领据及保证书共二联

衔名

中華民國三十年九月　日

成都市政府关于核发故员罗俊明一次恤金、第一年年恤金致罗万慧琼的批（一九四一年九月二十三日）

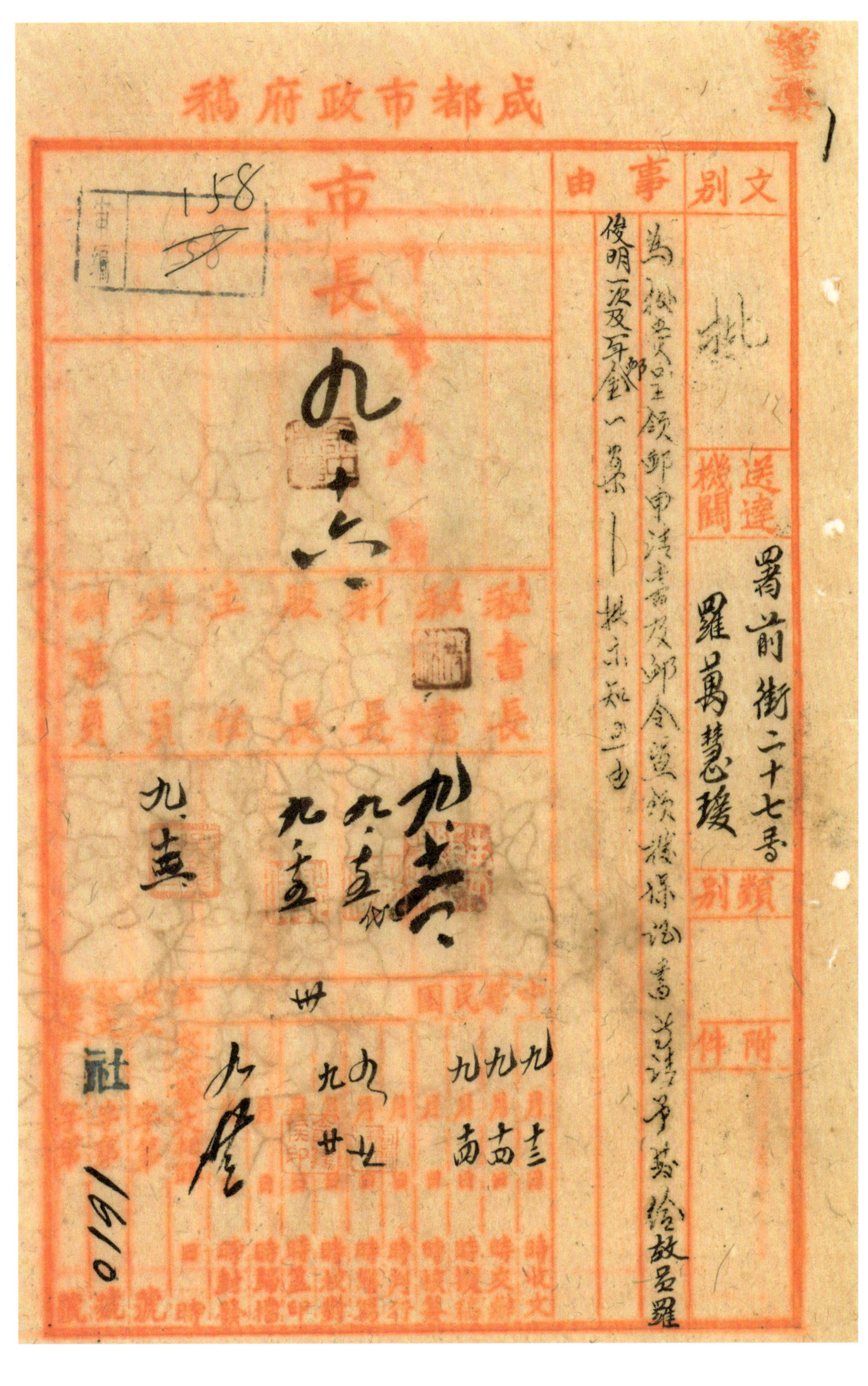

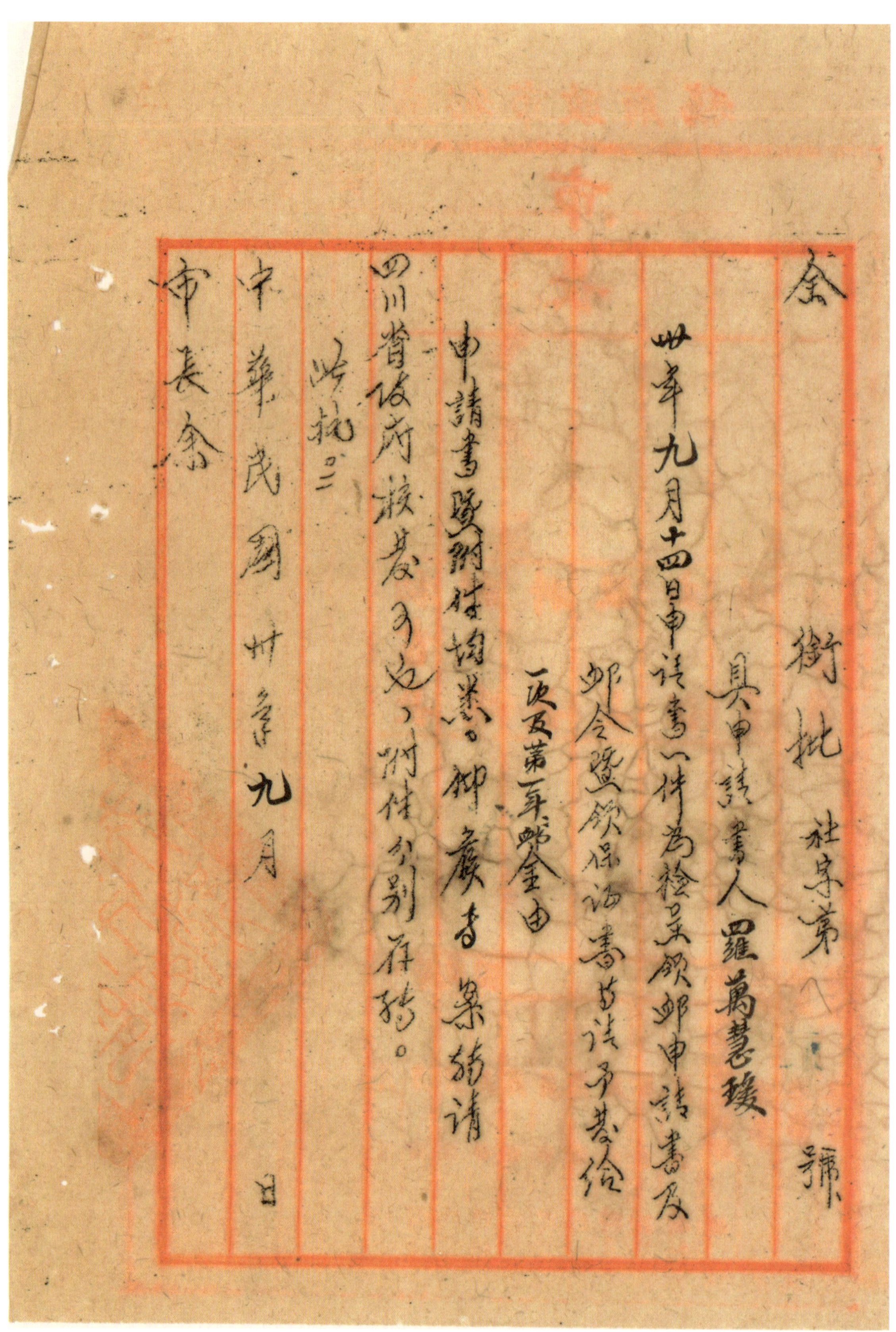

令

衔批　社字第　　號

具申請書人羅萬慧瑗

卅年九月十四日申請書一件為檢呈領卹申請書及

卹令暨領保證書請予發給

一次及第一年卹金由

申請書暨附件均悉。仰候專案轉請

四川省政府核發可也。附件分別存轉。

此批。

中華民國卅年九月　日

市長余

四川省政府关于核发故员罗俊明一次恤金、第一年年恤金致成都市政府的指令（一九四一年十二月十九日）

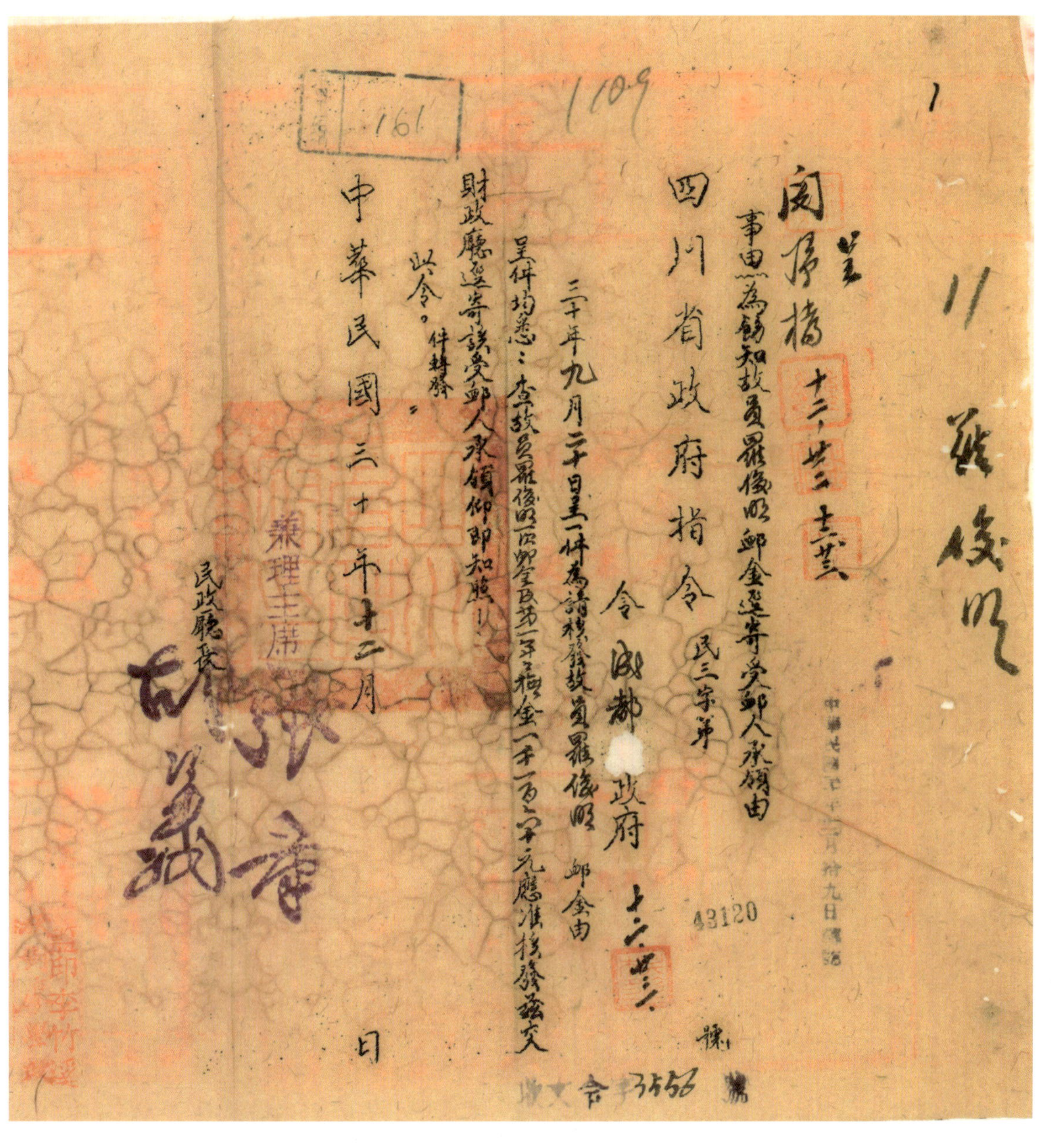

罗万慧琼关于申领故员罗俊明第二年年恤金的领恤申请书（一九四二年三月二十七日）

領卹申請書

傷故員兵姓名	籍貫	戰役	卹令字號	一次卹金或第幾年卹金	本年應領卹金數額	領卹人及其關係	備考
故員羅俊明	四川巴中	江蘇陣亡	會撫字第元四〇七號	第二年	叁百陸拾元	妻羅萬慧瓊	

上列應領卹金謹遵照轉發卹金辦法規定備具正副領據及保證書檢同卹金給與令賫請鑒察核發謹呈

成都市政府核轉

四川省政府

附呈卹金給與令一件卹金正領據一件副領據二件保證書二件

請領卹金人羅萬慧瓊署名蓋章

詳細通信處署前街第二十七号

中華民國三十一年三月　日

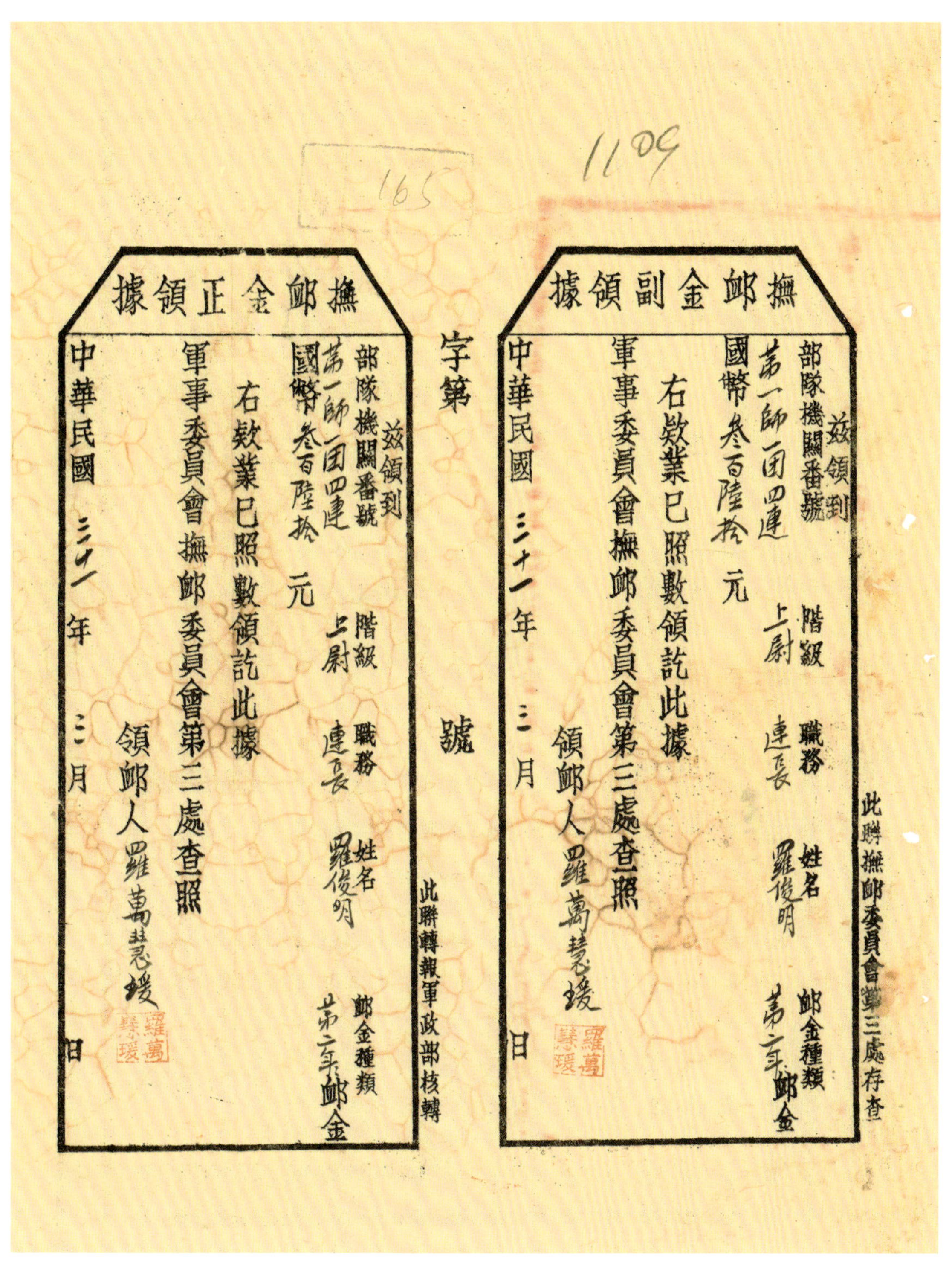

165

1109

撫卹金副領據

茲領到

部隊機關番號　第一師一團四連

階級　上尉

職務　連長

姓名　羅俊明

卹金種類　第一年卹金

國幣叁百陸拾元

右款業已照數領訖此據

軍事委員會撫卹委員會第三處查照

領卹人羅萬慧瑗

中華民國三十一年三月　日

此聯撫卹委員會第三處存查

字第　號

撫卹金正領據

茲領到

部隊機關番號　第一師一團四連

階級　上尉

職務　連長

姓名　羅俊明

卹金種類　第一年卹金

國幣叁百陸拾元

右款業已照數領訖此據

軍事委員會撫卹委員會第三處查照

領卹人羅萬慧瑗

中華民國三十一年三月　日

此聯轉報軍政部核轉

具領卹金保證書

保證人 徐仲林 今保證領卹人 羅萬慧媛 確係已故

部隊機關番號 第一師司四連 階級 上尉 職務 連長 姓名 羅俊明

之遺族茲遵照

國民政府軍事委員會會撫字第一九四六七號卹金給與令核准給與該

故員身 卹金國幣叁百陸拾 元整今由該遺族向

鈞會第三處如數領訖具領後如有發生爭議保証人願照

鈞會請領卹金須知第六條之規定負法律上一切責任此證

謹呈

國民政府軍事委員會撫卹委員會

保証人姓名 徐仲林 蓋章

（店鋪書柬） 別生府

籍貫 成都 現住 住址 三府街七号 職務或職業 油米

（店鋪資本金額） 一萬元

領卹人姓名 羅萬慧媛 蓋章

籍貫 四川巴中 現住 住址 住成都西署前街第十七号 與故員之關係 夫妻

其他遺族姓名及關係

女 羅洪文

子 羅礼英

成都市市長 余中英

中華民國三十一年三月 日

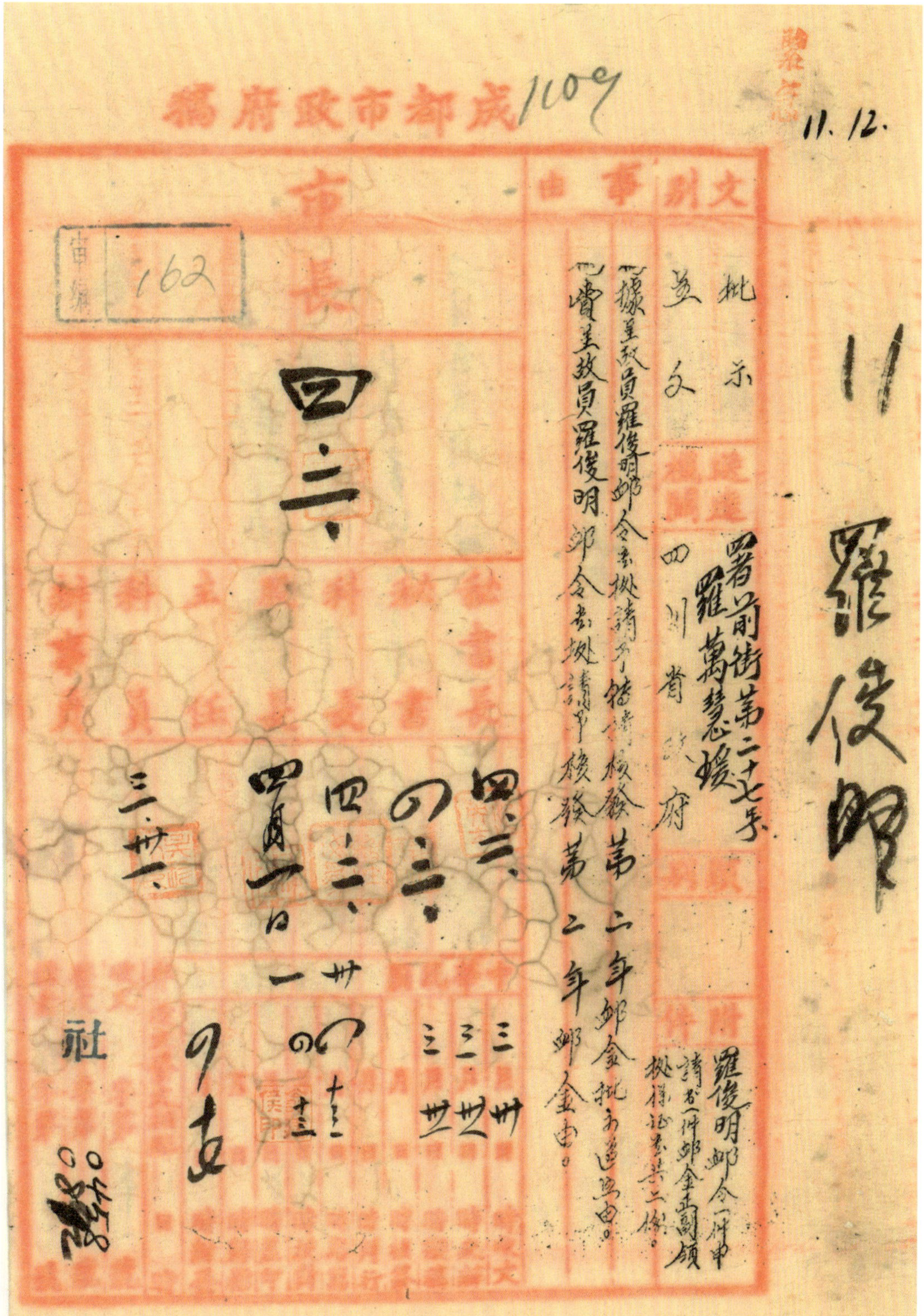

成都市政府关于核发故员罗俊明第二年年恤金致罗万慧琼的批示及致四川省政府的呈文（一九四二年四月十七日）

成都市政府稿 1109

11.12.

文别：批示 呈文

事由：（一）據呈故員羅俊明卹令呈擬請予轉請核發第二年卹金批示遵照由。（二）賫呈故員羅俊明卹令呈擬請予核發第二年卹金由。

受達機關：署前街第二十七號 羅萬慧瓊；四川省政府

附件：羅俊明卹令一件 申請書一件 卹金收據 擬併送表具二份

市長 162

四.二.

四.二. 四.二.

四.二. 四月一日

三.卅一.

三卅 三卅 三卅

四.十二 四.十三

羅俊明

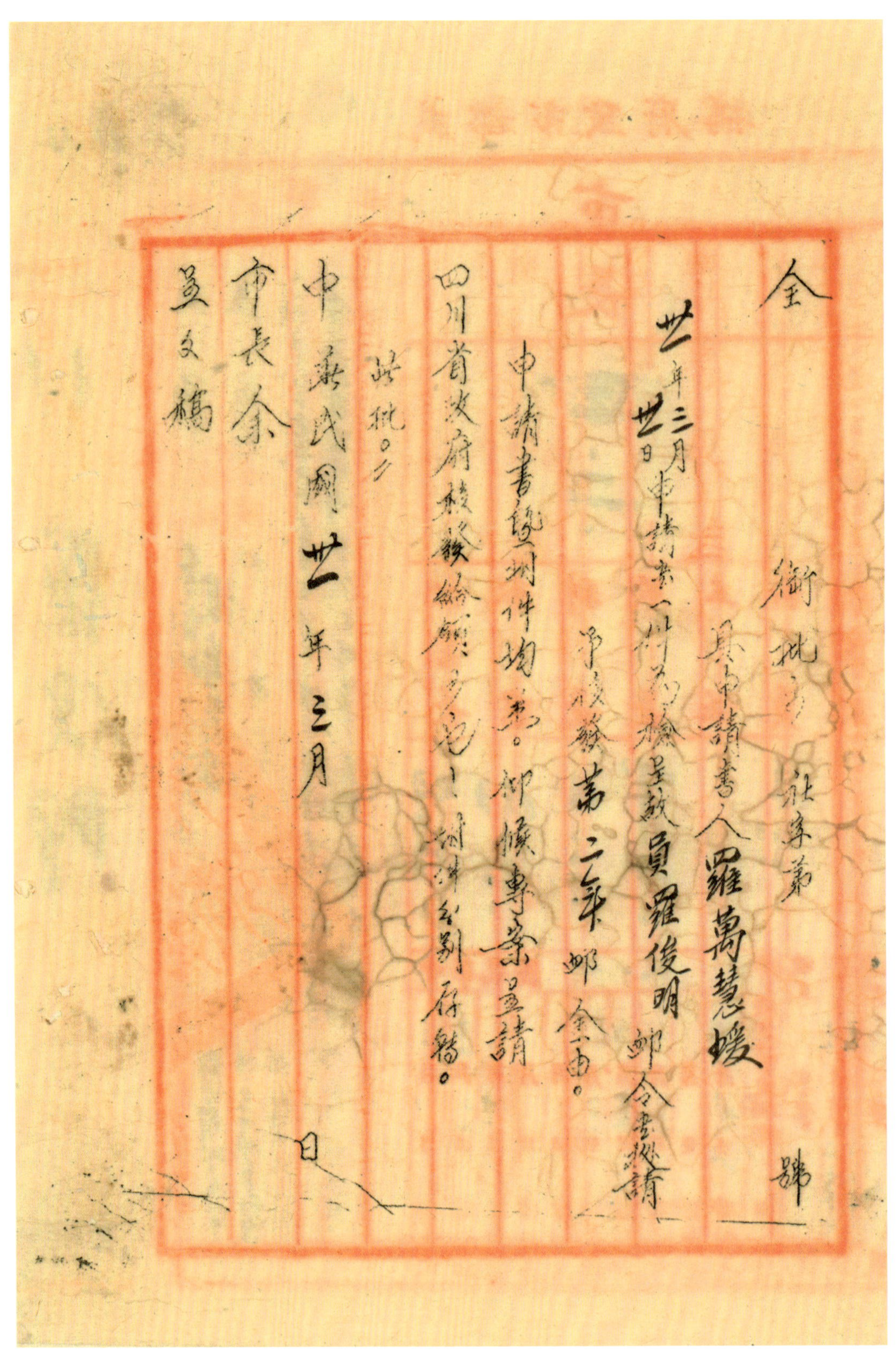

令

衔 批 社字第 号

具申請書人羅萬慧媛

卅一年三月卅日申請書一件為檢呈該員羅俊明卹令並懇請

予核發第二年卹金一由。

申請書悉。附件均悉。仰候專案呈請

四川省政府核發餘額可也。附件存轉。

此批。○○

中華民國卅一年三月 日

市長余

呈文稿

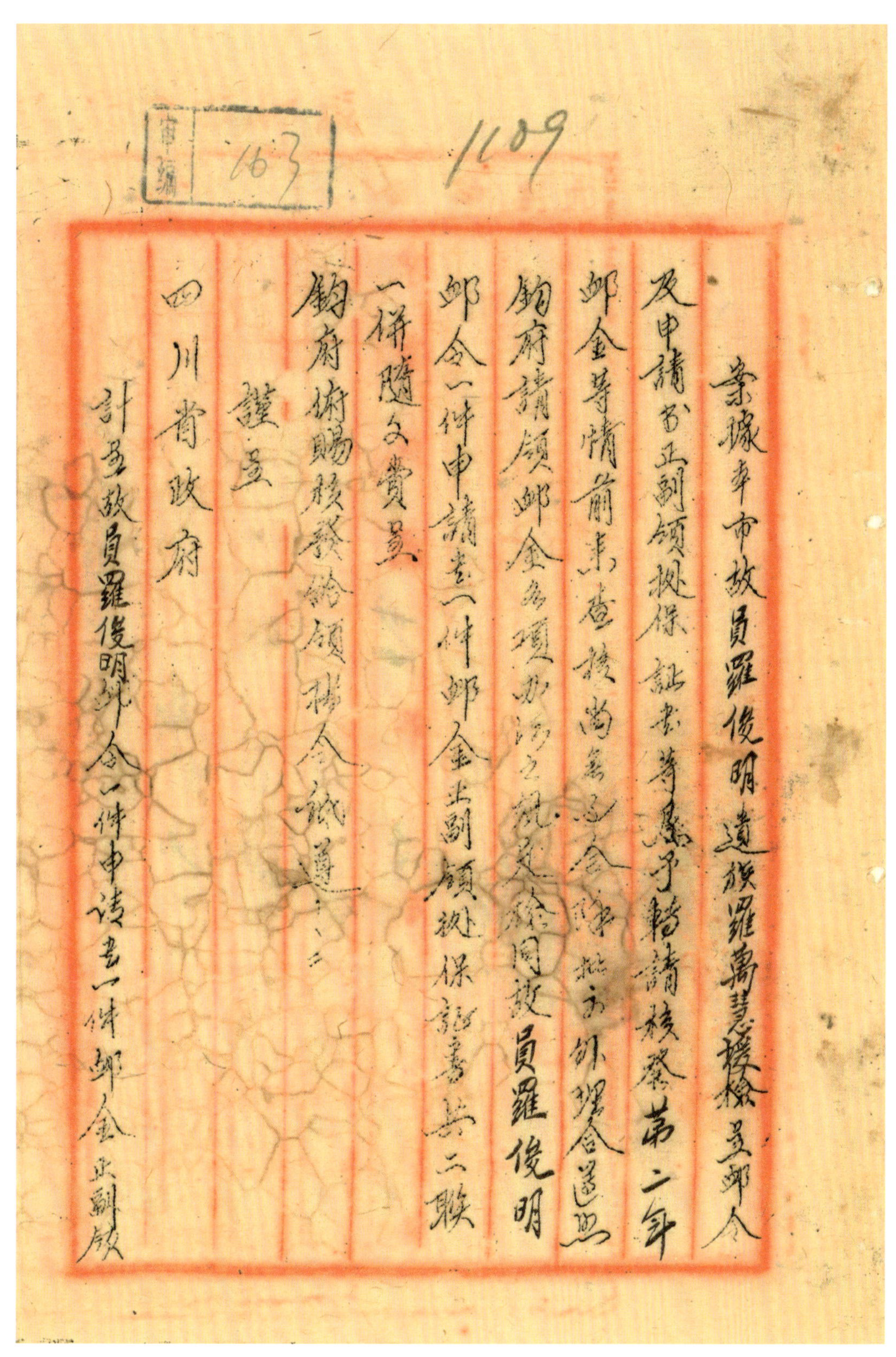

審編 163

1109

案據本市故員羅俊明遺族羅蕭慧援檢呈卹令
及申請書正副領據保證書等懇予轉請核發第二年
卹金等情前來查核尚無不合除批示外理合遵照
鈞府請領卹金各項辦法之規定檢同故員羅俊明
卹令一件申請書一件卹金正副領據保證書共二聯
一併隨文賫呈
鈞府俯賜核發給領俾令祇遵
謹呈
四川省政府
計呈故員羅俊明卹令一件申請書一件卹金正副領據

據保證書共二聯。

衔　名

中華民國卅三年　三月　日

四川省政府关于核发故员罗俊明第二年年恤金致成都市政府的指令（一九四二年六月十日）

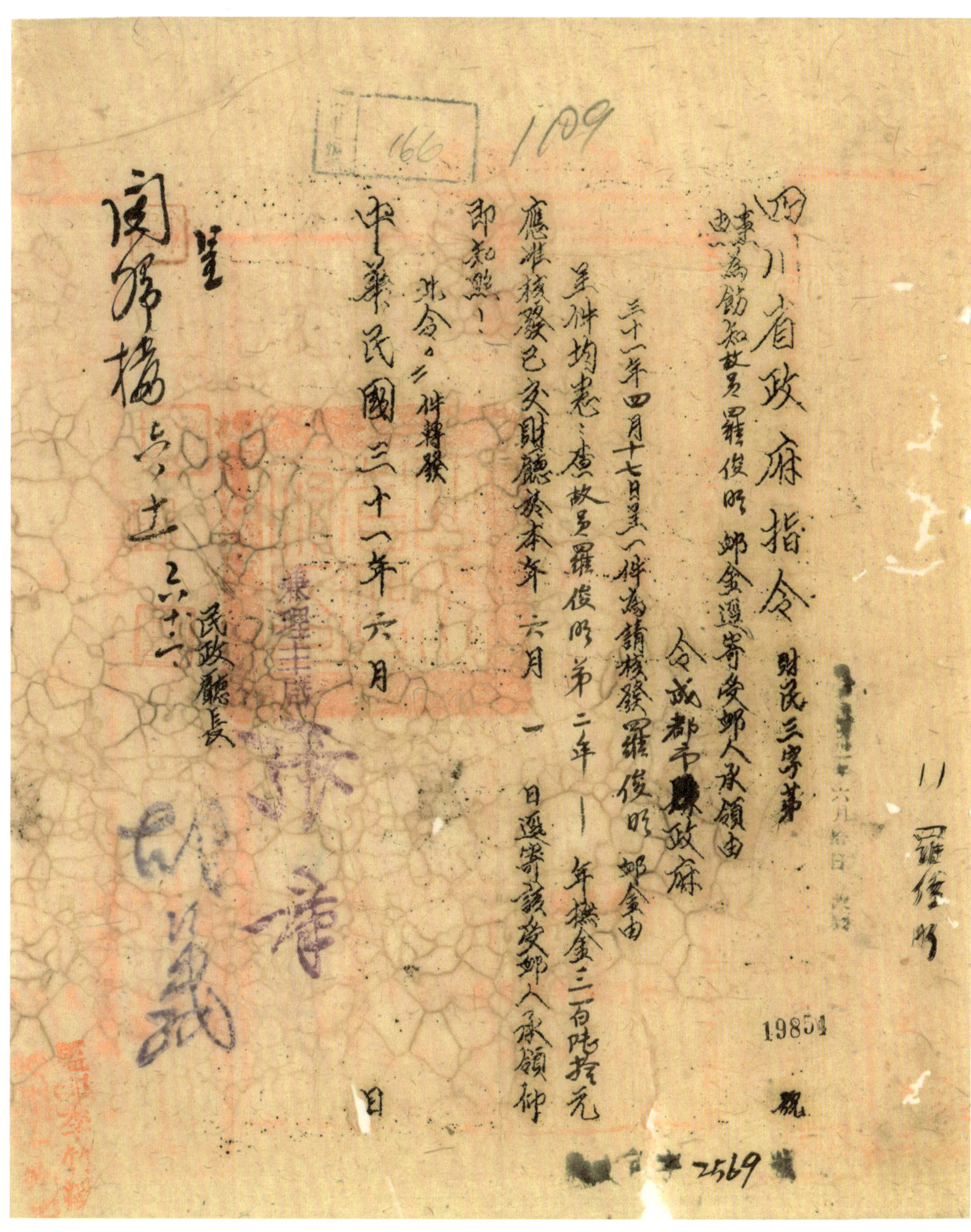
四川省政府指令　財民三字第　號

令成都市政府

呈一件為請核發羅俊明郵金由

三十一年四月十七日呈一件為請核發羅俊明郵金由

呈件均悉。查故員羅俊明第二年一年撫金三百陆拾元，應准核發，已交財廳於本年六月一日逕寄該受郵人承領，仰即知照！

此令。二件轉發

中華民國三十一年六月　日

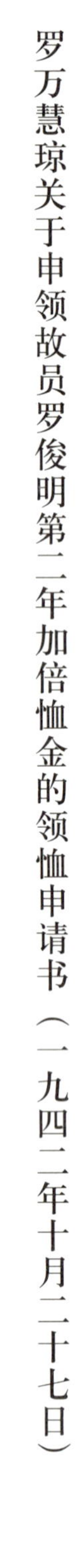
罗万慧琼关于申领故员罗俊明第二年加倍恤金的领恤申请书（一九四二年十月二十七日）

1109

审编 169

領卹申請書

傷故員兵姓名	籍貫	職役	卹令字號	一次卹金或第幾年卹金	本年應領卹金數額	領卹人及其關係	備考
故員 羅俊明	四川巴中	江慈陣亡	會梅字一九四六七七號	請補發第二年加倍年卹金	叁佰陸拾元	妻 羅萬慧瓊	三十一年起年卹金…… 卹金領加一倍……

上列應領卹金謹遵照轉發卹金辦法規定備具正副領據及保證書檢同卹金給與

令賫請

鑒察核發謹呈

成都市政府核轉

四川省政府

附呈卹金給與令一件卹金正領據一件

副領據二件保証書二件

請領卹金人 羅萬慧瓊 署名蓋章

詳細通信處 本市署前街二十七號

中華民國三十一年十月 日

中華民國卅一年拾月廿七日收訖

字第7757號

附：抚恤金领据、具领恤金保证书

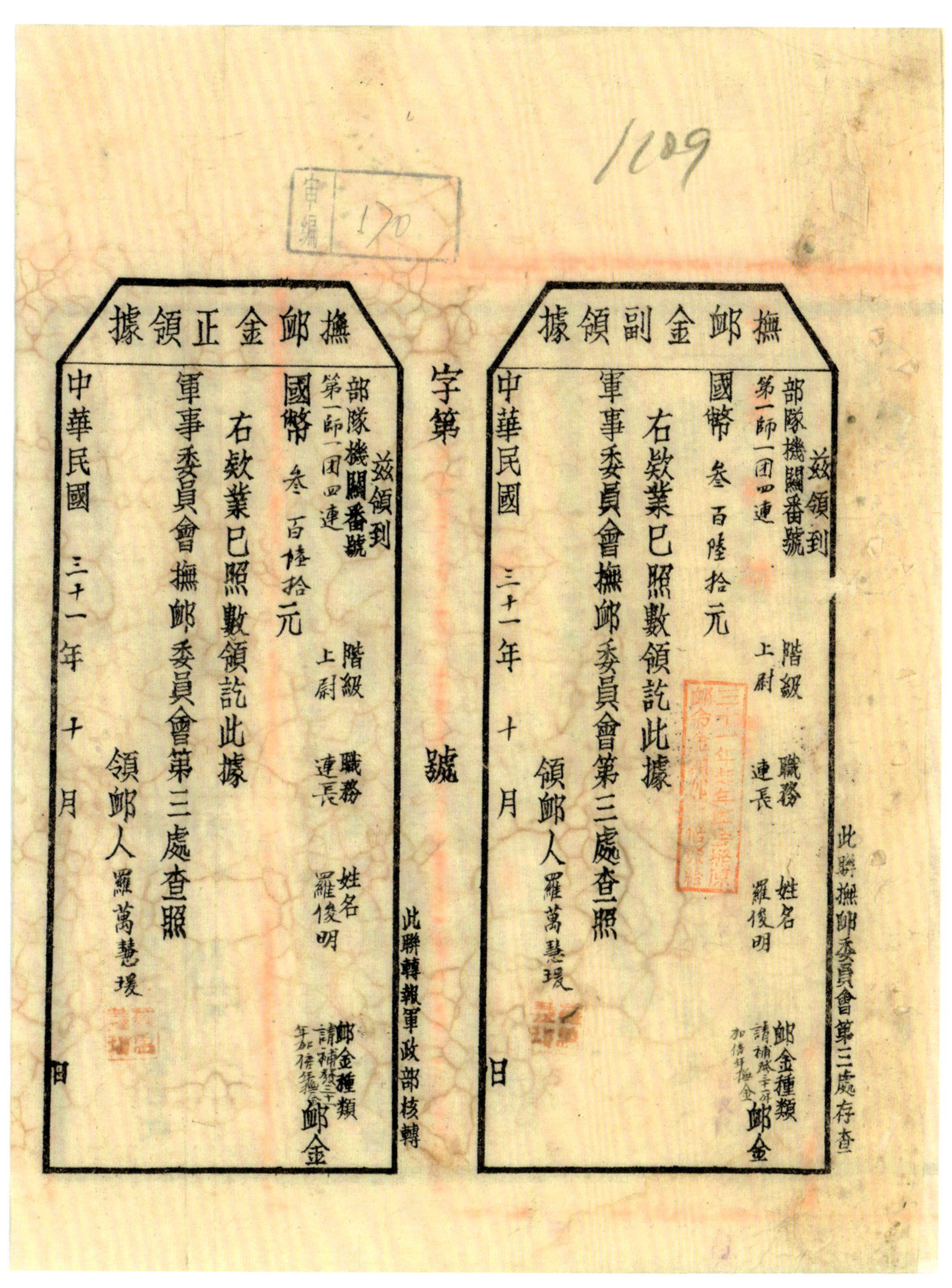

撫卹金副領據

茲領到

部隊機關番號 第一師一团四連

階級 上尉

職務 連長

姓名 羅俊明

國幣叁百陸拾元

卹金種類 請補發三十一年加倍年撫金 卹金

右款業已照數領訖此據

軍事委員會撫卹委員會第三處查照

中華民國三十一年十月日

領卹人羅萬慧瑗

此聯撫卹委員會第三處存查

字第 號

此聯轉報軍政部核轉

撫卹金正領據

茲領到

部隊機關番號 第一師一团四連

階級 上尉

職務 連長

姓名 羅俊明

國幣叁百陸拾元

卹金種類 請補發三十一年加倍年撫金 卹金

右款業已照數領訖此據

軍事委員會撫卹委員會第三處查照

中華民國三十一年十月日

領卹人羅萬慧瑗

具領卹金保證書

保證人 今保證領卹人羅萬慧瑗確係已故

部隊機關番號 第一師一团四連 階級 上尉 職務 連長 姓名 羅俊明

之遺族茲遵照

國民政府軍事委員會會撫字第一九四六七號卹金給與令核准給與該

請補發三十一年加倍年撫金 卹金國幣叁百陸拾元整今由該遺族向

鈞會第三處如數領訖具領後如有發生爭議保証人願照

鈞會請領卹金須知第六條之規定負法律上一切責任此證

謹呈

國民政府軍事委員會撫卹委員會

保証人姓名徐仲林蓋章 籍貫本市 住址正府街一五号 職務或職業

（店鋪書柬） （店鋪營業資本金額）四仟元

領卹人姓名罗萬慧瑗蓋章 籍貫成都 住址樹前街二十七號 與故員之關係 夫妻

其他遺族姓名及關係 子 羅洪禮 羅洪英 女 罗洪文

中華民國三十一年十月 日

成都市市長余中英

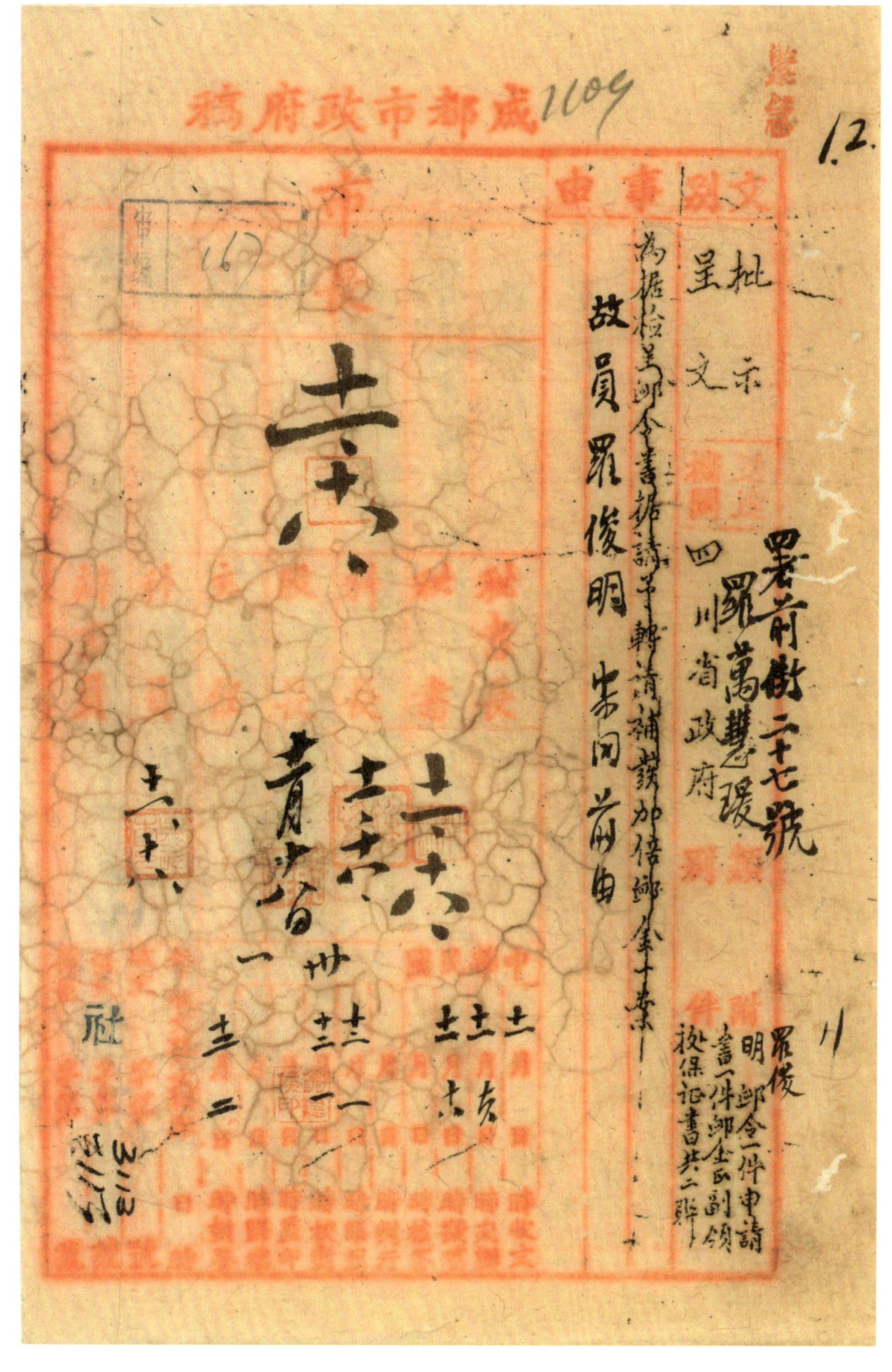
成都市政府稿

文別：批示　呈文

事由：為據檢呈卹令書據請予轉請補發加倍卹金……

故員羅俊明卹金由

羅萬慧瓊

四川省政府

附件：羅俊明卹令一件、申請書一件、卹金正副領據、保證書共二聯

成都市政府关于核发故员罗俊明第二年加倍恤金致罗万慧琼的批示及致四川省政府的呈文（一九四二年十二月二日）

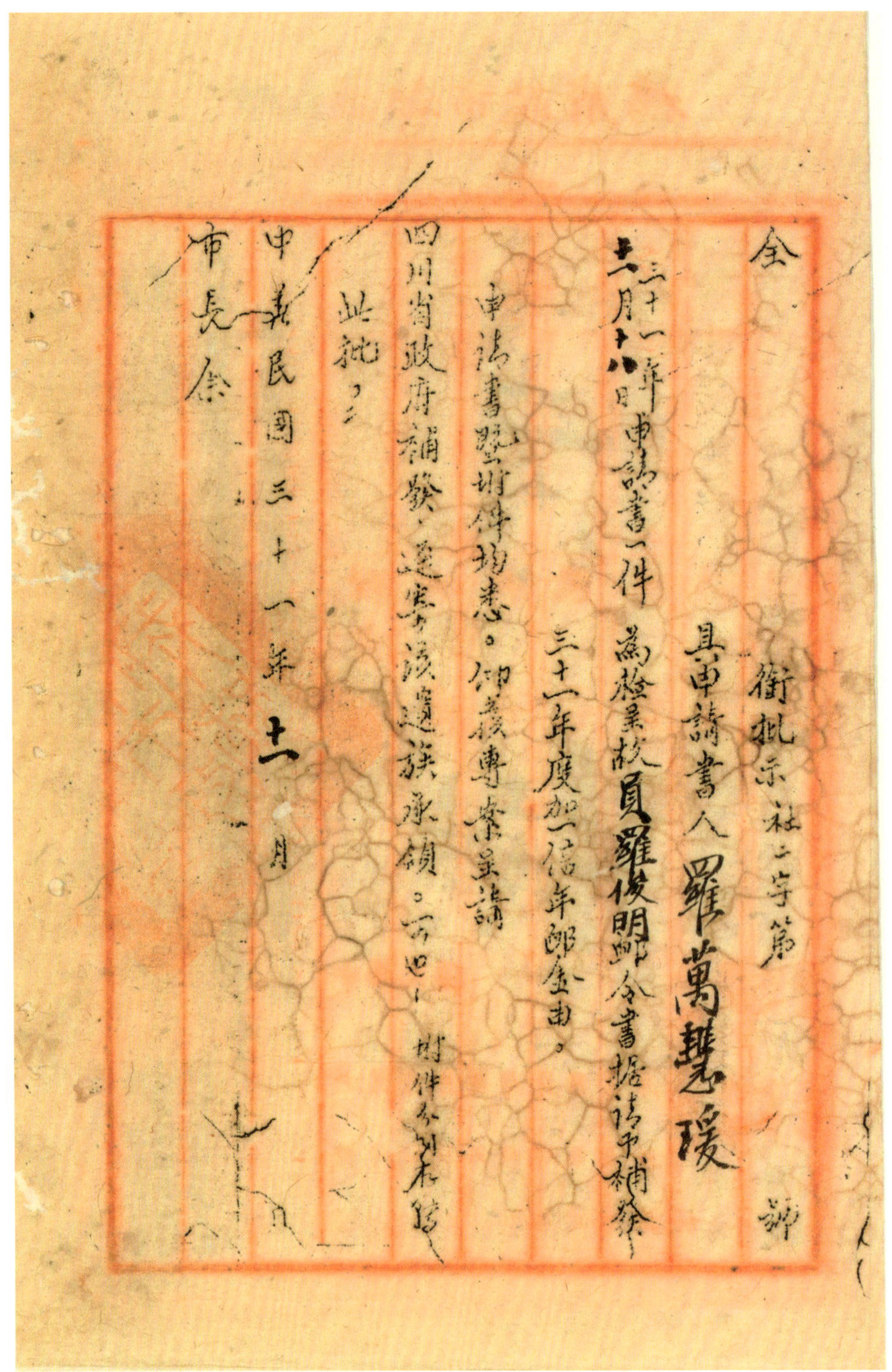

令　　　　　　　　　　衔批示社二字第　　　號

具申請書人羅萬慧瑗

三十一年十一月十八日申請書一件，為檢呈故員羅俊明卹令書據請予補發三十一年度加一倍年卹金由。

申請書暨附件均悉。仰候專案呈請四川省政府補發，造冊通飭遺族承領。附件分別存發。

此批。

中華民國三十一年十一月　　日

市長　余

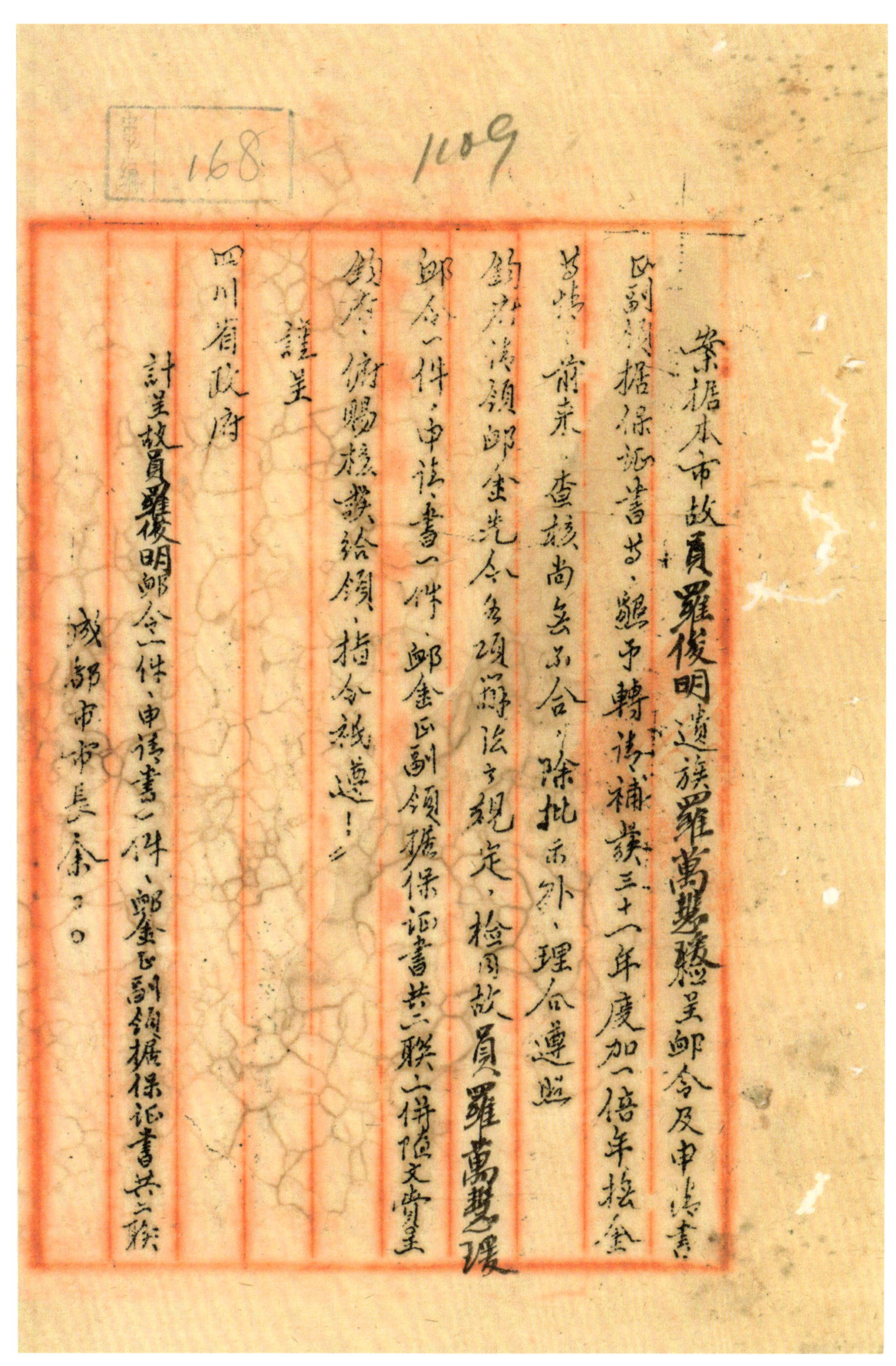

168　1109

案據本市故員羅俊明遺族羅萬璧檢呈卹令及申請書正副領據保證書等，懇予轉請補發三十一年度加一倍年撫金等情。前來，查核尚無不合，除批示外，理合遵照

鈞府請領卹金洗令各項辦法之規定，檢同故員羅萬璧瑗卹令一件、申請書一件、卹金正副領據保證書共二聯，一併隨文賫呈

鈞府，俯賜核發給領，指令祇遵！

謹呈

四川省政府

計呈故員羅俊明卹令一件、申請書一件、卹金正副領據保證書共二聯

成都市市長余○○

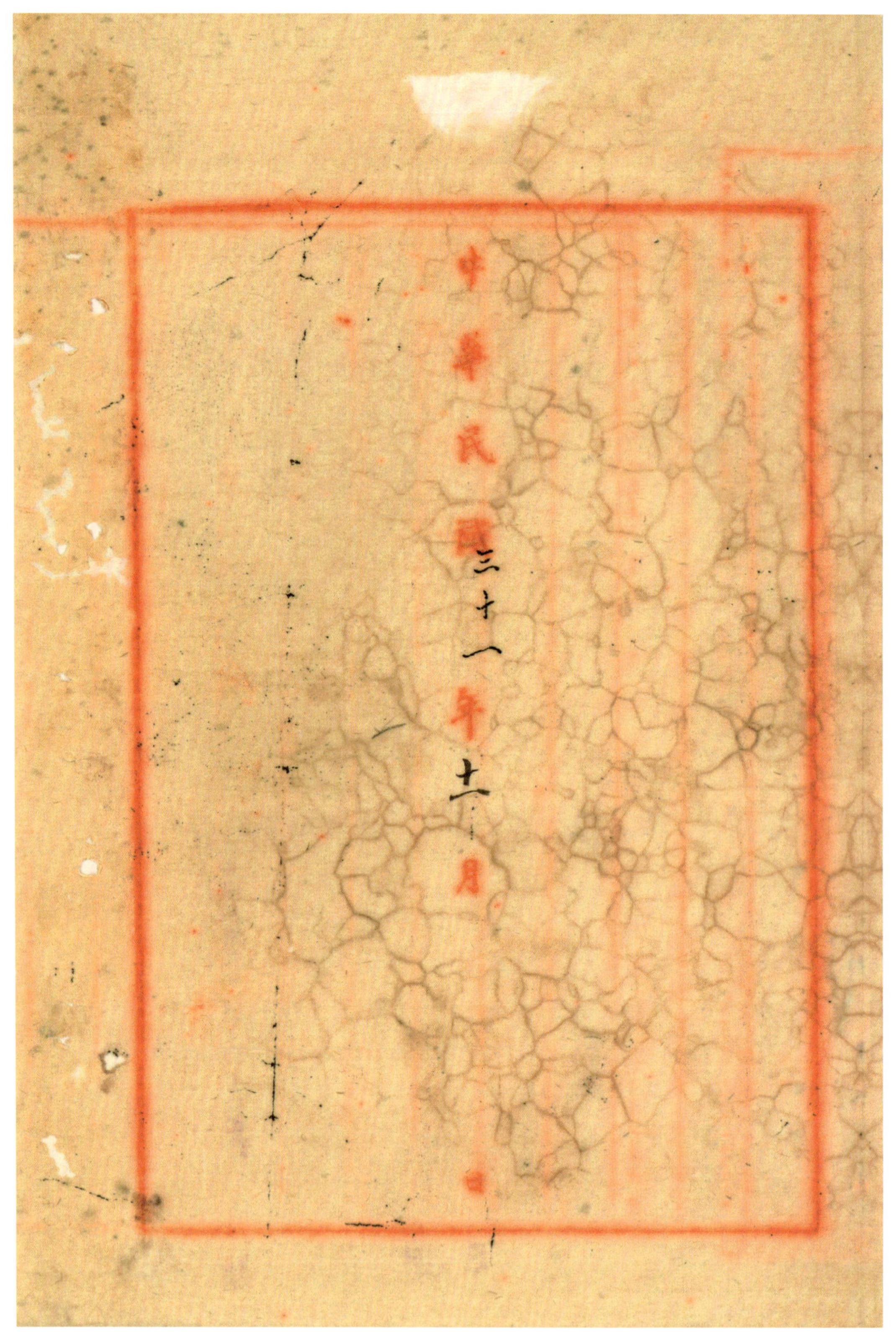

中華民國三十一年十一月　日

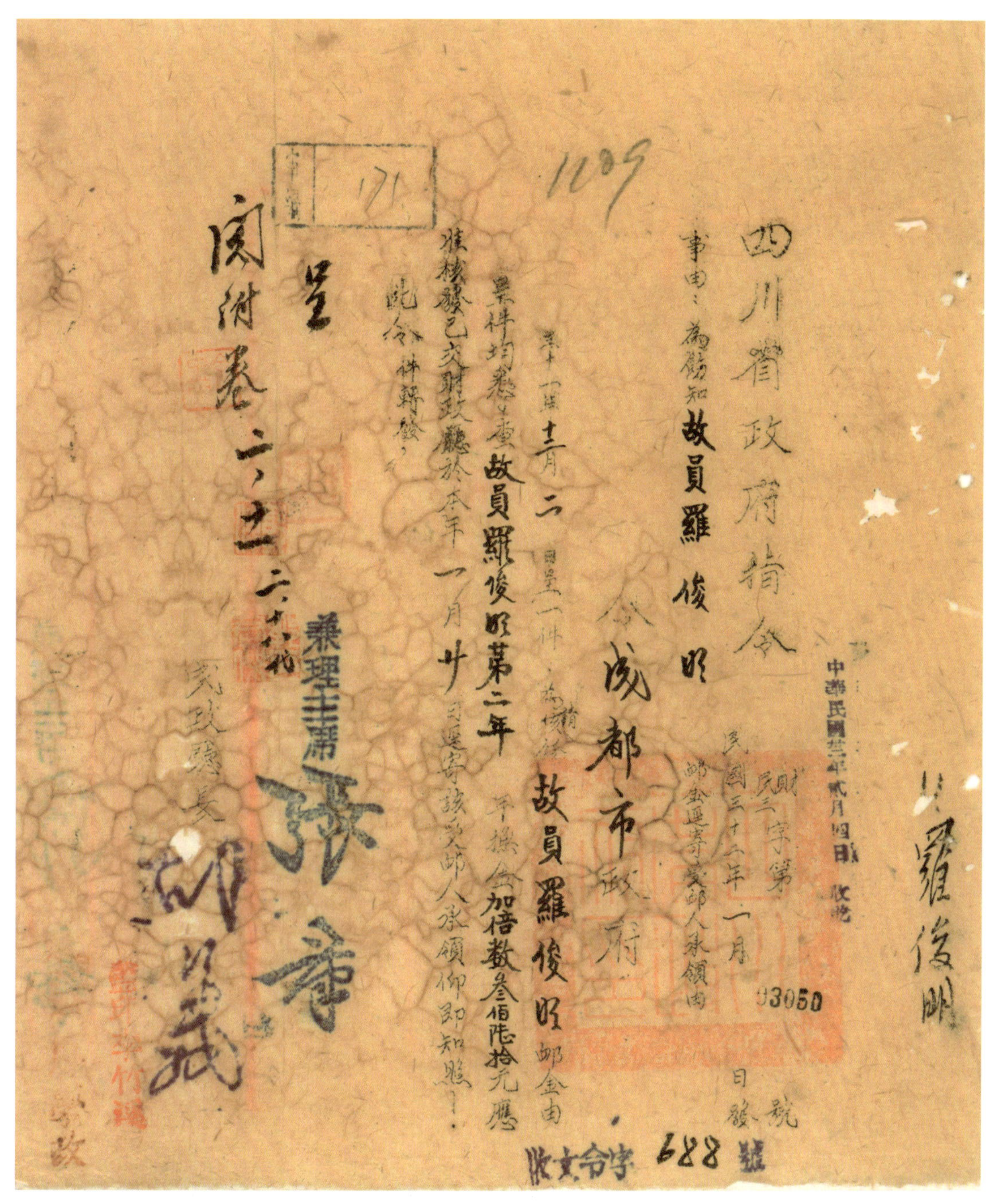
四川省政府指令　財民三字第　號

中華民國卅二年貳月四日發

事由：為飭知故員羅俊明卹金由郵運寄受卹人承領由

令成都市政府

卅一年十二月二日呈一件，為核請故員羅俊明卹金由。

呈件均悉。查故員羅俊明第二年年撫金加倍數叁佰陆拾元，應准核發，已交財政廳於本年一月廿日郵寄該受卹人承領，仰即知照！

此令。件存發。

兼理主席　張群

民政廳長　胡次威

四川省政府关于核发故员罗俊明第二年加倍恤金致成都市政府的指令（一九四三年二月四日）

罗万慧琼关于申领故员罗俊明第三年年恤金及加倍恤金的领恤申请书（一九四三年一月二十二日）

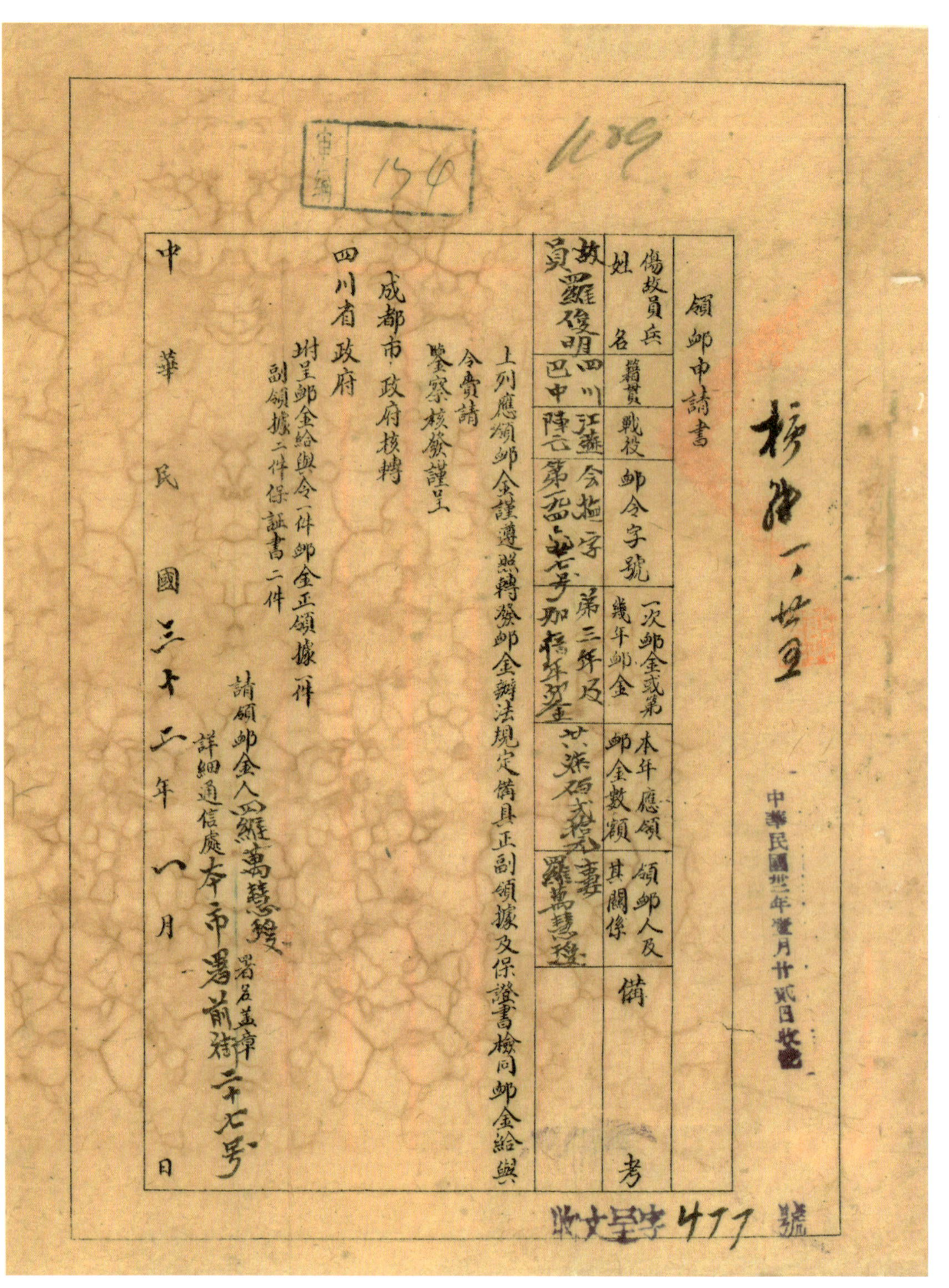

領卹申請書

傷故員兵姓名	籍貫	戰役	卹令字號	一次卹金或第幾年卹金	本年應領卹金數額	領卹人及其關係	備考
故員羅俊明	四川巴中	江蘇陣亡	会撫字第一四[illegible]号	第三年及加倍年卹金	[illegible]元	妻羅萬慧瓊	

上列應領卹金謹遵照轉發卹金辦法規定備具正副領據及保證書檢同卹金給與令請

鑒察核發謹呈

成都市政府核轉

四川省政府

附呈卹金給與令一件卹金正領據一件

副領據二件保證書二件

請領卹金人羅萬慧瓊 署名蓋章

詳細通信處本市署前街二十七号

中華民國三十二年一月 日

中華民國卅二年壹月廿貳日收到

收文呈字4177號

附：抚恤金领据、具领恤金保证书

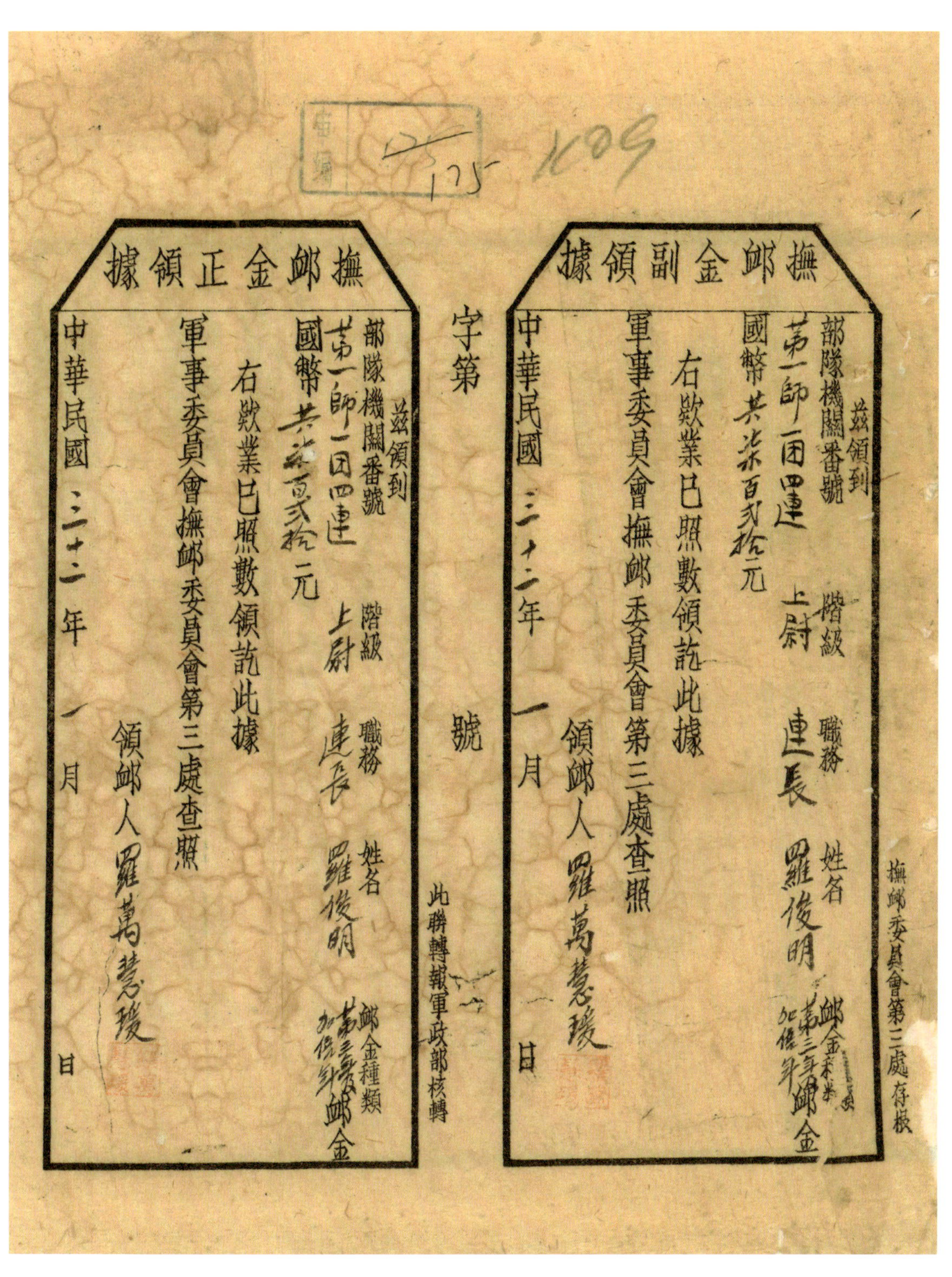

撫卹委員會第三處存根

撫卹金副領據

茲領到

部隊機關番號 第一師一团四連

階級 上尉

職務 連長

姓名 羅俊明

卹金種類 第三年加倍年卹金

國幣共柒百弍拾元

右款業已照數領訖此據

軍事委員會撫卹委員會第三處查照

領卹人 羅萬慧瑗

中華民國三十二年一月 日

字第 號

此聯轉報軍政部核轉

撫卹金正領據

茲領到

部隊機關番號 第一師一团四連

階級 上尉

職務 連長

姓名 羅俊明

卹金種類 第三年加倍年卹金

國幣共柒百弍拾元

右款業已照數領訖此據

軍事委員會撫卹委員會第三處查照

領卹人 羅萬慧瑗

中華民國三十二年一月 日

具領卹金保證書

保證人徐仲林 今保證領卹人 羅高彬係羅俊明 已故

部隊機關番號	階級	職務	姓名
第二師一四四團	上尉	連長	羅俊明

之遺族茲遵照

國民政府軍事委員會撫字第一九四七號卹金給與令核准給與該

給民卅三年三至卅 年撫卹金國幣 壹佰貳拾元整今由該遺族向

鈞會第三處如數領訖具領後如有發生爭議保証人願照

鈞會請領卹金須知第六條之規定負法律上一切責任此證

謹呈

國民政府軍事委員會撫卹委員會

保証人姓名徐仲林 蓋章 籍貫內江 職務或職業 油行 住址正府街三十四號

（店鋪書東） 店鋪營業資本金額

領卹人姓名羅高彬 蓋章 籍貫四川巴中 住址外北人和鄉二十七號 與故員之關係夫妻

其他遺族姓名及關係 羅映文 長女 羅洪礼 次子

成都市市長 余中英

中華民國三十三年一月 日

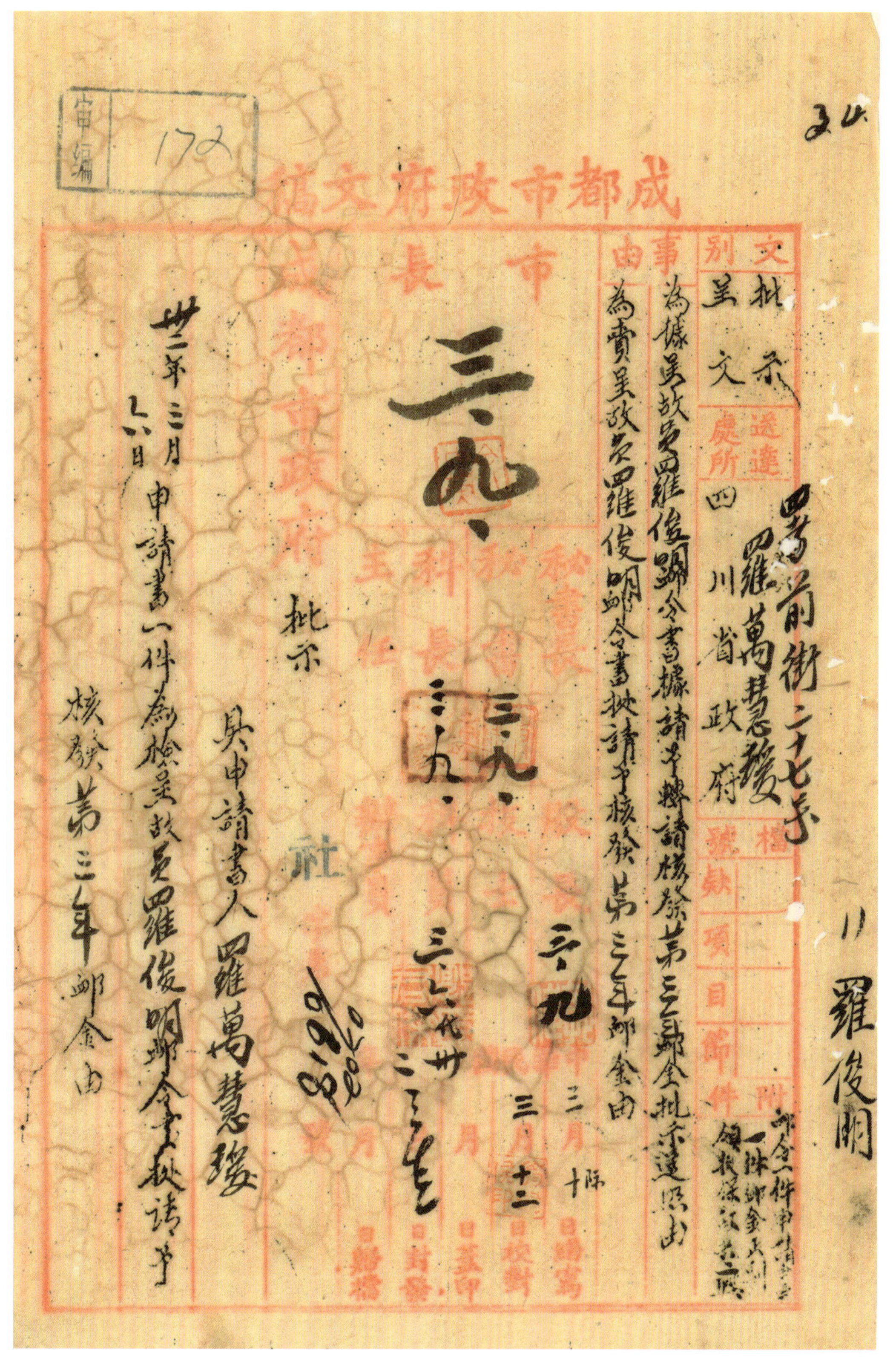

成都市政府文稿

文别：批示、呈文

送達處所：四川省政府；署前街二十七號 羅萬慧瓊

具申請書人羅萬慧瓊

卅二年三月八日申請書一件為檢呈故員羅俊明卹令書批請予核發第三年卹金由

批示

成都市政府关于核发故员罗俊明第三年年恤金及加倍恤金致罗万慧琼的批示及致四川省政府的呈文（一九四三年三月十三日）

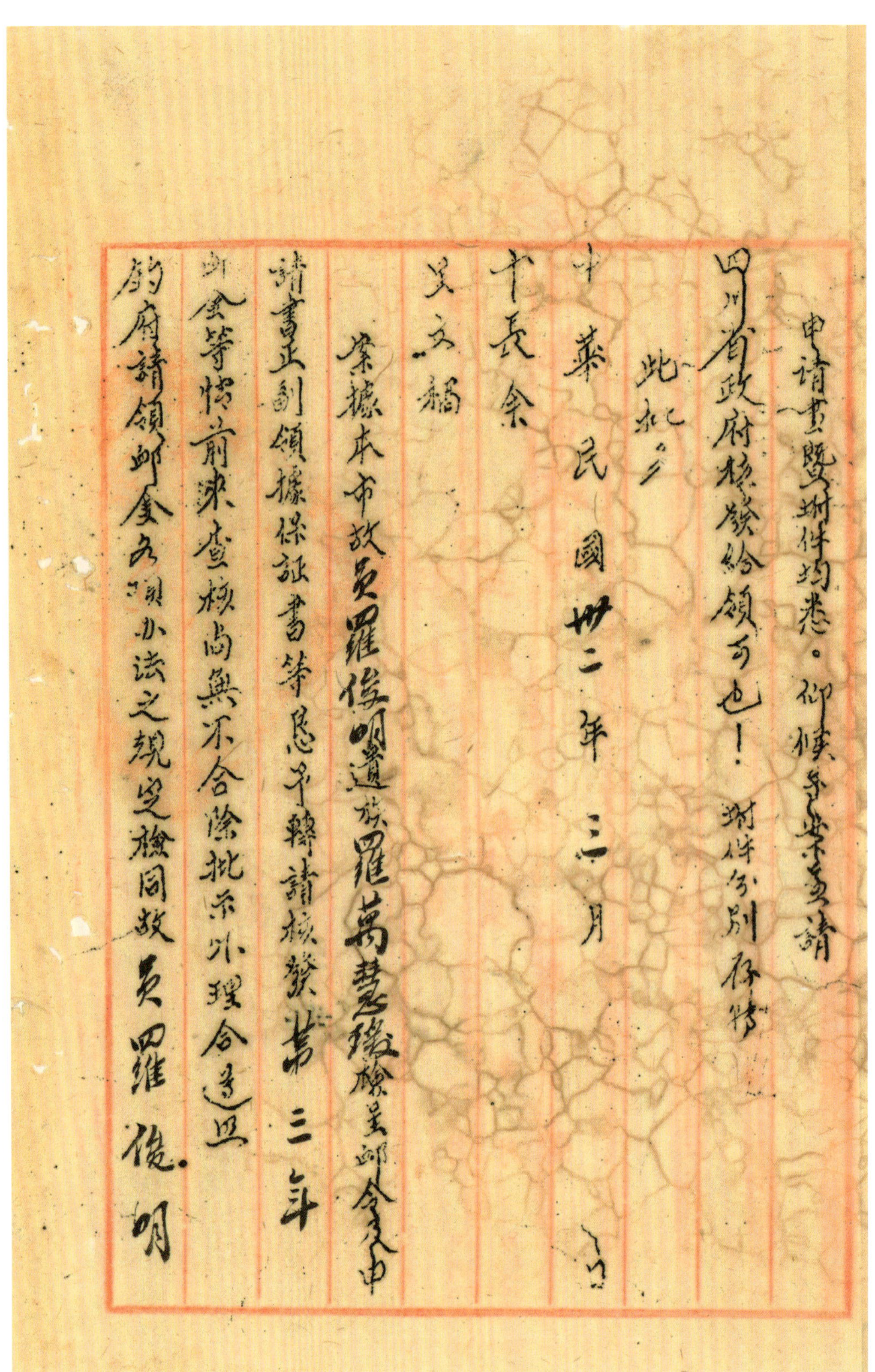

申請書暨附件均悉。仰候分案呈請
四川省政府核發給領可也！附件分別存轉
此批。
中華民國卅二年三月　日
市長余
呈文稿
案據本市故員羅俊明遺族羅萬慧瓊檢呈郵令及申
請書正副領據保証書等懇予轉請核發第三年
卹金等情前來查核尚無不合除批示外理合遵照
鈞府請領卹金及補助办法之規定檢同故員羅俊明

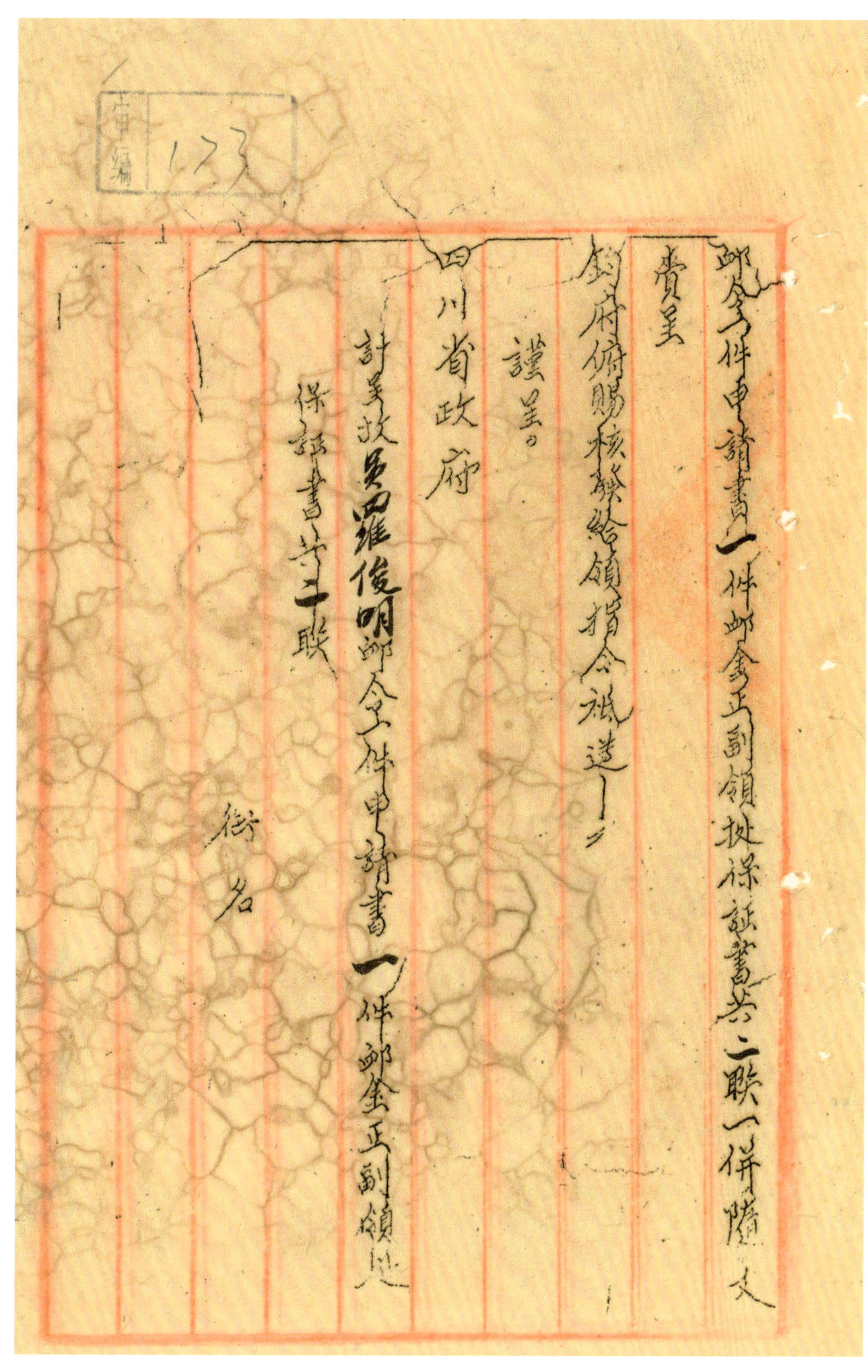
郵令一件申請書一件郵金正副領拟保証書共二联一併隨文
貴呈
鈞府俯賜核發給領指令祇遵！！
謹呈
四川省政府
計呈放員羅俊明郵令一件申請書一件郵金正副領拟
保証書共二联
銜名

四川省政府关于核发故员罗俊明第三年年恤金及加倍恤金致成都市政府的指令（一九四三年四月）

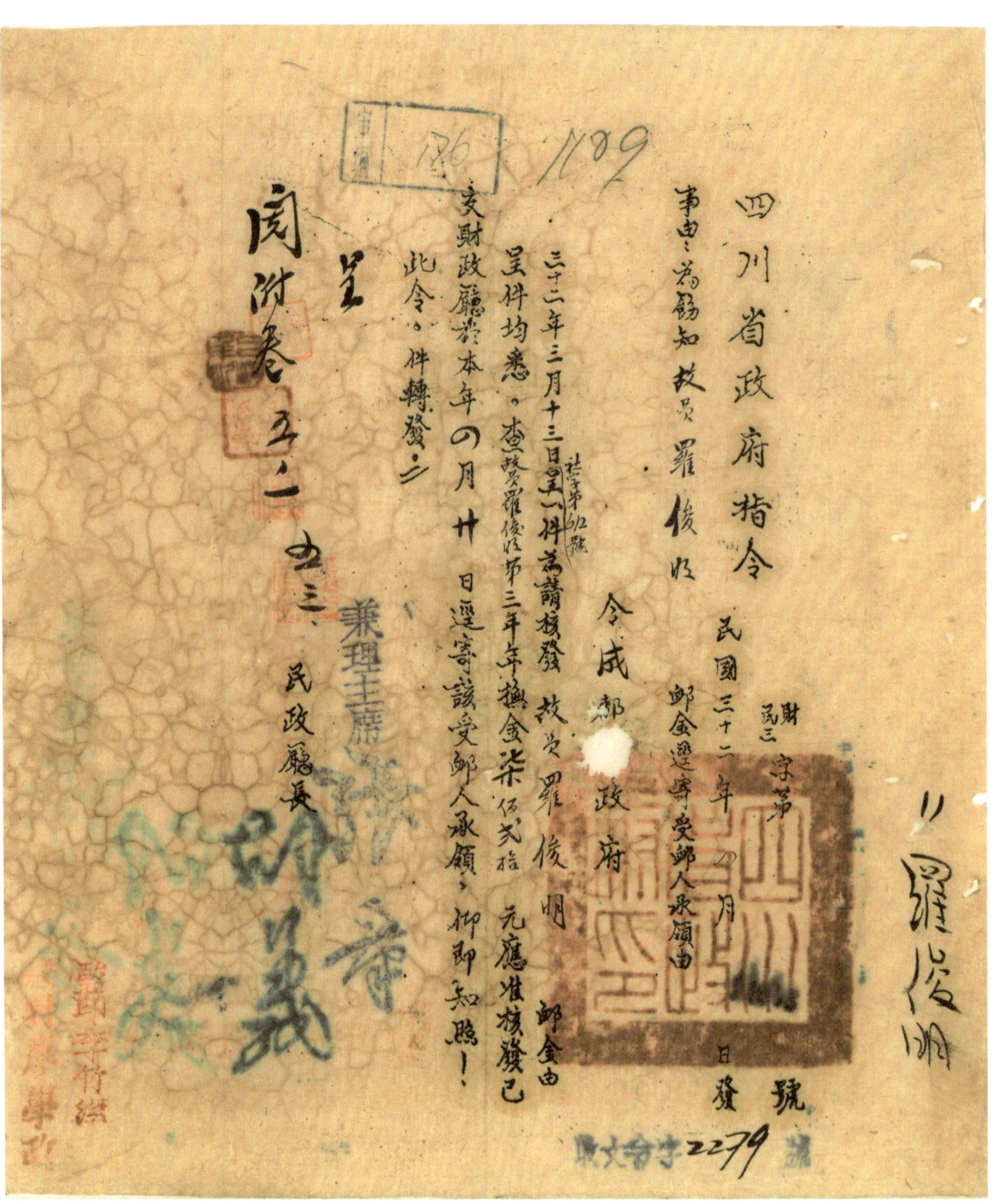

四川省政府指令

財民三字第　號

民國三十二年四月　日發

事由：為飭知故員羅俊明郵金逕寄受郵人承領由

令成都市政府

三十二年三月十三日呈一件為請核發故員羅俊明郵金由

呈件均悉。查故員羅俊明第三年年撫金柒佰弍拾元應准核發，已交財政廳於本年四月廿日逕寄該受郵人承領，仰即知照！此令。件轉發。

兼理主席

民政廳長

十七、郑楷

成都县县政府关于转送故兵郑楷、张占奎请恤书表致成都市政府的公函（一九三九年八月十八日）

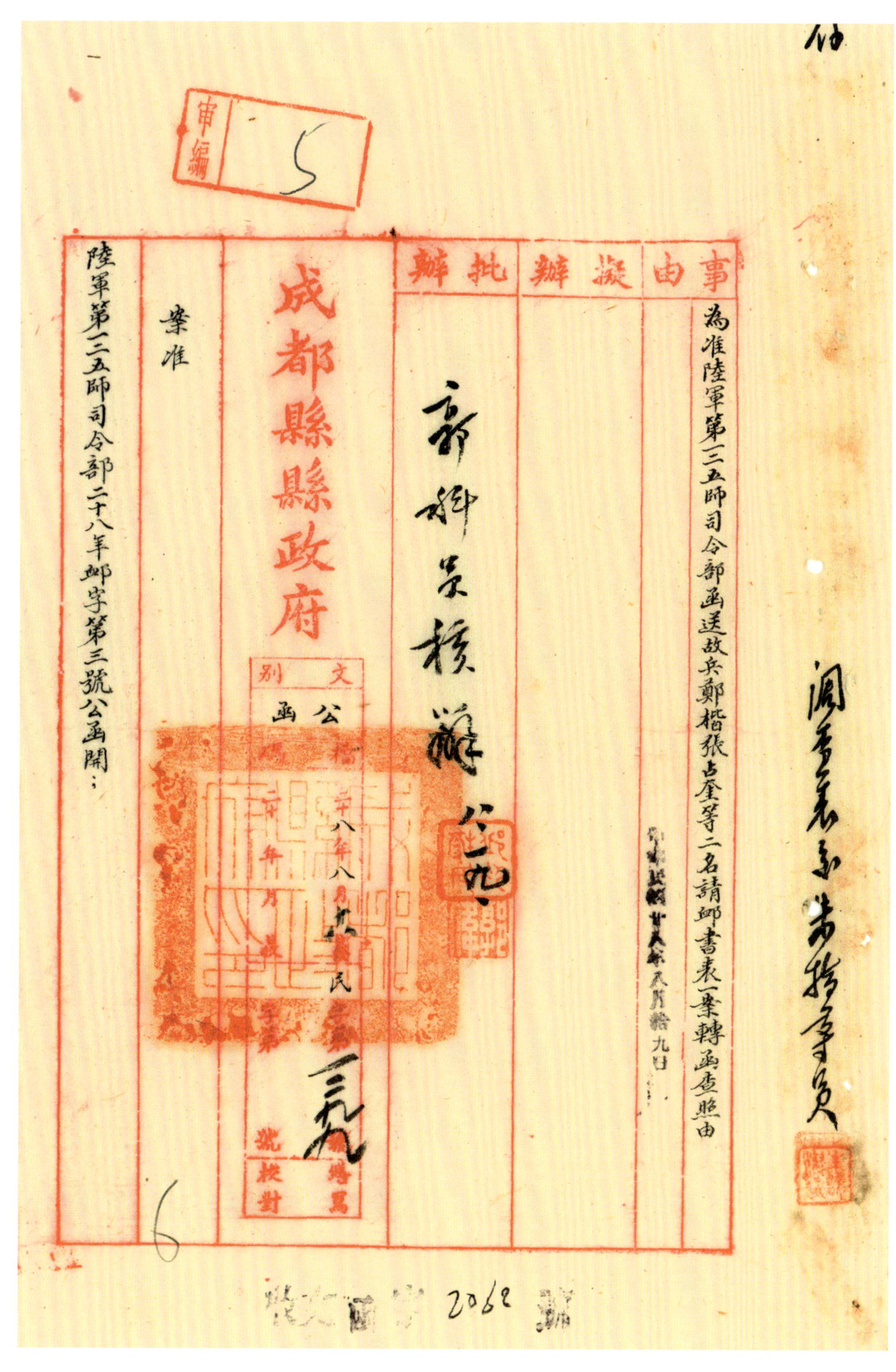

事由：為准陸軍第一二五師司令部函送故兵鄭楷張占奎等二名請卹書表一案轉函查照由

擬辦

批辦

成都縣縣政府

文別：公函

陸軍第一二五師司令部二十八年卹字第三號公函開：

案准

「案查本師三七五旅七五零團一營二連一等兵鄭楷等係貴治人，於民國二十八年五月在豫鄂隨棗抗戰役中壯烈殉國，除由本師填具請卹書表賫請　軍事委員會委員長行營轉呈　國民政府照章撫卹，以示矜卹外，例應遵照請卹規定提寄乙種書表二份，函請貴府查照，調查鈐蓋印章證明，並希將書表還呈　省府請即彙報　行營核辦，至紉公誼，此致。」等由，附送請卹書表各二份，共八張，准此。查原表所填該故兵鄭楷等遺族住址，均在市區，不屬本府管轄範圍，除函復外，相應檢送原書表，函請

貴府查照辦理為荷！

此致

成都市政府

計附送原請卹書表各二份共八張

審編 6

成都縣縣長陳　詩

校對張璧耀

中華民國二十八年八月十八日

成都市第三区第一保保长、甲长、族长关于郑楷遗族确系属实的保结（一九三九年八月二十二日）

具保結 保長佘鶴軒 甲長王克光 族長鄭興發 今向

成都市政府保得故兵鄭楷遺族祖父 歿 年 歲

祖母 歿 氏 年 歲 父國元年六十二歲存母蔡氏年

四十六歲存妻曾氏年二十歲歿子無 年 歲女 無 年

歲弟喜生年十二歲妹福貞年 五 歲確係屬實

倘有揑報朦蔽等情弊一經查出保甲族長甘受懲處並該遺族以

後如有變更仍當隨時報告所保是實須至保結者

成都市第三區第一保保長佘鶴軒

具保結人成都市第三區第一保第十一甲長王克光

族長鄭興發 住半邊橋北街第二十五號

中華民國二十八年八月二十二日

成都市政府关于呈请核录办理故兵郑楷、张占奎乙种书表致四川省政府的呈（一九三九年九月十二日）

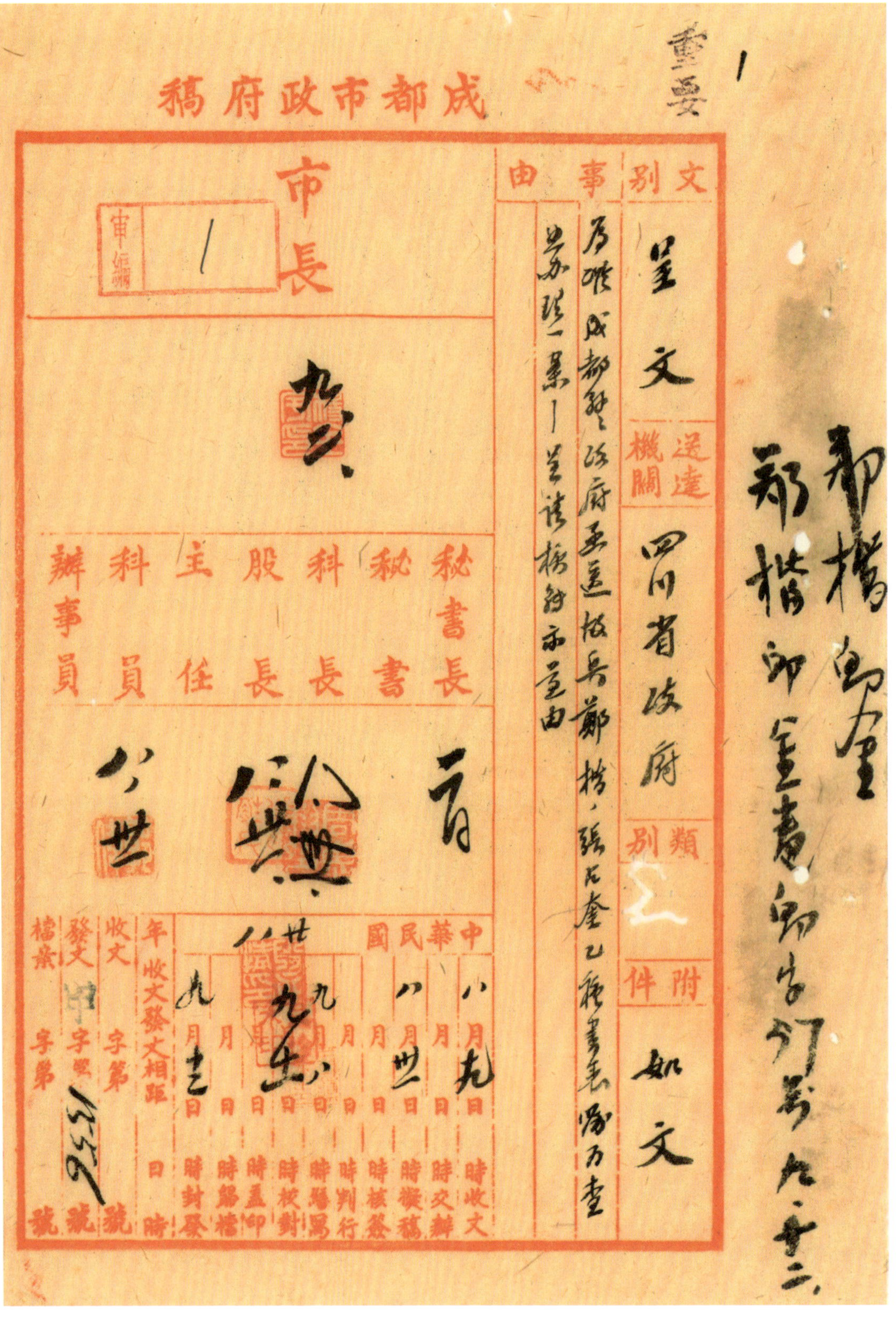
成都市政府稿

重要

文別	呈文
送達機關	四川省政府
類別	
附件	如文
事由	為准成都縣政府函送故兵鄭楷、張占奎乙種書表〔請為查〕案轉呈一案，呈請核辦示遵由

市長 審編 1

秘書長　秘書　科長　股長　主任　科員　辦事員

中華民國 年 收文 月 日 時；交辦 八月廿九日 時；擬稿 八月卅日 時；核簽 月 日 時；判行 月 日 時；繕寫 九月 日 時；校對 九月 日 時；蓋印 月 日 時；歸檔 月 日 時；封發 九月十二日 時

收文發文相距 日 時

收文 字第 號

發文 字第 1556 號

檔案 字第 號

鄭楷

鄭楷郎〔全〕意〔卸〕〔字〕〔行〕〔為〕九、十二

二十八年八月十九日案准成都縣政府以本月十八日
民字第一二九九號公函，附送故兵鄭楷、張占奎二種
書表，略以：查此案經本府當即派員調查，除張
占奎遺族調查無着，應另行出告外，至故兵鄭
楷遺族，業經調查屬實，並據該遺族填具保結
前來，經查無異，理合檢同故兵鄭楷調查表連同
本府加蓋印章證明書各二份，隨文賚呈
鈞府，俯賜核轉，卹金核發。再該遺族所呈
保結，業照
鈞府廿七年民字第一〇〇二二七號訓令，應由本府

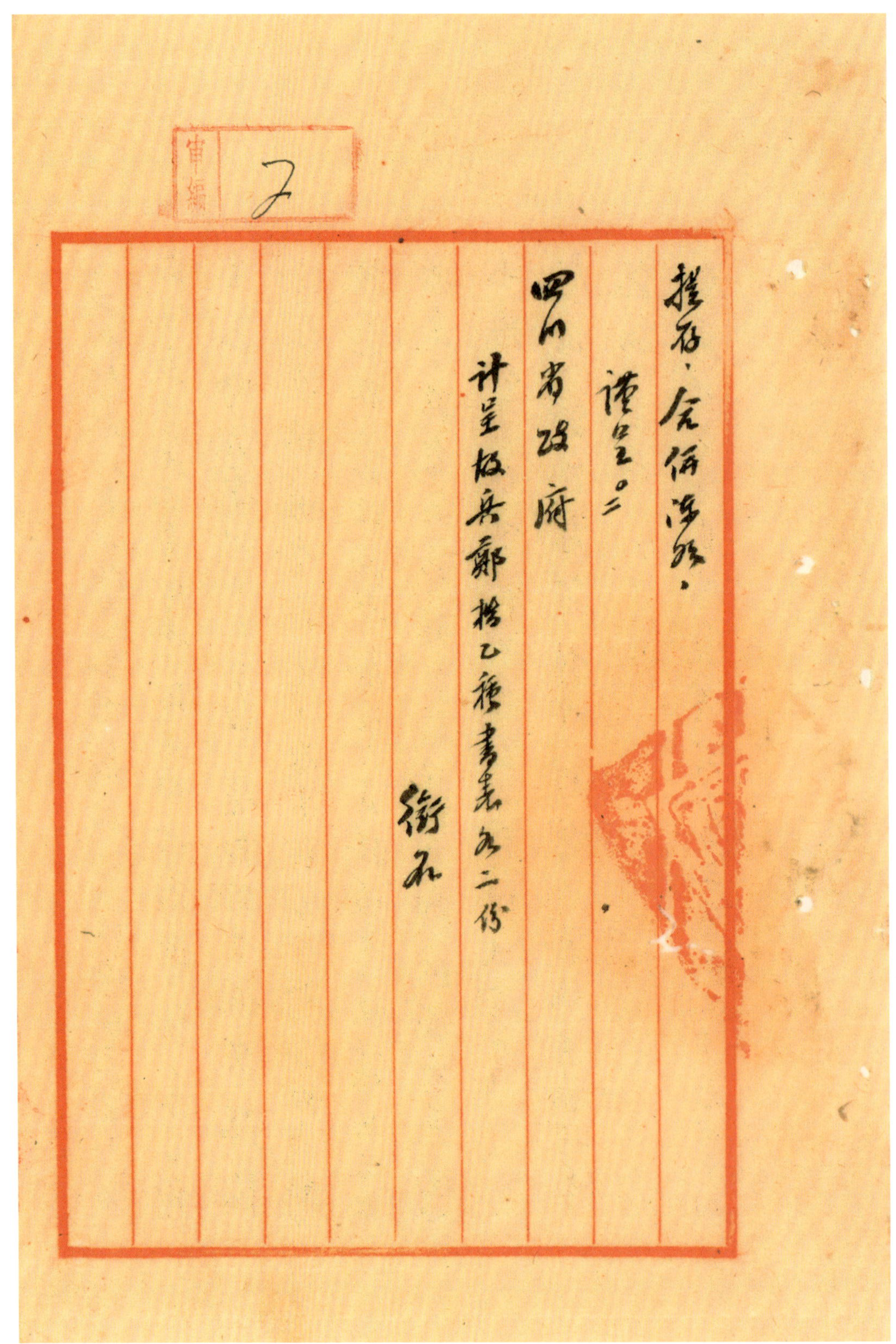

擬存、令飭遵照。

謹呈

四川省政府

計呈殁兵鄭楷乙種書表各二份

銜名

中華民國廿八年八月　日

附：故兵郑楷陆军战时死亡官佐士兵乙种证明书、乙种调查表

陸軍戰時死亡官佐士兵乙種證明書

所屬部隊	陸軍第一三五師三七五旅七五〇團一營二連
階級及職務	一等兵列兵
姓名	鄭楷
年齡及籍貫	二十三歲 四川成都
死亡日期	廿八年五月十日
死亡地點	湖北棗陽雙河鎮
死亡類別	陣亡 彈傷
死亡原因	抗日陣亡
遺族	祖父/祖母 年 歲殁(存或殁)；父國元 六十二，母羅氏年四十八 歲存(存或殁)；妻曾氏年二十歲殁 子女 年 歲 孫 年 歲；胞弟喜生年十二歲，妹福貞五歲；通訊地址成都市半邊街二十五號
備考	

中華民國廿八年八月 日成都市市長 楊〔押〕 具

(原証明書业经填注更正)

照填二份呈送省府

陸軍 時死亡士兵乙種調查表

隊號	陸軍第一二五師三七五團補七五團一營二連
階級	一等兵
職務	列兵
姓名	鄭楷
籍貫	四川成都
年齡	二十三歲
家族名號：祖父、祖母	年 歲 歿（存或歿）
家族名號：父、母	國元 龔氏 年 六十二 四十八 歲 均存（存或歿）
家族名號：弟、妹	弟喜生 妹福貞 年 十二 五 歲
家族名號：妻	曾氏 年二十歲 歿
家族名號：子、女	年 歲
原來職業	商
入伍日期	二〇年一月一日
死亡事由	抗日
死亡年月日	二八年五月一〇日
死亡地點	湖北棗陽羽河鎮
埋葬地點	
親戚或特徵	
遺族領卹人	父鄭國元
名號及住址	鄭國元住成都半邊街二十五號
備考	

中華民國二十八年 月 日 四川省成都市遺族領卹人鄭國元具（印：鄭國元印）

4

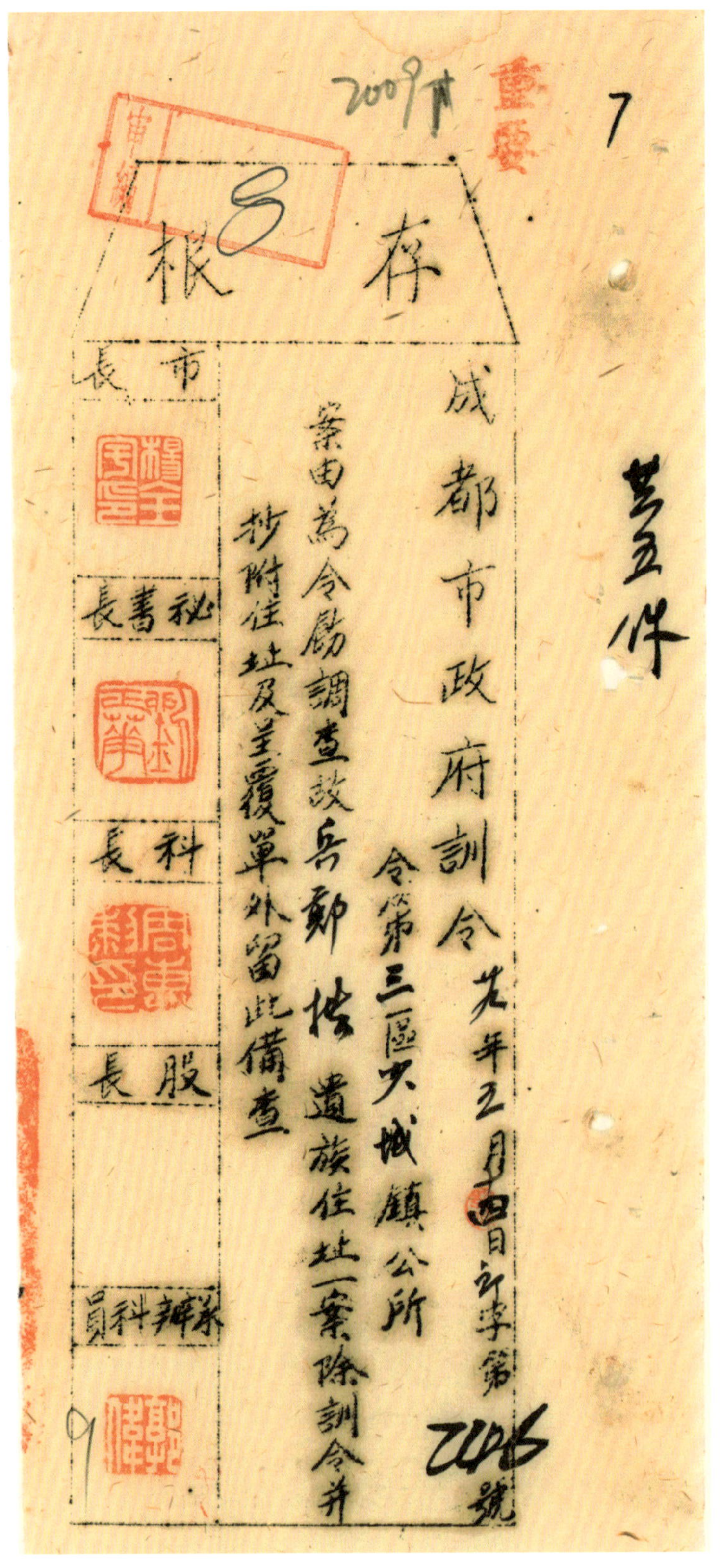

存根

成都市政府训令　廿九年五月四日　市字第2206號

令第三區少城鎮公所

案由　為令飭調查故兵鄭楷遺族住址一案除訓令并抄附住址及呈覆單外留此備查

市長

秘書長

科長

股長

承辦科員

成都市政府关于调查故兵郑楷遗族住址致第三区少城镇镇公所训令的存根（一九四〇年五月十四日）

国民政府军事委员会抚恤委员会关于准还归垫故兵郑楷一次恤金致成都市政府的公函
（一九四一年一月二十五日收）

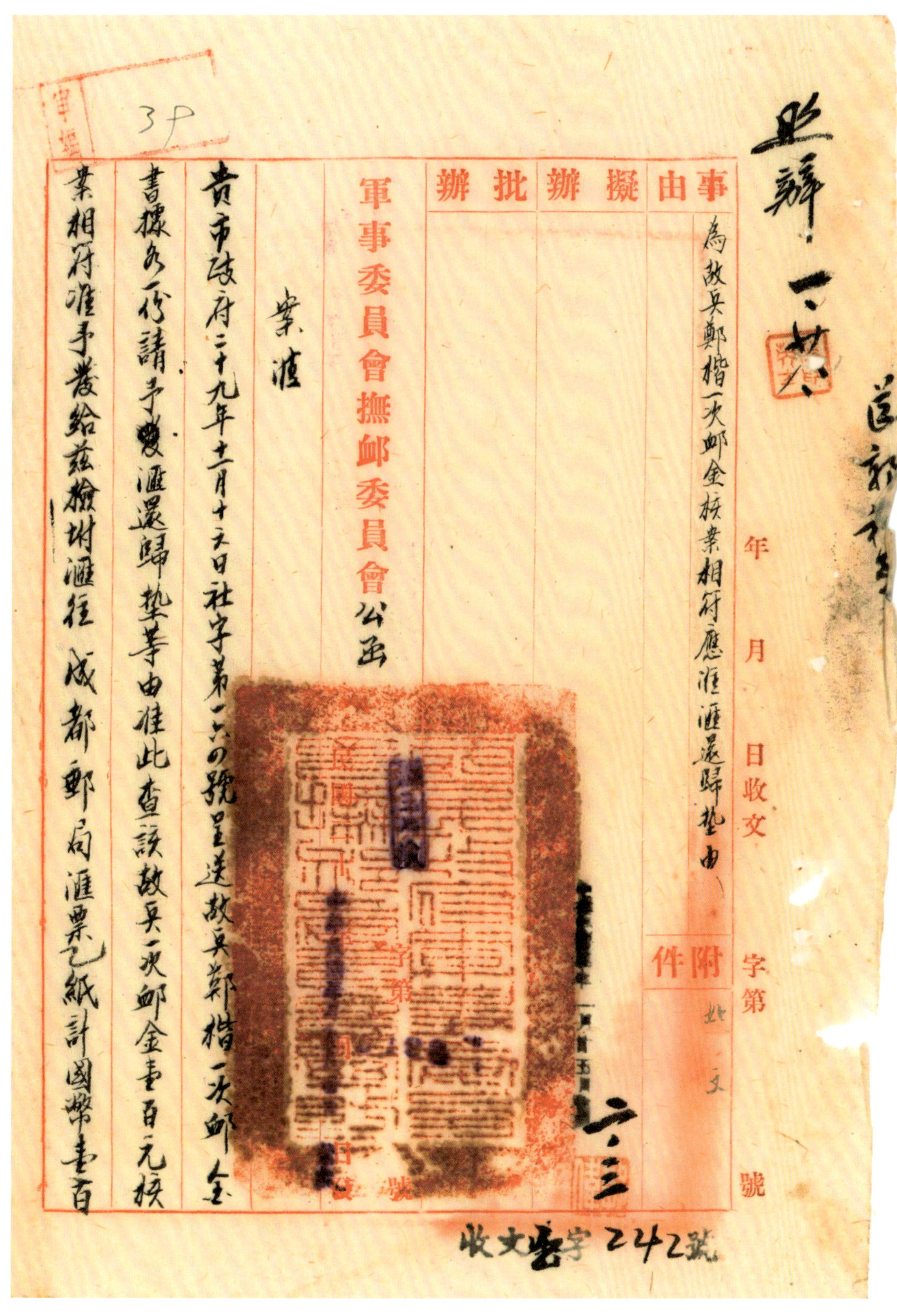

事由：為故兵鄭楷一次卹金核業相符應准匯還歸墊由

擬辦

批辦

軍事委員會撫卹委員會公函

案准

貴市政府二十九年十二月十六日社字第一六〇四號呈送故兵鄭楷一次卹金書據各件請予發匯還歸墊等由准此查該故兵一次卹金壹百元核業相符准予發給茲檢附匯往成都郵局匯票乙紙計國幣壹百

附件：匯票

收文字242號

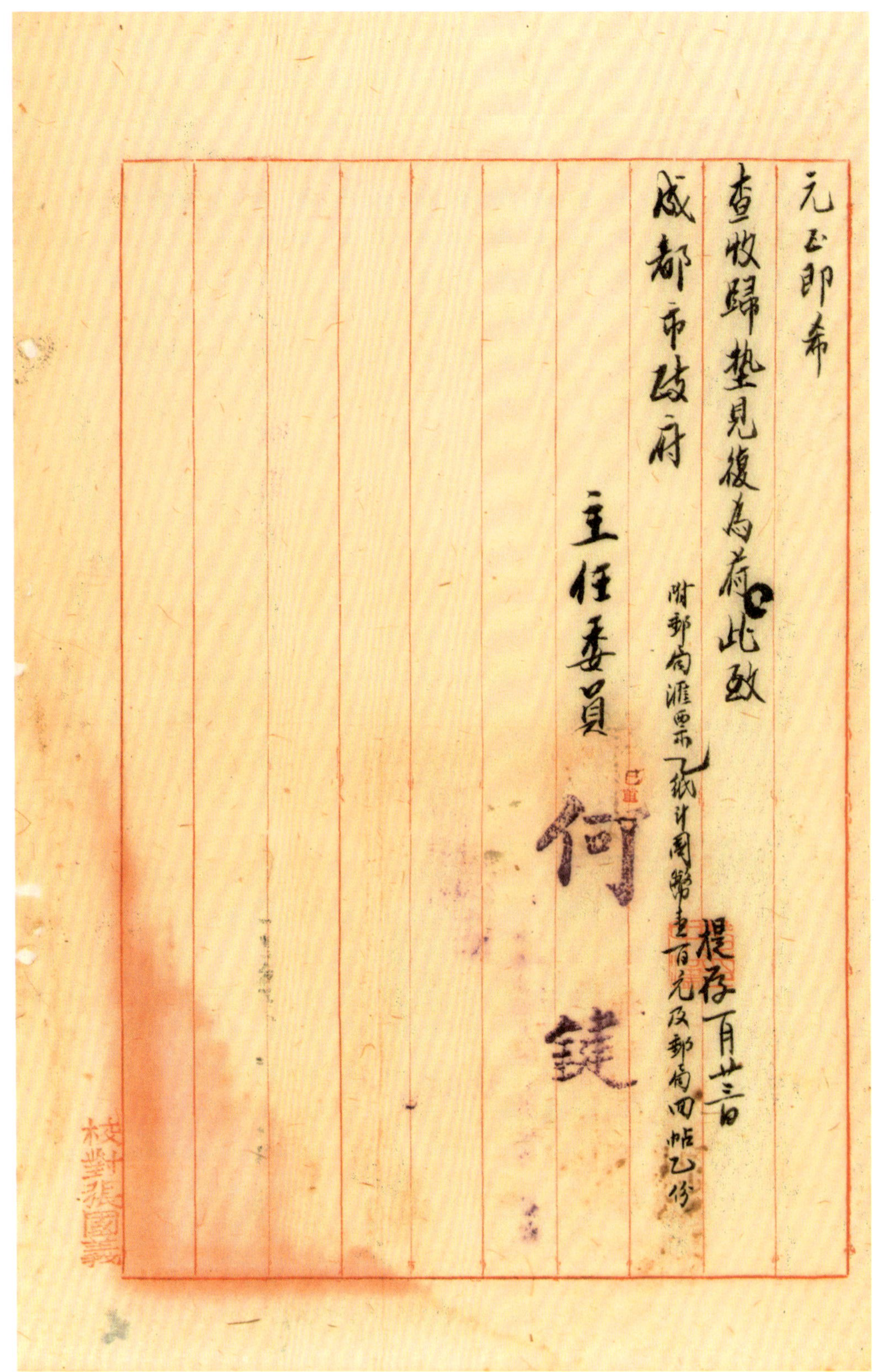

元正即希
查收歸墊見復為荷此致
成都市政府
附郵局滙票乙紙計國幣壹百元及郵局回帖乙份
主任委員 何鍵
提存 十月廿三日

校對張國義

成都市政府关于故兵郑楷遗族应在军事委员会抚恤委员会汇票上盖用私章致郑国元的通知（一九四一年十月二十日）

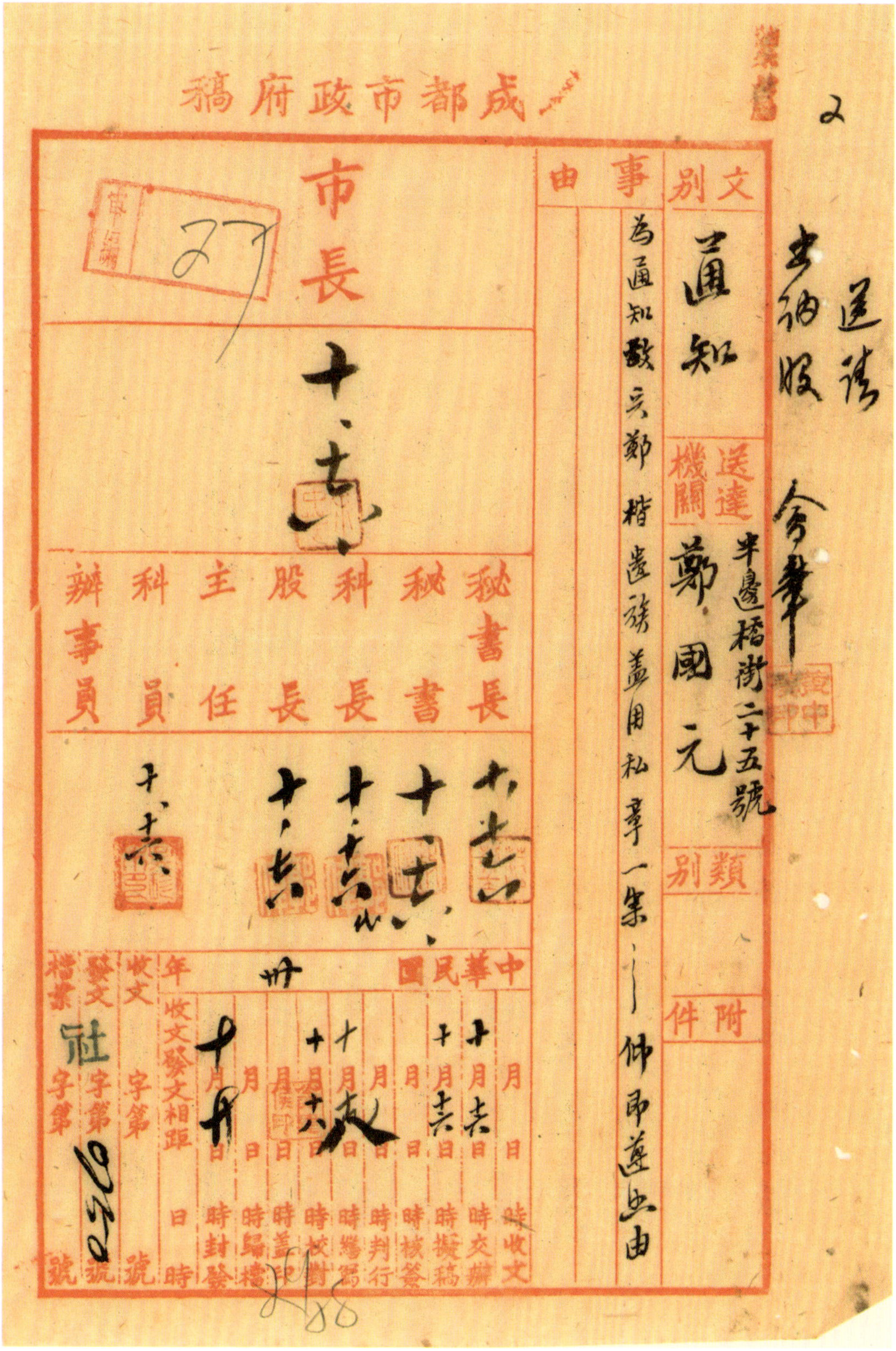

成都市政府稿

市長

文別：通知

事由：為通知故兵鄭楷遺族蓋用私章一案仰即遵照由

送達機關：鄭國元 半邊橋街二十五號

秘書長　秘書　科長　股長　主任　科員　辦事員

中華民國卅年

令

衔通知　社字第　號

案查前拟故兵郑楷遗族呈请垫发一次卹金廿情前来业经转饬领并检呈领卹书拟廿呈请八军事委员会抚卹委员会汇案办理去讫兹奉指令丒发汇票一纸饬即承领归垫并由受卹人在汇票上盖章呈会备核一案下府合行通知仰该遗族即便遵照赶日携带私章（与领卹章相符）来本府出纳股（鼓楼南街）兑用以凭

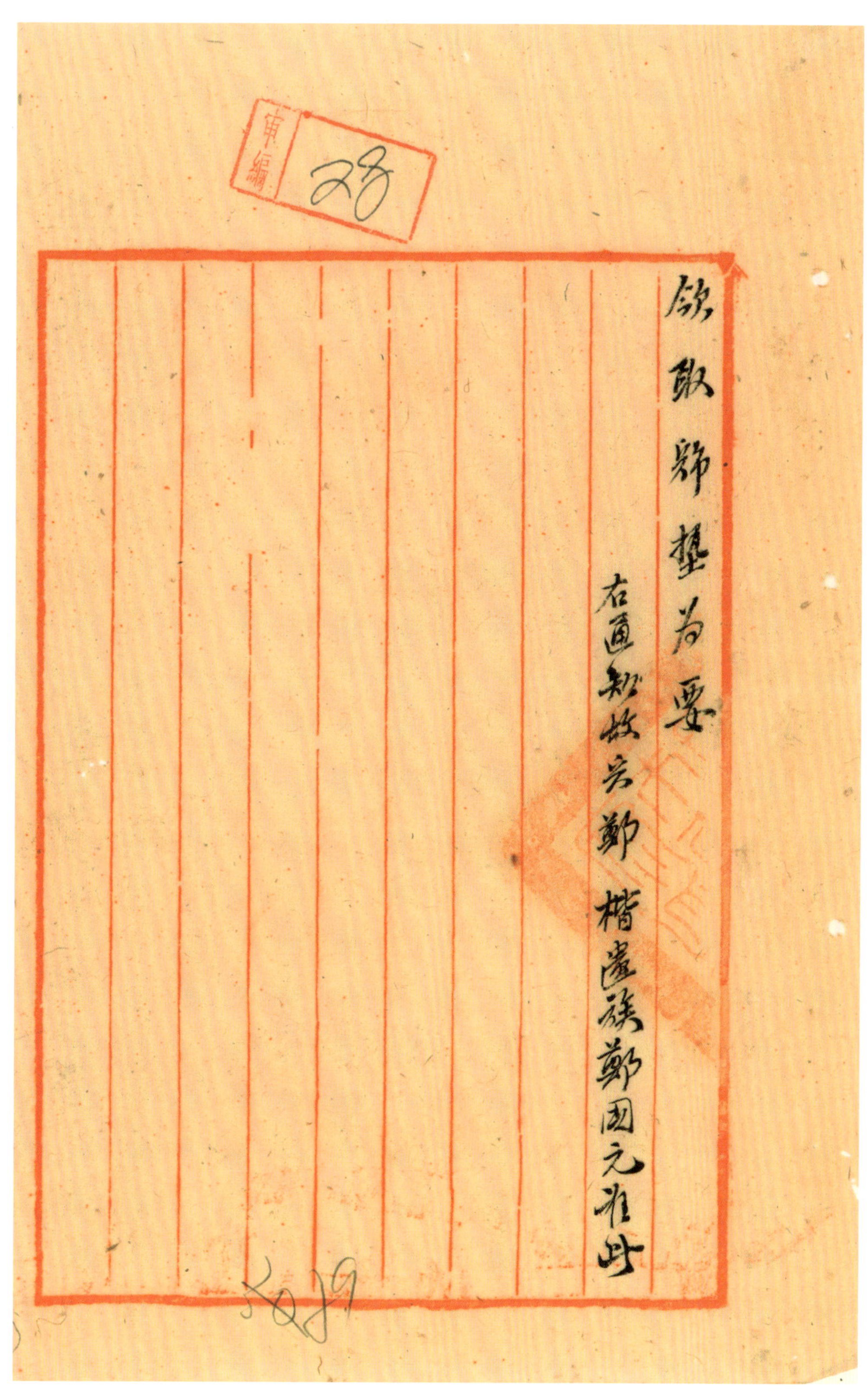

領取節墊為要

右通知收戶鄭 稽查族鄭國元准此

市長余
中華民國三十年十月 日

成都市政府关于核发故兵郑楷第二年、第三年恤金致四川省政府的呈文、致郑邓氏的批示
（一九四三年四月二十三日）

成都市政府文稿

文别：呈文 批示

送達處所：四川省政府 半边橋北街二十五號 鄭鄧氏

事由：為據吳故兵鄭楷卹令書據請予核發第二三年卹金批示遵照由
為賫吳故兵鄭楷卹令書批請核發第二三年卹金由

檔號 鄭楷

附件：部令一件申請書一件

市長 四·廿九

秘書長

秘書 四·廿九

科長 四·廿九

股長 四·九

成都市政府批示 社字第 號

具申請書人鄭鄧氏

卅二年四月九日申請書一件為檢呈故兵鄭楷卹令書批請予核發第二、三年卹金由

中華民國卅二年四月廿一日繕寫 四月廿二日校對 四月廿三日封發

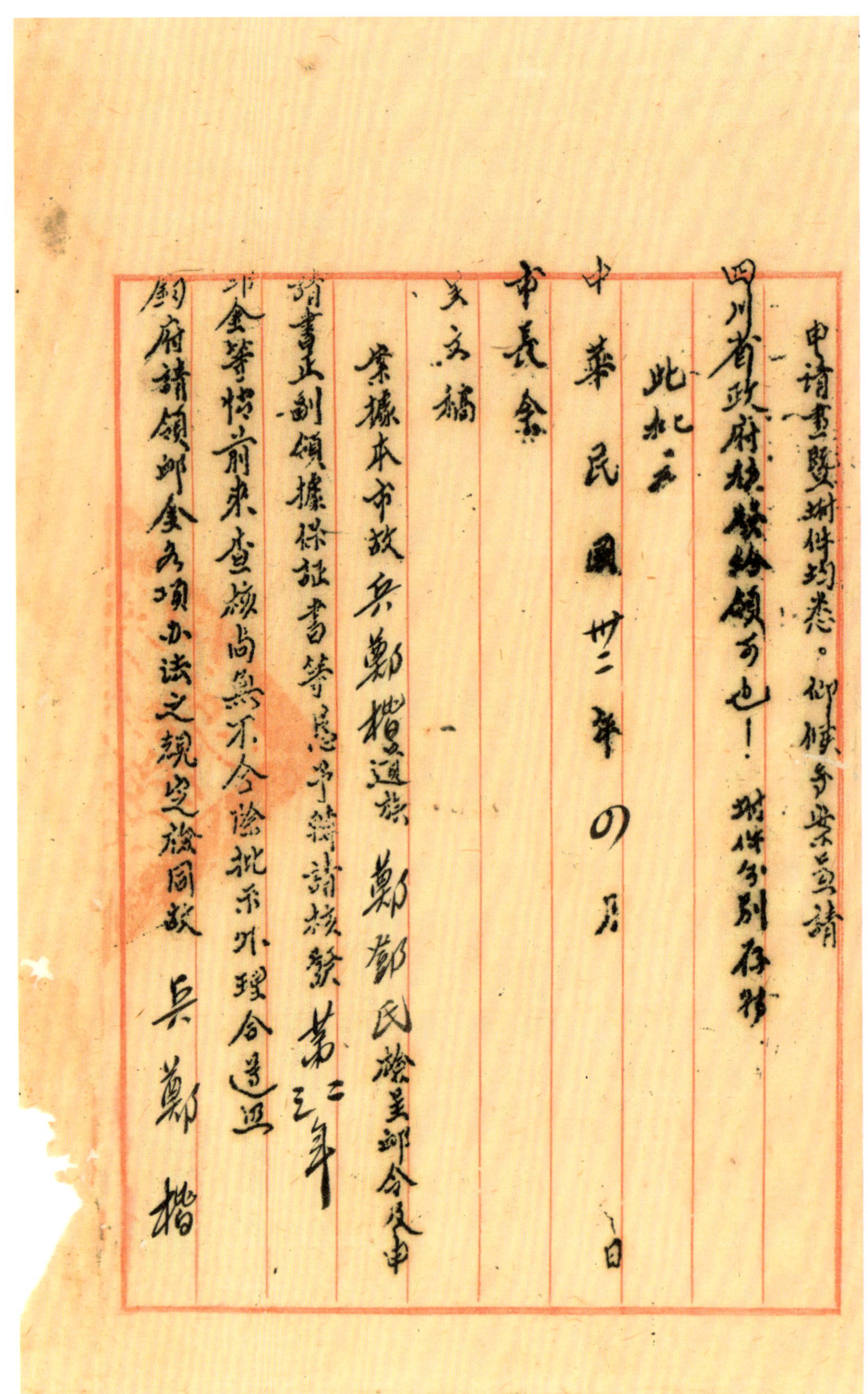

申請書暨附件均悉。仰候分案呈請
四川省政府核發給領可也！附件分别存轉。
此批。
中華民國卅二年四月　日
市長　余
呈文稿
案據本市故兵鄭楷遺族鄭鄭氏繳呈郵令及申
請書正副領據保証書等恳予轉請核發第二三年
卹金等情前來查核尚無不合除批示外理合遵照
鈞府請領卹金各項办法之規定檢同故兵鄭楷

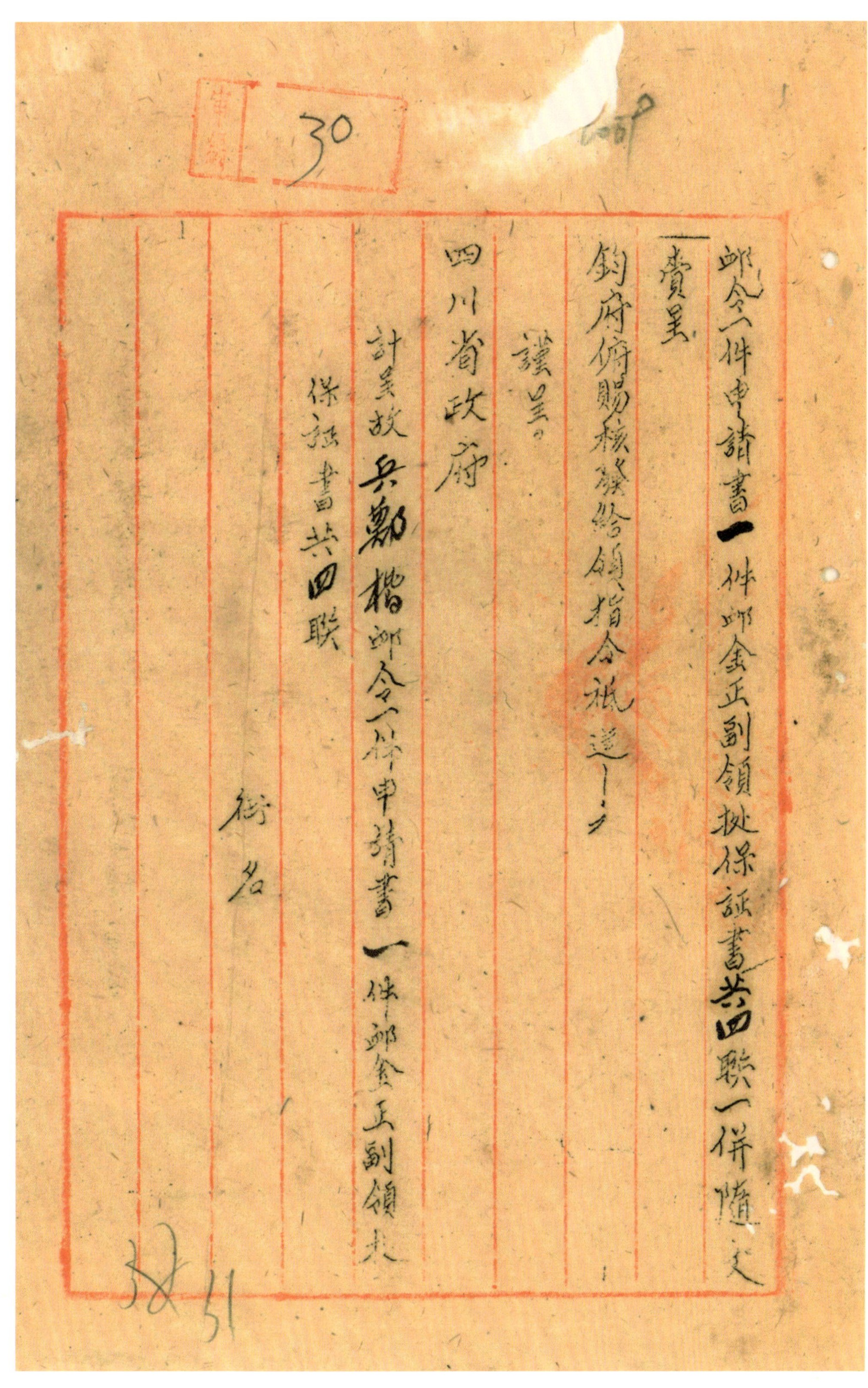
30

鄉令一件申請書一件鄉金正副領挺保証書共四聯一併隨文
賫呈
鈞府俯賜核發給領指令祗遵！
謹呈
四川省政府
計呈故兵勤稽鄉令一件申請書一件鄉金正副領夫
保証書共四聯
銜名

附：郑邓氏关于请予核发故兵郑楷第二年、第三年恤金及加倍年恤金致成都市政府的领恤申请书、抚恤金领据、具领恤金保证书（一九四三年四月二日收）

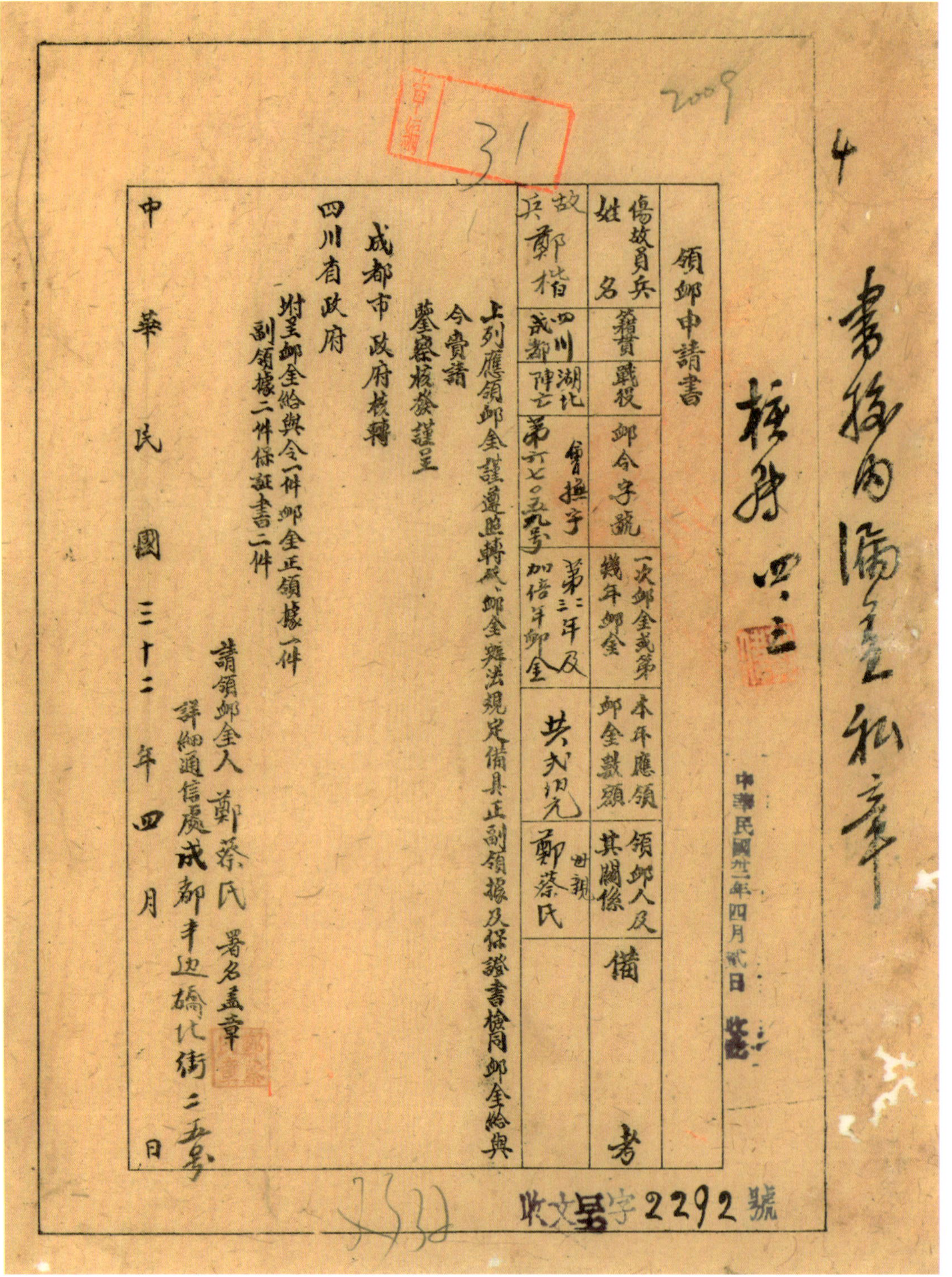

領卹申請書

傷故員兵姓名	籍貫	戰役	卹令字號	一次卹金或第幾年卹金	本年應領卹金數額	領卹人及其關係	備考
故兵 鄭楷	四川成都	湖北陣亡	曾撫字第六七〇五九號	第二三年及加倍年卹金	共弍佰元	鄭蔡氏 母親	

上列應領卹金謹遵照轉發卹金辦法規定備具正副領據及保證書檢同卹金給與令賚請

鑒察核發謹呈

成都市政府核轉

四川省政府

附呈卹金給與令一件 卹金正領據一件 副領據二件 保證書二件

請領卹金人 鄭蔡氏 署名蓋章

詳細通信處 成都半邊橋北街二五號

中華民國三十二年四月 日

中華民國卅二年四月貳日

收文呈字2292號

审编 39

撫卹委員會第三處存

撫卹金副領據

茲領到

部隊機關番號 第一二五師七五○團二連 階級 一等兵晉上等兵 職務 姓名 鄭楷 卹金種類 第三年卹金 及加倍年

國幣 共壹佰 元

右款業已照數領訖此據

軍事委員會撫卹委員會第三處查照

領卹人 鄭蔡氏 （鄭蔡氏章）

中華民國 三十二 年 四 月 日

字第 號

此聯轉報軍政部核轉

撫卹金正領據

茲領到

部隊機關番號 第一二五師七五○團二連 階級 一等兵晉上等兵 職務 姓名 鄭楷 卹金種類 第三年卹金 及加倍年

國幣 共壹佰 元

右款業已照數領訖此據

軍事委員會撫卹委員會第三處查照

領卹人 鄭蔡氏 （鄭蔡氏章）

中華民國 三十二 年 四 月 日

具領卹金保證書

保證人王縉華今保證領卹人鄭蔡氏確係已故

部隊番號 階級 職務 姓名

第一三五師七五〇團二連 下等兵 步兵 鄭楷

之遺族，茲遵照

國民政府軍事委員會會撫字第[illegible]號卹金給與令核准給與遺族

第三年[illegible]及加倍年卹[illegible] 卹金國幣[illegible]元整今由該遺族向

鈞會呈第三歲如數領訖具領後如有發生爭議保證人願照

鈞會請領卹金須知第六條之規定負法律上一切責任此證

謹呈

國民政府軍事委員會撫卹委員會

保證人姓名 王縉華（店鋪 書號）王克元 蓋章　籍貫住址 四川成都[illegible]　職業 [illegible]

領卹人姓名 鄭蔡氏 蓋章　籍貫住址 四川成都[illegible]　與故員之關係 [illegible]

其他遺族姓名及關係 [illegible]

成都市市長 余中英

中華民國三十三年 月 日

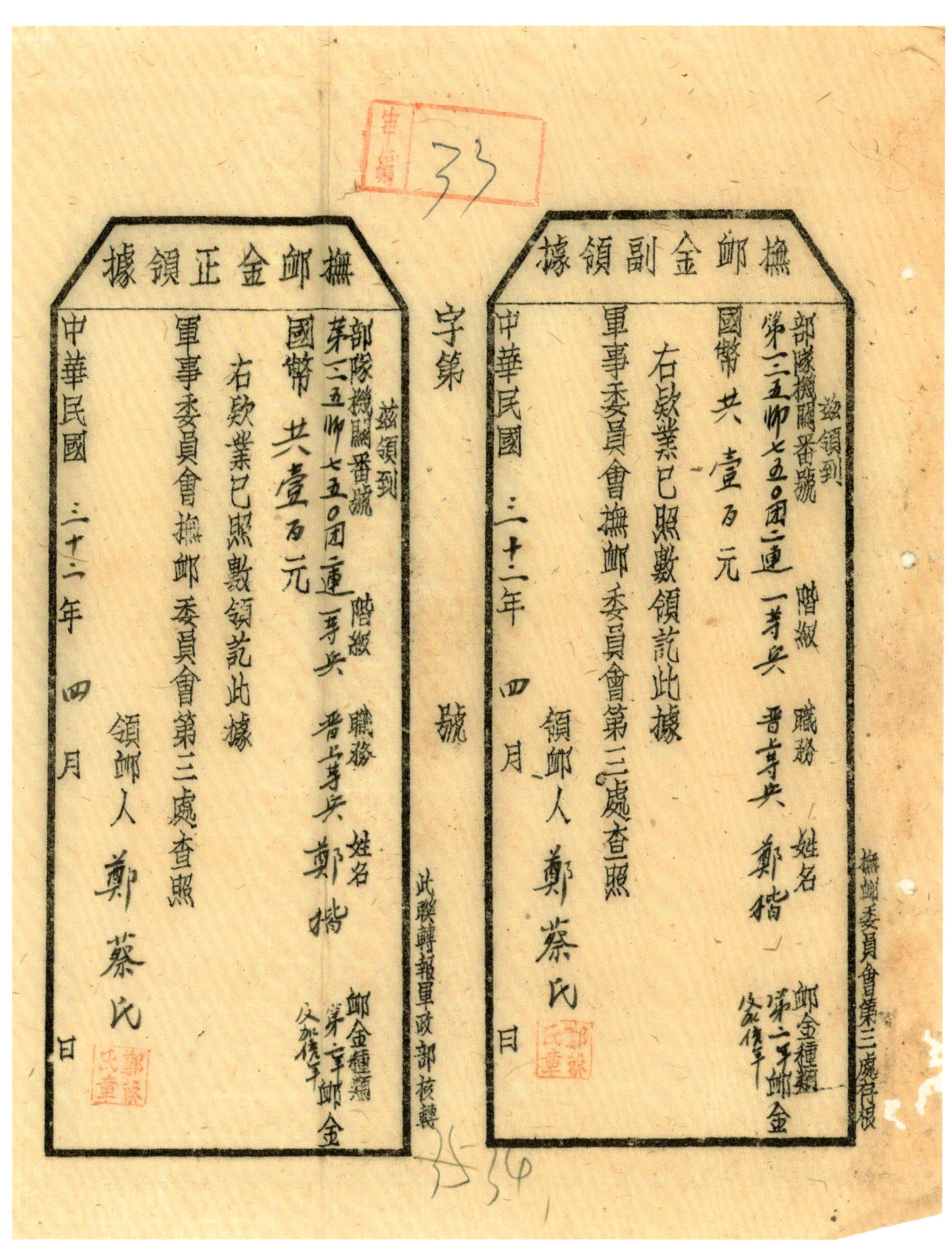

撫卹委員會第三處存根

撫卹副金領據

茲領到

部隊機關番號 第一三五师七五〇团二連　階級 一等兵　職務 晋上等兵　姓名 鄭楷　卹金種類 第二年卹金 及加倍年

國幣共壹百元

右款業已照數領訖此據

軍事委員會撫卹委員會第三處查照

領卹人 鄭蔡氏

中華民國三十二年四月　日

字第　號

此聯轉報軍政部核轉

撫卹金正領據

茲領到

部隊機關番號 第一三五师七五〇团連　階級 一等兵　職務 晋上等兵　姓名 鄭楷　卹金種類 第二年卹金 及加倍年

國幣共壹百元

右款業已照數領訖此據

軍事委員會撫卹委員會第三處查照

領卹人 鄭蔡氏

中華民國三十二年四月　日

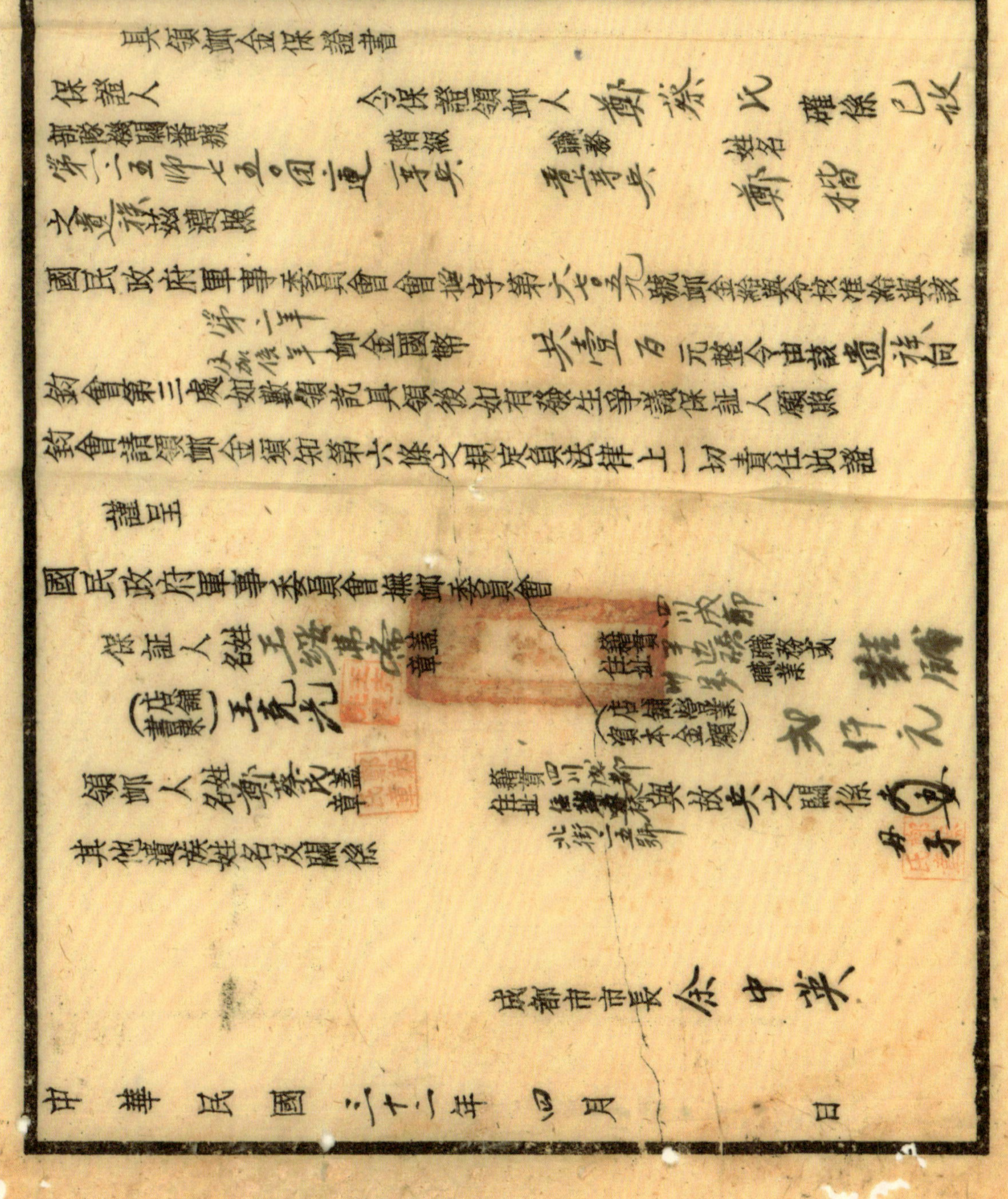

具領卹金保證書

保證人 今保證領卹人 鄭蔡氏 確係已故

部隊機關番號 第二五師七五〇團三連 階級 二等兵 職務 上等兵 姓名 鄭樹

之遺族 茲遵照

國民政府軍事委員會 會撫字第六七〇五九號卹金給與令核准給與該

（以加倍）第二年卹金國幣 共壹百元整今由該遺族向

鈞會第三處如數領訖具領後如有發生爭議保證人願照

鈞會請領卹金須知第六條之規定負法律上一切責任此證

謹呈

國民政府軍事委員會撫卹委員會

保証人 姓名 王繼唐 蓋章 籍貫 四川成都 住址 [illegible] 職業 [illegible]

（店鋪牌號）王亮光 （店鋪營業）（資本金額）

領卹人 姓名 鄭蔡氏 蓋章 籍貫 四川成都 住址 [illegible] 與故兵之關係 母子

其他遺族姓名及關係

成都市市長 余中英

中華民國三十二年四月 日

四川省政府关于准予核发故兵郑楷第二年、第三年恤金致成都市政府的指令
（一九四三年七月十七日收）

十八、赵双全

赵王氏关于赵双全阵亡呈请抚恤致成都市政府的报告（一九四二年二月二十五日）

审编 2

報告 本市五福街第二十三號 三十一年二月二十七日

竊趙王氏之子雙全於民國二十五年由軍政部駐川補充兵訓練處步兵第二團二營第六連當上士，於是年十月開赴前方。民國二十六年在前綫抗戰陣亡，迄今五年並無信回，消息難通。去年年底始由前二十五年同部兵士陳明德來家向氏言明，謂雙全早於二十六年陣亡。當時明德來家時，本街鄰保甲亦在場聞悉。惟陳明德係請假回家，現已重赴前綫，無從請其證明。茲特請得鎮、保長證明氏子雙全的係陣亡，並懇發給恤金以慰忠魂，不勝沾感。

謹呈

楊（市長）全宇

民國三十一年二月二十五日

府文呈字1455號

中華民國卅一年叁月貳日收到

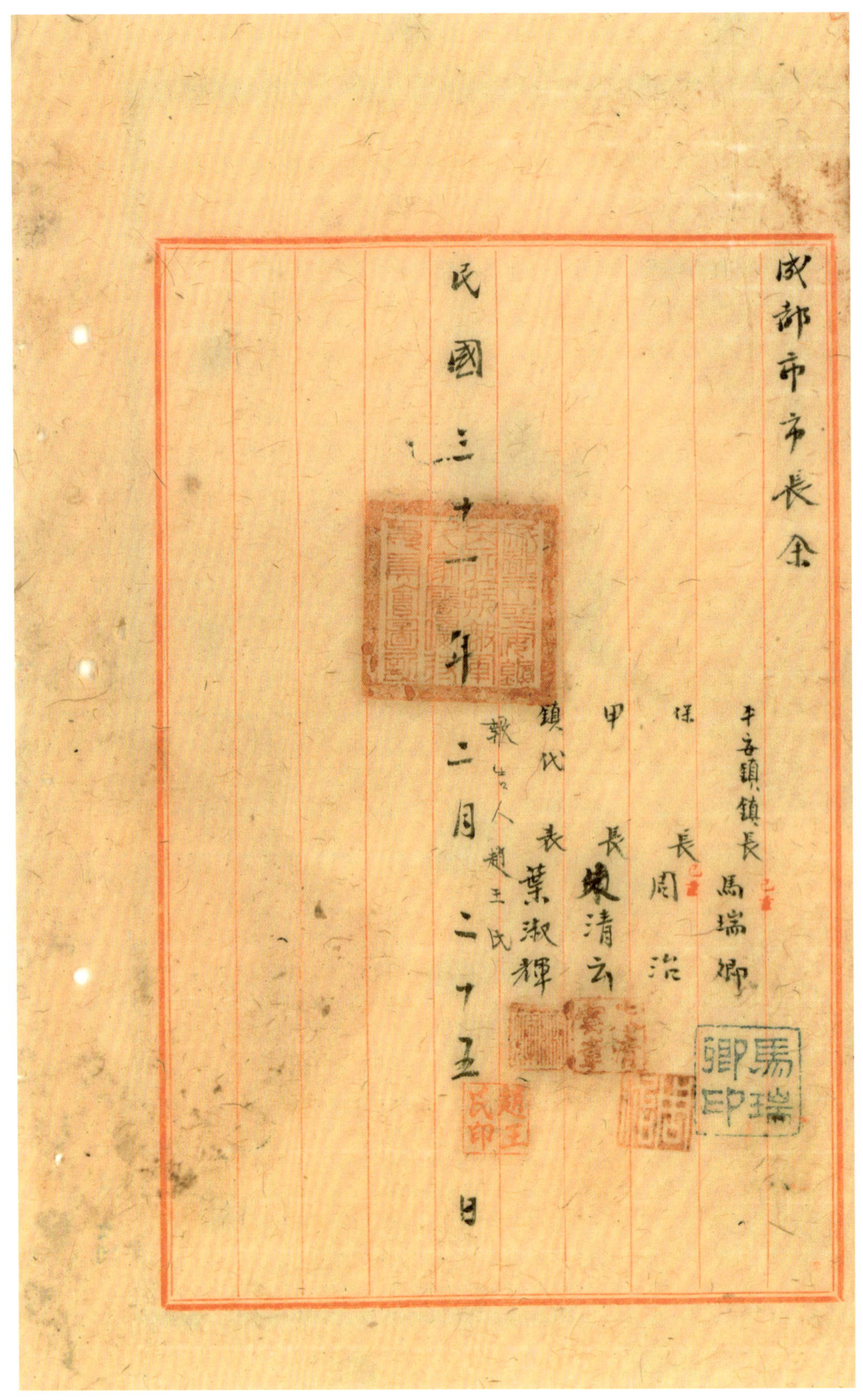

成都市市長余

中安鎮鎮長 馬瑞卿

保長 周治

甲長 陳清云

鎮代表 葉淑輝

報告人 趙王氏

民國三十一年二月二十五日

成都市政府关于办理赵双全遗族抚恤手续致赵王氏的批示（一九四二年三月十七日）

成都市政府稿

文别	批示
送達機關	五福街二十三號趙王氏
事由	爲子趙雙全陣亡請予撫卹一案
類別	
附件	

批示 遵照由

市長 三、十七、

秘書長 三、十七、 秘書 三、十七、 科長 三、十七 股長 三月十七 主任 科員 辦事員 三、十六、

中華民國 年 三月四日 時收文 三月五日 時交辦 三月六日 時擬稿 月 日 時核稿 月 日 時判行 三月十日 時繕寫 三月十日 時校對 月 日 時蓋印 月 日 時歸檔 月 日 時封發

收文發文相距 日 時

收文 字第 號

發文 社字第 號

檔案 字第 號

新14 趙双全

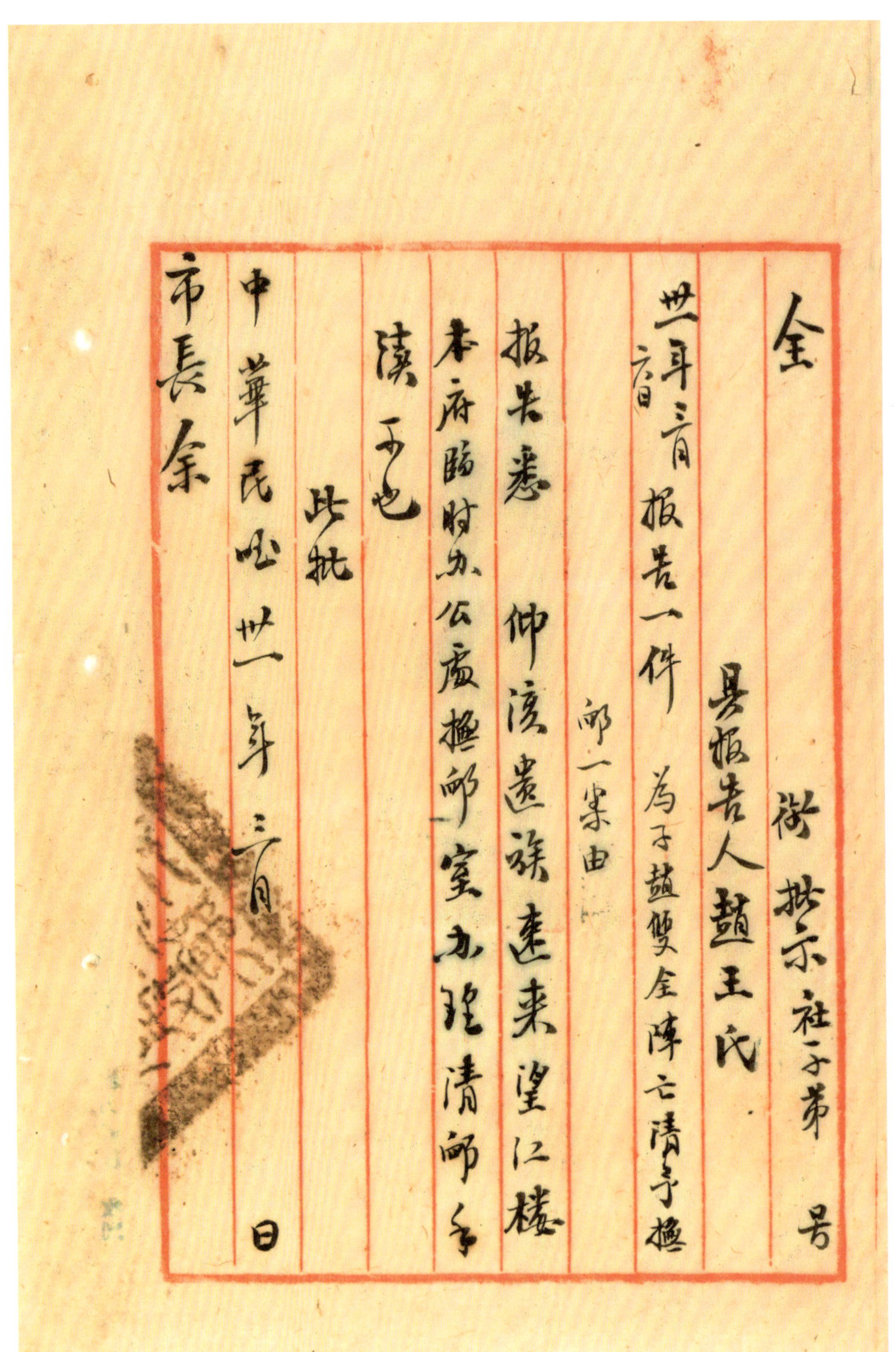

令　　　　衔　批示　社一子第　　号

具报告人趙王氏

卅年三月　日报告一件　為子趙雙全陣亡請予撫

卹一案由

報告悉　仰該遺族速來望江樓

本府臨時辦公處撫卹室辦理請卹手

續可也

此批

中華民國卅一年三月　　日

市長余

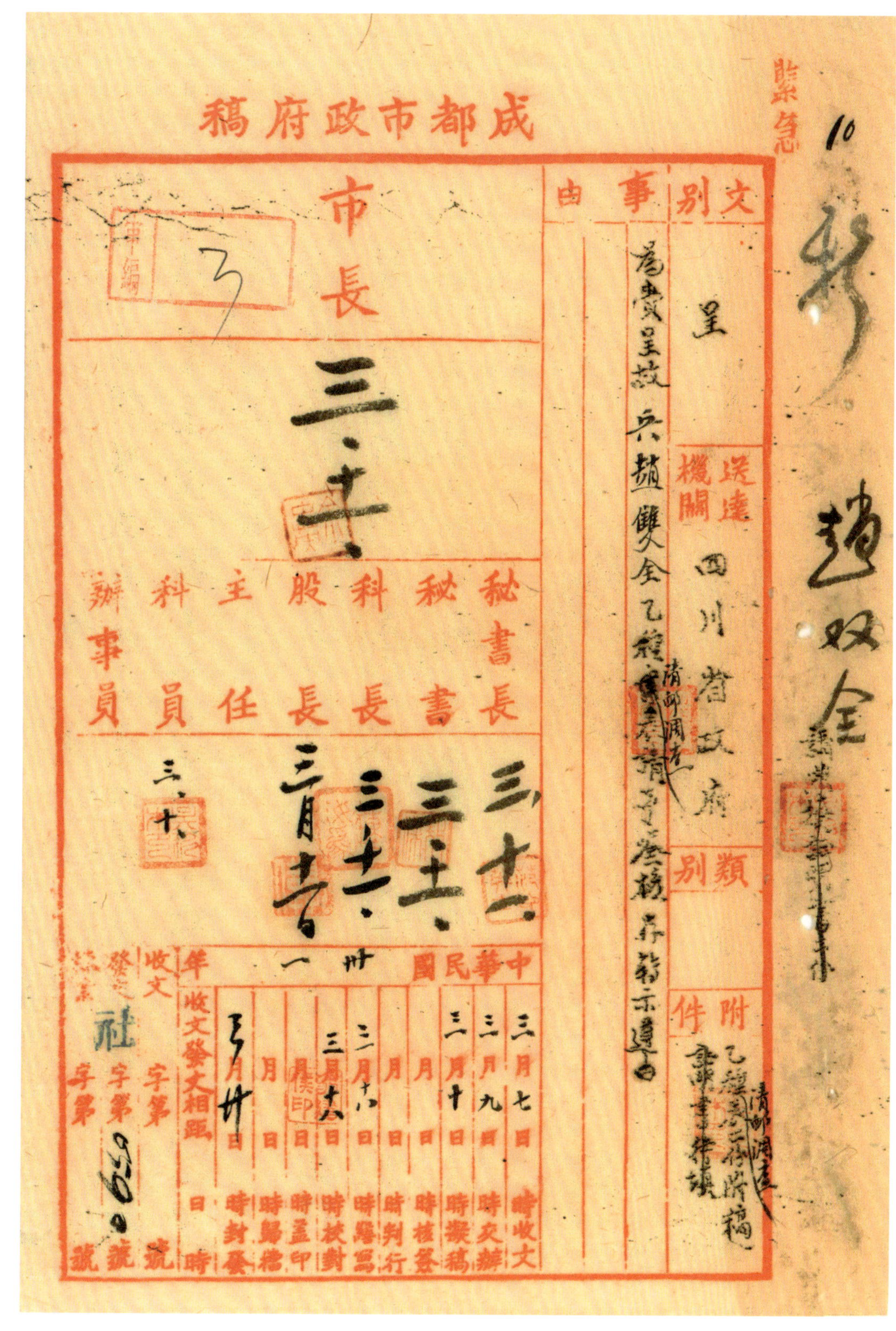

成都市政府稿

紧急

赵双全

文别：呈

事由：为发呈故兵赵双全乙种请恤调查表请予鉴核存转示遵由

送达机关：四川省政府

类别

附件：乙种调查表二份附稿

市长：三、廿一

秘书长　科长　股长　主任　科员　办事员

三、廿　三、廿　三月廿日　三、十八

中华民国卅一年

三月七日	时收文
三月九日	时交办
三月十日	时拟稿
月　日	时核签
月　日	时判行
三月十八日	时缮写
三月十九日	时校对
月　日	时盖印
月　日	时归档
三月廿日	时封发
收文发文相距　日	时

收文　字第　号

发文　社字第950号

字第　号

成都市政府关于请予鉴核存转故兵赵双全乙种请恤调查表致四川省政府的呈（一九四二年三月二十日）

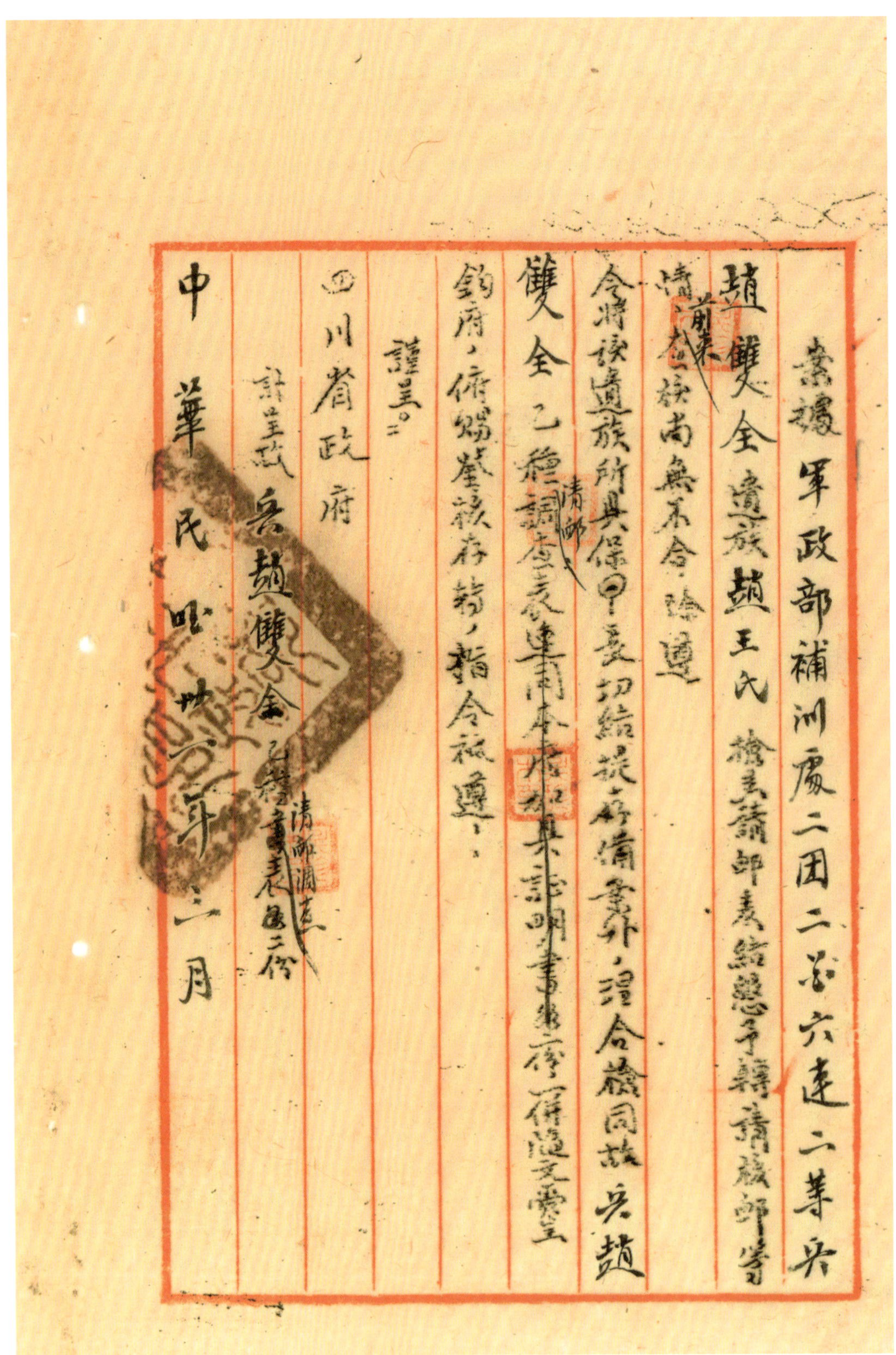

案據軍政部補訓處二團二營六連一等兵趙雙全遺族趙王氏檢呈請卹表結懇予轉請核卹等情。前來。核尚無不合，除遵令將該遺族所具保甲長切結提存備案外，理合檢同故兵趙雙全乙種請卹調查表連同本府加具証明書各一份備文賫呈鈞府俯賜鑒核存轉，指令祇遵。

謹呈。

四川省政府

計呈：故兵趙雙全乙種請卹調查表、証明書各二份

中華民國卅六年二月

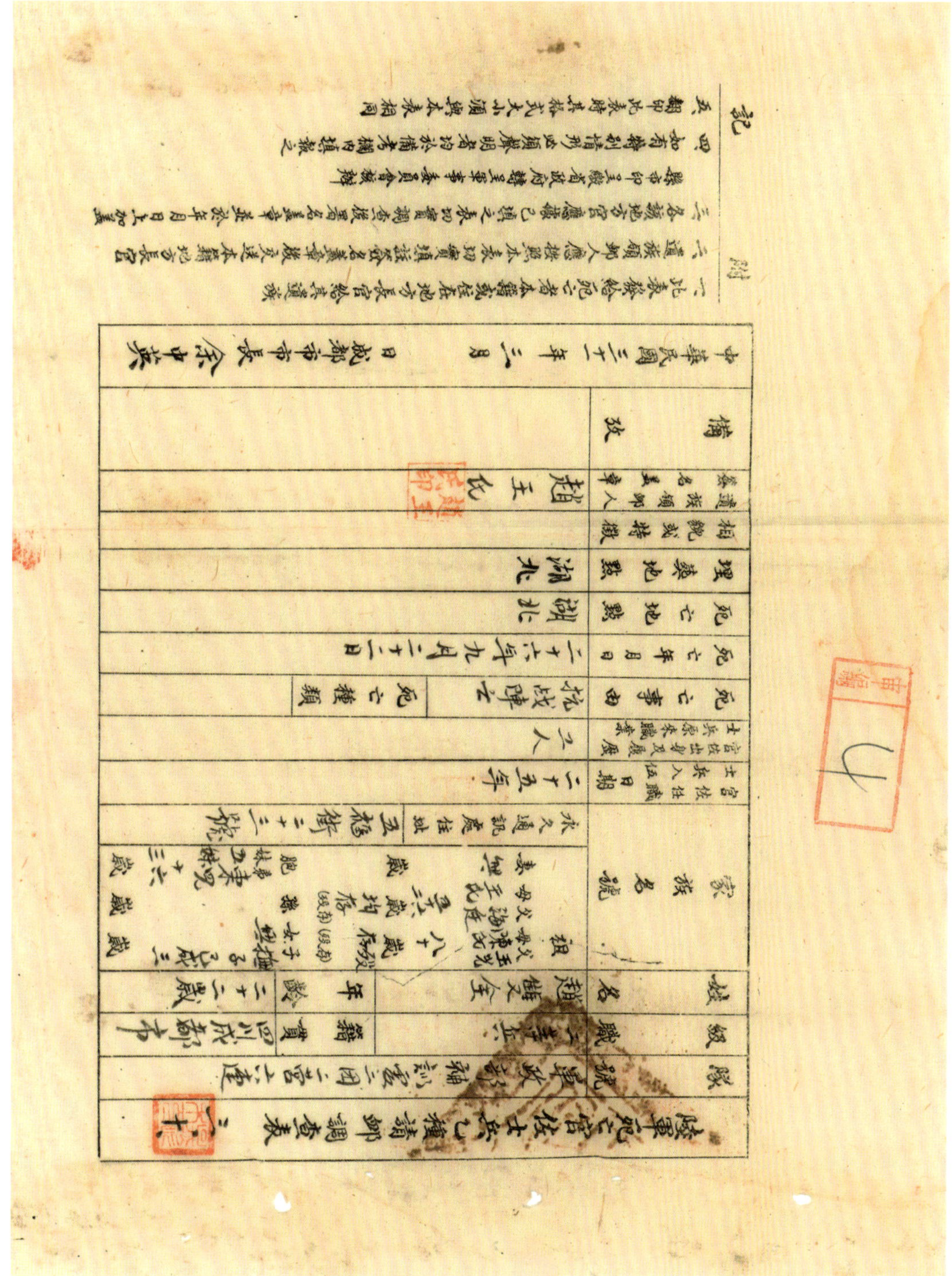

陸軍死亡官佐士兵乙種請卹調查表

姓名	趙雙全
籍貫	四川成都市
年齡	二十二歲
官佐任職 士兵入伍 日期	二十五年
死亡事由	抗戰陣亡
死亡年月日	二十六年九月二十二日
死亡地點	湖北
埋葬地點	湖北
遺族領卹人姓名	趙王氏

中華民國三十一年三月 日

成都市市長 余中英

附：故兵赵双全陆军死亡官佐士兵乙种请恤调查表

成都市第一四区第二保保长、甲长关于赵双全遗族确系属实的保结（一九四二年三月）

具保結保長周治、甲長朱清雲今向

成都市政府保得故趙雙全遺族祖父玉光年　歲歿

祖母陳氏年八十　歲存父海廷年五十六歲存母王氏年

五十二歲存妻無氏年　歲子（撫子）己成年三歲女無年

歲弟東兒年十六歲妹五妹年十二歲確係屬實

倘有捏報朦蔽等情弊一經查出保甲長甘受懲處並該遺族以

後如有變更仍當隨時報告所保是實須至保結者

成都市第西區第二保保長周治

具保結人成都市第西區第二保第（二之）甲甲長朱清雲

族長　　住　　街第　　號

中華民國三十壹年三月　日

成都市政府关于奉令核办故兵赵双全乙种调查表致赵王氏的通知（一九四二年五月二十日）

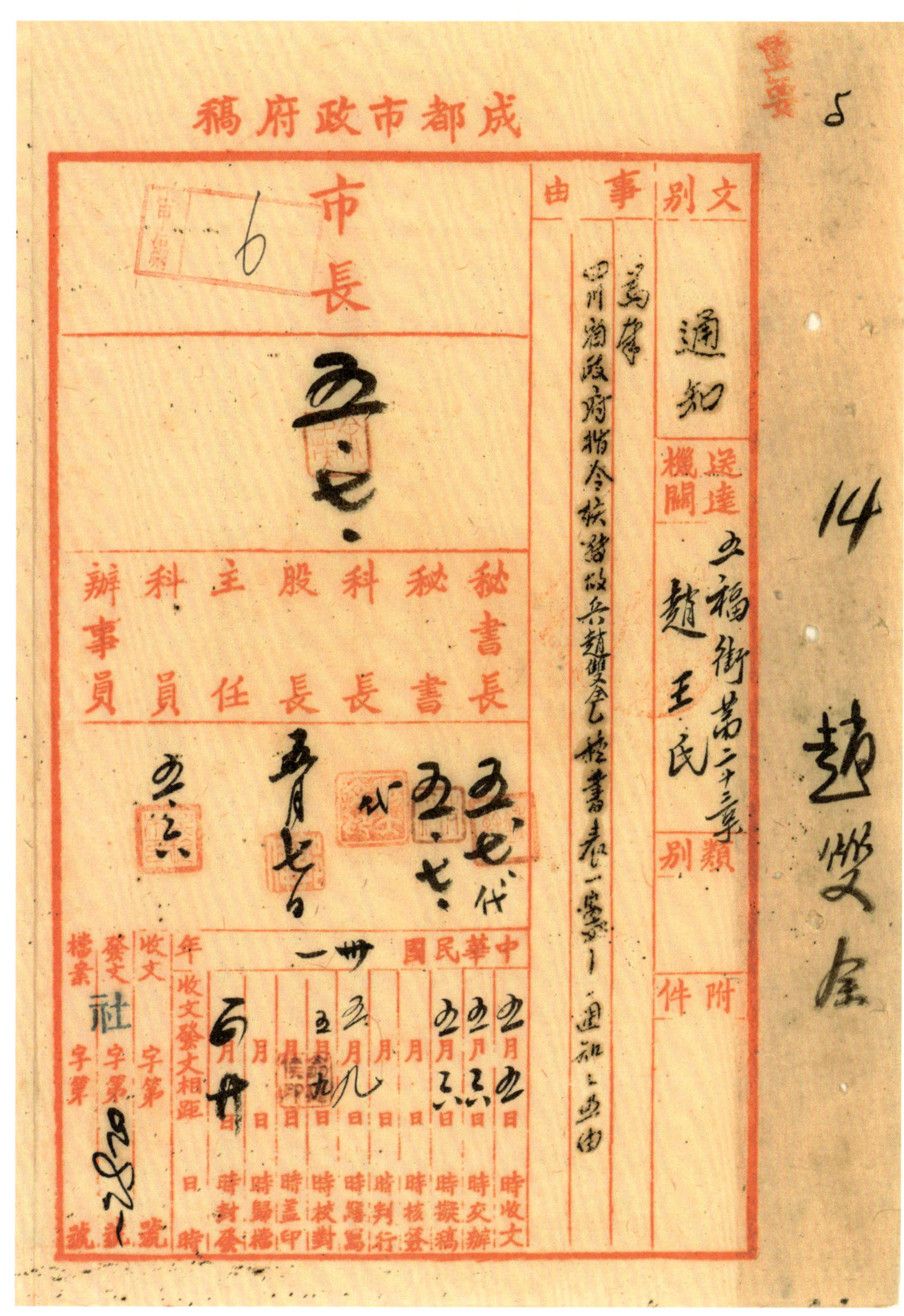

成都市政府稿

文别	通知
事由	爲奉四川省政府指令核發故兵趙雙全乙種調查表一案通知查照由
送達機關	五福街第二十三號 趙王氏
類別	
附件	

市長 五.七.

秘書長 五.七. 秘書 五.七. 科長 五月七日 股長 主任 科員 辦事員 五.六.

中華民國卅一年 五月 日

收文 五月 日 時；交辦 五月二十日 時；擬稿 五月二十日 時；核簽 月 日 時；判行 月 日 時；繕寫 五月 日 時；校對 五月九日 時；蓋印 月 日 時；歸檔 月 日 時；封發 五月廿日 時

收文發文相距 日 時

收文 字第 號

發文 社字第 282 號

檔案 字第 號

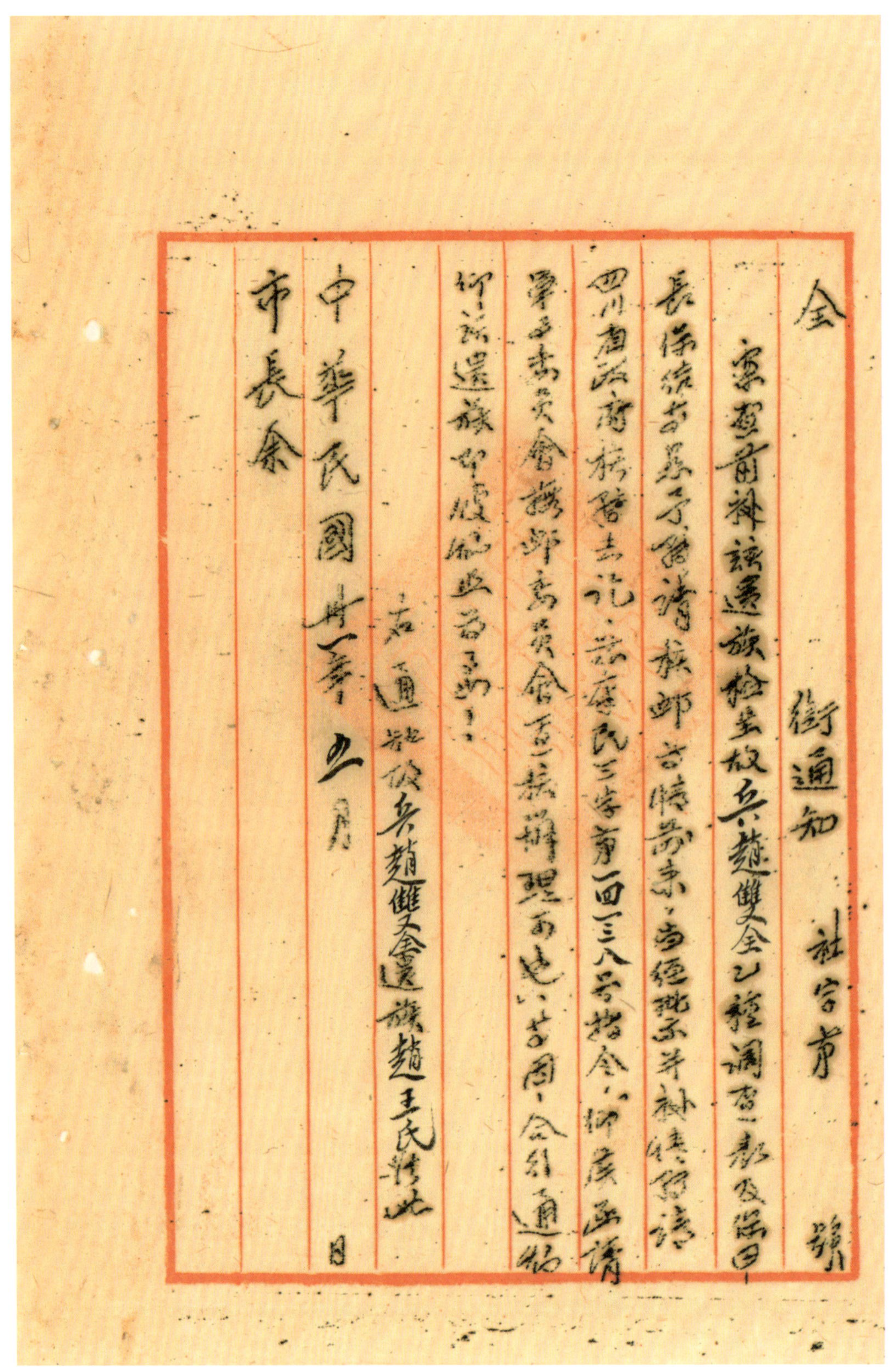

令　　街通知　社字第　號

案查前據該遺族檢呈故兵趙雙全之證明書一份及保甲
長保結各一份，呈請撫卹，當經據情轉請
四川省政府核轉去訖。茲奉民三字第一四三八號指令："仰候函請
軍委會撫卹委員會查照辦理可也。"等因。合行通飭
仰該遺族即便知照為要。

右通知故兵趙雙全遺族趙王氏准此

中華民國卅一年五月　日

市長余

成都市政府所属吴珍木关于故兵赵双全乙种请恤表所载队号不详调查情形的签呈

（一九四二年八月十八日）

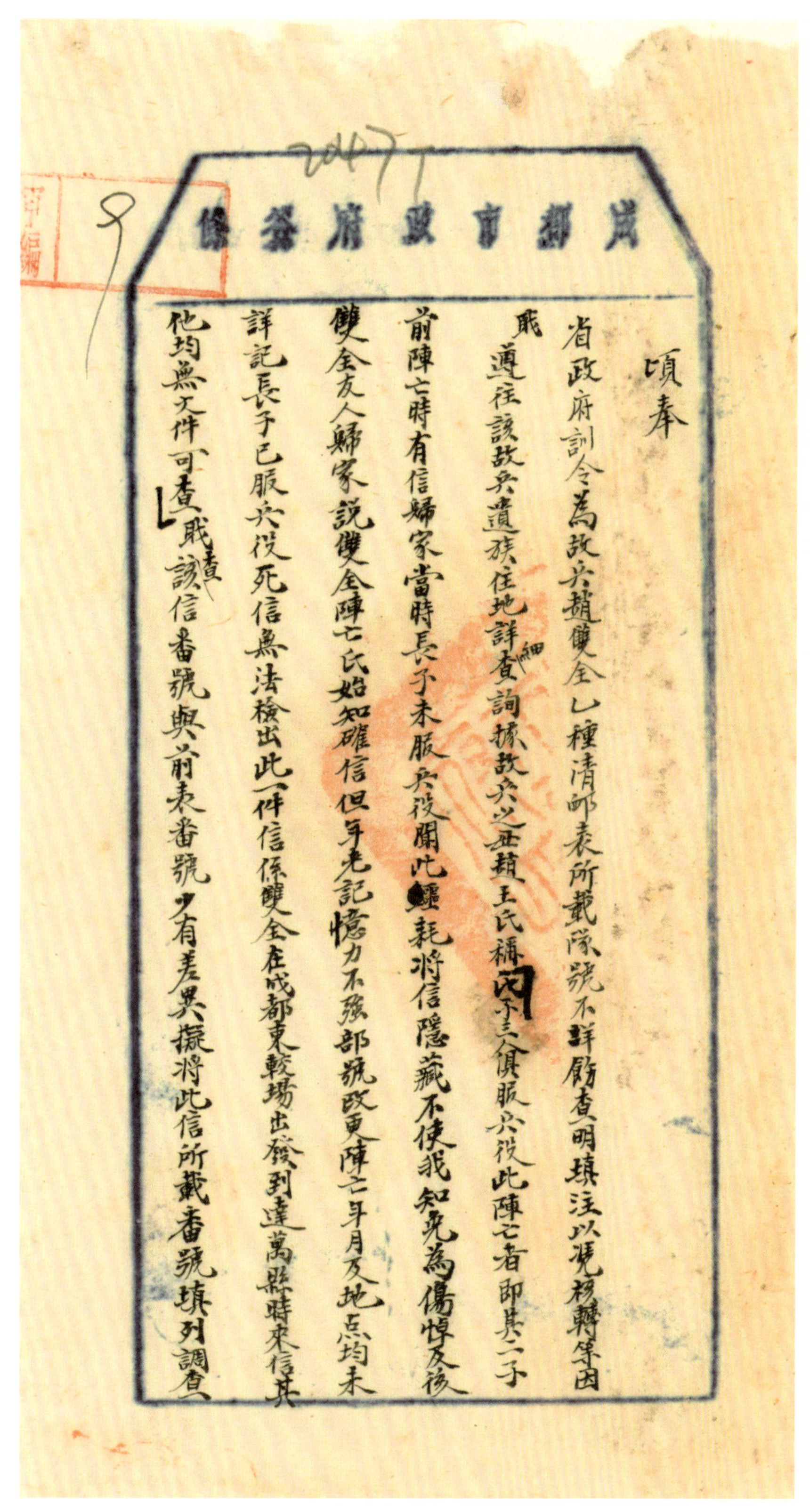

成都市政府簽條

頃奉

省政府訓令為故兵趙雙全乙種請卹表所載隊號不詳飭查明填注以憑核轉等因

職

遵往該故兵遺族住地詳細查詢據故兵之妻趙王氏稱伊子三人俱服兵役此陣亡者即其二子

前陣亡時有信歸家當時長子未服兵役聞此噩耗將信隱藏不使氏知免為傷悼及後

雙全友人歸家說雙全陣亡氏始知確信但年老記憶力不強部號改更陣亡年月及地點均未

詳記長子已服兵役死信無法檢出此一件信係雙全在成都東較場出發到達萬縣時來信其

他均無文件可查　職查該信番號與前表番號少有差異擬將此信所載番號填列調查

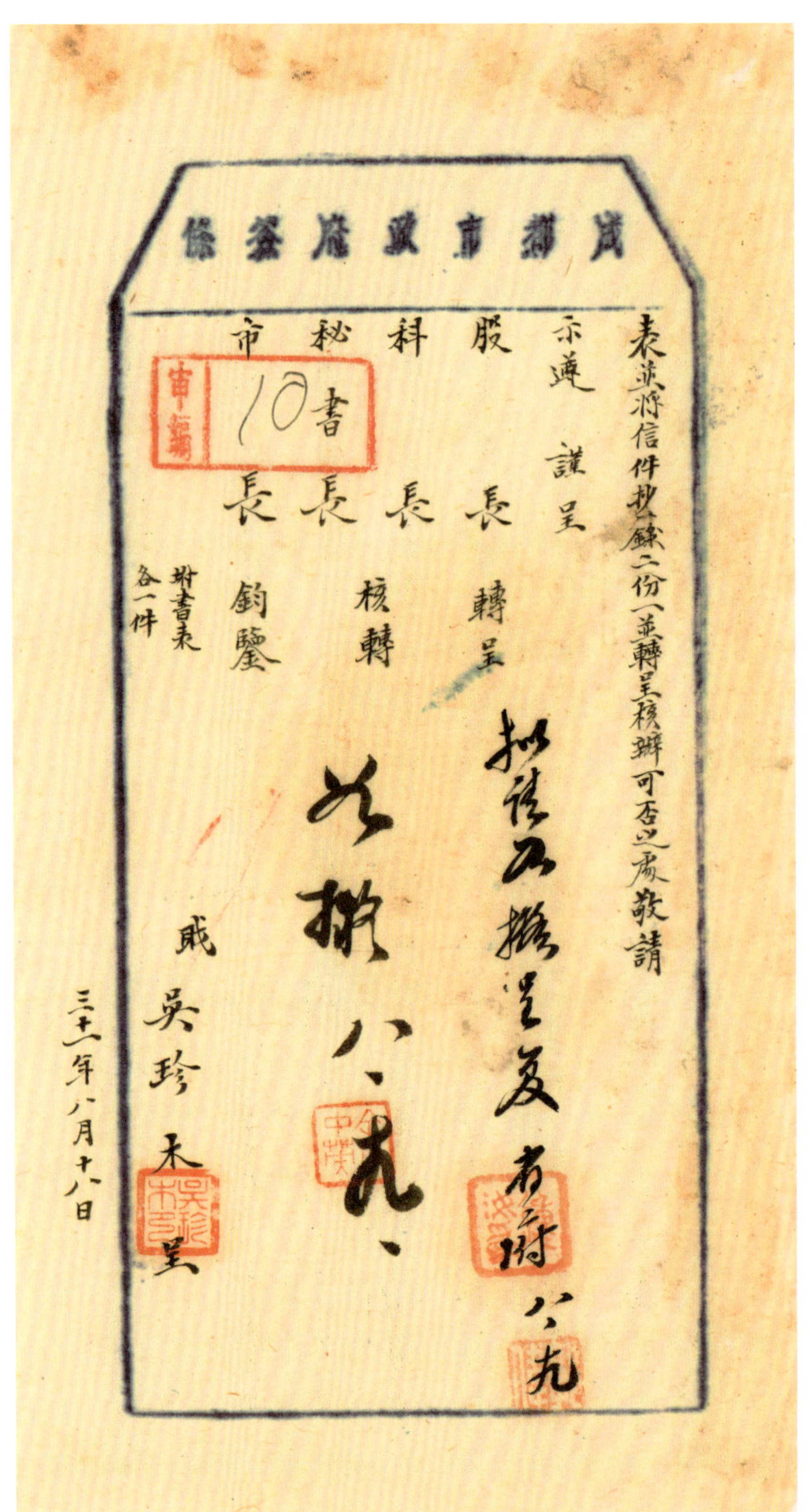
成都市政府簽條

表並將信件抄錄二份（並轉呈核辦可否之處敬請

示遵 謹呈

股長 轉呈

科長 核轉

秘書長

市長 鈞鑒

附書表各一件

職 吳珍禾 呈

三十一年八月十八日

擬復函擬呈复 甫 八、九

如擬 八、九、

成都市政府关于呈送故兵赵双全乙种调查表等致四川省政府的呈（一九四二年八月二十九日）

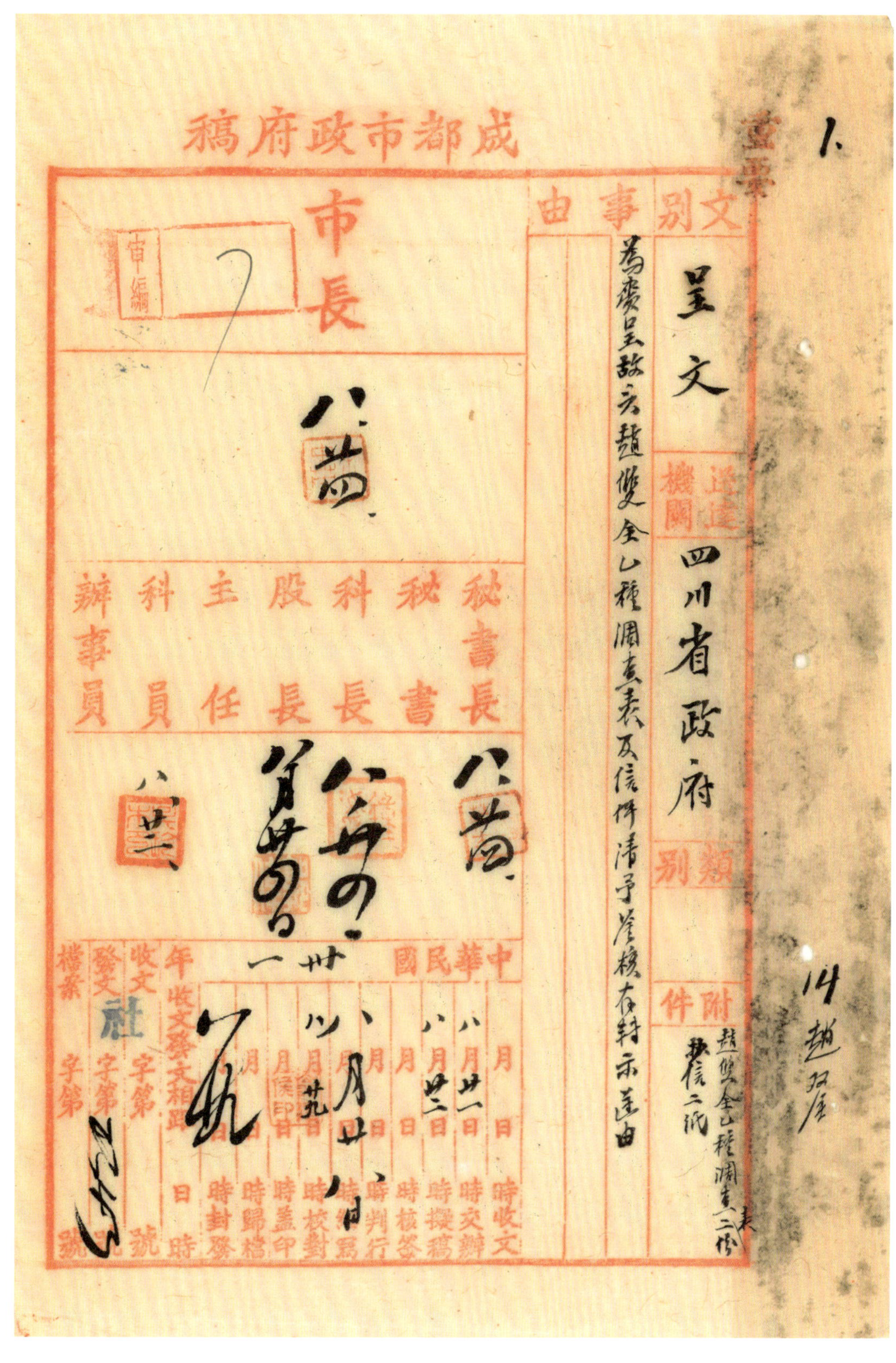
成都市政府稿

文别：呈文

事由：為賫呈故兵趙雙全乙種調查表及信件請予登核存轉示遵由

送達機關：四川省政府

附件：趙雙全乙種調查表二份、信二紙

案奉

鈞府卅一年七月廿日民三二字第二七四〇九號訓令為故兵趙雙全此種調查表所載該兵隊號軍政部補訓處不詳飭查明填注呈府以憑核轉等因奉此遵即派員查明去訖茲據該員報稱「轉飭故兵趙雙全遺族趙王氏稱『民子三人 云云 無文件可查』後查該兵在成都出發到萬縣時有信一件所載隊號與前撫表隊號少有差異茲呈備閱」等情前來查該遺族既無証明文件核呈致該兵詳細

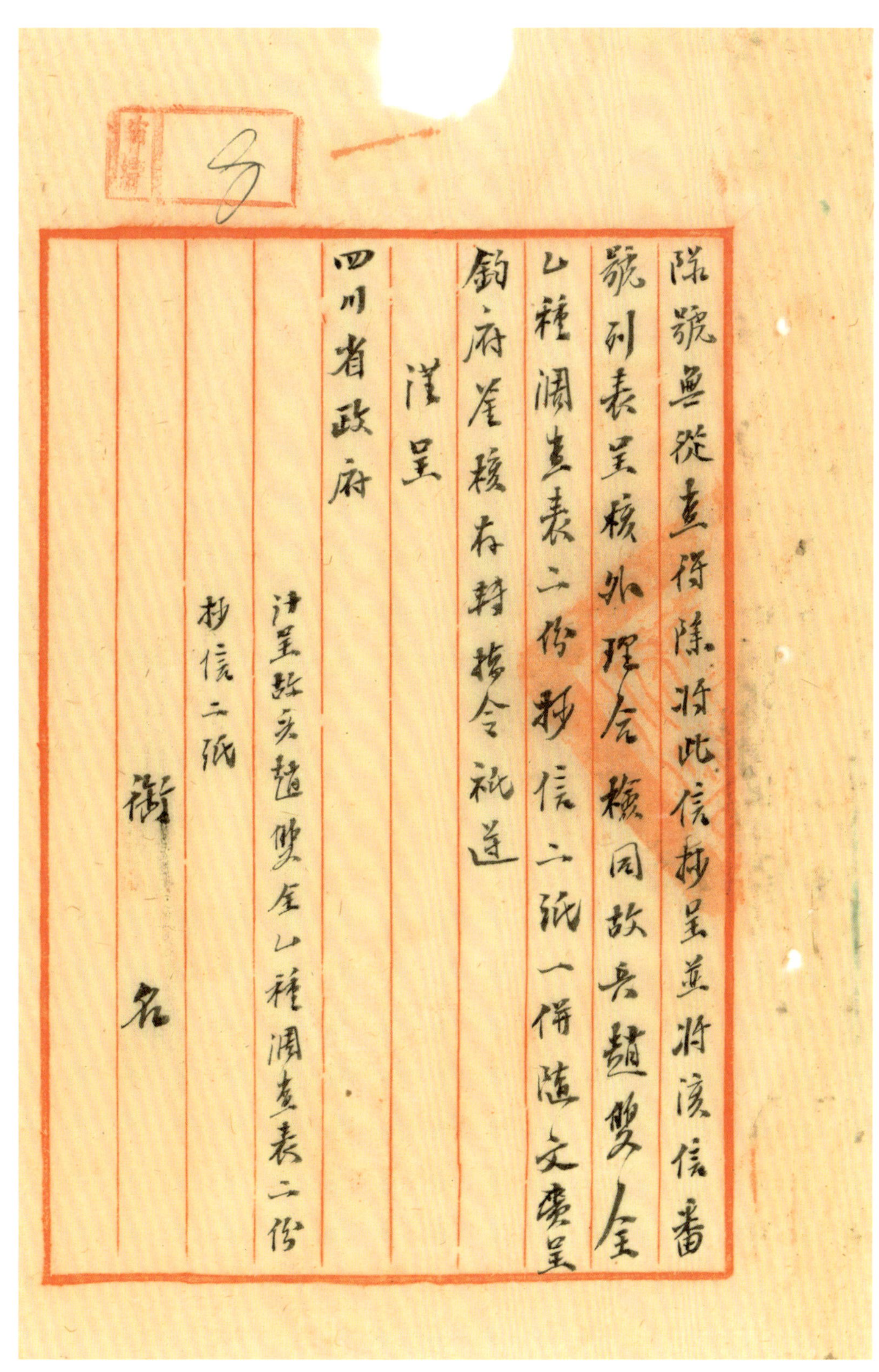

階號無從查得除將此信抄呈並將該信番
號列表呈核外理合檢同故兵趙雙全
山種調查表二份抄信二紙一併隨文賫呈
鈞府鑒核存轉指令祇遵

謹呈

四川省政府

計呈故兵趙雙全山種調查表二份

抄信二紙

銜　名

中華民國卅一年八月日

附：赵王氏关于赵双全一次恤金、第一年恤金及加倍恤金的抚恤金领据、具领恤金保证书（一九四三年七月）

撫卹委員會第三處存根

撫卹金副領據

茲領到

部隊機關番號 軍政部蘇川補充訓練二團六連 階級 六等兵 職務 姓名 趙雙全 卹金種類 一次卹金

國幣 共壹百 元

右款業已照數領訖此據

軍事委員會撫卹委員會第三處 查照

領卹人 趙王氏

中華民國三十二年七月 日

字第 號

此聯轉報軍政部核轉

撫卹金正領據

茲領到

部隊機關番號 軍政部蘇川補充兵訓練團六連 階級 六等兵 職務 姓名 趙雙全 卹金種類 一次卹金

國幣 共壹百 元

右款業已照數領訖此據

軍事委員會撫卹委員會第三處 查照

領卹人 趙王氏

中華民國三十二年七月 日

具領卹金保證書

保證人王裕興今保證領卹人趙王氏確係已故

部隊機關番號 軍政部補充兵訓練處四團六連 階級 二等兵 職務 姓名 趙鐘文 仝

之遺族茲遵照 國民政府軍事委員會撫卹委員會 字第六五六三九號卹金給與令核准給與該遺族卹金 百 元整令由該遺族向 鈞會第三處如數領訖具領後如有發生爭議保證人願照 鈞會請領卹金須知第六條之規定負法律上一切責任此證

謹呈

國民政府軍事委員會撫卹委員會

保證人 姓名 王裕興 蓋章 住址籍貫 成都 職業或職務 茶舖（書店東通）

領卹人 姓名 趙王氏 蓋章 趙王氏印 籍貫住址 成都東福街（店鋪營業名稱） 與故兵之關係 母子

其他遺族姓名及關係 [illegible]

中華民國三十一年八月 日

成都市市長 余中英

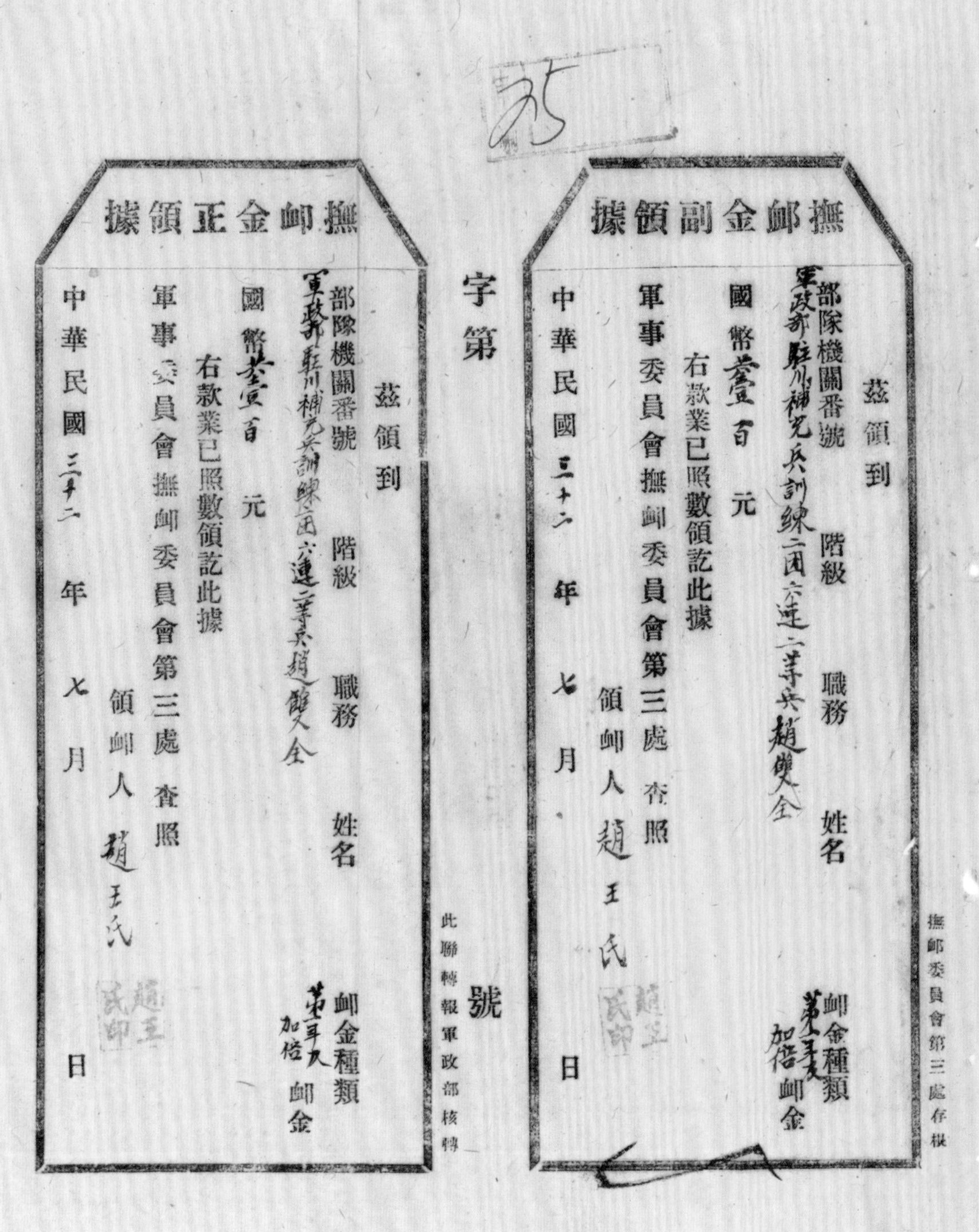

撫卹委員會第三處存根

撫卹金副領據

兹領到

部隊機關番號 軍政部駐川補充兵訓練二团六連 階級 二等兵 職務 姓名 趙俊人全 卹金種類 第一年及加倍卹金

國幣叁百元

右款業已照數領訖此據

軍事委員會撫卹委員會第三處 查照

領卹人 趙王氏 趙王氏印

中華民國三十二年七月日

字第 號

此聯轉報軍政部核轉

撫卹金正領據

兹領到

部隊機關番號 軍政部駐川補充兵訓練二团六連 階級 二等兵 職務 姓名 趙俊人全 卹金種類 第一年及加倍卹金

國幣叁百元

右款業已照數領訖此據

軍事委員會撫卹委員會第三處 查照

領卹人 趙王氏 趙王氏印

中華民國三十二年七月日

具領卹金保證書

保證人王裕興　今保證領卹人　確係已故
部隊機關番號軍政部駐川補充兵訓練處第六連二等　階級　職務　姓名趙燮全
之遺族　茲遵照
國民政府軍事委員會會撫字第三五六六九號卹金給與令核准給與該
故兵年卹金國幣六壹百元整令由該遺族向
鈞會第三處如數領訖具領後如有發生爭議保證人願照
鈞會請領卹金須知第六條之規定負法律上一切責任此證
謹呈
國民政府軍事委員會撫卹委員會

保證人（姓名）王裕興（蓋章）　（店鋪營業資本金額）任仟元　（職務或職業）茶舖　（籍貫住址）
（店鋪書柬）
領卹人（姓名）趙王氏（蓋章）　（籍貫住址）五福街二三號　與故兵之關係母子
其他遺族姓名及關係

成都市市長余中英

中華民國三十二年一七月　日

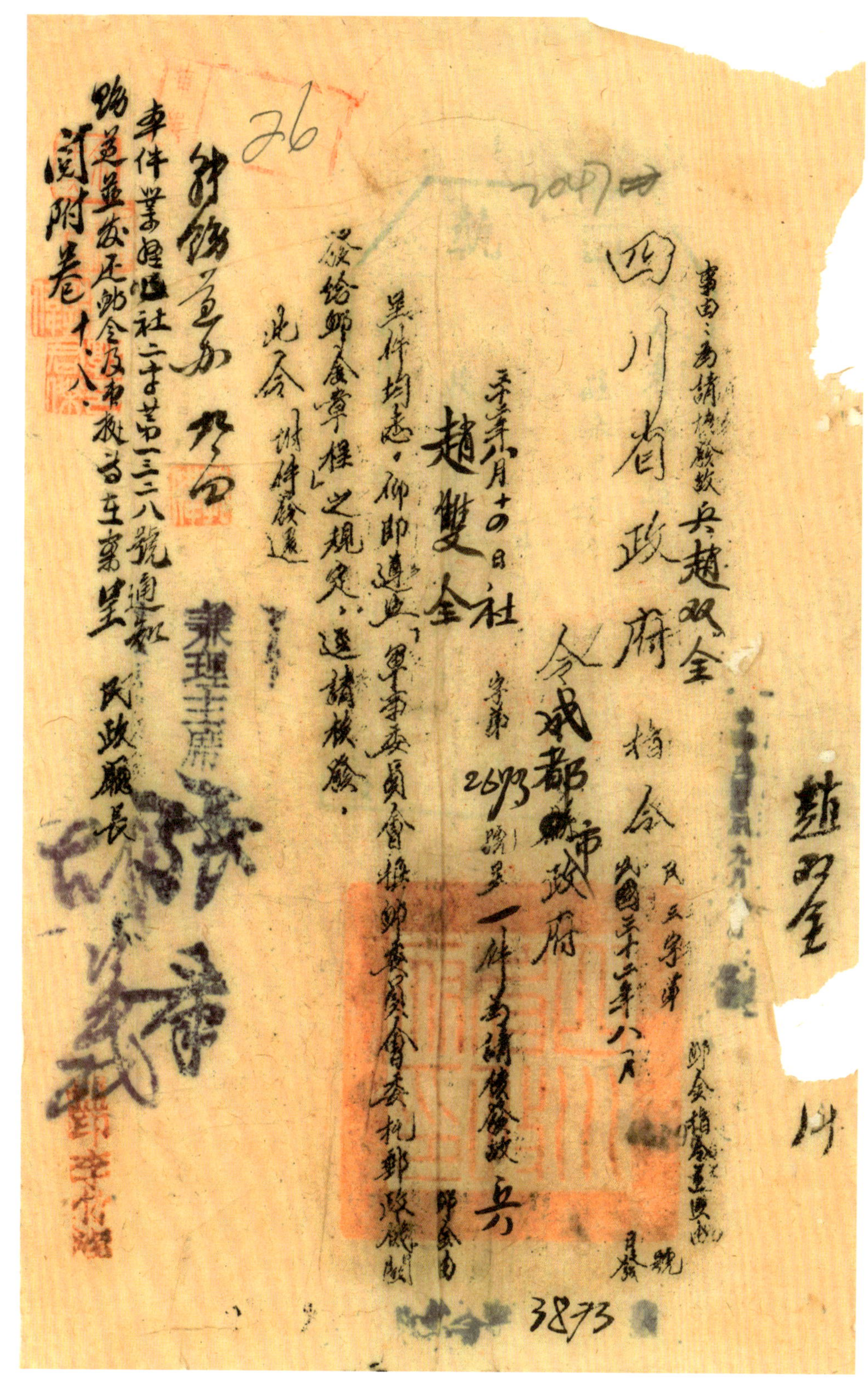

四川省政府指令

令成都市政府

兼理主席

民政厅长

四川省政府关于准予核发故兵赵双全恤金致成都市政府的指令（一九四三年九月八日收）

赵王氏关于收到成都市政府派送恤令的回执（一九四三年十月九日）

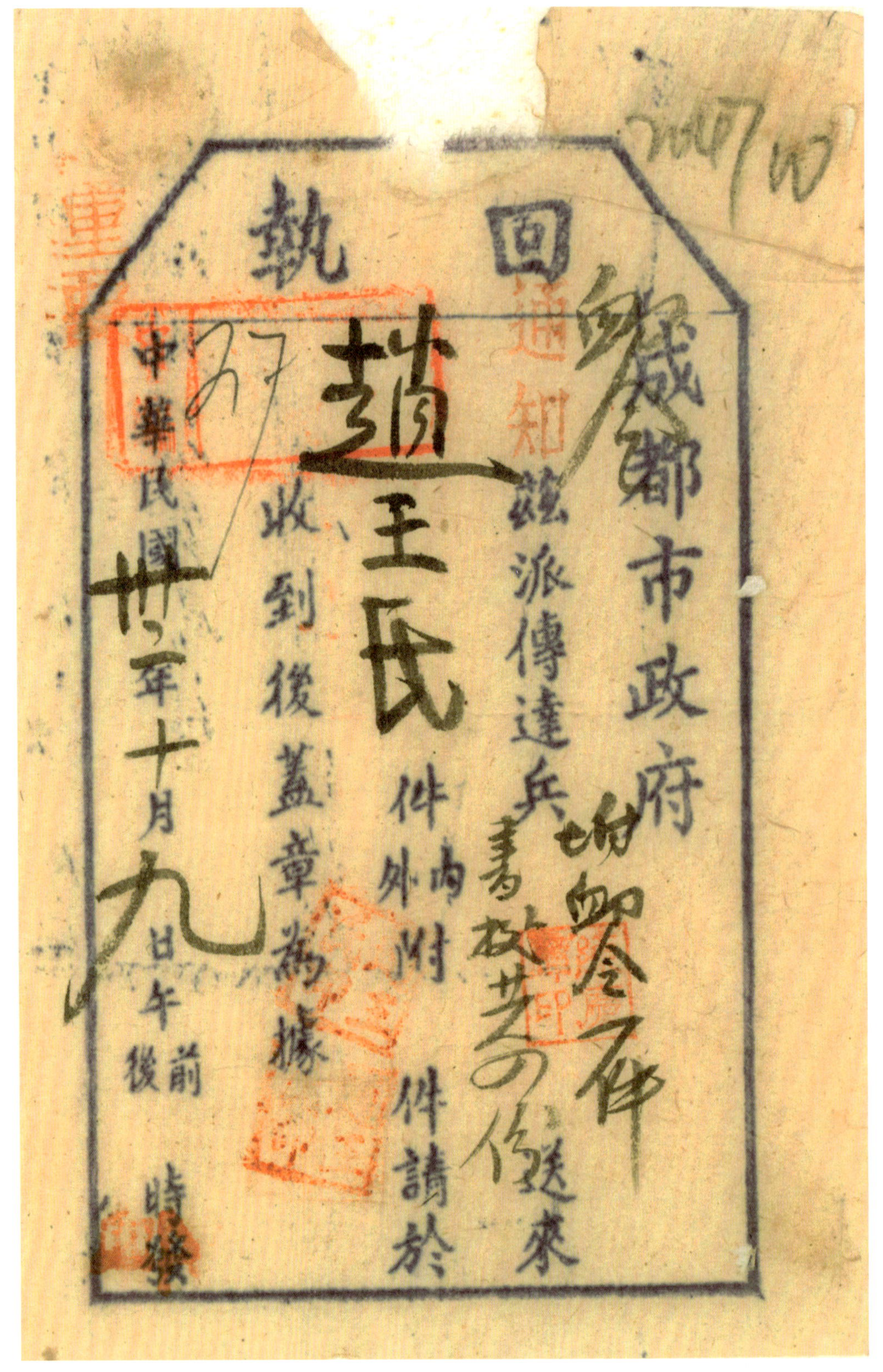

回執

通知

成都市政府卹令一件

經派傳達兵書校芳送來

件內附 件請於

趙王氏

收到後蓋章為據

中華民國卅二年十月九日午前/午後 時發

十九、赵兴诚

成都市政府关于请予鉴核存转故士赵兴诚乙种请恤调查表致四川省政府的呈（一九四二年五月二十七日）

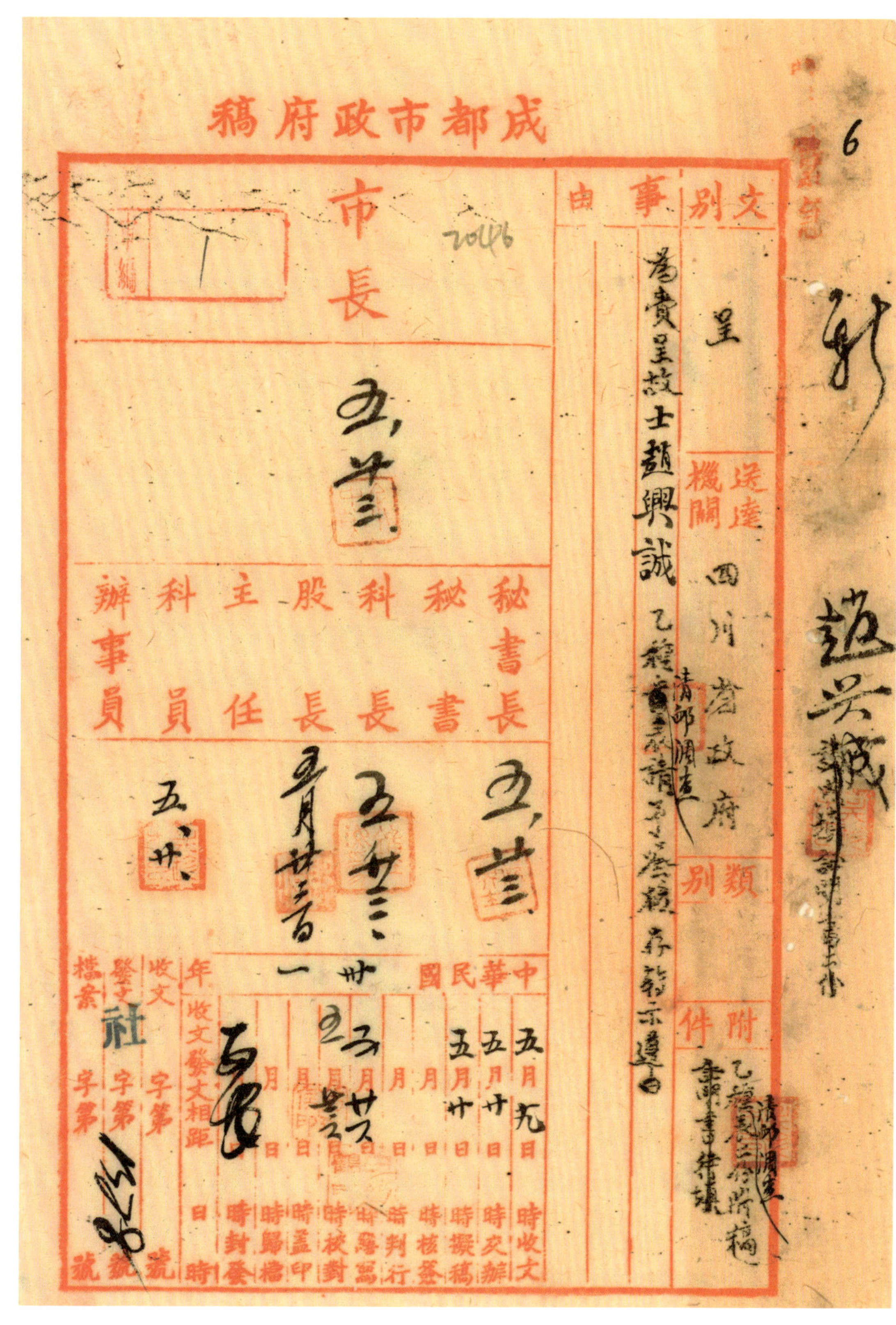

成都市政府稿

市長

文別	呈
事由	為賣呈故士趙興誠乙種請恤調查表請予鑒核存轉示遵由
送達機關	四川省政府
類別	
附件	乙種調查表三份附稿

秘書長	科長	股長	主任	科員	辦事員

中華民國 年 月 日

收文	交辦	擬稿	核簽	判行	繕寫	校對	蓋印	歸檔	封發	收文發文相距
五月九日 時	五月廿日 時	五月廿日 時	月 日 時	月 日 時	月 日 時	月 日 時	月 日 時	月 日 時	月 日 時	日 時

收文 字第 號

發文 字第 號

檔案 字第 號

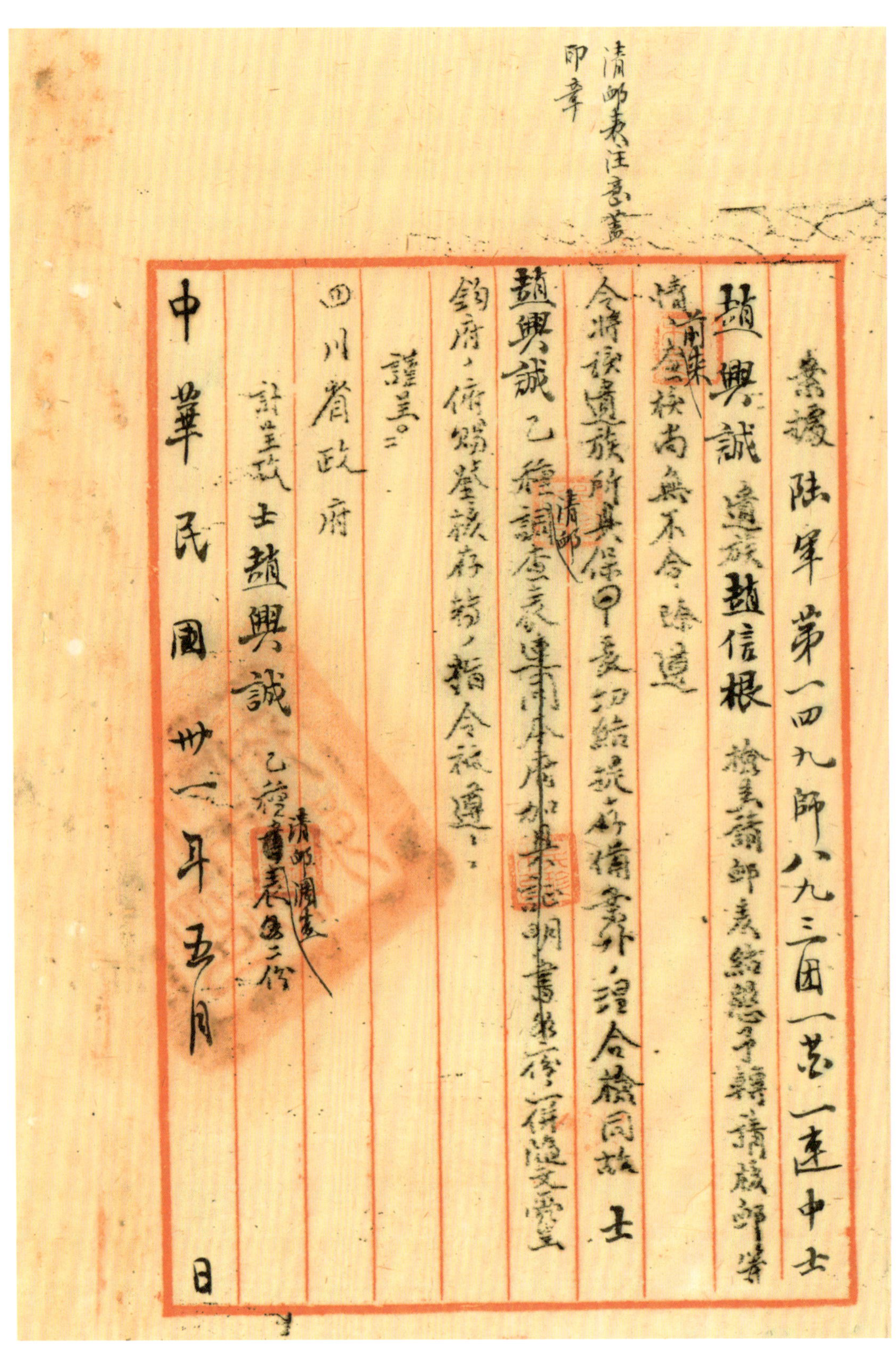

清郵表注意蓋印章

案據陸軍第一四九師八九三團一營一連中士趙興誠遺族趙信根檢表請郵表結懇予轉請核卹等情。前來。核尚無不合，除遺令將該遺族所具保甲長切結統存備案外，理合檢同該士趙興誠乙種調查表連同本府加具證明書各一份一併隨文賫呈

鈞府，俯賜鑒核存轉，指令祇遵。

謹呈

四川省政府

附呈故士趙興誠乙種調查表各二份

中華民國卅一年五月　日

附：故士赵兴诚陆军死亡官佐士兵乙种请恤调查表

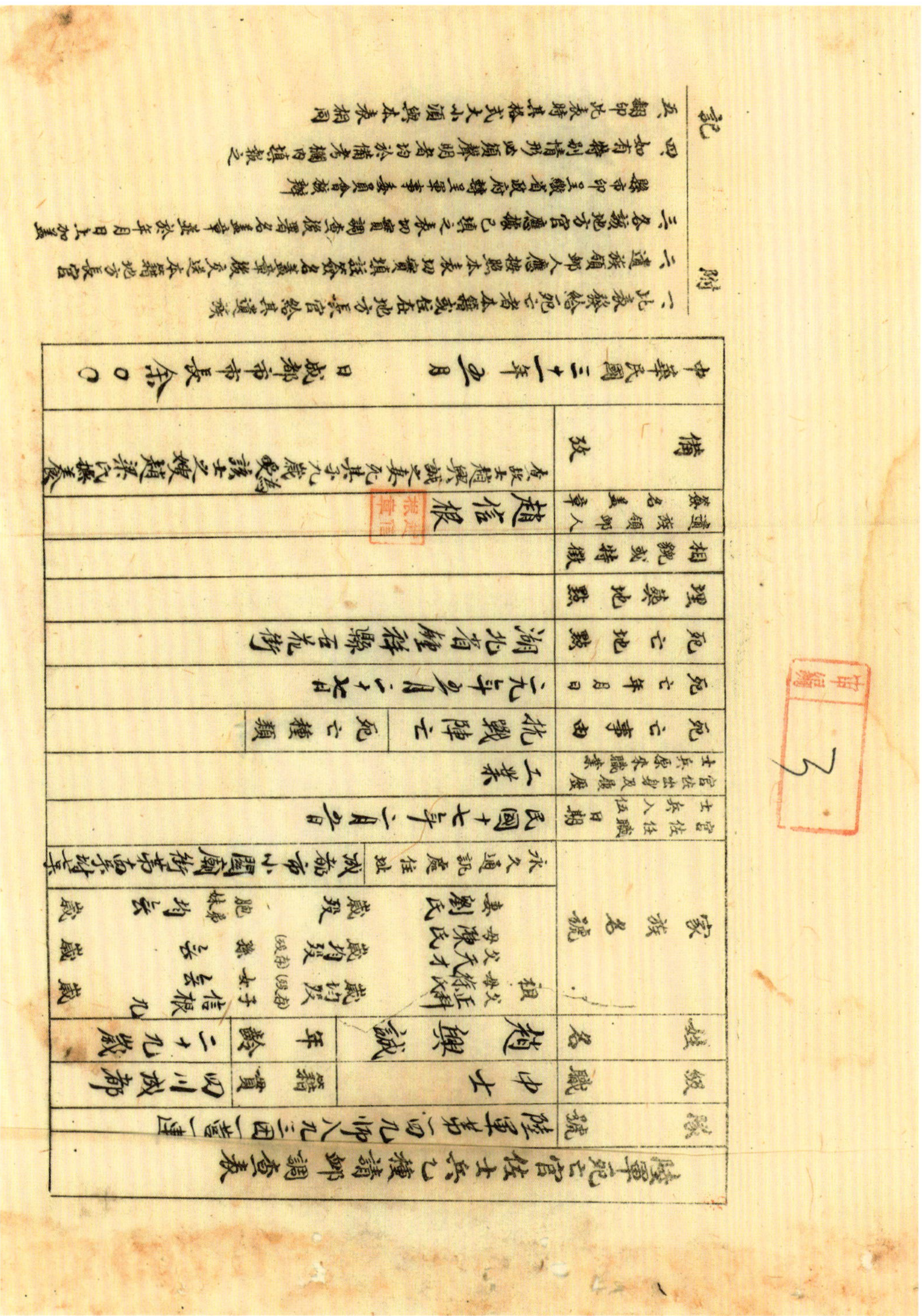

陸軍死亡官佐士兵乙種請卹調查表

部隊番號	陸軍第四〇九師八九三團一營一連
級職	中士
籍貫	四川成都
姓名	趙興誠
年齡	二十九歲
家族名號	祖 [illegible]；父 陳天鑠 已故；母 [illegible]；妻 劉氏 [illegible] 歲；子 信根 [illegible] 歲
永久通訊處住址	成都市小關廟街[illegible]號
官佐士兵入伍任職日期	民國十七年二月六日
官佐出身及士兵原來職業	工業
死亡事由	抗戰陣亡
死亡種類	
死亡年月日	二九年五月二十七日
死亡地點	湖北省鍾祥縣石牌
埋葬地點	
相貌或特徵	
遺族領卹人姓名	趙信根
備考	查故士趙興誠之妻[illegible]其子九歲為該士之嫂趙梁氏撫養

中華民國三十一年五月 日 成都市市長 余〇〇

附記：

一、此表發給死亡者本籍或住在地方長官給其遺族

二、遺族領卹人應照此表切實填註簽名蓋章繳交該本籍地方長官

三、各該地方官應將已填之表切實調查後署名蓋章並於年月日上加蓋縣市印呈繳省政府轉呈軍事委員會撫卹

四、如有特別情形必須聲明者均於備考欄內填載之

五、關於此表時其格式大小須與本表相同

成都市第四区第一保保长、甲长关于赵兴诚遗族确系属实的保结（一九四二年五月）

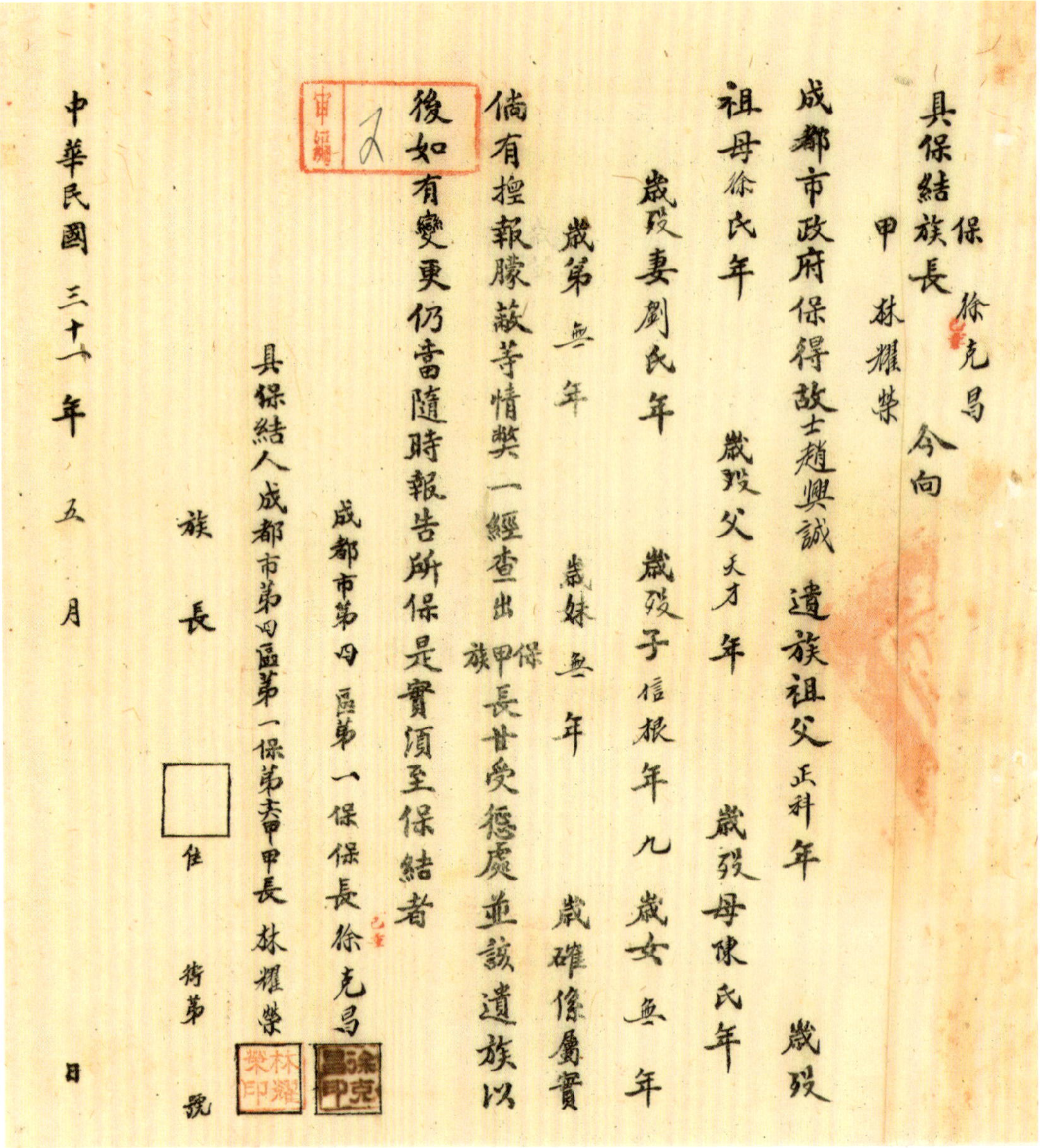

具保結保甲族長徐克昌林耀榮今向

成都市政府保得故士趙興誠遺族祖父正科年　歲歿

祖母徐氏年　歲歿父天才年　歲歿母陳氏年

歲歿妻劉氏年　歲歿子信根年九歲女無年

歲弟無年　歲妹無年　歲確係屬實

倘有捏報朦蔽等情弊一經查出保甲族長甘受懲處並該遺族以

後如有變更仍當隨時報告所保是實須至保結者

具保結人成都市第四區第一保保長徐克昌

成都市第四區第一保第六甲甲長林耀榮

族長

住　街第　號

中華民國三十一年五月　日

成都市政府关于奉令核办故士赵兴诚乙种请恤表致赵信根的通知（一九四二年六月二十三日）

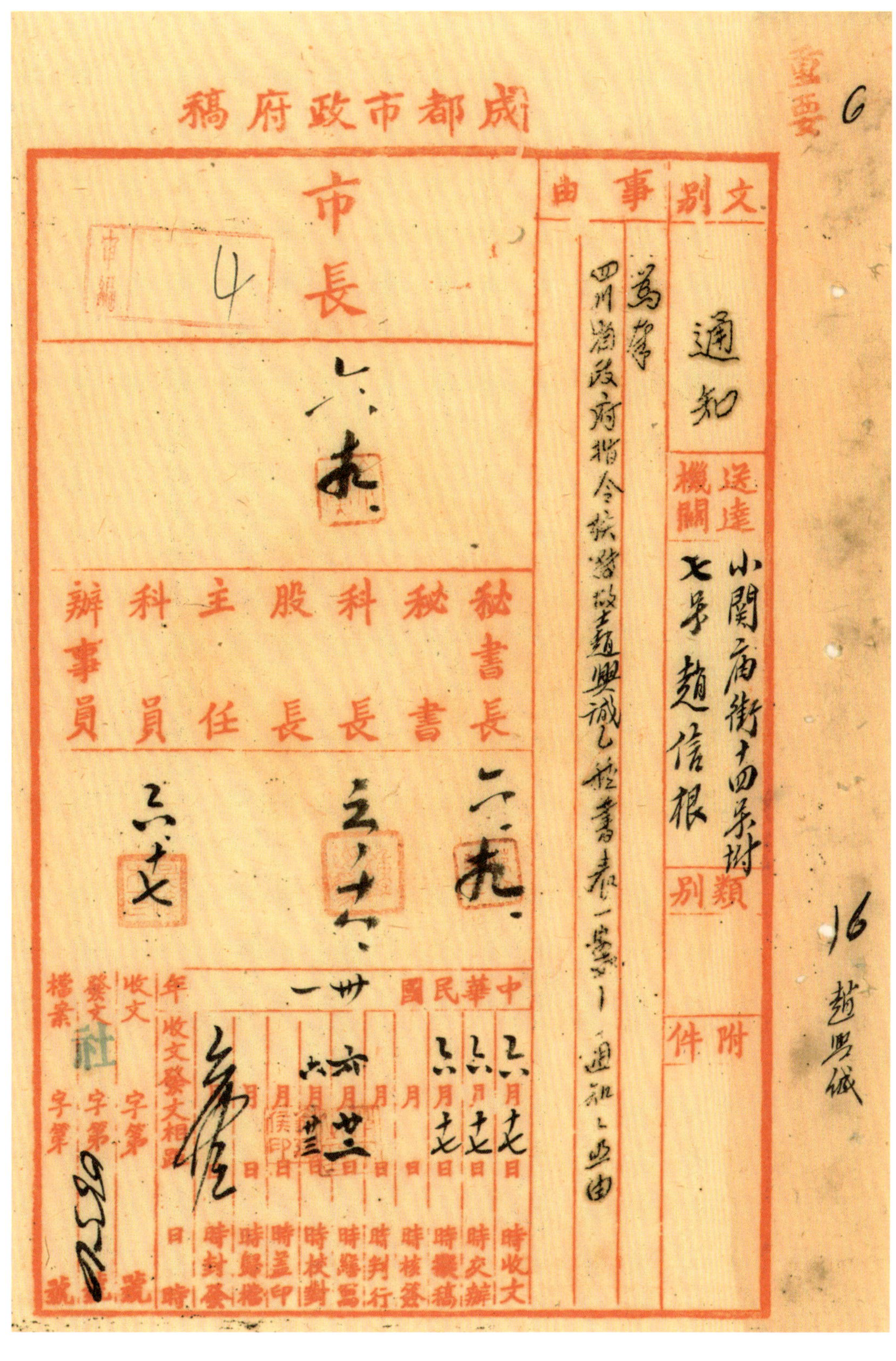
成都市政府稿

文别：通知

事由：为准四川省政府指令核发故士赵兴诚乙种书表一案一通知亦由

送达机关：小关庙街十四号附七号赵信根

市长：六、廿

秘书长：二、十九

科长：五、十六

办事员：六、十七

中华民国卅一年六月十七日收文　六月十七日交办　六月十七日拟稿　六月廿三日缮写

16　赵兴诚

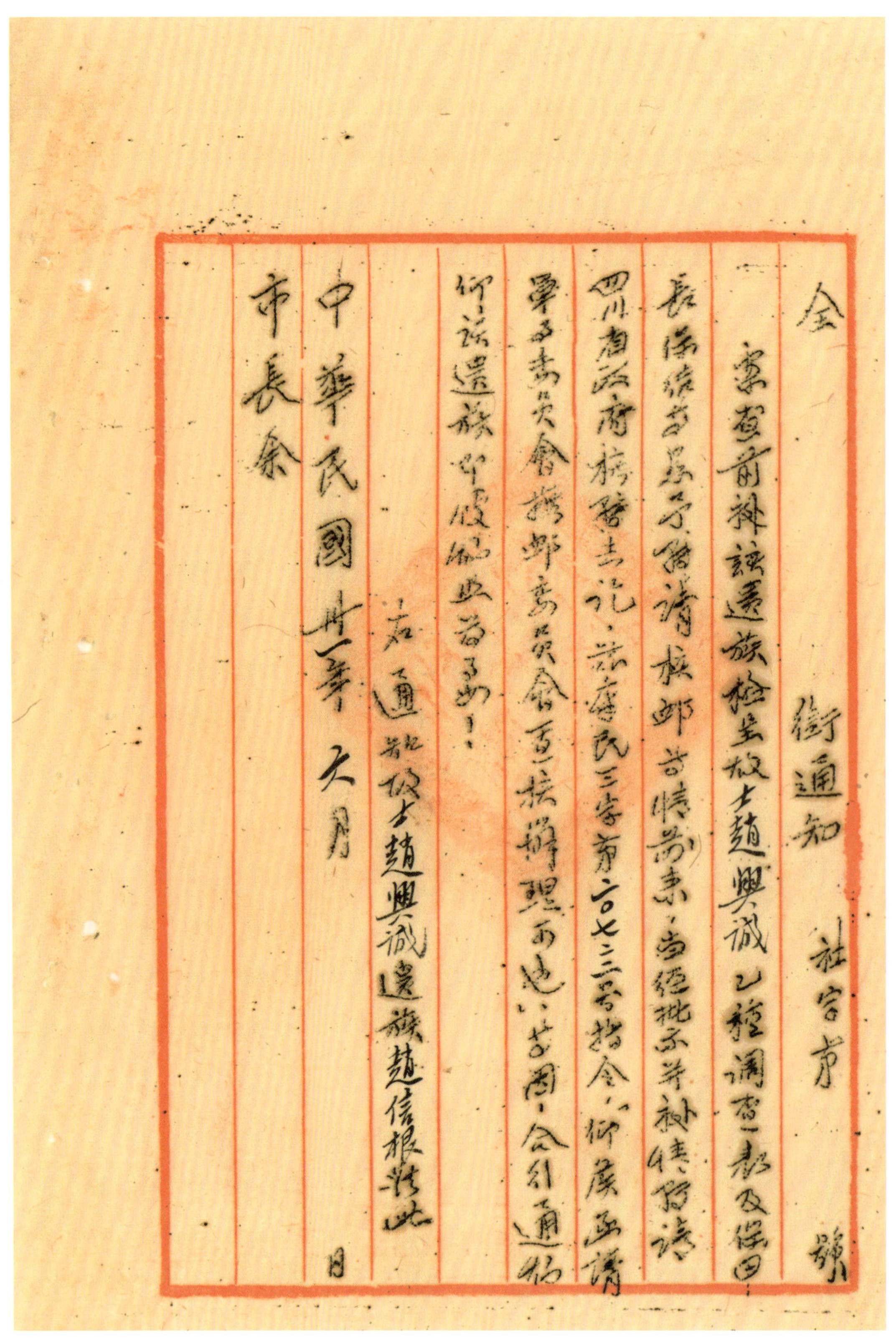

仝銜通知　社字第　號

案查前據該遺族檢呈故士趙興誠已經調查表及保甲長保結各一份，請核卹等情前來，當經批示并轉請四川省政府核轉去訖。茲奉民三字第一〇七三二號指令，「仰候函請軍事委員會撫卹委員會查核辦理可也」，等因。合行通知仰該遺族即便知照為要！

右通知故士趙興誠遺族趙信根准此

中華民國卅一年　六月　日

市長　余

成都县政府关于检送故士赵兴诚恤令致成都市政府的公函（一九四三年七月十五日）

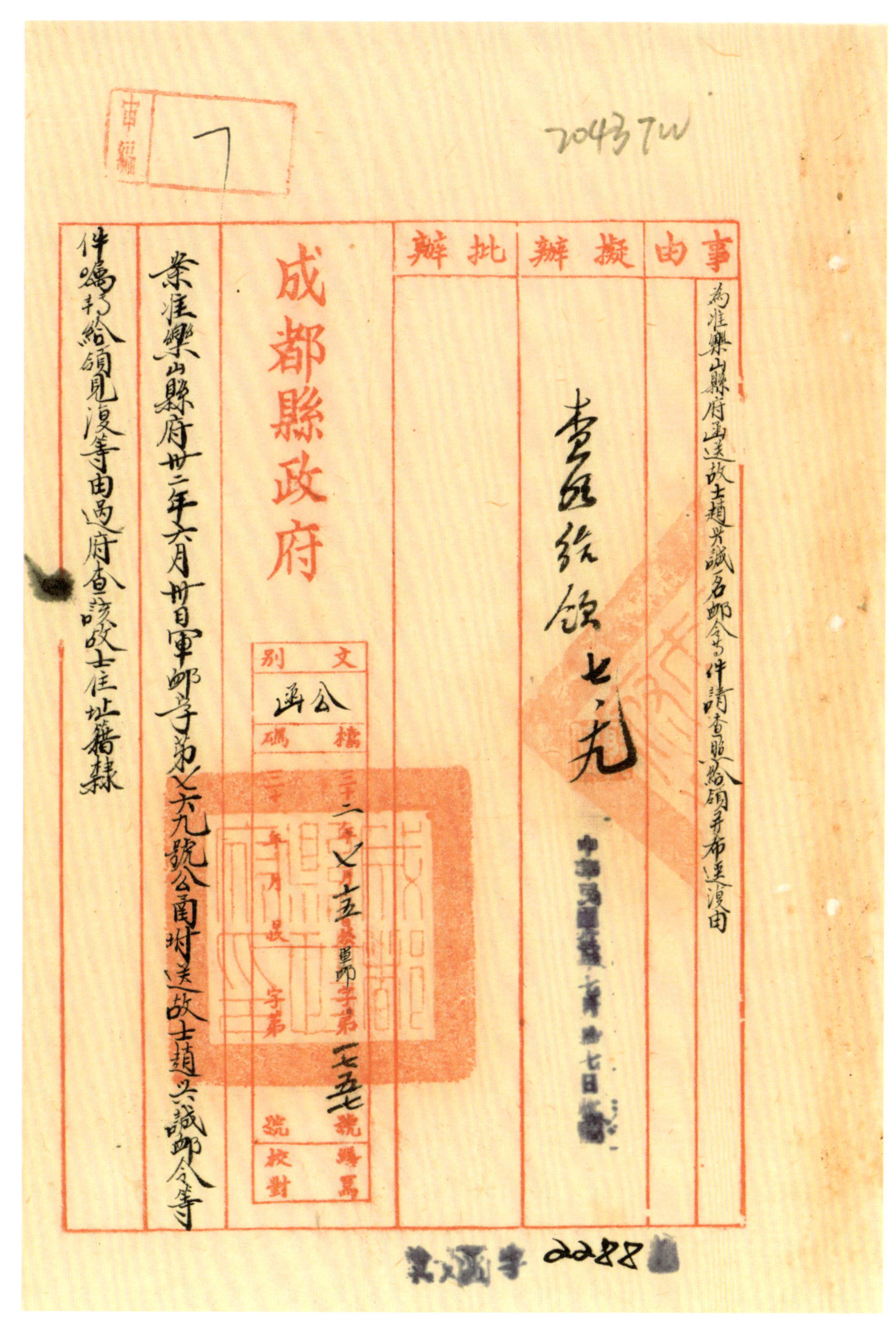

事由：為准樂山縣府函送故士趙兴誠名卹令一件請查照給領并布送復由

擬辦：查照給領 七、九

批辦：

中華民國卅二年七月廿七日

成都縣政府

文別：公函

擬稿：三十二年七月十五日 軍郵字第一七五七號

案准樂山縣府卅二年六月卅日軍郵字第七六九號公函，附送故士趙兴誠卹令等件，囑轉給領見復等由過府，查該故士住址籍隸

2288

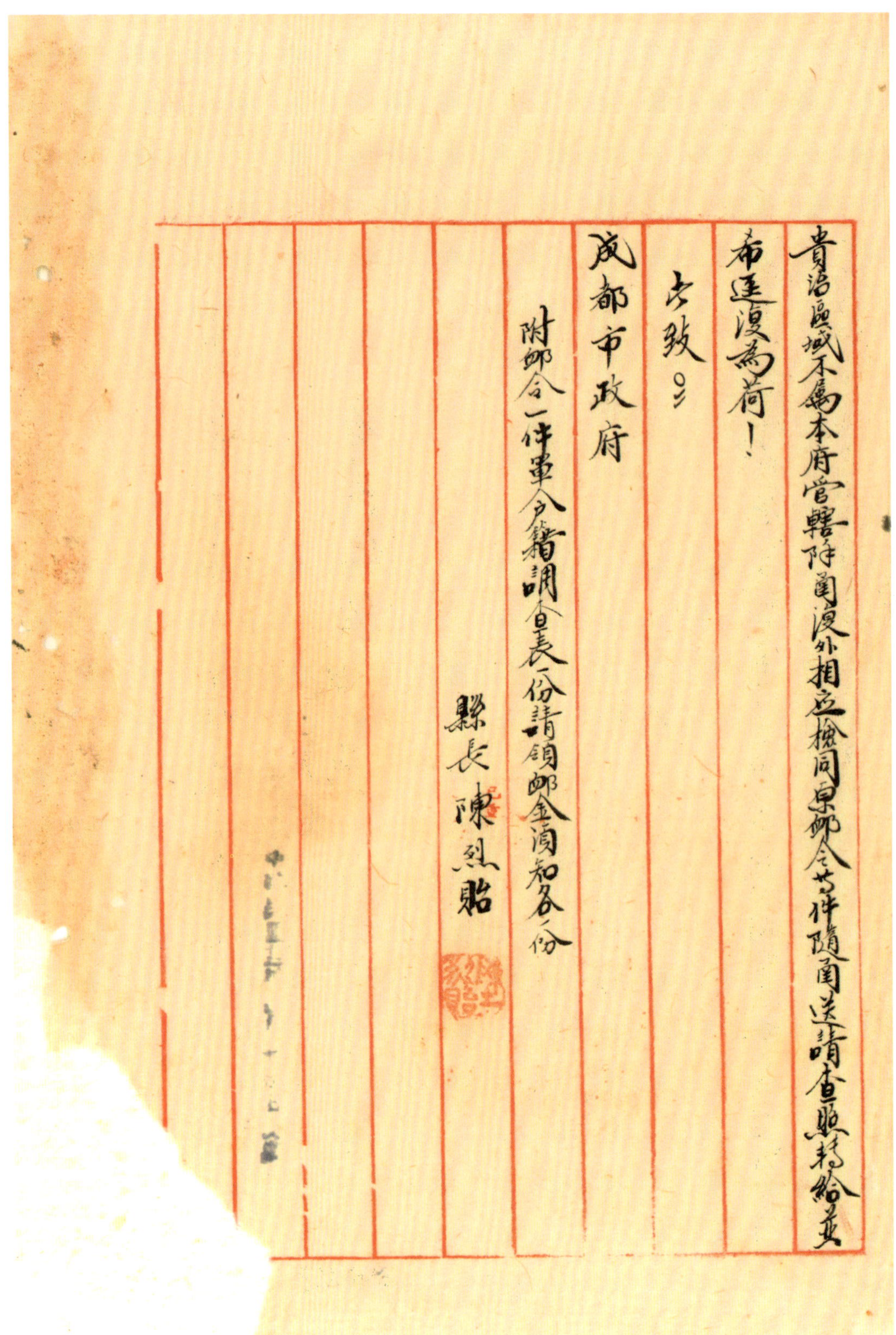
貴治區域不屬本府管轄，除開復外，相應檢同原郵令乙件，隨函送請查照轉給，並希迅復為荷！
此致
成都市政府
附郵令一件，軍人戶籍調查表一份，請領郵金須知各一份
縣長 陳烈 貽

成都市政府关于核领故士赵兴诚恤令致成都县政府的公函、致赵王氏的通知（一九四三年七月二十六日）

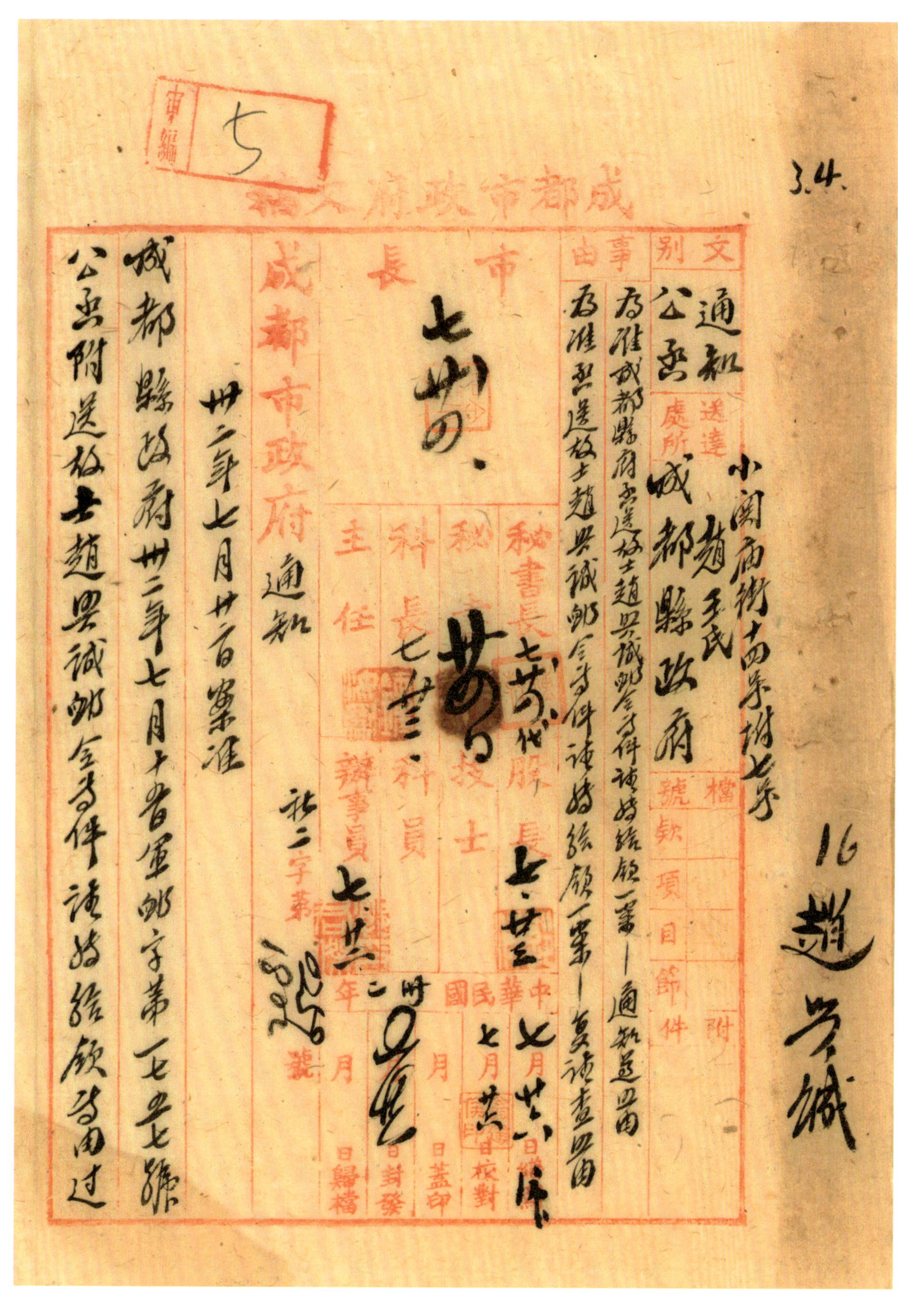

成都市政府文稿

文别：通知 公函

送達處所：小関廟街十四号树七号 趙王氏；成都縣政府

事由：為准成都縣府函送故士趙興誠䘏令乙件請轉給領一案——通知送函
為准函送故士趙興誠䘏令乙件請轉給領一案——复請查照由

市長 七卅四

秘書長

科長

成都市政府通知

卅二年七月廿六日 案准

成都縣政府卅二年七月十日軍䘏字第一七五七號

公函附送故士趙興誠䘏令乙件請轉給領等由過

府，合行通知，仰该遗族即便遵照，克日到外东望江楼本府临时办公处携邮令填具领条各节，以凭发领为要！

右通知故士赵兴诚遗族赵王氏准此

市长余

公函稿

案准

贵府卅二年七月十四日军邮字第一七六七号公函附送故士赵兴诚邮令等件嘱转发领见复一案当由本府除通知该故士赵兴诚遗族承领邮令外准函前由相应

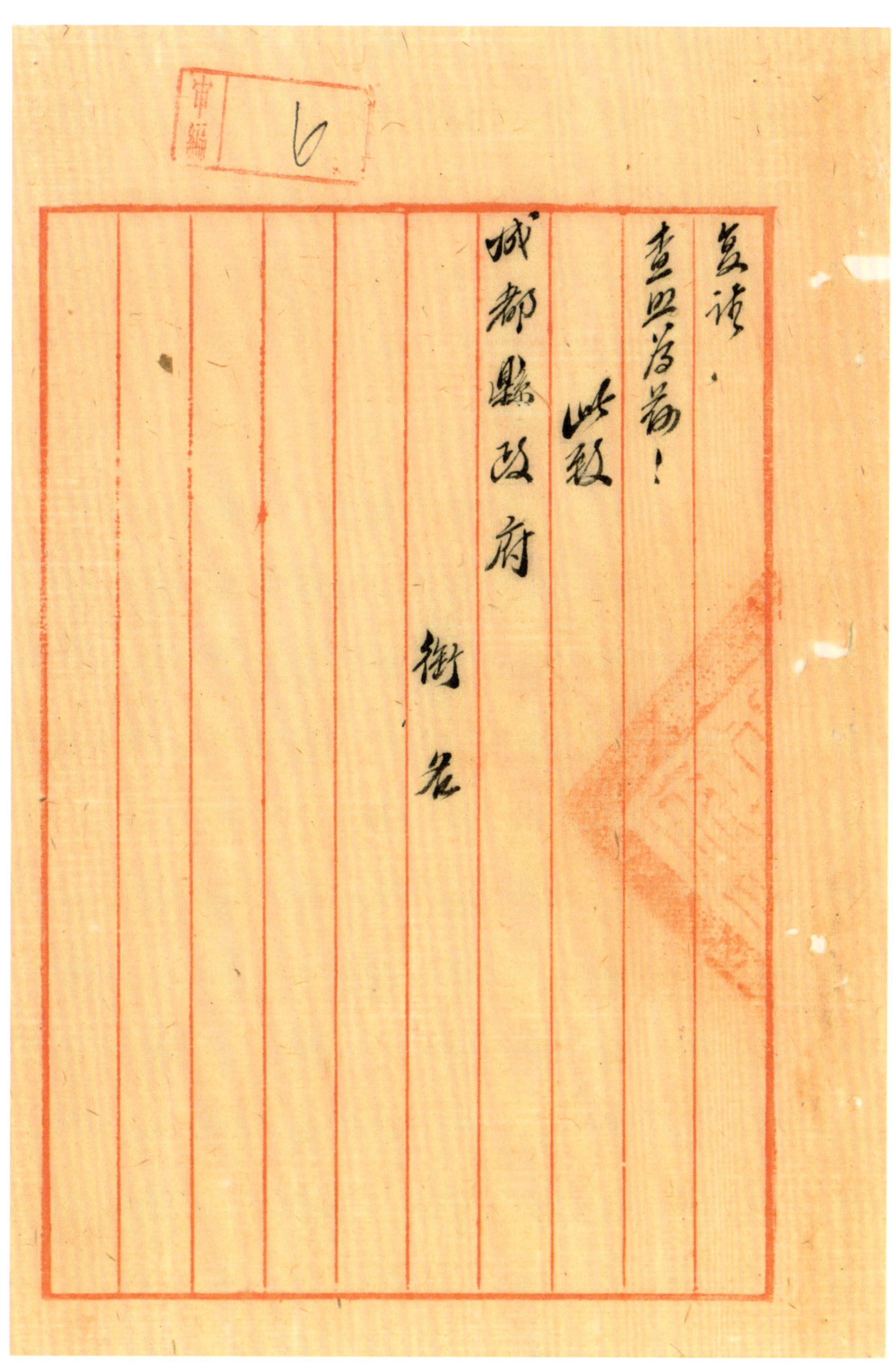

审編 6

復請
查照為荷！
此致
成都縣政府

銜 名

二十、赵德荣

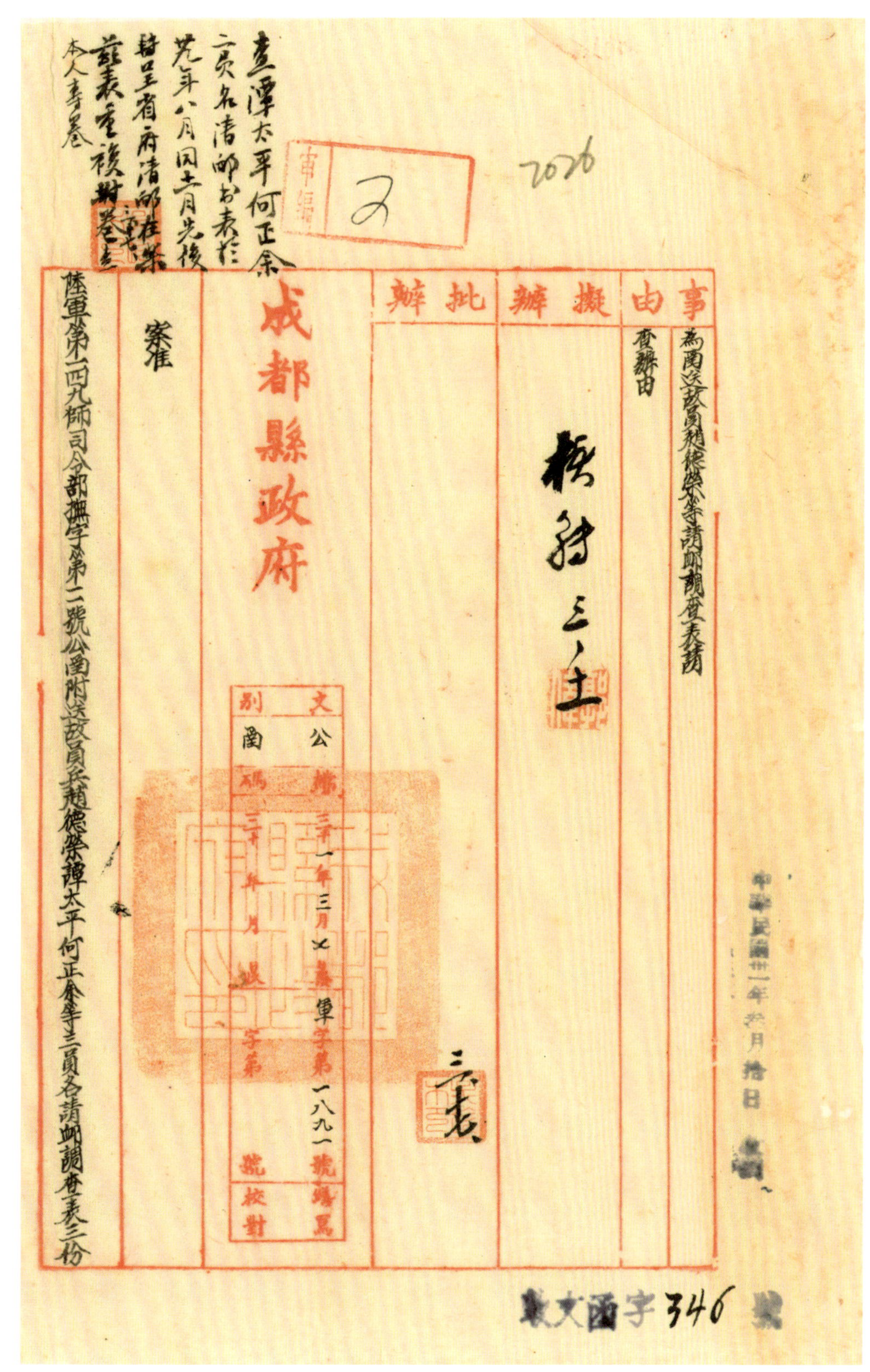

事由：為函送故員兵趙德榮等請卹調查表請查辦由

擬辦：標封 三/七

批辦：

成都縣政府

文別：公函

字號：三十一年三月七日 縣 軍字第一八九一號

繕寫 校對

案准

陸軍第一四九師司令部撫字第二號公函附送故員兵趙德榮譚太平何正余等三員名請卹調查表三份

查譚太平何正余二員名請卹表於先年八月同年十二月先後轉呈省府請卹在案 茲表重複 附卷

中華民國卅一年三月 日

成文函字346號

成都县政府关于函送故员兵赵德荣等请恤调查表致成都市政府的公函（一九四二年三月七日）

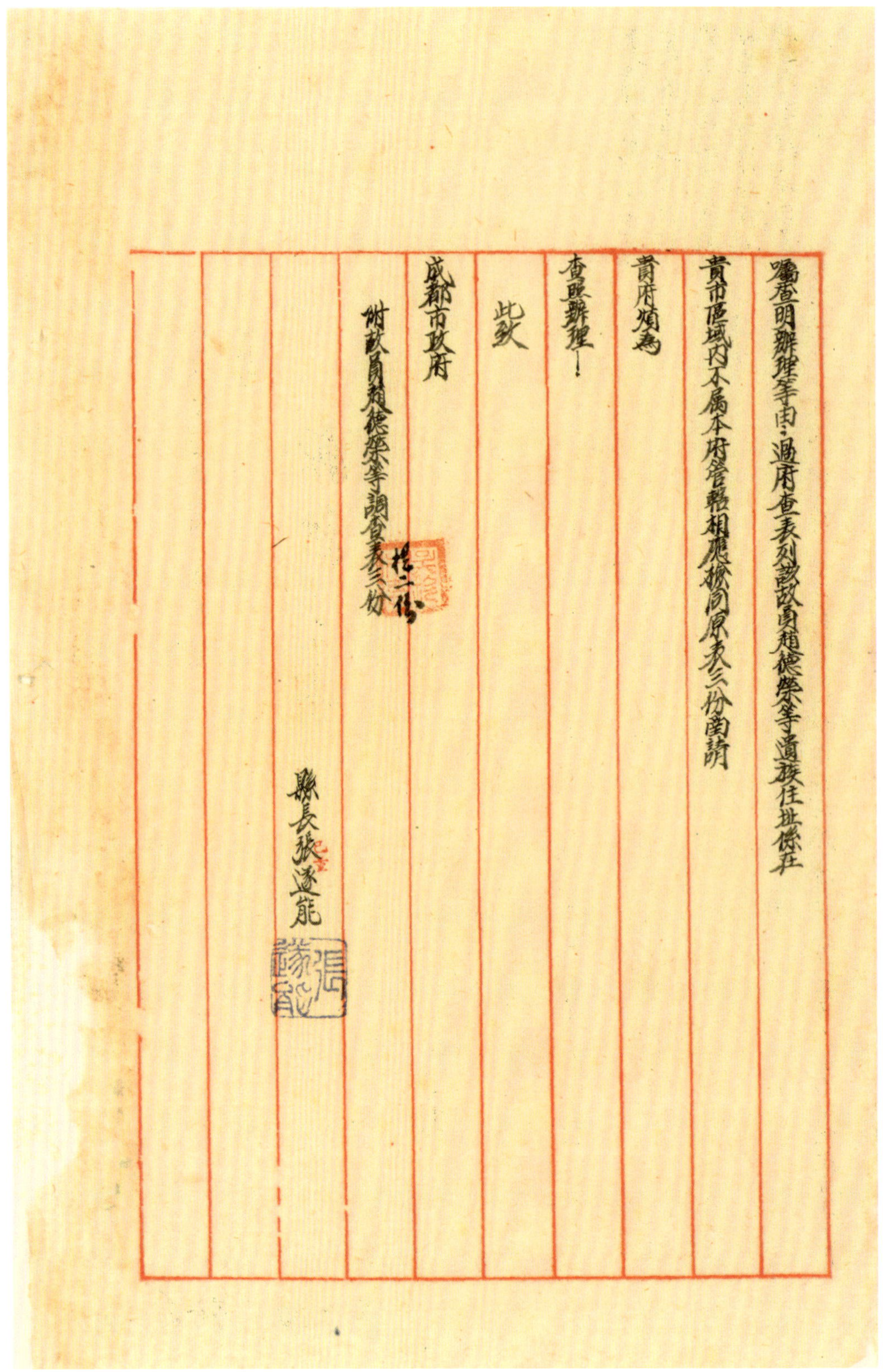

嘱查明办理等由。过府查表列该故员赵德荣等遗族住址系在
贵市区域内，不属本府管辖，相应检同原表三份，函请
贵府烦为
查照办理！
此致
成都市政府
附该员赵德荣等调查表三份
县长 张遂能

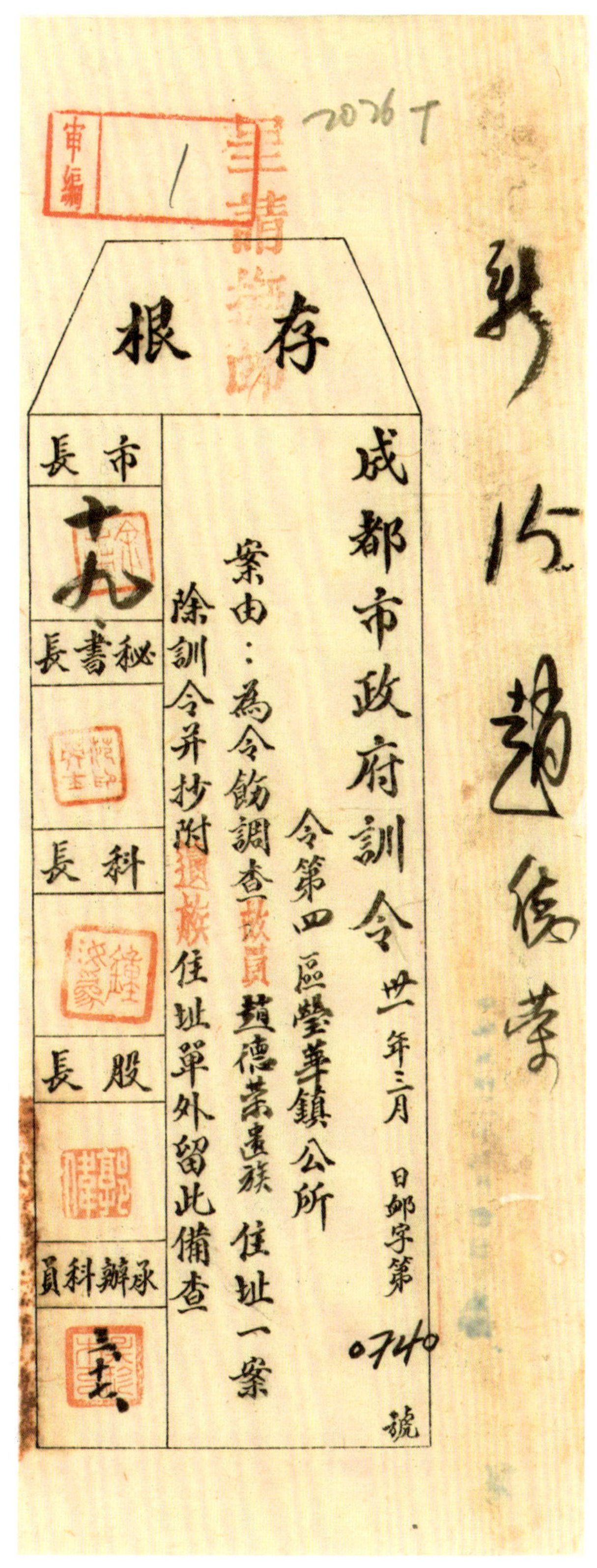

存根

成都市政府訓令　卅一年三月　日　卯字第0740號

令第四區瑩華鎮公所

案由：為令飭調查故員趙德荣遺族住址一案

除訓令并抄附遺族住址單外留此備查

市長	秘書長	科長	股長	承辦科員
十九				十七

成都市政府关于调查故员赵德荣遗族住址致第四区莹华镇公所训令的存根（一九四二年三月十七日办）

成都市政府关于转请核办故员赵德荣乙种请恤调查表致四川省政府的呈（一九四二年五月二十六日）

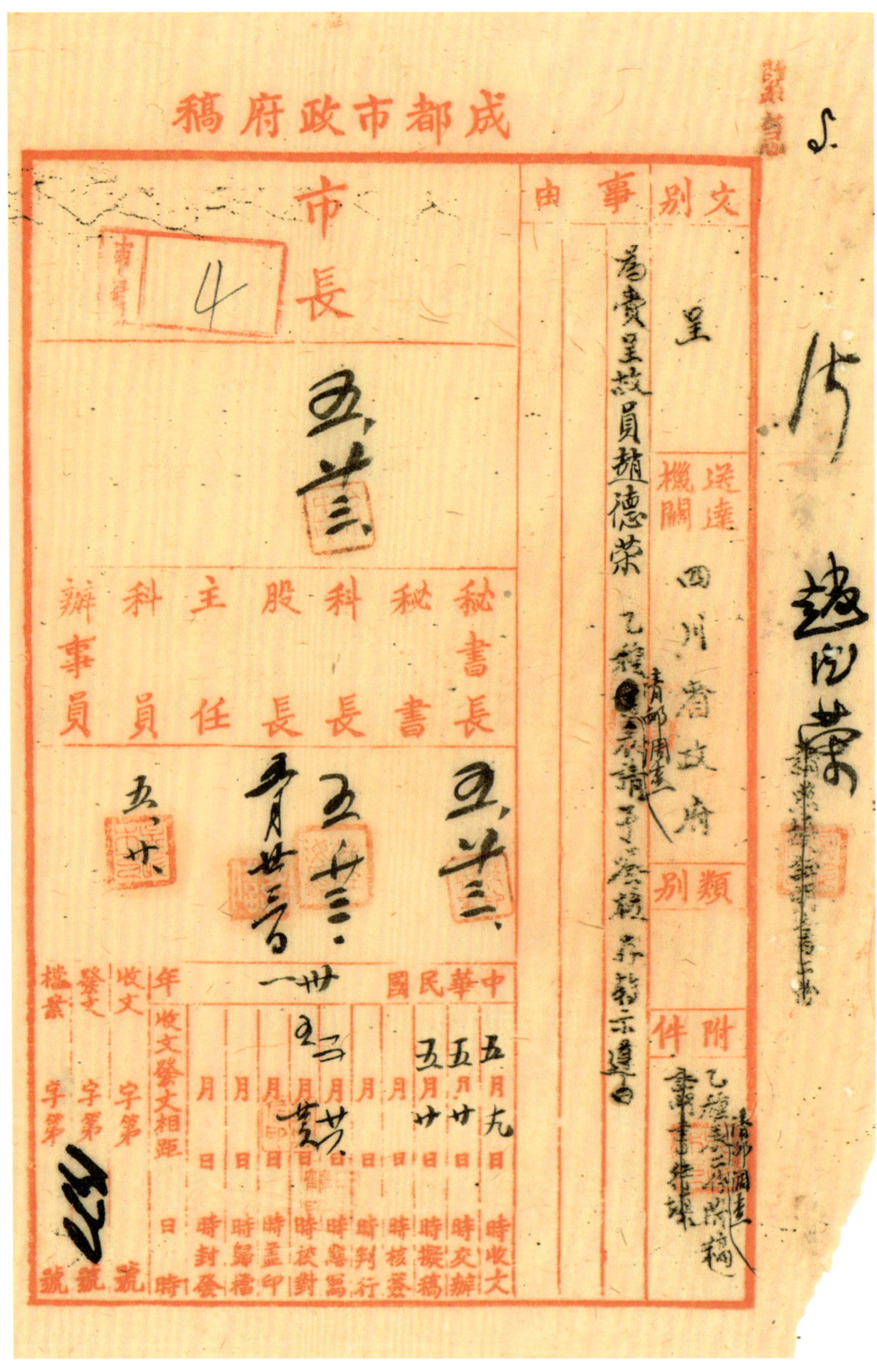

成都市政府稿

文别	呈
事由	為賚呈故員趙德榮乙種請卹調查表……
送達機關	四川省政府
類別	
附件	乙種……

市長 五、廿三

秘書長	秘書	科長	股長	主任	科員	辦事員
五、廿三		五、廿三	五月廿三			五、廿六

中華民國 一卅 年 五月九日 收文；五月廿日 交辦；五月廿日 擬稿；月 日 核簽；月 日 判行；月 日 繕寫；五月廿六日 校對；月 日 蓋印；月 日 歸檔；月 日 封發

收文發文相距 日 時

收文 字第 號

發文 字第 號

檔案 字第 號

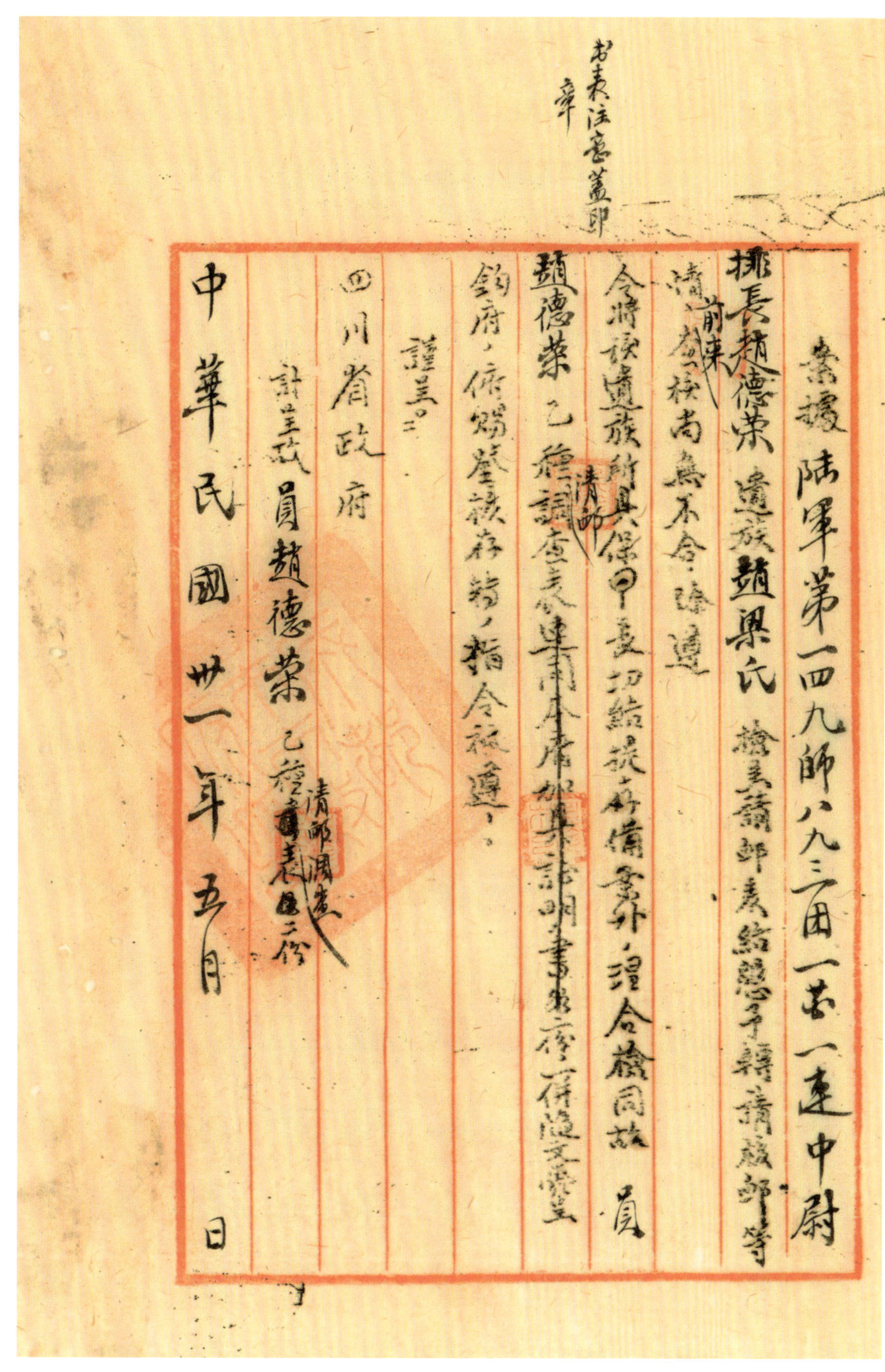

書表注意蓋印章

案據陸軍第一四九師八九三團一營一連中尉排長趙德榮遺族趙梁氏檢呈請卹表結，懇予轉請核卹等情前來。經核尚無不合，除遵令將該遺族所具保甲長切結抄存備案外，理合檢同該員趙德榮乙種調查表各，連同本府加具證明書表各二份，一併隨文賫呈鈞府，俯賜鑒核存轉，指令祇遵。

謹呈

四川省政府

計呈送員趙德榮乙種清冊調查表各二份

中華民國卅一年五月　日

附：成都县县长签署的赵德荣陆军死亡官佐士兵乙种请恤调查表

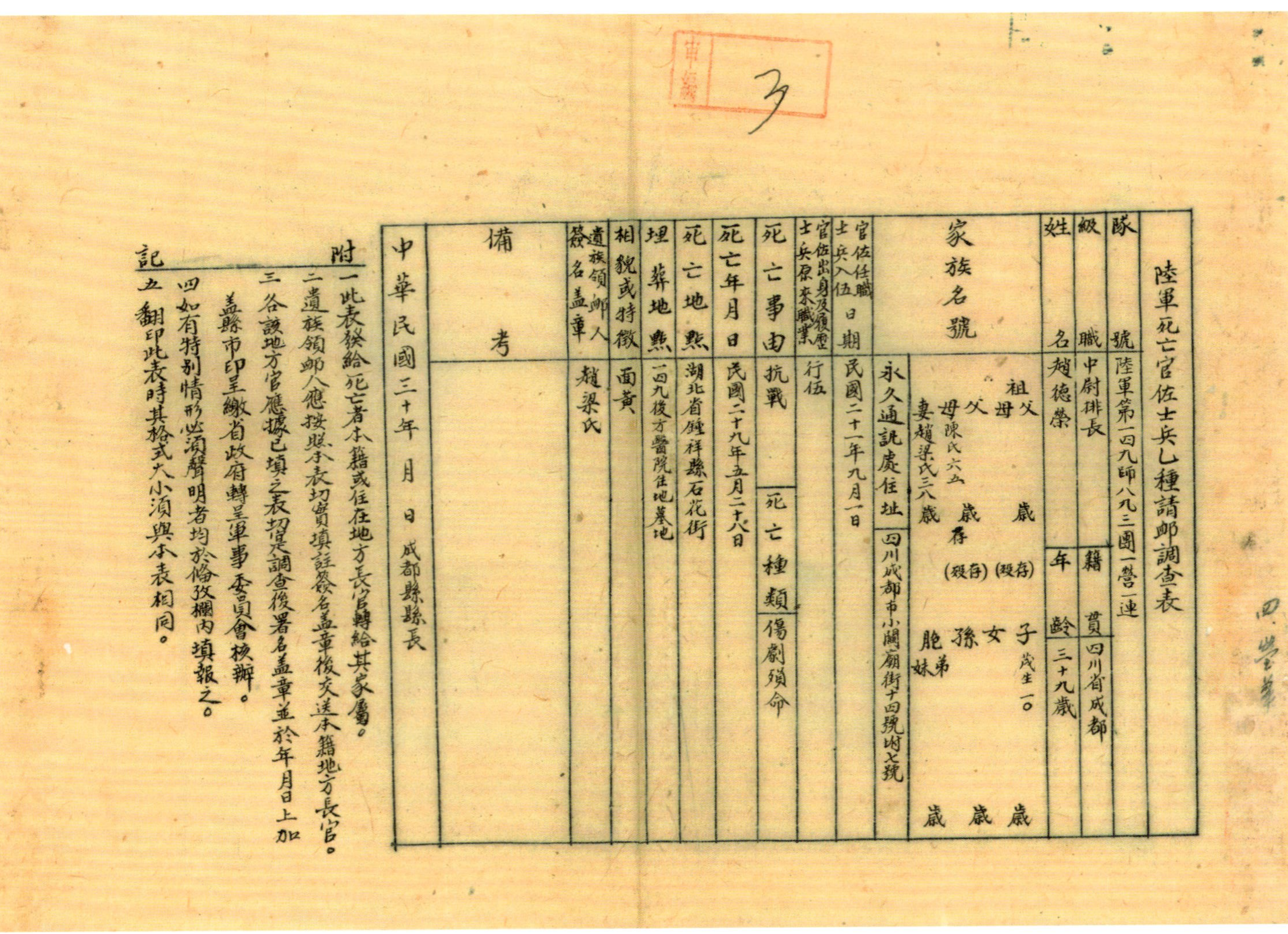

陸軍死亡官佐士兵乙種請卹調查表

隊號	陸軍第一四九師八九三團一營一連
級職	中尉排長
籍貫	四川省成都
姓名	趙德榮
年齡	三十九歲
家族名號	祖父 歲　祖母 歲（歿存）　父 歲（歿存）　母陳氏六五歲 存　妻趙梁氏三八歲　子 戊生一〇 歲　女 歲　孫 歲　胞弟 妹 歲
永久通訊處住址	四川成都市小關廟街十四號內七號
官佐任職士兵入伍日期	民國二十一年九月一日
官佐出身及履歷士兵原來職業	行伍
死亡事由	抗戰
死亡種類	傷劇殞命
死亡年月日	民國二十九年五月二十八日
死亡地點	湖北省鍾祥縣石花街
埋葬地點	一四九後方醫院住地墓地
相貌或特徵	面黃
遺族領卹人簽名蓋章	趙梁氏
備考	

中華民國三十年　月　日　成都縣縣長

附記：

一　此表發給死亡者本籍或住在地方長官轉給其家屬。

二　遺族領卹人應按照本表切實填註簽名蓋章後交送本籍地方長官。

三　各該地方官應據已填之表切實調查後署名蓋章並於年月日上加蓋縣市印呈繳省政府轉呈軍事委員會核辦。

四　如有特別情形必須聲明者均於備考欄內填報之。

五　翻印此表時其格式大小須與本表相同。

附：成都市市长签署的赵德荣陆军死亡官佐士兵乙种请恤调查表（一九四二年五月）

陸軍死亡官佐士兵乙種請卹調查表

隊號	陸軍第一四九師八九三團一營一連		
級職	中尉排長	籍貫	四川成都市
姓名	趙德榮	年齡	三十九歲
家族名號	祖父母 陳天才氏 歲 均殁；父母 趙正林 氏 歲 均殁；妻 梁氏三十八歲 存；子女 (殁存)(殁存) 無 歲；胞兄弟姊妹 均無 歲		
永久通訊處住址	成都小關廟街十四号附七号		
官佐士兵入伍任職日期	民國二十一年九月一日升排長職		
官佐士兵出身及歷充職業履歷	行伍		
死亡事由	抗戰	死亡種類	傷劇殞命
死亡年月日	二十九年五月二十八日		
死亡地點	湖北省鍾祥縣石花街		
埋葬地點	一四九後方醫院住地墓地		
相貌或特徵	面黃		
遺族名稱及領卹人姓名	趙梁氏 （印：趙梁氏）		
備考	查該員劇傷殞命，該團團長李樣通知遺族前來，業已報表請卹在案		

中華民國三十一年五月　日　成都市市長

附記

一、此表發給死亡者本籍或住在地方長官給其遺族

二、遺族領卹人應按照本表切實填註簽名蓋章送交本籍地方長官

三、各該地方官應據已填之表切實調查後署名蓋章並於年月日上加蓋縣市印呈繳省政府轉呈軍事委員會核辦

四、如有特別情形必須聲明者均於備考欄內填報之

五、翻印此表時其格式大小須與本表相同

成都市第四区第一保保长、甲长关于赵德荣遗族确系属实的保结（一九四二年五月）

具保結保甲族長徐克昌　林耀榮　今向

成都市政府保得故員趙德榮遺族祖父正卅年　歲　祖母徐氏年　歲　父天才年　歲　母陳氏年　歲　妻梁氏年三十八歲　子無年　歲　女無年　歲　弟無年　歲　妹無年　歲　確係屬實

倘有捏報朦蔽等情弊一經查出保甲族長甘受懲處並該遺族以後如有變更仍當隨時報告所保是實須至保結者

具保結人成都市第四區第一保保長徐克昌　徐克昌印

成都市第四區第一保第六甲甲長林耀榮　林耀榮印

族長　　住　　街第　　號

中華民國三十一年五月　日

成都市政府关于核办故员赵德荣乙种调查表致赵梁氏的通知（一九四二年六月二十三日）

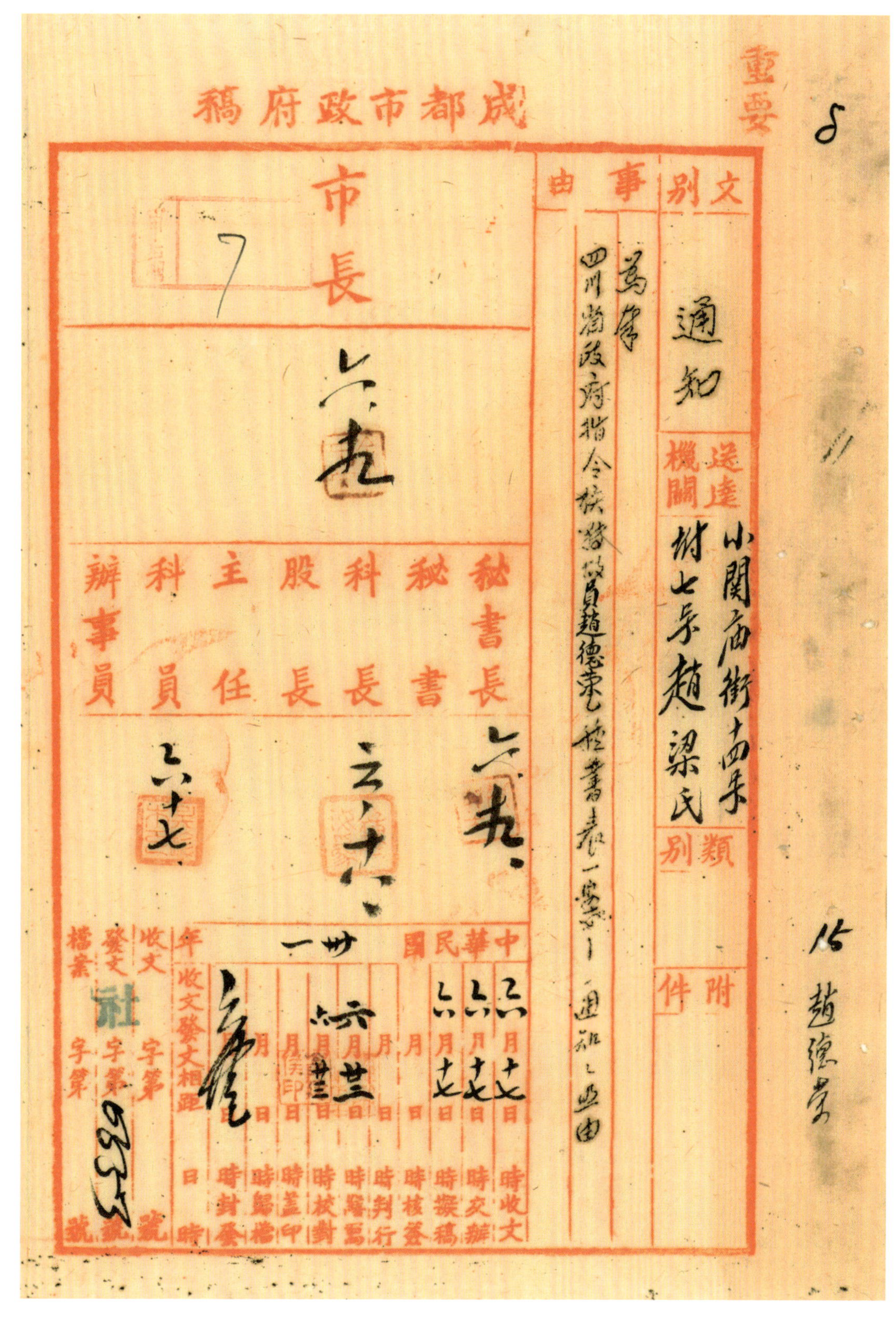
成都市政府稿

重要

文别：通知

事由：为奉四川省政府指令核发故员赵德荣乙种书表一案，函通知照由

送达机关：小关庙街西来树七号赵梁氏

市长 六，十九

秘书长 六，十九

秘书长 六，十六

中华民国卅一年六月十七日收文

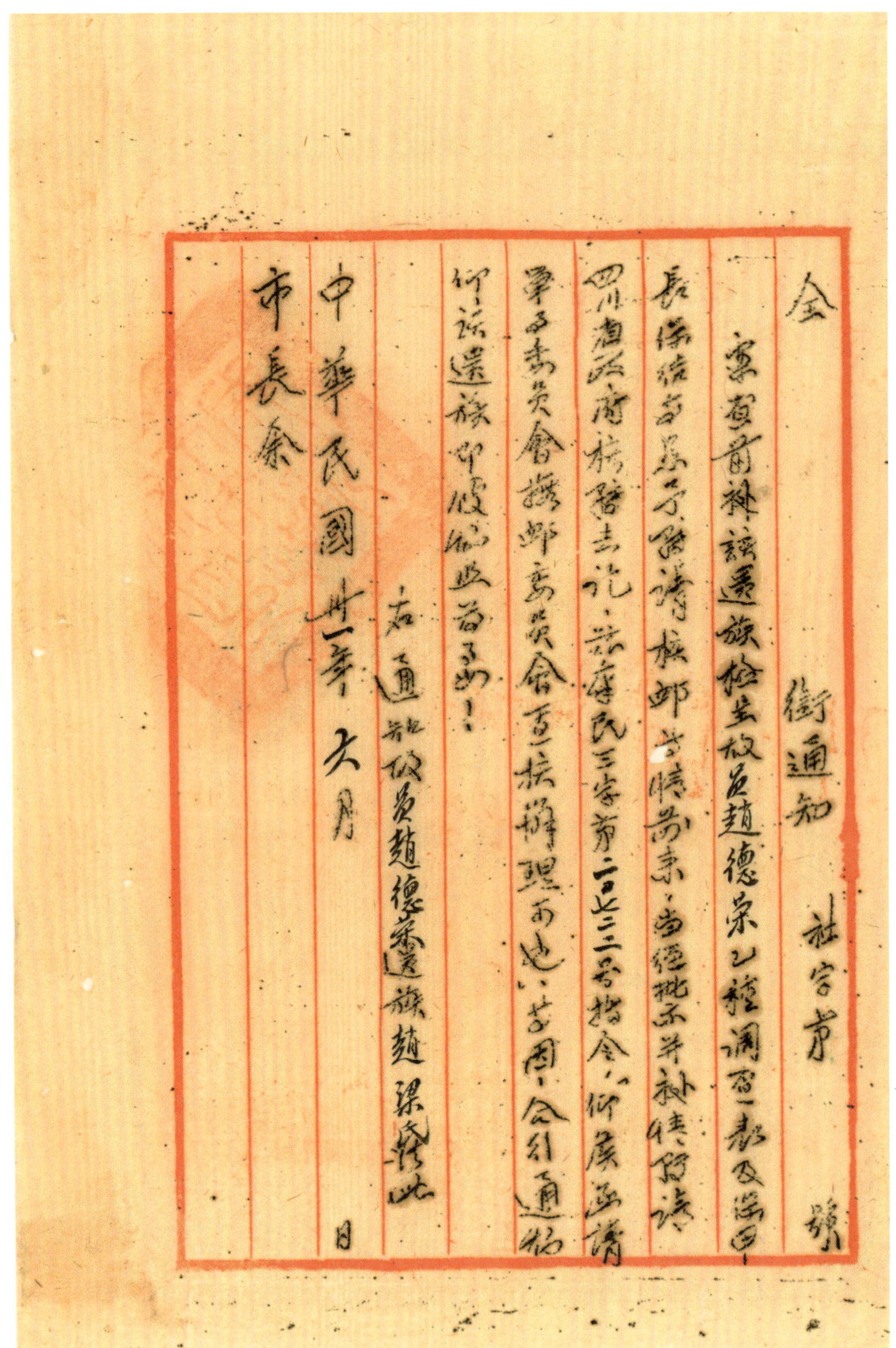

令

衔 通知 社字第 號

案查前據該遺族檢呈故員趙德榮之證調查一張及保甲
長保結各表等件附請核辦等情前來，當經批示並轉呈請
四川省政府核辦去訖。茲奉民三字第二一七二三號指令，以「仰候函請
軍事委員會撫恤委員會查核辦理可也」。等因。合行通知
仰該遺族即便知照為要！

右通知故員趙德榮遺族趙梁氏 准此

中華民國卅一年六月 日

市長 余

四川省政府关于转送核办故员赵德荣、故士赵兴诚乙种请恤调查表致成都市政府的指令
（一九四二年六月）

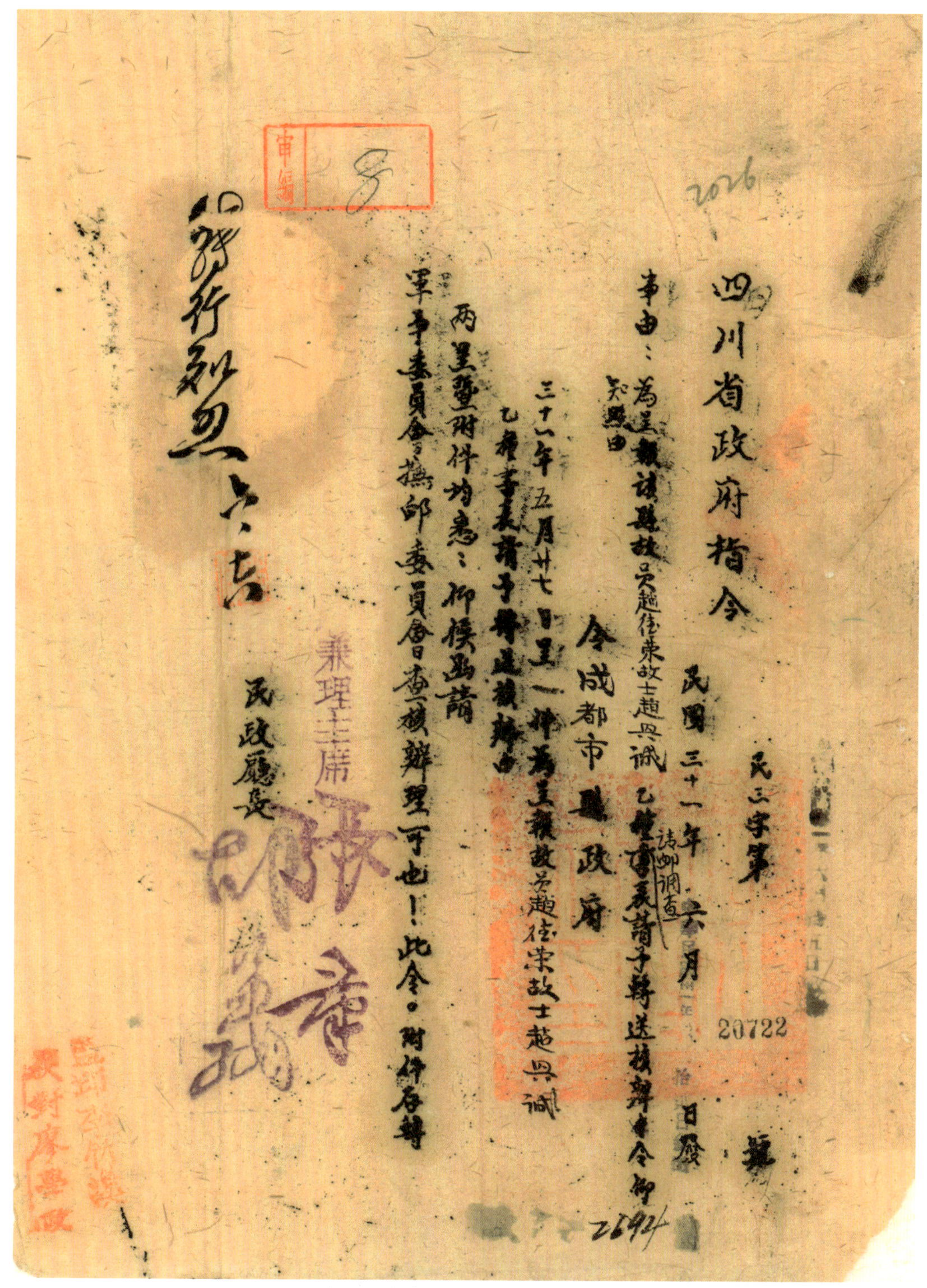

四川省政府指令

民三字第　　號

民國三十一年六月　　日發

事由：為呈報請核故員趙德榮故士趙興誠乙種請卹調查表請予轉送核辦由令知照由

令成都市政府

三十一年五月廿七日呈一件，為呈報故員趙德榮故士趙興誠乙種事表請予轉送核辦由

兩呈暨附件均悉。仰候函請軍事委員會撫卹委員會查核辦理可也！此令。附件存轉

兼理主席　張群

民政廳長　胡次威

国民政府军事委员会抚恤委员会关于核鉴故员赵德荣遗族校正表致成都市政府的代电

（一九四二年九月十八日）

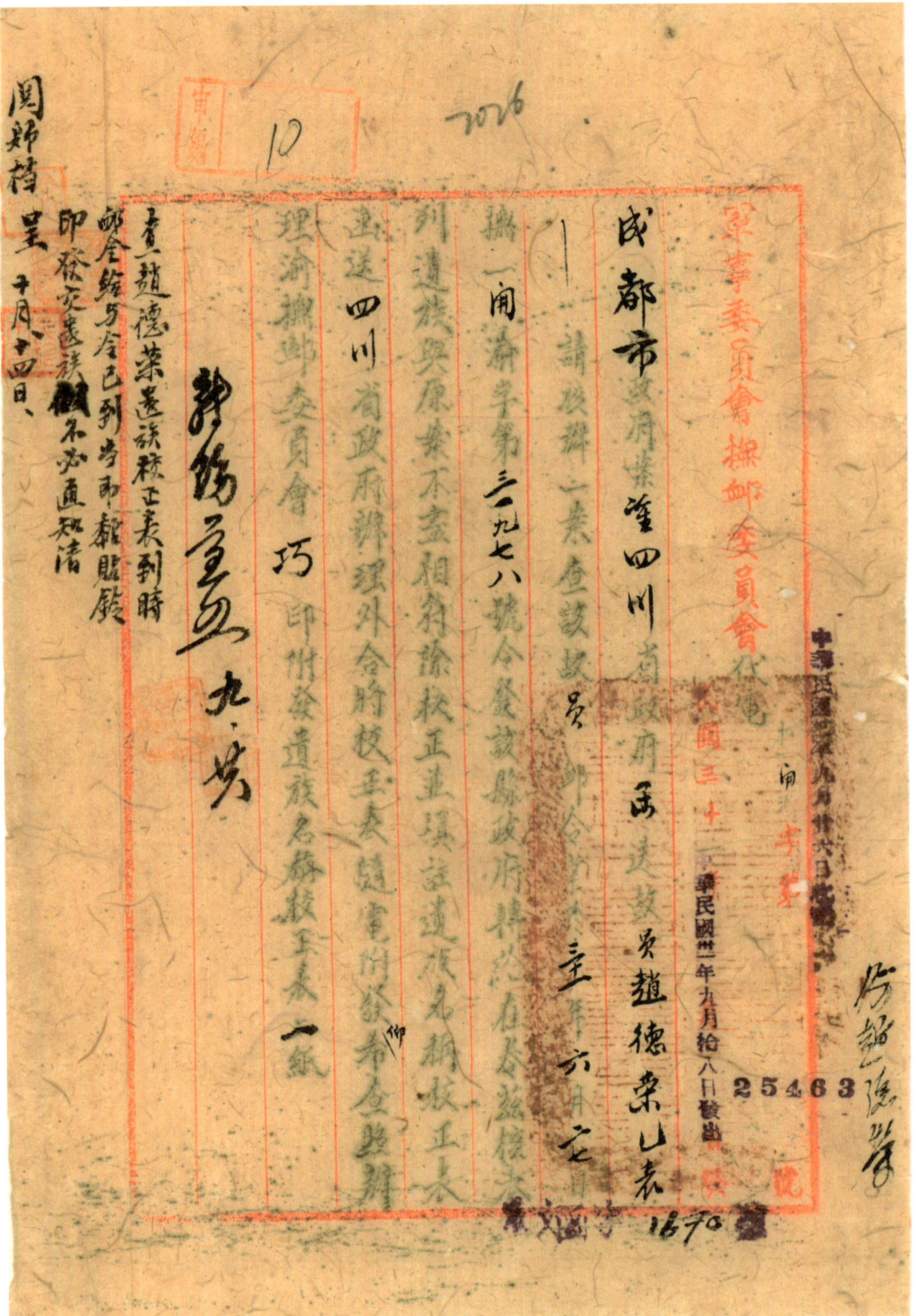

军事委员会抚恤委员会代电

成都市政府鉴：准四川省政府函送故员赵德荣山表一件，请核办一案。查该故员卹令业于本年六月 日抚一简渝字第三一九七八号令发该县政府转给在卷，兹核列遗族与原案不尽相符，除校正并填注遗族名称校正表函送四川省政府办理外，合将校正表随电附发，希查照办理。

抚卹委员会 巧 印

附发遗族名称校正表一纸

中华民国卅一年九月拾八日发出

25463

成都市政府关于故员赵德荣遗族承领恤令致赵梁氏的通知（一九四二年九月二十一日）

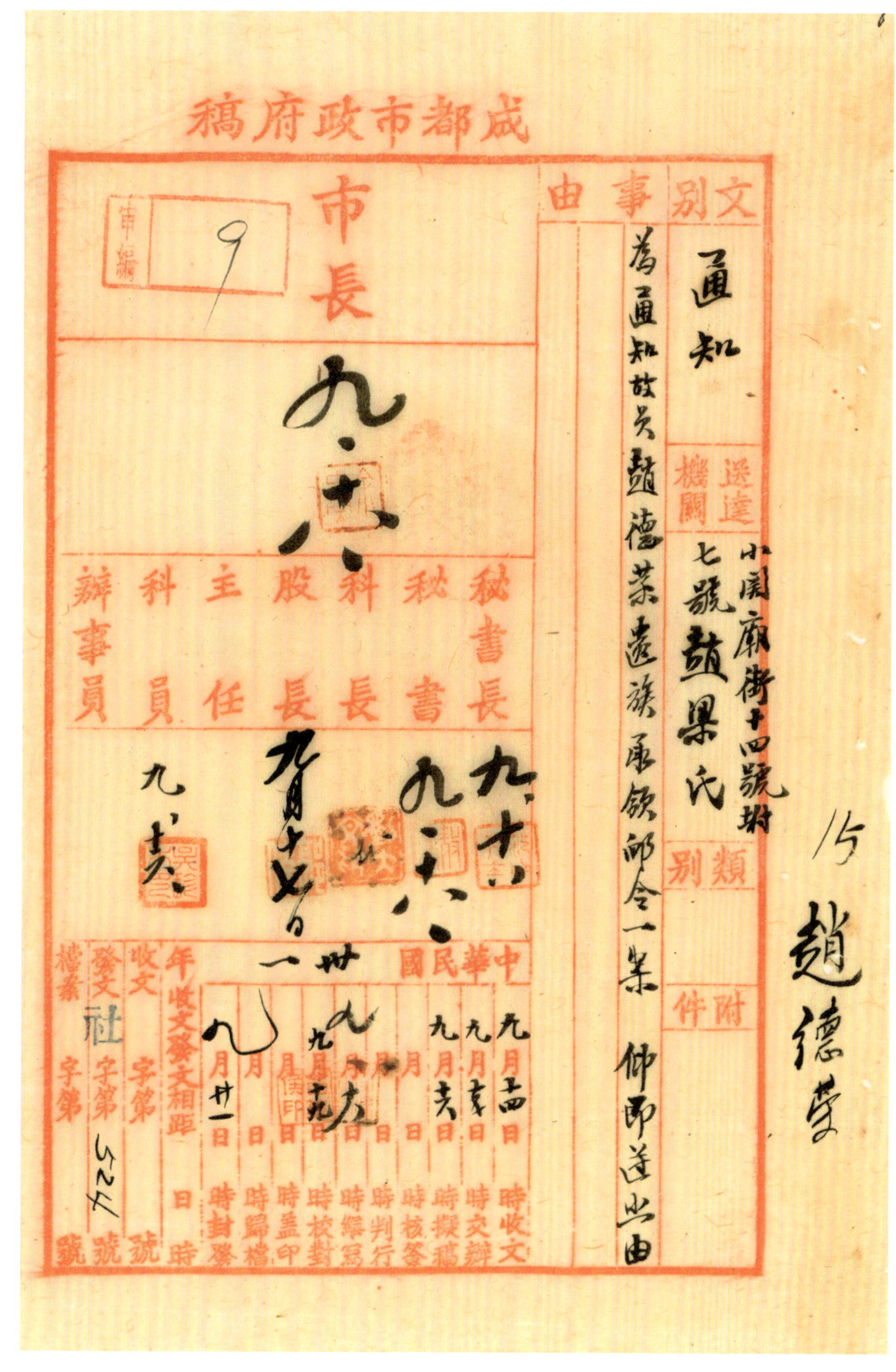

成都市政府稿

市長

文別：通知

事由：為通知故員趙德榮遺族承領部令一案仰即遵照由

送達機關：小關廟街十四號附七號趙梁氏

類別

附件

秘書長　九、十六

秘書　九、十八

科長　九、十六

股長　九月十七日

主任

科員

辦事員　九、十六

中華民國

九月十四日時收文

九月十五日時交辦

九月十六日時擬稿

九月　日時核簽

九月　日時判行

九月十九日時繕寫

九月十九日時校對

九月　日時蓋印

九月　日時歸檔

九月廿一日時封發

年收文發文相距　日　時

收文　字第　號

發文　社字第524號

檔案　字第　號

15

趙德榮

都縣火在王劍蒼案內

全銜通知社子第　號

案准

成都縣政府卅一年九月八日第郵子第一五〇號公函附遺故兵趙德業部令一件囑為查照轉一案過府合行通知仰該遺族即便持照逕赴望江樓本府臨時辦公處撫卹室承領部令為要

右通知故兵趙德業遺族趙吳氏准此

中華民國卅一年九月　日

市長余

赵梁氏关于成都市颁发故员赵德荣抚恤令的收据（一九四二年九月三十日）

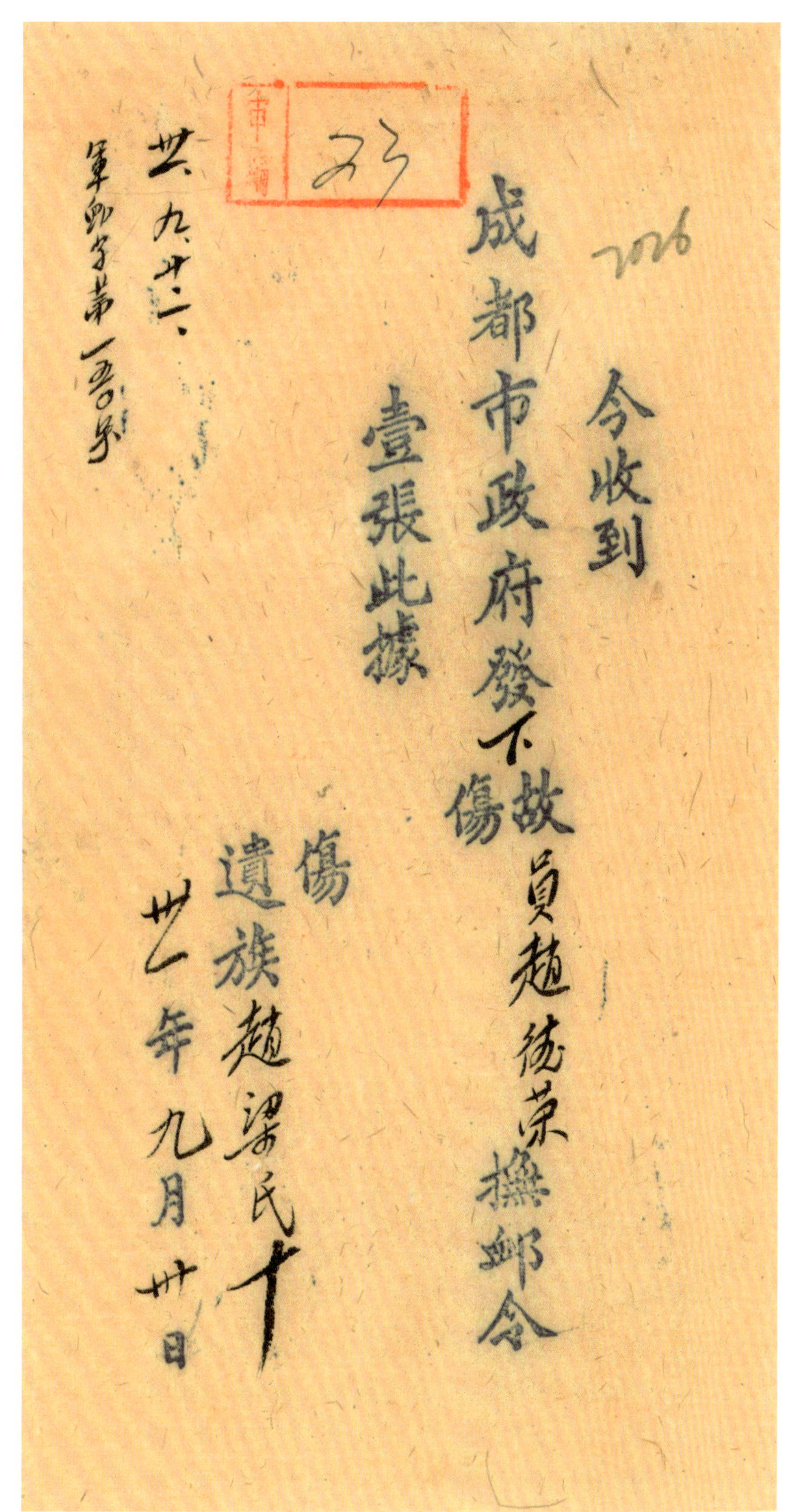

23

2026

令收到
成都市政府發下傷故員趙德榮撫卹令
壹張此據
遺族趙梁氏十
卅一年九月卅日

卅、九、卅
軍卹字第一五四〇號

成都市政府关于核发故员赵德荣一次恤金及第一年恤金致赵梁氏的批示、致四川省政府的呈文

（一九四二年十月三十一日）

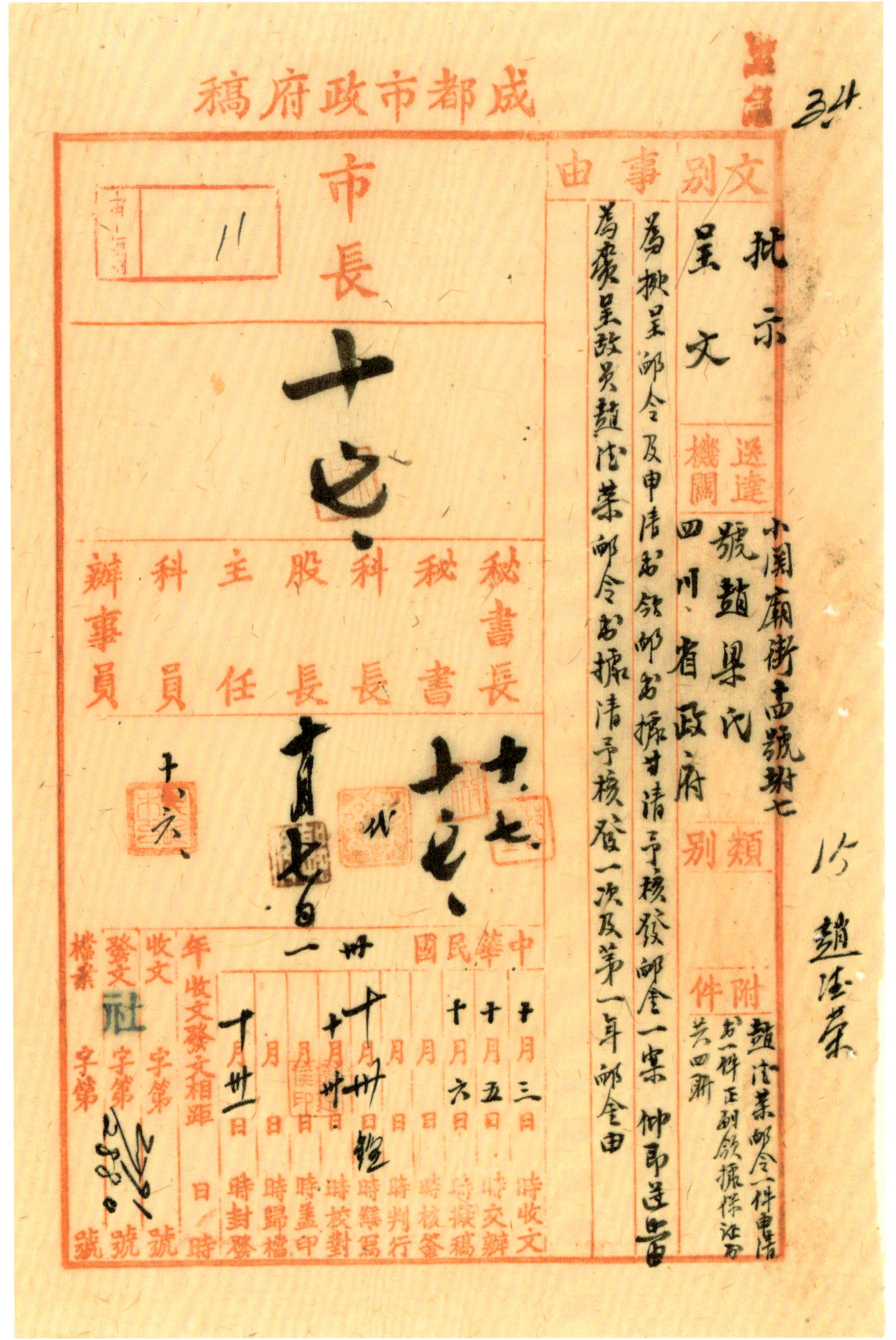

成都市政府稿

34

文别：批示 呈文

事由：为据呈部令及申请书领部书振甘请予核发部令一案仰即遵照由
为据呈故员赵德荣部令书振请予核发一次及第一年恤金由

递达机关：小关庙街十西号附七 号赵梁氏；四川省政府

类别

附件：赵德荣部令一件申请书一件正副领据保证书 共四纸

市长 十七

秘书长　秘书　科长　股长　主任　科员　办事员

中华民国　年　月　日

收文　发文　档案　字第　号

年收文发文相距　日　时

全

銜 批示 社字第 號

具申請書人 趙梁氏

卅六年十月六日 申請書一件 為請予封清核發故員

趙洪業第一次及第六年卹金由

申請書暨附件均悉 仰候轉請

四川省政府核發逕寄承領可也 附件分別存

轉 此批

市長余

呈文稿

案准

審編 12

成都縣卅一年九月八日軍部第一五〇號公函
轉送故員趙德葉卹令一件煩為查照辦理並
由准此當即通知該故員趙德葉遺族承領
卹令並送照
鈞府卅一年九月日財民三字第三二九二五號養代
電規定分別辦理請卹者據去後茲據該遺
族趙吳氏檢具領條請予發給卹令證卹
轉發後據該遺族檢呈卹令及申請書正副
領據保證書甘願予轉請核發一次及第一年卹
金（自三十一年起加倍年撫金）甘情前來查核尚無不合除送照規定辦

理并批示外，理合檢同故員趙洪業卹令一件、一次及年卹金申請書二件、一次及年卹金正副領據係証書共四聯，一並隨文賫呈

鈞府核發給領據，令祗遵。

謹呈

四川省政府

計呈故員趙洪業卹令一件，一次及年卹金申請書二件，一次及年卹金正副領據係証書共四聯

銜　名

中華民國卅一年十月　日

附一：赵梁氏关于请予核发故员赵德荣一次恤金致成都市政府的领恤申请书、抚恤金领据、具领恤金保证书（一九四二年十月三日收）

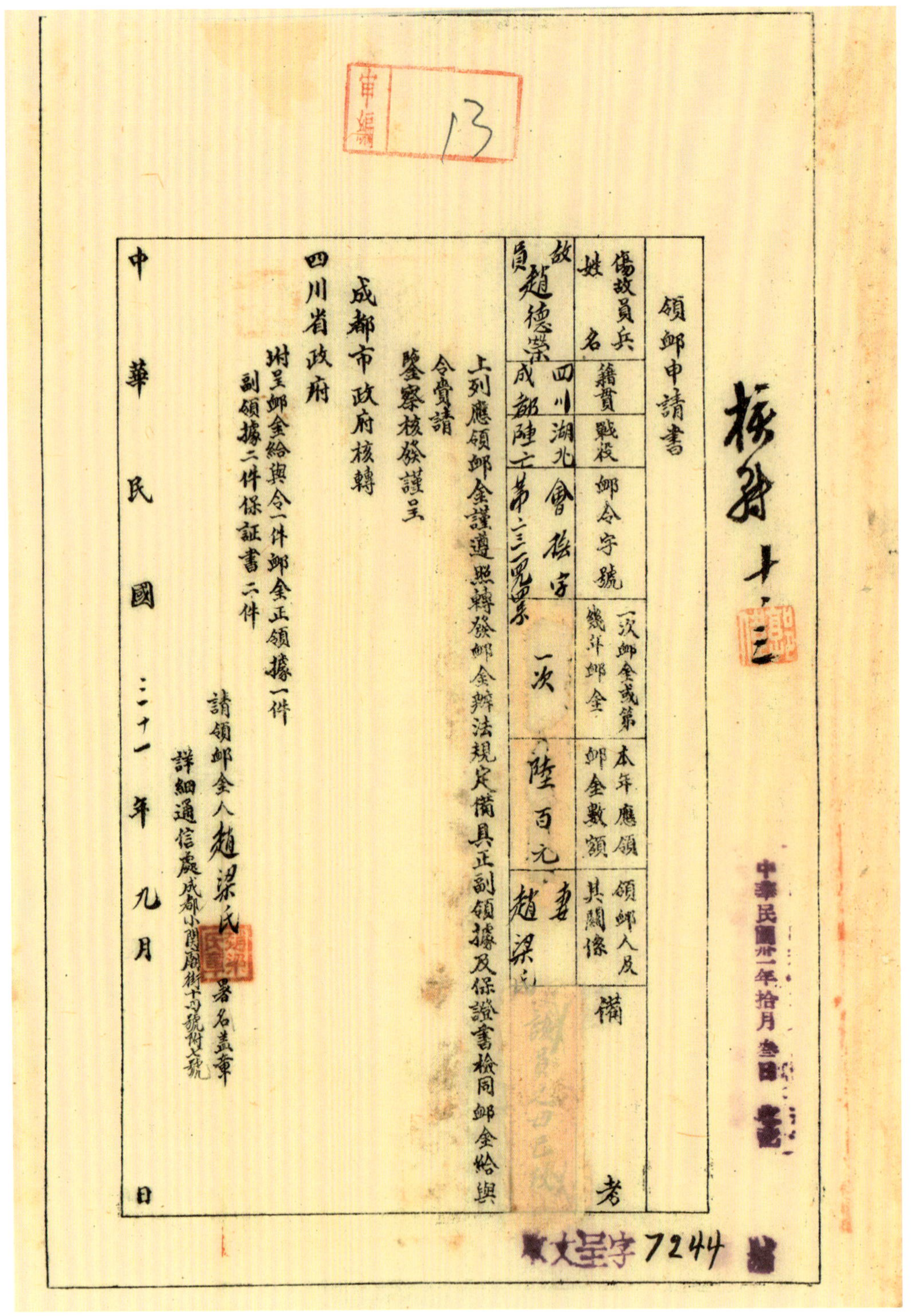

13

核辦 十二

領卹申請書

傷故員兵姓名	籍貫	戰役	卹令字號	一次卹金或第幾年卹金	本年應領卹金數額	領卹人及其關係	備考
故員 趙德榮	四川成都	湖北	會卹字陸亡第二三一四號	一次	陸百元	妻 趙梁氏	

上列應領卹金謹遵照轉發卹金辦法規定備具正副領據及保證書檢同卹金給與令賫請

鑒察核發謹呈

成都市政府核轉

四川省政府

附呈卹金給與令一件卹金正領據一件

副領據二件保證書二件

請領卹金人趙梁氏署名盖章

詳細通信處成都小關廟街十四號附七號

中華民國三十一年九月　日

中華民國卅一年拾月叁日

收文呈字7244

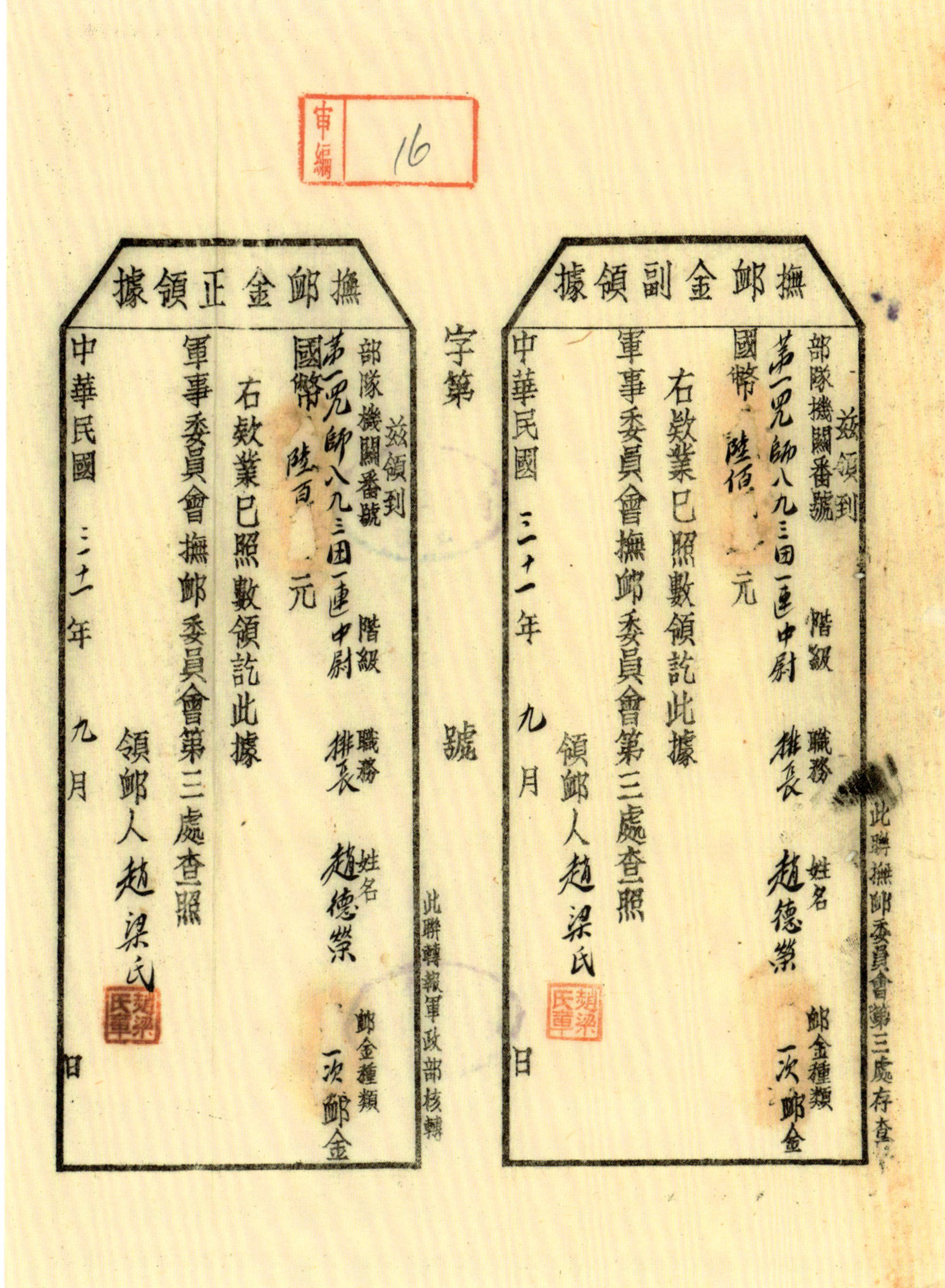

審編 16

撫卹金副領據

茲領到

部隊機關番號 第一九師八九三團一連 階級 中尉 職務 排長 姓名 趙德榮 卹金種類 一次卹金

國幣陸佰元

右款業已照數領訖此據

軍事委員會撫卹委員會第三處查照

領卹人趙梁氏

中華民國三十一年九月日

此聯撫卹委員會第三處存查

字第　號

此聯轉報軍政部核轉

撫卹金正領據

茲領到

部隊機關番號 第一九師八九三團一連 階級 中尉 職務 排長 姓名 趙德榮 卹金種類 一次卹金

國幣陸百元

右款業已照數領訖此據

軍事委員會撫卹委員會第三處查照

領卹人趙梁氏

中華民國三十一年九月日

具領卹金保證書

保證人李永生 今保證領卹人趙汲泉 確係已故

部隊機關番號 第一四九師八九三團一營 階級 中尉 職務 排長 姓名 趙德崇

之陣亡遺族遵照

國民政府軍事委員會會恤字第三三九四號卹金給與令核准給與該故

故員一次卹金國幣陸百元整今由該陣亡遺族向

鈞會第三處如數領訖具領後如有發生爭議保証人願照

鈞會請領卹金須知第六條之規定負法律上一切責任此證

謹呈

國民政府軍事委員會撫卹委員會

保証人姓名李永生(蓋章) 籍貫安岳縣 職業[illegible] 住址[illegible]

(店鋪字號)[illegible]號 (店鋪營業資本金額)捌仟元

領卹人姓名趙汲泉(蓋章) 籍貫四川成都 住址 與故員之關係 夫妻

其他遺族姓名及關係 子 趙焱生

成都市長 余中英

中華民國三十一年九月 日

附二：赵梁氏关于请予核发故员赵德荣第一年恤金致成都市政府的领恤申请书、抚恤金领据、具领恤金保证书（一九四二年十月三日收）

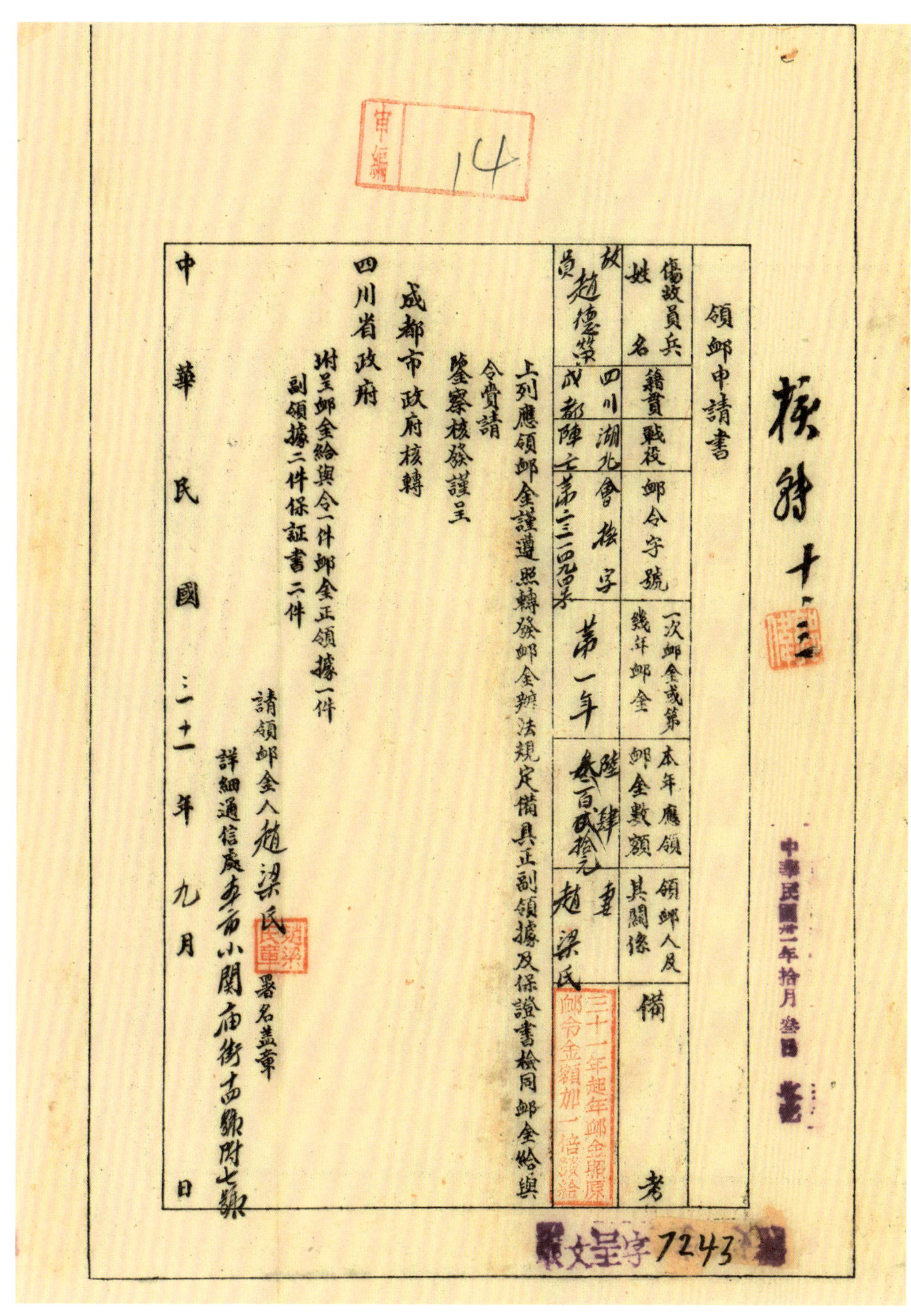

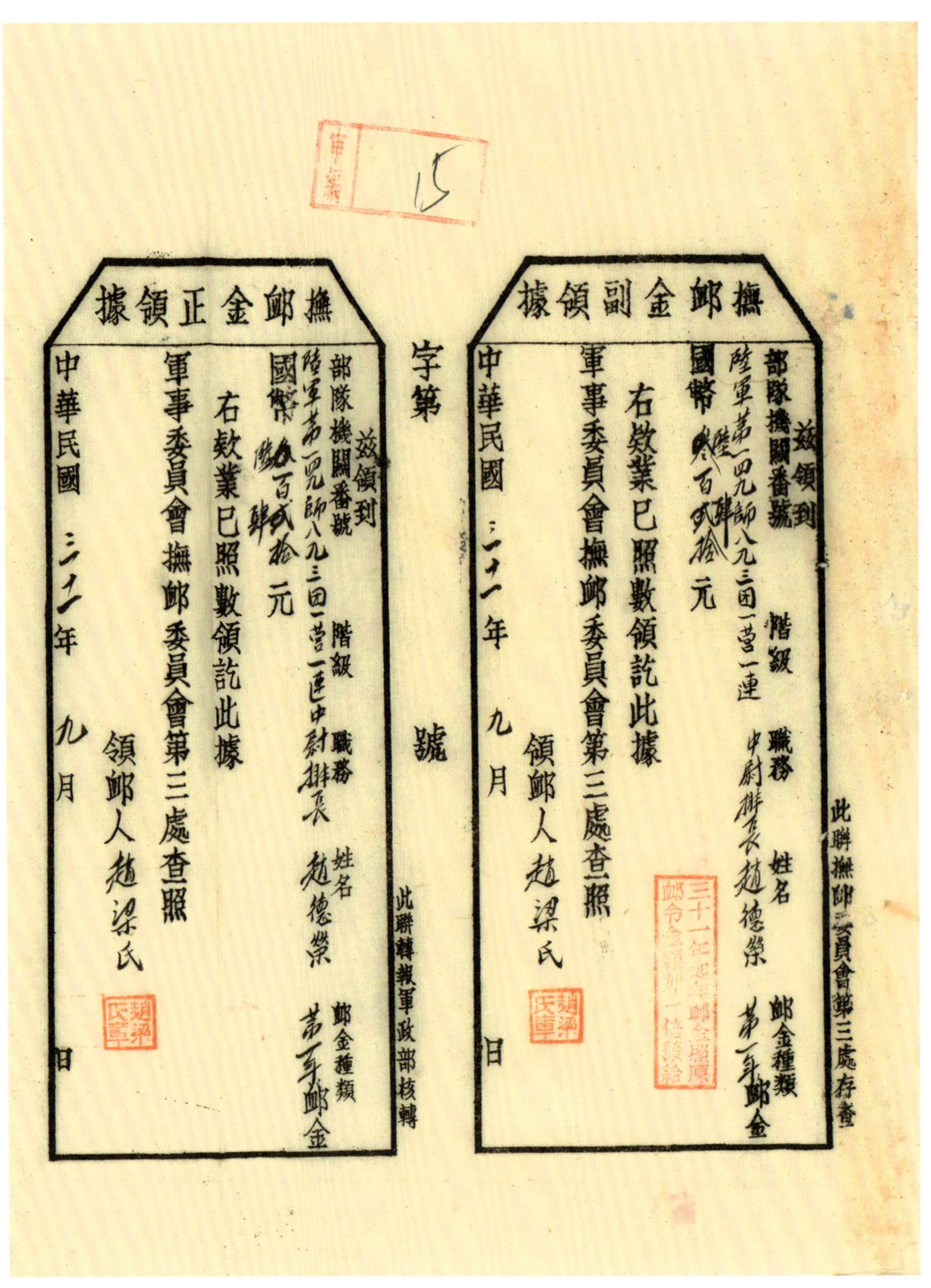

此聯撫卹委員會第三處存查

撫卹金副領據

茲領到

部隊機關番號 陸軍第一四九師八九三團一營一連

階級

職務 中尉排長

姓名 趙德榮

卹金種類 第一年卹金

國幣叁百貳拾元

右款業已照數領訖此據

軍事委員會撫卹委員會第三處查照

三十一年起年卹金照原卹令金額加一倍發給

中華民國三十一年九月　日

領卹人趙梁氏

趙梁氏章

第　字　號

此聯轉報軍政部核轉

撫卹金正領據

茲領到

部隊機關番號 陸軍第一四九師八九三團一營一連

階級

職務 中尉排長

姓名 趙德榮

卹金種類 第一年卹金

國幣叁百貳拾元

右款業已照數領訖此據

軍事委員會撫卹委員會第三處查照

中華民國三十一年九月　日

領卹人趙梁氏

趙梁氏章

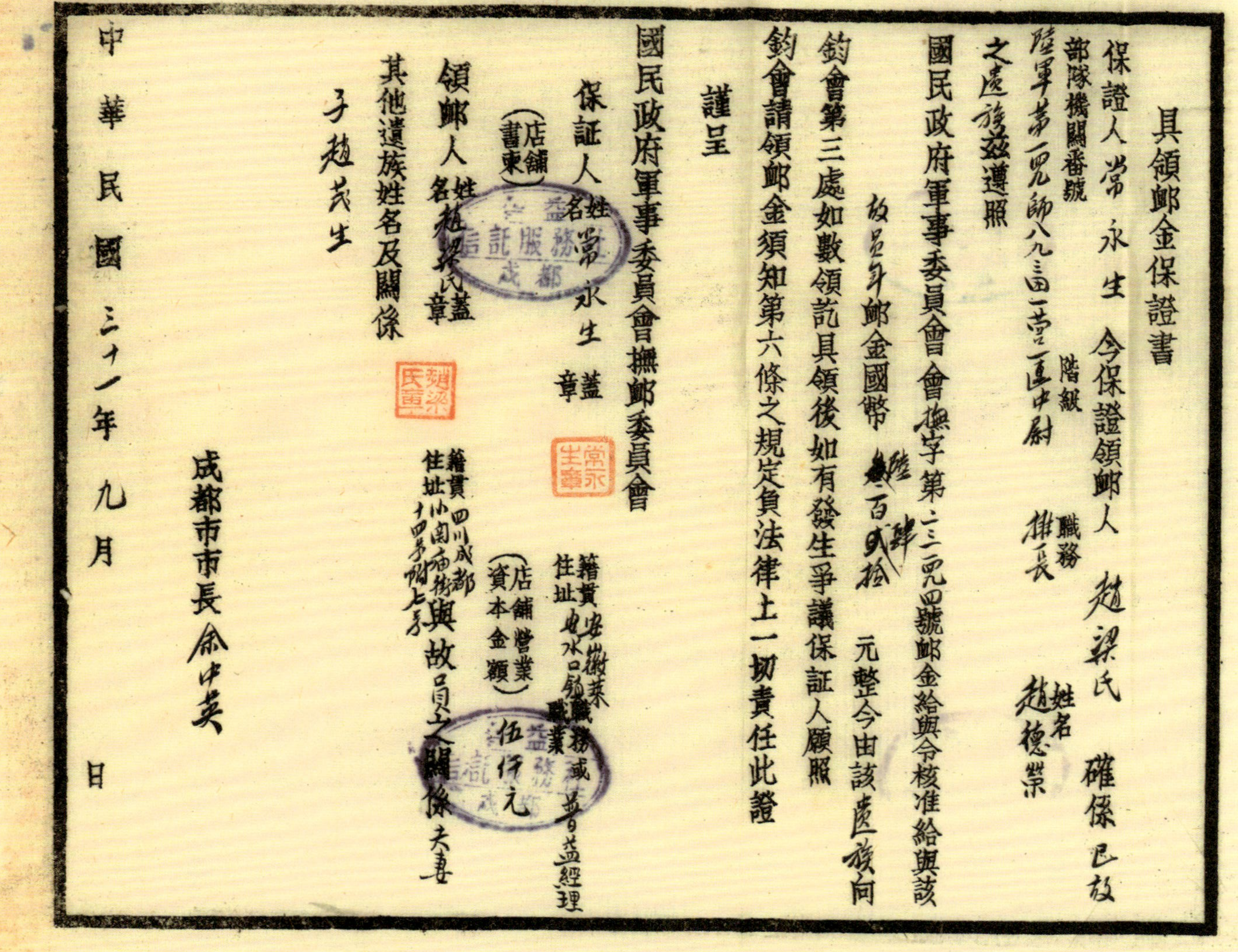

具領郵金保證書

保證人常永生　今保證領郵人　趙梁氏　確係已故

部隊機關番號　陸軍第一四九師八九三團一營一連　階級　中尉　職務　排長　姓名　趙德榮

之遺族茲遵照

國民政府軍事委員會會撫字第三三一四四號郵金給與令核准給與該

故員郵金國幣　陸百貳拾　元整今由該遺族向

鈞會第三處如數領訖具領後如有發生爭議保証人願照

鈞會請領郵金須知第六條之規定負法律上一切責任此證

謹呈

國民政府軍事委員會撫郵委員會

保証人　姓名　常永生　蓋章　（店鋪書東）　籍貫　安徽萊　住址　中水口街　職務　職業　盛普益經理　（店鋪營業資本金額）　伍仟元

領郵人　姓名　趙梁氏　蓋章　籍貫　四川成都　住址　小南街十四號附七號　與故員之關係　夫妻

其他遺族姓名及關係

子趙茂生

中華民國三十一年九月　日

成都市市長余中英

成都市政府所属吴珍木关于访查故员赵德荣户籍的签呈（一九四二年十月三日）

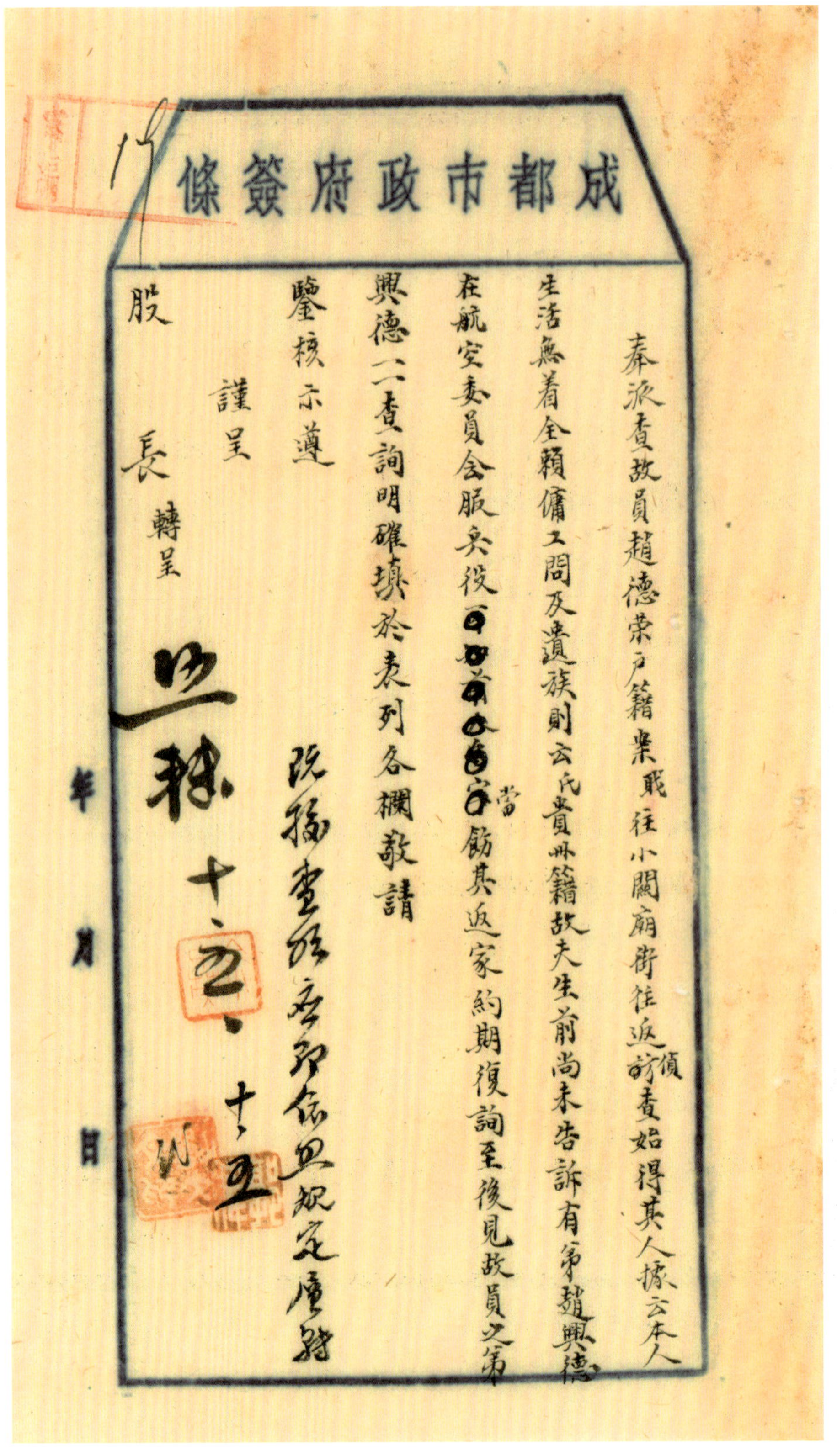

成都市政府簽條

奉派查故員趙德榮戶籍業親往小關廟街往返訪查始得其人據云本人生活無着全賴傭工問及遺族則云氏貴州籍故夫生前尚未告訴有弟趙興德在航空委員會服兵役當飭其返家約期復詢至後見故員之弟興德一一查詢明確填於表列各欄敬請

鑒核示遵

謹呈

股長 轉呈

現在劉定賢郎職吴珍木

年 月 日

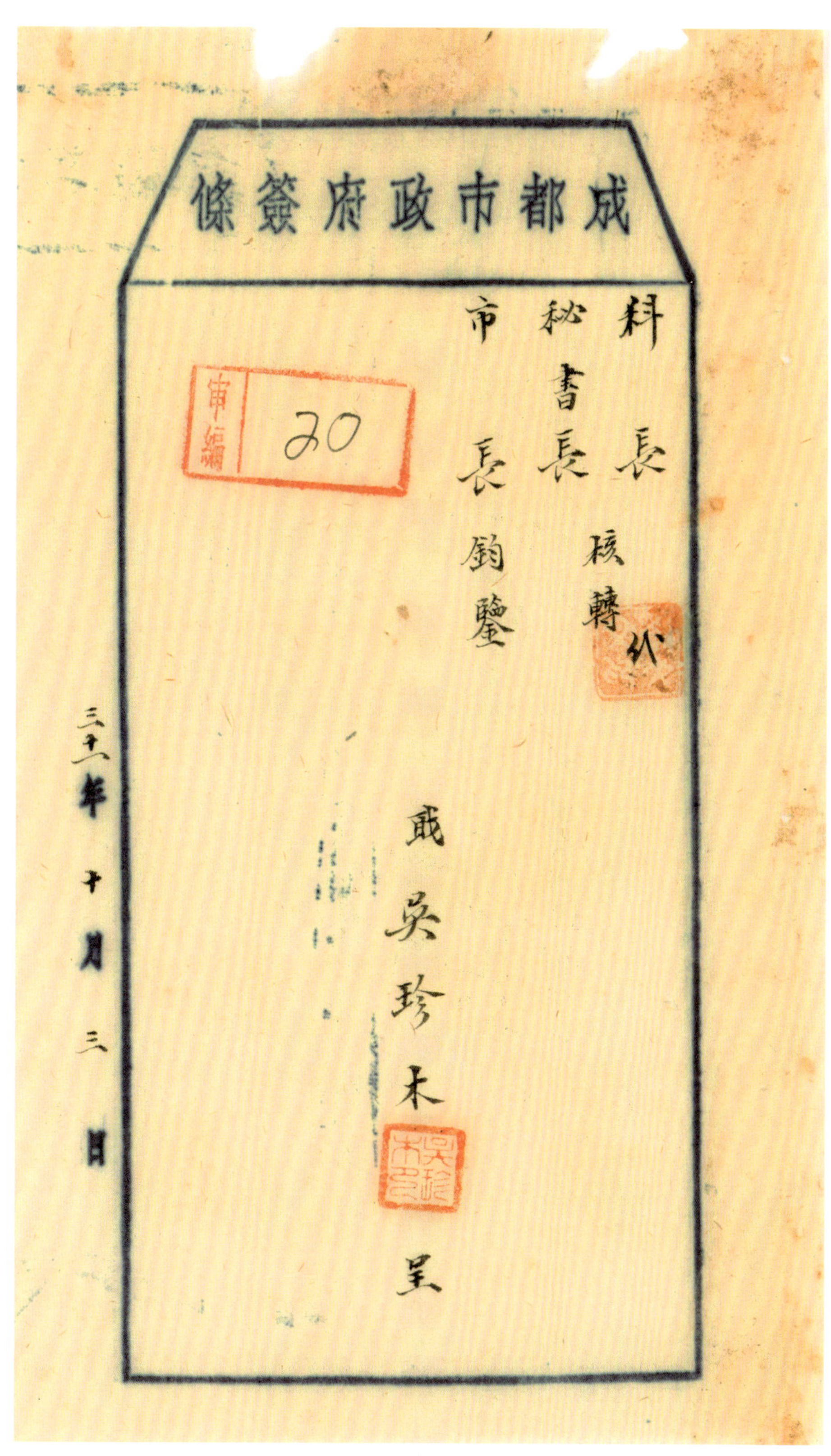

成都市政府簽條

科長
秘書長 核轉
市長劉 鑒

職 吳珍木 呈

三十八年十月三日

審編 20

成都市政府关于转请核办故员赵德荣户籍表册等致四川省政府的呈（一九四二年十二月四日）

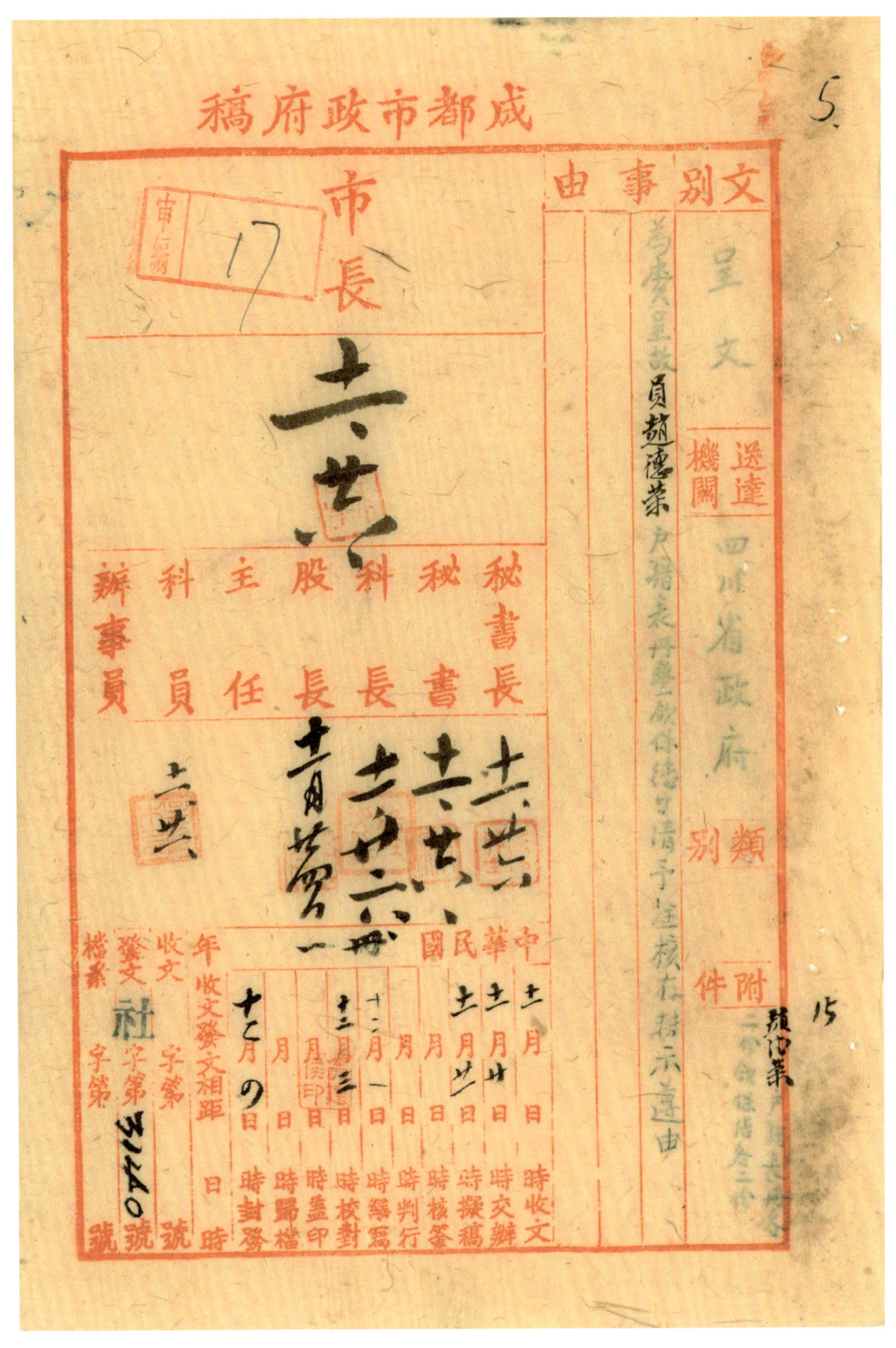

案准

成都縣政府卅一年九月日軍郵字第一五三號公函檢送故員

趙澤榮 郵令現役軍人戶籍表甘結為查照辦理等

由准此當即派員調查並通知 ◉ 該遺族遵照規定辦

理去訖茲據該遺族 趙吳氏 檢呈領保結現役軍人戶籍

表及補送死亡官兵戶籍調查表清冊甘結等核發郵令甘

情前來查核尚無不合除將郵令封發並將表冊加蓋

印信官章外理合檢同故員澤榮 領保結各二份現

役軍人戶籍調查表二份補送死亡官兵調查表清冊二份

一併隨文賫呈

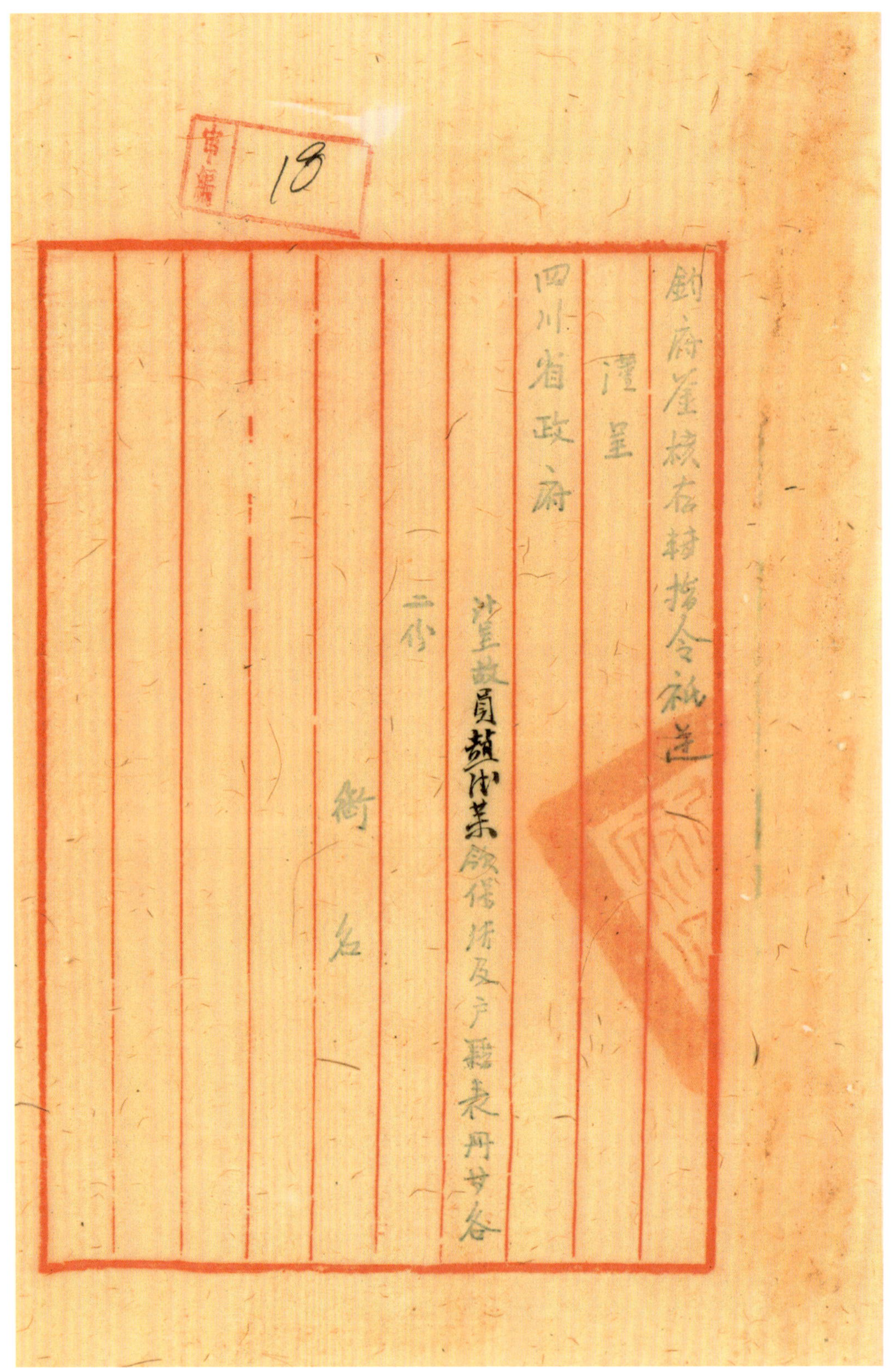

审编 18

钧府崖核右转指令祇遵

谨呈

四川省政府

计呈故员赵树荣履历表及户籍表册共各二份

衔名

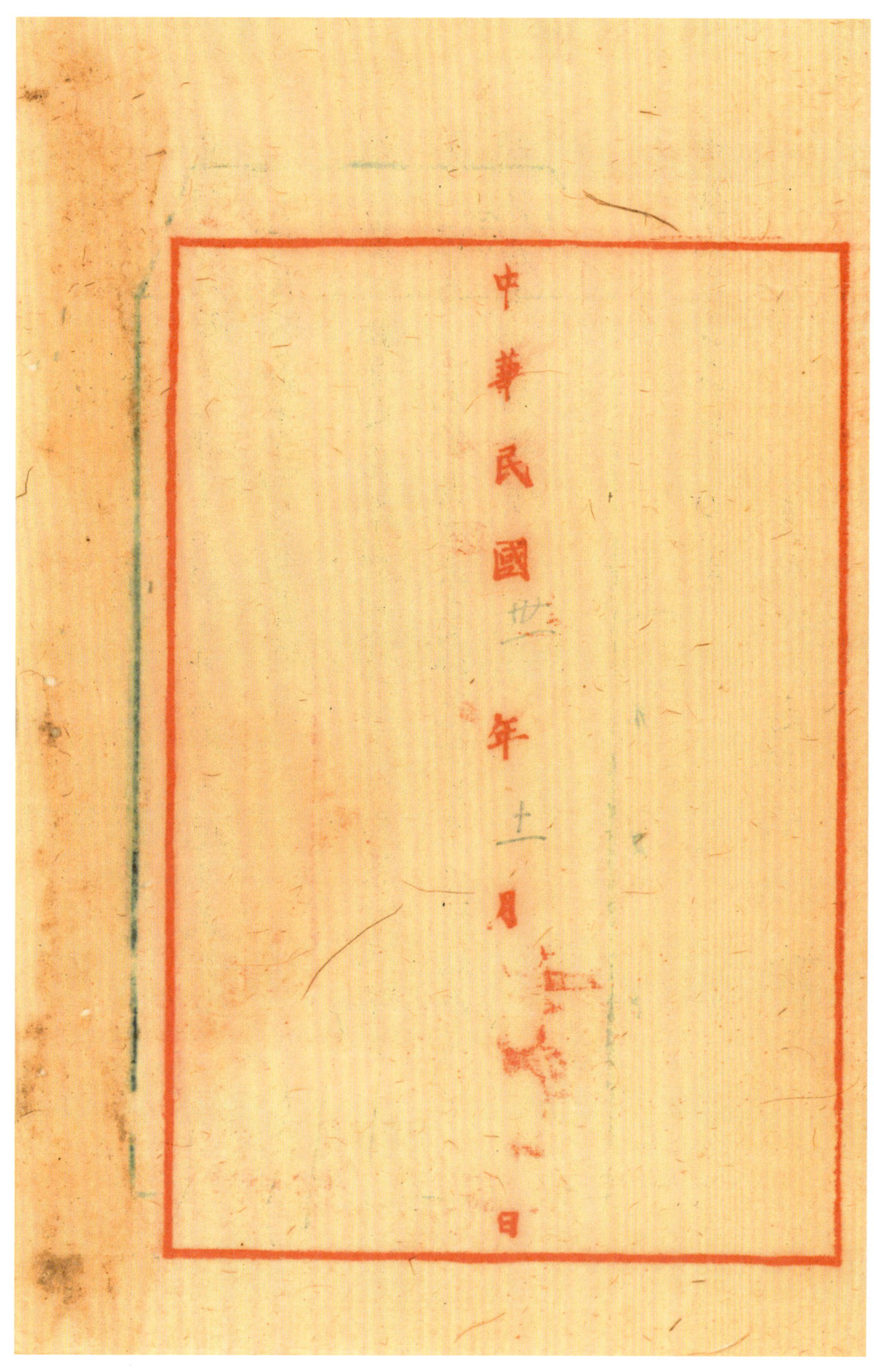

中華民國卅一年十一月　日

附一：赵梁氏关于赵德荣一次恤金的领结（一九四二年九月）

具領結人趙梁氏年三十七歲四川成都人現住成都市
小関廟街第十四號附七號實領得
鈞發下故員趙德榮撫卹令一張計應領一次卹
金陸百元年撫金叁百弍拾元除另具保結外中
間不虛具領結是實

中華民國三十一年九月　日

具領結人趙梁氏（簽名蓋章）

附二：常永生关于赵德荣遗族一次恤金领取属实的保结（一九四二年九月）

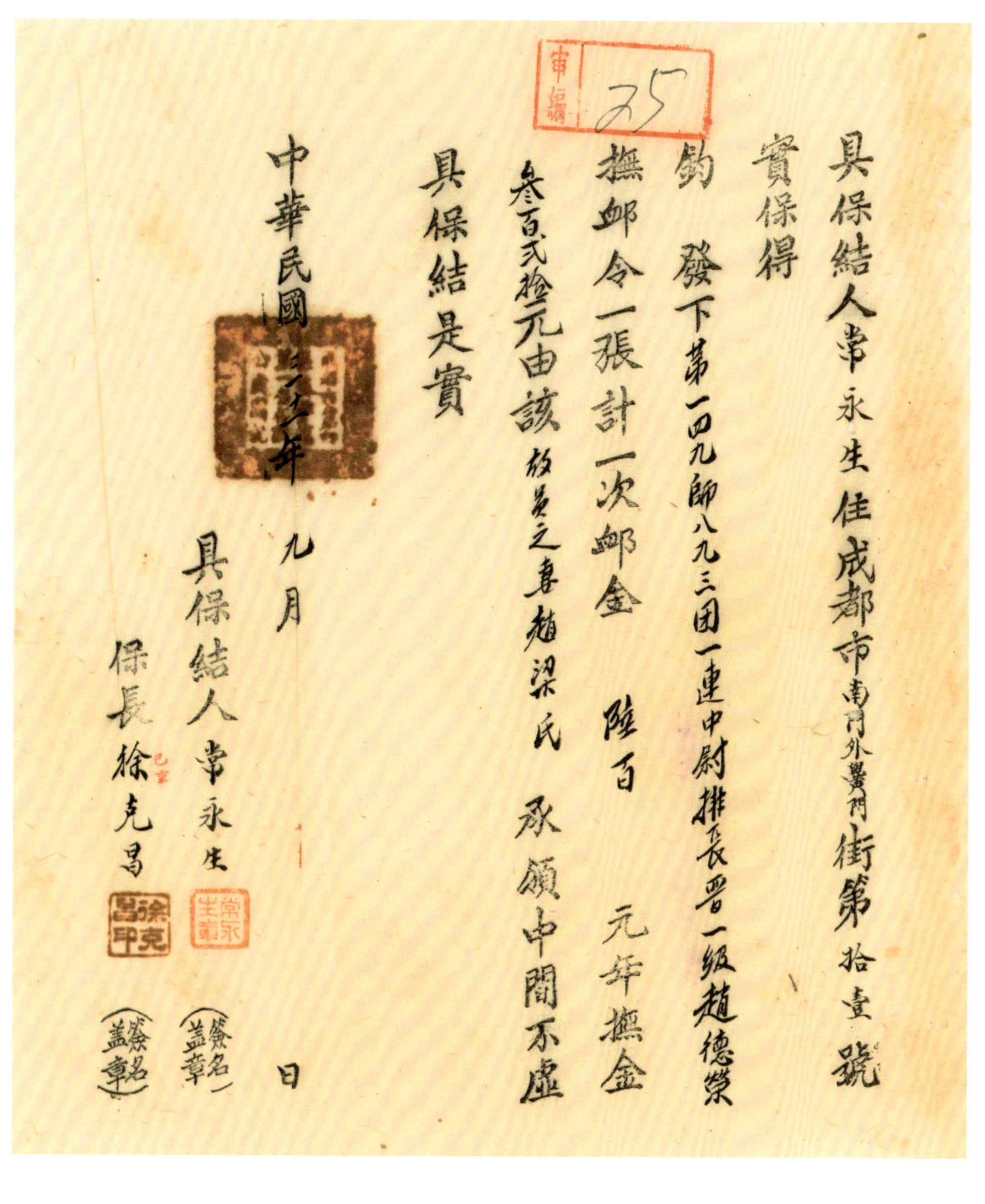

審編 25

具保結人常永生住成都市南門外貫門街第拾壹號

實保得

鈞

發下第一四九師八九三团一連中尉排長晋一级趙德榮

撫卹令一張計一次卹金　陸百　元并撫金

叁百弍拾元由該故員之妻趙梁氏　承領中間不虛

具保結是實

中華民國三十一年　九月　日

具保結人　常永生　（簽名蓋章）

保長　徐克昌　（簽名蓋章）

附三：赵德荣的补送死亡官兵现役军人户籍调查表清册、现役军人户籍调查表（一九四二年十月三日）

補送死亡官兵現役軍人戶籍調查表清冊

番號	職級	姓名	死亡事由	死亡種類	死亡年月	死亡地點	備考
第四九師八九三團一連	中尉排長	趙德榮	戰時陣亡		二九年五月	湖北	

中華民國三十一年十月　日成都市市長余〇〇

2026

22

四川省(市)成都縣現役軍人户籍調查表

姓名	趙德榮	別號		部隊番號	陸軍第一四九師八九三團一營一連	階級	中尉排長	年齡	三十九歲	出生年月日	光緒二十?年七月十四日
出身	行伍	入伍日期	民國二十一年九月一日	相貌特徵	面黄	通訊處	永久：四川省成都市小關廟街十四號附七號 現在：			相片	
住址	世居	四川省嘉定縣(市)　鎮　鄉　甲　户或　街　巷第　號門牌									
	現住	四川省成都縣(市)小關廟街　鄉　保　十六甲　户或　街　巷第十四號附七號門牌									

家屬及同居親屬人口

稱謂	姓名	年齡存殁	職業	服務處所	是否中國國民黨員	備攷
祖父						1.家庭是否分爨及經濟狀況
祖母						2.原籍尚有何人
父						3.住址是否再要遷移
母						1.家庭早以分居各謀生活該故員為家室所累
妻			小手工業	在家自作		素與軍人生活經濟寬自出川抗戰家人共以
子						手工業謀生耐度時艱 1.弟兄三人俱服兵役沈[illegible]陣亡現奉領部令弟
女						興詠陣亡呈請撫卹未奉部令興沛三弟航委會服兵役
胞弟	趙興沛	三十?歲 存	服兵役	航空委員會		1.原籍無人迁來成都甚久
胞妹						1.住址不定郁市生活因經濟為轉移必要時呈報政府
孫						1.其人數年未寄相片回家故無相片

甲長 余[illegible]

調查人 吳[illegible]

調查卅一年十月　日

四川省政府关于准予核发故员赵德荣一次恤金及第一年抚金致成都市政府的指令（一九四三年一月十二日）

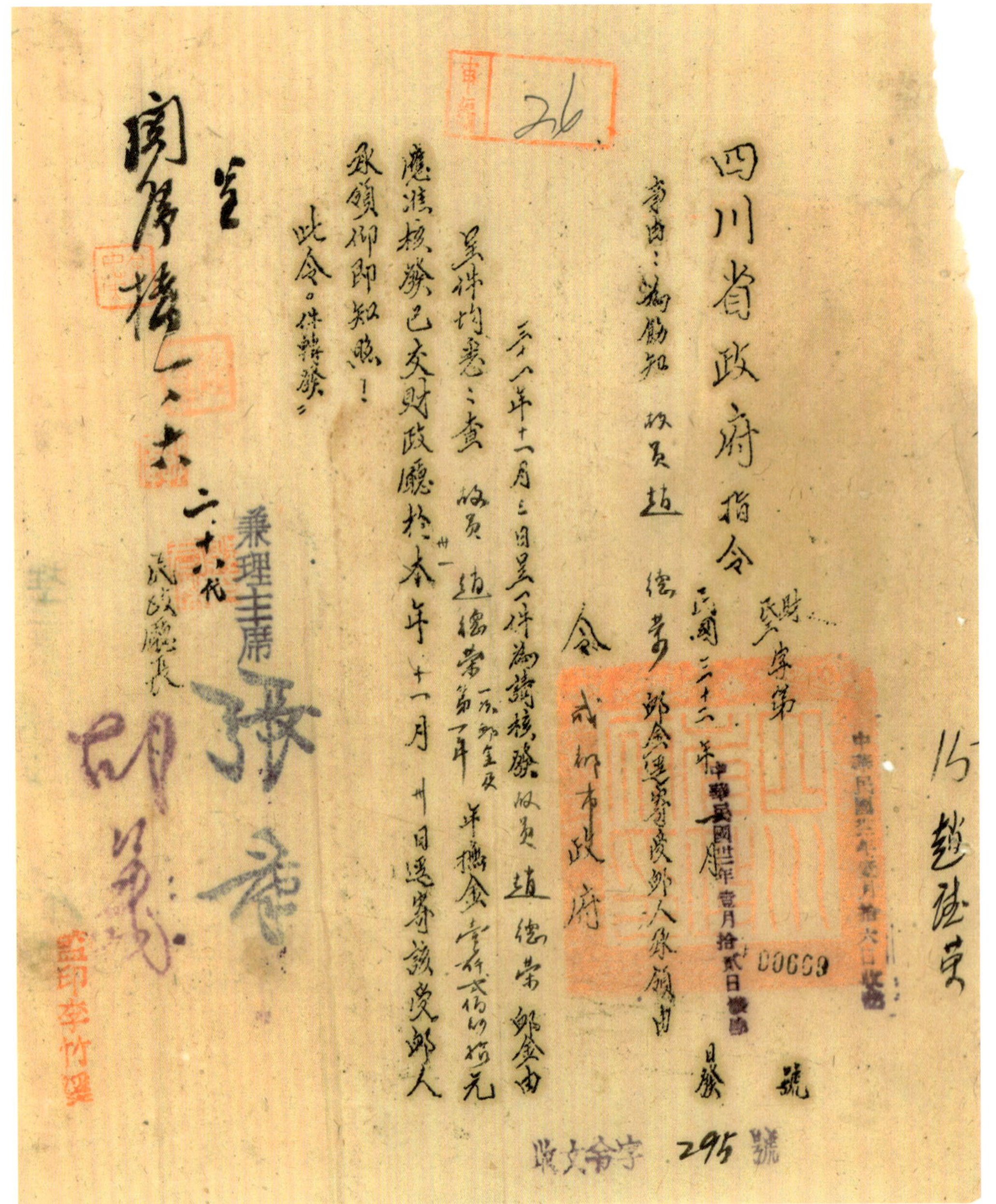
四川省政府指令

事由：为饬知故员赵德荣邮令遥寄受邮人承领由

令成都市政府

三十一年十一月三日呈一件为请核发故员赵德荣邮金由

呈件均悉。查故员赵德荣一次邮金及第一年抚金，业经依法核发。已交财政厅于本年一月二十日迳寄该受邮人承领，仰即知照！

此令。件转发。

兼理主席　张群

成都市政府关于核发故员赵德荣第二年恤金致四川省政府的呈文、致赵梁氏的批示
（一九四三年四月五日）

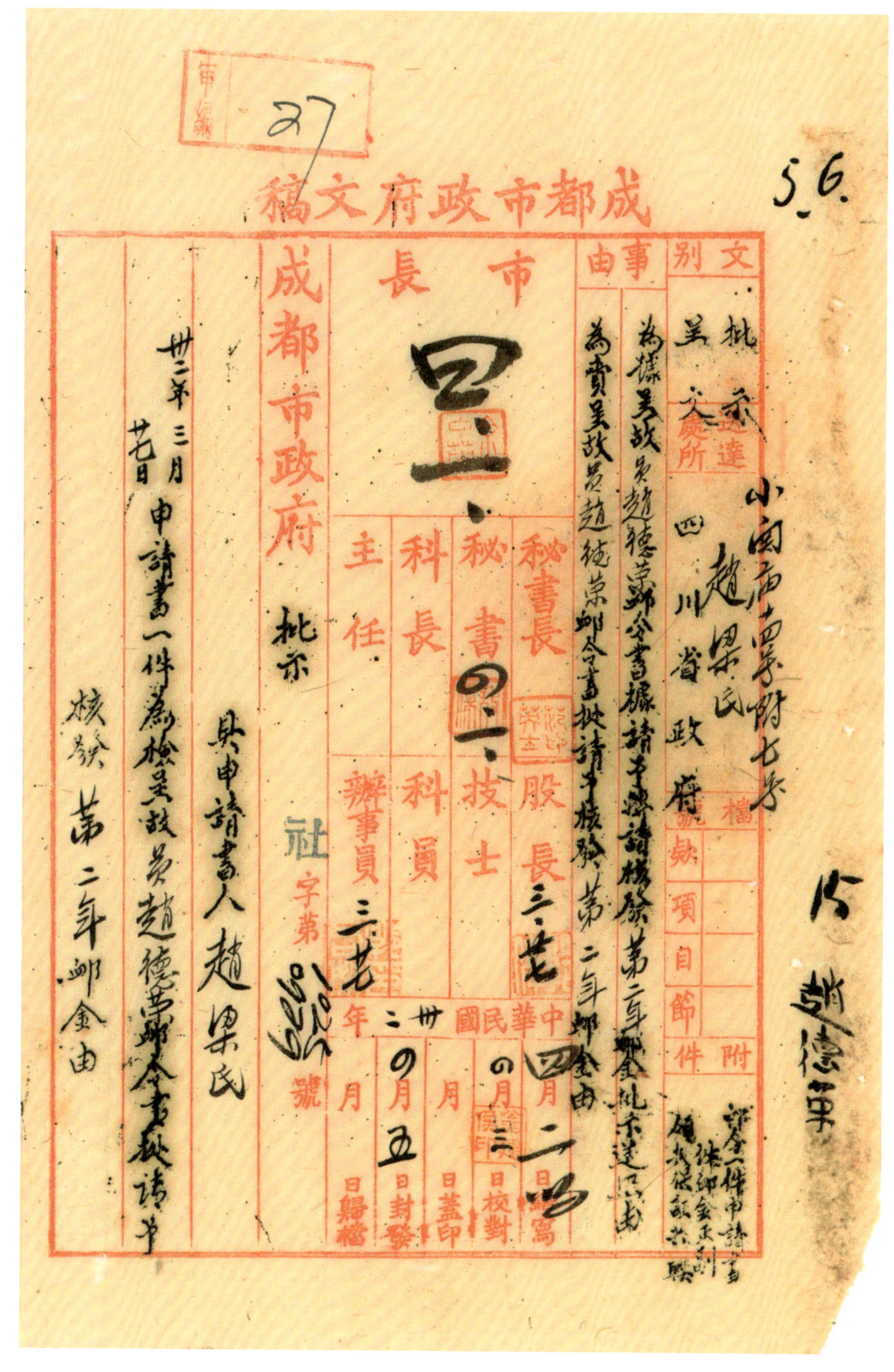
成都市政府文稿

文别	批示 呈文
送达处所	小南街四十号附七号 赵梁氏 四川省政府
事由	为据呈故员赵德荣卹金书据请予转请核发第二年卹金批示遵照由 为赍呈故员赵德荣卹金书据请予核发第二年卹金由

市长 呈一、 呈二、

秘书长 秘书 科长 主任

股长 三、廿七 技士 科员 办事员 三、廿七

成都市政府批示 社字第 1659 号

具申请书人赵梁氏

卅二年三月廿七日申请书一件为检呈故员赵德荣卹金书据请予核发第二年卹金由

中华民国卅二年四月二日撰写 四月三日校对 四月 日盖印 四月五日封发 月 日归档

附件：卹金一件申请书、保卹金书副（？）、领卹金收据

5.6.
存
赵德荣

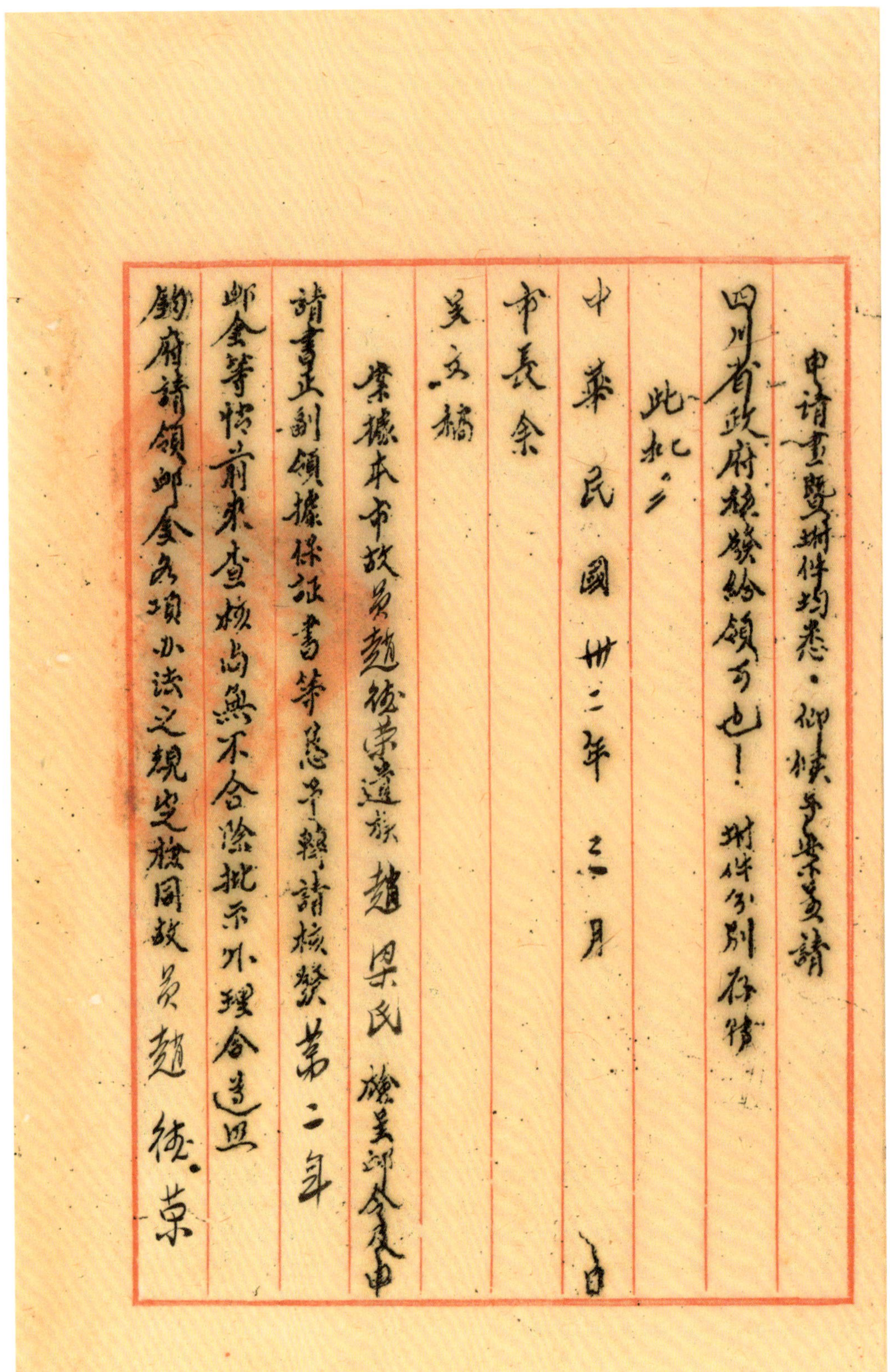

申請書暨附件均悉。仰候另案呈請
四川省政府核發給領可也！ 附件分別存轉
此批。
中華民國卅二年六月 日
市長 余
吴文楷
案據本市故員趙徒榮遺族趙梁氏檢呈卹令及申
請書正副領據保証書等懇予轉請核發第二年
卹金等情前來查核尚無不合除批示外理合遵照
飭府請領卹金各項辦法之規定檢同故員趙徒榮

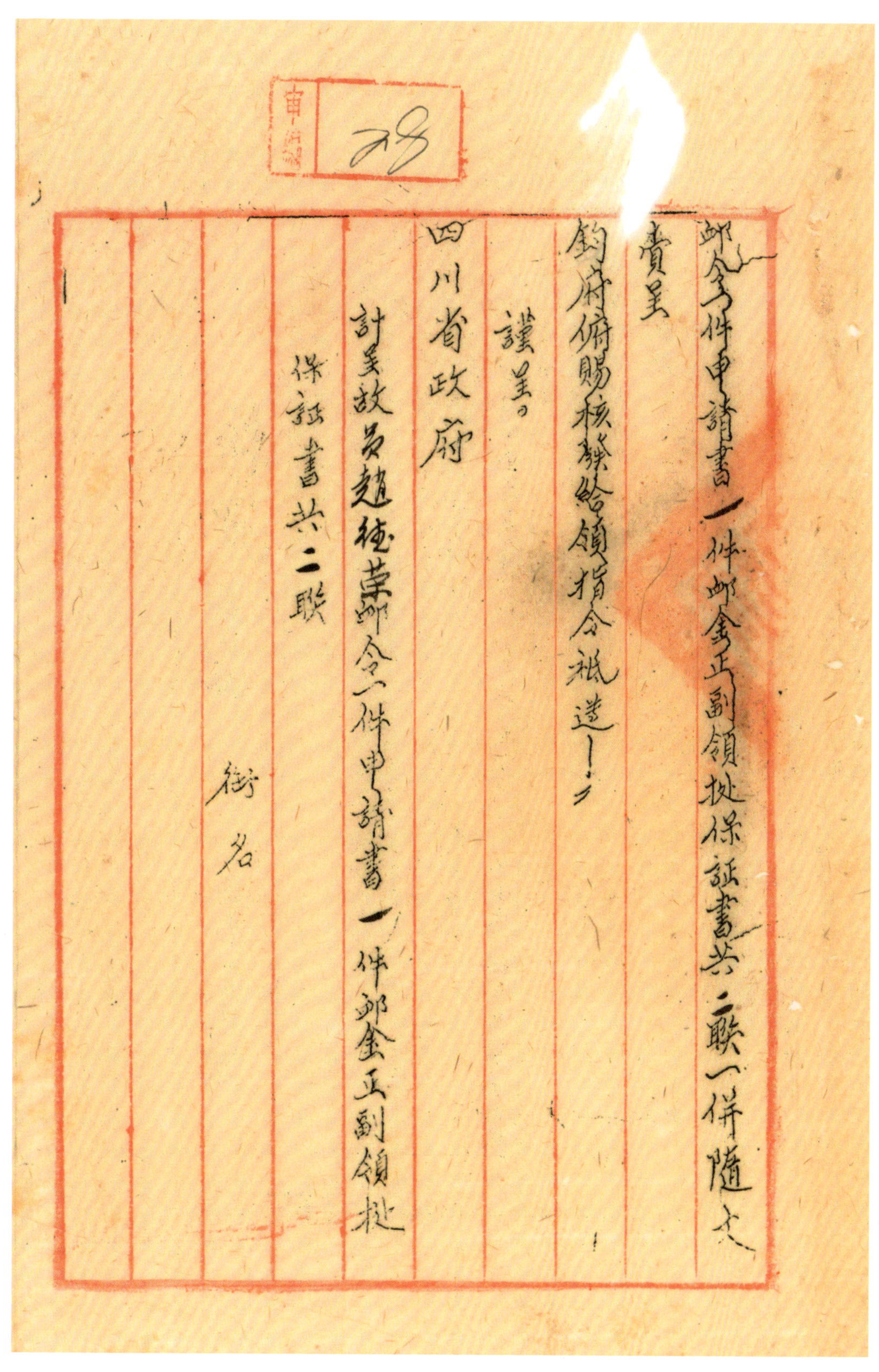

28

卹令一件申請書一件卹金正副領摺保證書共二聯一併隨文

賫呈

鈞府俯賜核發給領摺令祗遵！

謹呈

四川省政府

計呈故員趙種棠卹令一件申請書一件卹金正副領摺

保證書共二聯

銜名

附：赵梁氏关于请予核发故员赵德荣第二年恤金及加倍恤金致成都市政府的领恤申请书、抚恤金领据、具领恤金保证书（一九四三年三月三日收）

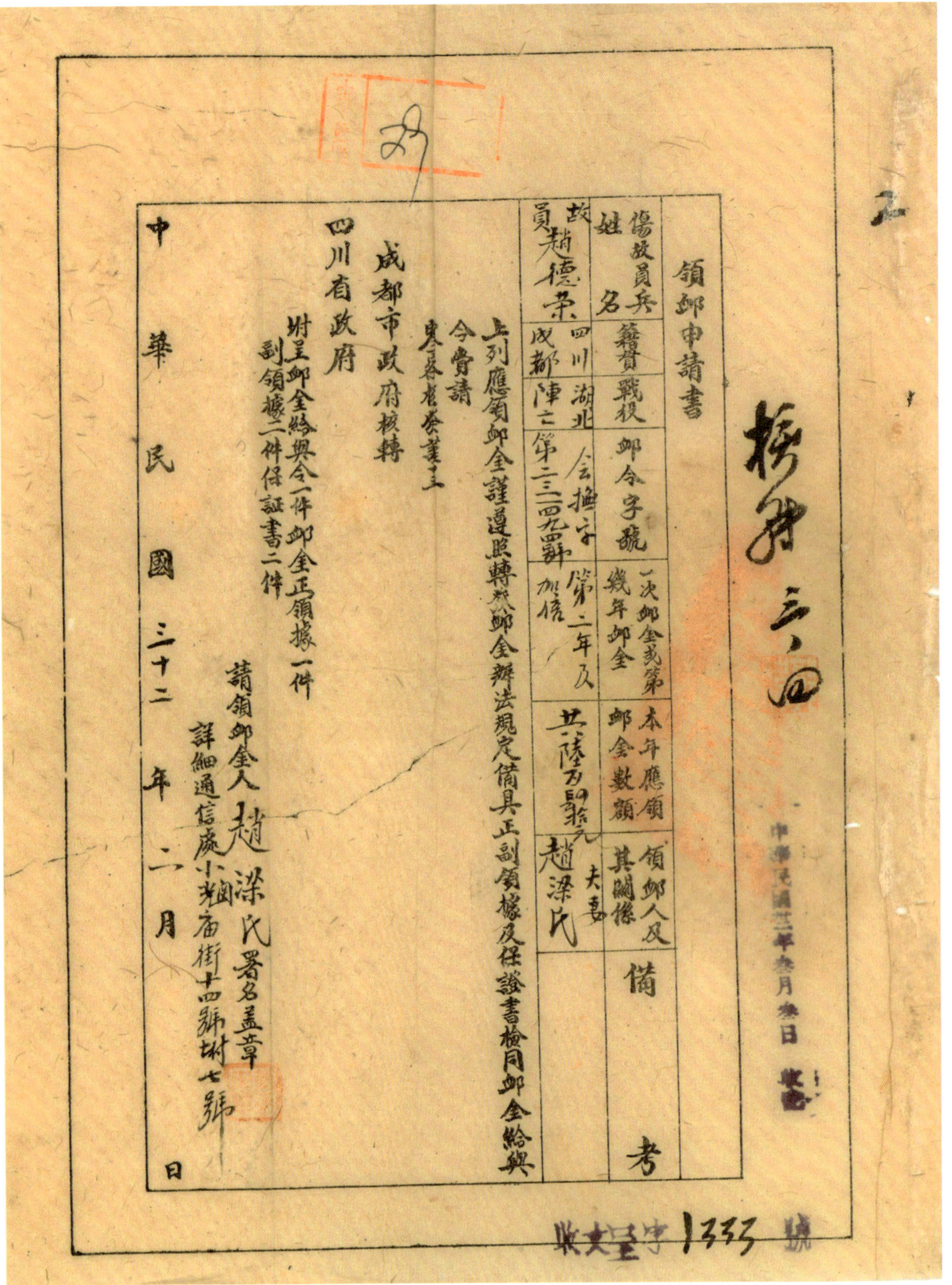

核辦 三.四

領卹申請書

傷故員兵姓名	籍貫	職役	卹令字號	一次卹金或第幾年卹金	本年應領卹金數額	領卹人及其關係	備考
故員趙德榮	四川成都	湖北陣亡	会撫字第二三四九四號	第二年及加倍	共陸万[illegible]元	趙梁氏 夫妻	

上列應領卹金謹遵照轉頒卹金辦法規定備具正副領據及保證書檢同卹金給與令賫請 [illegible]

成都市政府核轉

四川省政府

附呈卹金給與令一件卹金正領據一件副領據二件保證書二件

請領卹金人趙梁氏署名盖章

詳細通信處小紅廟街十四號附七號

中華民國三十二年二月 日

中華民國卅二年叁月叁日收

收文呈字1333號

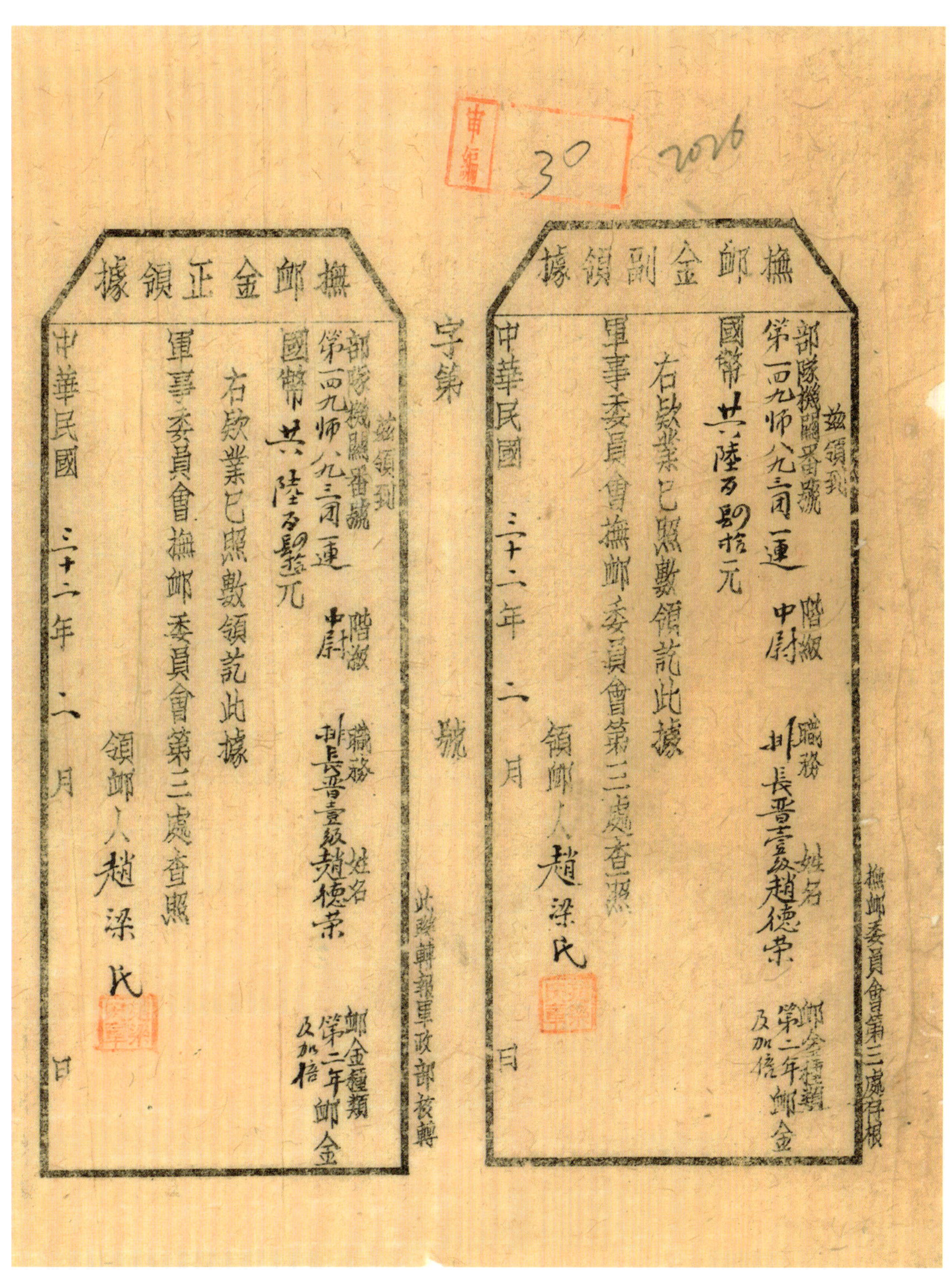

審編 30 2026

撫卹金副領據

茲領到

部隊機關番號 第一四九師八九三團一連

國幣 共陸百捌拾元

階級 中尉

職務 排長晉壹級

姓名 趙德榮

郵金種類 第二年郵金及加倍

右欵業已照數領訖此據

軍事委員會撫郵委員會第三處查照

領卹人 趙梁氏

中華民國 三十二年 二 月 日

撫卹委員會第三處存根

字第 號

此聯轉報軍政部核轉

撫卹金正領據

茲領到

部隊機關番號 第一四九師八九三團一連

國幣 共陸百捌拾元

階級 中尉

職務 排長晉壹級

姓名 趙德榮

郵金種類 第二年郵金及加倍

右欵業已照數領訖此據

軍事委員會撫卹委員會第三處查照

領卹人 趙梁氏

中華民國 三十二年 二 月 日

具領卹金保證書

保證人 今保證領卹人趙梁氏 確係已故

部隊機關番號 第一四九師八九三團一連 階級 中尉 職務 排長晉壹級 姓名 趙德荣

之遺族茲遵照

國民政府軍事委員會會撫字第一二一四九四號卹金給與令核准給與該

第二年及加倍卹金國幣 共陸百肆拾元整今由該遺族向

鈞會第三處如數領訖具領後如有發生爭議保証人願負

鈞會請領卹金須知第六條之規定負法律上一切責任此證

謹呈

國民政府軍事委員會撫卹委員會

保証人姓名 常永生 蓋章 籍貫 安徽水口 住址 現住成都學門街十號 職務或職業 [illegible]經理

（店鋪書東）（店鋪營業資本金額） 伍仟元

領卹人姓名 趙梁氏 蓋章 籍貫 小關 住址 南街西獅坝七號 與故員之關係 夫妻

其他遺族姓名及關係

中華民國三十二年一月 日

成都市市長 余中英

四川省政府关于准予核发故员赵德荣第二年恤金致成都市政府的指令（一九四三年五月二十九日）

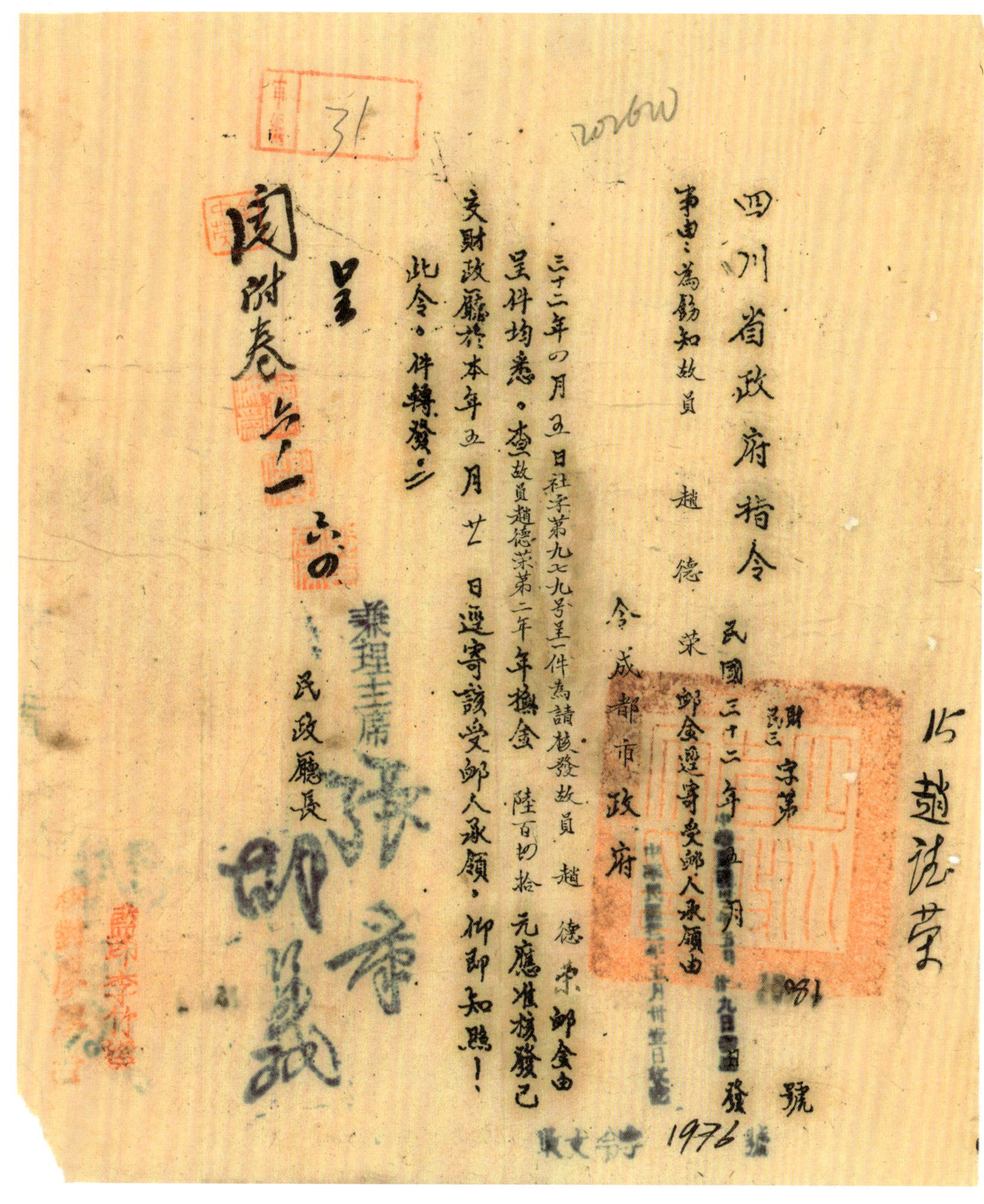

四川省政府指令

事由：為飭知故員趙德榮卹金遞寄受卹人承領由

民國三十二年五月廿九日發 財三字第 號

令成都市政府

三十二年四月五日社字第九七九号呈一件為請核發故員趙德榮第二年卹金由

呈件均悉。查故員趙德榮第二年年撫金陸百捌拾元應准核發，已交財政廳於本年五月廿日遞寄該受卹人承領，仰即知照！

此令。件轉發。

兼理主席 張羣

民政廳長 胡次威

呈

閱附卷 六、一 [illegible]

趙德榮